Scott Kelby

the Adobe
Photoshop CC

DSLR 사용자를 위한 어도비 포토샵 CC

스콧 켈비 지음 | 손혜민 옮김

정보문화사
Information Publishing Group

Authorized translation from the English language edition, entitled ADOBE PHOTOSHOP CC
BOOK FOR DIGITAL PHOTOGRAPHERS (2014 RELEASE), THE, 1st Edition, 9780133900859 by KELBY, SCOTT,
published by Pearson Education, Inc, publishing as New Riders, Copyright © 2015 by SCOTT KELBY.

All rights reserved. No part of this book may be reproduced or transmitted in any form or by any means,
electronic or mechanical, including photocopying, recording or by any information storage retrieval system,
without permission from Pearson Education, Inc. KOREAN language edition published by Information Publishing Group, Copyright © 2015.

DSLR 사용자를 위한
어도비 포토샵 CC

초판 1쇄 발행 | 2015년 8월 10일
초판 3쇄 발행 | 2019년 11월 5일

지 은 이 | 스콧 켈비
옮 긴 이 | 손혜민
발 행 인 | 이상만
발 행 처 | 정보문화사

편 집 진 행 | 노미라

주　　　소 | 서울시 종로구 대학로12길 38 (정보빌딩)
전　　　화 | (02)3673-0037(편집부) / (02)3673-0114(代)
팩　　　스 | (02)3673-0260
등　　　록 | 1990년 2월 14일 제1-1013호
홈 페 이 지 | www.infopub.co.kr

I S B N | 978-89-5674-636-4

이 책은 저작권법에 따라 보호받는 저작물이므로 무단 전재와
무단 복제를 금하며, 이 책 내용의 전부 또는 일부를 사용하려면 반드시
저작권자와 정보문화사 발행인의 서면동의를 받아야 합니다.

※ 책값은 뒤표지에 있습니다.
※ 잘못된 책은 구입한 서점에서 바꿔 드립니다.

들어가기 전에

책을 출간한지 벌써 17년째이지만 아직도 필자에게는 감사의 말을 쓰는 것이 가장 어려운 일로만 느껴집니다. 책을 집필할수록 다른 부분과는 달리 한없이 쓰게 되지요. 감사의 말을 이토록 진지하게 여기는 이유는 필자의 주변에 있는 멋진 친구들과 훌륭한 편집팀, 그리고 내 삶을 이토록 기쁨 가득하게 만들어주는 가족들에게 진심으로 감사하다는 마음을 표현하고 싶기 때문입니다.

나의 환상적인 아내 Kalebra, 우리가 결혼한 지 25년이 되었지만 당신은 여전히 놀라운 사람이며 모두가 당신 곁에 있지요. 여태껏 더 든든한 동반자, 혹은 더 사랑스럽거나 유쾌하거나 더 뛰어나게 아름다운 사람을 못 봤기에, 그런 당신과 삶을 함께 하고 당신을 내 아이들의 엄마로, 나의 사업 파트너로, 내 개인 비행 조종사로, 중국어 번역가로 그리고 최고의 친구로 옆에 둘 수 있음이 큰 축복입니다. 당신은 모든 사랑 노래의 주인공이며, 나를 아는 사람이 당신을 본다면 당신 같은 아내와 사는 것을 두고 최고의 행운아라 할 것입니다.

나의 아들 Jordan에게. 너처럼 좋은 아들과 부자 사이가 되는 것은 모든 아빠들의 꿈이란다. 지금처럼 밝고 배려 깊고 창의적인 젊은이가 될 것이기에 네가 매우 자랑스럽단다. 너의 삶에 펼쳐질 놀라운 일들을 빨리 보고 싶구나. 그리고 네가 자라는 모습을 지켜보는 것이 내 삶 최고의 즐길 거리 중 하나임을 언젠가는 알아주기 바란다.

내 소중한 작은 딸 Kira에게. 엄마의 작은 복사판으로 태어나는 특별한 행운을 지닌 딸아. 그것은 내가 가장 바랐던 일이기도 하단다. 너의 눈에서 네 엄마가 비쳐 보이지만 아직은 너무 어리기에 그것이 얼마나 큰 축복인지 모를 테지. 하지만 언젠가는 알게 될 거야.

언제나, 그리고 앞으로도 항상 나의 영웅인 큰 형 Jeff에게. 형의 영향력과 조언, 배려와 사랑이 있었기에 지금의 내가 존재할 수 있었습니다. 항상 나를 더 높은 곳으로 인도해주고 적시에 적절한 것을 알려주어 감사해요. 형 안에 우리의 아버지가 계심을 느낍니다.

캘비 미디어그룹에 필자만의 편집팀이 있어 내 책 생산의 일부를 집에서도 컨트롤할 수 있다는 것은 정말 행운입니다. 우리 팀은 내 오랜 친구이자 내가 만나본 중 가장 창의력이 넘치는 크리에이티브 디렉터 Felix Nelson이 이끌고 있습니다. 그의 주위에는 가장 재능 있고 진취적이며 창의력 넘치는 사람들이 있으며, 이들과 함께 일할 수 있다는 것은 내게 영광입니다. 우리의 매니징 에디터인 Kim Doty를 채용할 수 있도록 지혜를 주신 신께 감사드리며, 책을 완성할 때까지 바닥에 대자로 쓰러질 수 없었던 것은 오로지 그녀 덕분이었음을 알려드립니다. Kim은 믿을 수 없을 정도로 정돈되어 있고 명랑하며, 차분하게 할 일을 하도록 나를 이끄는데 집중하고, 어떤 힘든 일도 그녀에게는 '충분히 가능한 일'인지라 당신도 할 수 있다

들어가기 전에

는 확신을 가질 수 있게 합니다. 그녀가 내 에디터라서 얼마나 좋은지, 그리고 펠릭스가 그녀을 발견해서 얼마나 다행인지 모르겠습니다. 아마도 멋진 사람은 다른 멋진 사람에게 끌리기 마련이겠지요.

Kim과 함께 일하는 Cindy Snyder는 필자가 쓰는 모든 내용을 끈질기게 테스트하여 놓치는 것이 없도록 확신을 주는 역할을 해줍니다. 그녀 덕분에 독자들은 이 책을 그대로 따라할 수 있을 것이며 포토샵 책이 절대적으로 필요한 것이 됩니다. 조금이라도 틀린 것은 그녀라는 그물에 걸릴 수밖에 없지요.

책의 모습은 뛰어난 디자이너이자 창의력 발전소인 Jessica Maldonado로부터 제작된 것으로, 내 책을 디자인해줄 사람으로 그녀를 만나게 된 것은 매우 큰 행운이라 생각합니다. 그녀는 항상 무언가를 더하여 요소를 한 단계 더 발전시켰기에 저는 그 아이디어와 통찰력을 신뢰하며, 그것이 그녀가 하고 싶은 것을 하도록 놔두는 이유입니다. 고마워요 제시!

나의 행정 비서 Lynn Miller에게도 매우 감사합니다. 함께 일하기 시작한 것은 오래되지 않았지만 그녀는 확실히 일을 잘하며 사업적인 모든 면을 통찰하여 내가 어디서 무엇을 위해 일하는지 확신을 갖게 해줍니다. 또한 나를 차분하게 만들어 책을 쓰는 일에 집중할 수 있도록, 가족에게 시간을 쓸 수 있도록 해주고 일 외의 다른 삶도 즐길 수 있게 해줍니다. 우리 팀에 당신이 들어와서 기뻐요.

내 최고의 친구이자 책 출판에 대해 지침 없는 발전소인 Dave Moser(또한 등대, 자연의 힘, 기적의 탄생 등이라고도 부르죠.)는 항상 장애물을 헤쳐 나가라고 조언해주기에 모든 것을 이전보다 더욱 발전되게 만들어줍니다.

New Riders와 Peachpit의 모두에게, 특히 유능한 에디터 Ted Waitt(주요 사진가이자 책 집필에 있어서 핵심적인 역할을 하죠), 멋진 발행인 Nancy Aldrich-Ruenzel, 마케팅 전문가 Scott Cowlin, 마케팅 여신 Sara Jane Todd, 그리고 확신을 갖고 자신의 일을 하는 Pearson Education의 전체 팀원들에게 감사드립니다. 여러분이 항상 한 단계 더 발전되도록 노력해주기에, 여기까지 온 것을 모두 여러분의 힘 덕분이라고 여깁니다.

어도비의 친구들: Winston Henderickson, Bryan O'Neil Hughes, Mala Sharma, Terry White, Jim Heiser, Julieanne Kost, Tom Hogarty, Scott Morris, Russell Preston Brown, Bryan Lamkin 그리고 뛰어난 어도비 팀(어떻게 그 일들을 모두 할 수 있나요?)에게 감사드립니다. 그리고 지금은 없지만 잊을 수 없는 Barbara Rice, Jill Nakashima, Rye Livingston, Addy Roff, Jennifer Stern, Deb Whitman, Kevin Connor, John Nack, John Loiacono, Cari Gushiken, Karen Gauthier에게도 감사해요.

그리고 이전 에디션들에 영감과 아이디어를 불어넣어준 Matt Kloskowski에게도 감사합니다. 그의 조언과 우정은 아주 멋진 기억입니다. 수년 간 내게 가르침을 준 모든 재능 있고 출중한 사진가들, Moose Peterson, Joe McNally, Anne Cahill, Vincent Versace, Cliff Mautner, Dave Black, Bill Fortney, David Ziser, Helene Glassman, Kevin Ames, Jim DiVitale에게 감사의 인사를 전하고 싶네요. 지혜롭게 나를 채찍질해주어 내게 크나 큰 힘이 되어주는 나의 멘토들 John Graden, Jack Lee, Dave Gales, Judy Farmer, and Douglas Poole에게도 감사합니다.

가장 중요한 신과 그의 아들 예수 그리스도에게, 나를 꿈의 여인에게 인도해주시고 우리에게 멋진 아이들을 갖도록 해주시고 가장 사랑하는 일을 하며 살 수 있도록 축복해주심에 감사드립니다. 신이 필요할 때, 멋지고 충만하고 행복한 삶과, 따뜻하고 사랑스러운 가족을 주시고 축복을 함께 누릴 수 있도록 해주심에 감사합니다.

'이 책에 사용된 예제 파일 및 완성 파일은 정보문화사 홈페이지(http://www.infopub.co.kr)의 [자료실]-[통합자료실]에서 다운로드 받을 수 있습니다.'

차례

CHAPTER 01   16
WWF RAW 카메라로우의 핵심 기법

카메라로우 작업을 위한 준비	18
카메라 프로필 설정으로 JPEG 화질 만들기	21
포토샵에서 카메라로우로 가는 쉬운 방법	23
핵심 보정 기법 #1: 화이트 밸런스	24
핵심 보정 기법 #2: 노출	28
카메라로우의 자동 보정 기능	33
Clarity 기능으로 선명한 사진 만들기	36
Curves로 대비 조절하기	38
자르기와 수평 맞추기	44
보정 전후 사진 비교하기	48
Photoshop Killer Tips	50

CHAPTER 02   52
Raw Justice 카메라로우의 기초를 넘어 본론으로

담지 못한 장면을 만들어내는 더블 프로세싱	54
여러 장의 사진 한 번에 처리하기	60
카메라로우의 샤프닝 기능	63
불필요한 렌즈 효과 자동 보정하기	68
경계선에 나타나는 색수차 보정하기	74
에지 비네팅: 비네팅 효과 조절하기	76
RAW 사진을 위한 어도비 DNG 파일	80
색상 톤 조절 또는 변경하기	82
마침내 나타난 카메라로우의 Healing 브러시	84
작은 점이나 얼룩 쉽게 찾기	86
특정 카메라를 위한 캘리브레이션	87
노이즈 제거하기	88
포토샵 전환에 필요한 환경 설정하기	91
Photoshop Killer Tips	94

CHAPTER 03   96

Attitude Adjustment 카메라로우의 보정 도구 총집합

필요한 부분만 선택하여 닷징, 버닝하기	98
카메라로우의 인물사진 리터칭	104
Graduated 필터로 흐릿한 하늘 보정하기	107
카메라로우에서 특정 색상 적용하기	109
Radial 필터: 비네팅, 조명 효과 만들기	111
화이트밸런스 페인팅으로 색상 문제 해결하기	116
쉐도우 영역의 노이즈 제거하기	117
Adjustment Brush 200% 활용하기	118
Photoshop Killer Tips	120

CHAPTER 04   122

Scream of the Crop 사진 리사이징과 크롭핑 비법

사진 크롭핑의 기본 요령	124
특정 크기로 잘라내기	130
크롭핑 도구 프리셋 만들기	132
포토샵의 모든 설정 사항 백업하기	134
특정 사이즈 프리셋 만들기	135
디지털카메라 사진 사이즈 바꾸기	137
저해상도 사진도 크게 만드는 스마트한 리사이징 방법	140
대량 사진 리사이징 자동 처리하기	142
인쇄용 포스터 크기로 리사이징 처리하기	144
왜곡된 사진의 수평 맞추기	146
사진 작게 만들기(다운사이징)	148
Content Aware로 주요 영역 피하여 리사이징하기	151
조건부 액션 기능 활용하기	154
Photoshop Killer Tips	157

차례

CHAPTER 05 — 160

Black & White 흠잡을 데 없는 흑백사진 만들기

카메라로우에서 흑백사진으로 바꾸기	162
클릭 세 번으로 흑백사진 만들기	166
분할톤으로 느낌 있는 흑백사진 만들기	170
색다른 느낌의 듀오톤 빠르게 적용하기	172
쿼드톤으로 깊이 있는 흑백사진 만들기	173
카메라로우 원클릭 프리셋 만들기	175
흑백사진 변환의 최종 선택사항	176
Photoshop Killer Tips	177

CHAPTER 06 — 178

We Are HDR HDR 사진을 만들다

HDR 촬영을 위해 카메라 설정하기	180
HDR Pro 화면 훑어보기	182
32비트 HDR로 손에 잡힐듯한 사진 만들기	184
초현실적인 톤 맵핑 HDR 사진 만들기	186
현실과 초현실을 아우르는 HDR 사진 만들기	190
일반 사진에 HDR 효과 주기	194
고스트 현상 제거하기	196
하이패스 샤프닝으로 더욱 극적인 HDR 효과 내기	198
HDR 사진 마무리하기: 비네팅, 샤프닝, 소프트 글로우	200
Photoshop Killer Tips	202

CHAPTER 07 — 204

Little Problems 흔히 발생하는 문제들 해결하기

그늘진 피사체 환하게 만들기	206
어두침침한 회색 하늘 맑게 되살리기	209
닷징, 버닝 도구 사용하기	213
안경에 반사된 모습 수정하기	217
그룹사진을 찍는 참 쉬운 방법	222
Liquify 기능으로 형태 바꾸기	225
흩어진 머리카락을 선택 영역으로 만드는 확실한 방법	227
빈틈이 많은 와이드샷 통합하기	237
Shake Reduction 필터로 흔들린 사진 살려내기	242
Content-Aware Scale 기능으로 사진 늘이기	246
Content-Aware Fill 기능으로 불필요한 대상 제거하기	250
Content-Aware Move 기능으로 위치 바꾸기	256
Photoshop Killer Tips	258

차례

| CHAPTER 08 | 260 |

Side Effect 사진가라면 꼭 알아야 할 표현 기법 모음

채도를 줄여 세련된 인물사진 만들기	262
고대비의 인물사진 만들기	264
인물과 풍경 사진에 부드러우면서도 뚜렷한 효과 주기	268
쉬운 방법으로 파노라마 사진 뚝딱 만들기	270
Tilt Shift 블러 효과 적용하기	275
Iris 블러, Field 블러로 아웃포커싱 효과내기	278
드라마틱한 조명 효과 만들기	283
다양한 톤 효과로 사진의 느낌 바꾸기	288
Color Lookup으로 패션사진 톤 효과 내기	290
새로워진 Liquify 필터로 조각 같은 얼굴 만들기	292
Lens Flare 필터 효과내기	296
촉촉하게 비에 젖은 거리 만들기	298
Photoshop Killer Tips	300

| CHAPTER 09 | 302 |

Sharpen Your Teeth 선명함을 살리는 샤프닝 테크닉

샤프닝 핵심 기법	304
가장 진보된 샤프닝 기법으로 선명도 높이기	311
더욱 스마트해진 Smart Sharpen 도구 활용하기	313
High Pass 샤프닝 적용하기	315
카메라로우 출력용 파일에 샤프닝 더하기	317
Photoshop Killer Tips	318

| CHAPTER 10 | 320 |

Videodrome 포토샵으로 완성하는 DSLR 비디오

포토샵 영상을 만들 때 알아둬야 할 4가지	322
포토샵에 동영상 불러오기	324
영상 편집을 위한 기본 조절 기능	326
영상 클립 트리밍 작업하기	330
오디오와 배경음악 작업하기	332
영상 클립 사이에 전환 효과 추가하기	336
화면 위에 자막이나 로고 추가하기	338
영상 작업에 필터와 조절 레이어 적용하기	342
타이틀과 텍스트 작업하기	346
특별한 화면을 위한 블렌드 모드 활용하기	351
프로젝트 완성! 시작부터 끝까지 훑어보기	353
화면을 지나가는 엔딩 자막 만들기	362
여러 영상 클립에 일괄적으로 효과 적용하기	364
Photoshop Killer Tips	365

| CHAPTER 11 | 368 |

Workflow 프로페셔널 사진가의 작업실

| 사진가를 위한 포토샵 CC 워크플로우 | 370 |

| INDEX | 378 |

읽기 전에 알아두어야 할 7가지 주의사항

필자인 저에겐 여러분이 이 책에서 가능한 한 많은 것을 알아갈 수 있도록 하는 것이 매우 중요합니다. 그래서 다음의 7가지 팁을 기꺼이 알려드리니, 그냥 넘기지 말고 꼭 읽어보기 바랍니다. 여기에는 파일을 다운로드하는 방법 등 꼭 알아야 할 중요한 정보들이 있으므로 안 읽고 그냥 지나치면 내게 항의 메일을 보낼 수도 있습니다. 그렇게 되면 매우 험악한 상황을 맞이할 수도 있습니다. 대신 지금 여기서 단 2분만 할애하면 다른 건 모두 건너뛰어도 됩니다. 그 편이 훨씬 낫다고 제가 장담하지요.

(1) 순서대로 읽을 필요는 없어요

필요한 테크닉을 그때그때 찾아볼 수 있도록 구성했으니 알고 싶은 내용을 찾아봅니다. 책 전반에 걸쳐 필자 작업 방식의 모든 과정을 단계별로 설명해 놓았습니다. 그러므로 RAW 파일에서 얼굴 위의 먼지를 제거하고 싶다면 그 내용에 해당하는 페이지를 목차에서 찾으면 됩니다. 단 몇 분 안에 방법을 터득할 수 있습니다. 이 책은 포토샵 프로그램을 전반적으로 사용할 수 있도록 합리적인 순서로 쓰였지만 순서에 얽매이지 말고 알고 싶은 내용을 찾습니다. 언제든 페이지를 앞으로 넘겨 다시 읽어보거나 다른 것을 시도해볼 수 있습니다.

(2) 사진을 다운로드하여 똑같이 따라서 연습하세요

내용을 따라가다 보면 "초현실적인 톤 맵핑 HDR 사진 만들기"와 같은 테크닉이 나오는데, 마침 HDR-bracketed 사진이 주변에 없다면 그런 경우에 대비하여 필요한 자료를 다운로드할 수 있는 곳을 마련하였습니다. 필자 홈페이지의 'http://kelbyone.com/books/cc14' 또는 정보문화사 홈페이지(www.infopub.co.kr)의 [자료실]–[통합자료실]에서 필요한 자료를 다운로드할 수 있습니다.

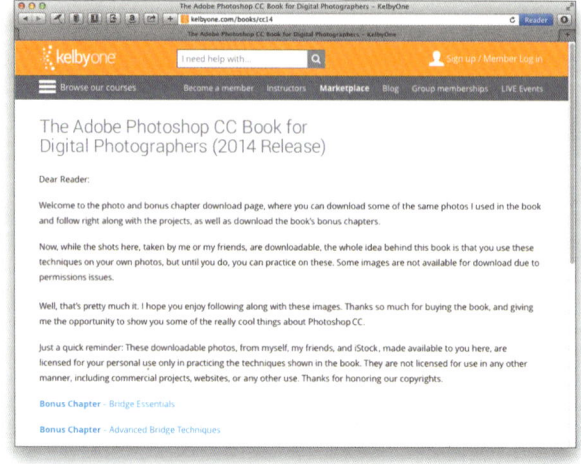

(3) 챕터 소개문과 달리 각 레슨의 소개문은 중요해요

챕터를 시작하는 소개문은 주로 주의를 환기시키기 위한 목적으로 쓰였기 때문에 해당 챕터에 어떤 내용이 있는지에 대한 정보는 사실 거의 없습니다. 그렇지만 그런 식의 소개문으로 시작하는 것이 언젠가부터 필자만의 전통처럼 되었기 때문에 필자가 쓴 모든 책의 소개문은 이러합니다. 그러므로 이런 유머를 용납하지 못하는 고지식한 분들은 정신 건강을 위해 챕터 소개문을 읽지 말고 넘어가길 권합니다.

이와 달리 각 레슨을 시작하는 글에는 중요한 내용이 담겨있습니다. 레슨 소개문에는 레슨 자체의 단계에는 언급되지 않는 핵심이 드러나므로 읽지 않고 넘어가면 결국 다시 돌아가 내용을 찾아봐야 할 것입니다. 작업을 따라하다가 문득 '이걸 왜 해야 하는 거지?'란 생각이 들면 레슨 소개문을 읽지 않은 것입니다. 따라서 소개문을 먼저 읽은 다음 01을 시작합니다. 분명 큰 차이가 있을 것이라 확신합니다.

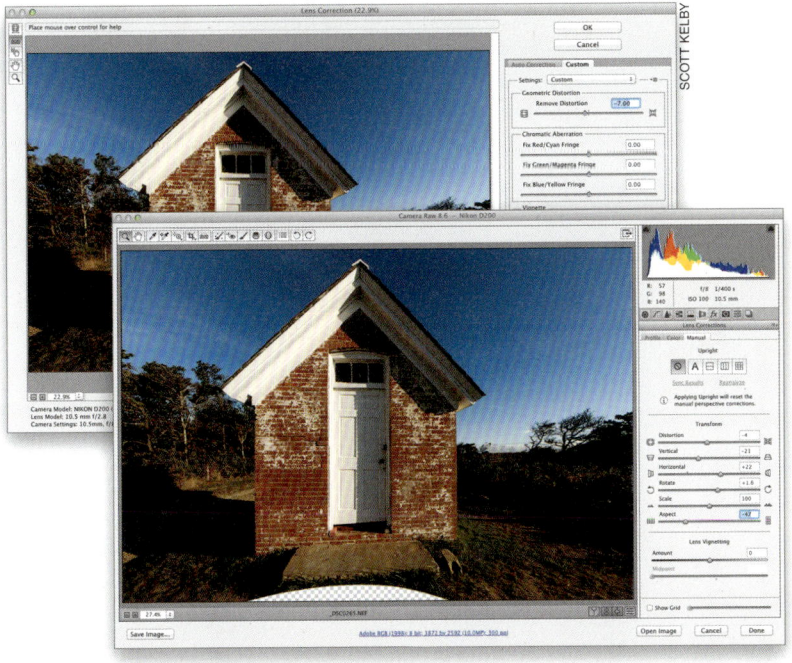

(4) 카메라로우와 포토샵, 어느 것으로 작업해야 할까요?

카메라로우의 'Lens Corrections' 패널과 포토샵의 'Lens Correction' 필터는 기능이 같습니다. 같은 기능이 책에 두 번 나오는 경우가 있는데, 책을 보다가 '이 내용은 어디서 봤던 것 같은데?'란 생각이 든다면 바로 그런 까닭입니다. 그런데 똑같은 작업을 카메라로우와 포토샵 중 어디에서 하는 것이 좋을까요? 이런 경우 필자는 항상 카메라로우를 택합니다. 그쪽이 더 빠르고 원본을 변형하지 않아 차후에도 언제든 마음이 바뀌면 다시 작업할 수 있기 때문입니다.

Intro 13

(5) 전체 워크플로우를 담은 마지막 챕터는 먼저 읽지 마세요

책의 마지막 챕터는 필자만의 Photoshop CC 워크플로우로 구성되어 있습니다. 하지만 다른 챕터를 모두 보기 전에 먼저 읽지는 않기를 권합니다. 워크플로우 챕터는 기본 테크닉을 모두 이해한 상태에서 보는 것을 전제로 했으므로 세세하게 설명하지 않았기 때문입니다. 그러므로 기본에 대한 이해 없이 본다면 매우 길고 지루한 시간이 될 것입니다.

(6) Bridge에 대한 내용은 어디에?

Adobe사에서는 Bridge를 수년간 업데이트하지 않고 있습니다. 필자의 생각에는 업데이트가 아주 없진 않고 오히려 뭔가를 제거한 것 같기도 합니다. 아, 잠깐, Photoshop CS6를 생각해보면 모든 사진이 포토샵에 연결되도록 'Mini Bridge'를 추가했었습니다. 그러고 보니 Photoshop CC에는 그 'Mini Bridge'가 사라졌습니다. 이렇게 몇 년간 바뀌지도 않았고 필자도 더 이상 책에 넣지 않게 된 걸 보면 Bridge의 미래는 그리 밝지 않은 것 같습니다. 하지만 독자에 따라서는 포토샵 사용자로서 Lightroom이 아닌 Bridge를 꼭 쓰고 싶을 수도 있으니 Bridge에 대한 내용으로 채운 2개의 챕터를 무료로 다운로드할 수 있게 하였습니다. 'http://kelbyone.com/books/cc14'에서 인쇄 관련 내용과 함께 보너스 챕터를 확인할 수 있습니다.

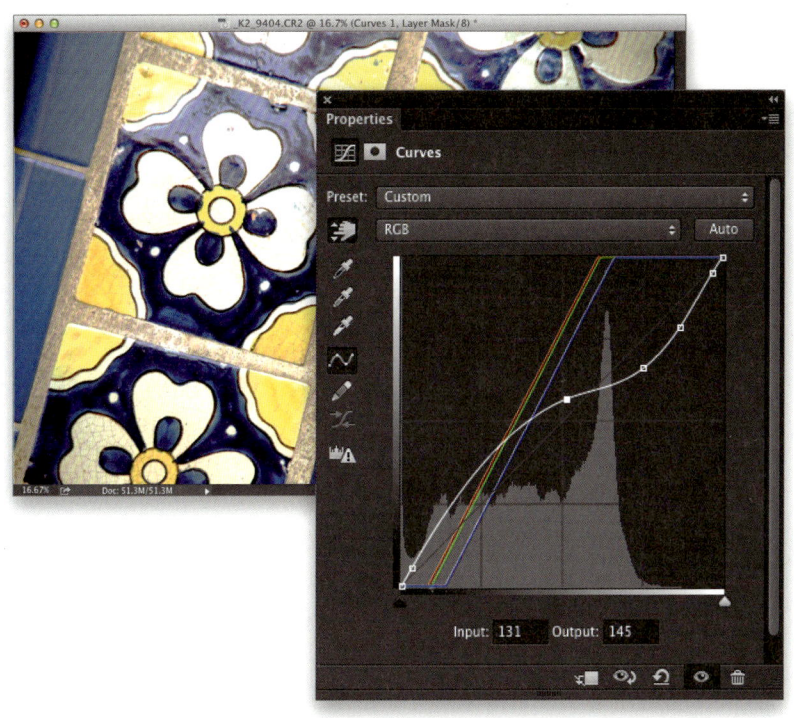

(7) 발전하는 사진, 발전하는 포토샵, 그리고 발전하는 스콧 켈비의 책!

이번 책은 [Curves] 기능 사용법에 대해 다루지 않은 두 번째 에디션입니다. 이제는 카메라로우라는 다른 도구를 사용하는 시대이기 때문입니다 (카메라로우라고 해서 꼭 RAW 파일만 다루는 것이 아니라 JPEG나 TIFF 파일도 적용됩니다). 필자 역시 수년간 책이나 팟캐스트에서 [Curves] 기능에 대해 설명했었지만, 실제는 사용하지 않게 되었습니다. 간혹 사용하더라도 카메라로우의 [Tone Curve] 기능을 쓰지요. 그에 대해서는 책에도 나옵니다. 필자뿐만 아니라 다른 사진가들도 현재는 [Curves] 기능을 쓰는 경우를 찾기 힘들었습니다. 이는 즉, 시간이 갈수록 포토샵이 어떻게 발전하고 있는지를 보여줍니다. 비록 [Curves] 기능에 대해 책에서는 다루지 않았지만 굳이 옛날 방식을 쓰고 싶다면 웹사이트의 다운로드 페이지에서 [Curves] 기능을 이용한 색상 보정 내용이 담긴 챕터를 다운로드 할 수 있습니다. 다운로드 페이지 주소는 (6)번 팁에서 확인하세요.

(8) 챕터 마지막에는 요긴한 'Photoshop Killer Tips'가 덧붙어 있어요

'7가지 팁 아니었어?'하는 분들이 있겠지만 이번 팁은 '보너스' 정도로 보시면 됩니다. 내용도 역시 이 책의 '보너스'에 대한 얘기입니다. 모든 챕터의 마지막에는 특별히 'Photoshop Killer Tips' 페이지를 넣었습니다. 시간과 노력을 절약할 수 있는, 진자 알았으면 좋았을 유용한 정보들입니다. 일단 읽어본 후에는 고개를 끄덕이며 미소가 절로 나오게 되고 당장 친구들에게 전화하여 포토샵 유저로서의 위상을 높이고 싶을 것입니다. 이 스페셜 팁은 챕터 전반에 걸쳐 나오는 팁에 추가로 덧붙이는 정보입니다. 팁이란 많을수록 좋은 거니까요. 이 정도면 7가지가 넘어간 (8)번 팁을 읽은 몇 분이 아깝지 않을까요? 이제 페이지를 넘겨 본격적으로 작업을 시작해 봅시다!

Photo by Scott Kelby | Exposure: 1/60 sec | Focal Length: 16mm | Aperture Value: $f/3.5$

WWF RAW
카메라로우의 핵심 기법

CHAPTER 1

지금 보는 책이 영문판 도서라면 아마도 이 챕터의 제목인 "WWF Raw"가 미국의 유명한 TV 시리즈인 〈Wasabi with Fries Raw〉에서 따온 것임을 즉시 눈치챘을 것입니다(독일에서는 〈Weinerschnitzel Mit Fischrogen Raw〉이라 부르고 스페인에서는 〈Lucha Falsa〉, 직역하면 'Lunch Feet'이라고 하더군요). 아무튼 이렇게 영화나 노래, TV쇼에서 제목을 따오는 것은 60권이 넘는 책을 쓰는 동안 지켜온 필자만의 전통인데, 아쉽게도 이번 제목 "WWF Raw"는 카메라로우 핵심 기법이 담긴 챕터의 제목으로 썩 적합하지 않은 것 같습니다. 아마도 차선책이었던 "Raw Meat"가 훨씬 나은 것 같아요. 이 영화는 1972년 Donald Pleasence 배급의 영화로, 이 영화의 속편인 〈Steak Tartare〉는 심지어 DVD가 발명되기 20여 년 전인 1976년에 DVD로 출시되었는데, 프랑스 배우 '장 피에르 폼 프리츠(Jean-Pierre Pommes Frites)'가 마르셀(Marcel) 역을 맡아 관심을 모았습니다. 아무튼 영화나 TV쇼, 노래의 제목에서 'raw'란 단어를 찾는 것은 생각보다 쉽지 않았습니다. 더군다나 이 책에는 한 두 개도 아니고 세 개의 챕터가 카메라로우에 대한 내용이라 "WWF Raw"를 넘어설만한 제목을 찾기 위해 열심히 검색을 해야 했는데, 아무래도 "Raw Meat"는 안 될것 같았어요. 예전에 CS4 책에서 썼던 제목은 "Raw Deal"인데, 1986년에 캘리포니아 주지사인 아놀드가 나온 영화 제목이에요. 당시는 알 다시피 해리슨 포드와 말론 브란도를 배출한 70년대 시트콤 〈Happy Days〉에 아놀드 같은 남자가 작은 식당 주인으로 연기하는 것이 유행인 시절이었어요. 그나저나 필자가 정말 기대되는 건 이 책을 번역하는 다른 나라의 사람들이 어떤 표정을 짓고 있을까 하는 거예요. C'est magnifique, amigos(정말 대단해요, 친구들)

카메라로우 작업을 위한 준비

어도비(Adobe) 사의 카메라로우 프로그램은 원래 카메라의 RAW 포맷 사진을 처리하기 위해 만들어졌지만 JPEG나 TIFF 사진 파일도 처리할 수 있습니다. 카메라로우의 가장 큰 장점은 많은 사람들이 눈치채지 못할 정도로 매우 쉽고 빠르게 보정할 수 있다는 것입니다. 다루는 방법도 직관적이고 단순하며, 언제든 원본으로 되돌릴 수 있다는 점 또한 카메라로우의 큰 장점입니다. 우선 카메라로우에서 이미지를 불러오는 것부터 시작해 봅니다.

RAW 파일 불러오기

카메라로우는 RAW 파일을 불러오도록 만들어졌기 때문에 컴퓨터의 폴더나 어도비 브리지(Adobe Bridge)에서 RAW 이미지 파일을 더블클릭만 해도 포토샵이 구동되며 카메라로우 창 안에서 RAW 파일이 열립니다.

|NOTE|
RAW 파일을 더블클릭했는데 카메라로우에서 열리지 않으면 사용하고 있는 카메라로우가 최신 버전인지 확인해 봅니다. 최근 새롭게 출시된 카메라의 RAW 파일은 카메라로우에서 RAW 파일임을 인식하지 못할 수 있기 때문에 업데이트해야 합니다.

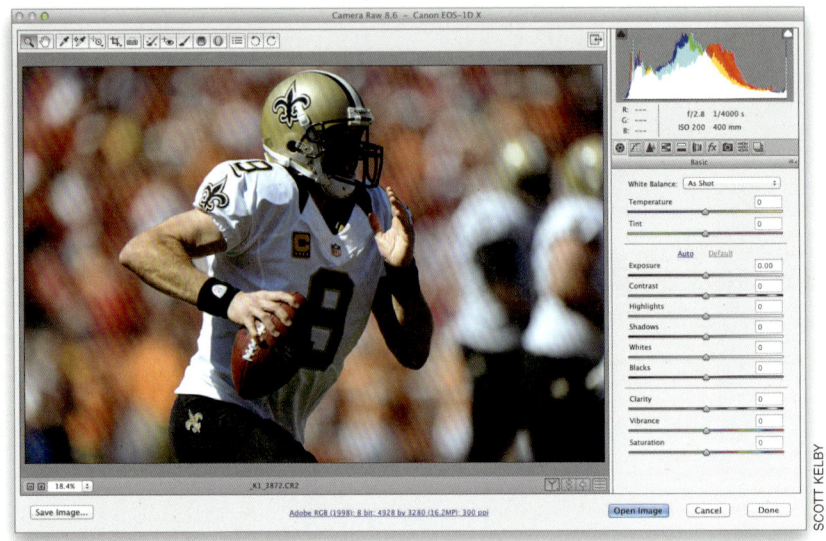

브리지에서 JPEG, TIFF 파일 불러오기

브리지에서 JPEG나 TIFF 이미지 파일을 불러올 때는 파일 위에서 마우스 오른쪽 버튼을 클릭하고 팝업 메뉴의 [Open in Camera Raw]를 클릭합니다.

|NOTE|
Canon과 Nikon 기종은 테더링 기능에 다르게 반응합니다. 예를 들어, Canon 기종은 메모리 카드와 하드 드라이브에 모두 파일을 저장하지만 Nikon은 하드 드라이브에만 저장합니다.

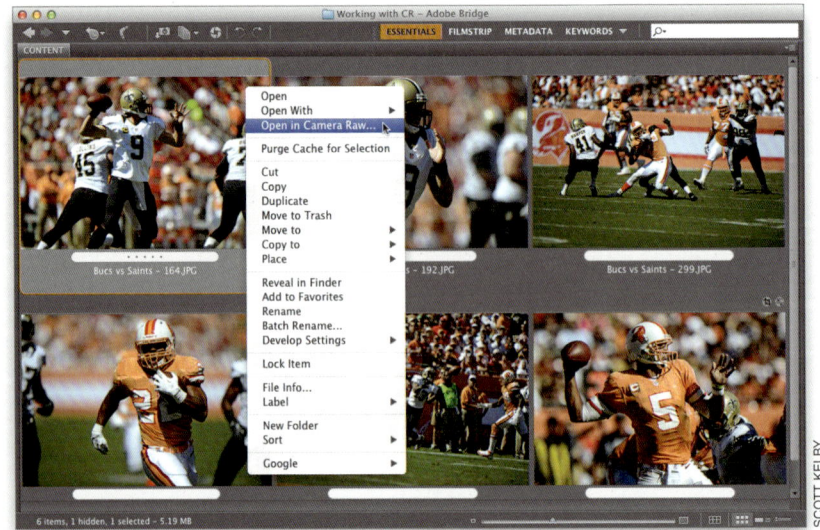

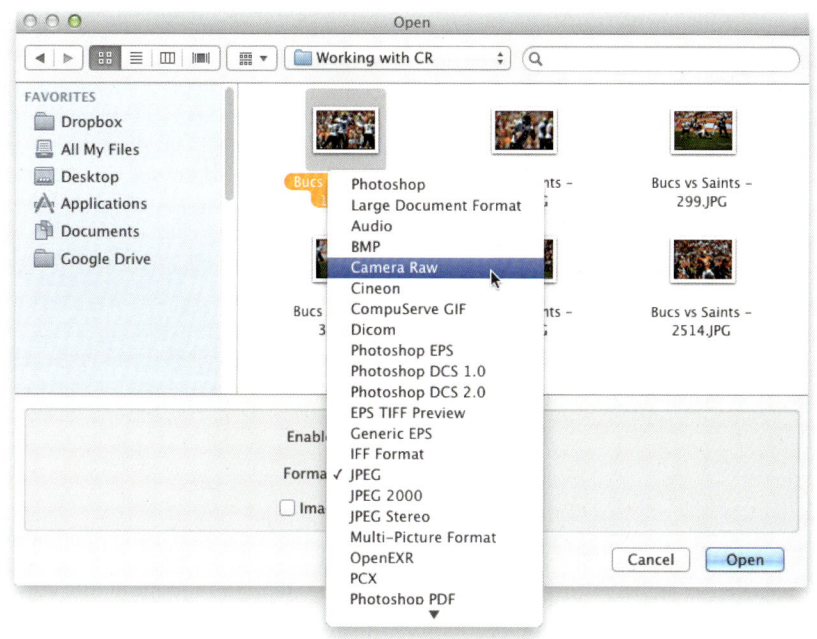

컴퓨터 폴더의 JPEG, TIFF 파일 불러오기

컴퓨터 폴더에 있는 JPEG, TIFF 파일을 불러올 때는 포토샵 화면의 [File] 메뉴에서 [Open As]를 클릭하여 불러오고자 하는 파일을 선택한 다음, 대화상자 하단의 팝업 메뉴를 클릭하고 [Camera Raw]를 선택한 후 [Open] 버튼을 클릭합니다.

|NOTE|
MAC의 경우에는 포토샵 화면의 [File] 메뉴에서 [Open]을 클릭하고 대화상자가 나타나면 필요한 파일을 선택합니다. 'Format' 팝업 메뉴를 눌러 [JPEG]로 되어있는 것을 [Camera Raw]로 바꾼 후 [Open] 버튼을 클릭합니다.

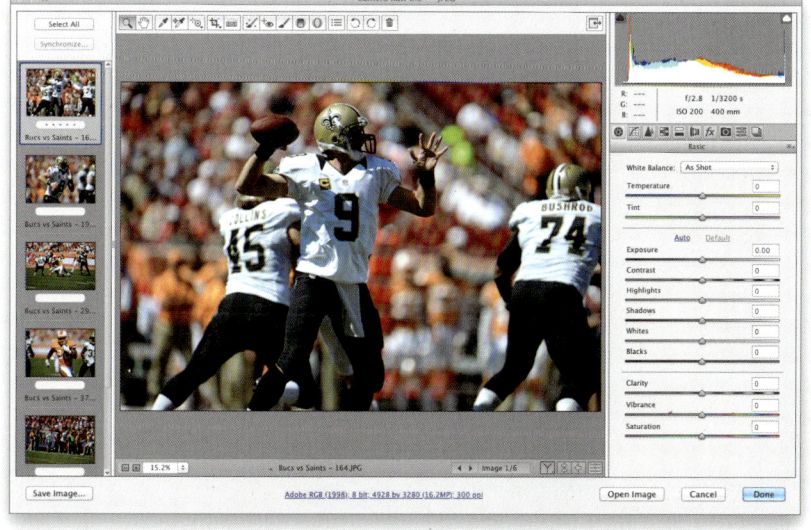

여러 개의 이미지 파일 불러오기

여러 개의 RAW 파일을 불러오려면 브리지나 폴더와 상관없이 불러오려는 파일을 모두 선택하고 그 중 하나의 파일을 더블클릭합니다. 화면 왼쪽의 필름스트립에 다른 사진들도 함께 나타난 것을 볼 수 있습니다. JPEG나 TIFF 파일인 경우 브리지에서 불러오려는 파일을 모두 선택하고 Ctrl-R(MAC:[Command]-R)을 눌러 열 수 있습니다. 다만 Mac Finder나 Windows 폴더에서는 여러 파일을 한 번에 불러올 수 없으니 브리지를 이용해야 합니다. 브리지의 Path Bar를 이용하면 필요한 이미지가 어디에 위치해있는지 쉽게 찾을 수 있습니다.

JPEG와 TIFF 파일 보정하기

카메라로우에서 JPEG와 TIFF 파일을 처리할 때 기억해야 할 것이 있습니다. 사진 보정을 마친 후에 [Open Image] 버튼을 클릭하면 포토샵으로 연결되므로 추가로 작업을 할 수 있고, [Done] 버튼을 클릭하여 포토샵으로 연결하지 않고 보정한 내용을 그대로 저장할 수도 있습니다. 이때 JPEG나 TIFF 파일은 RAW 파일일 때와 큰 차이가 있습니다. [Done] 버튼을 클릭하면 JPEG나 TIFF 파일인 경우 원본 자체의 픽셀에 변형을 주어 저장되는 반면, RAW 파일은 그렇지 않다는 것입니다. 이는 RAW 파일의 큰 장점이기도 합니다. 또한 [Open Image] 버튼을 눌러 JPEG나 TIFF 파일을 포토샵에서 다시 열었을 때 역시 실제 원본 파일을 편집하는 것입니다.

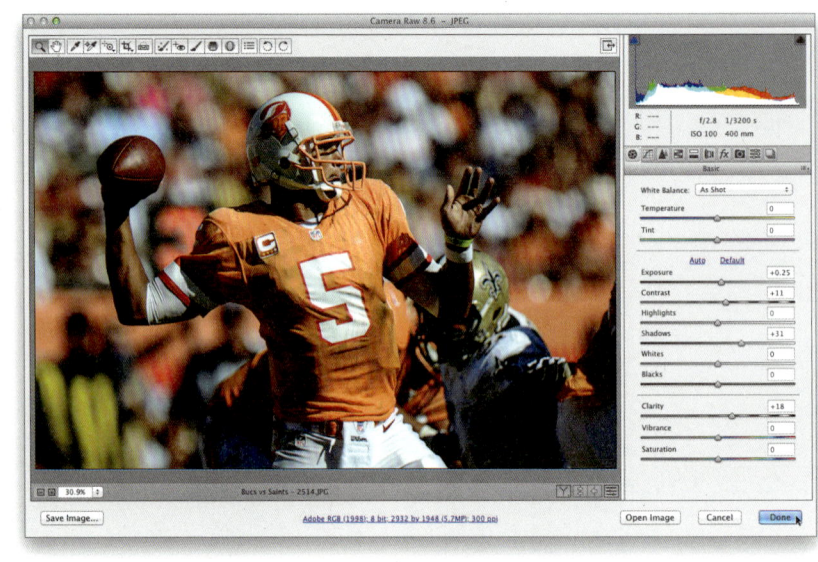

두 개의 카메라로우

카메라로우에 대해 알아야 할 것이 하나 더 있는데, 사실 카메라로우는 두 개라는 것입니다. 하나는 포토샵에 탑재된 것이고 하나는 브리지에 탑재된 것입니다. 두 개의 카메라로우를 가지고 있으면 많은 수의 RAW 파일을 처리하기에 좋습니다. 예를 들어 브리지의 카메라로우에서 일괄적으로 처리를 하는 동안 포토샵에서 다른 작업을 할 수 있습니다. 브리지의 카메라로우만 쓰려면 Ctrl-K(MAC:Command-K)를 눌러 브리지의 [Preferences] 대화상자를 불러와 설정할 수 있습니다. 대화상자 왼쪽에서 [General] 목록을 열어 'Double-Click Edits Camera Raw Settings in Bridge' 항목에 체크하면 RAW 파일을 더블클릭했을 때 항상 브리지의 카메라로우에서만 불러옵니다.

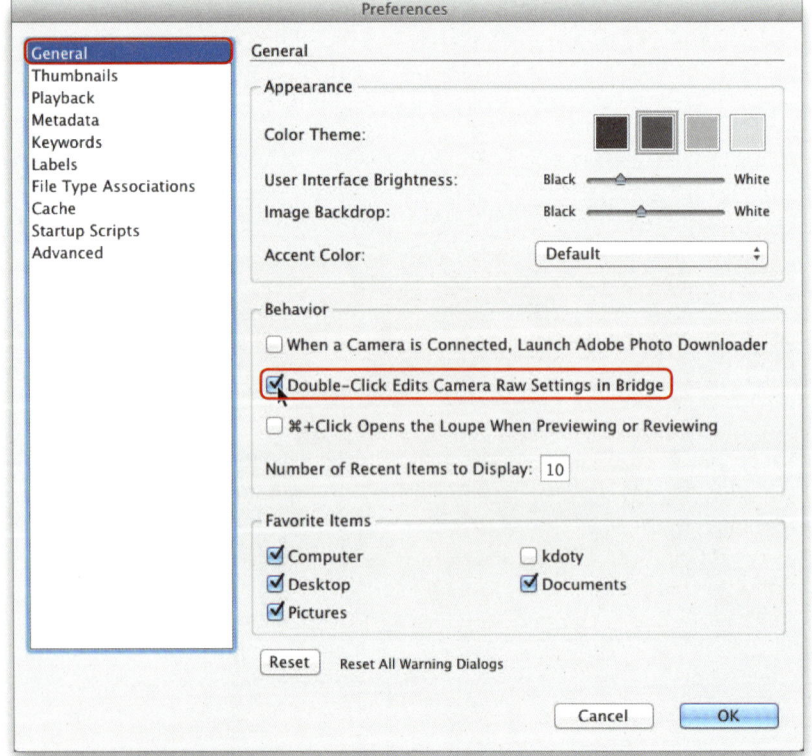

카메라로우에서 RAW 형식의 사진을 불러왔을 때 사진이 카메라의 LCD에서 미리보기로 봤던 것만큼 좋게 보이지 않는다고 느낀 적이 있을 것입니다. 이는 카메라의 LCD가 JPEG 화질로 보여주며 색상 보정, 샤프닝 효과 등이 자동으로 실행되기 때문입니다. 그러므로 RAW 파일 형식으로 사진을 찍으면 "색상 보정이랑 샤프닝 효과 모두 관두고 그냥 내가 직접 리터칭 할 수 있게 해줘!"라고 말하는 것과 같습니다. 혹시 카메라가 자동으로 실행했던 JPEG 처리 모습이 좋으면 Camera Profile을 써서 같은 효과를 낼 수도 있습니다.

카메라 프로필 설정으로 JPEG 화질 만들기

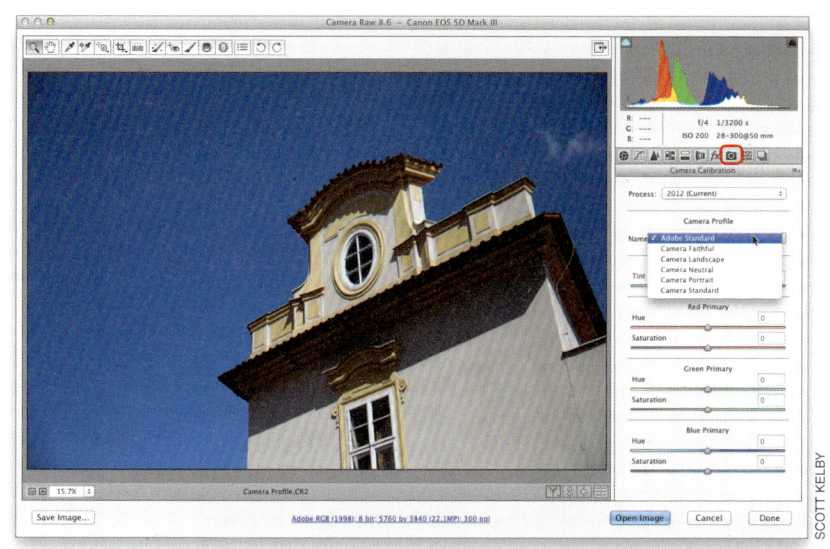

01

'Camera Calibration' 아이콘을 누르고 상단의 [Camera Profile] 영역에서 'Name' 팝업 메뉴를 열면 자신이 사용하는 특정 카메라에서 쓸 수 있는 프로파일 목록이 나타납니다. 이는 사진에 삽입된 EXIF 정보를 읽어들인 것입니다. 예를 들어 Canon으로 찍은 사진이면 JPEG 파일 형식으로 찍었을 때 자동 적용되는 카메라 안의 사진보정 스타일 목록을 볼 수 있습니다(RAW 파일로 찍으면 위에서 설명한 대로 카메라에 내장된 스타일이 적용되지 않습니다). 카메라의 기종마다 약간씩 다른 목록이 나타나긴 하지만 거의 같은 내용입니다.

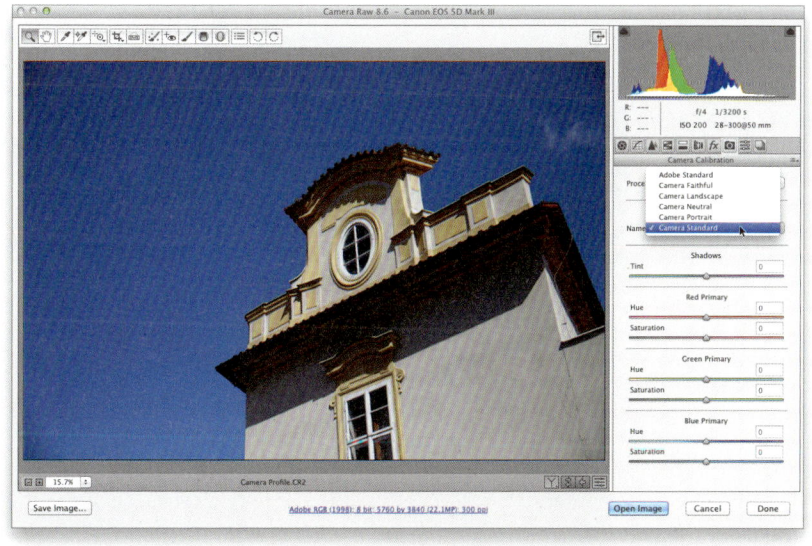

02

기본으로 설정되는 프로필은 [Adobe Standard]입니다. 여기서 'Standard'는 그저 그런 것이 아닌가 여겨지기도 합니다. 항상 그런 건 아니지만 바로 이런 이유로 목록의 다른 프로필도 다양하게 적용해보는 것이 좋습니다. 필자는 'Camera Standard'까지 적용해보았습니다. 그게 좀 더 나아 보인다는 것을 왼쪽 화면에서 확인할 수 있습니다.

03

물론 사진에 따라서 [Camera Standard] 프로필이 적당하지 않을 경우도 있습니다. 하지만 좋은 선택이란 결국 사진가가 느끼고 받아들이기 나름입니다. 가장 좋다고 판단하는 것은 사진가 개인의 몫이라는 뜻입니다. 필자의 경우는 Canon 카메라로 찍은 이미지에 [Camera Standard]나 [Camera Landscape]를 적용하는데, 'Landscape' 적용 시 JPEG 화질을 조금 더 재현할 수 있었습니다. 그러나 Canon 카메라가 아닌 경우라면 'Landscape'가 목록에 나타나지 않을 수도 있습니다(Nikons 카메라는 8가지 스타일을, Canon은 5가지 스타일을 탑재하고 있습니다). 만약 Canon이나 Nikon 이외의 카메라를 사용했다면 목록에는 [Adobe Standard]나 [Camera Standard] 프로필만 나타나기도 합니다. 여기에 자신만의 커스텀 프로필을 만들려면 'http://kel.by/1trwAbm'에서 어도비가 무료로 제공하는 DNG Profile Editor 유틸리티를 다운로드하여 사용하기 바랍니다.

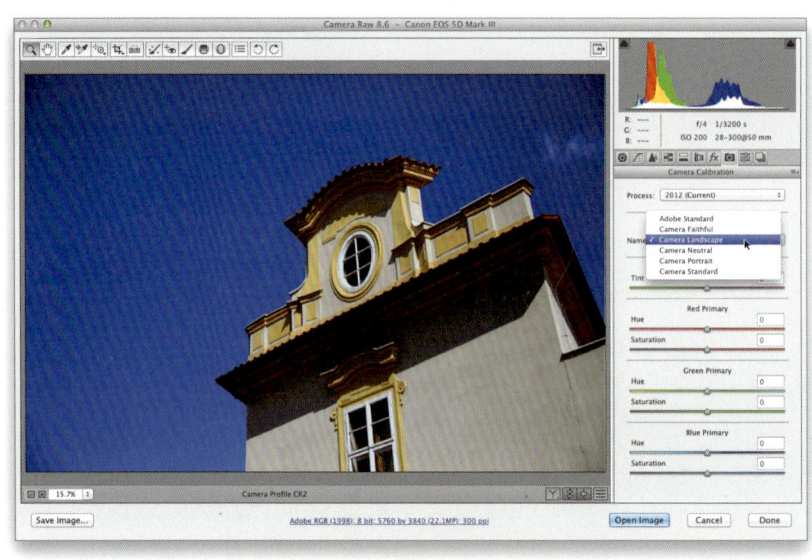

04

예제 사진은 특정 프로필을 적용한 전/후의 모습입니다. 여기서는 [Camera Landscape] 프로필을 적용했습니다. 정리하면, 이 작업은 카메라에서 보았던 모습으로 작업을 시작할 때 시도해볼 만한 것입니다. 카메라로우에서 여러 장의 사진을 한꺼번에 불러와 처리할 때, 화면 왼쪽 상단에 있는 [Select All] 버튼을 클릭하여 처음 선택한 사진의 카메라 프로필을 변경하면 나머지 모든 사진의 프로필도 함께 자동 변경됩니다. [Done] 버튼을 클릭하여 적용을 완료합니다.

Before
: 기본 설정인 [Adobe Standard] 프로필이 적용된 상태

After: [Camera Landscape] 프로필을 적용한 모습

본격적인 보정을 시작하기 전에 포토샵에 열려있는 사진을 카메라로우에서 바로 열어주는 특별한 기능을 소개합니다. 이는 예전부터 포토샵에 있었으면 하고 필자가 절실히 바랐던 기능이기도 합니다. 이 기능이 없었을 때는 포토샵에서 작업 중인 사진을 카메라로우에서 열 때 이미지를 저장하고 닫았다가, 다시 [Open] 대화상자를 불러와서 사진을 찾고 포맷을 카메라로우로 변경한 뒤 열어야만 했습니다. 마침내 번거로웠던 과정이 클릭 한 번으로 가능해졌습니다.

포토샵에서 카메라로우로 가는 쉬운 방법

01

포토샵에 열려있는 이미지를 카메라로우에서 불러와 보정하려면 [Filter] 메뉴를 선택하고 [Camera Raw Filter]를 클릭합니다.

02

카메라로우 화면이 나타나면 작업을 시작할 수 있습니다. 작업을 마친 후에 [OK] 버튼을 클릭하면 설정이 반영된 채 포토샵 화면으로 돌아갑니다. 포토샵에서 사진을 불러오면 그 사진이 설령 RAW 포맷의 사진이라 할지라도 파일을 닫았다가 RAW 버전으로 다시 불러와야 할 필요가 없습니다. 포토샵에서 불러온 사진은 8비트나 16비트의 이미지가 되며 이는 카메라로우에서도 똑같이 불러올 수 있습니다. 두 프로그램을 넘나들며 작업하는 경우에 유용한 기능이므로 알고 넘어가길 바랍니다.

Chapter 1. WWF RAW 카메라로우의 핵심 기법

핵심 보정 기법 #1 : 화이트 밸런스

실내에서 촬영했을 때 사진이 노란빛으로 나온 경험이 있을 것입니다. 사무실의 흰 형광등 아래에서 찍으면 녹색으로 나왔을 것입니다. 그늘진 장소에서 찍으면 푸른빛의 사진이 될 가능성이 큽니다. 이것은 모두 화이트 밸런스 때문에 생긴 문제이므로 카메라의 화이트 밸런스만 잘 조절하면 정상적인 사진을 찍을 수 있습니다. 대부분의 사람들이 'Auto White Balance'로 설정하기 때문에 종종 문제가 생기는데, 매우 쉽게 해결되는 문제이므로 걱정할 필요는 없습니다.

01

색상 문제의 99%가 화이트 밸런스를 조절하는 것만으로 해결되기 때문에, 필자는 카메라로우 워크플로우에서 화이트 밸런스 보정을 가장 먼저 실행합니다. 카메라로우 화면 우측에서 [Basic] 패널을 선택하면 제일 위에 'White Balance' 컨트롤이 있습니다. 팝업 메뉴를 펼쳐보면 기본적으로 [As Shot]이 선택되어 있는데 이것은 사진을 찍을 당시 카메라에 설정되어 있던 모드입니다. 일반적인 실내조명 아래에서 사진을 찍으면 화이트 밸런스 설정이 'Tungsten'이 되는데, 어느 순간 스튜디오로 이동하여 화이트 밸런스 설정을 바꾸지 않은 채로 사진을 찍었다면 처음 찍힌 몇 장의 사진은 푸르스름한 색상이 되어버립니다. 오른쪽 화면의 인물 사진이 바로 그런 경우입니다.

02

사진의 화이트 밸런스를 바꾸는 방법은 모두 세 가지가 있습니다. 가장 간편한 첫 번째 방법은 내장된 화이트 밸런스 프리셋을 선택하는 것입니다. 거의 대부분의 색상 문제는 이 방법만으로도 해결됩니다. 'White Balance' 팝업 메뉴를 클릭하고 사진을 찍었을 때의 조명 상황과 가장 근접한 세팅을 찾아 선택합니다(나무 아래 그늘에서 찍었다면 [Shade]를 선택합니다). 왼쪽 사진은 [Flash]를 선택하여 푸르스름한 색상을 제거했습니다.

|NOTE|
이번 설정은 RAW 파일과 JPEG/TIFF 파일의 차이가 극명하게 드러나는 부분이라 하겠습니다. RAW 파일의 경우 팝업 메뉴에서 화이트 밸런스 프리셋이 모두 나타나지만 JPEG/TIFF 파일의 경우 [As Shot]과 [Auto]만 나타나 선택의 폭이 적습니다.

03

화이트 밸런스를 바꾸는 두 번째 방법은 'White Balance' 아래에 있는 'Temperature'와 'Tint' 슬라이더를 조절하는 것입니다. 슬라이더가 움직이는 막대는 위치에 따라 색상이 표시되어 어느 위치로 움직이면 어떤 색상을 더할 수 있는지 알아볼 수 있게 합니다. 필자는 첫 번째 방법인 프리셋 변경을 우선적으로 이용하지만, 그 후에도 푸른빛이나 노란빛이 약간 남아있다고 생각되면 슬라이더를 반대 색상 쪽으로 움직여 추가 조절을 합니다. 왼쪽 화면의 사진은 [Flash] 프리셋으로 변경하여 많이 개선되었지만 사진에 약간의 노란빛이 남았기에 'Temperature' 슬라이더를 파란색 쪽으로 움직였고 'Tint' 슬라이더도 녹색 쪽으로 약간 조절했습니다.

04

'Temperature'와 'Tint' 슬라이더를 사용하여 직접 손으로 설정하는 방법 중 빠르게 설정할 수 있는 팁이 두 가지 있습니다. 슬라이더를 움직여 조절했다가 다시 원점으로 돌아가려면 슬라이더를 더블클릭하여 조절 이전으로 되돌릴 수 있습니다. 필자의 경험을 한 가지 얘기하자면 'Temperature' 슬라이더는 거의 항상 조절하지만, 'Tint' 슬라이더는 거의 만지지 않습니다. 작업 중에 원본 상태로 되돌아가려면 'White Balance' 팝업 메뉴에서 [As Shot]을 선택하면 됩니다.

05

화이트 밸런스 조절의 세 번째 방법은 필자가 가장 좋아하여 제일 많이 쓰는 방법으로, [White Balance]( ) 도구를 사용하는 것입니다. 이 방법은 사진 자체에서 화이트 밸런스를 읽어내어 조절하기 때문에 가장 정확하다고 할 수 있습니다. 화면 왼쪽 상단에서 [White Balance] 도구를 선택하고 사진에서 밝은 회색으로 보이는 지점을 클릭하면 됩니다. 예제 사진에서는 도구를 선택하고 사진 오른쪽 하단부의 어깨 근처 지점을 클릭했더니 화면과 같이 화이트 밸런스가 조절되었습니다. 결과가 만족스럽지 않을 때는 다른 지점의 밝은 회색을 클릭합니다.

TIP 원본으로 되돌리기

화이트 밸런스 조절 이전의 원본 상태로 빠르게 되돌리려면 화면 상단 도구 바의 [White Balance] 도구를 더블클릭합니다.

06

한 가지 명심해야 할 것은, 화이트 밸런스를 정확하게 맞췄다고 해서 좋은 사진이 되는 것은 아니라는 점입니다. 화이트 밸런스는 독창적 판단이므로 자신이 보기에 좋은 사진을 만드는 것이 가장 중요합니다. 그러므로 "맘에 들진 않지만 정확하다."는 식의 조절은 바람직하지 않습니다. 자기 사진은 자신의 마음에 들도록 조절하는 것이 좋습니다. 당신이 사진가이며 당신의 시각이 관건입니다. 사진 위에서 마우스 오른쪽 버튼을 클릭하면 예제 사진과 같이 'White Balance' 팝업 메뉴가 나타나므로 언제나 쉽게 선택할 수 있습니다.

07

왼쪽 Before/After 사진은 적절한 화이트 밸런스가 어떤 차이를 만들어 내는지 보여줍니다.

|NOTE|
P를 재차 누르면 화이트 밸런스를 변경하기 전과 후의 모습을 번갈아 확인해볼 수 있습니다.

TIP 그레이 카드로 중간 회색 찾기
촬영 시 조명이 정해지면 처음에 먼저 그레이 카드를 배치하고 사진을 한 장 찍습니다. 카메라로우에서 사진을 열고 [White Balance] 도구로 그레이 카드 부분을 클릭하면 적정 화이트 밸런스가 쉽게 조정됩니다. 그리고 화이트 밸런스를 동일한 조명 아래에서 촬영한 사진들에 똑같이 적용하기만 하면 됩니다.

Before: [As Shot] 화이트 밸런스 상태로 푸른빛이 감도는 사진

After: White Balance Tool을 한 번 클릭하여 조정한 후의 모습

핵심 보정 기법 #2 : 노출

화이트 밸런스에 이어 보정할 것은 바로 사진의 노출입니다. 노출을 더 우선해야 할 것이 아닌가 생각할 수도 있겠지만, 만약 사진이 푸른빛으로 나왔다면 사진 노출이 3단계 아래로 조절되었다 한들 아무도 모를 것이므로, 필자는 화이트 밸런스를 먼저 조절한 다음 노출을 고민합니다. 카메라로우의 노출 조절은 'Exposure' 슬라이더뿐만 아니라 'Blacks', 'Shadows', 'Highlights', 'Whites' 슬라이더까지 모두 다섯 개의 슬라이더가 담당하고 있습니다.

01

지난 버전의 카메라로우 작업은 슬라이더의 조절 순서가 큰 영향을 미치지 않았지만, 이제는 필자뿐만 아니라 어도비에서도 [Basic] 패널에서 상단 슬라이더부터 차례대로 사용하길 권장하고 있습니다. CS6 버전부터는 제일 먼저 'Exposure(중간톤)'을 조절해보고 사진이 선명하지 않은 경우 'Contrast'를 추가로 조절하는 것이 가장 좋은 방법입니다. 예제 사진은 조명이 일정하지 않은 매우 열악한 상황에서 촬영되었기 때문에 카메라로우의 도움이 절실히 필요한 상태입니다.

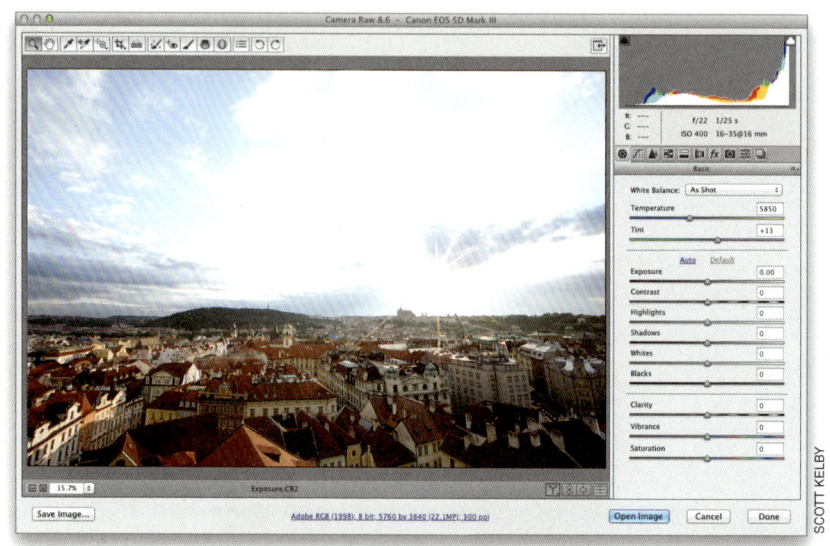

02

'Exposure' 슬라이더부터 조절해 봅니다. 이 사진은 과다 노출 상태이므로 슬라이더를 왼쪽으로 움직여 중간톤을 비롯한 전반적인 노출을 낮췄습니다. 오른쪽의 화면과 같이 '–1.7'까지만 낮춰도 사진이 훨씬 나아보입니다. 그러나 여전히 사진에 볼륨감이 없어 밋밋해 보이기 때문에 다음 단계에서는 대비를 조절합니다.

|NOTE|
'Contrast' 슬라이더를 왼쪽으로 움직여 대비를 약하게 만들 수도 있겠지만, 실제로 대비를 줄여 사진을 밋밋하게 만들어야 하는 경우는 없습니다. 그래서 필자는 이 슬라이더를 왼쪽으로 조절해본 적이 없습니다.

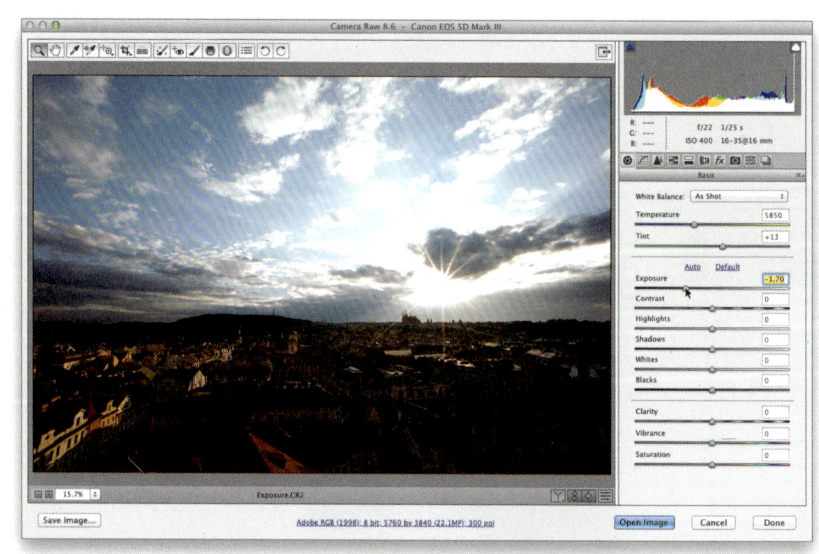

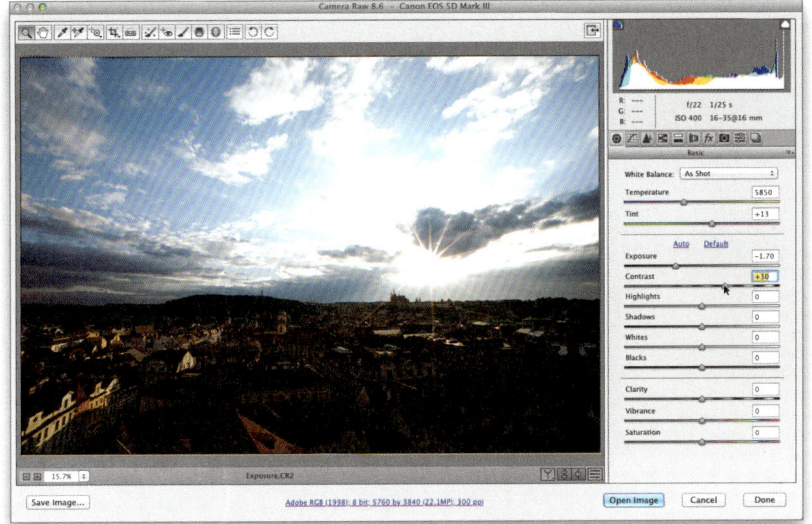

03

'Contrast' 슬라이더는 밝은 영역을 더욱 밝게, 어두운 영역을 더욱 어둡게 만들어줍니다. 여기서는 '+30'까지 조절하여 대비가 부족했던 사진을 보정했습니다. 지금까지 조절한 'Exposure' 슬라이더와 'Contrast' 슬라이더는 사진 보정을 시작할 때 항상 먼저 거쳐야 하는 시작점입니다. 이때 조절된 노출 상태가 기본이 되고 그 위에 다른 슬라이더 조절이 실행되기 때문에, 상단의 슬라이더부터 차례대로 조절하면 실수를 피할 수 있습니다. 그러므로 기본이 되는 이 두 슬라이더를 우선적으로 조절하고 나머지 슬라이더를 선택적으로 실행합니다.

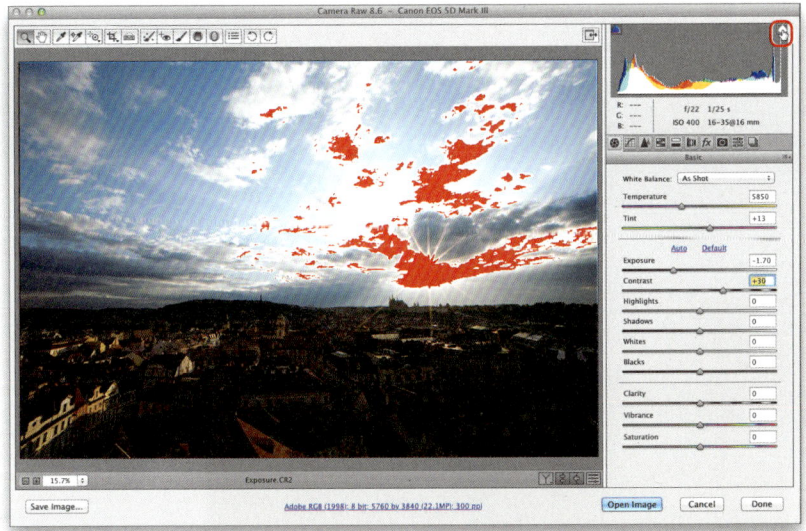

04

자세한 보정을 시작하기 전에 대비를 높여 디테일이 깨진 부분 즉, 하이라이트가 날아간 영역을 찾아볼 필요가 있습니다. '하이라이트'란 사진에서 흰색으로 밝게 나타나 해당 부분의 디테일이 전혀 보이지 않는 곳으로, 주로 '날아갔다', '깨졌다'고 일컬어집니다. 카메라로우는 사진에 날아간 부분이 있으면 히스토그램 오른쪽 상단에 경고 표시를 나타냅니다. 왼쪽 화면에 표시된 삼각형이 바로 하이라이트 경고 표시입니다. 필자는 이 삼각형을 '죽음의 하얀 삼각형'이라 부릅니다. 이 경고 표시가 나타나면 삼각형을 클릭하여 디테일이 깨진 부분이 어딘지 확인합니다. 사진에서 빨갛게 나타나는 곳이 날아간 하이라이트 영역인데, 이 부분이 꼭 살려야 할 중요한 디테일인지 아니면 빛나는 범퍼나 무의미한 배경의 사소하고 작은 부분인지 따져봅니다.

05

경고를 받은 하이라이트 영역의 디테일이 사진에서 중요한 부분이라고 판단했다면 'Highlights' 슬라이더를 왼쪽으로 움직여 빨간색 영역이 사라지게 조절합니다. 예제 사진에서는 하늘의 디테일이 크게 중요하지 않지만 구름의 윤곽은 조금 되살릴 필요가 있기 때문에 'Highlights' 슬라이더를 '-11'로 조절했습니다. 기본적으로 깨진 하이라이트 영역의 디테일을 되살리는 것은 'Highlight' 슬라이더로 충분합니다. 다만 여기서는 'Exposure' 값을 약간 낮추었습니다.

TIP 색상이 다른 경고 표시 이해하기

경고 삼각형의 색깔이 하이라이트 경고 표시인 흰색 대신 빨강, 노랑, 자주색 등 여러 가지로 나타났다면 좋은 신호는 아니지만 흰색 경고보다는 좀 낫다고 볼 수 있습니다. 삼각형의 색상은 깨진 색상 채널을 의미하므로 나타난 색상에 해당하는 채널만 깨졌고 나머지 채널의 디테일은 유지되고 있다는 뜻이기 때문입니다.

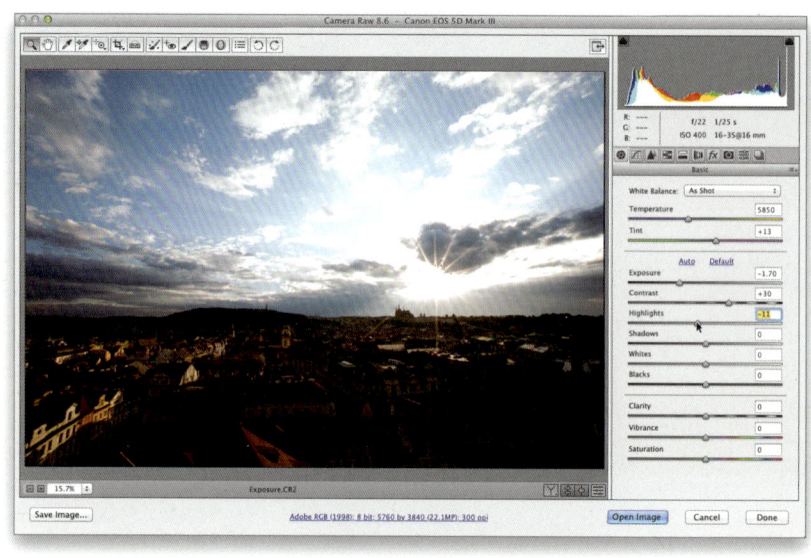

06

다음 슬라이더인 'Shadows'도 'Highlight' 슬라이더와 마찬가지로 쉐도우 영역의 문제 해결을 위한 슬라이더입니다. 예제 사진은 오른쪽 하단의 디테일이 선명하지 않아 해결이 필요한 상황입니다. 이처럼 어두운 영역의 디테일을 살리려면 'Shadows' 슬라이더를 오른쪽으로 움직여 어두운 영역을 밝게 만듭니다. 여기서는 '+34'로 조절하여 빌딩들이 좀 더 잘 보이게 설정했습니다.

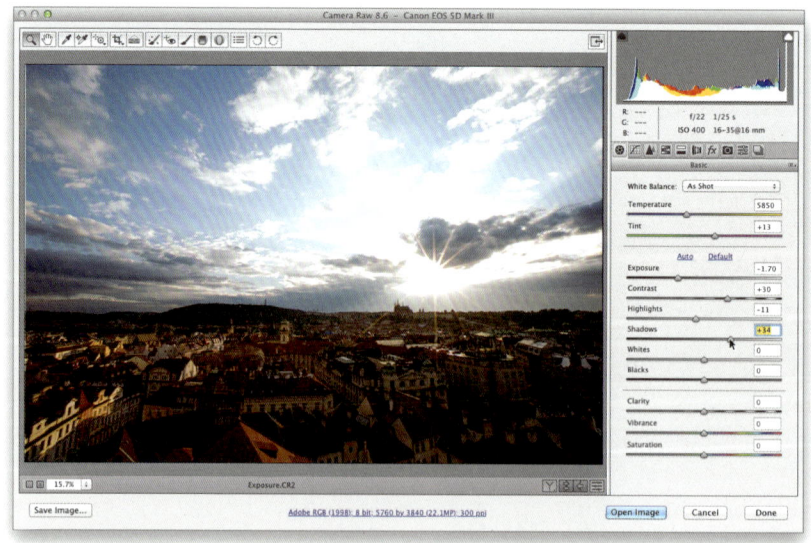

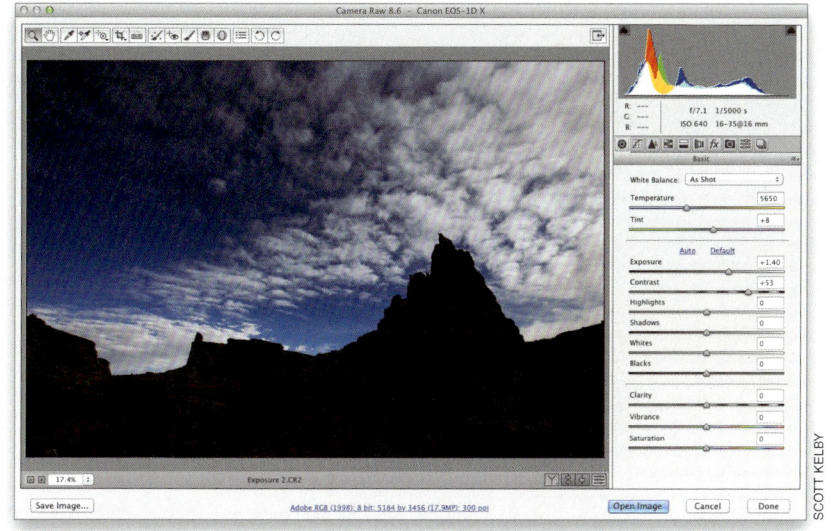

07

'Shadows' 슬라이더 조절을 완료하기 전에 잠깐 다른 사진을 예로 들어보겠습니다. 왼쪽 사진처럼 하늘에 노출이 과도하게 잡혀 전경이 어둡게 나오는 경우가 많고 이럴 때 'Shadows' 슬라이더를 주로 사용하기 때문에 짚고 넘어가려고 합니다. 사진을 촬영할 때 하늘과 전경 두 영역의 노출이 확연히 다를 것을 감안하여 바라보고 있었지만, 카메라는 사람처럼 생각하여 수용하지 않기 때문에 이와 같은 결과가 나오고 마는 것입니다. 이런 경우에는 우선 'Exposure'값을 높이고 'Contrast'를 조절한 후에 'Shadows' 슬라이더를 조절하면 훨씬 좋은 결과를 얻을 수 있습니다.

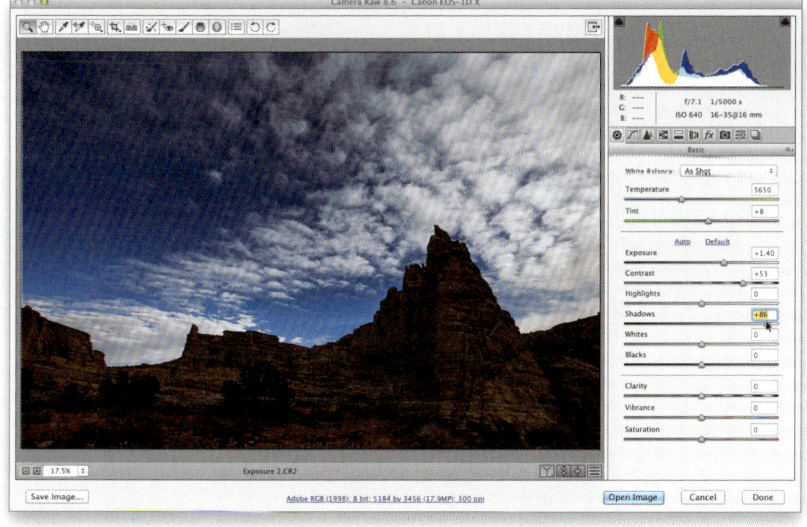

08

'Shadows' 슬라이더를 오른쪽으로 움직여 어둡게 나온 바위와 전경의 디테일을 되살려봅시다. 여기서는 '+86'으로 조절하여 전반적으로 훨씬 균형 잡힌 사진을 얻을 수 있었습니다. 이제 다시 기존의 예제 사진으로 돌아갑니다.

09

이제 남아있는 노출 관련 슬라이더는 'Whites'와 'Blacks'입니다. 이 두 슬라이더는 결국 하이라이트와 쉐도우 포인트를 설정하는 역할을 하기 때문에 포토샵에서 Levels 기능을 주로 활용하는 사용자는 익숙하게 다룰 수 있을 것입니다. 가장 밝은 영역을 컨트롤하려고 'Whites' 슬라이더를 사용할 때는 오른쪽으로 움직여 좀 더 환하고 맑게 표현하는데, 여기서 예제 사진은 'Whites' 슬라이더를 왼쪽으로 '-78'까지 움직여 강하게 내려오는 햇빛의 하이라이트를 약간 줄여주었습니다. 또한 'Blacks' 슬라이더를 왼쪽으로 '-8'까지 옮겨 어두워진 쉐도우 영역의 밝기를 되돌렸습니다. 이 슬라이더는 사진 보정 작업을 모두 마칠 무렵에 사용하기도 하는데, 색상 면에서 좀 더 특별한 매력이 필요할 때 쨍한 느낌을 주기 위해 조절합니다. 여기서는 'Clarity'와 'Vibrance' 값을 추가로 조절했는데 이 슬라이더는 다음 레슨에서 알아볼 것입니다. 한 번 더 강조하면, 지금 사용한 슬라이더들은 상단에 위치한 것부터 차례대로 조절하는 것을 권장합니다. 모든 사진에 'Highlights'와 'Shadows'를 조절해야 하는 것은 아닙니다. 하이라이트나 쉐도우 영역에 문제가 있는 경우에만 사용하고 그렇지 않으면 다음 설정으로 넘어갑니다.

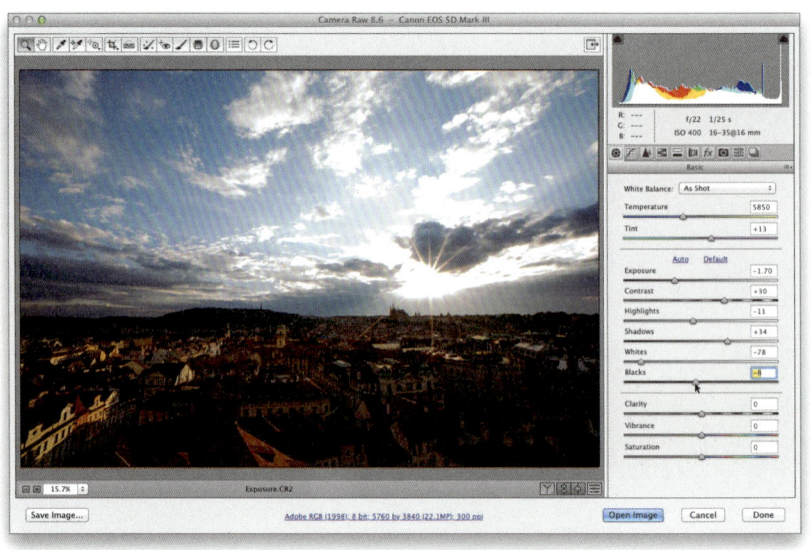

Before: [As Shot] 화이트 밸런스 상태로 푸른빛이 감도는 사진

After: [White Balance Tool]을 한 번 클릭하여 조정한 후의 모습

카메라로우의 자동 보정 기능

사진마다 일일이 보정하기 힘들면 카메라로우의 원클릭 자동 보정 기능으로 전반적인 노출(대비, 하이라이트, 쉐도우 등)을 조절할 수 있는데, 현재 카메라로우 버전 정도면 꽤 괜찮은 결과를 얻을 수 있습니다. 보정 결과가 마음에 들면 조정 값을 설정해놓고 다른 사진에 자동으로 적용하도록 설정할 수도 있습니다.

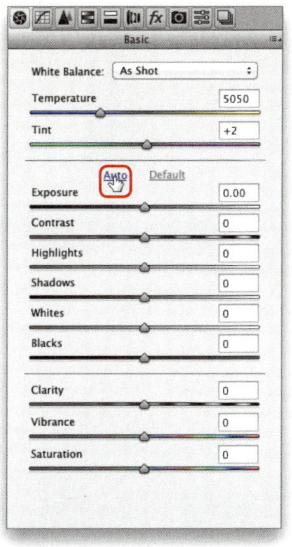

01

카메라로우에서 사진을 불러온 후 우선적으로 노출이 자동 조절되도록 하려면 [Basic] 패널의 [Auto] 버튼을 클릭합니다. 현재 버전의 자동 보정 기능은 아주 뛰어나다곤 할 수 없지만 과거보다는 많이 발전되었기 때문에 개별 조정에 어려움을 느끼는 사용자라면 사용해볼 만합니다. 일단 시도해보고 결과가 좋지 않으면 Ctrl-Z를 눌러 실행을 취소해도 됩니다.

02

카메라로우에서 사진을 열 때마다 자동으로 톤 보정이 되도록 설정해 봅시다. 화면 상단의 도구 아이콘 중 [Preferences]를 눌러 대화상자를 불러옵니다. 왼쪽 화면과 같이 'Apply Auto Tone adjustments' 항목에 체크한 다음 [OK] 버튼을 클릭하면 이제부터 불러오는 사진에 자동으로 톤 보정이 되어 나타납니다. 적용된 톤 보정을 취소하려면 [Auto] 버튼 옆에 위치한 [Default] 버튼을 클릭하여 설정을 해제할 수 있습니다(화면은 이미 [Auto] 버튼을 클릭한 상태이므로 [Default] 버튼이 비활성화되어 있습니다).

03

[Auto] 버튼이 최적의 노출을 만들어낼 수도 있지만 간혹 엉망으로 만들 때도 있습니다. 사진을 일부러 어둡게 나오도록 촬영하거나 어두운 배경에서 찍은 인물사진을 열어 테스트해 봅니다. [Auto] 버튼은 이런 사진을 밝은 태양 아래에서 찍은 것처럼 만들려고 하는데 이것은 처참한 결과를 가져옵니다. 오른쪽 화면의 사진은 약간 밝아졌지만 크게 나쁘지 않은 결과가 나왔습니다.

04

[Auto] 버튼을 클릭하면 사진에 쉐도우와 하이라이트가 자동으로 조절이 되어 전반적으로 변화됩니다. 한편 [Auto Temperature]와 [Auto Tint] 등 어도비사에서 카메라로우에 심어놓은 개별 자동 보정 옵션이 있습니다. 또한 화이트 포인트와 블랙 포인트가 자동 설정되도록 할 수도 있습니다. 즉, [Auto White Balance]와 [Auto Levels]같은 것인데 이것들은 분리되어 있습니다. 예를 들어 [Tint]값에 대한 분리된 자동 보정, [Temperature]값에 대한 분리된 자동 보정을 할 수 있다는 것입니다. 물론 하이라이트와 쉐도우 모두 조정하지 않아도 되며 한 가지 또는 여러 옵션을 모두 조절해도 됩니다. 'Whites'와 'Blacks' 슬라이더도 마찬가지입니다. 예제 사진을 다시 기본 값으로 되돌려 실행해 봅니다.

05

우선 'Whites'와 'Blacks' 슬라이더부터 시작해 봅니다. 이들을 Shift를 누른 채로 슬라이더 버튼을 더블클릭하면 자동으로 화이트 포인트가 설정됩니다. 같은 방법으로 블랙 포인트도 설정한 다음 원본과 비교해 봅니다. 꽤 괜찮은 결과가 나왔습니다.

06

계속해서 화이트밸런스를 자동 조절하기 위해 Shift를 누른 채로 'Temperature' 슬라이더 버튼을 더블클릭합니다. 필요하면 'Tint' 슬라이더도 같은 방법으로 자동 조절합니다. 조절 결과가 마음에 들지 않으면 Shift를 누르지 않고 버튼을 더블클릭하여 처음으로 되돌릴 수 있습니다. 이렇게 하면 어느 슬라이더 때문에 잘못된 것인지 어렵지 않게 파악하고 문제를 해결할 수 있습니다. 이 기능은 숨은 기능이지만 알아두면 매우 유용하므로 기억해 두기 바랍니다.

Clarity 기능으로 선명한 사진 만들기

이번 기능은 필자가 좋아하는 카메라로우 기능 중 하나로, 수업에서 이 기능의 효과를 보여줄 때면 항상 "와~"하는 감탄사를 들을 수 있습니다. 단순한 슬라이더 하나로 중간톤의 대비를 증가시켜 샤프닝 보정 없이도 사진을 좀 더 선명하고 임팩트 있게 만들 수 있기 때문입니다. 그래서 사진에 입체감을 주려면 'Clarity'의 값을 매우 높게 설정합니다. 이 기능은 자연 풍경, 도시, 여행사진, 인물사진 할 것 없이 모든 사진에 제대로 효과를 발휘할 것입니다.

01

'Clarity' 슬라이더는 [Basic] 패널 하단부의 'Vibrance'와 'Saturation' 슬라이더 바로 위에 위치합니다(슬라이더의 공식 명칭은 'Clarity'이지만 어도비사의 엔지니어들끼리는 흔히 "Punch" 슬라이더로 통합니다. 사진을 선명하게 만드는 기능이 탁월하기 때문입니다). 이 슬라이더의 효과를 정확하게 확인하기 위해서는 우선 [도구]바에서 돋보기 모양의 [Zoom] 도구를 더블클릭하여 화면 배율을 '100%'로 조절합니다(오른쪽 화면은 사진 전체를 보여주기 위해 17.5% 배율로 나타낸 상태입니다).

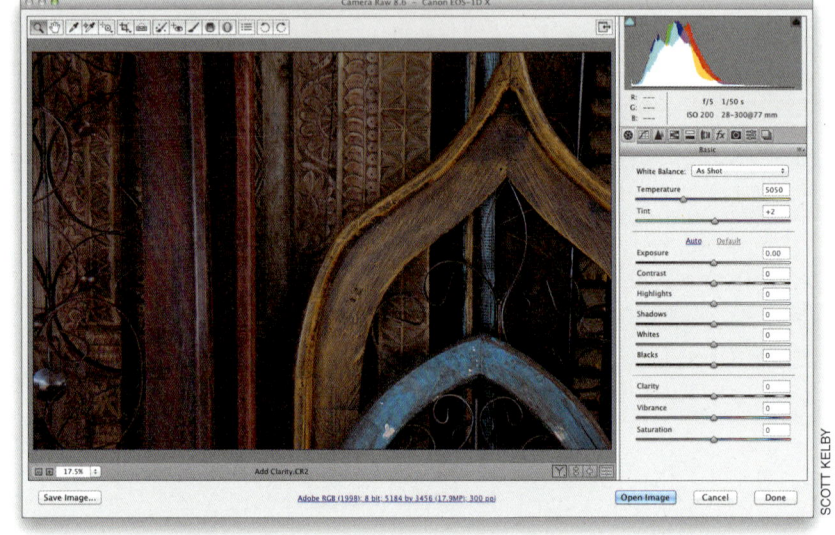

02

'Clarity' 조절은 슬라이더를 오른쪽으로 움직여 중간 톤의 대비를 올려주기만 하면 사진이 눈에 띄게 선명해지는 것처럼 사용법이 매우 쉽습니다. 예제 사진의 처음 모습과 조절 후의 모습을 비교해봅니다. 여기서는 '+100'까지 움직였는데, 여기저기 반점이 나타났던 과거의 카메라로우와 달리 아주 만족스러운 결과를 얻을 수 있었습니다. 필자는 자연 풍경이나 도시 전경, 스포츠 사진 등 종류를 떠나서 입체감을 강조하려는 사진에 'Clarity' 값을 '+25~+50'정도 올려줍니다(현재 버전에서는 그 이상으로 조절해도 될 것 같습니다).

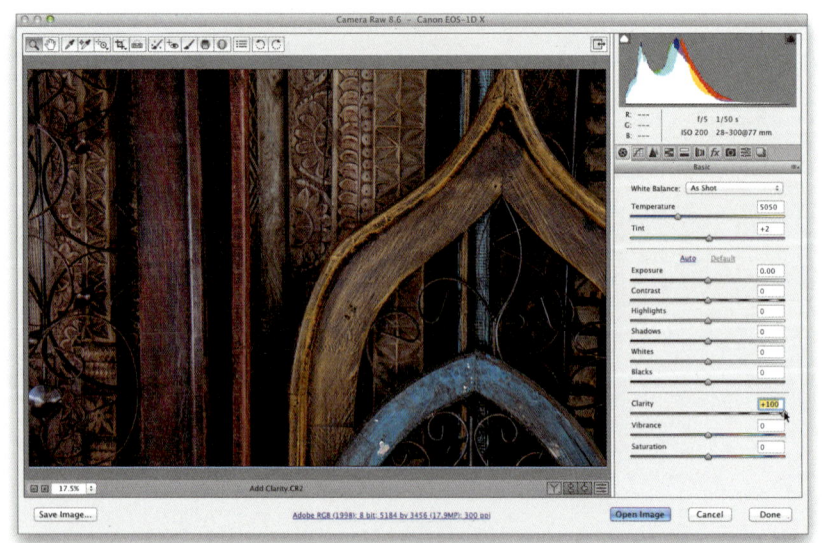

03

사진의 성격에 따라 질감을 굳이 강조하지 않아도 되는 경우가 있습니다. 여인이나 아이들 사진을 예로 들 수 있는데, 이런 경우는 'Clarity' 값을 더하지 않습니다. 그러나 'Clarity' 값을 반대로 조절하면 피부 표현을 부드럽게 할 수 있습니다. 즉 '0' 아래 값으로 조절하여 중간 톤의 대비를 줄이는 것입니다. 이를 사진 전체에 반영하기보다는 피부같이 필요한 부분에만 적용되도록 해야 합니다. 이때는 [Adjustment Brush]와 같은 도구를 사용합니다. 우선 아무런 조절을 하지 않은 왼쪽의 예제 사진과 다음 사진을 비교해 봅니다.

|NOTE|
Adjustment Brush의 자세한 사용법은 Chapter 3을 참조하세요.

04

화면과 같이 [Adjustment Brush] 도구를 선택하고 'Clarity'값을 왼쪽 끝으로 '-100'까지 조절하여 부드럽게 만들어 봅니다. 여기서는 추가로 'Sharpness' 슬라이더도 '+25'로 조절한 다음 인물의 피부 부분만 [Adjustment Brush] 도구로 칠했습니다. 이때 눈과 눈썹, 콧방울, 입술, 머리카락, 얼굴 윤곽선 등 디테일과 질감이 선명해야 하는 부분에는 브러시가 닿지 않도록 주의합니다. 작업을 마친 왼쪽 사진에서 피부결이 얼마나 부드러워졌는지 확인해 보세요. 이처럼 약간의 피부 소프트닝이 필요할 때 'Clarity'값을 마이너스로 활용하면 빠르고 쉽게 효과를 볼 수 있습니다.

Curves로 대비 조절하기

카메라로우의 'Contrast' 슬라이더는 지금까지 많이 발전했지만 아직도 기대에 못미치는 결과를 보여주곤 합니다. 하지만 다행히 [Curves] 기능이 있어 밋밋한 사진에 생기를 불어넣고자 고군분투할 때 든든한 조력자가 되어줍니다. 또한 포토샵에서 작업 중에 카메라로우로 연결하여 R, G, B 채널을 각각 조절할 수 있는 기능도 있습니다. 두 프로그램을 연동하여 작업하는 사용자는 재미있게 활용할 수 있을 것입니다.

01

[Basic] 패널에서 노출 조절을 마친 후 대비를 좀 더 주고싶으면 [Tone Curve] 패널로 이동합니다. 조절 방법은 'Point' 커브와 'Parametric' 커브의 두 가지 방법이 있는데, 우선 'Point' 커브를 사용하기 위해 패널 상단에서 [Point] 탭을 클릭합니다. 현재 사진은 대비를 더하지 않은 상태로 'Curve' 설정이 [Linear]로 되어있어 보정하기 이전 상태임을 알 수 있습니다.

|NOTE|
이전 버전의 카메라로우에서는 RAW 포맷의 사진을 열었을 때 'Curve'의 기본적인 설정이 [Medium Contrast]로 자동 조절됩니다. 여기서 예제 사진은 JPEG 포맷이므로 자동 조절이 되지 않은 원본 상태로 나타납니다.

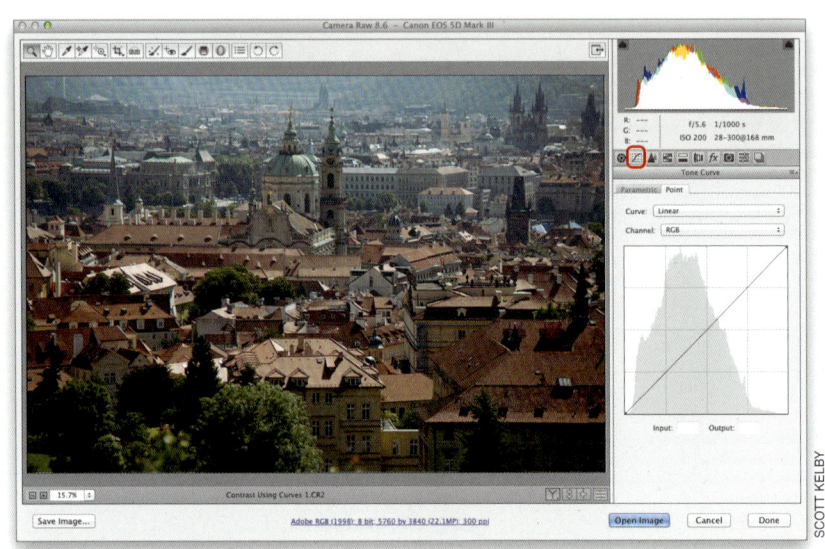

02

강한 대비를 주려면 'Curve' 팝업 메뉴에서 [Strong Contrast]를 선택하고 사진이 어떻게 변하는지 원본과 비교해 봅니다. 각 옵션들의 차이는 커브 곡선의 경사에 따른 것인데, 곡선이 가파를수록 대비가 커집니다.

03

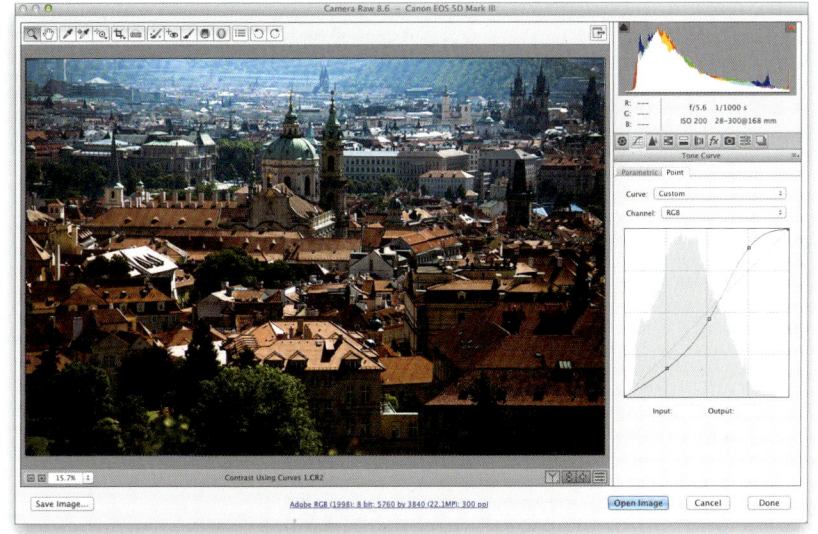

포토샵의 Curves 조절에 익숙하면 그와 같은 방법으로 사용자 설정의 커브를 적용할 수 있습니다. 우선 커브 프리셋을 임의로 하나 선택하고 그래프 위의 조절 포인트를 클릭하여 드래그하거나 키보드의 화살표 키를 눌러 곡선의 형태를 원하는 대로 조절하는 것입니다. 이때는 포인트를 클릭하여 선택하고 키보드의 화살표 키로 조절하는 것이 편리합니다. 여기서는 [Linear] 프리셋을 선택하여 먼저 편평한 그래프 상태를 만든 다음, 그래프의 한 지점을 클릭하여 조절 포인트를 만들었습니다. 만들어진 포인트를 제거할 때는 포인트를 클릭하여 곡선 밖으로 빠르게 드래그합니다.

04

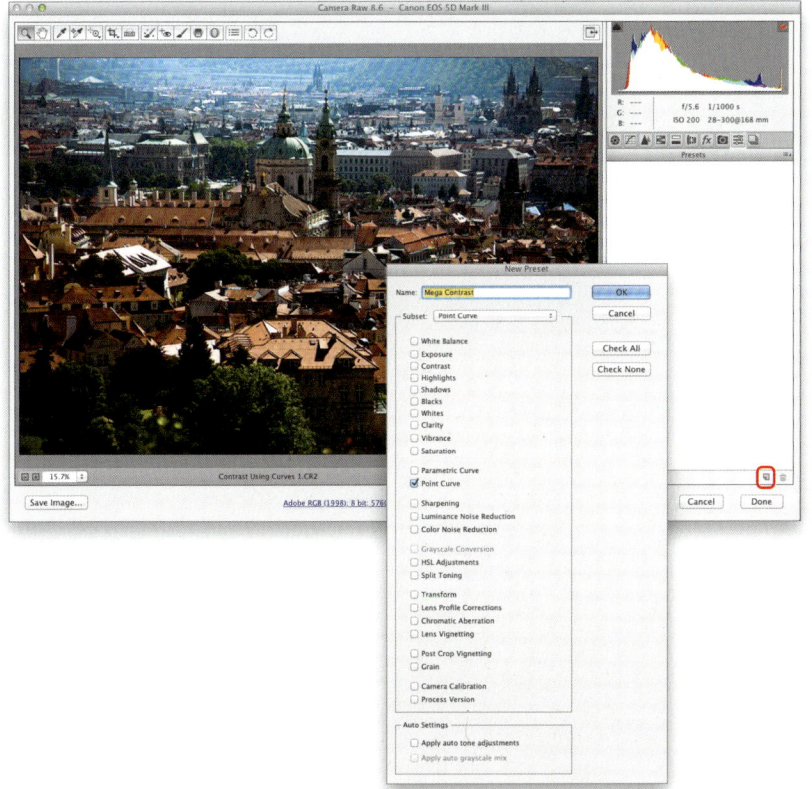

커브 곡선을 원하는 형태로 만든 후에 이를 저장하여 프리셋으로 만들어두면 다른 사진에도 동일한 커브를 쉽게 적용할 수 있습니다. 프리셋을 저장하기 위해서 먼저 패널 상단의 아이콘 중 오른쪽에서 두 번째에 있는 'Presets' 아이콘을 클릭하고 오른쪽 하단에 나타나는 'Create a New Layer' 아이콘을 눌러 [New Preset] 대화상자를 불러옵니다. 현재 조절된 상태의 커브 설정을 저장하기 위해 'Subset' 팝업 메뉴에서 [Point Curve]를 선택하면 아래 항목들 중 'Point Curve'에만 체크 상태가 됩니다. 왼쪽 화면 상단에 'Mega Contrast'라고 입력한 것처럼 프리셋의 이름을 입력하고 [OK] 버튼을 클릭합니다.

05

'Point' 커브 조절로 만족스런 결과를 얻지 못했다면 슬라이더 조절을 통해 커브 곡선을 조절하는 'Parametric' 커브를 활용해 봅니다. 상단의 [Parametric] 탭을 누르면 네 개의 슬라이더가 나타나는데, 이들은 각각 다른 영역의 커브를 조절합니다. 슬라이더를 움직이기 전에는 [Point] 탭에서의 조절 내용이 반영된 상태이지만 슬라이더를 조금이라도 움직인다면 [Point] 탭에서의 조절 내용이 무시되고 [Linear] 상태의 원점에서 조절이 시작됩니다.

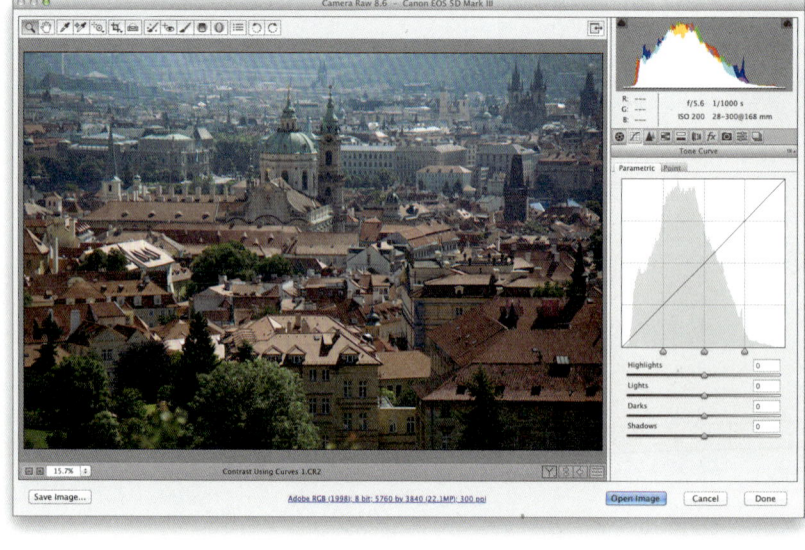

06

'Highlights' 슬라이더는 커브의 하이라이트 영역을 관장하며 오른쪽으로 드래그하여 곡선이 위로 움직일수록 하이라이트 영역이 더욱 밝아집니다. 'Lights' 슬라이더는 중간 톤과 하이라이트의 중간 영역을 담당하며 슬라이더를 오른쪽으로 움직일수록 곡선의 경사가 커져 중간 톤의 대비가 증가합니다. 'Darks'와 'Shadows' 슬라이더는 중간 톤 중에서도 어두운 영역과 가장 어두운 쉐도우 영역을 비슷하게 제어합니다. 유의할 점은 슬라이더를 오른쪽으로 움직이면 어두운 영역을 밝게 하므로 대비를 증가시키려면 왼쪽으로 움직여야 한다는 것입니다. 여기서는 대비를 극대화하기 위해 'Highlights'와 'Lights' 슬라이더를 오른쪽으로, 'Darks'와 'Shadows' 슬라이더를 왼쪽으로 움직여 조절했습니다.

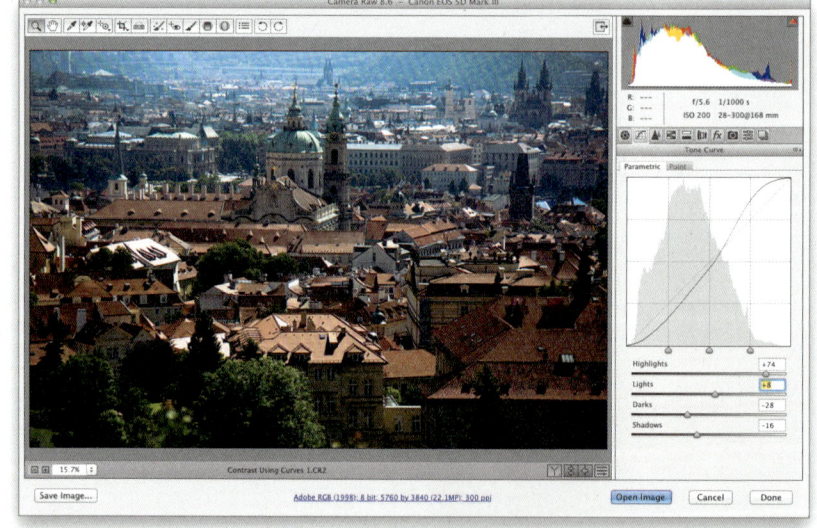

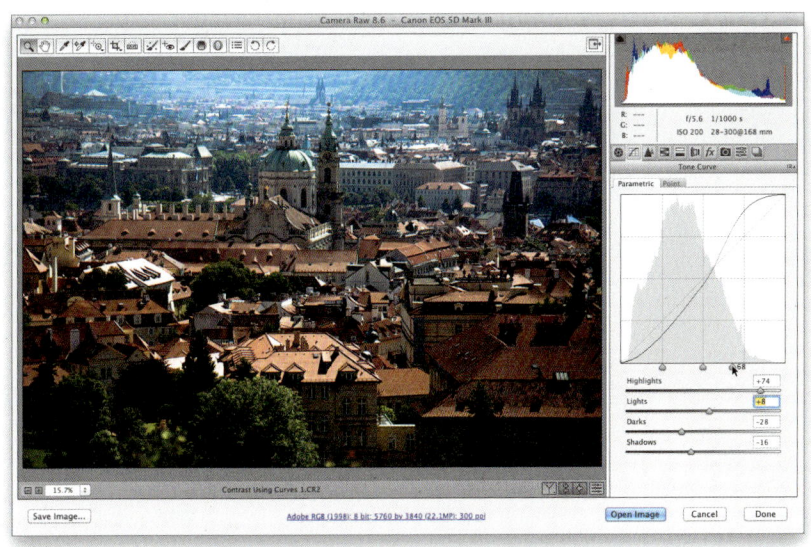

07

'Parametric' 커브의 장점 중 하나는 각 슬라이더가 관장하는 커브 영역을 넓게 혹은 좁게 직접 조절할 수 있다는 것입니다. 그래프 하단에서 제일 오른쪽에 있는 조절점을 오른쪽으로 움직이면 'Lights' 슬라이더로 조절되는 영역이 더 확장될 것입니다. 현재 'Highlight' 슬라이더는 영향력이 약하여 커브 곡선의 상단 부분 경사가 느슨하고 대비가 약한 상태입니다. 여기서 화면과 같이 조절점을 왼쪽으로 움직이면 'Highlights' 슬라이더가 관장하는 영역이 넓어져 곡선의 경사는 커지고 대비는 강해집니다.

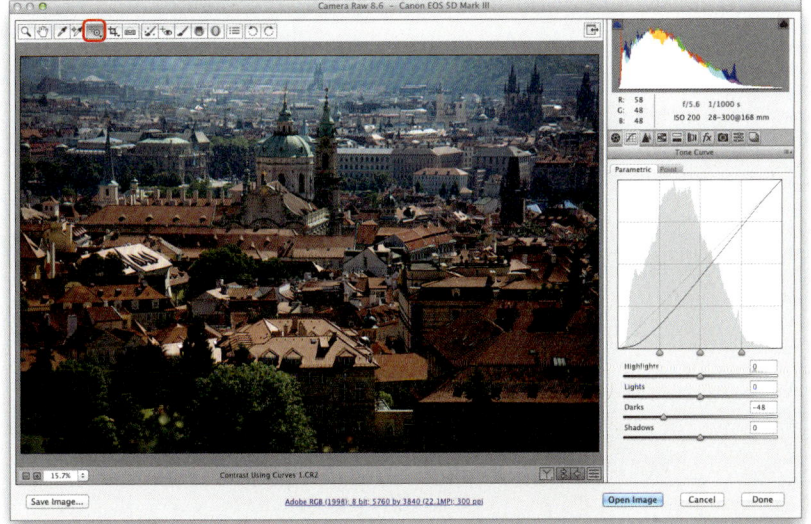

08

커브 조절 방법이 까다롭다고 생각되면 간편한 도구를 사용할 수도 있습니다. 화면 왼쪽 상단 도구 바의 다섯 번째에 있는 [Targeted Adjustment Tool(이하 TAT)]입니다. [TAT]를 클릭하고 대비를 조절할 지점에서 도구를 위로 드래그하면 해당 영역이 밝아지고 아래로 움직이면 어두워집니다. 드래그와 동시에 도구가 위치한 지점에 대응되는 커브 곡선이 조절될 것입니다. 많은 사진가들이 [TAT] 사용을 선호할 정도로, 원하는 부분의 대비가 쉽게 조절됩니다. 여기서는 화면에 표시된 지점에서 [TAT]를 클릭한 채 위쪽으로 드래그하여 흰색의 빌딩을 좀 더 밝게 했는데, 그에 따라 커브 곡선이 자동으로 조절되었음을 확인할 수 있습니다.

|NOTE|
한 가지 기억해야 할 것은 [TAT]로 인해 조절되는 것이 도구가 위치한 특정 지점만이 아니라, 그 영역의 커브 곡선이므로 같은 영역의 대비가 모두 조절된다는 점입니다. 그러므로 사진에 따라 사진이 전반적으로 밝아지거나 어두워질 수 있으므로 조절하는 동안 사진 전체를 확인해야 합니다.

09

카메라로우의 기능 중 눈여겨봐야 할 것이 하나 더 있는데, 이는 바로 RGB의 개별 커브 조절 기능입니다. 이 작업은 곧 알아볼 '크로스 프로세싱' 처리에도 탁월하지만, 특정 색상이 드리워져 화이트 밸런스 조절이 까다로운 사진에도 도움이 됩니다. 조절할 채널을 정했으면 [Point] 탭에서 'Channel' 팝업 메뉴를 펼쳐 색상을 선택합니다. 이번 예제 사진에서는 배경색으로 인해 피부에 드리워진 푸른색 컬러캐스트를 삭제하기 위해서 [Blue]를 선택했습니다. 배경은 회색 계열로 만들고 피부의 푸른빛은 제거합니다.

10

Blue 채널을 선택하면 커브 그래프가 시각적인 단서를 위해 푸른색으로 변하며 해당 채널에만 조절이 반영됩니다. 이제 커브 곡선을 조절해야 하는데, 어떤 영역을 조절해야 할지는 쉽게 알 수 있습니다. 마우스 커서를 배경의 푸른색 위에 놓고 Ctrl (MAC:[Command])을 누르면 커서가 일시적으로 [Eyedropper] 도구로 변경됩니다. 이때 대비를 조절할 지점 위에서 클릭하면 그에 대응되는 커브 곡선 지점에 조절점이 추가됩니다. 곡선 위의 조절점을 클릭하고 45도 각도로 오른쪽 아래 코너를 향해 움직이면 오른쪽 화면의 사진과 같이 배경의 푸른색을 없앨 수 있습니다.

11

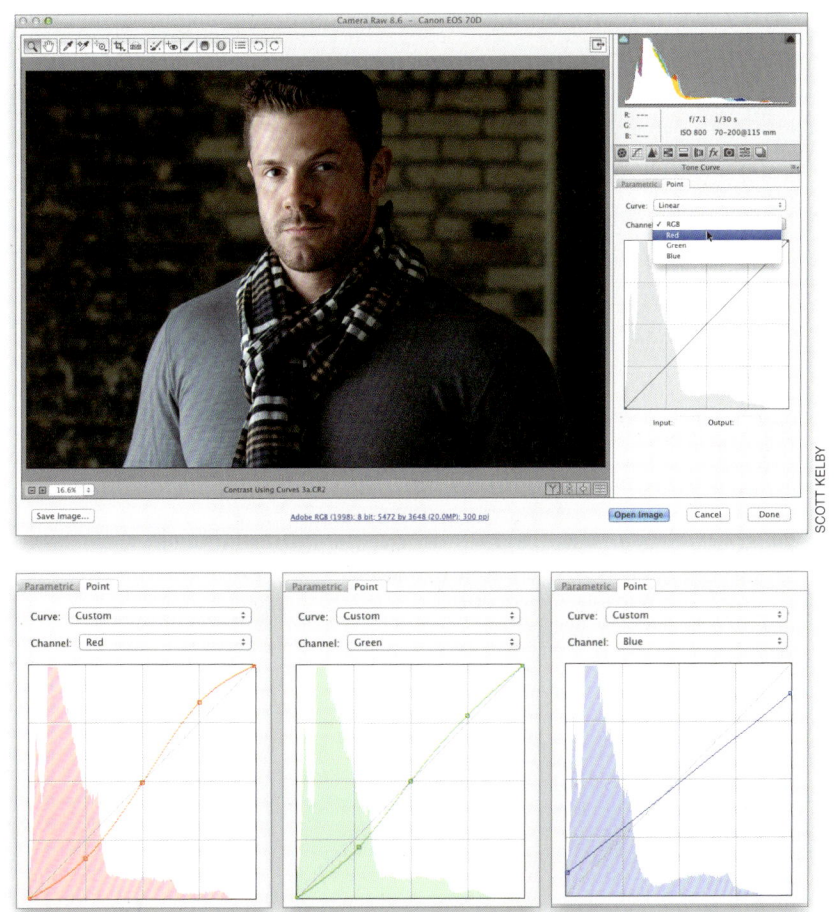

RGB 커브 조절로 '크로스 프로세싱' 효과를 낼 수도 있습니다. 이것은 필름 카메라 시대에 암실에서 쓰던 테크닉 중 하나로, 지금도 패션 계통 사진가들이 특히 자주 사용하는 기법입니다. 색상을 조합하는 경우의 수는 매우 많지만 여기서 조합할 색상은 필자가 좋아하는 색상입니다. 먼저 Red 채널을 선택하고 대각선과 세로선이 만나는 세 지점에 포인트를 만들어 경사가 큰 S형 커브 곡선을 만듭니다. 세 포인트가 사선 위에 균등한 간격으로 위치한 상태에서 중간 포인트는 그대로 두고 왼쪽 상단의 포인트는 위로, 아래쪽 하단의 포인트는 아래로 움직여 왼쪽의 빨간색 그래프와 같이 만듭니다. 계속해서 Green 채널을 선택하고 또 한 번 세 개의 포인트가 있는 S형 곡선을 만드는데, 이번에는 왼쪽 녹색 그래프와 같이 경사가 크지 않게 만듭니다. 마지막으로 Blue 채널을 선택한 다음에는 포인트를 추가하지 않고 왼쪽 하단 끝의 포인트를 위쪽으로, 오른쪽 상단 끝의 포인트를 아래쪽으로 드래그하여 푸른색 그래프와 같이 만듭니다.

12

작업하는 사진의 특성에 따라서 설정을 변경할 수 있는데, 주로 Blue 채널의 조절 정도에 따라 변화가 커집니다. 설정 내용을 또 사용하려면 커브 프리셋 설정으로 알아본 방법과 같이 [Preset] 패널을 활용하여 저장합니다.

자르기와 수평 맞추기

카메라로우의 자르기 기능은 포토샵과 비교해 확실히 차별화되는 장점이 있습니다. 자르기를 실행하더라도 언제든지 자르기 이전의 원본 사진으로 돌아갈 수 있다는 것입니다. 이 기능은 JPEG와 TIFF 포맷에서도 원본 파일에 덮어쓰기 하여 저장하지만 않는다면 동일하게 적용됩니다. 덮어쓰기를 하지 않으려면 포토샵에서 JPEG나 TIFF 파일을 저장할 때 다른 파일명으로 바꿔서 원본을 그대로 보존하면 됩니다. RAW 포맷의 사진이라면 덮어쓰기가 불가능하므로 이러한 걱정을 하지 않아도 됩니다.

01

[Crop Tool](C)은 화면 상단 메뉴 바의 여섯 번째에 위치합니다. 포토샵과 마찬가지로 남길 부분을 포함하도록 드래그하면 되는데, 자르기 면적이 비율에 따라 프리셋으로 설정되어 있습니다. 'Crop Tool' 아이콘을 길게 누르면 팝업 메뉴가 나타나는데 [Normal] 설정은 원하는 크기로 드래그할 수 있지만, 비율이 정해진 프리셋을 선택하면 해당 비율에 따라 자동으로 영역이 설정됩니다. 예를 들어 [2 to 3] 비율을 선택하고 사진 위에서 드래그하면 해당 비율로 자르기 영역이 설정됩니다.

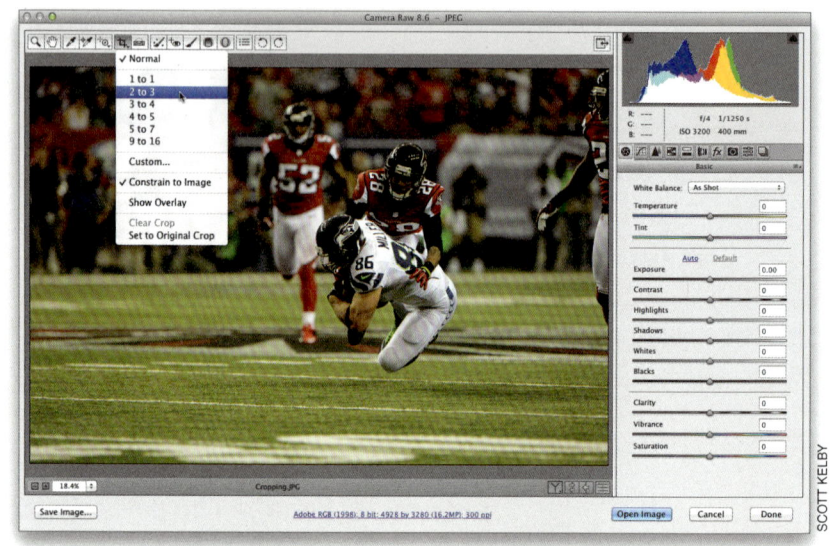

02

오른쪽 화면은 2:3 비율의 자르기 영역이 설정된 모습입니다. 버려질 부분은 뿌옇게 나타나고 경계선 안쪽은 선명하게 나타나므로 자르기가 실행되면 어떤 느낌일지 미리 알 수 있습니다. 만약 카메라로우 화면에서 잘린 상태의 모습을 확인하려면 도구 바에서 다른 도구를 선택합니다.

|NOTE|
비율이 정해진 프리셋을 선택하여 자르기 영역을 만든 후 가로, 세로의 방향을 바꾸려면 오른쪽 하단 모서리를 클릭하고 왼쪽 아래 방향으로 드래그합니다.

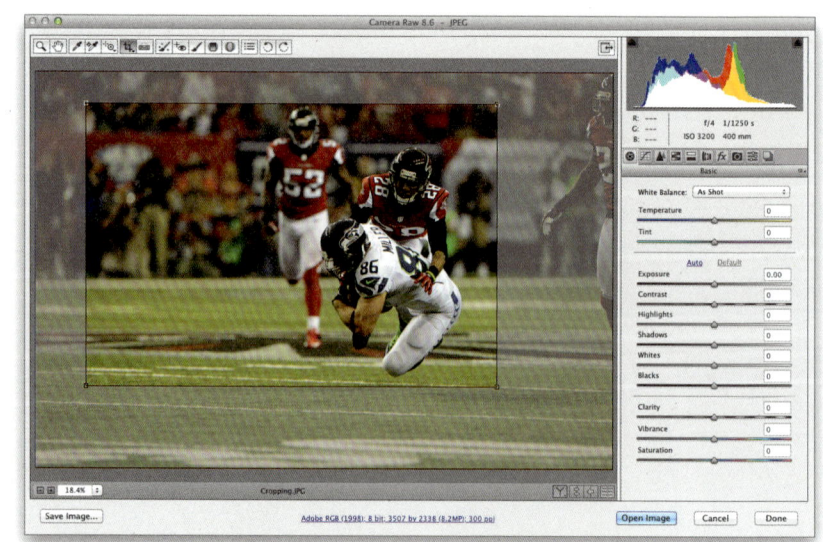

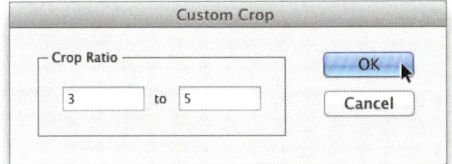
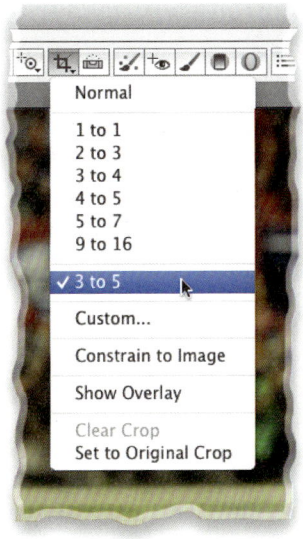

03

자르기 했던 사진을 카메라로우에서 다시 열면 잘라낸 사진이 나타납니다. 자르기 상태 이전의 원본까지 나타나게 하려면 [Crop Tool]을 선택합니다. 자르기를 취소하려면 Esc나 Back Space (MAC: Delete)를 눌러 간단히 되돌릴 수 있습니다. [Crop Tool]의 팝업 메뉴에서 [Clear Crop]을 선택해도 실행을 취소할 수 있습니다. 프리셋에 없는 비율을 설정하려면 [Custom]을 선택하여 대화상자를 불러온 후 왼쪽 화면과 같이 원하는 비율을 입력하고 [OK] 버튼을 클릭합니다. 팝업 메뉴에 직접 만든 비율이 프리셋으로 나타난 것을 볼 수 있습니다.

04

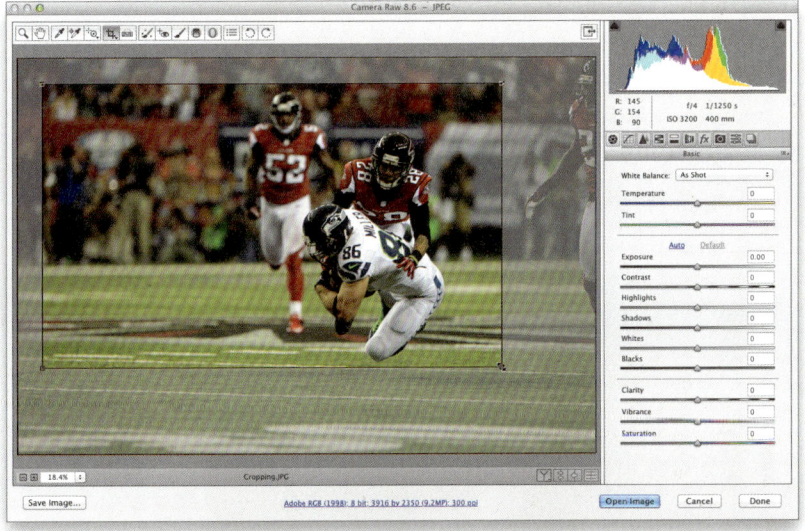

비율에 3:5를 입력하고 [OK] 버튼을 클릭하여 [3 to 5] 프리셋을 만들고 이를 적용하면 자르기 영역이 화면에 3:5 비율로 나타납니다. 자르기 영역을 필요한 만큼 드래그하여 조절합니다. 방향에 관계없이 가로, 세로 비율이 항상 3:5가 유지됨을 알 수 있습니다. 조절을 마치면 도구 바에서 다른 도구를 클릭하거나 Enter (MAC:[Return])를 누릅니다. 자르기가 실행된 모습의 사진을 확인할 수 있습니다. [Open Image] 버튼을 클릭하면 포토샵에서 자르기가 실행된 상태로 열립니다. [Done] 버튼을 클릭하면 카메라로우는 종료되고 사진은 원본 상태 그대로 남는데, 나중에 카메라로우에서 해당 사진을 다시 열면 자르기 영역을 설정했던 상태로 나타납니다.

05

JPEG나 TIFF 파일에 자르기를 설정하고 [Done] 버튼을 눌러 저장할 때, 자르기 실행 이후의 모습을 보려면 다시 카메라로우에서 열어야 합니다. 이를 포토샵에서 확인하려면 화면 왼쪽 하단에서 [Save Image] 버튼을 클릭하여 대화상자를 불러온 후 'Format' 팝업 메뉴에서 [Photoshop]을 선택하고 아래에 나타나는 'Preserve Cropped Pixels' 항목에 체크합니다. 포토샵에서 이미지를 불러왔을 때 자르기가 실행된 모습이 'Background' 레이어가 아닌 단순한 레이어 형태로 나타납니다. [Move] 도구를 선택하고 이미지 위에서 사진을 움직이면 잘라냈던 부분이 실제로 보존되어 있음을 확인할 수 있습니다.

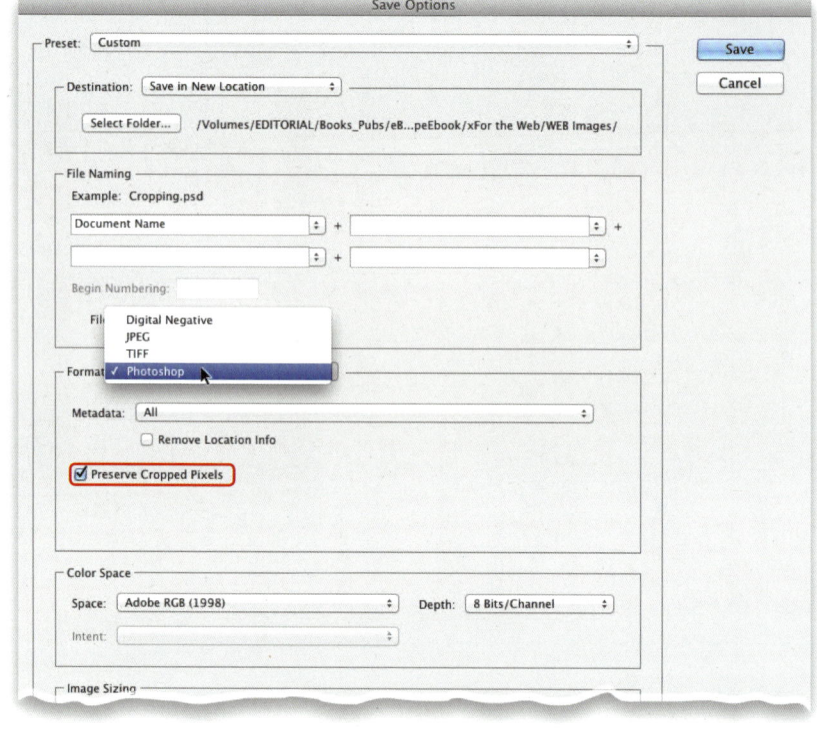

06

비슷한 사진이 여러 장 있는 상황에서 같은 영역으로 자르기를 실행해야 할 때 사용할 수 있는 편리한 방법이 있습니다. 우선 컴퓨터 폴더나 브리지에서 동일하게 자르기를 실행할 사진을 모두 선택한 다음 카메라로우에서 불러옵니다. 여러 장의 사진을 열면 예제 화면과 같이 세로로 필름스트립이 나타납니다. 상단의 [Select All] 버튼을 눌러 사진을 모두 선택하고 대표 사진 위에서 원하는 영역만큼 자르기를 설정합니다. 동시에 필름스트립에 나타나는 다른 사진들의 썸네일도 자르기가 실행된 모습으로 나타납니다. 또한 모든 썸네일의 왼쪽 아래에 카메라로우에서 자르기를 실행한 상태임을 나타내는 작은 'Crop' 아이콘이 나타납니다.

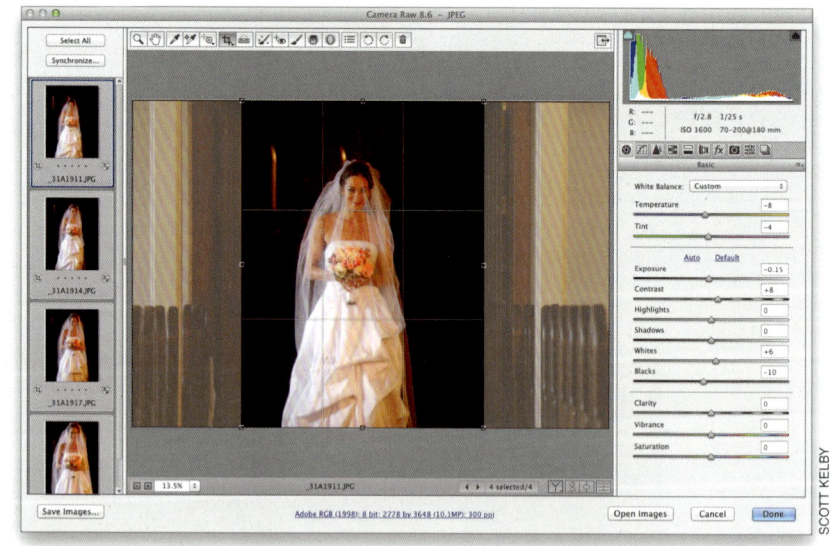

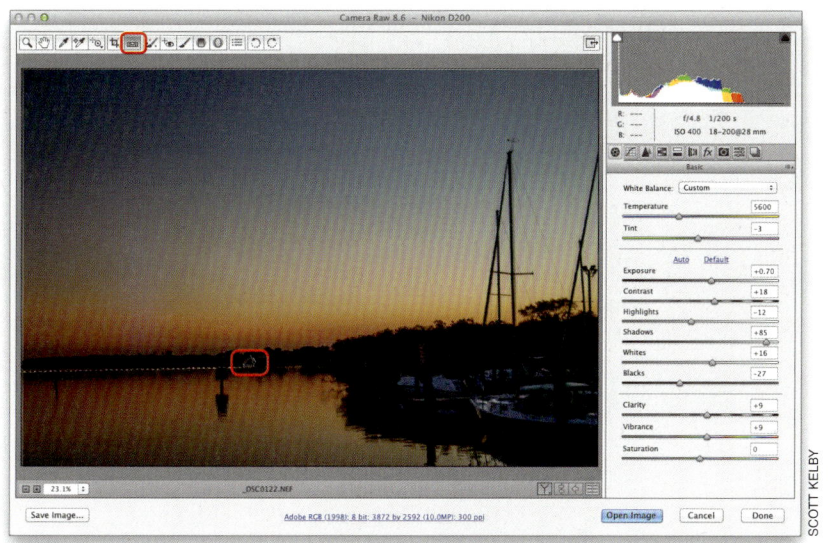

07

사진을 자르는 또 다른 방법은 사진의 수평을 맞추는 [Straighten Tool]을 사용하는 것입니다. [Straighten Tool]이 하는 일은 자르기 영역 보더를 회전하는 것이므로 [Crop Tool]의 사촌쯤 됩니다. 카메라로우의 도구 바에서 [Straighten Tool]을 선택한 다음, 왼쪽 화면과 같이 사진의 수평선을 따라 드래그합니다. 직접 드래그하는 대신 도구 아이콘을 더블클릭하거나 사진을 더블클릭해도 됩니다. 자르기 보더가 나타나며 수평이 맞게 사진이 자동으로 회전됩니다.

08

다른 도구를 선택하거나 Enter(MAC:[Return])를 누르면 수평이 맞춰진 결과 사진을 볼 수 있습니다. [Save Image]나 [Done] 버튼을 클릭하고 카메라로우를 종료하면 파일에 수평 맞추기 설정이 저장됩니다. 카메라로우에서 다시 사진을 열었을 때 수평이 적용된 사진을 볼 수 있으며, 보정한 사진임을 분간하기 힘듭니다. [Open Image] 버튼을 클릭하면 포토샵에서 수평이 맞은 사진이 열립니다.

|NOTE|
사진이 RAW 포맷이거나 혹은 JPEG나 TIFF 파일을 보정하고 [Done] 버튼을 클릭하면 언제든지 카메라로우로 돌아와 자르기 설정을 없애고 원본 상태로 되돌릴 수 있습니다.

TIP 수평 맞추기 설정을 취소하려면
수평 맞추기를 설정하는 중에 Esc를 누르면 보더를 제거하여 설정을 취소합니다.

보정 전후 사진 비교하기

포토샵CC 버전이 나오기 이전 카메라로우의 Before/After 미리 보기 기능은 좋게 봐도 투박한 정도였고 대부분의 경우는 매우 혼란스러웠습니다. 전체적인 보정 전후의 모습을 볼 수 없고 당장 보정 중인 패널에서의 변화만 확인할 수 있었기 때문입니다. 하지만 CC 버전부터는 라이트룸으로부터 전반적인 보정 결과 비교 기능을 도입하여 편리하게 활용할 수 있게 되었습니다.

01

사진을 보정한 후에 보정 전후의 모습을 비교하려면 P를 누릅니다. 그러면 보정 전의 'Before' 화면이 나타납니다. 편리하게 확인할 수 있어서 필자가 매우 많이 쓰는 키입니다. After 이미지로 돌아가려면 P를 한 번 더 누릅니다. Before/After 화면을 나란히 띄워서 확인하려면 화면 오른쪽 하단의 'Cycles Between Before/After views' 아이콘을 클릭하거나 Q를 누릅니다. 오른쪽 화면과 같이 Before/After 이미지가 나란히 나타나 편하게 비교할 수 있습니다. 여기서는 원본 사진에 듀오톤 테크닉을 적용한 상태입니다.

|NOTE|
Q를 여러 번 누르면 다른 형태의 미리 보기 화면이 나타납니다.

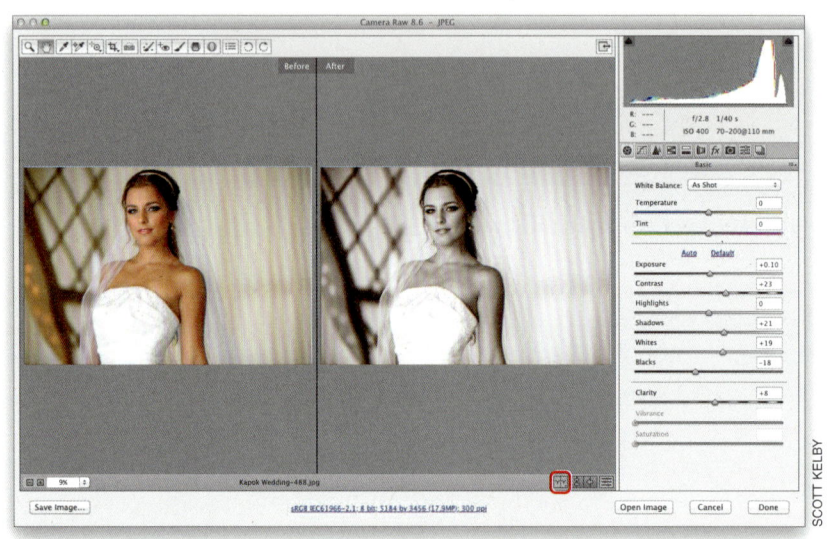

02

나란히 띄워 비교하는 기능은 세로로 길게 찍은 사진일 때는 편리하지만 가로로 넓게 찍은 사진인 경우 화면에 작게 나타나 불편합니다. 이때는 Ctrl-+(MAC:[Command]-+)를 여러 번 눌러 사진을 원하는 만큼 확대합니다. 커서를 사진 위로 가져가면 Hand 도구로 변하므로 사진 위에서 드래그하여 보고 싶은 영역으로 이동할 수 있습니다. 사진을 축소할 때는 Ctrl--(MAC:[Command]--)를 여러 번 눌러 조절합니다.

03

또 다른 미리 보기 옵션은 왼쪽 화면과 같이 Before/After의 분리된 스크린으로 보는 것입니다. 이때 화면 오른쪽 하단의 'swap Before/After settings' 아이콘을 클릭하면 Before/After의 좌우 위치를 바꾸어 볼 수도 있습니다. 오른쪽 옆의 아이콘을 누르면 현재의 보정 내용이 저장되며, 마지막 아이콘은 현재 패널에서 적용한 보정 전후의 모습을 번갈아 나타내 비교할 수 있게 해줍니다. 또한 Y처럼 생긴 첫 번째 아이콘을 길게 누르면 팝업 메뉴가 나타나며 미리 보기 화면 배치와 표시 방법을 선택할 수 있습니다.

04

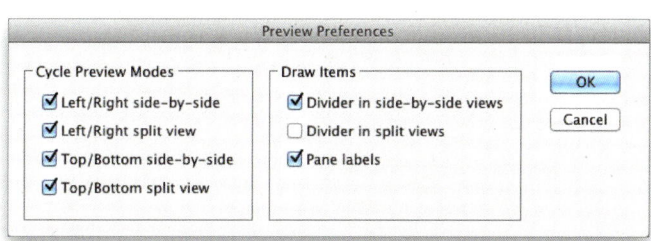

다시 Q를 눌러 왼쪽 화면과 같이 Before/After Top/Bottom 옵션의 미리 보기를 나타냅니다. 얼굴 아래가 잘린 상태라 보기에 불편하므로 Q를 한 번 더 눌러 Top/Bottom Split 화면으로 전환하여 보는 것이 좋습니다. 이와 같은 화면 전환은 03에서 봤던 팝업 메뉴에서 선택할 수 있으며, [Preview Preferences]를 눌러 [설정] 대화상자에서 화면 배치 외의 다양한 옵션들을 설정할 수 있습니다. 왼쪽의 첫 번째 영역은 미리 보기 화면에 있는 체크 박스의 표시 여부를 결정합니다. 두 번째 영역에서는 두 화면 사이의 구분선이나 'Before', 'After' 타이틀의 표시 여부를 결정할 수 있습니다.

Photoshop Killer **Tips**

카메라로우 화면 건너뛰기

카메라로우에서 한차례 보정을 마친 사진인 경우 다시 카메라로우에서 열어보는 일은 흔하지 않을 것입니다. 파일을 불러올 때마다 카메라로우 화면이 열리지 않도록 하려면 Shift를 누른 채로 파일(특히 RAW 포맷)을 더블클릭합니다. 그러면 카메라로우 화면이 열리지 않고 곧바로 사진이 포토샵에서 열리며 카메라로우에서 실행한 보정이 모두 반영된 채로 나타납니다. 그런데 만약 카메라로우에서 아무런 보정을 하지 않은 사진이라면 원래대로 카메라로우에서 열릴 것입니다. 어느 쪽이든 시간을 줄여주는 좋은 방법이니 사용해 보세요.

블렌드 모드 단축키로 빠르게 처리하기

사람들마다 각자 선호하는 블렌드 모드가 있고 자주 적용할 것입니다. Multiply, Screen, Overlay, Hard Light, Soft Light 등 선호하는 블렌드 모드가 있다면 키보드 단축키를 기억해뒀다가 필요할 때 간편하게 적용해 봅니다. 예를 들어 Screen 모드는 Alt-Shift-S (MAC:Option-Shift-S), Multiply 모드는 Alt-Shift-M (MAC:Option-Shift-M)입니다. 단축키를 모를 때는 같은 형식으로 모드의 앞 글자를 대입하여 시도해봅니다.

이미지 크기 확인하기

사진의 크기 또는 기타 파일 정보는 카메라로우 화면 하단에 마치 웹 링크처럼 파란색 밑줄 스타일로 나타나 있습니다. 만약 자르기 설정을 하여 사진 크기가 변경되면 하단의 정보도 자동으로 업데이트되어 나타납니다.

착각하기 쉬운 [Default] 버튼

카메라로우에서 보정한 내용을 모두 취소하고 다시 시작하려 할 때 [Basic] 패널의 [Default] 버튼을 누르면 사진이 원본으로 돌아가지 않습니다. 카메라로우에서 처음 열었을 때와 같은 원본 상태로 되돌리려면 패널 오른쪽 상단의 메뉴 버튼을 클릭하고 [Camera Raw Defaults]를 선택합니다. 또는 Alt(MAC:[Option])를 누른 채로 하단의 [Cancel] 버튼이 [Reset] 버튼으로 바뀌면 클릭하여 원본으로 되돌릴 수도 있습니다.

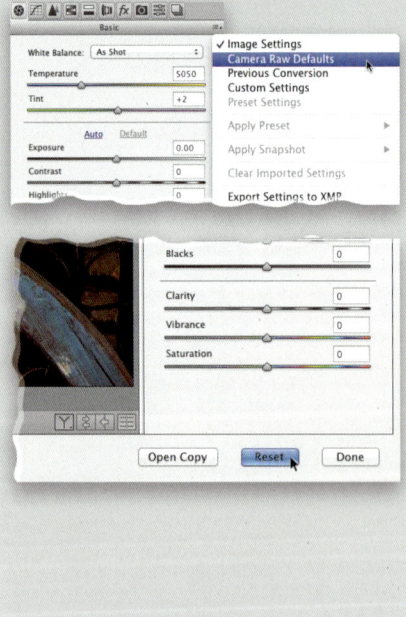

카메라로우에서 다수의 사진 삭제하기

카메라로우에서 여러 장의 사진을 불러왔을 때 삭제할 사진을 미리 제외해놓으려면 왼쪽 필름 스트립에서 사진을 선택하고 Delete를 누릅니다. 선택했던 썸네일에 빨간색의 'X' 마크가 나타나는데, 보정을 마치고 [Done] 버튼을 클릭하면 화면상에서 사라지지 않지만 실제 파일은 자동으로 PC의 휴지통(MAC:Trash Bin)으로 버려집니다. 카메라로우 화면상에서도 삭제하려면 사진들이 선택된 상태에서 Delete를 한번 더 누릅니다.

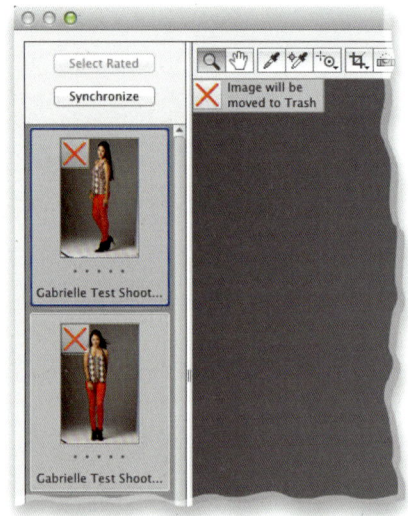

카메라로우의 스마트한 리터칭 기법

인물 얼굴에 반사광이나 얼룩 등 제거해야 할 요소가 있을 때 사용하는 포토샵 리터칭 기술은 일반적으로 많이 알려져 있습니다. 주로 쓰는 방법은 [Healing Brush] 도구로 제거한 다음 [Edit] 메뉴에서 [Fade Healing Brush]를 선택하고 'Opacity' 값을 낮추어 자연스럽게 만드는 것입니다. 제대로 보정되었다면 반사광이 빛이 아닌 하이라이트로 느껴질 것입니다. 카메라로우에서도 [Spot Removal] 도구를 'Heal' 타입으로 설정하여 같은 유형의 보정을 할 수 있습니다. 또한 [Spot Removal] 패널에 'Opacity' 슬라이더가 있어 자연스러운 효과도 가능합니다.

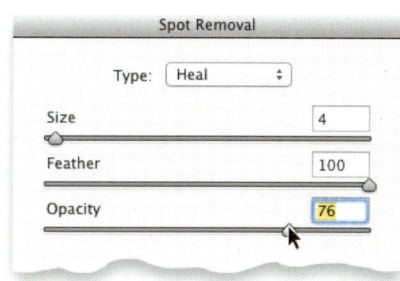

미리보기 화면 크게 보기

카메라로우로 여러 장의 사진을 불러온 상태에서 현재 미리보기 화면에 나타낸 사진을 더욱 크게 봐야 할 때가 있을 것입니다. 이때는 필름스트립과 미리보기 화면 사이에 있는 구분선 위에서 더블클릭하여 필름스트립을 왼쪽으로 숨겨봅니다. 다시 나타내려면 왼쪽 끝에 나타나있는 구분선 위에서 한번 더 더블클릭합니다.

카메라로우에서 사진에 별점 기록하기

이제 별점을 주거나 수정하기 위해서 굳이 브리지를 열지 않아도 됩니다. 사진이 여러 장 열린 상태라면 카메라로우에서도 바로 별점을 기록할 수 있습니다. 필름스트립의 썸네일 아래 나타나는 다섯 개의 별을 바로 클릭하거나 사진이 선택된 상태에서 Ctrl - 1~5 (MAC:[Command] - 1~5)을 눌러 설정합니다.

황금 분할로 잘라내기

이것은 카메라로우의 형제뻘 되는 포토샵 라이트룸에 있던 기능으로, 자르기 도구 사용 시 황금 분할 규칙에 따라 스마트하게 잘라낼 수 있도록 3분할 격자를 나타내는 것입니다. 도구 바에서 [Crop Tool]을 길게 누르면 팝업 메뉴가 나타나는데 화면과 같이 [Show Overlay]를 선택합니다.

전체화면으로 전환하기

카메라로우에서 사진을 최대한 크게 보려면 F 를 눌러 전체화면으로 쉽게 전환할 수 있습니다. 모니터에 가득 차도록 화면이 커져 가장 자세하게 볼 수 있습니다.

샤프닝 상태 보기 단축키

사진의 샤프닝 상태를 정확히 보려면 '100%' 크기로 봐야 합니다. 사진의 실제 크기인 '100%'로 설정하는 가장 빠른 방법은 [Zoom] 도구를 더블클릭하는 것입니다.

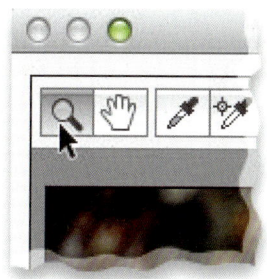

사진 보정의 출발점 Auto Levels 또는 Curves

[Levels]나 [Curves] 대화상자에서의 보정과 견줄 수 있을 정도로, [Properties] 패널의 Levels와 Curves 조절 레이어 설정에 나타나는 [Auto] 버튼은 매우 발전되어 꽤 괜찮은 결과물을 만들어줍니다. 또한 사진을 보정하는 데 있어 특히나 다루기 애매한 사진인 경우 또는 어디서부터 손대야 할지 모를 때 적절한 출발점이 됩니다.

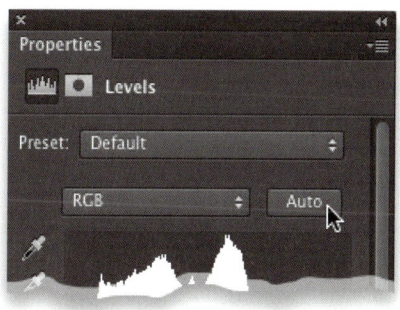

Photo by Scott Kelby | Exposure: 1/250 sec | Focal Length: 39mm | Aperture Value: $f/10$

2 CHAPTER

Raw Justice
카메라로우의 기초를 넘어 본론으로

인터넷 영화 데이터베이스(IMDb)에서 'Raw'가 들어가는 영화나 TV 쇼를 검색했을 때 생각보다 매우 많은 결과가 나와 타이틀 선택의 폭이 매우 크다는 사실에 적잖이 놀랐었습니다. 많은 데이터 중에 굳이 1994년도 영화 〈Raw Justice〉를 선택한 것이 영화의 주인공 파멜라 앤더슨(Pamela Anderson)의 영향인가 하고 단 1분이라도 생각했다면 오해입니다. 필자는 다른 영화광들처럼 관객들로 하여금 빠져들게 하는 다른 무언가에 끌렸던 것입니다. 바로 배우 로버트 하이즈(Robert Heys)입니다. 그는 2007년에 개봉한 〈Nicky's Birthday Camera〉나 마이클 터취너(Michael Tuchner) 감독의 〈Trenchcoat〉라는 영화에서 자신의 배역을 잊어버리기도 했었지요. 실제로 스테이시 키치(Stacey Keach)는 영화의 감초 역할이었으며 하이즈가 영화의 매력 포인트임을 모두가 알고 있었습니다. 하지만 정말 이해할 수 없는 것은 영화 포스터 전면에 컬러풀한 모습으로 자리한 사람이 파멜라 앤더슨이라는 사실입니다. 다른 배우들이 배경에 흑백으로 작게 배치된 반면, 그녀는 딱 붙는 검정 드레스에 높은 부츠를 신고 옆구리에 총까지 끼워들고 정면 한가운데에 전신으로 배치되었지요. 파멜라 앤더슨이 실제로 좋은 배우임은 인정하지만, 이 정도에 이르니 관객들로 하여금 이 영화가 파멜라 앤더슨이 주죽인 영화라고 인식하도록 만든 것이 아닌가 의심을 하게 되었습니다. 사실 눈을 즐겁게 해주는 인물은 하이즈인데 말이죠. 이런 걸 바로 'bait and switch(유인 상술)'이라고 합니다('tuck and roll' 또는 'Bartles & Jaymes' 라고 하면 더 잘 이해가 될지도 모르겠네요).

어쨌든 'Raw Justice'라는 영화 제목이 카메라로우의 본격적인 내용을 다룬 이번 챕터의 제목으로 안성맞춤이긴 하지만, 이에 반해 영화 자체는 그리도 잘 만들어진 현대 영화 기법의 정석임에도 불구하고 결국 DVD 한 장으로 귀결되다니, 현실적인 정의(real justice)는 막상 찾기 힘든가 봅니다.

담지 못한 장면을 만들어내는 더블 프로세싱

디지털 카메라가 발전하면서 '노출'을 조절할 수 있지만 아직까지 사람의 눈에는 비할 바가 못 됩니다. 그렇기 때문에 피사체 뒤에 빛이 있을 때는 눈에 잘 보이는데도 사진을 아주 많이 찍어야 합니다. 눈은 어둠에 잘 적응하지만 카메라는 그렇지 않기 때문에 막상 사진을 열어보면 피사체는 기본적인 실루엣만 남아 있습니다. 해 질 무렵 석양을 배경으로 하는 경우에는 노출의 초점을 땅과 하늘 중 어디에 둘지 결정해야 합니다. 카메라가 두 군데 모두에 초점을 둘 수 없기 때문입니다. 카메라로우에서는 이러한 노출 한계를 어떻게 극복하는지 알아봅니다.

01

더블 프로세싱을 처리할 사진을 불러옵니다. 예제 사진은 카메라 노출이 하늘을 잡아서 지면을 이루는 돌다리는 실루엣만 겨우 남아있습니다. 촬영 당시 눈에는 보였지만 카메라는 담지 못한 모습을 되살려 하늘과 지면 모두 적절한 노출이 되도록 하는 것이 이번 보정의 목표입니다. 더블 프로세싱 즉, 한 장의 사진을 두 번 처리하여 각각의 결과에서 하늘 또는 다리 부분을 적절하게 선택하면 원하는 사진을 만들 수 있습니다.

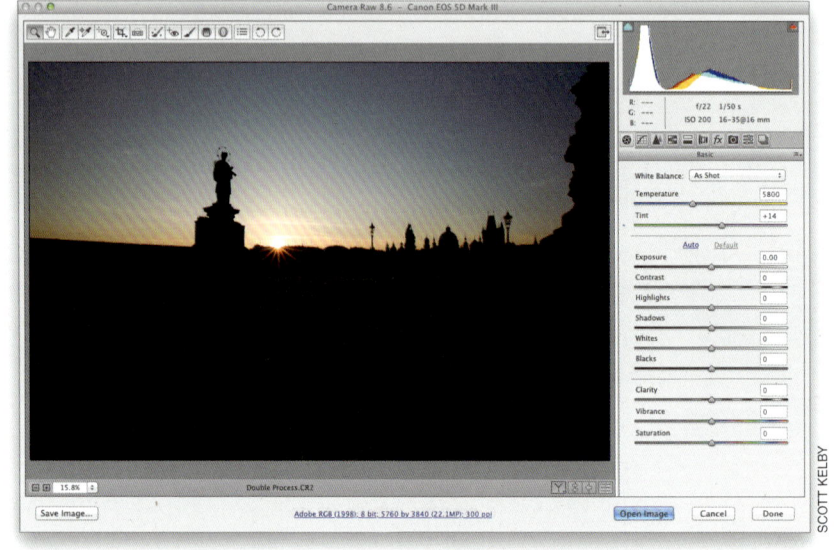

02

어둡게 나온 다리 부분부터 작업해 봅니다. 'Shadows' 슬라이더를 오른쪽 끝까지 드래그하고 'Exposure' 슬라이더 값도 '+0.50'까지 드래그하여 조절합니다. 질감이 밋밋하므로 'Contrast' 값도 '+64'로 높여주었습니다. 바닥이 벽돌 형태이므로 표면 질감을 강조하기 위해 'Clarity' 값을 '+43'으로, 생생한 색감을 위해서 'Vibrance' 값을 '+35'로 조절했습니다. [Shift] 를 길게 눌러 [Open Image] 버튼이 [Open Object] 로 변경되면 버튼을 클릭합니다.

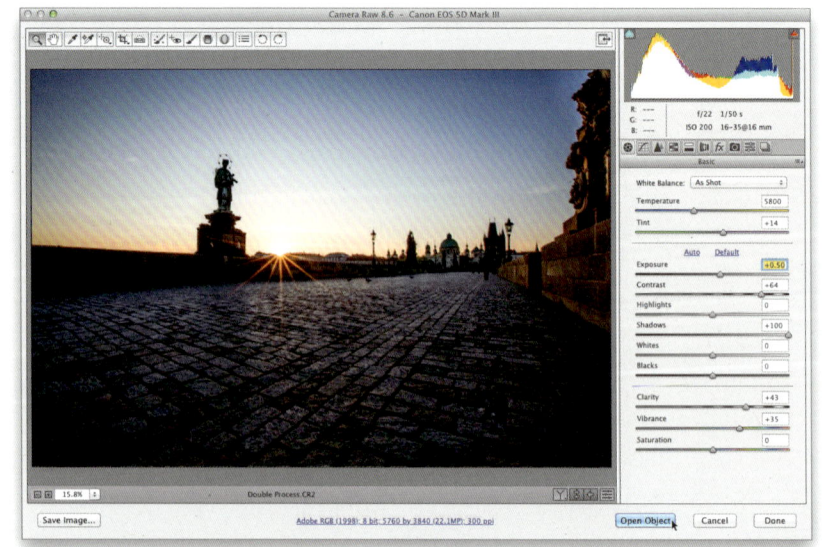

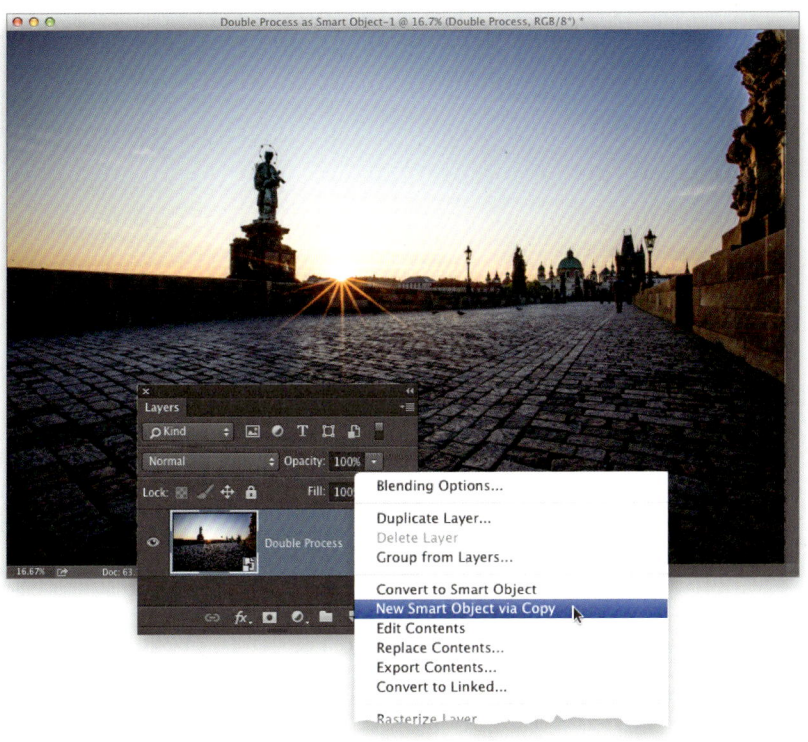

03

[Open Object] 버튼을 누르면 사진이 포토샵에서 스마트 오브젝트 상태로 열립니다. 여기까지 보정한 사진은 하늘이 너무 밝으므로 따로 하늘 영역에 포인트를 맞춘 사진이 필요합니다. 이때 레이어를 복제하기 위해 [Layers] 패널 하단의 'Create a New Layer' 아이콘을 드래그하면 더블 프로세싱 작업이 불가능합니다. 일반 레이어로 복제하면 기존에 만들었던 효과가 복제된 레이어에도 영향을 미치기 때문입니다. 더블 프로세싱 작업은 분리되어 각각 작업한 레이어에서 필요한 부분만 가져와야 하므로, 기본적으로 연결되어 있지 않은 두 레이어가 필요합니다. 이런 경우에는 [Layers] 패널의 레이어 위에서 마우스 오른쪽 버튼을 클릭하여 팝업 메뉴가 나타나면 [New Smart Object via Copy]를 선택합니다. 이로서 원본 레이어와 분리된 복제 레이어를 만들 수 있습니다.

|NOTE|
스마트 오브젝트는 레이어 썸네일 오른쪽 아래에 작은 페이지모양 아이콘이 나타납니다.

04

복제하여 만들어진 레이어의 썸네일을 더블클릭하면 카메라로우에서 원본 사진이 열립니다. 다리 부분을 보정한 레이어는 이미 준비되어 있으므로, 이번에는 다리와 상관없이 하늘 부분만 보정을 실행해 봅니다. 우선 'Default' 버튼을 눌러 모든 슬라이더 값을 '0'으로 맞추고 'Exposure' 슬라이더를 왼쪽으로 '-0.65', 'Shadows' 슬라이더는 '-26'으로 조절하여 좀 더 어두운 하늘을 만듭니다. 또한 'Temperature와 'Tint' 슬라이더도 오른쪽으로 조금씩 움직여 따뜻한 색감을 되살렸습니다. 'Clarity'와 'Vibrance' 값은 기존 조절 값을 그대로 두었습니다. 하늘 부분의 조절을 마쳤으면 [OK] 버튼을 클릭합니다.

05

이제 포토샵의 [Layers] 패널에는 두 가지 버전의 사진이 저장되어 있습니다. 하단의 레이어는 다리 부분을 살리기 위해 밝게 만든 버전이고 위의 레이어는 하늘을 어둡게 만든 버전입니다. 이들은 기본적으로 같은 사진을 보정한 것이므로 완벽히 겹쳐집니다. 즉, 한 장의 사진을 다르게 처리하여 겹치는 작업이므로 '더블 프로세싱'이라고 부르는 것입니다. 이제 두 개의 다른 레이어에서 최적의 영역을 결합하여 하나의 이미지로 만듭니다. 이때 다리에 초점을 맞춘 밝은 톤 레이어를 상단에 두는 것이 작업에 편리하므로 옆 패널의 모습과 같이 되도록 드래그합니다. 이제 레이어 마스크를 사용하여 이들을 결합해야 하는데, 선택 영역을 만들기 위해 힘들게 칠할 필요 없이 [Quick Selection](W) 도구를 사용합니다. 도구상자에서 도구를 선택한 다음 다리와 여러 동상들, 건물들을 드래그하듯 칠하면 선택 영역을 빠르게 만들 수 있습니다.

06

[Layers] 패널 하단의 'Add Layer Mask' 아이콘을 클릭합니다. 오른쪽 화면과 같이 선택 영역에 마스크가 적용되어 밝은 하늘 부분은 가려지고 그 자리에 어둡게 보정한 레이어의 하늘이 나타납니다.

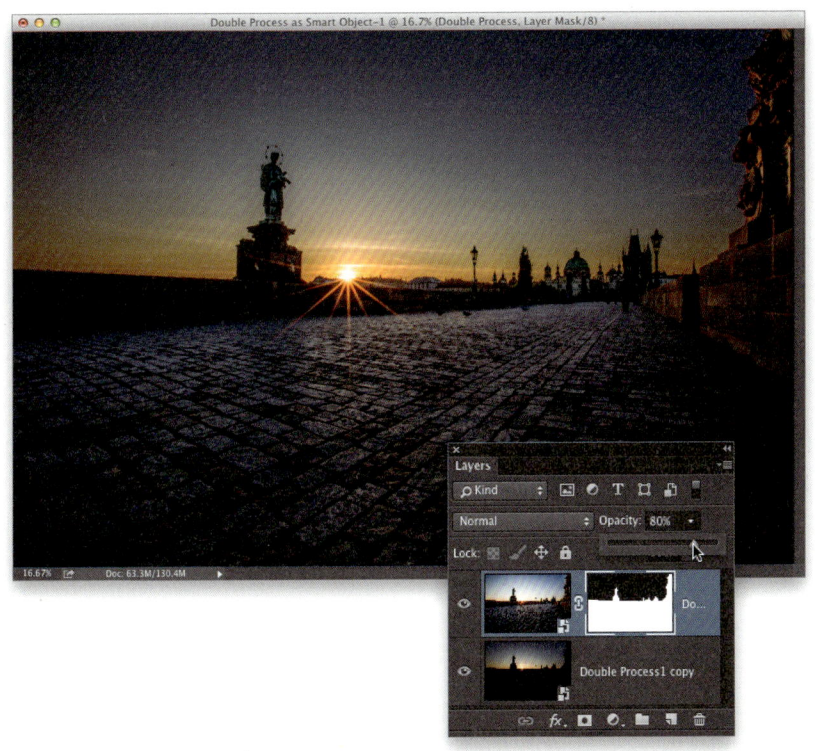

07

상단에 있는 밝게 보정한 다리 레이어의 'Opacity' 값을 낮추어 봅니다. 그러면 어둡게 보정한 하늘과의 조합이 좀 더 자연스럽게 보일 것입니다. 여기서는 '80%'로 낮추어 색상이 훨씬 조화롭게 되었습니다.

TIP 사진이 항상 스마트 오브젝트로 열리도록 설정하기

RAW 처리한 사진을 항상 스마트 오브젝트로 열리게 설정할 수 있습니다. 카메라로우 화면 하단에 파란색 링크 형태로 나타나는 옵션을 클릭하여 대화상자가 나타나면 'Open in Photoshop as Smart Objects' 항목에 체크합니다.

08

이쯤에서 일반적으로 부딪히게 되는 문제가 있습니다. 사진을 '100%' 크기로 보면 확실히 볼 수 있는데, 바로 밝은 다리와 어두운 하늘이 만나는 경계선 부근에 흰색의 얇은 선(fringe)이 나타나는 것입니다. 다행히도 예전처럼 세밀한 브리시로 일일이 칠할 필요 없이 쉽게 해결하는 방법이 있습니다(물론 지금도 리터칭해야 할 면적이 작으면 브러시로 칠하는 경우도 있습니다만, 이번 사진은 규모가 큰 편입니다).

09

마스크 상에서 경계선의 위치를 몇 픽셀 정도 옮겨 흰 선이 사라지게 하는 것인데, 포토샵으로 쉽게 처리할 수 있습니다. [Select] 메뉴에서 [Refine Mask]를 선택하여 대화상자가 나타나면 흰 경계선이 잘 보이도록 하기 위해 'View' 팝업 메뉴에서 [On Black]을 선택합니다. 경계면이 뚜렷해지므로 어떻게 보정해야 할지 명확하게 볼 수 있습니다. 'Edge Detection' 영역에서는 'Smart Radius' 항목에 체크하고 'Radius' 슬라이더를 흰색 경계가 없어질 때까지 오른쪽으로 움직입니다. 'Adjust Edge' 영역에서는 'Shift Edge' 슬라이더를 흰색 경계가 없어지도록 왼쪽으로 움직입니다. 여기서는 각각 '3.1', '-25'로 조절하고 [OK] 버튼을 클릭했습니다. 만약 조절 후에도 흰색의 픽셀이 한두 군데 보이면 아주 세밀한 브러시를 선택한 다음 옵션 바에서 'Opacity' 값을 '50%'로 설정하고 살짝 칠하여 수정합니다.

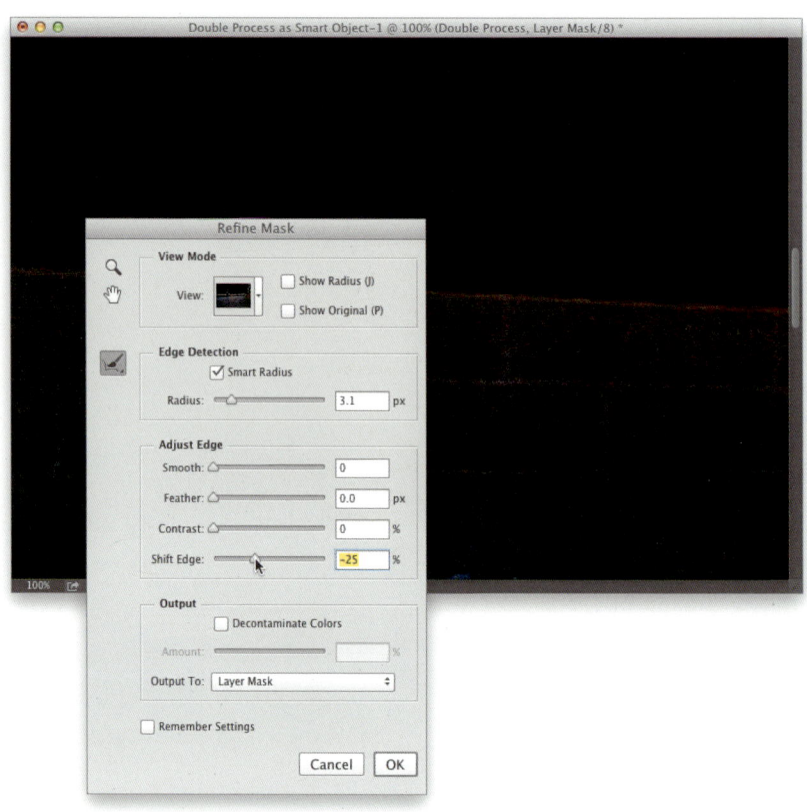

10

이제 작업을 정리하고 마무리 해봅니다. [Layers] 패널 오른쪽 상단의 메뉴 버튼을 클릭하고 [Flatten Image]를 선택하여 레이어를 하나로 만듭니다. 그리고 새로 만들어진 사진에 좀 더 생기를 더하고 자연스럽게 보이기 위해서 [Filter] 메뉴를 클릭하고 [Camera Raw Filter]를 선택하여 사진을 카메라 로우에서 다시 불러옵니다.

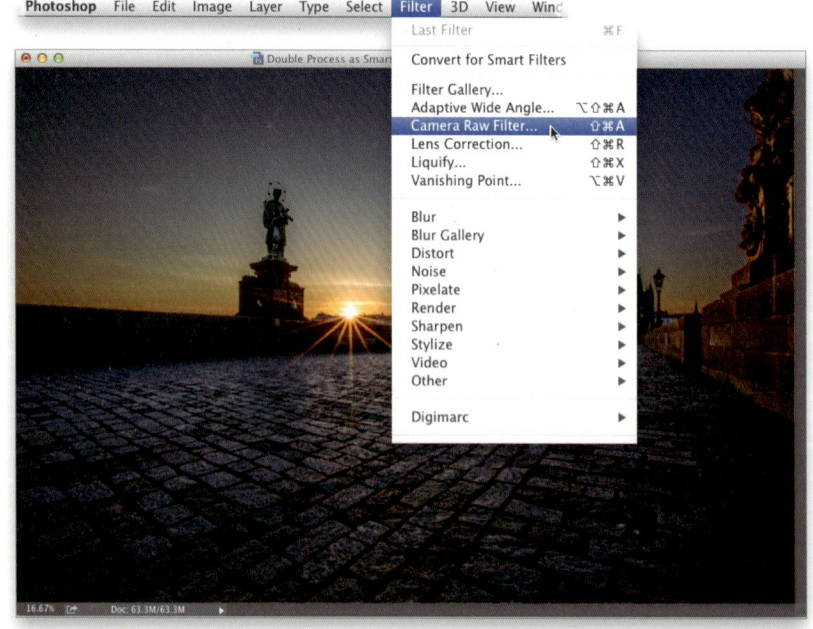

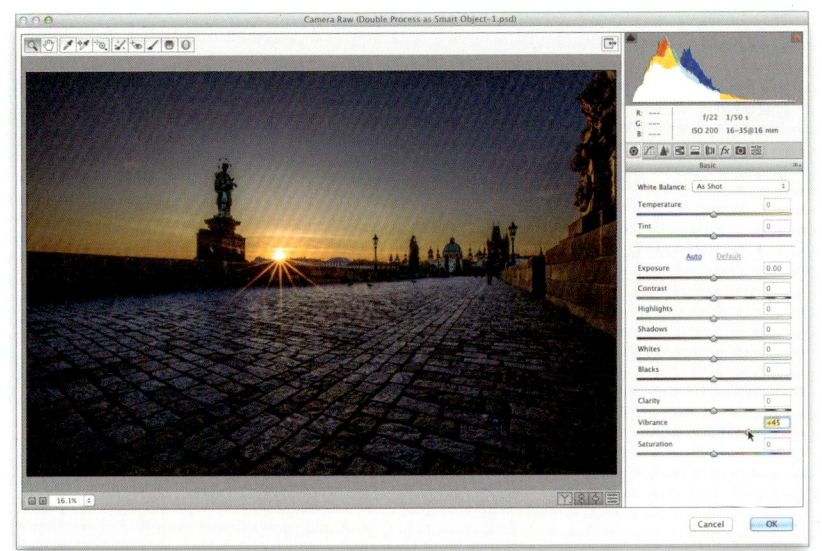

11

단순히 'Vibrance' 값만 높여도 사진을 훨씬 생기 있고 자연스럽게 만들 수 있습니다. 여기서는 '+45'로 조절하고 [OK] 버튼을 클릭합니다. 아래에서 원본 사진과 더블 프로세싱 처리 후의 모습을 비교해 봅니다.

Before

After

여러 장의 사진 한 번에 처리하기

카메라로우의 편리한 기능 중 하나는 한 장의 사진에 적용한 보정 내용을 동일한 환경에서 촬영한 여러 장의 사진에 쉽게 적용할 수 있다는 점입니다. 이것을 '자동화 기능'이라고 부르며, 사진 보정에 드는 시간을 획기적으로 절약할 수 있습니다.

01

이번 작업의 포인트는 처리할 사진들이 모두 비슷한 조명으로 촬영한 것이거나 비슷한 문제를 가진 사진들이어야 한다는 점입니다. 오른쪽 예제 사진들은 모두 붉은 톤이 지나치게 강하고 노출이 부족한 상태입니다. 먼저 Bridge에서 처리한 사진들을 모두 선택합니다(한 장을 클릭하고 Ctrl (MAC:[Command])을 누른 채로 다른 사진들을 클릭하여 모두 선택합니다). 사진이 RAW 포맷인 경우 한 장을 더블클릭하면 다른 사진들이 자동으로 함께 열리지만, JPEG나 TIFF 포맷이라면 사진을 모두 선택한 다음 Bridge 화면 상단의 'Open in Camera Raw' 아이콘을 클릭해야 합니다.

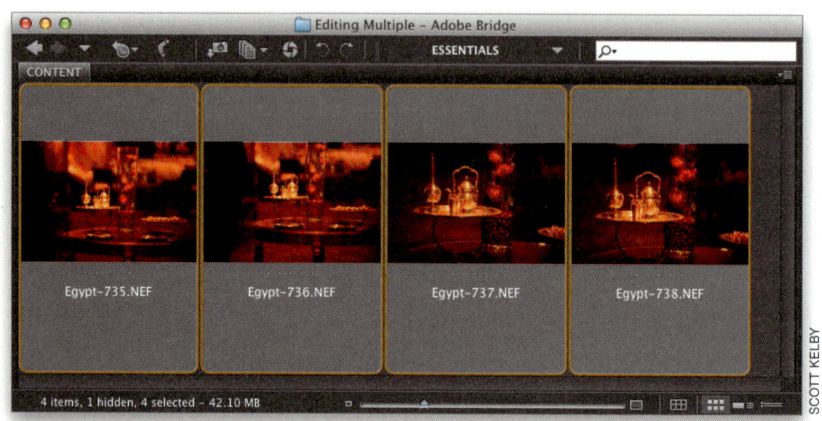

02

사진들이 열리면서 화면 왼쪽의 필름스트립에 선택한 사진들이 정렬됩니다. 일괄처리 방법은 두 가지가 있는데, 어느 쪽이 더 낫다고 할 순 없지만 첫 번째보다 두 번째 방법이 더 빠르다고 할 수 있습니다. 먼저 첫 번째 방법으로 진행해 봅시다. 필름스트립에서 사진 한 장을 클릭한 다음 필요한 보정을 실행합니다. 여기서는 화이트 밸런스를 수정하고 좀 더 밝게 만든 후 대비를 주기 위해 'Temperature', 'Exposure', 'Contrast', 'Highlights', 'Whites', 'Blacks', 'Clarity' 슬라이더 값을 조절했습니다.

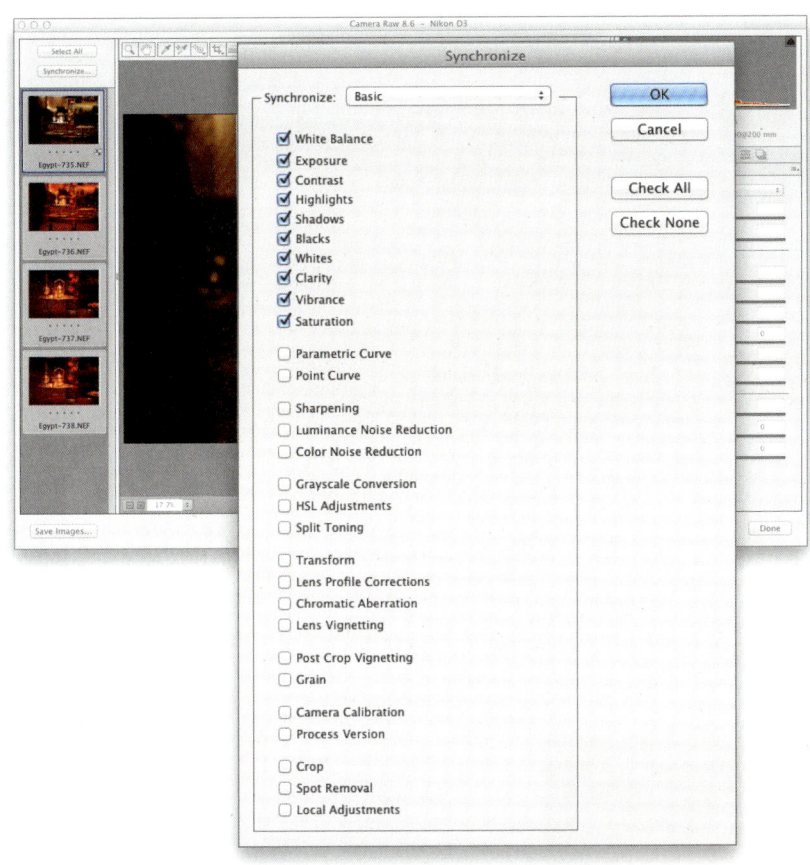

03

선택한 사진이 보기 좋게 보정되면 필름스트립 상단의 [Select All] 버튼을 클릭하여 사진을 모두 선택합니다. 이때 맨 처음 선택하여 보정한 '대표' 사진은 썸네일에 경계선이 도드라지게 표시되어 어느 사진인지 쉽게 알 수 있습니다. 계속해서 바로 아래의 [Synchronize] 버튼을 눌러 대화상자를 불러옵니다. 다른 사진에 복제할 수 있는 항목들이 목록으로 나타나 원하는 항목을 선택할 수 있습니다. 상단의 팝업 메뉴에서 [Basic]을 선택하면 [Basic] 패널의 조절 항목만 선택되고 다른 항목들은 모두 체크 표시가 해제됩니다.

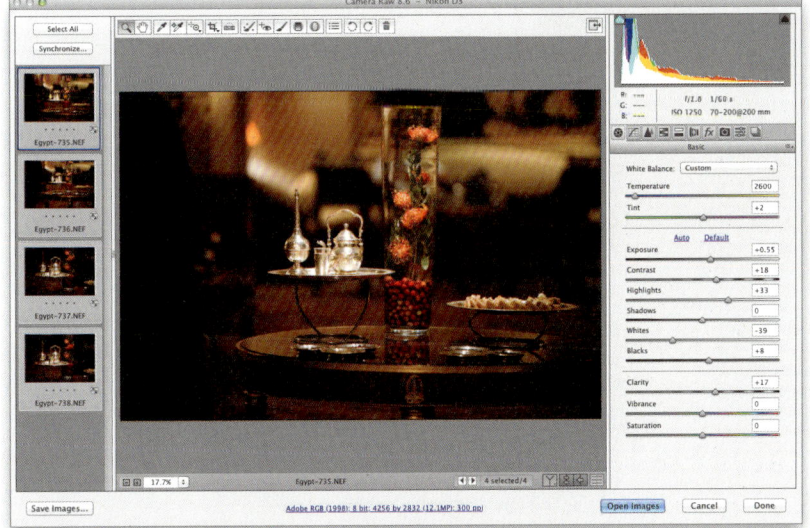

04

[OK] 버튼을 클릭하면 대표 사진에 적용한 [Basic] 패널 설정 내용이 다른 사진들에도 적용되어 필름스트립 썸네일에 반영된 것을 볼 수 있습니다. 필자는 이 첫 번째 방법보다 두 번째 방법을 선호합니다. 이 방법은 실제로 많은 결정의 순간이 있고 또한 체크 박스를 여러 차례 클릭해야 하기 때문입니다.

TIP 선택한 사진만 보정하기

필름스트립에 열린 사진 중 필요한 몇 장만 보정하려면 Ctrl(MAC:[Commend])을 누른 채 필요한 사진만 클릭하여 선택한 후 [Synchronize] 버튼을 클릭하여 적용합니다.

Chapter 2. Raw Justice 카메라로우의 기초를 넘어 본론으로   61

05

두 번째 방법은 카메라로우에 사진을 불러오자마자 [Select All] 버튼을 클릭하여 모든 사진을 선택하고 보정을 진행하는 것입니다. 첫 번째 방법에서 '대표' 사진을 보정했듯이 슬라이더 값을 설정하면 그 즉시 선택되어 있는 모든 사진들에 설정이 반영됩니다. 그러므로 어떤 항목을 조절했는지 기억할 필요도 없고 [Synchronize] 대화상자를 불러와 선택할 필요도 없습니다. 두 가지 방법을 모두 써보고 자신에게 맞는 것을 선택합니다. 다만 작업을 빠르게 하려면 두 번째 방법이 더 유리할 것입니다.

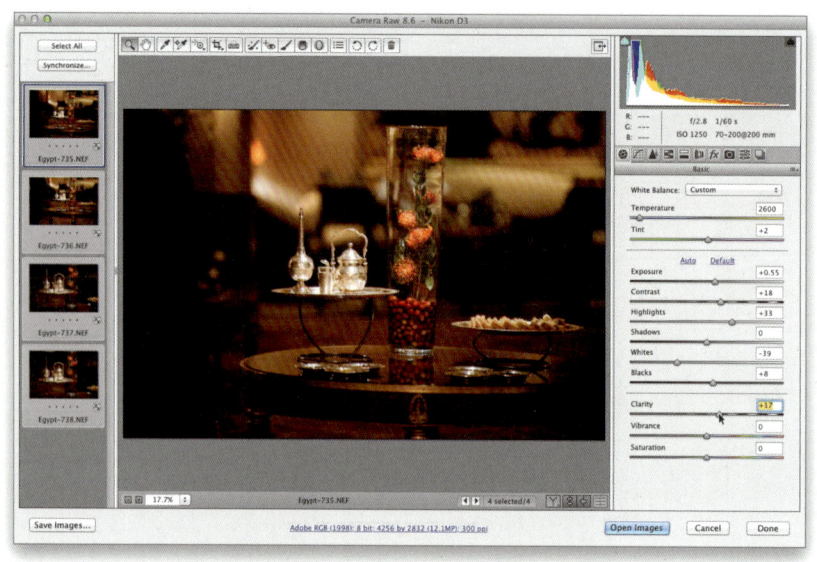

Before

After

카메라로우의 샤프닝 기능

촬영할 때 JPEG 포맷으로 찍으면 카메라 자체에서 샤프닝 효과를 더해주므로 카메라로우에서 자동으로 실행되는 효과는 없습니다. 한편 RAW 포맷으로 찍는 것은 카메라가 함부로 샤프닝 처리를 못하도록 명령하는 것과 같아서 카메라로우에 불러오면 원본 상태 그대로 나타납니다. 이때 주로 'capture sharpening'이라 하는 기본 샤프닝 처리를 합니다. 필자는 샤프닝 처리를 두 번씩 하는데 한번은 카메라로우에서, 또 한 번은 포토샵에서 모든 보정을 마친 후 완료하기 전에 'output sharpening'을 합니다. 여기서는 카메라로우에서 캡처 샤프닝을 어떻게 적용하는지 알아봅니다.

01

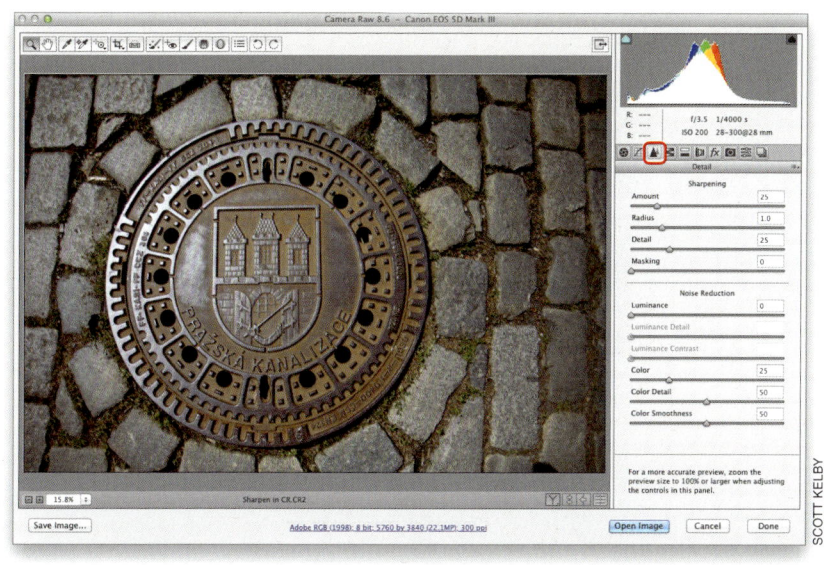

카메라로우에서 RAW 사진을 불러오면 자동으로 샤프닝 처리가 됩니다. 이때 샤프닝 보정 정도는 조절할 수 있습니다. 패널 영역 상단 아이콘 중 세 번째의 'Detail' 아이콘을 클릭하거나 Ctrl-Alt-3 (MAC:[Command]-[Option]-3)을 누릅니다. [Detail] 패널의 상단에 'Sharpening' 영역을 보면 이미 각 슬라이더 값이 자동으로 조절되어 샤프닝이 적용되었음을 알 수 있습니다. 만약 샤프닝 효과를 적용하지 않으려면 모든 슬라이더를 왼쪽 끝까지 드래그합니다.

02

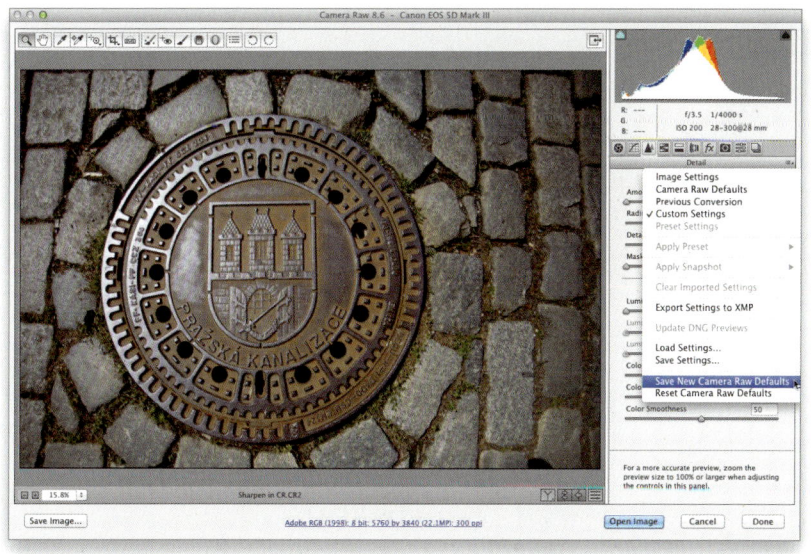

자동으로 효과가 적용되는 것이 싫으면 아예 나타나지 않도록 설정할 수도 있습니다. 먼저 'Sharpening Amount' 슬라이더를 '0'으로 설정하고 패널 오른쪽 상단의 카메라로우 메뉴 버튼에서 [Save New Camera Raw Defaults]를 클릭합니다. 이후로는 RAW 사진을 열었을 때 자동으로 샤프닝 설정이 되지 않습니다. 샤프닝 효과가 필요하면 직접 값을 조절하여 적용합니다.

03

샤프닝 효과가 자동 적용되는 것은 싫지만 효과를 주었을 때 어떤 모습인지 확인해보고 싶을 때 미리 보기로만 볼 수 있는 방법이 있습니다. Ctrl-K(MAC:Command-K)를 눌러 [Camera Raw Preferences] 대화상자가 나타나면 'Apply sharpening to' 팝업 메뉴에서 [Preview images only]를 선택합니다. [OK] 버튼을 클릭하여 설정을 저장하면 이후로는 카메라로우의 미리 보기 화면에서만 샤프닝 효과가 적용된 모습을 볼 수 있습니다.

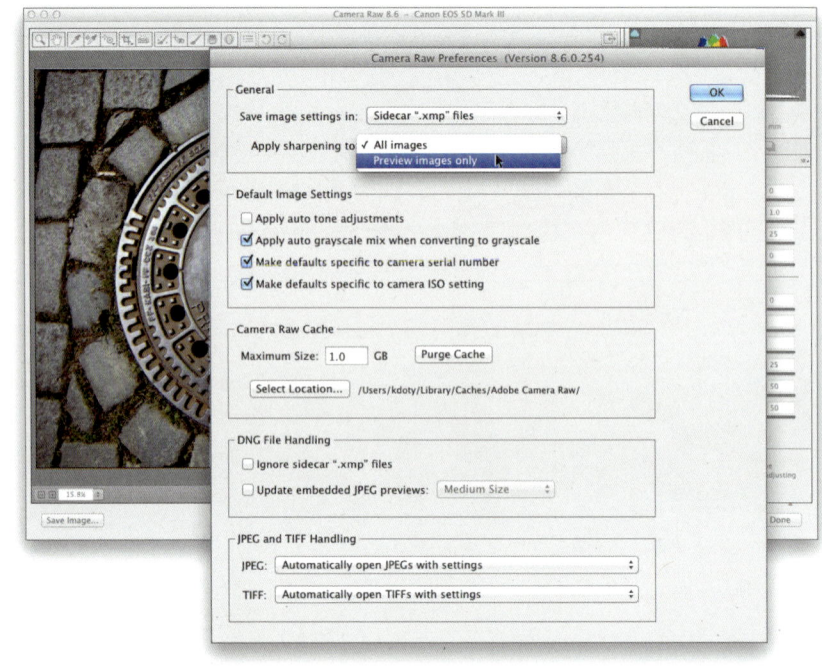

04

카메라로우를 오래 써왔다면 포토샵의 이전 버전에서는 샤프닝 효과를 확인하기 위해 사진을 '100%'로 확대해야 했던 것을 기억할 것입니다. 하지만 CS5 버전부터는 굳이 확대를 하지 않아도 되게 개선되었는데, 그럼에도 불구하고 최대한 정확하게 확인하는 길은 '100%' 비율이라고 생각합니다. 사진을 '100%' 비율로 만드는 가장 빠른 방법은 도구 바의 [Zoom] 도구를 더블클릭하는 것입니다.

|NOTE|
'100%' 비율이 아닐 때는 [Detail] 패널 하단에 정확한 확인을 위해서 '100%' 배율로 설정하라는 안내문이 나타나며, 이 안내문은 '100%' 화면 설정시 사라집니다.

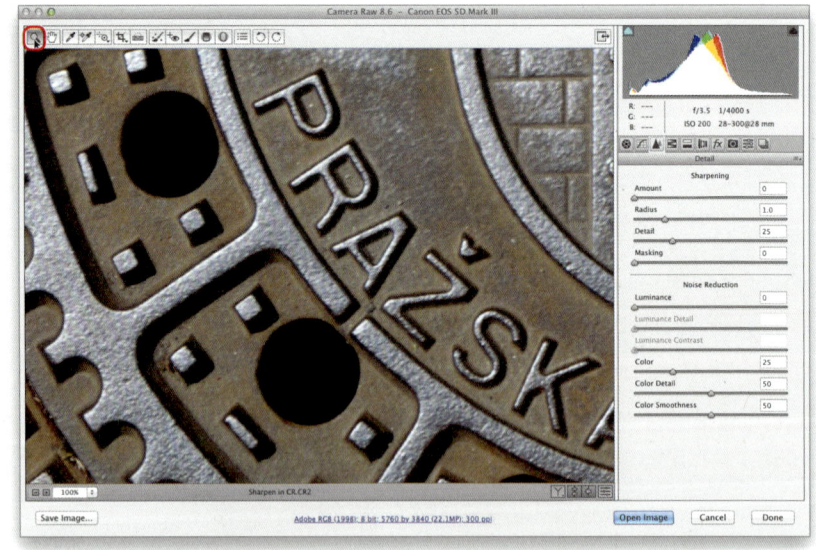

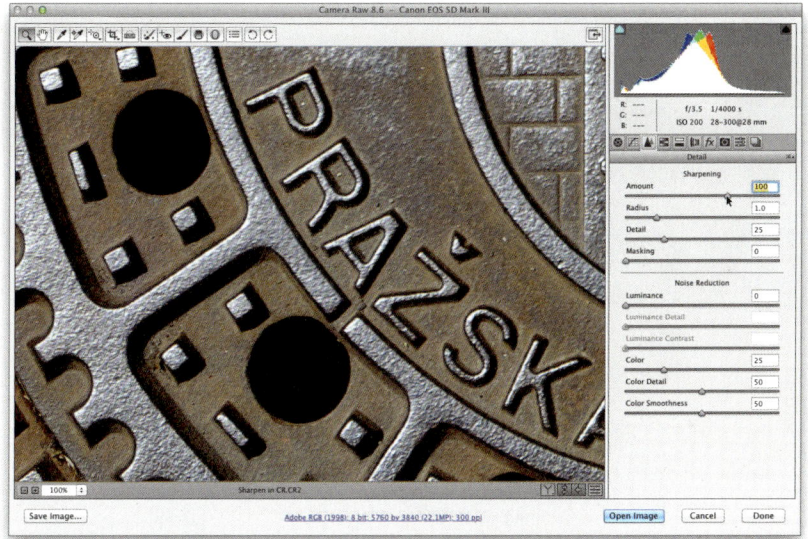

05

아주 또렷하고 명확한 윤곽 상태를 만들어야 한다면 'Amount' 슬라이더를 오른쪽으로 움직여 샤프닝 양을 높여봅니다. 왼쪽 사진과 04의 사진을 비교해보고 슬라이더 값이 '0'일때와 '100'일 때 어떤 차이가 얼마나 있는지 확인해 봅니다.

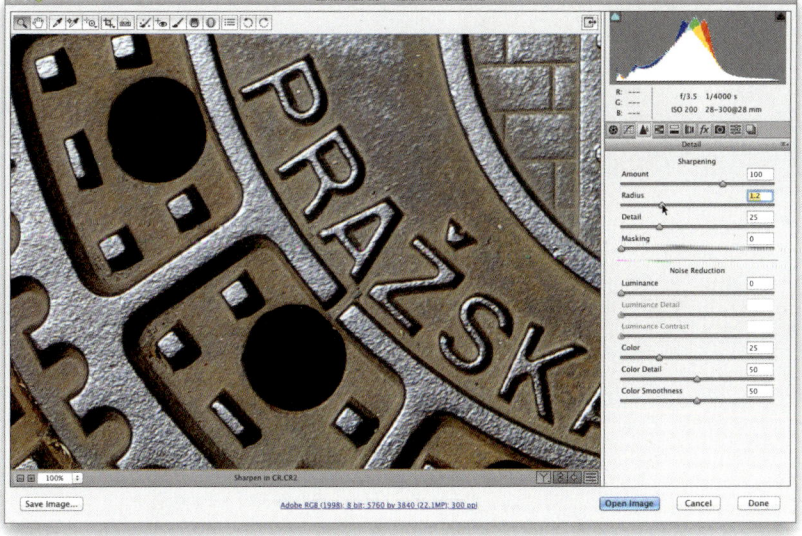

06

다음 슬라이더는 윤곽선을 중심으로 어느 범위까지 샤프닝 효과를 적용할지 결정하는 'Radius' 슬라이더입니다. 포토샵 'Unsharp Mask' 필터의 'Radius' 슬라이더와 비슷한 기능을 하며, 기본 값이 '1'로 설정되어 있는데 대부분의 경우 이 값 그대로 씁니다. 간혹 사진을 웹사이트나 비디오 편집 등에만 사용하여 아주 작은 사이즈니 해상도도 상관없는 경우에는 '1'보다 작은 값으로 설정하기도 합니다. 또한 다음과 같이 특별한 경우에는 '1'보다 큰 값으로 사용합니다.

❶ 사진이 지나치게 흐릿할 때
❷ 디테일을 명확하게 나타내야 할 때(예제 사진도 'Radius' 값을 '1.2'로 설정했습니다.)
❸ '비정상적으로' 샤프닝 효과가 매우 많이 필요한 사진일 때

단, '1'보다 큰 값으로 설정하면 샤프닝이 지나쳐 사진이 가짜처럼 보일 수 있으며 노이즈가 생기기도 쉽기 때문에 주의해야 합니다. 참고로 포토샵과 달리 카메라로우의 'Radius' 값은 '3'까지도 조절이 가능합니다.

07

다음으로 'Detail' 슬라이더는 얼마나 세밀한 윤곽 부분까지 샤프닝을 적용할 것인가를 조절합니다. 사진에 흐릿한 느낌이 아주 약간 있는 정도면 낮은 값으로, 세밀한 윤곽선까지 또렷하게 만들려면 높은 값으로 조절합니다. 그러므로 'Detail' 슬라이더 값은 사진의 주제에 따라 적정 값이 달라집니다. 오른쪽 예제 사진의 경우 금속의 질감을 나타내는 세밀한 윤곽이 많기 때문에 높은 값으로 설정해야 질감을 살릴 수 있습니다. 풍경이나 도시 사진, 모터사이클 촬영 사진 등 많은 윤곽을 가진 사진들이 대부분 높은 값을 필요로 합니다. 여기서는 '78'까지 드래그하여 디테일을 살렸습니다.

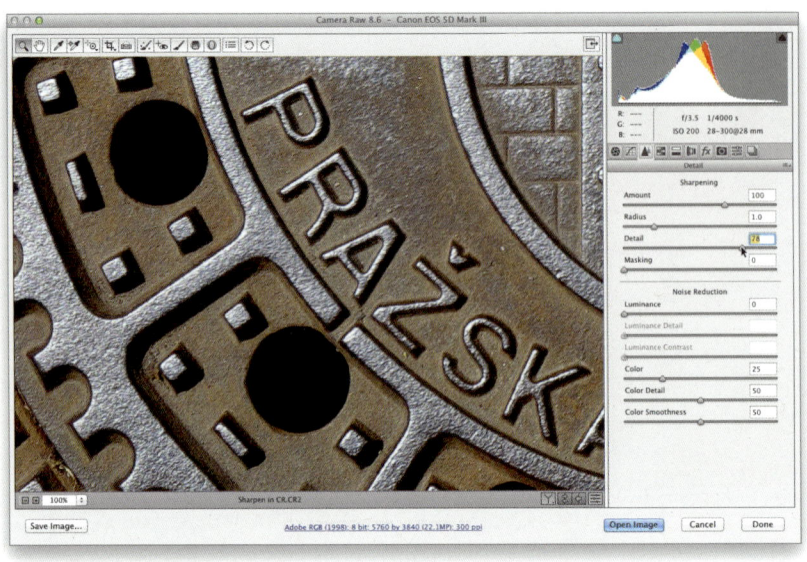

08

이번에는 'Masking' 슬라이더를 이용하여 사진의 인물을 변신시켜 봅니다. 이 방법은 이해하기도 쉽고 유용하게 쓸 수 있습니다. 기존에는 샤프닝 효과가 사진 전체에 나타났지만 이번에는 효과를 주려는 부분에만 골라서 적용할 수 있어 부드럽게 만들어야 할 부분은 그대로 살릴 수 있습니다. 예제 사진도 피부는 부드럽게 유지하면서 눈과 입술 등은 또렷하게 살려야 합니다. 포토샵이었다면 'Unsharp Mask' 필터를 복제한 레이어에 적용하고 레이어 마스크를 추가하여 부드러운 부분은 지워서 없애는 여러 단계를 거쳐야 할 것입니다. 카메라로우에서는 'Masking' 슬라이더가 같은 기능을 처리합니다. 기본 값은 '0'으로 사진 전체에 샤프닝 효과가 적용됩니다. 슬라이더를 오른쪽으로 움직이면 윤곽이 필요 없는 부드러운 부분의 샤프닝 양이 줄어듭니다. 즉, 마스크가 씌워져 샤프닝 효과로부터 보호되는 것입니다.

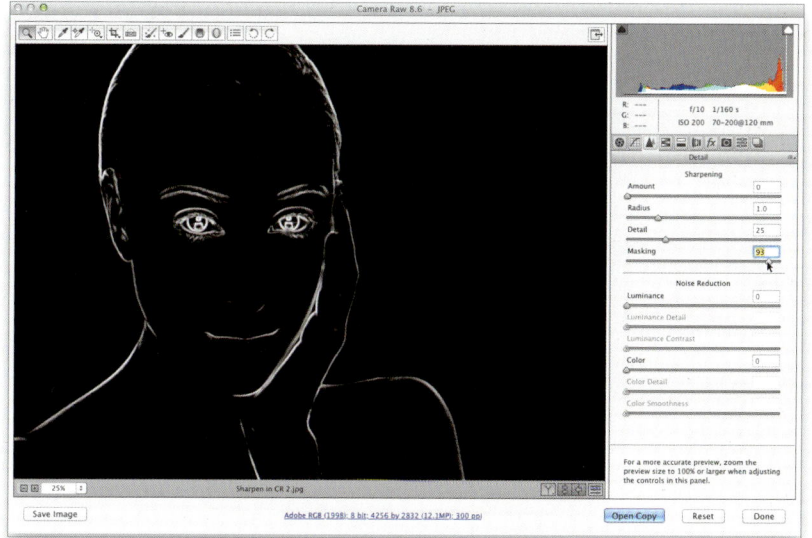

09

[Sharpening] 영역의 4개 슬라이더를 조절할 때 현재 샤프닝 효과가 어떻게 반영되고 있는지 각각의 미리 보기로 확인할 수 있습니다. Alt (MAC: [Option])를 누른 채로 슬라이더를 드래그하면 화면이 흑백으로 바뀌어 현재 조절하고 있는 효과가 어떻게 반영되는지 확인할 수 있으며, 특히 'Masking' 슬라이더가 어떻게 적용되는지 쉽게 이해할 수 있습니다. 'Masking' 값이 '0'일 때는 화면 전체가 완전히 흰색으로 나타나는데, 이는 샤프닝 효과가 사진 전반에 미치고 있음을 의미합니다. 슬라이더를 오른쪽으로 움직일수록 마스크가 씌워져 샤프닝 반영이 되지 않는 범위 즉, 검정색 부분이 늘어나는 것을 확인할 수 있습니다. 사진에서 흰색으로 남는 부분만 샤프닝 보정이 적용되는 것입니다. 여성 인물 사진을 보정할 때 이 기능이 빛을 발하는데, 눈이나 머리카락, 눈썹, 입술, 얼굴선 등 윤곽을 살려야 하는 부분만 샤프닝 효과를 주고 피부결과 같이 부드럽게 해야 할 곳은 제외할 수 있기 때문입니다. 아래의 예제 사진 중 After는 샤프닝 값을 'Amount: 110, Radius: 1, Detail: 78, Masking: 0'으로 준 결과입니다.

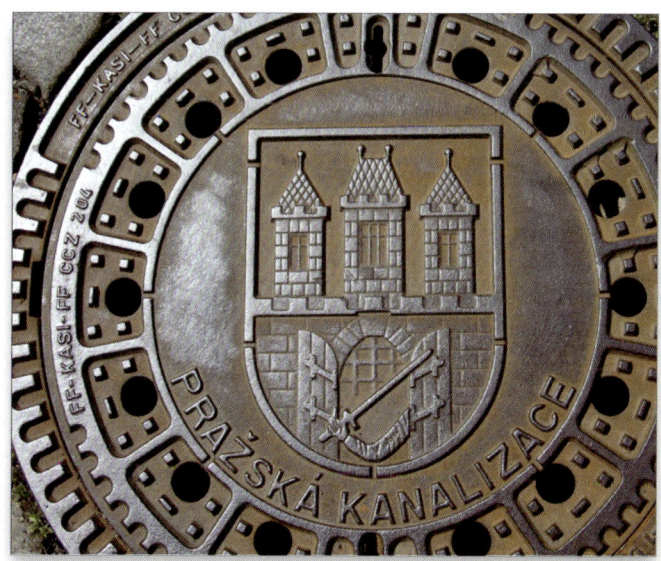

Before

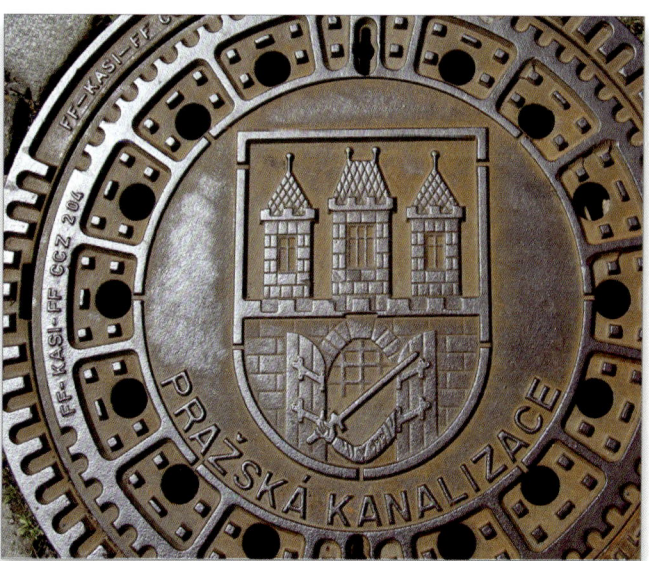

After

불필요한 렌즈 효과 자동 보정하기

예전 버전의 카메라로우에는 렌즈 보정 기능이 들어있었지만 지금은 볼록/오목 일그러짐(barrel/pin-cushion distortion)이나 가장자리 비네팅과 같은 일반적인 렌즈 문제 현상이 자동으로 해결됩니다. 이것은 기록된 카메라 데이터를 읽어들이면서 어떤 카메라와 렌즈를 사용했는지 파악하고, 문제가 나타날 경우 그에 따라 적절한 프로필을 적용하여 처리합니다. 체크 박스 항목 하나만 체크하면 놀라우리만치 빠른 속도로 문제를 해결해주지만 해당 카메라/렌즈 프로필이 없는 경우나 사진에 EXIF 데이터가 없는 경우, 또는 적용된 프로필이 만족스럽지 못할 때는 어떻게 해야 할까요? 여기서 그 해결책을 알아봅니다.

01

카메라로우에서 렌즈 효과 보정이 필요한 사진을 불러옵니다. 포토샵을 사용했다면 [Filter] 메뉴 아래 'Lens Corrections' 필터 기능을 찾을 수 있을 것입니다. 하지만 카메라로우의 보정 기능은 원본 픽셀을 파괴하지 않고, 빠르다는 이점이 있기 때문에 필자는 항상 포토샵의 필터 대신 카메라로우로 보정합니다.

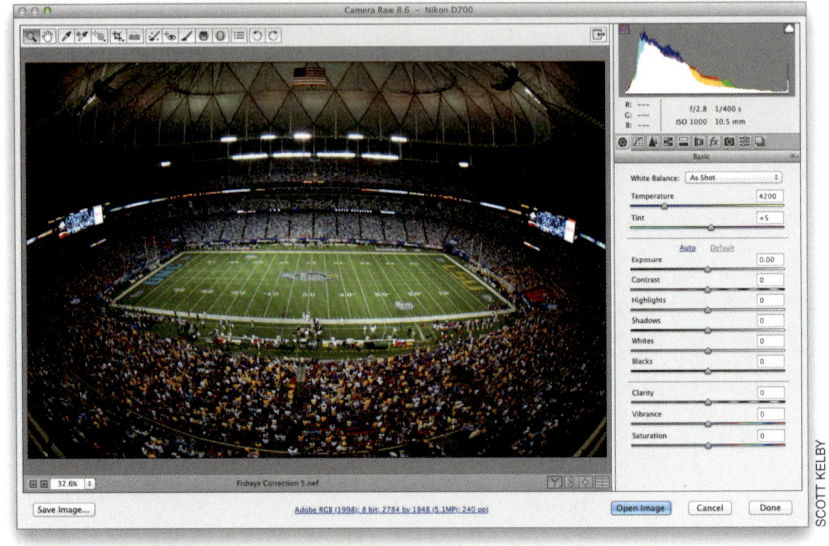

02

패널 영역 상단의 오른쪽에서 다섯 번째 아이콘인 'Lens Corrections' 아이콘을 클릭하고 [Profile] 탭에서 'Enable Lens Profile Corrections' 항목에 체크합니다. 사진이 자동으로 보정되었습니다. 사진 데이터로부터 사용 카메라와 렌즈를 인식하고 그에 적합한 프로필을 찾아 곧바로 오류를 보정한 것입니다. 만약 프로필을 찾지 못했을 경우에는 패널 하단에 내용이 안내됩니다. 필자는 추가적으로 패널 하단의 'Distortion' 슬라이더로 보정되는 양을 조절하여 피쉬아이 렌즈 효과를 살짝 더 하는 경우가 많습니다.

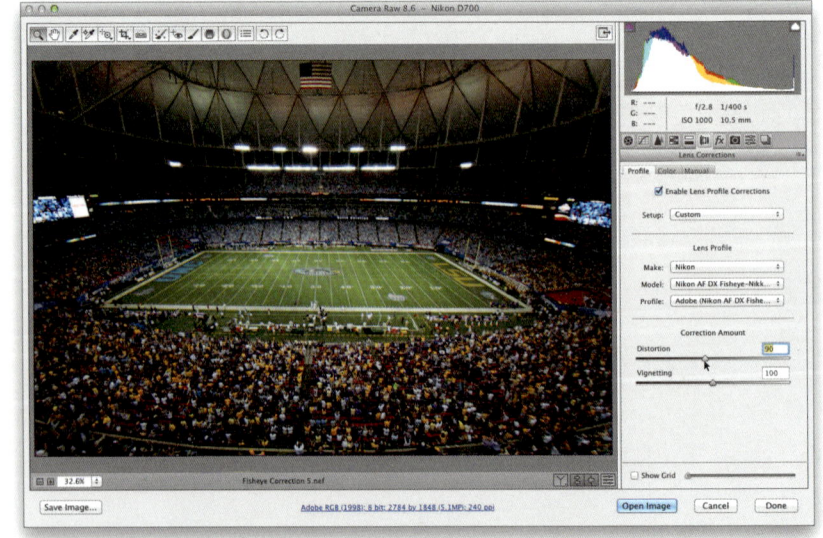

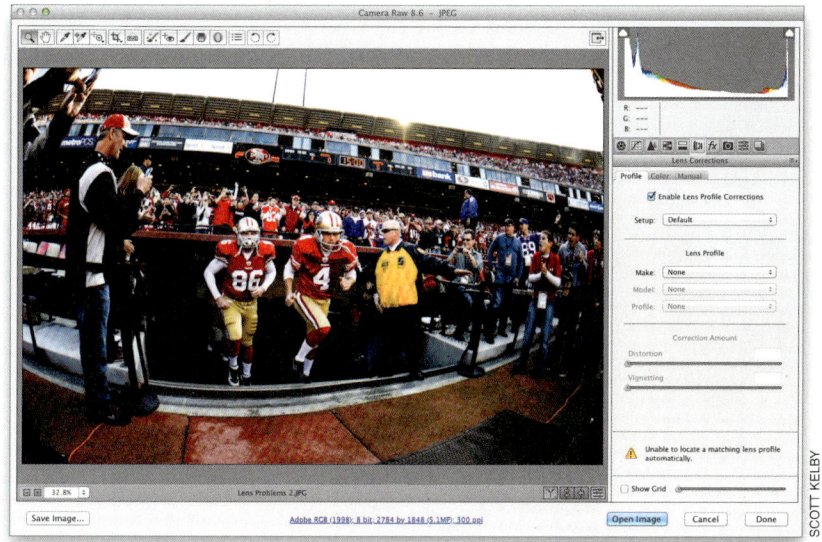

03

예제 사진은 프로필을 자동으로 찾지 못했거나 사진에 기록된 EXIF 데이터가 없는 경우입니다. 이런 경우는 스캔하거나 다른 문서에서 복사해 온 이미지일 때가 많습니다. 왼쪽의 사진을 보면 카메라로우가 적합한 프로필을 찾지 못해서 [Lens Profile] 영역의 'Make' 옵션은 [None], 'Model'과 'Profile'은 비활성화되어 있습니다. 즉, 어떤 카메라 장비를 사용했는지 아는 대로 알려주거나 모르는 경우에는 적합한 모델을 골라달라는 의미입니다.

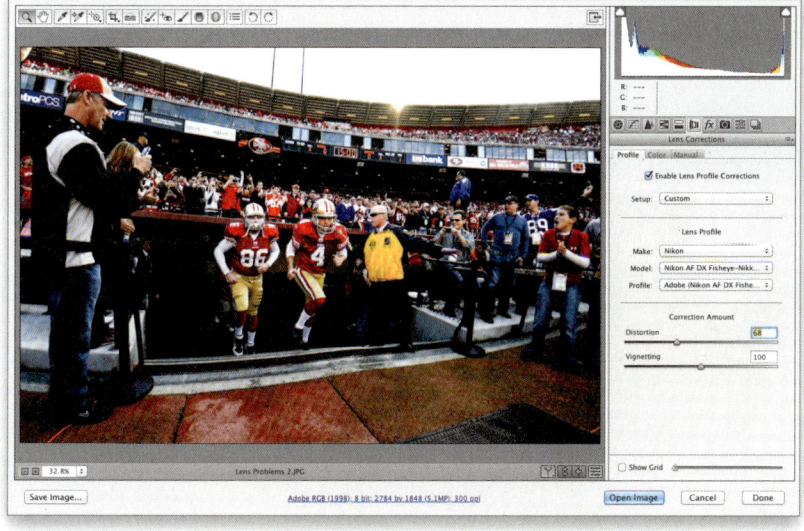

04

이 사진은 Nikon 카메라로 찍었기 때문에 'Make' 팝업 메뉴를 [Nikon]으로 선택했는데 그와 동시에 아래의 다른 항목들이 자동으로 선택되었습니다. 매치되는 렌즈를 찾아 사진이 자동 보정된 것입니다. 하지만 이 선택이 100% 정확하다고 할 수는 없으므로 팝업 메뉴 목록에 가능성이 있는 렌즈들이 나타납니다. 'Model' 팝업 메뉴에 렌즈 목록이 나타나므로 다른 렌즈를 직접 선택하여 더 나은 결과를 보여주는 것을 찾을 수 있습니다(대부분의 경우 자동으로 선택된 렌즈가 최적의 결과를 내주므로 따로 선택하지 않지만, 아주 가끔은 실제 사용한 렌즈가 아님에도 불구하고 다른 렌즈를 선택했을 때 더 보기 좋을 때가 있습니다). 왼쪽 사진은 '10.5mm' 피쉬아이 렌즈를 사용했으므로 팝업 메뉴에서 이 렌즈를 선택했고, 'Distortion' 슬라이더도 약간 조절했습니다.

05

예제 사진은 와이드앵글 렌즈를 사용하여 찍은 것으로, 문제점이 즉각 드러납니다. 빌딩이 길게 누워 하층부는 크고 상층부는 좁아 보입니다. 이번에는 'Creative Clouds Upright'라는 다른 자동 보정 기능을 활용해야 하는데, 사진이 평소보다 훨씬 왜곡되어 있음에도 불구하고 좋은 결과를 만들어줄 것입니다. 이 기능 역시 [Lens Correction] 패널의 [Profile] 탭에 있는 'Enable Lens Profile Corrections' 항목에 체크한 상태에서 시작합니다. 기본 프로필 자동 보정 효과는 미미한 상태입니다.

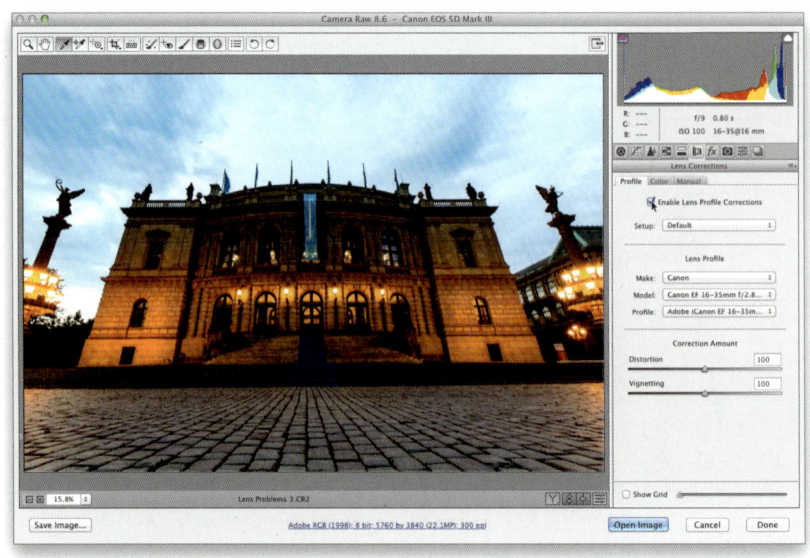

06

본격적으로 자동 수직(upright) 보정을 실행하기 위해 [Manual] 탭을 클릭하고 [Auto] 버튼을 클릭하면, 오른쪽 사진과 같이 빌딩의 수직을 맞추기 위해 변형됩니다. 수직 보정에는 자동 보정 이외에도 세 가지 옵션이 있어 각각의 방법으로 균형을 맞추므로 각 옵션에 대해서도 알아볼 것입니다. 이번 사진 역시 수직 보정이 이루어지긴 했지만 아직 완벽하지 않습니다.

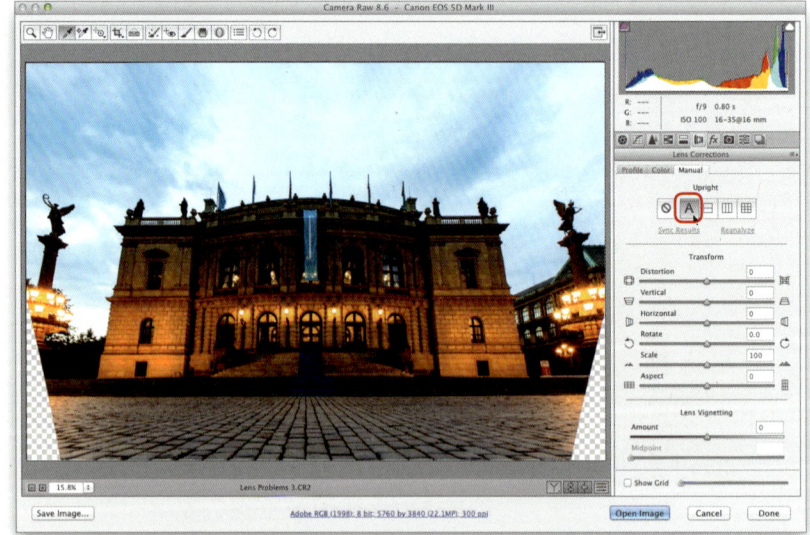

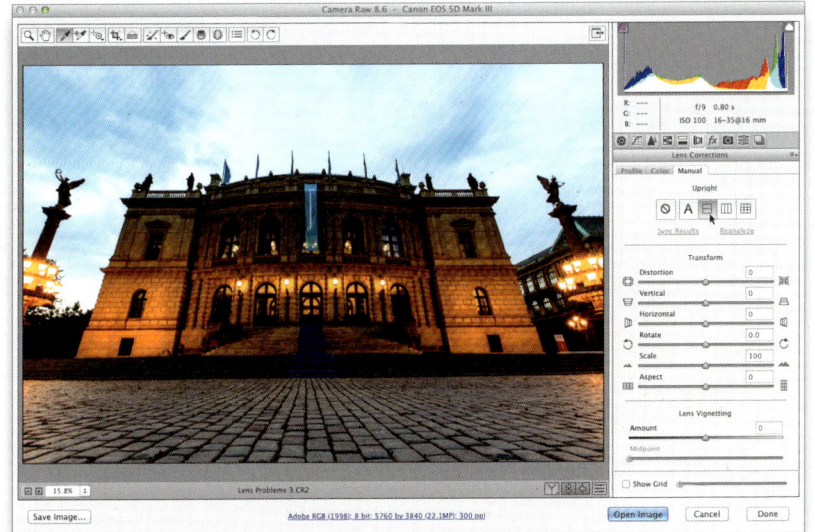

07

자동 보정 이외에 수직 보정의 3가지 옵션에 대해 알아보고 각각 사진에 어떤 영향을 미치는지 확인합니다. 첫 번째 옵션은 [Auto] 버튼 옆의 [Level] 조절인데 왜곡된 수평선 문제만 있는 일반적인 사진일 때 선택합니다. 이 옵션은 사진상에서 수평이어야 하는 선을 인식하여 곧게 펴줍니다. 왼쪽 예제 사진에는 아주 약간 적용되어 효과가 미미하지만 사진에 따라서는 빠른 시간 내에 문제를 확실히 바로잡아주기 때문에 큰 도움이 될 것입니다.

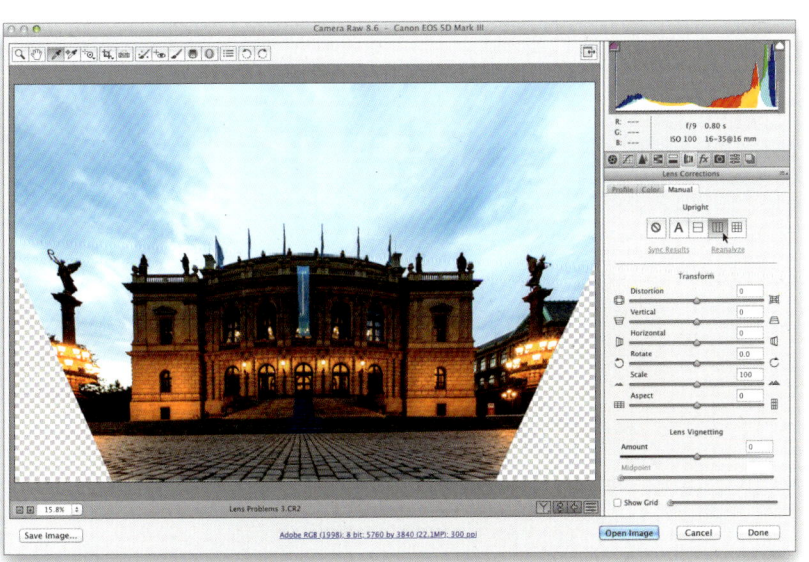

08

계속해서 두 번째 옵션인 [Vertical] 버튼을 클릭합니다. 이 옵션은 사진의 원근을 바로잡기 위해 사진을 변형하는데, 왼쪽의 사진처럼 변하므로 이 보정 후에는 사진을 약간 잘라내야 합니다.

09

마지막 옵션은 [Full] 버튼으로 level 조절과 수평, 수직 맞추기 보정을 모두 실행하는 것인데, [Vertical] 버튼보다 원근을 더 정확하게 맞춥니다. 보정 처리 후에도 반드시 처리해야 할 몇 가지 문제가 남아있습니다. 사진이 약간 휘거나 늘어나 보이는 현상을 해결해야 하며 가장자리를 잘라내 정리해야 합니다. 'Distortion' 슬라이더를 오른쪽으로 약간 움직여 휜 모양을 바로잡고 'Aspect' 슬라이더를 왼쪽으로 약간 움직여 늘어난 현상을 보정합니다.

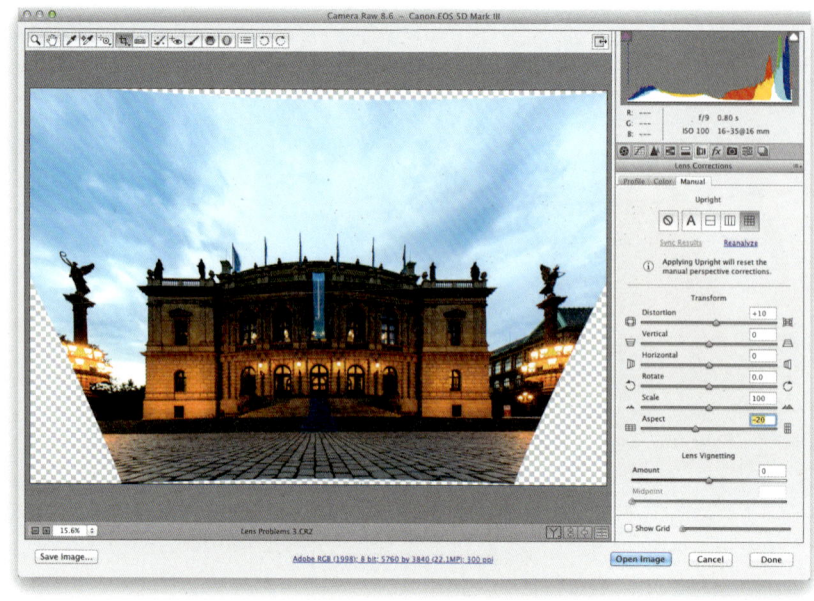

10

사진을 잘라내기 위해 카메라로우의 [Crop Tool] (C) 도구를 선택하면, 잘라내기 보더가 사진 손실이 없도록 자동으로 적절한 영역을 선택해줄 것입니다. 선택 영역을 더 넓게 잡으려면 'Crop Tool' 아이콘을 클릭하고 팝업 메뉴에서 [Constrain to Image]를 클릭하여 선택 해제합니다. 잘라내기 보더를 직접 드래그하여 선택 영역을 만들 수 있습니다. 영역 선택을 마친 후에는 Enter (MAC:[Return])를 눌러 선택 영역을 고정합니다.

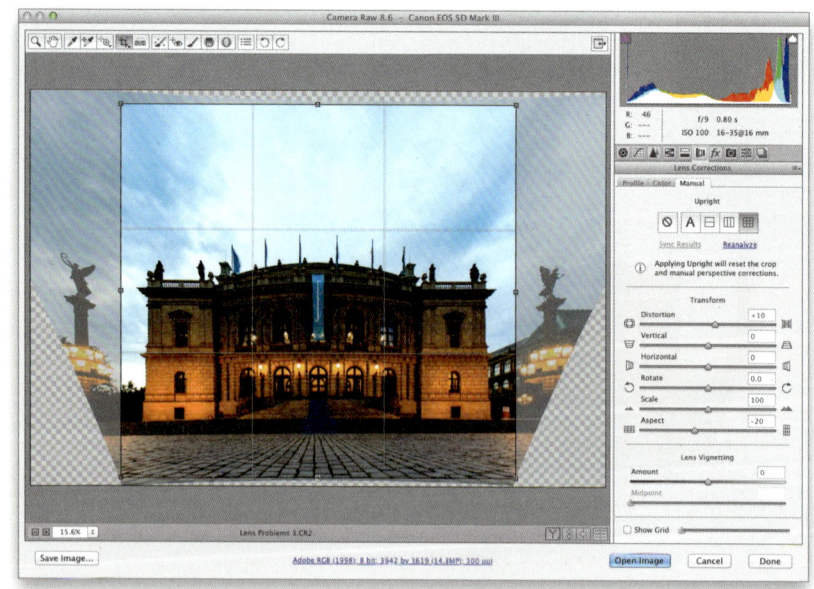

Before

After: 수직(Upright) 보정 후 잘라내기를 마친 결과

Chapter 2. Raw Justice 카메라로우의 기초를 넘어 본론으로   73

경계선에 나타나는 색수차 보정하기

색수차(Chromatic aberration)란 피사체의 윤곽선 주위에 지저분하게 나타나는 색상 라인이라고 이해하면 됩니다. 어떤 때는 빨강, 어떤 때는 초록 또는 보라색, 파랑색 등 다양하게 나타나는데 보기에 안 좋은 것은 마찬가지이므로 가능한 제거하는 것이 좋습니다. 다행히 카메라로우에는 좋은 결과를 만들어주는 기능이 탑재되어 있습니다.

01

색수차 현상이 나타난 사진을 불러옵니다. 이 현상은 보통 피사체의 윤곽선을 따라 나타나며 대비가 큰 상태로 눈에 잘 띕니다. 오른쪽의 예제 사진에도 건물 경계를 따라 나타나 있습니다.

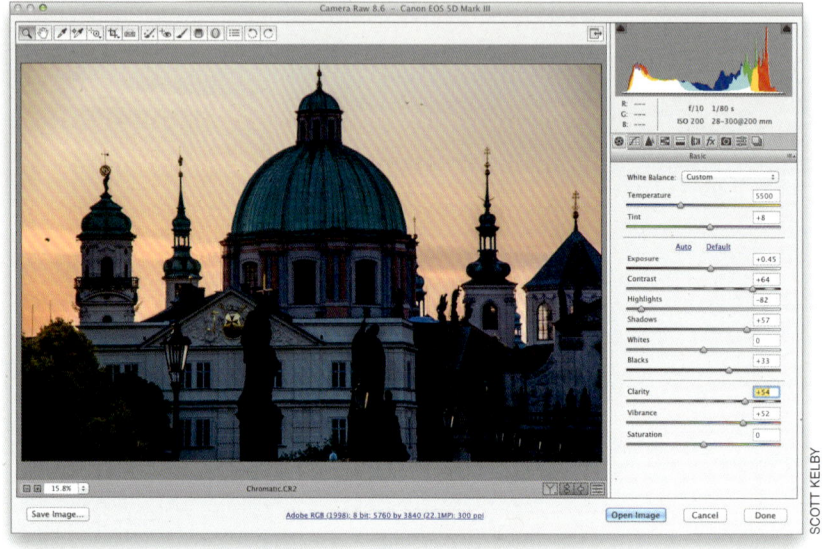

02

[Z]를 눌러 [Zoom] 도구를 선택하고 색상 띠가 나타난 부분을 클릭하여 확대합니다. 오른쪽 사진은 돔 형태의 지붕 부분을 확대했는데 윤곽을 따라 빨간색과 초록색의 얇은 띠가 둘러진 것이 보입니다. 이를 삭제하기 위해 패널 영역 상단의 6번째에 있는 'Lens Corrections' 아이콘을 클릭하고 [Color] 탭을 선택합니다. 여기에 색수차(Chromatic Aberration) 조절 슬라이더들이 있습니다.

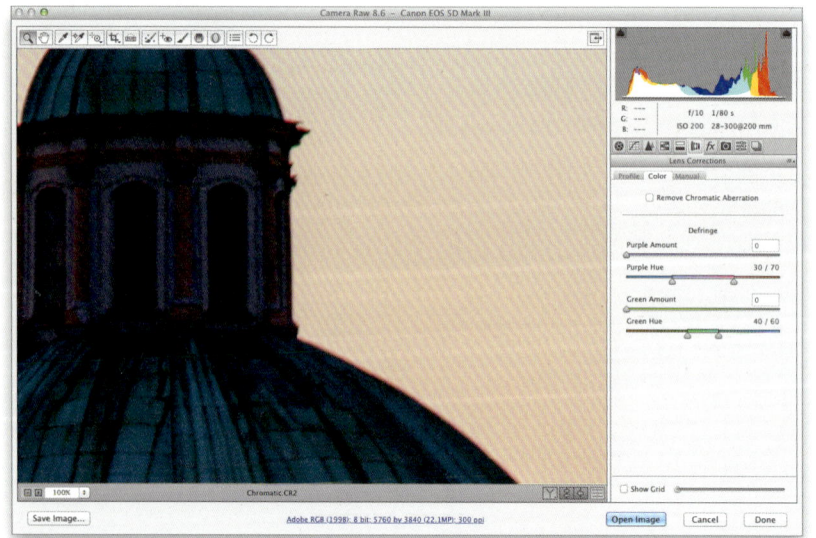

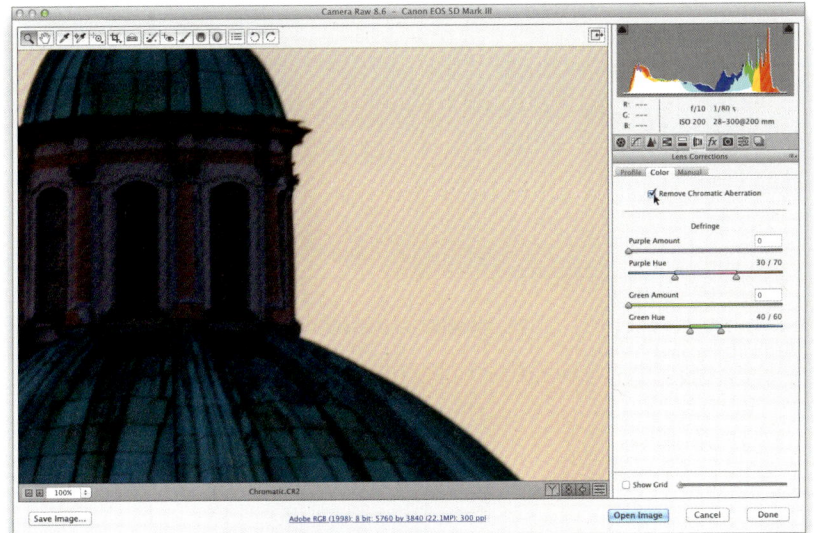

03

대부분의 경우 단순히 'Remove Chromatic Aberration' 항목에 체크만 하면 보정이 끝납니다. 이 기능 역시 사진에 내재된 메타데이터에서 인식한 사용 렌즈 모델에 따라 자동으로 처리되는 것입니다. 하지만 자동 보정 후에도 여전히 문제점이 남아있다면 수동으로 직접 조절하여 색상 띠를 제거할 수 있습니다. 'Remove Chromatic Aberration' 항목의 체크를 해제하고 'Defringe' 영역의 슬라이더를 직접 조절해 봅니다.

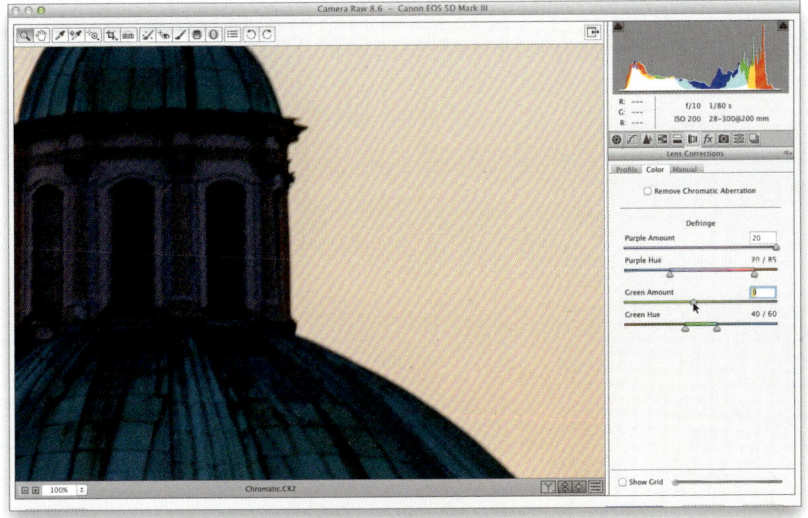

04

먼저 빨간색 띠가 사라질 때까지 'Purple Hue' 슬라이더를 오른쪽으로 움직여 봅니다. 예제 사진의 경우 아주 말끔하게 삭제되었습니다. 같은 방법으로 'Green Amount' 슬라이더를 움직여 녹색 띠도 삭제해 봅니다. 조절 후에도 색상이 남아있다면 색상이 완전히 사라질 때까지 'Green Hue' 슬라이더를 움직입니다. 실제로 필자는 'Remove Chromatic Aberration' 항목에 체크하는 것 외에 다른 조절을 하지 않습니다. 하지만 자동 보정 기능이 만족스럽지 않으면 위와 같은 방법을 사용하는 것이 좋습니다.

에지 비네팅: 비네팅 효과 조절하기

사진의 모서리 부분이 어둡게 나오는 현상을 렌즈 비네팅이라고 합니다. 필자는 일반적으로 비네팅이 모서리에만 약간 어둡게 나타났을 때 문제점으로 인식하여 수정합니다. 하지만 보는 사람의 시각에 포커스를 두어 특정 영역을 바라보는 느낌을 표현할 때는 비네팅을 만들어내며, 특히 부드러운 조명 효과를 주어 강조할 때는 모서리 부분에서 더욱 확장하기도 합니다. 비네팅 효과를 만들고 제거하는 방법을 알아봅니다.

01

예제 사진에는 모서리만 약간씩 어둡게 보이는 불필요한 비네팅이 나타나 있습니다. 이것은 보통 카메라의 렌즈로 인해 나타나므로 촬영을 잘 못했다고 자책할 필요는 없습니다(저가의 렌즈를 살 수밖에 없었다면 스스로를 위로해 주세요). 모서리의 비네팅을 없애기 위해 패널 영역 상단에서 6번째 위치한 'Lens Corrections' 아이콘을 클릭하고 [Profile] 탭에서 'Enable Lens Profile Corrections' 항목에 체크합니다. 사진의 EXIF 데이터를 읽어들이고, 사용한 카메라와 렌즈 모델에 기초하여 비네팅 현상이 자동으로 제거될 것입니다. 자동 보정 후에도 비네팅 현상이 남아있다면 'Vignetting' 슬라이더를 조절합니다.

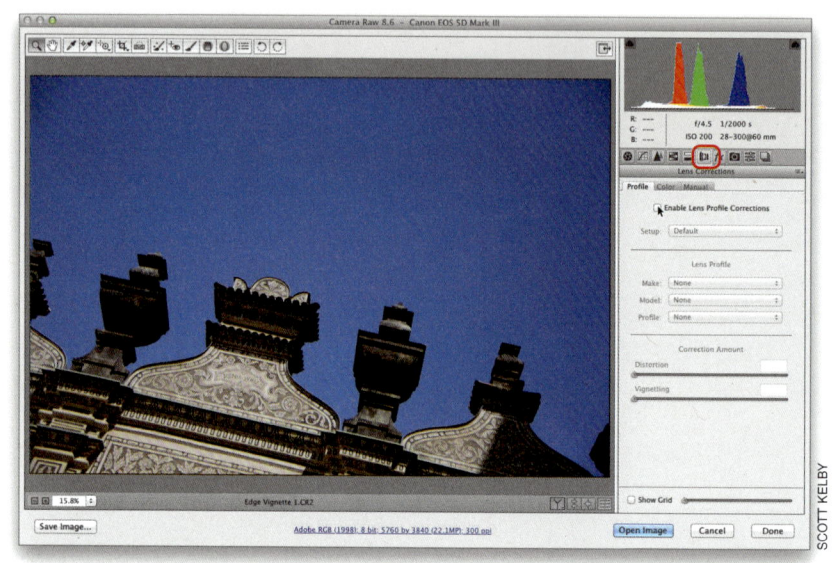

02

자동 보정 기능이 구실을 못하면 [Manual] 탭을 클릭하여 수동으로 조절합니다. 'Lens Vignetting' 영역에서 'Amount' 슬라이더를 오른쪽으로 드래그하면 모서리의 비네팅이 점차 사라집니다. 'Amount' 슬라이더를 조절하면 그 아래의 'Midpoint' 슬라이더가 활성화되어 조절이 가능해집니다. 이 슬라이더는 비네팅 보정 효과가 얼마나 넓은 영역에 미치도록 할 것인지 결정합니다. 슬라이더를 왼쪽으로 움직일수록 사진의 중앙까지 효과가 미쳐 밝은 영역이 넓어집니다.

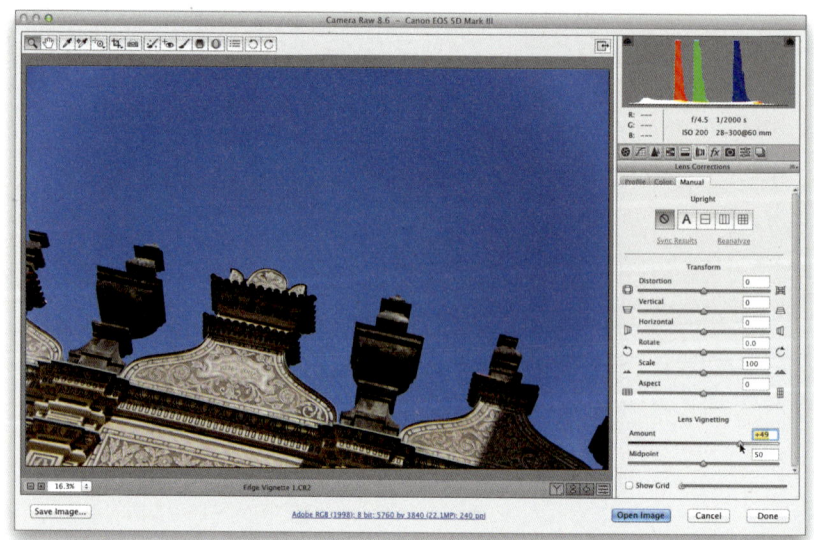

03

이번엔 반대로 비네팅을 더하여 주의가 집중되도록 효과를 내봅시다. 적당한 사진으로 예제 사진을 변경했습니다.

04

'Lens Vignetting' 영역의 'Amount' 슬라이더를 왼쪽으로 움직일수록 사진의 모서리 부분부터 비네팅이 나타납니다. 그런데 사진의 모서리 부분에만 약하게 나타나면 안 좋은 비네팅이 되기 때문에 범위를 넓혀 부드러운 조명처럼 보이도록 해야 합니다. 이를 위해 'Midpoint' 슬라이더를 왼쪽으로 약간 움직입니다. 이러한 효과는 인물사진에서 많이 사용하며 피사체에 시선을 모으기 위한 기법으로 어떤 사진에든 적용할 수 있습니다. 여기까지 비네팅을 제거하거나 더하는 두 가지 테크닉을 모두 알아보았습니다.

05

앞에서 알아본 비네팅 추가 방법은 두 개의 슬라이더만 사용하는 매우 쉬운 방법이지만, 사진을 잘랐을 때 문제가 생깁니다. 사진을 잘라내면 비네팅 효과까지 잘려나갈 수 있고 이런 경우 사라진 비네팅이 다시 만들어지지 않기 때문입니다. 해결책을 알아보기 위해 일반적인 모서리 비네팅을 추가한 상태에서 작업을 시작합니다.

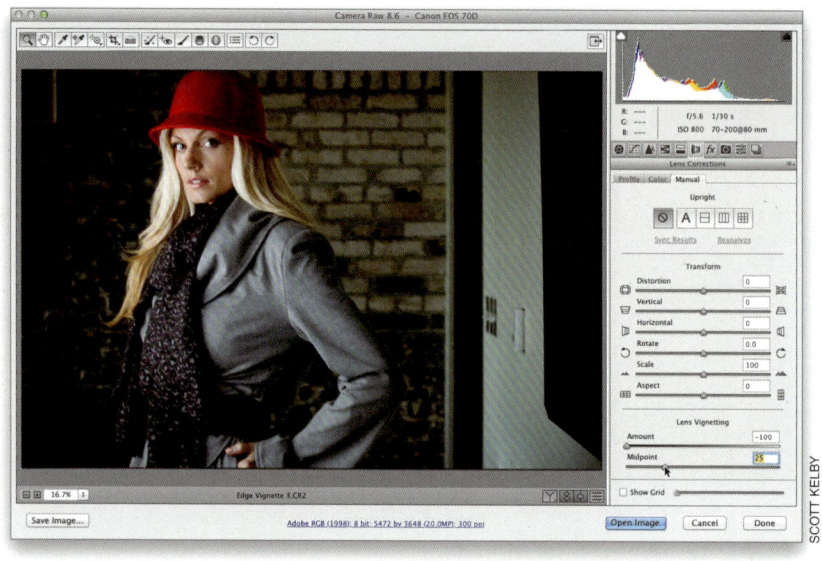

06

[Crop Tool](C) 도구를 선택하고 사진을 잘라냅니다. 이전에 일부러 비네팅 효과를 준 테두리 부분이 거의 잘려나가 사라져 문제가 생긴 상태입니다.

07

패널 영역 상단의 아이콘 모음 중 오른쪽에서 네 번째의 'Effects' 아이콘을 클릭하여 잘려나간 비네팅을 다시 추가합니다. 'Post Crop Vignetting' 영역에서 'Amount' 슬라이더를 왼쪽으로 움직여 모서리를 어둡게 만든 다음 'Midpoint' 슬라이더로 비네팅의 범위를 결정합니다. 이제 'Post Crop Vignetting' 영역 상단의 팝업 메뉴를 펼치면 세 가지의 비네팅 유형 중 선택할 수 있는데, 이번 사진에 가장 적합한 것은 'Highlight Priority'로 원래의 비네팅 효과와 가장 비슷합니다. 이 옵션은 모서리 부분은 어둡게 만들면서 하이라이트 영역의 디테일은 유지되도록 해줍니다.

|NOTE|
'Color Priority' 옵션은 모서리를 어둡게 만들면서 색상이 유지되도록 해주며, 'Paint Overlay' 옵션은 CS4 버전에 있던 예전 방식으로 거의 모든 사람이 기피하는 유형입니다.

08

'Midpoint' 슬라이더 다음에 있는 'Roundness' 슬라이더는 비네팅 모양이 둥근 정도를 조절합니다. 'Feather' 값을 '0'에 맞춘 다음 움직이면 어떻게 기능하는지 쉽게 알 수 있을 것입니다. 오른쪽으로 움직일수록 모양이 둥글게 되며 왼쪽으로 움직일수록 모서리가 둥근 직사각형 모양이 됩니다. 'Feather' 슬라이더는 'Roundness' 슬라이더와 함께 모양의 오목한 정도와 부드러운 정도를 조절합니다. 필자는 이 슬라이더로 비네팅을 아주 부드럽게 만들어 조명을 비춘 것과 비슷하게 보이는 것을 선호하므로 오른쪽으로 한참 움직입니다. 여기서는 '73'까지 조절했으며 사진이 어떻게 보이는가에 따라 더 높게도 조절할 수 있습니다.

RAW 사진을 위한 어도비 DNG 파일

어도비에서는 RAW 사진을 위한 기록 파일로 DNG 형식의 파일 포맷을 만들었는데, 여러 카메라 제조사들이 각자 나름대로의 RAW 파일 형식을 만들었기 때문에 이에 대비하여 생겨났습니다. 어느 날 하나 또는 그 이상의 제조사에서 지금까지 쓰던 파일 형식을 버리고 새로운 유형을 취급한다면 지금의 RAW 사진들을 쉽게 열 수 없을 것입니다. DNG 파일은 사용에 제한이 없는 오픈 기록 형식의 포맷으로 어떤 카메라로 찍었든지 상관없이 미래에도 열어볼 수 있는 파일입니다. 게다가 다른 형식 파일에는 없는 장점도 몇 가지 더 갖추고 있습니다.

01

RAW 파일을 DNG 포맷으로 변환하면 다음의 세 가지 좋은 점이 있습니다.
❶ DNG 파일은 일반적으로 크기를 20% 정도 줄여줍니다.
❷ DNG 파일은 카메라로우에서의 편집 내용, 메타데이터, 키워드 등을 저장하는 XMP 보조 파일이 필요 없습니다. 모든 정보가 DNG 파일 하나에 기록되므로 하나의 파일만 보존하면 됩니다.
❸ 오픈 포맷 파일이므로 먼 미래에도 안전하게 열어볼 수 있습니다.
카메라로우에서 RAW 포맷의 사진을 열었으면 어도비 DNG 포맷으로 변환하여 저장해 봅니다. 화면 왼쪽 하단의 [Save Image] 버튼을 눌러 [Save Options] 대화상자를 불러옵니다.

|NOTE|
JPEG나 TIFF 포맷을 DNG 포맷으로 바꾸는 것은 아무 의미가 없으므로 RAW 사진만 변환합니다.

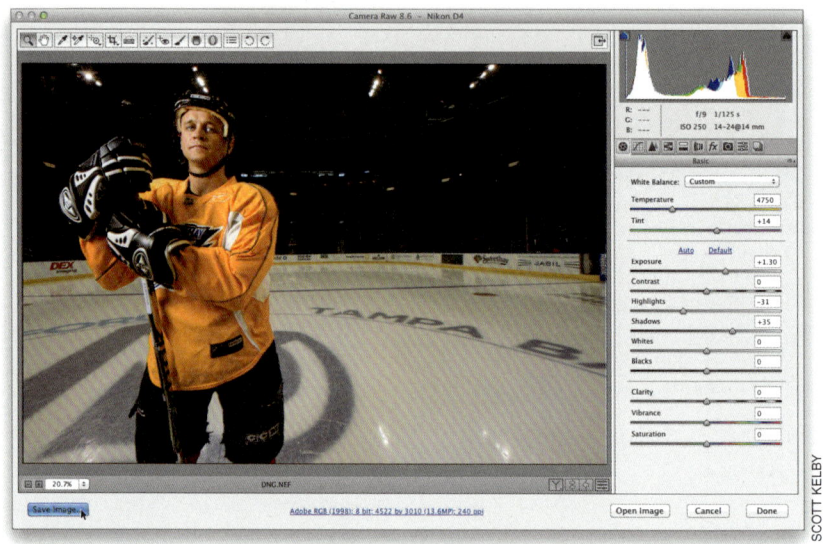

02

대화상자 중간에 위치한 'Format' 팝업 메뉴를 클릭하고 [Digital Negative]를 선택합니다. 선택과 동시에 대화상자 하단에 관련된 옵션 항목이 나타납니다.

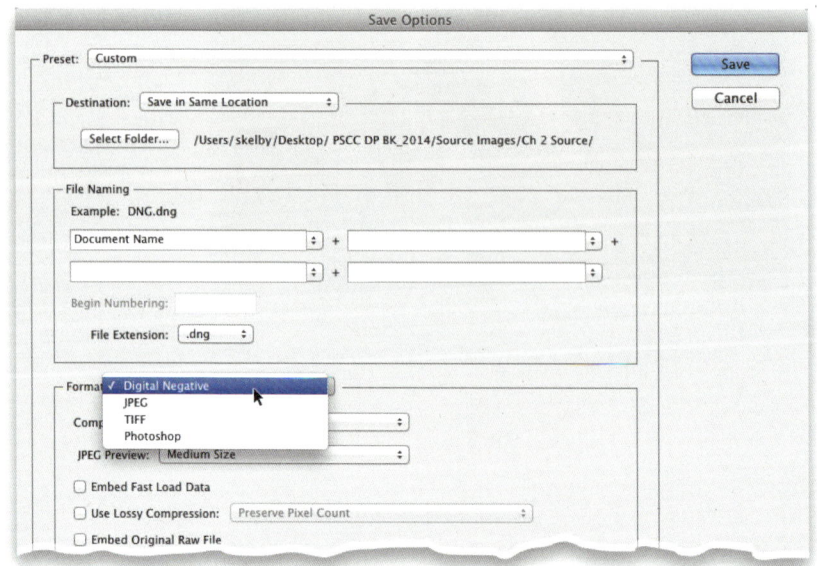

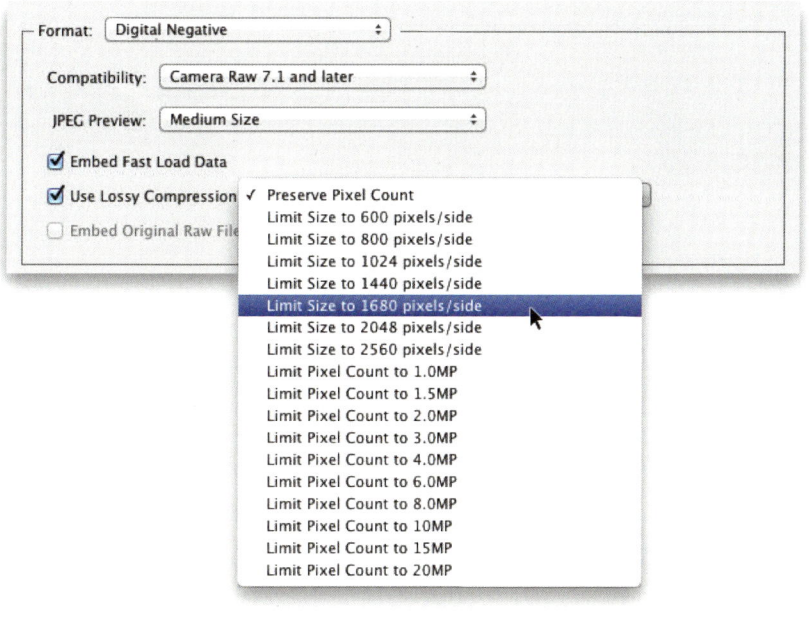

03

'Embed Fast Load Data' 항목에 체크하면 기록되어 있는 RAW 미리 보기를 작은 형태로 만들어 정보 전환 작업이 빨라지므로 필자는 항상 체크합니다. 다음 항목은 찬반의 논란이 있는 옵션인데 올바르게 사용한다면 유용할 수 있습니다. 이 옵션은 JPEG 파일처럼 압축 시 손실이 있어 사진 품질이 낮아질 우려가 있지만 사진 사이즈를 '25%' 정도까지 획기적으로 줄여준다는 특별한 장점이 있습니다. 그러므로 필요하다면 약간의 품질 저하를 막론하고 사용할 만합니다. 필자의 경우, 인쇄할 사진이나 고객에게 보여줄 사진의 경우는 이 옵션을 켜지 않습니다. 하지만 고객이 거부했거나 필자의 마음에 들지 않는 수백 장의 사진들은 압축되어 드라이브 한쪽으로 정리해야 하는데, 이때는 고려해 봅니다. 두 번째 옵션을 사용하려면 항목에 체크한 다음 팝업 메뉴에서 사진의 물리적 크기를 유지할지 파일의 실제 크기를 유지할지를 결정합니다. 이제 [Save] 버튼을 클릭하면 DNG 파일이 생성됩니다.

TIP DNG 옵션 환경 설정하기

카메라로우가 실행된 상태에서 Ctrl-K(MAC: [Command]-K)를 눌러 [Camera Raw's Preferences] 대화상자를 불러옵니다. 'DNG File Handling' 영역에 두 가지 설정 사항이 있는데 'Ignore Sidecar ".xmp" Files' 항목은 카메라로우나 라이트룸 이외의 다른 RAW 파일 편집 프로그램을 사용할 때 또는 다른 편집 프로그램에서 생성된 XMP 파일 정보를 무시할 때 체크합니다. 'Update Embedded JPEG Previews' 항목에 체크하고 팝업 메뉴에서 원하는 미리 보기 사이즈를 선택합니다. 이제 DNG 파일에 설정한 내용들이 반영되어 나타납니다.

색상 톤 조절 또는 변경하기

다음 챕터에서는 부분적으로 색상을 칠하여 바꾸는 방법을 알아보는데, 간혹 사진 전체의 색상을 바꿔야 할 때도 있습니다. 예를 들어 하늘 전체를 더 파랗게 하거나 모래 사막을 좀 더 따뜻한 색감으로 바꿀 때, 옷의 특정 색상을 완전히 다른 색상으로 바꿀 때 등입니다. 이렇게 넓은 면적의 색상을 변경해야 할 때 HSL 조절 패널을 사용하면 편리합니다. 색상 톤뿐만 아니라 채도와 밝기도 조절할 수 있으므로 생각보다 훨씬 유용하고 편리한 기능입니다.

01

오른쪽에 빛바랜 색감의 건물들을 촬영한 원본 사진이 있습니다. 이 사진의 색상을 바꿔 눈에 확 띄는 느낌으로 만들어 봅니다. [HSL/Grayscale] 패널에서 각각의 색 또는 색상 톤 범위를 넓혀 전반적으로 바꿀 수도 있으므로 패널 영역 상단에서 네 번째에 있는 아이콘을 클릭해 봅니다. [Saturation] 탭을 클릭하면 색상별 'Saturation' 슬라이더가 나타나는데 이들을 조절하여 채도를 높이면 강렬한 색으로 만들 수 있습니다.

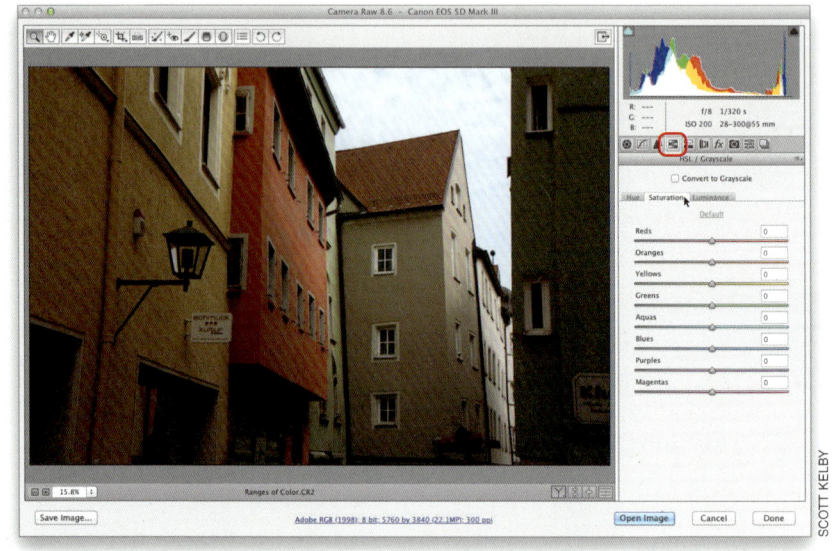

02

사진에서 오른쪽에 있는 녹색 건물의 색상을 깊고 풍부하게 만들어 봅니다. 'Greens' 슬라이더를 오른쪽으로 움직이면 녹색 계열 색상이 강렬해집니다. 하지만 대부분 순수한 한 가지 색으로만 이루어지지 않기 때문에 생각한 톤으로 되지 않는 경우가 많습니다. 그러므로 막연히 추측하여 조절하기보다는 사진 위에서 직접 조절하는 [Targeted Adjustment Tool](이하 TAT) 사용을 권장합니다. 오른쪽 화면에 표시된 대로 대화상자 상단의 도구 바에서 [TAT]를 선택하고 건물 위에서 클릭한 다음 위쪽으로 드래그합니다. 동시에 해당 색상 슬라이더가 조절되는데, 이번에는 'Greens' 슬라이더가 가장 많이 움직였고 'Yellows' 슬라이더와 'Oranges' 슬라이더가 순서대로 움직였습니다. 또한 다른 건물들도 이 색상들을 지니고 있기 때문에 전반적으로 색상들이 또렷해졌습니다.

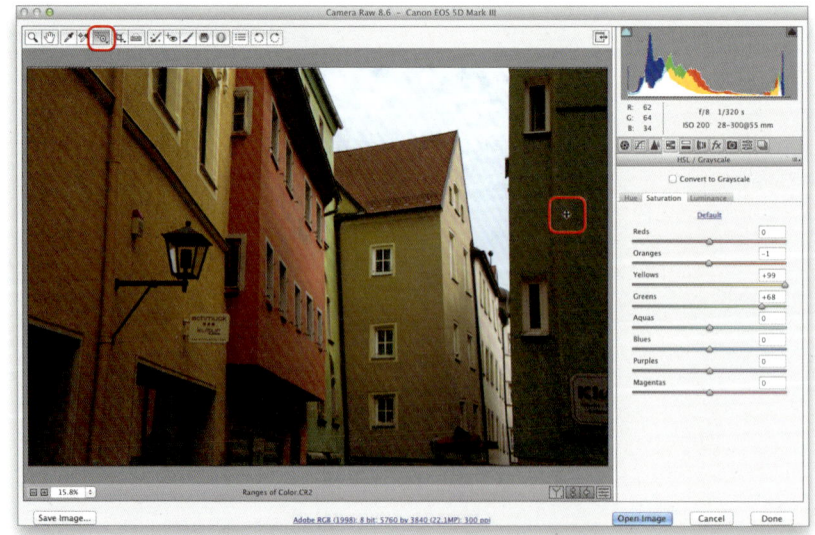

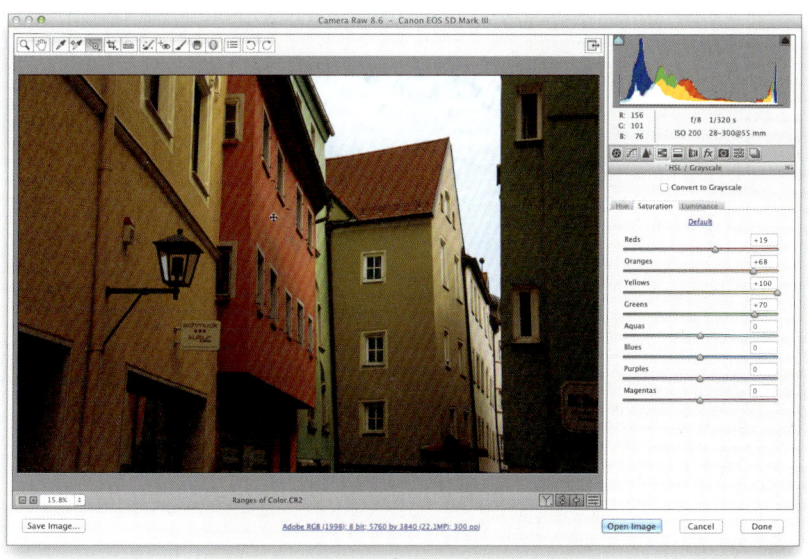

03

[TAT]를 위쪽으로 드래그하면 채도가 높아지고 아래쪽으로 드래그하면 반대로 낮아진다는 것만 알고 있으면 작업이 쉬워집니다. 녹색과 노란색 톤은 훨씬 좋아졌으므로 이번에는 빨간색과 주황색 톤을 조절하기 위해 [TAT]를 선택하여 주황색 건물 위에 두고 위쪽으로 드래그합니다. 패널을 보면 'Reds'와 'Oranges' 슬라이더가 많이 움직였고 'Yellows'와 'Greens' 슬라이더 역시 약간 움직인 것을 볼 수 있습니다. 이와 같이 [TAT]는 똑똑하게도 어떤 색상 슬라이더를 움직여야 하는지를 넘어 각각의 색상을 몇 '%' 비중으로 움직여야 할지도 정확하게 알고 있습니다.

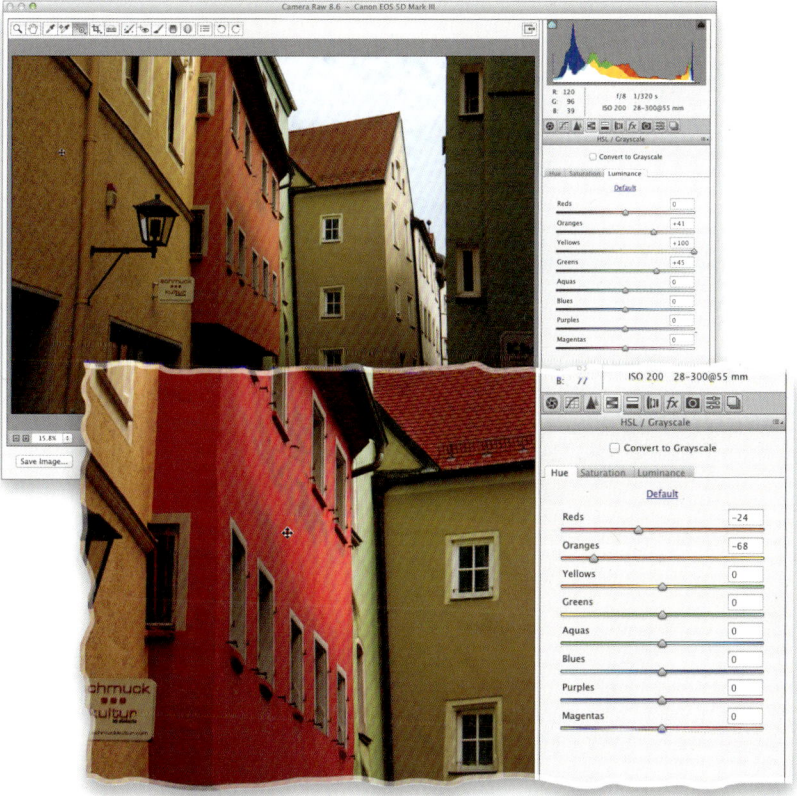

04

색상이 너무 어두워졌다면 [Luminance] 탭을 클릭하여 밝기를 조절해 봅니다. 어두운 노란색 부분을 클릭하고 위쪽으로 드래그하면 왼쪽 사진과 같이 노란 톤이 밝아집니다. 만약 색상이 너무 밝다면 아래쪽으로 드래그하여 톤을 적절히 조절할 수 있습니다. 여기까지 [TAT]를 움직여 기존의 색상을 조절해 봤는데, 이와 달리 아예 다른 색상으로 바꿔야 할 경우도 있을 것입니다. 이때는 [Hue] 탭을 클릭하고 같은 방식으로 [TAT]를 사용합니다. 주황색 건물 위에서 [TAT]를 아래쪽으로 드래그하여 색상을 바꿉니다. 물론 언제든지 원하는 슬라이더를 선택하고 특별히 원하는 색상으로 조절할 수 있습니다. 하지만 어도비에서 만든 [TAT]로 인해 패널을 훨씬 쉽게 사용할 수 있다는 사실은 꼭 알아두기 바랍니다.

마침내 나타난 카메라로우의 Healing 브러시

카메라로우에 없어서 어쩔 수 없이 포토샵으로 전환해야 했던 기능인 Healing 브러시가 드디어 만들어졌습니다. 물론 카메라로우의 [Spot Removal] 도구로도 얼굴의 여드름이나 먼지 얼룩 등을 제거할 수 있었지만, 둥근 형태만 가능했기 때문에 긴 주름이나 다크서클, 파우더 선 등 다양한 형태의 다른 요소들을 없애는 데에는 부족했습니다. 하지만 [Healing Brush] 도구의 출현으로 불가능했던 문제들이 해결되었습니다. 이제 Healing 브러시를 사용하기 위해 사진을 포토샵으로 옮기지 않아도 됩니다.

01

오른쪽에 리터칭이 필요한 사진이 있습니다. 왼쪽의 눈 아래에 다크서클을 삭제해야 하는데 (작은 피부 트러블도 나타나 있네요). 이와 같은 유형은 분명 예전 버전의 카메라로우에서는 쉽게 제거할 수 없었을 것입니다. 우선 화면 상단의 도구 바에서 [Spot Removal](B) 도구를 선택합니다. 소견이지만, 이제는 더 이상 티끌 정도가 아니라 더 고차원적인 제거가 가능해졌으므로 도구 이름을 "Healing Brush" 정도로 바꿔야하지 않을까 싶네요.

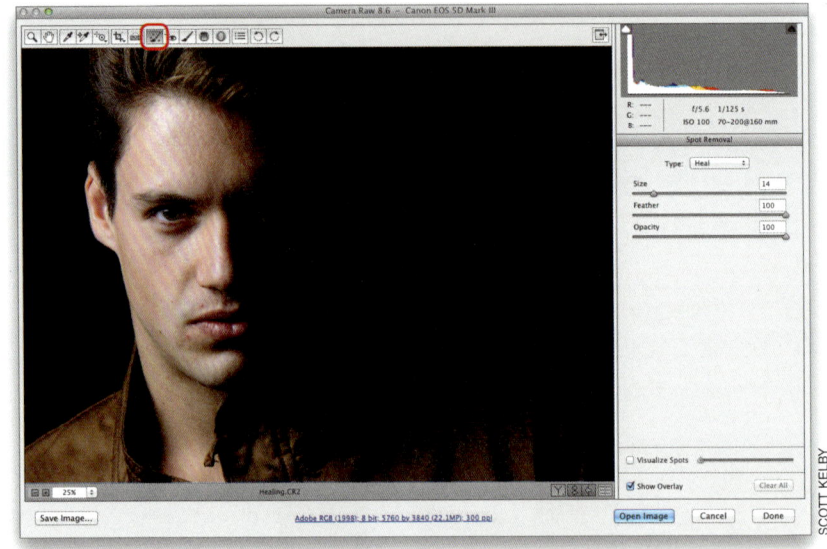

02

[Zoom] 도구를 더블클릭하여 '100%' 배율로 사진을 확대하고 삭제해야 할 다크서클 부분을 화면에 띄워봅시다. 그리고 선택한 [Spot Removal] 도구로 다크서클을 따라 드래그하면 화면과 같이 수정될 영역이 표시됩니다.

TIP 좀 더 사실적으로 보이는 리터칭
성인 남자의 주름을 삭제해야 할 때, 완전히 삭제한다면 분명 비현실적으로 보일 것입니다. 이런 경우 오른쪽 패널에서 'Opacity' 슬라이더 값을 조절하여 주름을 약간 되살립니다. 주름을 완전히 없애는 것보다 더 좋은 효과를 낼 것입니다.

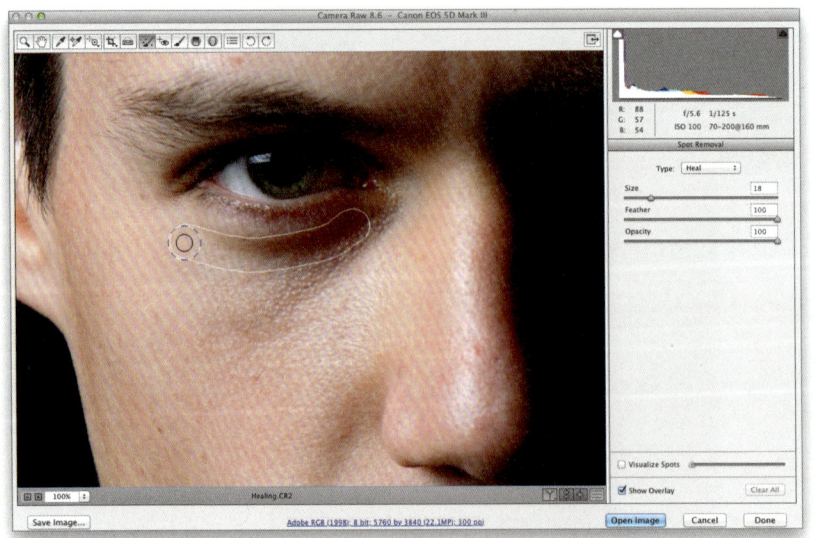

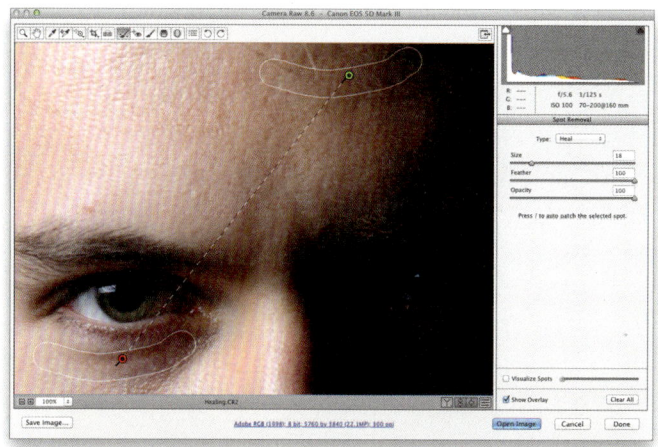

03

보정할 부분을 따라 도구를 움직인 후에는 두 군데에 선택 영역이 나타납니다.
❶ 빨간색 점선으로 표시된 선택 영역: 보정해야 할 부분
❷ 녹색 점선으로 표시된 선택 영역: 보정할 부분의 질감과 비슷한 부분으로 [Spot Removal] 도구가 선택한 샘플 영역

보통 이렇게 자동으로 선정된 샘플 영역은 수정해야 할 부분에 매우 적합하지만 가끔은 보정할 부분에서 동떨어진 곳이 선택되어 완벽하게 들어맞지 않는 경우가 있습니다. 예제 사진에서는 이마 위쪽 부분이 선택되었는데 눈 아래와는 질감이나 피부결의 방향이 매우 다릅니다. 물론 이런 경우 쉽게 다른 영역으로 샘플을 대체할 수 있습니다.

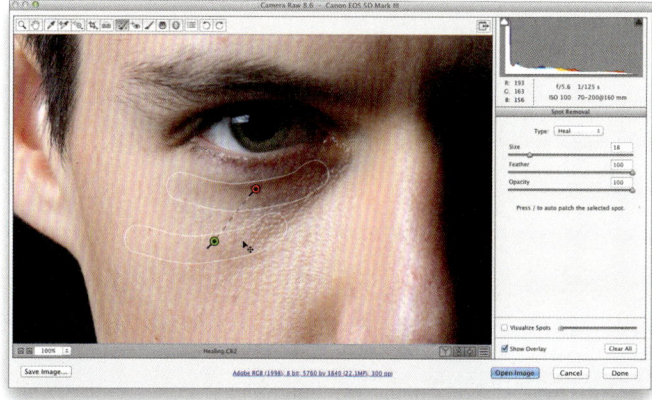

04

녹색 점선 영역을 클릭하고 더 잘 어울린다고 생각하는 영역으로 드래그하면 문제는 간단히 해결됩니다. 여기서는 보정할 영역 바로 왼쪽 아래 영역으로 드래그했습니다. 마우스를 움직이는 동안 해당 샘플 영역이 곧바로 보정할 영역에 반영되어 어떤 결과가 되는지 실시간으로 확인할 수 있습니다. 모습이 마음에 안 들면 계속해서 다른 부분으로 움직여 결과를 확인합니다.

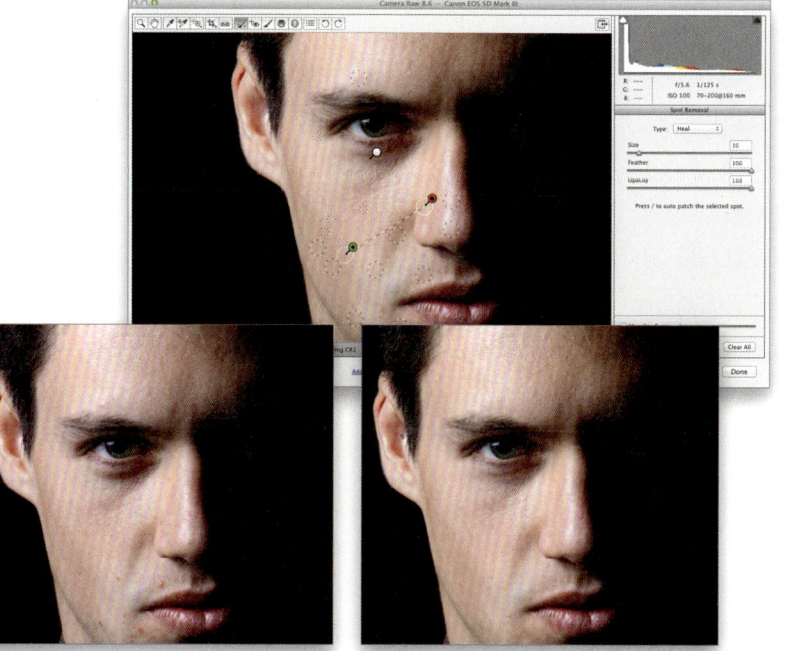

05

눈 부위를 보정한 후에는 눈에 띄는 피부 트러블을 찾아 클릭하여 삭제합니다. 마우스 버튼을 놓으면 보정할 부분을 대체할 샘플 영역이 어디인지 알 수 있습니다. 샘플 영역을 바꾸려면 클릭하여 드래그합니다.

작은 점이나 얼룩 쉽게 찾기

아주 멋진 사진을 크게 인쇄한 이후에 센서의 먼지나 점, 얼룩 등이 눈에 보이면 그보다 더 최악인 일은 없을 것입니다. 풍경사진이나 여행사진의 파란하늘 혹은 회색하늘에서 작은 티끌을 찾는 것은 매우 어려운 일입니다. 또한 실무자인 필자가 보증하건데 쉴 새 없는 스튜디오 촬영에서도 이는 정말 힘든 일입니다. 하지만 이제 이런 근심과 고난을 날려버리세요! 모든 미세한 먼지와 얼룩, 점 등을 빠르게 찾아 없애주는 카메라로우에 진심으로 고마움을 느낍니다.

01

예제 사진 속 하늘에 많은 점과 얼룩들이 보입니다. 대여섯 개 정도는 분명하게 보이지만 보이지 않는 크기의 점들이 분명히 있을 것 입니다. 이제 이들을 찾아내 봅니다.

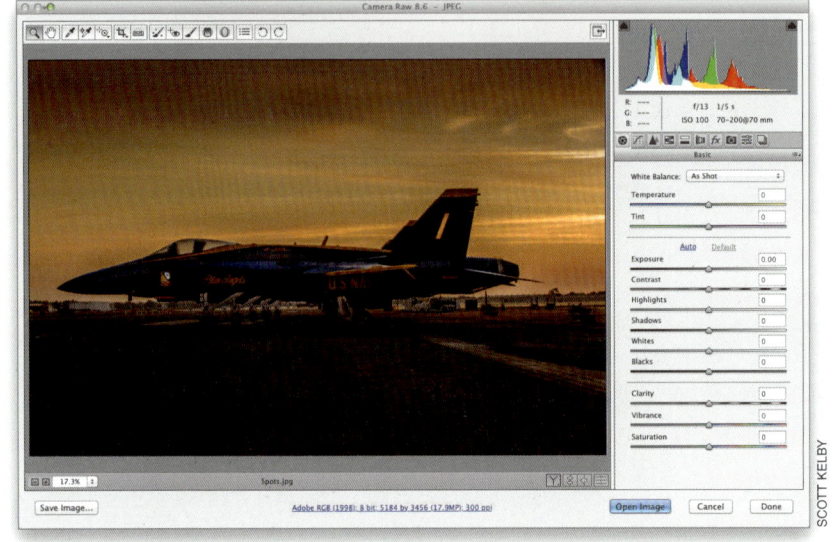

02

오른쪽의 화면에 표시된 [Spot Removal](B) 도구를 클릭하고 오른쪽 패널 하단에 나타나는 'Visualize Spots' 항목에 체크합니다. 사진을 반전하여 예제 사진과 같이 변환합니다. 계속해서 'Visualize Spots' 슬라이더를 천천히 오른쪽으로 움직이면 점들이 더 명확하게 나타날 것입니다. 충분히 나타났다고 생각하면 이제 [Spot Removal] 도구로 보이는 점들을 클릭하여 모두 삭제합니다. 물론 'Visualize Spots' 옵션은 여전히 켜진 상태입니다.

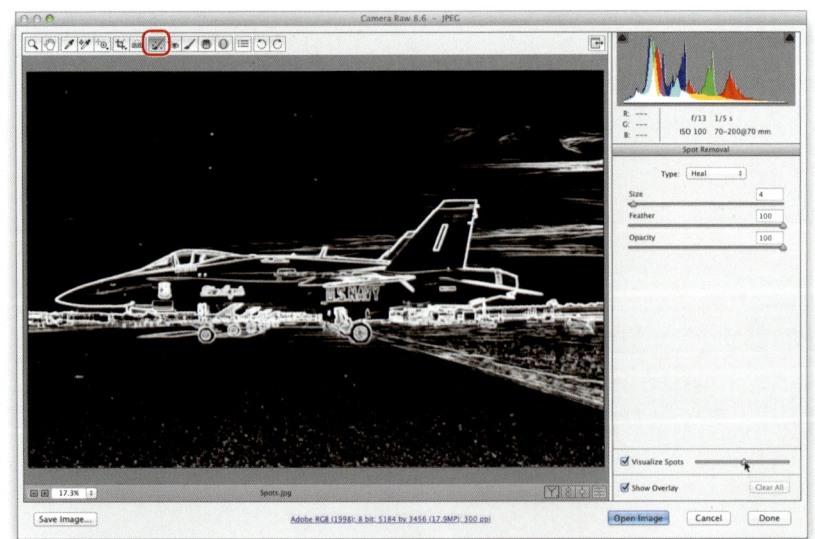

어떤 카메라는 나름대로의 '색상 시그니처'가 있는데, 그로 인해 모든 사진이 너무 붉거나 녹색을 띄는 등 색상 문제가 발생합니다. 카메라로 촬영한 사진을 열었을 때 미세하게 컬러캐스트(색상을 띄는 점)가 나타난다면 이러한 '특정' 카메라라고 볼 수 있습니다. 물론 이 문제도 카메라로우에서 보정할 수 있으며 더 나아가 보정 내용을 기본 설정으로 만들어 특정 카메라로 찍은 사진을 열 때마다 자동으로 보정할 수 있습니다.

특정 카메라를 위한 캘리브레이션

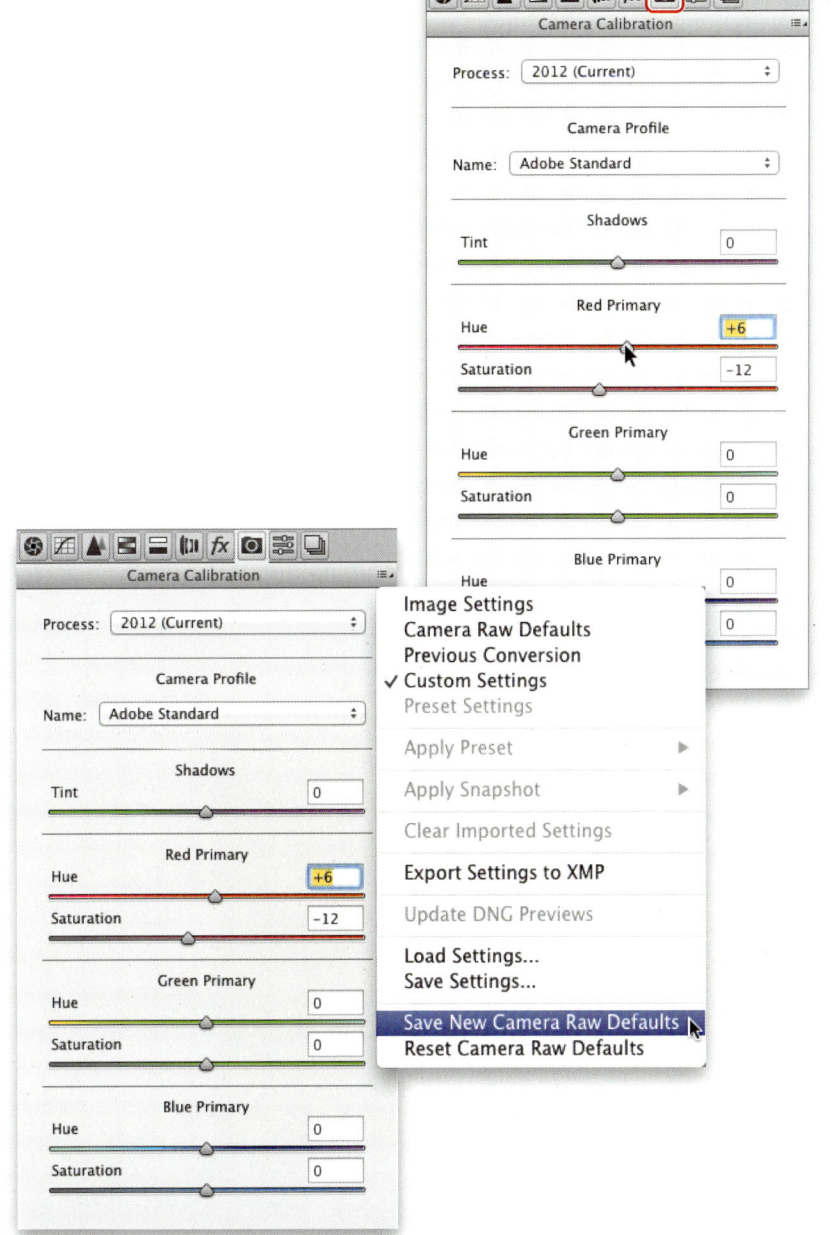

01

색상 문제가 있는 카메라로 촬영한 사진을 카메라로우에 불러와 컬러캐스트 현상이 더 이상 지속되어 나타나지 않도록 설정합니다. 패널 영역에서 카메라 모양의 'Camera Calibration' 아이콘을 클릭합니다. 예를 들어 모든 사진의 쉐도우 영역이 붉은 톤을 띄고 있다면 'Red Primary' 영역의 'Saturation' 슬라이더를 왼쪽으로 움직여 전체의 붉은 톤을 약간 낮춰줍니다. 만약 빨간색 색상 자체가 정확한 빨간색이 아닌 경우에는 'Red Primary' 영역의 'Hue' 슬라이더를 움직여 정확한 빨간색으로 조절합니다.

02

카메라로우에 불러온 사진이 색상 문제가 있는 특정 카메라로 찍은 사진일 경우 자동으로 색상 보정이 되도록 실정합니다. 패널 오른쪽 상단의 메뉴 아이콘을 클릭하고 [Save New Camera Raw Defaults]를 선택합니다. 이제부터는 사진의 EXIF 데이터를 읽어 해당 카메라라고 인식되면 바로 색상 보정이 이루어집니다.

|NOTE|
푸른색이나 녹색의 색상 문제도 같은 방법으로 보정합니다.

노이즈 제거하기

이번에 알아볼 기능은 사진가들에게 가장 환영받았던 것일 뿐만 아니라 CS5에서 가장 우수하게 업그레이드된 기능이라 할 수 있습니다. "CS5 이전에도 노이즈 제거 기능은 포토샵이나 카메라로우 모두 갖추고 있었잖아요?"라고 한다면, 맞습니다. 그리고 퀄리티가 매우 열악했던 것도 사실입니다. 지금의 노이즈 제거 기능은 훌륭하냐고 묻는다면, 네! 그렇습니다. 사진의 미세한 윤곽선과 색상 채도의 변경은 전혀 없이 노이즈만을 제거하는 놀라운 능력을 갖추었습니다. 또한 다른 플러그인들과는 달리 RAW 파일에서도 노이즈 제거를 할 수 있습니다.

01

카메라로우에서 노이즈 현상이 나타난 사진을 불러옵니다. 여기서 알아볼 'Noise Reduction' 기능은 RAW 사진에서 능력이 가장 잘 발휘되며 JPEG나 TIFF 파일도 꽤 괜찮은 결과를 얻을 수 있습니다. 예제 사진은 Nikon D3S 카메라를 높은 ISO 값으로 설정하여 어두운 조명 환경에서 촬영한 것으로, 기대에 못 미치는 결과가 나왔습니다. 붉은색, 녹색, 파란색 점들로 이루어진 색상 노이즈(chromatic noise)와 거친 회색 얼룩처럼 보이는 광도 노이즈(luminance noise) 때문입니다.

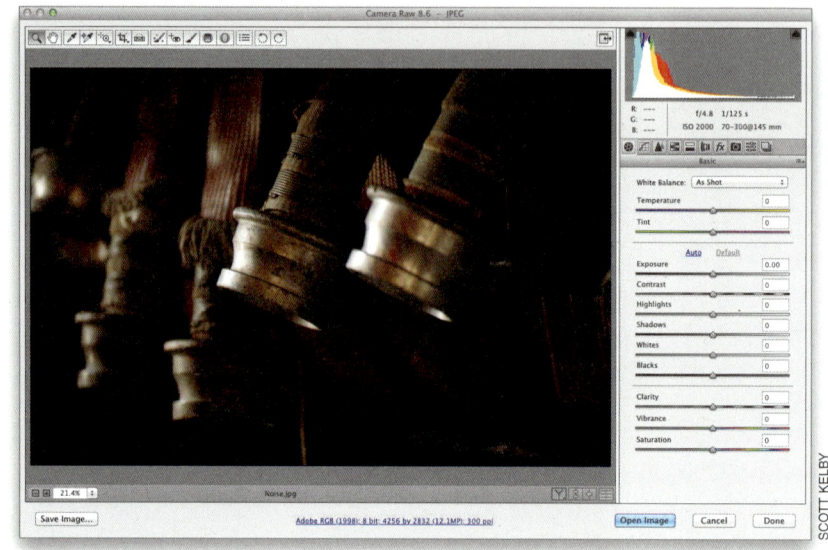

02

사진을 크게 확대하지 않으면 노이즈가 쉽게 보이지 않는 경우도 있으므로 최소한 '100%' 배율로 확대해 봅니다. 예제 사진을 보니 쉐도우 영역에 숨은 노이즈까지 잘 보입니다. 패널 영역에서 왼쪽으로부터 세 번째에 위치한 'Detail' 아이콘을 클릭하면 'Noise Reduction' 슬라이더들이 나타납니다. 필자는 제일 먼저 컬러 노이즈를 제거하는데, 이후에는 빛 노이즈를 더 잘 볼 수 있기 때문입니다. 경험상 컬러 노이즈를 제거할 때 지켜야 할 규칙은 'Color' 슬라이더 값을 '0'으로 둔 다음 서서히 오른쪽으로 움직이며 노이즈를 없애는 것입니다.

|NOTE|
RAW 포맷의 사진인 경우 자동으로 컬러 노이즈가 제거되므로 'Color' 슬라이더 값이 이미 '25'로 조절되어 있는 것을 볼 수 있습니다. 하지만 JPEG나 TIFF 파일은 자동 보정이 안 되므로 항상 '0'에서 시작합니다.

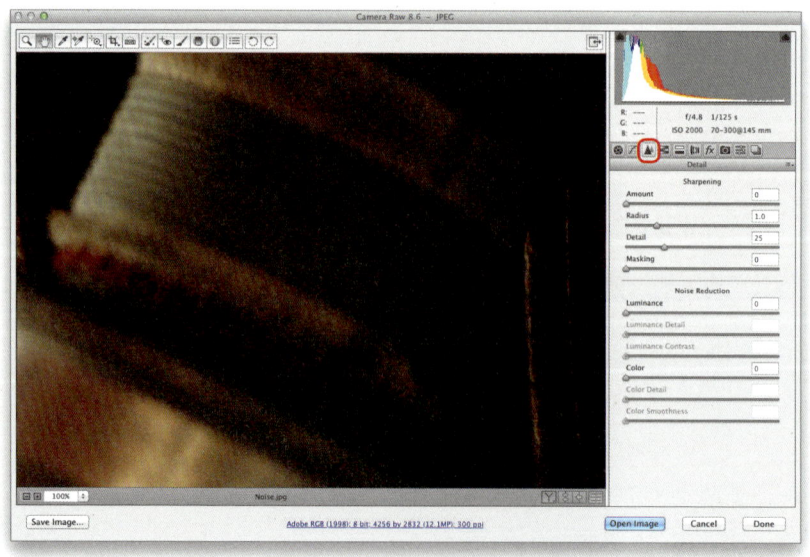

03

'Color' 슬라이더를 오른쪽으로 움직여 색상 노이즈를 제거합니다. 아직 광도 노이즈가 남아 있으므로 슬라이더 조절 후에도 노이즈가 남아있을 것입니다. 'Color' 슬라이더로 제거할 것은 빨간색, 녹색, 파란색 등의 작은 점 형태의 노이즈로, 이것을 집중적으로 제거합니다. 슬라이더를 많이 움직인다고 좋은 것이 아니기 때문에 그저 노이즈의 색상들이 회색으로 변하도록 조절합니다. 만약 'Color' 슬라이더를 과도하게 움직이면 사진의 디테일을 잃을 수 있습니다. 이런 경우 'Color Detail' 슬라이더를 오른쪽으로 약간 움직여 윤곽을 살리는 방법도 있지만, 필자는 이 방법을 거의 쓰지 않습니다.

04

색상 노이즈가 사라졌다면 이제 남아있는 광도 노이즈(luminance noise)를 해결해 봅니다. 색상 노이즈를 제거했던 방법과 마찬가지로 'Luminance' 슬라이더를 오른쪽으로 움직여 노이즈가 사라지게 합니다. 일반적으로 'Color' 슬라이더로 조절한 것보다 더 많이 움직여야 합니다. 슬라이더를 오른쪽으로 많이 움직이면 디테일이 손상되는 경우가 많으며 대비도 낮아집니다. 사진이 지나치게 부드러워졌다면 'Luminance Detail' 슬라이더 값을 높여 어느 정도 보정할 수는 있는데, 필자는 이 방법보다 패널 상단 'Sharpening' 영역의 'Amount' 슬라이더 값을 높여 원본의 디테일을 되살리는 방법을 사용합니다. 또한 대비가 낮아져 사진이 밋밋하게 보이면 'Luminance Contrast' 슬라이더를 조절하여 사진의 대비를 다소 되찾을 수 있습니다. 필자의 경우 인물사진에는 피부 톤이 어색하게 보일 수 있어 이 슬라이더를 쓰지 않습니다. 아마도 이 슬라이더들을 자주 쓰진 않을 것이지만 필요할 경우를 대비해 어떤 역할을 하는지 알아두면 좋을 것입니다.

05

마지막에 있는 'Color Smoothness' 슬라이더는 이번 Creative Cloud 버전에서 추가된 것으로 'Color Detail' 슬라이더와 함께 기능합니다. 값을 높이면 색상들이 원래 색상 그대로 유지되는데, 너무 높은 값으로 조절하면 채도가 낮아져 오히려 색을 잃게 됩니다. 반대로 슬라이더를 왼쪽으로 움직여 값을 낮추면 색상들이 잘 섞이게 됩니다. 그러므로 색깔이 그 자체로 온전히 유지돼야 하는 경우라면 오른쪽으로 조절하고, 색감이 무거워 보이는 경우 왼쪽으로 조절하는 것이 좋습니다. 아래의 확대한 보정 전후의 모습을 보면 노이즈가 정말 많이 사라진 것을 볼 수 있습니다. RAW 포맷의 사진은 기본적으로 실행되는 노이즈 제거에 추가로 조절하여 원본의 디테일을 좀 더 잘 보존할 수 있습니다.

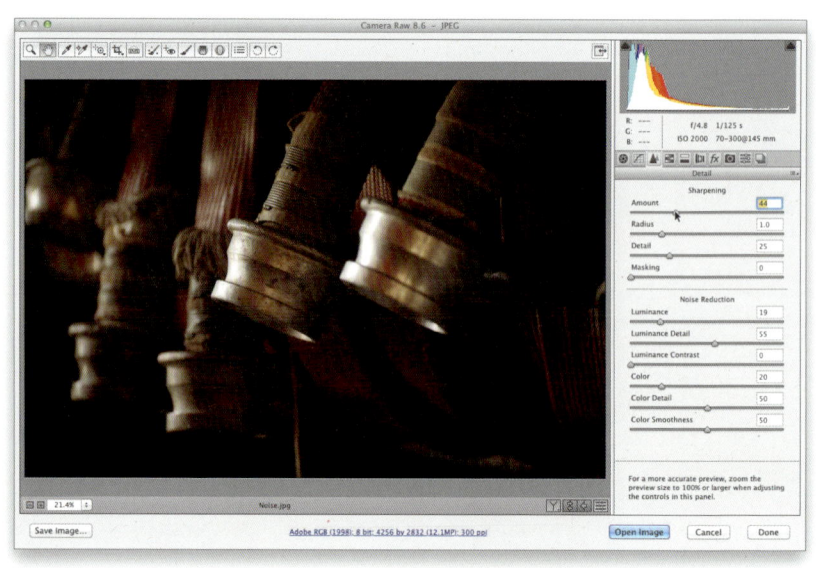

Before

After

포토샵 전환에 필요한 환경 설정하기

카메라로우에서 사진 보정을 마쳤으면 다음에는 포토샵을 실행합니다. 이때 이미지를 어떤 상태로 열어야 할지 결정해야 하는데, 사진의 사이즈(물리적 크기), 색상 범위(color space), 비트 수(8 또는 16 bits/channel) 등 여러 사항들의 설정이 필요합니다. 하지만 어도비에서는 이를 위한 설정 버튼을 꼭꼭 숨겨놓았기 때문에 찾기 힘들었을 것입니다. 어디서 찾을 수 있는지 알아보고 환경 설정을 해봅니다.

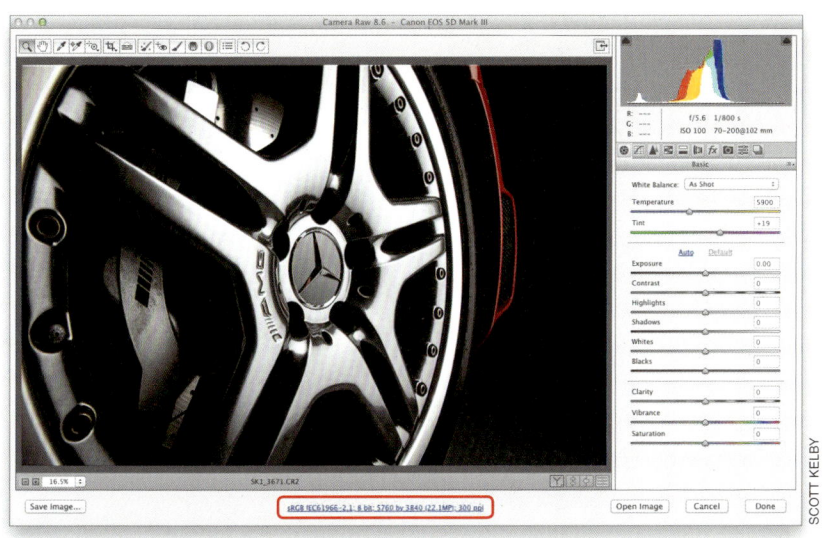

01

사진 바로 아래를 보면 이미지 정보가 링크 형태의 파란색으로 나타나있습니다. EXIF 카메라 데이터와 같은 정보가 쓰여있는데, 그냥 봐서는 포토샵으로 사진을 보낼 때 필요한 환경 설정 대화상자가 이 링크를 통해 나타난다고 생각하기 힘들 것입니다. 하물며 대화상자 이름도 [Preferences]라고 하지 않고 [Workflow Options]라고 하여 대화상자를 은밀하게 감추어놓았습니다. 그 파란색 링크 아래에 진짜로 무엇이 숨어있는지 알아볼 때가 되었습니다. 버튼인지 링크인지 모를 그것을 일단 클릭합니다.

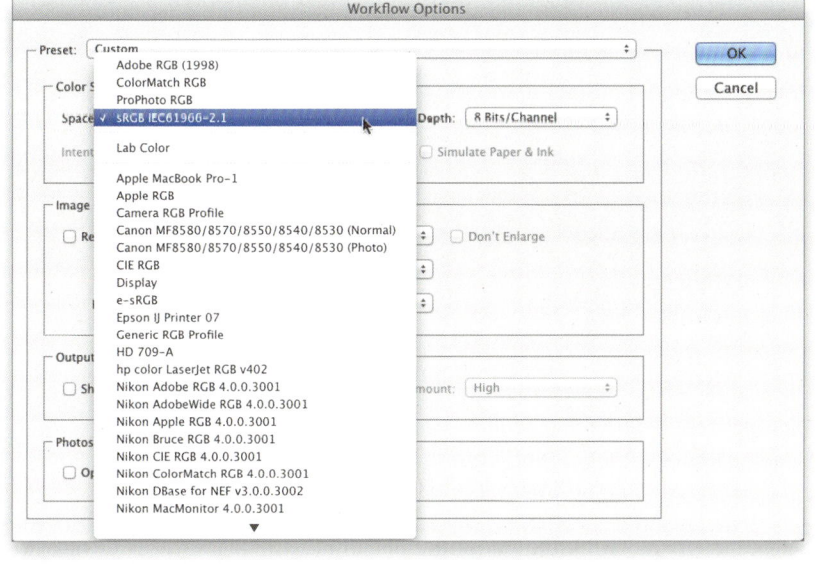

02

왼쪽 화면과 같이 [Workflow Options] 대화상자가 나타나는데, 사진의 색 영역을 선택하는 'Space' 팝업 메뉴가 있습니다. 포토샵의 색 영역이 [Adobe RGB (1998) or sRGB]으로 설정되어 있으면 여기서도 똑같은 옵션을 선택합니다. 그렇지 않으면 서로 맞지 않는 프로필이 연결됩니다. 포토샵에 설정된 색 영역과 같은 옵션을 선택하면 되므로 쉽게 고를 수 있습니다.

03

'Space' 팝업 메뉴 오른쪽에는 사진의 비트 수를 8 또는 16비트로 선택할 수 있는 'Depth' 항목이 있습니다. 선택은 자유지만 필자는 대부분의 경우 8비트 모드로 작업합니다. 간혹 하늘 부분에 띠 형태가 나타나거나 다른 문제가 있을 때는 카메라로우로 돌아가 16비트 형태로 불러오기도 하는데 이런 경우는 거의 없습니다. 다음의 'Image Sizing' 영역에 있는 'Resize to Fit' 항목은 체크하지 않으면 사진이 원본 크기 그대로 나타납니다. 따라서 필요할 때만 체크하여 설정하는데, 사진을 더 작게 만들거나 특정한 높이 또는 너비, 픽셀 해상도 등에 맞춰야 한다면 팝업 메뉴에서 필요한 조건을 선택하고 원하는 값을 입력합니다.

04

다음은 'Output Sharpening' 영역으로, 포토샵에서 사진이 열리기 전에 샤프닝 보정을 적용할지의 여부를 설정하는 곳입니다. 개인적으로 필자는 이 기능을 쓰는 모험을 하지 않고 차후에 'Unsharp Mask' 필터로 직접 보정하는 편입니다. 하지만 경우에 따라 포토샵으로 넘어가면서 곧바로 샤프닝 처리를 하려면 이 항목에 체크하고, 사진이 최종적으로 어떻게 사용될지 즉, 웹페이지 게시용인지 혹은 광택지나 매트지에 인쇄할 용도인지를 선택합니다. 그러고 나서 'Amount' 팝업 메뉴에서 샤프닝 정도를 결정합니다(경험상 [Low]라는 옵션명은 'None'으로, [Standard (medium)]는 'Low'로, [High]는 'Medium, but just barely(거의 못 미치는 중간)' 정도로 이름을 바꿔야할 것 같더군요). 대화상자 하단에는 'Open in Photoshop as Smart Objects' 항목이 있어 여기에 체크하면 사진이 스마트 오브젝트 형태로 열립니다. 포토샵 작업 도중에 더블클릭하면 언제든 카메라로우에서 RAW 파일로 열어 다시 보정할 수 있습니다.

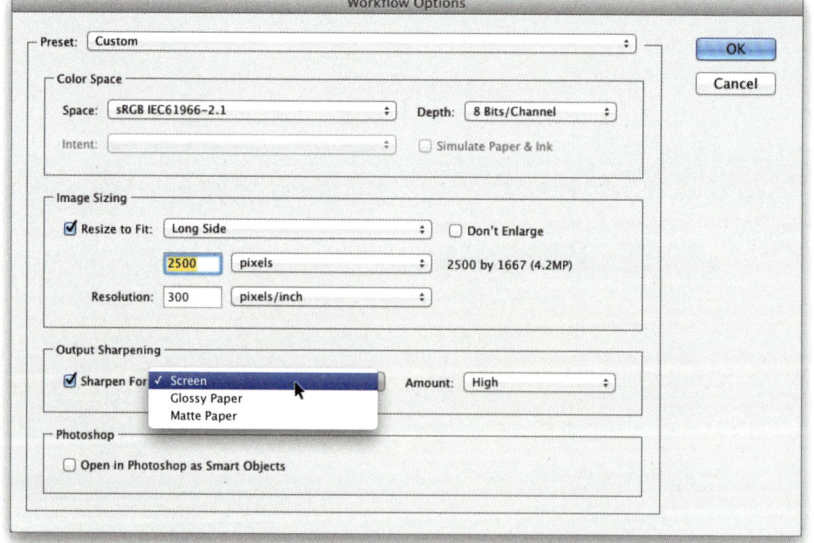

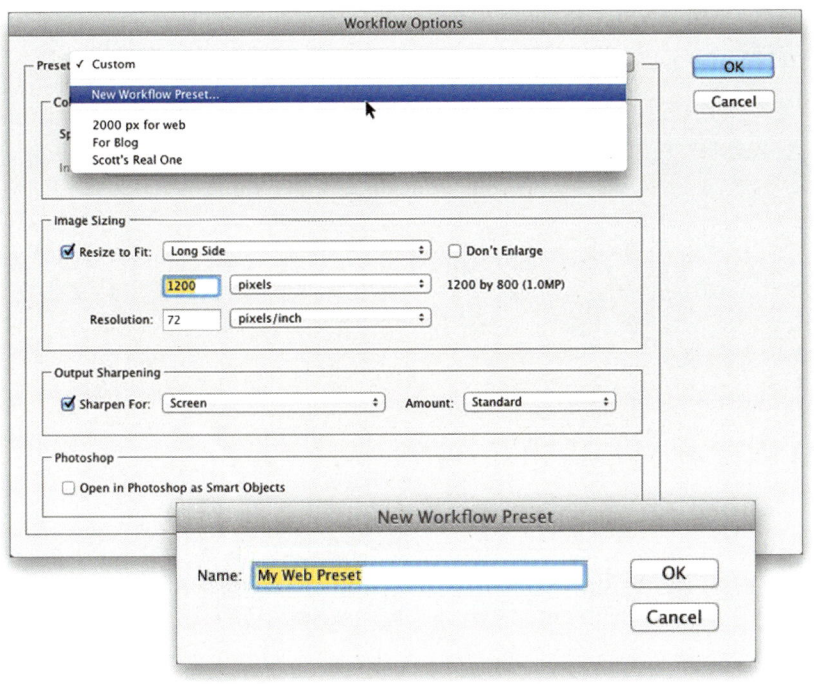

05

대화상자에서 두 가지의 설정을 변경해야 할 때가 있을 것입니다. 예를 들어 인쇄 목적의 사진인 경우는 색 영역 [Adobe RGB[1998], 16 bits/chan-nel]에 원본 크기 그대로, 그리고 샤프닝 보정은 [High] 옵션으로 설정하지만, 온라인 포트폴리오에 업로드할 사진의 경우 sRGB, 8 bits/channel, 가로 '1200' pixels, [Standard] 샤프닝 등의 옵션으로 바꿔야 한다고 가정합니다. 다행히도 이 모든 옵션을 일일이 클릭할 필요 없이 설정을 프리셋으로 저장하고 필요할 때 클릭 한 번으로 불러올 수 있습니다. 우선 필요한 옵션을 모두 설정하고 'Preset' 팝업 메뉴에서 [New Workflow Preset]을 선택하면 프리셋 이름을 입력하는 창이 나타납니다. 화면과 같이 원하는 이름을 입력하고 [OK] 버튼을 클릭합니다.

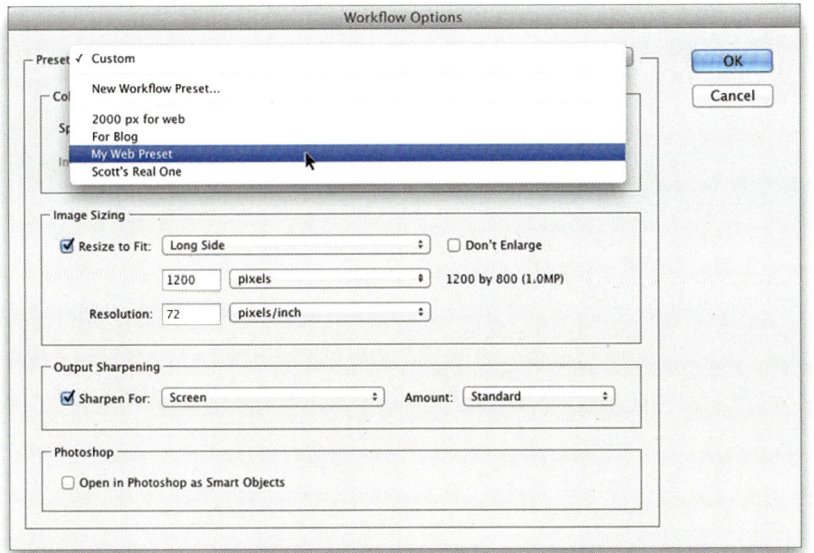

06

이제 새로 만든 프리셋이 'Presets' 메뉴에 나타납니다. 이를 선택하면 저장했던 설정 내용이 그대로 나타납니다. 필요한 프리셋을 여러 개 만들어놓고 상황에 맞게 선택하여 환경 설정을 편리하게 이용할 수 있습니다. [OK] 버튼을 클릭하여 새로 만든 프리셋으로 설정합니다. 그러면 카메라로우에서 [Open Image] 버튼을 클릭했을 때 사진들이 설정한 옵션을 갖추어 포토샵에서 열립니다. 이 설정은 프리셋을 바꾸기 전까지 계속 유지됩니다.

Photoshop Killer **Tips**

포토샵의 'Reduce Noise' 필터는 사용하지 않는 게 좋아요.

포토샵의 노이즈 제거 기능은 두 가지가 있습니다. 'Reduce Noise' 필터가 그중 하나인데, 카메라로우의 'Noise Reduction' 조절 슬라이더의 기능은 매우 탁월한 반면, 포토샵의 이 필터는 그다지 좋은 결과를 주지 않습니다. 오죽하면 이 슬라이더들이 어디에도 연결되지 않은 것 아닌가, 어디라도 연결되어 있다면 혹시 블러 필터가 아닌가 하는 농담도 있습니다. 필자 역시 여러 가지 부작용을 피하기 위해서 오직 카메라로우 [Detail] 패널의 'Noise Reduction'만을 사용하여 노이즈를 제거합니다.

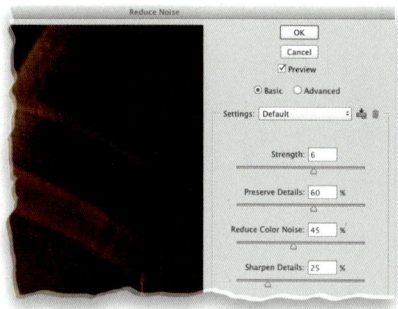

사진 회전하기

사진 회전을 아주 쉽게 해결해주는 단축키가 있습니다. 왼쪽 방향으로 회전하려면 [L], 오른쪽 방향은 [R]을 누르면 됩니다. 한 번 생각하면 절대 잊을 수 없는 완벽한 단축키입니다.

카메라로우 전체 화면으로 만들기

카메라로우 화면을 스크린에 꽉 차도록 만들려면 화면 상단의 'Full Screen mode' 아이콘을 클릭하거나 [F]를 누릅니다.

노이즈를 피하는 방법

평소 사진 보정을 할 때, 대부분 쉐도우 영역에서 노이즈가 나타난다는 사실을 생각하기 바랍니다. 만약 'Shadows' 슬라이더나 'Blacks' 슬라이더, 'Exposure' 슬라이더 등을 조절하여 쉐도우 영역의 대비를 높였다면 이미 사진에 자리 잡고 있었던 노이즈가 더 커집니다. 그럼에도 불구하고 쉐도우를 강조해야 한다면 카메라로우의 [Noise Reduction] 기능을 통해 개선할 수 있습니다.

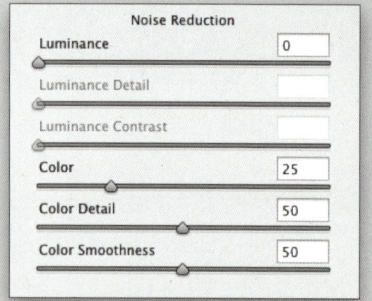

와콤 타블렛 사용자를 위한 팁

과거 CS4 버전에서 소개되었던 [Fluid Canvas Rotation] 기능은 타블렛 사용 시 각자의 타블렛 방향에 맞추어 작업 화면을 회전할 수 있도록 하는 것입니다. [Hand Tool]을 길게 클릭하면 나타나는 [Rotate View Tool]을 선택하고 사진을 클릭하여 원하는 방향으로 회전할 수 있습니다. 여기서 나타나는 한 가지 문제점은 작업 화면 즉, 캔버스를 회전하면 브러시 역시 회전된다는 것입니다. 최근엔 이 문제가 해결되어 이제는 캔버스를 회전해도 브러시의 방향은 유지됩니다.

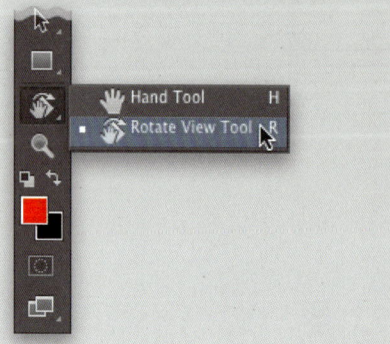

자동 보정 기능 실행하기

클릭 한번으로 가능한 자동 보정 기능은 포토샵의 이전 버전들에 비해 획기적으로 발전했습니다(관건은 [Auto] 버튼의 위치인데, 눈에 띄지 않아도 좋으니 그저 제대로 된 자리에 있었으면 하는 것입니다). 카메라로우에 열려있는 모든 사진에 자동 보정을 실행하려면 도구 바의 끝에서 세 번째에 있는 'Preferences' 아이콘을 클릭하고 'Default Image Settings' 영역에서 'Apply Auto Tone Adjustments' 항목에 체크합니다.

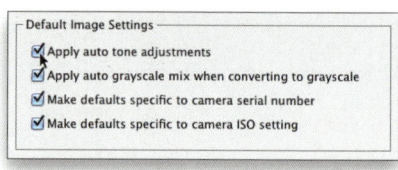

UI 색상을 바꾸는 단축키

CS6부터 'dark' 배경색이 나타나 밝은 회색의 화면 배경색을 처음으로 바꿀 수 있게 되었습니다. 이제는 원하는 만큼 색상을 어둡거나 밝게 만들 수 있습니다. [Shift]+[F1]을 누를수록 배경색이 더 어두워지고 [Shift]+[F2]를 누를수록 밝아집니다. 노트북을 사용하는 경우는 노트북 자체 설정에 따라 [Fn]를 추가로 눌러야 할 수도 있습니다. 노트북에서 단축키가 듣지 않는다면 [Fn]+[Shift]+[F1]/[Fn]+[Shift]+[F2]를 눌러봅니다.

RAW 사진의 컬러 프로필 지정하기

RAW 포맷으로 촬영하면 JPEG나 TIFF 포맷과는 달리 카메라에서 컬러 프로필을 삽입하지 않습니다. 그런데 카메라로우에서 파일 보정 후 메일에 첨부하거나 웹에 게시하기 위해 JPEG 등으로 변환해야 한다면, 모든 색상이 포토샵에서 보이는 것과 똑같이 보이도록 적절한 컬러 프로필을 지정해야 합니다. 컬러 프로필은 사진 아래의 파란색 데이터 링크를 클릭하여 [Workflow Options] 대화상자를 불러온 다음 'Space' 팝업 메뉴에서 선택할 수 있습니다. 이메일용이나 웹 게시용 사진이라면 [sRGB...]를 선택하여 카메라로우에서 보이는 그대로의 색상을 유지합니다. 만약 [ProPhoto RGB]나 [Adobe RGB (1998)]

을 선택한다면 웹이나 이메일 상에서 봤을 때 색이 바랜 듯 우중충하게 보일 것입니다.

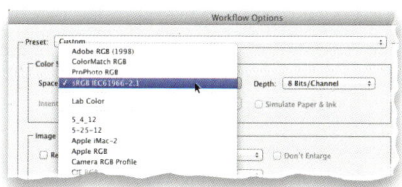

필요한 영역의 히스토그램 정보 보기

카메라로우에서 인물사진을 보정할 때 가장 중요한 것은 물론 사진 속의 인물 자체이므로 이에 대한 정보가 필요할 것입니다. 카메라로우 오른쪽 상단에 표시되는 히스토그램은 사진 전체에 대한 정보를 보여줍니다. 만약 흰색을 배경으로 인물 촬영을 했다면 히스토그램만으로는 피부 톤이 제대로 나왔는지 알기 힘듭니다. 이런 경우 [Crop Tool](C) 도구를 선택하여 인물의 얼굴 부분만 포함하도록 타이트하게 영역 선택을 해봅시다. 이제 히스토그램을 확인해보면 해당 영역의 정보만 나타나므로 피부 톤이 어떤 상태이며 문제점이 무엇인지 파악할 수 있습니다.

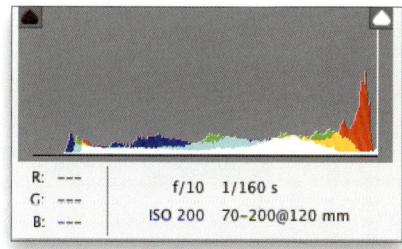

숨어있는 휴지통 찾기

카메라로우 화면에서 파일을 선택하여 버릴 수 있는 휴지통을 본 적이 없다면, 그동안 여러 장의 사진을 열어본 적이 없었기 때문일 것입니다. 사진을 여러 장 불러온 경우에는 도구 바 마지막에 휴지통 아이콘이 나타납니다. 이를 클릭하고 삭제할 사진을 선택한 후 [Done] 버튼을 클릭하면 사진들이 삭제됩니다.

가장 잘 나온 사진 빠르게 찾기

지난 챕터에서 카메라로우에 여러 장의 사진이 열려있을 때 Bridge에서처럼 별점을 지정하는 방법을 알아봤습니다. 여기에서 더 나아가 Alt (MAC:[Option])를 누른 채로 필름스트립 상단의 [Select All] 버튼을 확인하면 [Select Rated] 버튼으로 바뀌는데 이를 클릭하여 별점이 지정된 사진들만 선택할 수 있습니다. 점수가 좋은 사진끼리 모아서 보면 좀 더 빠르게 최고의 사진을 선택할 수 있을 것입니다.

화면 배율 선택을 위한 팝업 메뉴

카메라로우의 미리 보기 화면 위에서 마우스 오른쪽 버튼을 클릭하면 다양한 배율의 화면 사이즈 팝업 메뉴가 나타나 쉽게 선택할 수 있습니다.

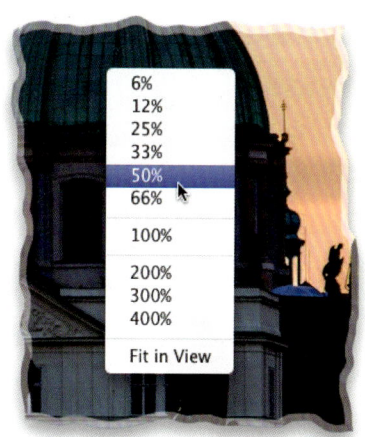

Photo by Scott Kelby   Exposure: 1 sec | Focal Length: 45mm | Aperture Value: *f*/8

3 Attitude Adjustment
카메라로우의 보정 도구 총집합

CHAPTER

'adjustment'라는 단어로 노래를 검색하면 에어로스미스(Aerosmith)의 〈Attitude Adjustment〉를 쉽게 찾을 수 있는데, 에어로스미스의 팬으로서 이 노래를 제목으로 선택하는 것은 매우 쉬운 결정이었습니다. 하지만 이 제목이 실제로 에어로스미스의 그 곡인지 아니면 혹시라도 같은 제목의 노래를 부른 힙합 아티스트 Trick Tric and Jazze Pha의 곡을 이참에 몰래 사용한 건 아닌지 여러분 스스로 진실을 알아채기는 힘들 듯합니다. 일단은 아이튠즈에 이 노래가 'Explicit(무삭제)' 버전으로 되어 있길래 90초 무료 듣기로 들어보고 너무 노골적인 가사라면 배제해야겠다고 생각했습니다. 그런데 미리듣기 도중 지금까지 전혀 겪어보지 못한 예상 밖의 일이 일어났습니다. 그 힙합 곡의 가사를 전혀 이해할 수가 없었다는 겁니다. 심지어 두어 번 다시 들어봤을 때도 행여 노골적인 단어라도 나올까 주의를 기울여봤지만 거의 알아챌 수가 없었습니다. 그 노래는 그냥 갖가지 잡음의 연속이었습니다. 이 사실이 뜻하는 바는 하나죠. 내가 늙었다는 것입니다. 어릴 적 부모님께 노래를 불러드렸을 때 어머니께서 하신 말씀이 기억납니다. 말귀를 알아듣지 못하신 노인들이 의례히 짓는 화난 표정으로 "뭐라는 건지 하나도 모르겠다."고 하셨지요. 이제 제 차례가 되었습니다. 그때 그 젊고 쿨했던 젊은이가 첫 번째 '노인'이 된 순간을 맞이했다는 생각이 들어 슬퍼졌습니다. 황당함 속에 잠시 조용히 앉아있던 저는 기분이 나빠서 "F&*$ S#!& A@# M*%$#%"라고 몇 마디 내뱉었는데 그 즉시 아내가 방에서 얼굴을 쑥 내밀더니, "당신 랩 작사 또 하는 거예요?"라고 했습니다. 그로 인해 저는 다시 젊어졌음을 느꼈죠. 바로 기분이 좋아져서 의자를 박차고 일어났습니다. 그 순간 삐끗하는 허리를 부여잡고 또 외쳤습니다. "F*%$#% R%^$!" 아내가 다시 말했습니다. "뭐라는 건지 하나도 모르겠네요."

필요한 부분만 선택하여 닷징, 버닝하기

카메라로우에서 필자가 가장 좋아하는 기능은 원본을 변형하지 않으면서 사진의 특정 영역을 보정하는 것입니다. 어도비에서는 'localized corrections(국소적 보정)'이라고도 하는데 보정하는 방식이 매우 영리하여 포토샵의 브러시 사용 방식과 다르면서도 더 나은 장점이 있습니다. 닷징(하이라이트 영역을 더욱 밝게 만들기)과 버닝(쉐도우 영역을 더욱 어둡게 만들기)부터 시작하여 그 외의 다른 보정 옵션까지 알아봅니다.

01

예제 사진은 두 영역으로 나누어 각 영역마다 다른 보정이 필요합니다.

❶ 하늘 부분을 더 선명한 톤으로 만들고 어둡게 합니다.

❷ 비행기들은 더 밝고 강렬한 톤이어야 합니다. 보정을 위해 도구 바에서 브러시 모양의 [Adjustment Brush](K) 도구를 선택합니다. 단, 이 도구를 사용하기 전에 [Basic] 패널에서 노출, 대비 등의 기본 보정을 먼저 실행하는 것이 좋습니다.

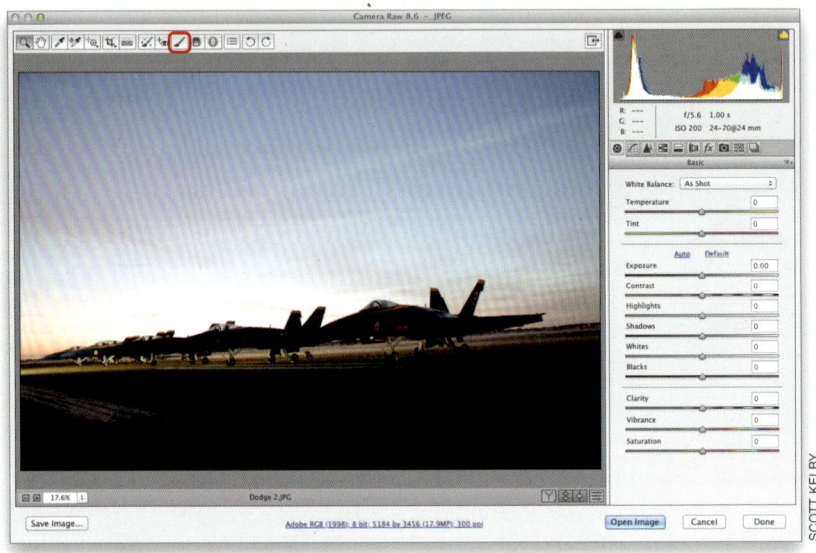

02

도구를 선택하면 화면 오른쪽에 [Adjustment Brush] 패널이 나타나는데, 얼핏 보면 [Basic] 패널에 나타나는 슬라이더와 비슷해 보입니다. 다만 'Vibrance' 슬라이더가 없고 'Sharpness', 'Noise Reduction', 'Moire Reduction' 같은 슬라이더가 추가되어 있습니다. 먼저 다음과 같은 순서로 하늘을 어둡게 만들어 봅니다.

❶ 어떤 종류의 보정을 할지 선택합니다.

❷ 해당하는 부분을 칠합니다.

❸ 어느 정도의 강도로 효과를 줄지 조절합니다. 'Exposure' 슬라이더 왼쪽의 (−) 단추를 클릭하면 모든 슬라이더 값은 '0'이 되며 'Exposure' 값은 '−0.50'로 조절되어 올바른 시작점이 맞춰집니다.

03

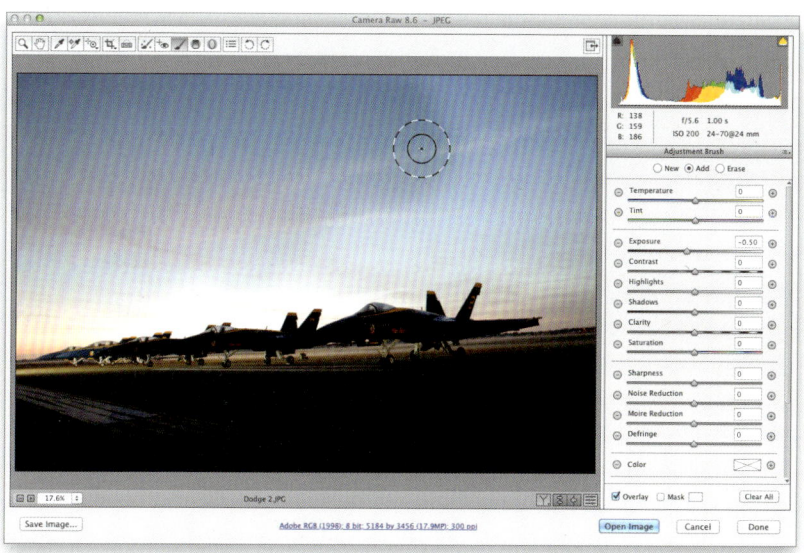

[Adjustment Brush] 패널 하단에는 'Auto Mask'라는 놀라운 기능을 제공하는 항목들이 있는데, 이 기능은 칠하면 안 될 곳을 실수로 칠하는 일이 없게 도와줍니다. 경계면의 윤곽이 복잡할 때 매우 유용한 기능인 반면, 하늘과 같은 넓은 면적을 칠할 때는 윤곽을 인식하느라 작업 속도를 느리게 만들기도 합니다. 예제 사진과 같은 경우는 비행기 주변을 칠할 때만 켜두고 위쪽 하늘을 칠할 때는 기능을 끄는 것이 좋습니다. 물론 비행기 주변을 칠할 때는 마스크 기능이 켜져 있다 하더라도 너무 가까이는 칠하지 않는 것이 좋습니다. 중요한 것은 하늘 부분을 어둡게 만드는 것입니다. 칠할수록 얼마나 어두워지는지 확인합니다.

04

비행기 윤곽선을 피하여 하늘 부분을 모두 칠했다면 이제는 어두운 정도를 조절할 수 있습니다. 'Exposure' 값을 '-1.00'까지 낮추면 왼쪽 화면의 사진과 같이 하늘이 더욱 어두워집니다. 또한 사진의 왼쪽 상단에 녹색의 조절 핀이 나타나 해당 영역을 보정했음을 알려줍니다. 이 핀은 보정 영역을 만들 때마다 나타나므로 한 개 이상 보일 수 있으며, 이에 대해서는 더 알아봅니다.

TIP 보정 내용 제거하기
보정을 실행한 후 언제라도 이를 없애려면 영역에 나타나있는 조절 핀을 클릭하고 핀 중앙이 검정색이 되면 Back Space (MAC: Delete)를 눌러 삭제합니다.

05

넓은 하늘 부분에서 내려와 비행기와 비행기 꼬리 부분에 다가갈수록 신경을 써야할 것입니다. 아직까지는 경계면을 피해서 칠했기 때문에 비행기를 둘러싸고 있는 밝은 부분이 매우 눈에 띄는 상태인데, 이제 경계선 가까이를 칠하기 전에 패널 하단의 'Auto Mask'에 체크하여 마스크 기능을 켭니다. 브러시 영역을 나타내는 원 중앙의 작은 '+'가 마스크를 적용할지 판단하는 지점이 되므로 이 표시가 비행기를 침범하지 않도록 칠하여 편하게 작업할 수 있을 것입니다. 바깥쪽 원 부분은 비행기 위를 지나가도 영향을 받지 않습니다.

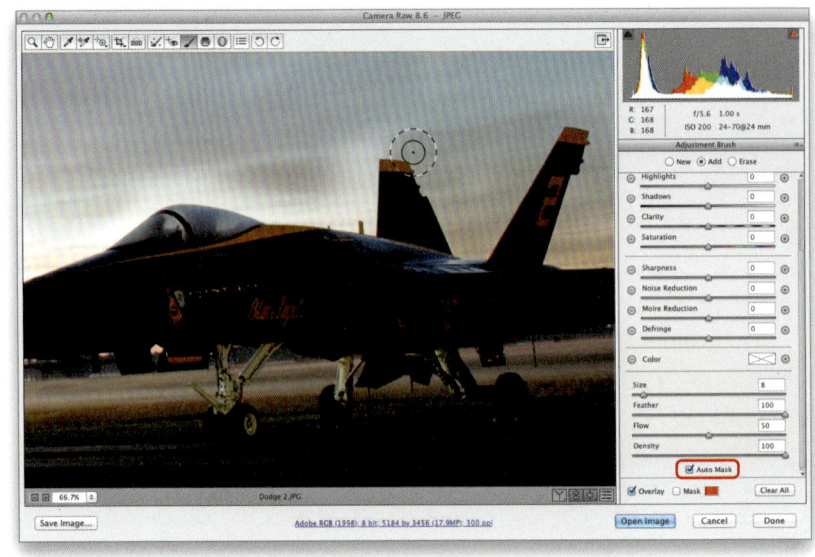

06

패널 하단에 있는 'Mask' 항목에 체크하면 칠한 부분에 색깔이 엷게 나타나 칠하지 않은 부분의 구분이 가능해집니다. 오른쪽 화면은 'Mask' 항목 오른쪽의 색상 박스를 클릭하여 구분 색상을 빨강으로 바꾼 뒤 나타난 모습입니다. 이처럼 색깔이 덧씌워지면 칠하지 못한 부분을 쉽게 찾을 수 있습니다. 구분색이 나타나지 않게 하려면 Y를 눌러 껐다가 다시 눌러 켭니다. 또 다른 방법은 조절 핀 위에 커서를 갖다 대는 것인데, 커서를 올리면 해당 핀의 조절 영역이 구분되어 나타납니다. 빠뜨린 부분이 있으면 추가하여 칠합니다.

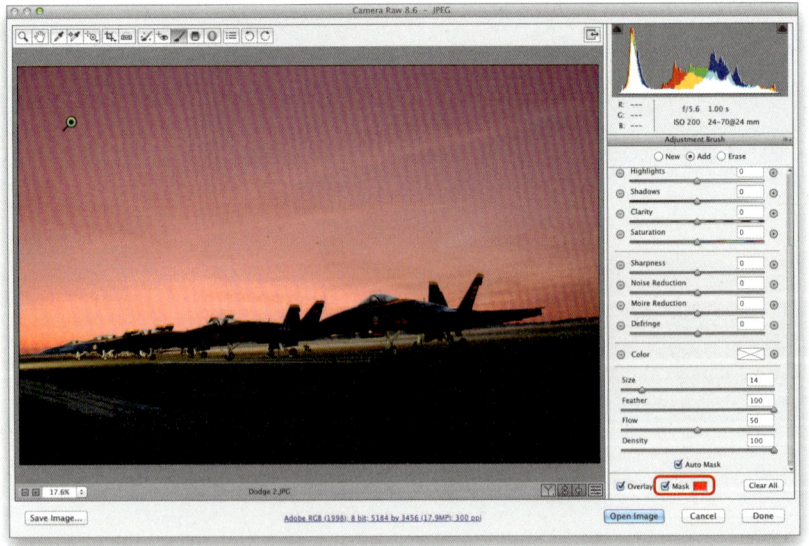

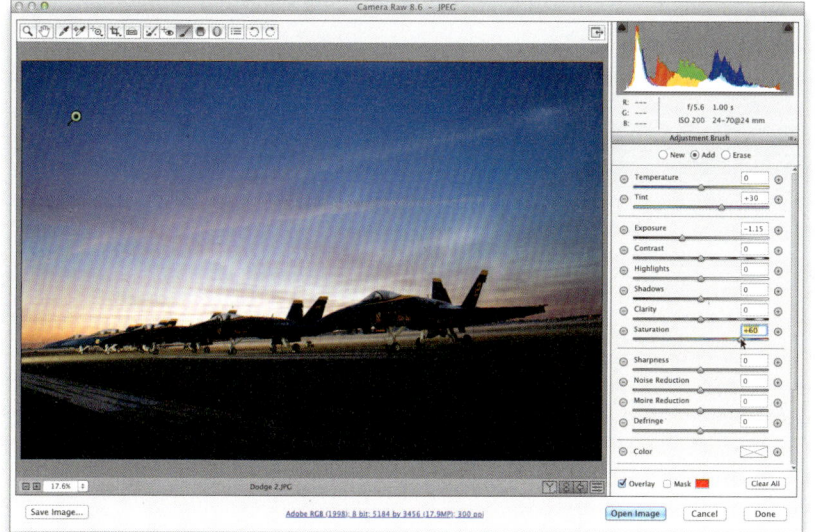

07

이번에는 조절 슬라이더들을 통해 [Adjustment Brush]의 기능을 좀 더 알아봅시다. 필요한 영역을 한번 칠해두면 슬라이더 조절을 통해 다양한 효과를 줄 수 있습니다. 여기서는 하늘 부분을 칠했으므로 하늘에만 슬라이더 조절이 반영됩니다. 먼저 제일 상단에 있는 'Tint' 슬라이더를 '+30'까지 움직여 하늘에 다채로운 색감을 더합니다. 계속해서 'Exposure' 값을 '-1.15'로 낮추어 조금 어둡게 만들고 'Saturation' 값을 '+60'까지 높여 색상을 선명하게 만들었습니다.

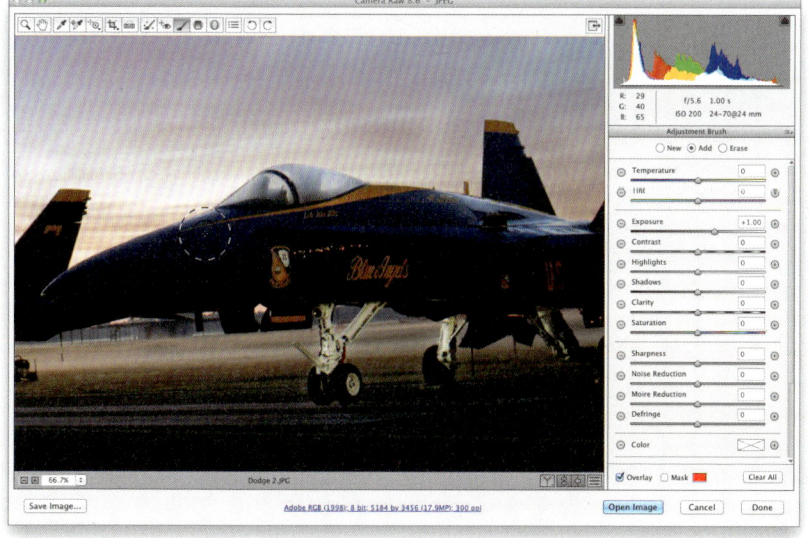

08

다음으로 할 일은 비행기 부분을 작업하는 것입니다. 우선 패널 상단에서 'New' 옵션을 선택하고 비행기 영역을 새로 칠합니다. 비행기 부분을 칠하기 전에 'Exposure' 슬라이더 오른쪽의 (+) 단추를 두 번 눌러 나른 슬라이더 값을 모두 '0'으로 만들고 동시에 'Exposure' 값을 '+1.00'으로 하여 노출을 높입니다. 'Auto Mask' 항목을 체크하여 마스크 기능을 켜고 비행기 부분을 칠하면 'Exposure' 값을 높였기 때문에 그 부분이 밝아집니다. 이제 사진에는 두 개의 조절 핀이 보이는데, 하늘 부분을 나타내는 조절 핀은 현재 비활성화 상태임을 알려줍니다. 하늘 부분을 조절하려면 해당 조절 핀을 클릭하여 보정한 모습을 다시 나타낼 수 있습니다.

09

비행기 부분을 모두 칠했으면 필요한 보정을 시작합니다. 여기서는 'Exposure' 값을 '+1.50'까지 높여주었고 'Shadows' 슬라이더를 '+10'까지 움직여 쉐도우 영역을 더 밝게 만들었습니다. 또한 'Clarity' 값은 '+17'로 조절하여 톤을 더욱 선명하게 했습니다. 이제 비행기들이 눈에 잘 들어옵니다. 하지만 오른쪽 사진에서 브러시가 놓여있는 비행기 다리 주위가 두껍게 칠해져 콘크리트 런웨이까지 밝게 보이는데, 다음 단계에서 이 부분을 해결해 봅니다.

TIP 조절 영역 선택하기

여러 개의 조절 영역을 만든 경우, 활성화되어 있는 조절 영역은 조절 핀이 녹색과 검정색으로 나타나 쉽게 알 수 있습니다. 조절 영역을 선택하기 위해서는 해당 조절 핀을 클릭하고 원하는 대로 조절합니다.

10

색칠 작업을 하다가 실수를 하거나 지워야할 때는 Alt(MAC:[Option])를 눌러 브러시를 'Erase' 모드로 변경한 다음 드래그합니다. 이번 작업에서도 다리의 튀어나온 부분을 'Erase' 모드의 브러시로 수정했습니다. 끝의 두 비행기 역시 너무 밝아지기 때문에 슬라이더 조절의 영향을 받지 않도록 수정했습니다. 'Erase' 모드는 [Adjustment Brush] 패널 상단의 'Erase' 옵션을 클릭하여 변환할 수도 있습니다. 옵션을 선택함과 동시에 브러시의 'Size', 'Feather', 'Flow', 'Density'를 조절하는 슬라이더도 활성화되므로 적절한 값으로 조절해두고 이후에는 Alt만 눌러 간편히 변환하여 사용합니다.

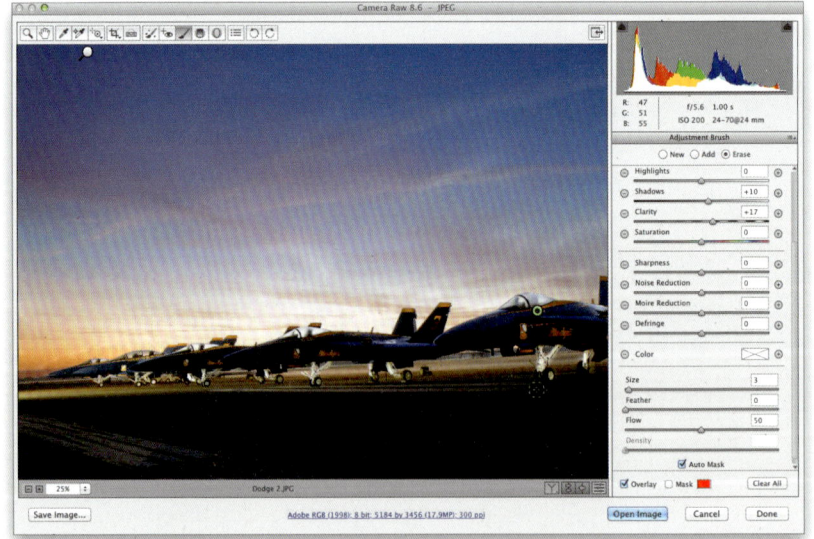

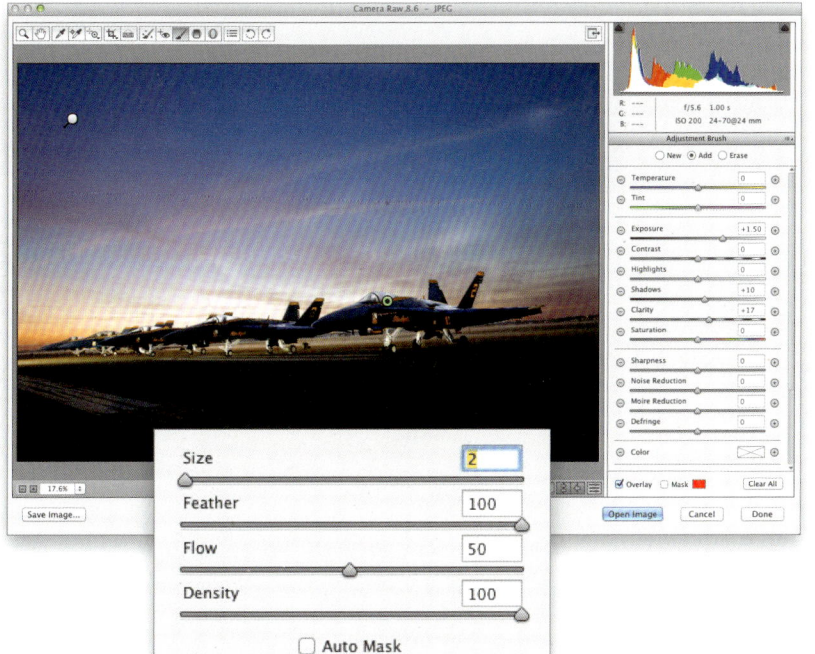

11

[Adjustment Brush] 도구의 또 다른 기능이 몇 가지 더 있습니다. 브러시의 경계면을 얼마나 부드럽게 할지 조절하는 'Feather' 슬라이더가 그 중 하나인데, 이 값을 높일수록 브러시의 형태가 부드럽게 조절됩니다. 여기서는 '90%'로 조절했는데, 정확한 터치를 위해 단단한 브러시 형태로 만들려면 '0'으로 조절합니다. 브러시는 기본적으로 칠한 곳을 또 칠하면 그만큼 영향력이 더 강해지므로, 한 번 칠했을 때 충분히 어둡지 못하면 한 번 더 덧칠하여 어둡게 만듭니다. 이와 같이 덧칠을 했을 때 얼마나 강하게 효과를 더할지 조절하는 것이 'Flow'와 'Density' 슬라이더입니다. 다만 'Density' 슬라이더의 효과는 매우 미미해서 실제로 '100'까지 값을 올려도 큰 변화를 느끼기 힘듭니다. 'Flow' 슬라이더는 브러시의 페인트 양을 조절하는 것과 같습니다. 필자는 'Flow' 값을 보통 '100'으로 고정해 놓는데, 덧칠이 필요할 것 같은 작업에서는 '50'으로 조절합니다. 다음의 보정 전후 사진을 비교하여 [Adjustment Brush] 기능을 통한 닷징과 버닝 작업 결과를 확인합니다.

Before

After

카메라로우의 인물사진 리터칭

작업 화면을 포토샵으로 옮겨갈 수밖에 없는 경우는 인물사진을 리터칭할 때입니다. 하지만 이제는 카메라로우에서도 [Spot Removal] 도구를 사용하여 간단한 리터칭이 가능해졌습니다. 원본을 훼손하지 않으며 매우 자연스러운 결과를 만들어 줍니다.

01

예제 사진은 필자의 〈Light It, Shoot It, Retouch It〉 투어에서 직접 촬영했던 인물사진으로 다음의 세 가지 리터칭이 필요합니다.
❶ 피부 트러블을 모두 제거하고 부드러운 피부 만들기
❷ 눈의 흰자위를 더욱 밝게 만들고 대비 더하기
❸ 눈, 눈썹, 속눈썹 부분 또렷하게 만들기

02

먼저 피부에 보이는 여드름 등 트러블을 제거해봅시다. 얼굴 부분을 크게 확대한 다음 [Spot Removal](Ⓑ) 도구를 선택하고 브러시 크기를 여드름보다 약간 더 크게 조절한 후 제거할 위치에서 클릭합니다. 이때 브러시로 스트로크하거나 덧칠하지 않고 한 번만 클릭해야 합니다. 한 번 클릭으로 확실하게 제거되지 않으면 카메라로우가 자동으로 선택한 대체 영역이 적절하지 못하기 때문입니다. 이때는 녹색 원으로 표시되는 대체 영역을 드래그하여 가까운 곳의 깨끗한 피부 영역으로 옮겨 다시 리터칭합니다. 다른 여드름 트러블도 모두 한 번씩 클릭하고 필요하면 녹색 원을 이동하여 제거합니다.

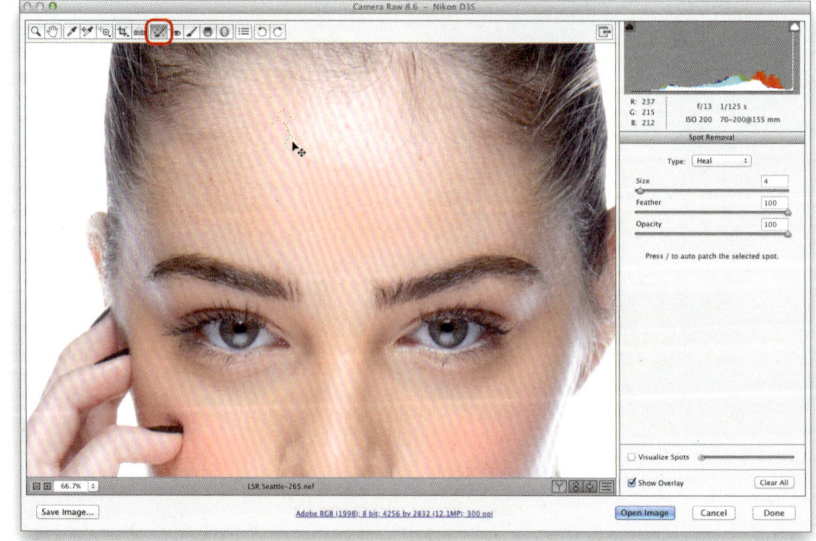

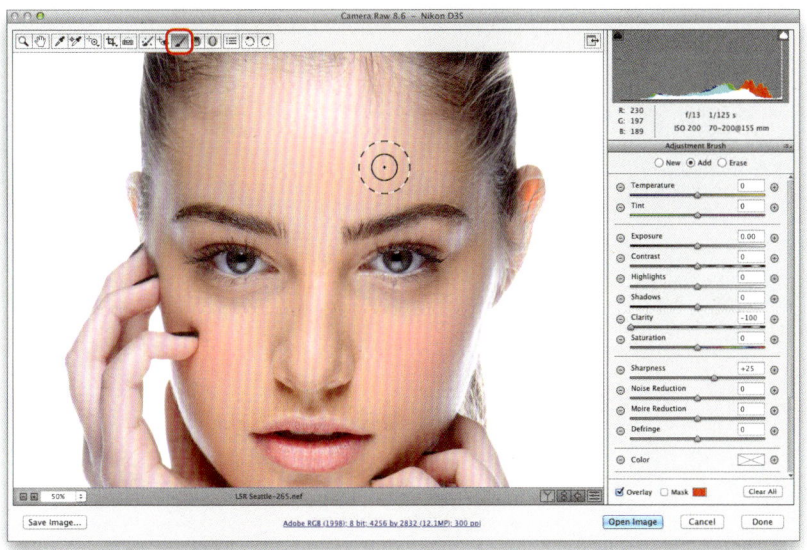

03

계속해서 피부를 부드럽게 만들어 봅니다. [Adjustment Brush] 도구를 선택한 다음 패널에서 'Clarity' 슬라이더 왼쪽의 (−) 단추를 클릭하여 'Clarity' 값을 '−100'의 'negative clarity' 상태로 만듭니다. 그리고 'Sharpness' 슬라이더를 '+25'로 조절하여 소프트닝 준비를 마칩니다. 브러시를 적절한 크기로 만들기 위해 'Size' 슬라이더를 드래그하거나]를 눌러 조절하고 피부 부분을 칠하여 부드럽게 만듭니다. 주의해야 할 점은 눈 부위의 눈썹과 속눈썹, 콧등, 입술, 머리카락 등 또렷함을 살려야 할 부분은 피해서 칠해야 한다는 것입니다. 칠하면서 피부가 부드러워지는 것을 크게 느끼지 못할 수도 있는데, P를 눌러 보정 후 미리 보기 기능을 껐다 켰다 해보면 생각보다 훨씬 나아졌음을 알게 될 것입니다. 브러시 작업을 끝낸 후 피부가 과하게 부드럽다 생각되면 'Clarity' 값을 약간 높여 '−75'나 '−50' 정도로 조절합니다.

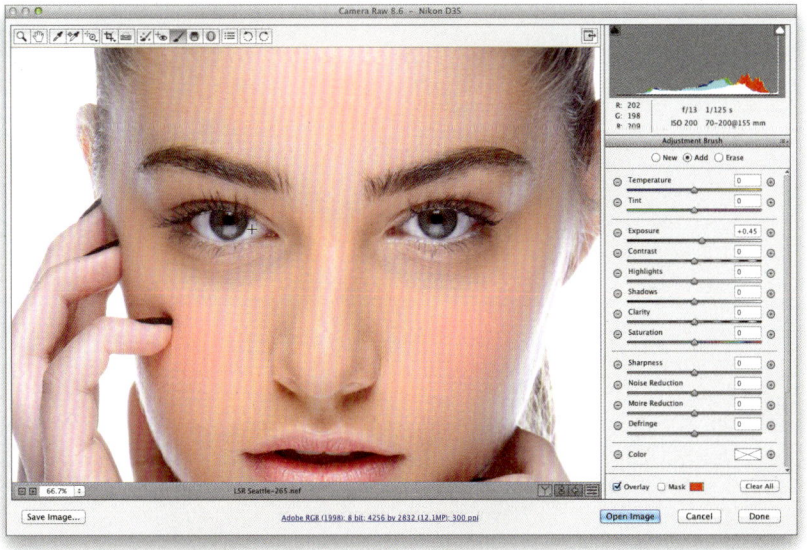

04

이번에는 눈 부분을 보정하기 위해 패널 상단에서 'New' 옵션을 선택하여 새 작업 영역을 시작합니다. 'Clarity'와 'Sharpness' 값은 슬라이더 버튼을 각각 더블클릭하여 '0'으로 리셋하고 'Exposure' 슬라이더를 오른쪽으로 약간 조절한 후 브러시 사이즈를 줄여 흰 눈자위 안을 칠합니다. 흰자위 보정을 마치면 패널 상단의 'New' 옵션을 선택하고 슬라이더 값을 '0'으로 리셋한 다음 홍채의 대비와 밝기를 조절합니다.

05

대비를 더하기 위해 'Contrast' 슬라이더 값을 높이는데, 여기서는 '+73'까지 조절했습니다. 홍채 부분은 더 밝고 또렷해도 되므로 'Exposure'를 '+0.85', 'Clarity'를 '+18'로 조절한 다음 홍채를 칠합니다. 남은 것은 속눈썹과 눈썹, 눈 등에 샤프닝 효과를 더해주는 것입니다. 'New' 옵션을 새로 선택하고 'Sharpness' 슬라이더 오른쪽의 (+) 단추를 눌러 다른 슬라이더 값은 '0'으로, 'Sharpness' 값은 '+25'로 설정합니다. 이제 눈과 홍채, 눈썹 등 선명하게 보여야 할 부분을 칠해 리터칭을 완성합니다.

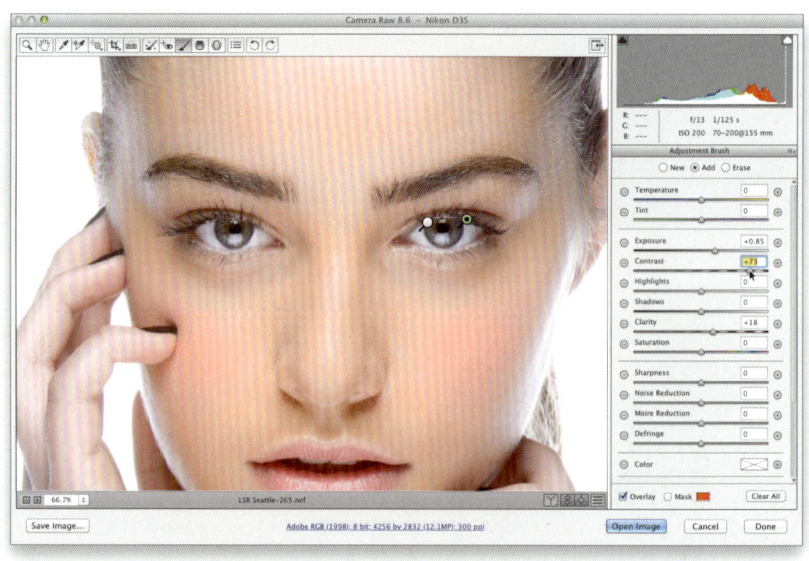

Before

After

'Graduated' 필터는 오래 전부터 카메라 렌즈에 장착하여 사용했던 'GND(Gradient Neutral Density)' 필터와 같은 효과를 주는 도구입니다. 어두운 톤부터 시작하여 점차적으로 투명해지는 유리나 플라스틱 재질을 덧대어 변화를 주는 필터라 할 수 있습니다. 특히 풍경사진을 찍을 때 전경이나 하늘을 중심으로 노출을 맞춰야 하는데, 이때 노출이 맞지 않은 영역까지 제대로 나오기가 어렵습니다. 하지만 어도비가 이 필터를 개발한 이후로는 일반적인 그라디언트 효과보다 훨씬 편리하게 효과를 줄 수 있게 되었습니다.

Graduated 필터로 흐릿한 하늘 보정하기

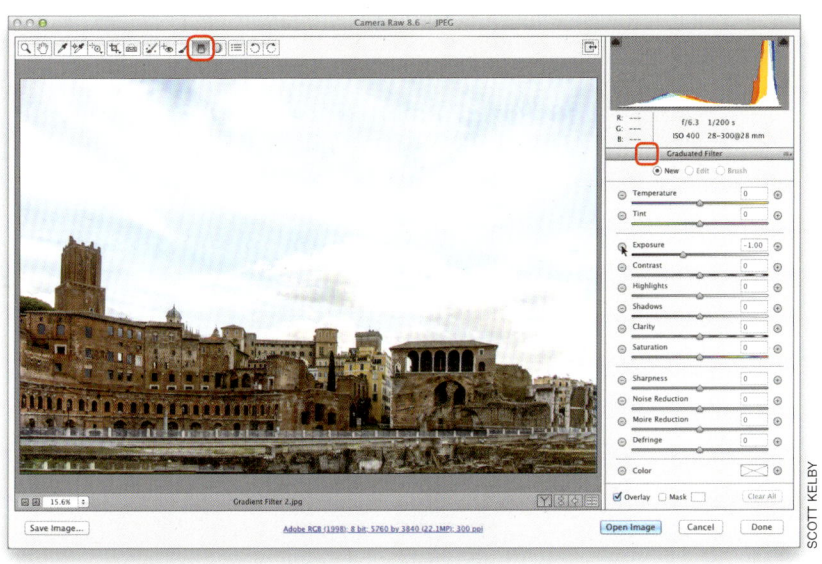

01

화면 상단의 도구 바에서 [Graduated Filter](G) 도구를 선택하는 것부터 시작합니다. 선택과 동시에 화면 오른편에 'Adjustment Brush' 패널과 유사한 패널이 나타나며 같은 방식으로 조절하면 됩니다. 여기서는 옛날 방식의 'ND' 필터 효과를 주어 하늘 부분을 어둡게 해봅니다. 'Exposure' 슬라이더를 왼쪽으로 움직이거나 왼쪽 끝의 (−) 단추를 두 번 눌러 '−1.00'으로 조절합니다.

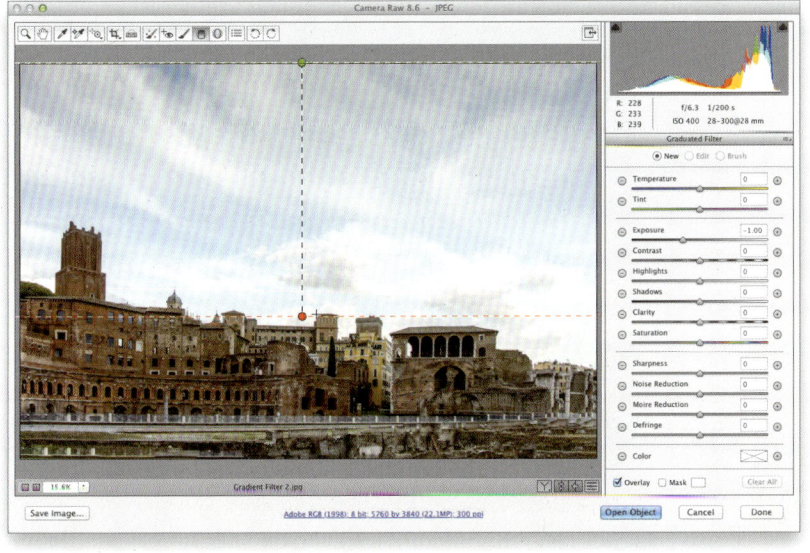

02

직각으로 곧바로 드래그하기 위해 Shift 를 누른 채 사진 위쪽 끝의 중앙 지점에서 빌딩 꼭대기 지점까지 드래그합니다. 보통 지평선에 닿을 때까지 드래그하는데, 더 아래로 내려가면 적절히 노출이 잡혀 있는 전경 부분까지 어두워지므로 주의해야 합니다. 이제 필터의 어두운 효과가 적용되어 하늘 부분이 어두워졌으며 전반적으로 균형이 잡힌 톤을 확인할 수 있습니다.

|NOTE|
Shift 를 누른 채로 어느 방향으로든 드래그하여 필터를 적용할 수 있습니다.

Chapter 3. Attitude Adjustment 카메라로우의 보정 도구 총집합

03

그러데이션이 적용된 처음 지점이 녹색 핀으로 표시되며 드래그를 끝낸 마지막 지점은 빨간색 핀이 표시됩니다. 여기서는 하늘 부분을 좀 더 어둡게 만들기 위해 'Exposure' 슬라이더를 왼쪽으로 조금 움직여 하늘 부분의 중간 톤을 어둡게 만들었습니다. 이와 같이 이 도구의 최대 장점은 [Adjustment Brush] 도구처럼 일단 효과를 줄 영역이 설정되면 그 부분에 한하여 다른 효과를 더하거나 조절할 수 있다는 점입니다. 예를 들어 하늘을 더욱 푸르게 만들고 싶다면 색상 박스를 클릭해서 [Color Picker] 대화상자를 불러온 후 파란색을 선택하여 해당 영역에 푸른색을 추가로 반영할 수 있습니다.

TIP 그러데이션 관련 팁

그러데이션 영역을 설정하고 난 후에도 녹색 핀과 빨간색 핀을 옮겨 영역의 위치나 너비를 변경할 수 있습니다. 또한 핀을 회전하여 그러데이션 방향을 바꿀 수도 있습니다. 패널 상단의 'New' 옵션을 선택한 뒤 드래그하는 방법으로 새로운 그러데이션 영역을 여러 개 만들 수 있으며, 핀을 클릭하고 Back Space (MAC: Delete)를 눌러 해당 필터 효과를 제거할 수도 있습니다.

Before

After

카메라로우가 갖추고 있는 몇몇 기능은 포토샵에서 레이어와 마스크를 사용하는 것보다 다루기 쉬우면서도 멋진 효과를 자랑합니다. 이번에는 특히 인물사진이나 웨딩사진에 특별한 효과를 발휘하는 기능에 대해 소개하려 합니다. 풀 컬러사진에서 주요한 영역만 컬러로 남기고 나머지는 흑백으로 표현하여 이목을 집중시키는 기법입니다(사실 사진가들은 이런 기법을 기피하지만 클라이언트들은 매우 선호하는 스타일이기도 합니다).

카메라로우에서 특정 색상 적용하기

01

중요한 부분만 컬러로 남기고 나머지는 흑백으로 처리하는 기법을 적용하기 위해서는 먼저 [Adjustment Brush] 도구를 써서 사진을 흑백으로 만들어야 합니다. 도구 바에서 [Adjustment Brush](K) 도구를 선택하고 패널에서 'Saturation' 슬라이더 왼쪽의 (-) 단추를 네 번 눌러 다른 슬라이더 값은 '0'으로, 'Saturation' 값은 '-100'으로 만듭니다. 이 값으로 조절하고 칠하면 흑백으로 변할 것입니다.

02

패널 하단의 'Auto Mask' 항목에 체크하지 않은 상태에서 사진 위를 칠하면 즉각적으로 흑백 버전이 적용되어 빠르게 작업할 수 있습니다. 칠하기 전에 'Size' 슬라이더를 오른쪽으로 움직이거나]를 눌러 브러시 크기를 적절히 조절합니다. 그리고 사진을 전반적으로 칠하는데, 왼쪽 화면과 같이 부케와 그 주변의 0.5인치 정도까지는 칠하지 않고 남겨줍니다.

03

이제 다음 두 단계를 통해 나머지 작업을 완료합니다.

❶ 브러시 크기를 작게 조절합니다.
❷ 'Auto Mask' 항목에 체크하여 마스크 부분이 표시되게 합니다.

'Auto Mask' 기능은 사진에서 컬러 형태 그대로 남겨둘 부분을 자동으로 인식하여 실수로 칠하는 일이 없도록 도와줍니다. 다만 브러시 중앙의 '+' 표시는 닿지 않도록 칠해야 합니다. 이 단순한 규칙만 지키면 원하는 부분만 정확하게 남기고 칠할 수 있습니다(여기서는 부케 부분이 되겠네요). '+' 영역에 닿는 부분은 곧바로 'Saturation'의 '-100' 값이 적용되어 흑백으로 변하지만 브러시의 바깥쪽 원에 닿는 부분은 원래 색상이 유지됩니다. 이와 같은 브러시 기능은 편리하게 원하는 부분만 칠할 수 있게 해줍니다.

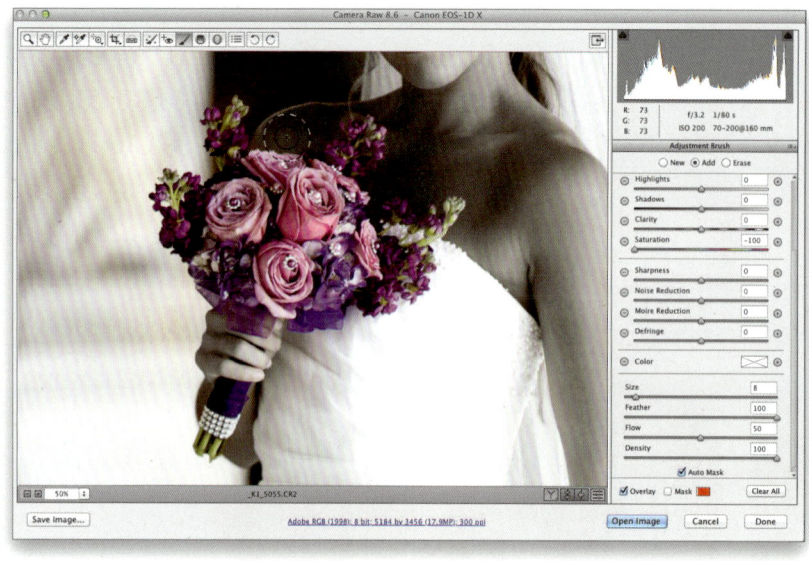

04

오른쪽 사진은 부케를 제외한 부분을 모두 칠하여 흑백으로 만들고 꽃과 녹색 줄기 부분은 브러시의 '+' 영역에 닿지 않도록 조심해서 칠하여 원래의 색상을 유지한 모습입니다.

지금까지 만들어왔던 비네팅 효과는 사진의 가장자리부터 어두워지기 때문에 주체가 반드시 중앙에 있어야 한다는 단점을 가지고 있었습니다. 하지만 이번에 알아볼 'Radial' 필터는 비네팅 효과가 적용될 위치를 정할 수 있기 때문에 원하는 부분에 시선이 모이도록 할 수 있으며 한 번에 여러 방향에서 빛을 비추는 다중 조명 효과를 주거나 차후에 조명의 위치를 바꿀 수도 있습니다.

Radial 필터: 비네팅, 조명 효과 만들기

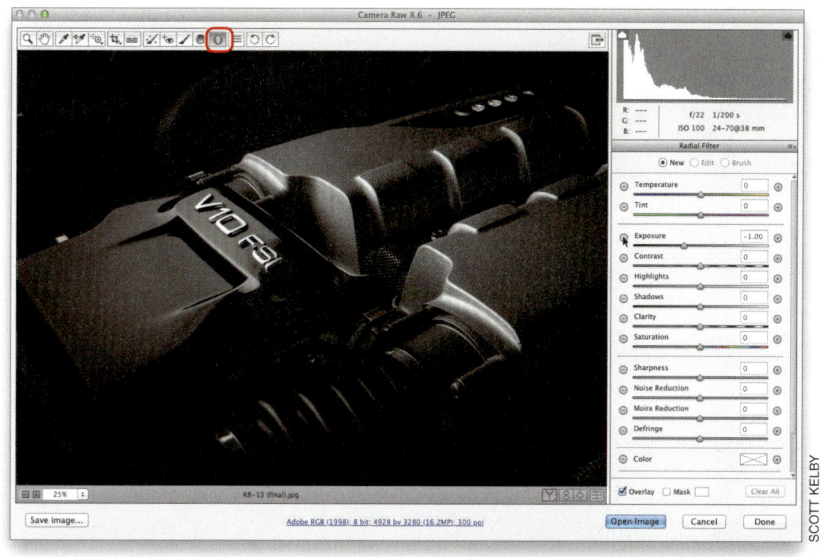

01
엔진 사진에 나와 있는 스펙 부분에 시선이 집중되도록 드라마틱한 조명 효과를 주려고 합니다. 먼저 도구 바에서 [Radial Filter](J) 도구를 선택한 다음, 가장자리 부분을 어둡게 하기 위해 'Exposure' 슬라이더 왼쪽의 (–) 버튼을 두 번 눌러 효과가 어떻게 적용되는지 잘 보이도록 조절합니다. 물론 이 값은 차후에 재조정할 것입니다.

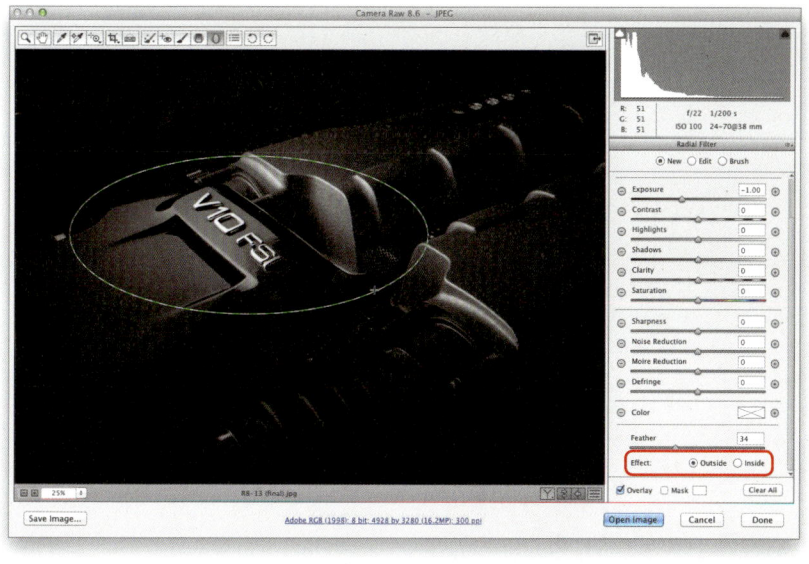

02
패널 하단의 'Effect' 옵션을 선택하여 사진에 나타나있는 원 안쪽에 효과를 줄지 원 바깥쪽에 효과를 줄지 결정할 수 있습니다. 여기서는 원 안쪽은 그대로 두고 바깥쪽은 어둡게 할 것이므로 'Outside'를 선택합니다. 이제 사진의 원하는 영역 위에서 드래그하여 원을 그리는데, 여기서는 효과를 줘야 하는 중앙 부분을 포함하도록 타원을 만들었습니다.

Chapter 3. Attitude Adjustment 카메라로우의 보정 도구 총집합

03

타원이 원하는 위치에 놓였다면 타원 바깥쪽에서 드래그하여 원하는 각도로 회전할 수 있습니다. 크기를 조절하려면 타원의 조절 핸들을 클릭하여 안쪽이나 바깥쪽으로 드래그합니다. 타원의 위치를 옮길 때는 안쪽 지점을 클릭한 후 원하는 위치로 드래그합니다. 타원 설정을 마쳤다면 오른쪽 화면과 같이 원 바깥쪽을 더욱 어둡게 만들기 위해 'Exposure' 슬라이더를 왼쪽으로 움직여 '-1.75'까지 조절합니다.

TIP 편리한 조절을 위한 단축키

[V] : 한번 눌러 녹색의 타원을 감출 수 있습니다. 한 번 더 누르면 타원이 다시 나타납니다.

[X] : 효과를 적용할 영역을 타원 안쪽에서 바깥쪽으로 또는 바깥쪽에서 안쪽으로 바꿉니다.

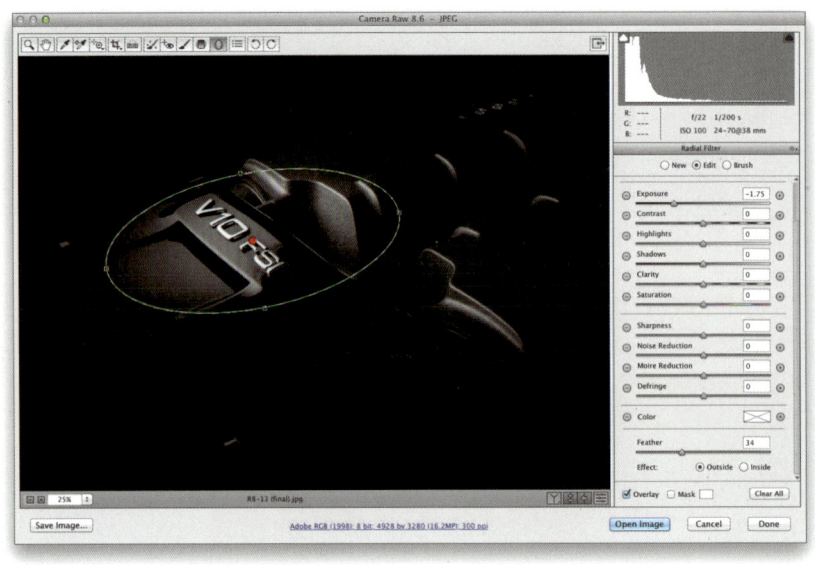

04

이 필터의 또 한 가지 장점은 'Exposure' 조절에서 더 나아가 다른 설정도 가능하다는 것입니다. 예를 들어 'Contrast' 슬라이더를 오른쪽으로 움직이면 바깥쪽 영역의 대비가 강해지며 'Saturation' 값을 낮추면 해당하는 영역을 흑백으로 만들 수도 있습니다. 여기까지 기본적인 사용법을 알아봤으므로 다음 단계에서는 소개글에서 언급한 다중 조명 효과를 더해봅니다. 이 기법으로 사진의 조명 상태를 바꿀 수 있으므로 알아두면 매우 유용할 것입니다.

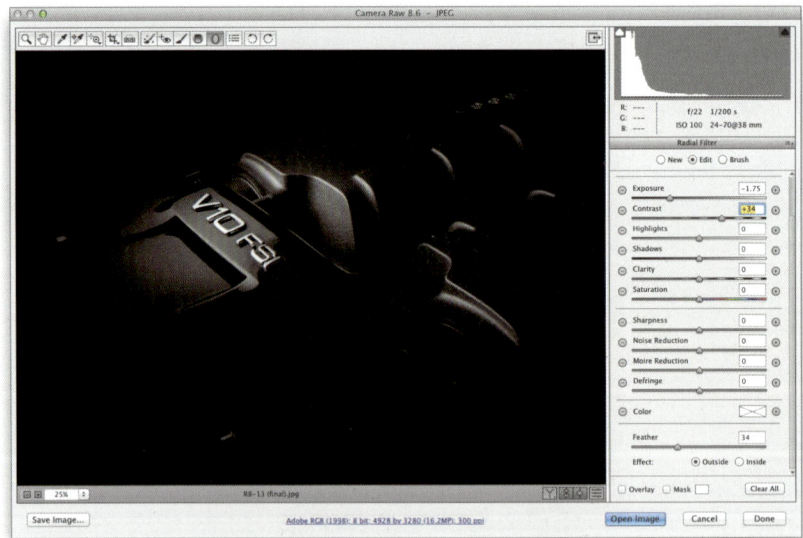

05

'Radial' 필터를 이용하여 예제 사진의 조명 상태를 바꿔봅니다. 사람의 눈은 사진의 밝은 부분에 제일 먼저 시선이 가도록 되어있는데, 왼쪽 사진은 안타깝게도 주체인 신부보다 뒤쪽의 스테인드 글라스 부분이 더 밝게 나와 신부의 얼굴로 시선을 모으기가 힘든 상태입니다. 따라서 신부의 얼굴을 현재보다 더 밝고 부드럽고 멋지게 비추는 조명이 필요합니다.

06

앞 단계에서 알아본 대로 [Radial Filter] 도구를 선택하고 조명 효과가 필요한 위치에 타원을 만드는 것부터 시작합니다. 여기서는 신부의 모습은 그대로 유지하고 그 외의 영역을 어둡게 만들어 인물을 돋보이게 할 것입니다. 'Effect' 옵션을 'Outside'로 선택하고 'Exposure' 슬라이더를 '-1.40'으로 낮게 조절하여 타원 영역 바깥쪽을 어둡게 만듭니다.

TIP 타원 삭제하기
드래그하여 만든 타원을 삭제하려면 선택한 상태에서 [Back Space](MAC: [Delete])를 누르거나 타원 중앙에 커서를 위치시키고 [Alt](MAC:[Option])를 눌러 커서가 가위 모양으로 변하면 클릭하여 삭제합니다.

07

새로운 타원을 추가하기 위해 패널 상단의 'New' 옵션을 선택하고 패널 하단에서 'Effect' 옵션을 'Inside'로 선택합니다(X를 눌러 간편하게 바꿀 수도 있습니다). 새로운 타원은 바로 부케를 돋보이게 하기 위한 것이므로 부케 부분을 드래그하여 이를 포함하는 타원을 만듭니다. 'Exposure' 슬라이더를 오른쪽으로 '+1.10'까지 움직여 밝게 만듭니다.

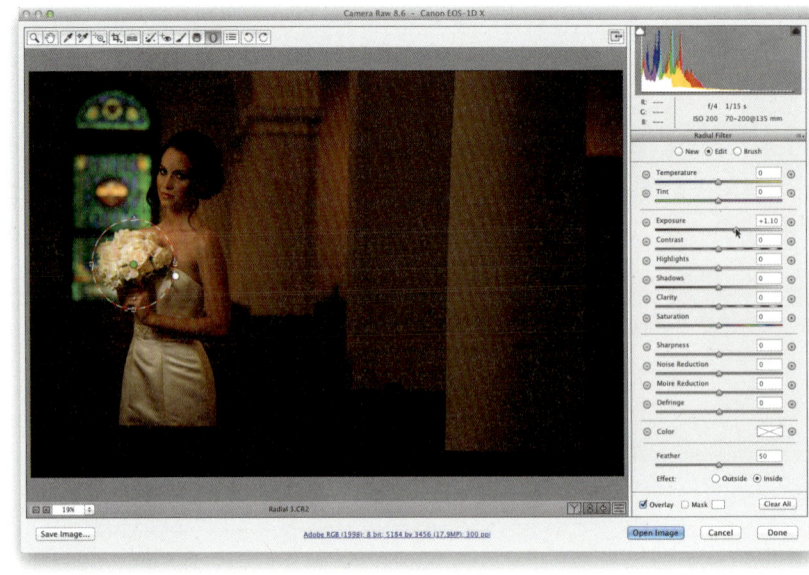

08

인물의 얼굴 부분에 부케에 적용한 것과 같은 타원을 설정하여 또 다른 조명 효과를 더해봅니다. 타원을 새로 그리지 않고 복사해서 사용하기 위해 Ctrl–Alt(MAC:[Command]–[Option])를 눌러 커서를 두 개의 작은 화살표 모양으로 변경시킵니다. 이 상태에서 부케 부분의 타원을 클릭하여 얼굴 위로 드래그하면 같은 모양의 타원이 새로 설정되는데, 필요하다면 이를 회전하고 크기를 적절히 조절합니다. 여기서는 'Exposure' 값을 '+1.35'까지 높여 얼굴을 환하게 만들고 'Shadows' 값을 '+14'로 조절하여 디테일을 살렸습니다. 필요하면 다른 슬라이더도 얼마든지 조절할 수 있습니다.

TIP 경계면 부분의 블렌딩 조절하기
타원의 중앙 지점과 경계면 사이의 전환 즉, 블렌딩을 얼마나 부드럽게 처리할지를 'Feather' 슬라이더로 조절할 수 있습니다. 슬라이더 값이 '100'일 때 가장 부드럽고 은근하게 블렌딩되며 'Feather' 값을 낮출수록 블렌딩이 이루어지는 간격이 좁아져 '0'일 때 완전히 구분되는 경계면이 나타납니다.

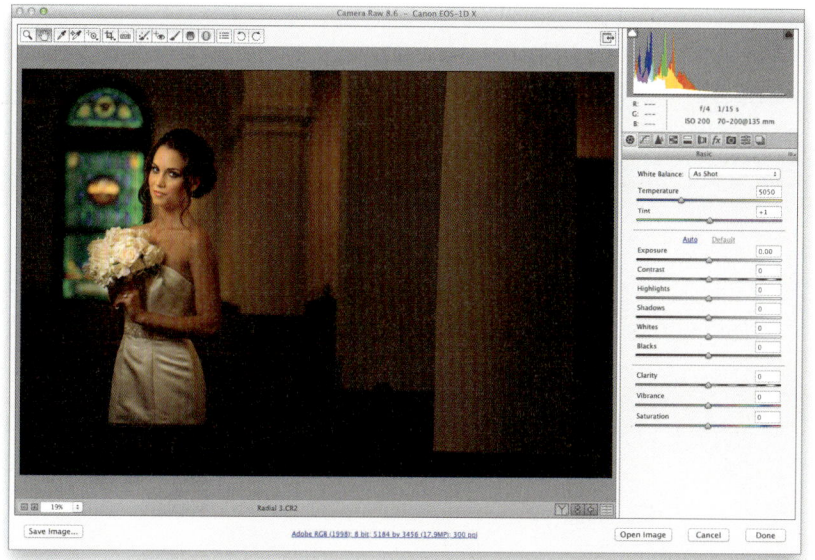

09

마지막으로 추가적인 상황을 생각합니다. 현재 밝게 만든 두 영역을 제외하고 인물의 주변을 어둡게 만든 상태인데, 인물을 전반적으로 더 밝게 만들기 위해 [Basic] 패널로 전환하여 'Exposure' 슬라이더를 오른쪽으로 조절하면 다른 부분도 함께 밝아질 것입니다. 이때 밝아진 주변 영역을 어둡게 만들려면 다시 [Radial Filter] 도구를 선택하고 제일 처음에 만든 타원을 클릭한 후 'Exposure' 슬라이더 값을 낮추면 쉽게 문제를 해결할 수 있습니다. 다음 보정 전과 후의 사진을 보고 조명 환경이 얼마나 드라마틱하게 만들어졌는지 비교해 봅니다.

Before

After

Chapter 3. Attitude Adjustment 카메라로우의 보정 도구 총집합   115

화이트밸런스 페인팅으로 색상 문제 해결하기

카메라로우가 생긴 이래 지금까지 탑재되었던 모든 기능 중 가장 유용한 기능이라 할 만한 것이 화이트밸런스 페인팅 기능이 아닌가 싶습니다. 촬영을 할 때 자동 화이트밸런스 모드를 사용하는 경우가 많지만, 자동 화이트밸런스 모드일 때 흔히 발생하는 문제는 촬영 시 어두운 영역이 있음에도 불구하고 자연광 모드가 설정되어 햇빛이 비친 부분 이외의 어두운 부분이 푸른 톤으로 나타난다는 것입니다. 사진 속의 모든 색상들이 조화롭게 균형을 이루도록 해주는 화이트밸런스 페인팅 기법에 대하여 알아봅니다.

01

오른쪽의 인물사진은 따뜻한 피부 톤이 멋지게 잘 표현되었지만 배경을 채우고 있는 빌딩이 그늘진 곳에 있어 푸른 톤이 강하게 나타납니다. 이로 인해 사진을 황혼녘에 찍었음에도 불구하고 마치 새벽인 것 같은 느낌을 줍니다. 이 사진을 따뜻한 톤의 화이트밸런스로 바꾼다면 인물의 피부는 거의 노란색이 될 것입니다. 아주 다행스럽게도, 이제는 영역을 선택하여 화이트밸런스를 조절할 수 있습니다.

02

[Adjustment Brush](K) 도구를 선택하고 'Temperature' 슬라이더 오른쪽 끝의 (+) 단추를 클릭하여 다른 슬라이더 값은 '0'으로, 'Temperature' 값은 '+25'로 만든 다음 푸른 톤의 배경 건물을 칠합니다. 페인팅을 마치면 'Temperature' 슬라이더를 오른쪽으로 움직여 푸른색을 더 제거하거나 왼쪽으로 움직여 약간의 푸른 톤이 감돌게 하는 등 원하는 대로 조절할 수 있습니다. 이처럼 우선적으로 페인팅하여 영역을 설정한 후 슬라이더를 움직여 화이트밸런스를 조절할 수 있다는 것이 [Adjustment Brush] 도구의 큰 장점입니다. 오른쪽 화면에서 빌딩 색상이 전반적으로 중립을 찾았으며 특히 오른쪽 상단의 반사된 유리 형태의 빌딩 부분에 효과가 두드러지게 나타났습니다. 오른쪽 화면은 'Highlights' 값도 약간 높여 조절했습니다.

촬영 시 ISO 값을 800이나 그 이상으로 높게 설정할 경우 사진에 노이즈가 나타날 확률이 높아집니다. 물론 카메라 모델에 따라서 정도의 차이가 있긴 하지만 노이즈가 나타나면 십중팔구 쉐도우 영역에 나타날 것입니다. 또한 설상가상으로 쉐도우 영역을 밝게 보정하면 그 부분에 있던 노이즈가 더욱 심하게 보일 것입니다. 카메라로우의 노이즈 제거 기능은 다른 프로그램의 노이즈 제거와 비슷한데, 블러를 적용하듯이 부드럽게 만들어 노이즈를 약화시킵니다. 물론 다른 부분은 선명하게 유지한 채로 필요한 부분에만 효과를 적용합니다.

쉐도우 영역의 노이즈 제거하기

01

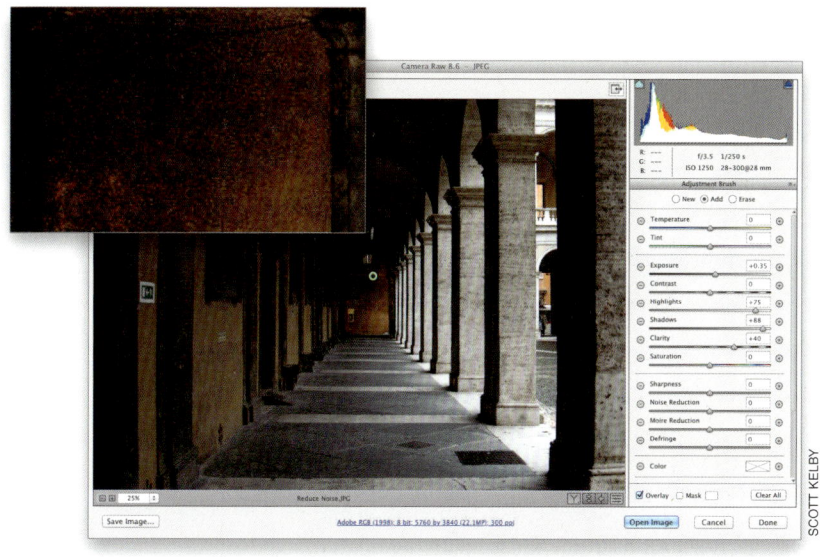

예제 사진은 길 끝의 벽 부분을 밝게 만드는 작업부터 시작합니다. 이 사진은 'ISO 1250'으로 설정하여 촬영했는데, 어두운 벽 부분을 밝게 만들면 기존에 있던 노이즈가 과장되어 보일 것입니다. 필요한 부분을 밝게 조절하기 위해서는 [Adjustment Brush](K) 도구를 선택합니다. 패널에 나타난 슬라이더 중 'Shadows' 슬라이더의 오른쪽 (+) 단추를 클릭하여 다른 슬라이더 값을 '0'으로 조절한 다음 'Shadows' 값을 '+88'로 조절합니다. 길 끝의 벽을 칠하면 여전히 어두운 상태일 것이므로 'Highlights'를 '+75', 'Exposure' 값을 '+0.35'로 조절해 밝게 만듭니다. 마지막으로 'Clarity' 값을 '+40'으로 조절하여 질감을 선명하게 만들면 쉐도우 영역 안에 숨어있던 노이즈가 확연히 드러난 것을 볼 수 있습니다.

02

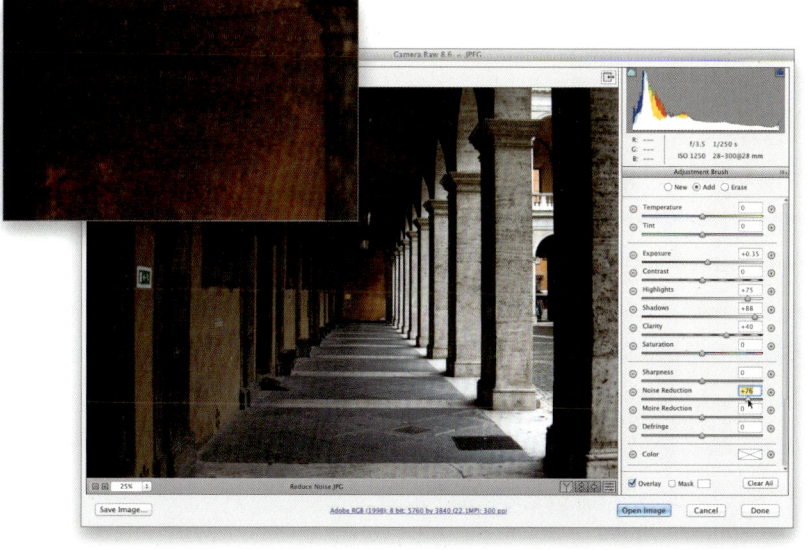

사진을 '100%'로 확대하면 쉐도우 영역의 노이즈가 잘 보일 것입니다. 이제 'Noise Reduction' 슬라이더를 오른쪽으로 움직여 육안으로 보이는 노이즈가 줄어들면서도 해당 영역이 지나치게 흐릿해지지 않는 정도까지 조절합니다. 슬라이더의 효과는 브러시로 칠한 부분에만 적용되므로 나머지 부분은 원래의 선명함이 그대로 유지됩니다.

Adjustment Brush 200% 활용하기

사진의 특정 부분을 선명하게 만들려면 'Clarity' 슬라이더 값을 '100'으로 맞춘 후 필요한 부분을 칠하면 됩니다. 그런데 최대값인 '100'으로 높였는데도 부족해 보인다면 어떻게 해야 할까요? 여기서 그 방법을 알아봅니다.

01

예제 사진에서 우리가 해야 할 일은 헤드램프의 디테일을 매우 또렷하고 선명하게 나타내는 것입니다. [Adjustment Brush](K) 도구를 선택하고 'Clarity' 슬라이더 오른쪽의 (+) 단추를 클릭하여 다른 슬라이더 값을 '0'으로 만든 다음 'Clarity' 값을 '+100'으로 설정합니다. 두 개의 둥근 헤드램프 부분을 칠합니다. 슬라이더 값은 이미 최대치로 조절된 상태인데 디테일을 더욱 날카롭게 살리려면 어떻게 해야 할까요? '+200' 정도로 조절할 방법은 없을까요?

02

이런 문제는 Ctrl-Alt(MAC:[Command]-[Option])를 누른 채로 조절 핀을 드래그하여 복사하면 간단히 해결됩니다. 이제 조절 영역에 조절 핀이 두 개가 표시되는데 하나는 '100%' Clarity를 적용한 기존의 핀이고 다른 하나는 이를 복제한 것입니다. 그러므로 헤드램프에는 '200%'의 Clarity가 적용됩니다. 물론 이러한 복제 기능이 'Clarity' 슬라이더에만 해당하는 것은 아닙니다. [Adjustment Brush] 패널의 다른 모든 슬라이더 효과를 이처럼 활용할 수 있습니다.

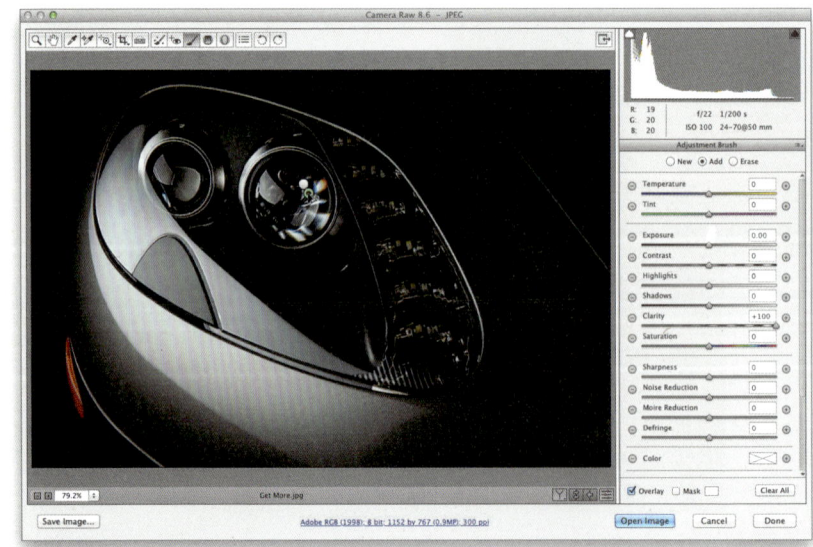

Before

After

Photoshop Killer Tips

블러(Blur) 효과 주기

엄밀히 말해 블러를 위한 기능은 아니지만, [Adjustment Brush] 패널의 'Sharpness' 값을 '0' 미만으로 조절하면 카메라로우에서도 블러 효과를 낼 수 있습니다. 필자는 강력한 Gaussian 타입의 블러 효과를 주기 위해 항상 '-100' 값으로 조절합니다. 사진 속의 배경을 더욱 멀어보이도록 처리하거나 이런저런 여러 가지 이유들로 인해 특정 부분을 흐릿하게 나타내려면 이 기능이 매우 유용하게 쓰일 것입니다.

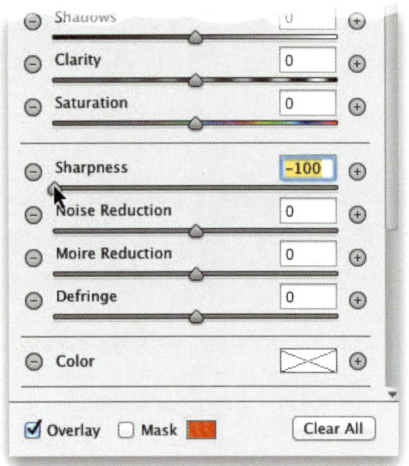

두 개의 커서가 존재하는 이유?

[Adjustment Brush]를 사용할 때 안쪽과 바깥쪽의 두 원으로 이루어진 브러시 커서가 나타납니다. 여기서 안쪽의 작은 원은 브러시의 크기를 나타내며 바깥쪽 점선 형태의 원은 부드러운 정도를 나타내는 페더(feather) 값의 크기를 나타내 커서의 모양으로 브러시의 상태를 알 수 있습니다.

색상을 무색으로 설정하기

[Adjustment Brush] 패널에서 색상을 선택할 때 무색(None) 상태로 만들려면 어떻게 해야 하는지 선뜻 알아채기가 어려울 것입니다. 'Color' 옵션에 색상이 설정되어 있을 때 이를 무색으로 바꾸려면 색상 박스를 클릭하여 [Color Picker] 대화상자를 불러옵니다. 그리고 하단의 'Saturation' 슬라이더 값을 '0'으로 조절한 다음 [OK] 버튼을 클릭하면 색상 박스에 [X] 표시가 나타나 무색 상태임이 표시됩니다.

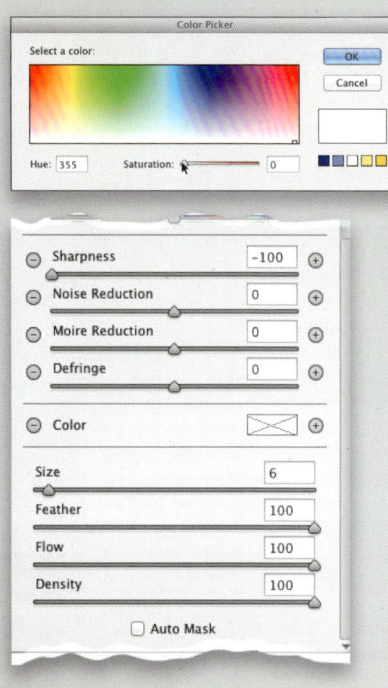

하나의 레이어만 확인하기

포토샵에서 여러 개의 레이어가 만들어져 있을 때 다른 레이어는 모두 감추고 필요한 하나의 레이어만 보이도록 하려면 Alt를 누른 채로 확인할 레이어의 'Eye' 아이콘을 클릭합니다. 해당 레이어만 남고 다른 레이어는 아이콘이 사라지며 감춰질 것입니다. 이때 계속해서 Alt를 누른 채로 키보드의 [/]를 누르면 위/아래 레이어로 바꿔서 활성화할 수 있습니다. 다시 모든 레이어가 나타나게 하려면 Alt를 누른 채로 확인 레이어의 'Eye' 아이콘을 클릭합니다.

직선을 따라 똑바로 칠하기

[Adjustment Brush] 도구 사용 시 직선을 그려야 한다면 포토샵의 [Brush] 도구를 사용할 때와 같은 방법을 사용합니다. 직선이 시작되는 지점을 클릭하고 Shift를 누른 채로 직선이 끝나는 점을 클릭하면 두 지점 사이를 잇는 정확한 직선이 그려집니다. 건물의 모서리와 하늘이 맞닿는 경우와 같이 곧은 경계면이 길게 있을 때 쉽게 페인팅 처리를 할 수 있습니다.

'Jump Back' 지점을 저장해두기

포토샵의 [History] 패널을 사용해봤다면 보정 중의 어떤 단계에서든 스냅샷을 저장해둘 수 있음을 알 것입니다. 특정 지점을 스냅샷으로 저장하면 차후에 언제든 한번 클릭으로 그 지점으로 되돌아 갈 수 있습니다. 카메라로우에서도 Ctrl-Shift-S(MAC:[Command]-Shift-S)를 눌러 필요한 지점을 저장하면, 그후 'Snapshots' 아이콘을 클릭하고 [Snapshots] 패널에서 찾아 되돌아갈 수 있습니다.

처음부터 다시 시작하기

[Adjustment Brush] 도구로 여러 개의 조절 핀을 만들어 적용했는데, 모두 취소하고 처음부터 시작해야 할 때가 올 수 있습니다. 이때는 조절 핀을 하나씩 삭제할 필요 없이 패널 오른쪽 하단에 있는 [Clear All] 버튼을 클릭하면 모두 삭제됩니다.

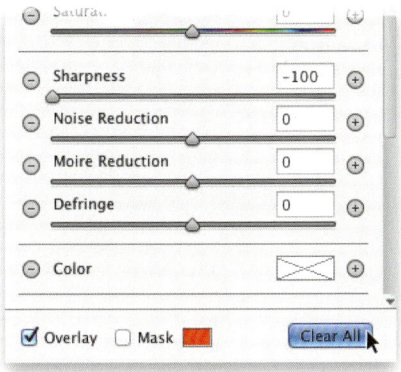

마우스로 브러시 크기를 조절하기

카메라로우의 [Adjustment Brush] 도구를 사용하는 도중에 마우스 오른쪽 버튼을 클릭하면 브러시 커서 안쪽에 양쪽화살표가 나타납니다. 이것을 좌우로 움직여 브러시의 크기를 쉽게 조절할 수 있습니다. 왼쪽으로 드래그할수록 작아지고 오른쪽으로 드래그할수록 커집니다.

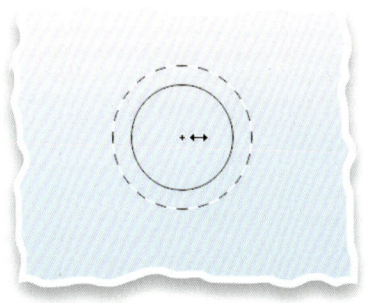

브러시로 칠한 부분을 곧바로 확인하기

[Adjustment Brush] 도구로 사진 위를 칠할 때 보통은 적용한 효과가 바로 나타나 결과 화면을 볼 수 있습니다. 예를 들어 어둡게 만들 경우 브러시가 지나간 부분이 어둡게 되어 사진이 어떻게 변할지 바로 알 수 있습니다. 그러나 아주 미세한 조절을 할 때는 브러시가 지나가도 큰 변화가 없어 칠하지 않아야 할 곳을 침범하는 실수를 저지르기 쉽습니다. 이때는 패널 하단의 'Mask' 항목에 체크하면 칠하는 부분이 흰색으로 나타납니다(기본 설정은 흰색으로 되어 있으며 항목 오른쪽의 색상 박스를 클릭하여 다른 색으로 바꿀 수 있습니다). 이렇게 특정 색상이 나타나도록 설정하면 정확히 어느 지점에 효과가 적용되었는지 쉽게 알 수 있습니다. 작업을 마친 후에는 Y를 눌러 마스크 효과를 끕니다.

나만의 색상을 만들기

[Adjustment Brush] 패널에서 색상 박스를 클릭하면 [Color Picker] 대화상자가 나타나며, 오른쪽 하단에 5개의 작은 색 견본을 확인할 수 있습니다. 여기에 자주 쓰는 색상을 저장해 놓을 수 있는데, 이를 위해서는 색상 그러데이션 박스에서 원하는 색을 선택한 다음 Alt(MAC:Option)를 누른 채 커서가 바스켓 모양으로 바뀌면 5개의 견본 중 하나를 클릭합니다.

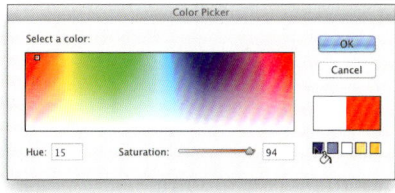

조절 핀 감추기

[Adjustment Brush] 도구 사용 시 나타나는 조절 핀을 일시적으로 감추려면 V를 누릅니다. 다시 나타낼 때도 역시 V를 누르면 됩니다.

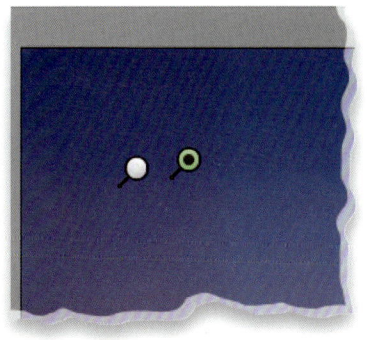

Photo by Scott Kelby | Exposure: 1/1000 sec | Focal Length: 208mm | Aperture Value: f/5.6

Scream of the Crop
사진 리사이징과 크롭핑 비법

4 CHAPTER

이번 챕터의 제목은 밴드 Soulfarm(영혼 농장이라니, 공포 영화 제목으로 딱 좋은 이름이죠?)의 앨범명입니다. 필자는 개인적으로 이 제목이 아주 마음에 듭니다. Cash Crop이라는 밴드도 있었는데, 이 역시 괜찮긴 했지만 수록된 노래를 보니 모든 곡이 '무삭제판'으로 경고문이 붙어 있더군요. 영화 〈Sorority Row〉의 OST로도 사용됐다는 1번 트랙을 90초 미리듣기로 들어봤는데 어떤 음악을 하는 밴드인지 금방 알 수 있었습니다. 아주 외설적이라고 할까요. 어쨌든 노래를 듣는 내내 'F' 발음의 가사들이 시시때때로 터져 나와 순간순간 움찔했는데, 어느 순간 어렴풋이 알게 된 사실이 있습니다. 아이튠즈의 누군가는 모든 노래를 들어보며 90초 미리듣기로 내보낼 적정 부분을 추출하는 일을 할 텐데, 이 노래는 'F' 폭탄과 'S' 미사일, 'B' 수류탄(이렇게 약어로 썼으면 좀 나았을 테지만)이 난무한 이 시점 정도 되면 귀가 완전히 마비됐을 거라는 사실입니다. 이야기가 옆으로 샜네요. 아무튼 챕터 제목으로 결정된 〈Scream of the Crop(이건 옥수수 괴물에 대한 영화 제목으로도 딱이죠)〉은 이 챕터가 리사이징에 대한 내용도 담고 있다는 사실을 고려하면 약간 아쉬운 점이 있었습니다. 그래서 다시 'resize'로 검색을 해봤는데 "Undo Resize"라는 노래는 일렉트로닉 앰비언트(배경음악처럼 의식되지 않으면서 지속적으로 반복하는 형태의 음악 장르) 아티스트 DJ Yanatz의 곡으로, 디자이너들을 위한 곡이라고 했습니다. 장장 8분 31초의 긴 곡으로 두 명의 여성 보컬을 유러피안 사운드로 처리했는데 배경 음악을 깔아놓고 내내 어도비 제품의 메뉴 명령어를 읊조리는 노래였습니다. 정말 지어낸 얘기가 아닙니다. 노래는 99센트에 구매할 수 있던데, 보통 이렇게 긴 시간동안 메뉴 명령어를 읊어 음악을 만들 정도면 그내로 1.29달러 정도는 해줘야 하는 것 아닌가요?

사진 크롭핑의 기본 요령

어도비는 포토샵 CS6 버전에서 크롭핑에 대한 도구를 철저히 점검하여 큰 발전을 이뤄냈습니다. 1.0 버전 이후 이때까지 크롭핑 도구는 몇 가지 사소한 기능 추가 이외에는 변화가 없었기에 이는 매우 오랜 시간 기다려왔던 일입니다. 여기서는 기본적으로 사용하는 크롭핑과 크롭핑의 새로운 방법에 대해서 알아봅니다. 포토샵에는 여러 가지 자르기 방법이 있으며 각각의 장단점이 있기 때문에 가능한 모든 방법을 훑어보려 합니다. 라이트룸 사용자면 그보다 한발 더 나아간 크롭핑 방법을 당장 적용하고 싶어질 것입니다.

01

C를 눌러 [Crop Tool]을 선택하면 보더를 직접 드래그할 필요 없이 사진을 가득 채우는 크롭핑 보더가 나타납니다(구 버전들에 비해 향상된 기능 중 하나죠). 이제 모서리나 가장자리의 핸들을 안쪽으로 드래그하여 오른쪽 화면과 같이 크롭핑합니다. 보더 안쪽 영역이 보존되는 부분이며 잘리는 부분은 어둡게 나타납니다. 사진의 가로 세로 비율을 그대로 유지하려면 Shift를 누른 채로 드래그합니다. 보더 안쪽을 클릭하여 드래그하면 사진의 위치를 옮겨 재설정할 수 있습니다.

02

보더에 나타나는 격자(grid)는 크롭핑 핸들을 드래그하기 전에는 보이지 않습니다. 보더를 움직였을 때 나타나는 격자를 다른 것으로 바꾸려면 상단의 옵션 바에서 'Set the overlay options for the Crop Tool' 아이콘을 클릭하고 팝업 메뉴에서 원하는 것을 선택합니다. 격자 모양 옵션에는 세 가지 설정 메뉴가 있으므로 편리한 것을 선택합니다.
❶ [Always Show Overlay]: 크롭핑을 실행하는 동안 항상 나타내기
❷ [Never Show Overlay]: 항상 감추기
❸ [Auto Show Overlay]: 보더의 핸들을 클릭하는 동안에만 나타내기

|NOTE|
'Overlay Options' 팝업 메뉴의 옵션이 적용된 모습을 보고 결정하려면 O를 재차 눌러 화면에 차례대로 나타나도록 할 수 있습니다.

03

크롭핑 보더가 나타나 있는 상태에서 사진을 회전하려면 보더 바깥쪽에 커서를 두어 양쪽 화살표 모양으로 바뀐 상태에서 위 또는 아래쪽으로 드래그합니다. 이때 회전하는 것은 보더가 아니라 사진이며 원하는 만큼 자유로운 회전이 가능합니다. 특히 사진의 수평선이나 빌딩의 수직 상태를 정확히 맞출 때 매우 쉽게 처리할 수 있습니다. 화면에 빨간 원으로 표시된 것과 같이, 커서로 회전 시 회전각을 표시해주는 팝업이 나타나므로 정확한 수치도 확인할 수 있습니다.

04

구 버전 방식의 사진 회전 방법 즉, 사진을 움직이는 것이 아니라 보더를 움직여 회전하려면 옵션 바에서 나사 모양의 'Set Additional Crop Options' 아이콘을 누르고 메뉴에서 'Use Classic Mode' 항목에 체크합니다. 꼭 새로운 방법을 사용해보기 바랍니다. 처음엔 익숙하지 않겠지만 한번 써보면 정말 편리하다는 것을 알게 될 것입니다. 구 버전 방식 외에 남은 두 가지 옵션 중 기본 설정으로 되어 있는 옵션은 잘리는 부분이 아예 나타나지 않도록 자동으로 감춰주는 'Auto Center Preview'입니다. 나머지 옵션에 대해서는 다음 단계에서 자세히 알아봅니다.

05

나머지 옵션인 'Show Cropped Area'는 라이트룸에 있던 크롭핑 기능 중 가장 인기 있었던 것으로, 보기보다 훨씬 유용하여 포토샵에도 나오게 되었습니다. 라이트룸에서는 'Light Out' 크롭핑으로 불렸는데, 크롭핑하여 남는 부분 외에는 완전히 어둡게 처리되어 작업 후의 모습을 아무런 방해물 없이 정확하게 파악할 수 있다는 장점이 있습니다. 팝업 메뉴가 펼쳐져있는 상태라면 'Show Cropped Area' 항목의 체크 박스를 클릭하거나 [H]를 눌러 빠르게 켰다 껐다(toggle)할 수 있습니다. 한 단계 더 나아가, 주변 방해물이 어둡게 처리된 후 [Tab]을 누르면 화면에 남아있는 도구 박스, 옵션 바, 패널 등이 모두 사라져 더욱 완벽하게 결과를 확인할 수 있습니다. 남아있는 'Enable Crop Shield' 옵션은 잘려서 삭제될 부분(crop shield)을 희미하게나마 보이게 하고 싶을 때 사용하며 'Opacity' 값을 조절하여 밝기를 원하는 대로 설정합니다. 물론 체크를 해제하여 아예 기능을 끌 수도 있습니다.

|NOTE|
'Show Cropped Area'의 단축키인 [H]는 방해물을 감춘다는 의미인 'Hide'를 떠올리면 기억하기 쉬울 것입니다. 이 단축키는 크롭핑 핸들이 선택된 상태에서만 적용되며, 다른 때에는 [Hand] 도구의 단축키로 사용됩니다.

06

작업 시간을 절약하기 위해 프리셋 목록에서 표준 크롭핑 사이즈를 선택하여 사용합니다. 화면에서와 같이 옵션 바 왼쪽 끝의 팝업 메뉴를 펼쳐 필요한 크롭핑 비율을 선택하면 보더를 쉽게 조정할 수 있습니다.

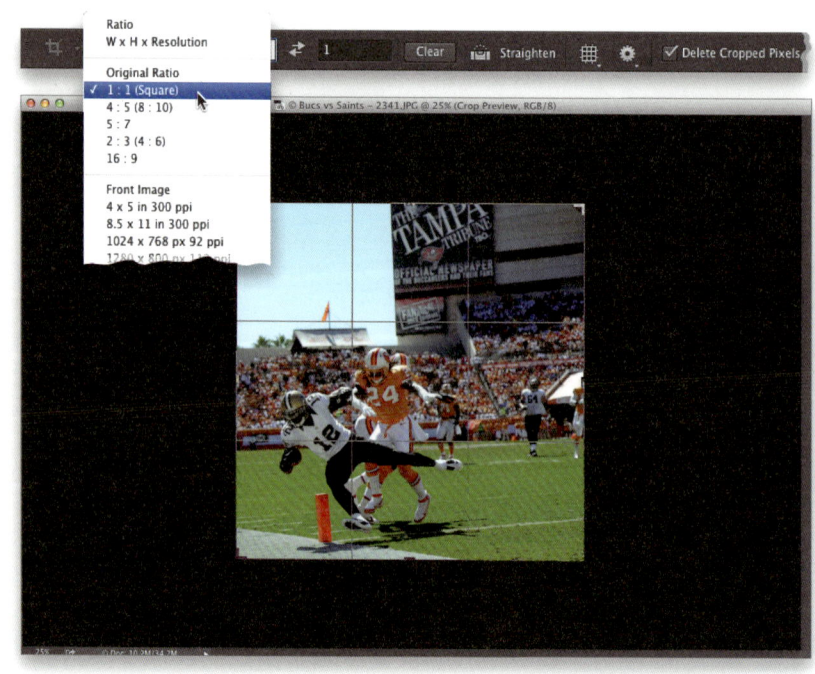

07

작업 도중 아예 자르기 설정을 안 하고 원본으로 돌아가려면 Esc를 누르거나 왼쪽 화면과 같이 옵션 바의 'No' 아이콘을 클릭합니다. 또는 도구 박스에서 다른 도구를 클릭하면 크롭핑을 취소할지 묻는 확인창이 나타나므로 버튼을 클릭하여 결정할 수 있습니다.

TIP 크롭핑 보더의 가로 세로 방향 바꾸기
크롭핑 보더를 조절한 뒤 방향을 바꾸어 적용하려면 X를 누릅니다. 가로 사진을 같은 비율의 세로 사진 형태로 만들 때 유용한 방법입니다.

08

지금까지는 도구를 선택하고 핸들을 드래그하여 필요한 부분만 남기는 매우 일반적인 크롭핑 방법에 대해 알아보았습니다. [Crop Tool]을 가지고 직접 사진 위에서 클릭하고 드래그하면 더 자유롭게 크롭핑을 할 수도 있습니다. 화면에 이미 보더가 나타나 있더라도 상관없이 원하는 지점에서 클릭하고 필요한 만큼 드래그하면 새로운 보더가 나타날 것입니다. 물론 이전처럼 핸들을 드래그하여 재조정할 수도 있습니다. 01의 원본 사진과 왼쪽의 단순 크롭핑 후 사진을 비교해보면 매우 많이 잘려나간 것을 알 수 있습니다.

09

필요에 따라서는 [Crop Tool]을 사용하여 캔버스 크기를 늘릴 수 있습니다. 예를 들어 캔버스 영역을 늘려 흰색 배경을 넣으려면 [Crop Tool]을 선택하기 전에 우선 D를 눌러 전경색을 흰색으로 설정하고 [Crop Tool]을 선택한 다음 옵션 바 왼쪽의 팝업 메뉴에서 보더 비율이 [Ratio]로 되어있는지 확인합니다. 또한 [Clear] 버튼을 클릭해 'Width'와 'Height' 입력란을 비워야 하는데, 그렇지 않으면 보더가 사진의 비율 그대로 유지되므로 자유롭게 조절할 수 없습니다. 이제 보더의 핸들을 드래그하여 캔버스 영역을 늘립니다. 예제 사진은 왼쪽 상단의 핸들을 클릭하고 45도 각도의 위쪽으로 드래그하여 위쪽과 왼쪽 면에 흰색 배경이 나타난 상태입니다.

10

계속해서 오른쪽 핸들도 드래그하고 중앙 하단의 핸들은 좀 더 많이 드래그하여 파인아트 포스터 매트와 같이 보이도록 꾸몄습니다.

> **TIP** Shift 없이 비율을 유지하는 방법
> 크롭핑 비율을 그대로 유지하려면 Shift 를 누른 채로 보더를 드래그해야 하는 것을 알고 있을 것입니다. 하지만 Shift 없이도 비율을 유지할 수 있는 방법이 있습니다. 열려있는 이미지를 모두 닫고 [Crop Tool]을 선택한 다음 옵션 바 왼쪽의 비율 선택 팝업 메뉴에서 [Original Ratio]를 선택합니다. 이제 항상 비율을 유지할 수 있도록 기본 설정 되었습니다.

11

크롭핑을 실행하기 전에 결정해야 할 것이 있습니다. 한 번 결정해 놓으면 같은 설정으로 매번 적용되므로 번번이 고민할 필요가 없습니다. 이는 바로 잘려나가 버려지는 부분을 어떻게 처리할 것인가에 대한 결정입니다.

(1) 완전히 삭제한다.
(2) 보이는 화면에서만 감추고 차후 필요할 때 다시 불러올 수 있게 한다.

이에 대한 선택은 화면 상단 오른쪽의 'Delete Cropped Pixels' 항목에 체크하여 결정합니다. 체크할 경우 잘린 부분은 삭제되어 파일 크기가 작아질 것이고, 체크하지 않을 경우 잘린 부분이 유지됩니다. 이때 숨겨진 부분은 [Crop Tool]을 다시 선택하여 보더가 나타나면 다시 보일 것입니다. 한편 사진을 특정 사이즈로 크롭핑해야 한다면 정확한 크기 값을 나타내는 팝업이 나타나도록 [Move]([V]) 도구로 사진을 움직여보거나 크롭핑 보더가 나타난 상태에서 사진을 움직여 봅니다.

12

크롭핑 보더 조절을 마치면 Enter(MAC:[Return])를 눌러 사진에 적용합니다. 왼쪽 화면은 작업을 마친 모습으로, 위쪽 간판과 아래쪽의 빈 필드 부분, 카메라맨 그리고 왼쪽 끝의 선수와 오른쪽의 일부 관중들을 잘라냈습니다.

특정 크기로 잘라내기

표준 사이즈를 사용하거나 크롭핑 비율 팝업 메뉴에 있는 프리셋을 선택하면 쉽게 크롭핑 처리를 할 수 있습니다. 하지만 기본 프리셋은 아주 흔한 몇 가지 사이즈만 저장되어 있기 때문에 직접 필요한 크기를 설정하고 저장하여 프리셋으로 만드는 방법을 알아두어, 차후에 다시 처음부터 설정할 필요 없이 바로 선택하여 쓰면 편리합니다. 이번 레슨에서는 많은 사진가들이 사용하는 새로운 크롭핑 방법을 알려줍니다.

01

우선 예제 사진을 20*16인치 크기로 인쇄하려고 합니다. 이 사이즈는 요즘 들어 매우 흔하게 사용하지만 디지털 사진이 아닌 전통 필름의 사이즈를 기초로 했기 때문에 정확한 크기를 직접 설정해야 합니다. 도구 박스에서 [Crop Tool]([C]) 도구를 선택하고 옵션 바 왼쪽 끝의 비율 팝업 메뉴에서 [W x H x Resolution]을 선택합니다.

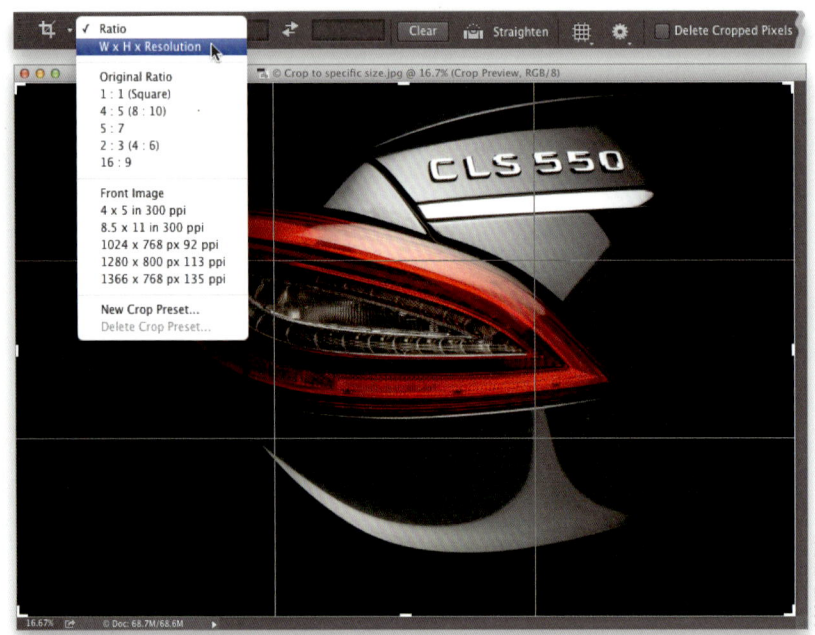

02

옵션 바의 [Height] 입력란 옆에 [Resolution] 입력란이 나타납니다. 세 개의 입력란에 원하는 사이즈(여기서는 '20in', '16in' 그리고 컬러 잉크젯 프린트에 최적의 해상도인 '240ppi')를 입력하면 보더가 사이즈에 맞추어 설정됩니다. 설정한 내용을 다음에 또 적용하려면 비율 팝업 메뉴에서 [New Crop Preset]을 선택하고 이름을 정하여 입력한 뒤 [OK] 버튼을 클릭합니다. 사진을 드래그하여 원하는 영역이 보더에 잡히도록 조절한 뒤 [Enter] (MAC:[Return])를 눌러 원하는 사이즈의 크롭핑을 완료합니다.

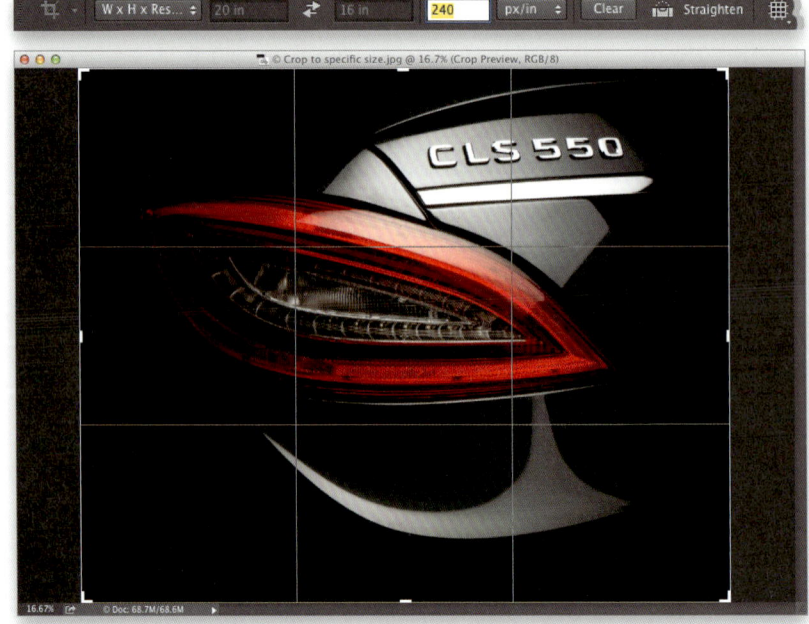

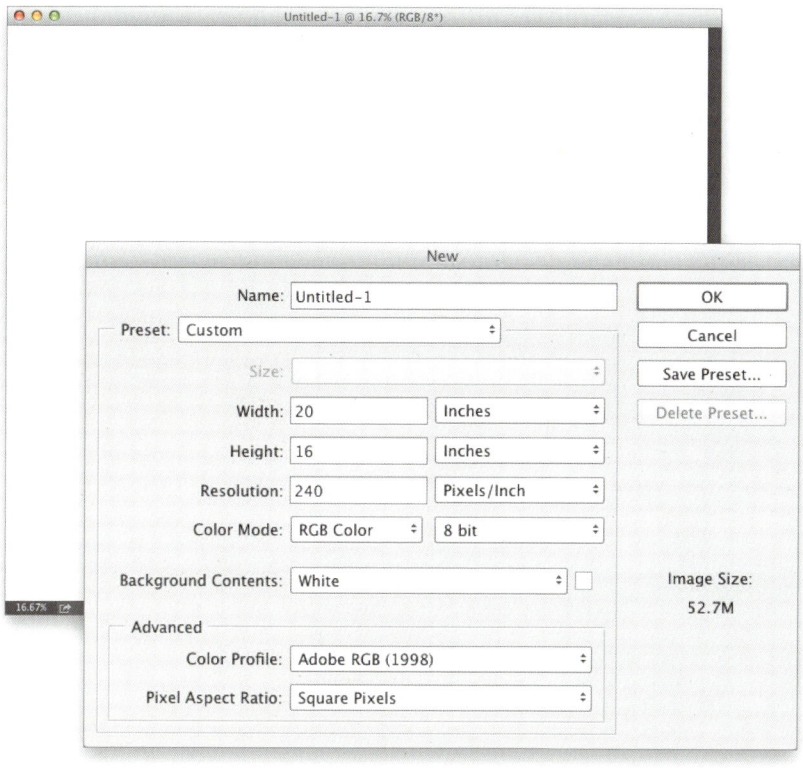

03

이제부터는 소개글에서 예고했던 인기 있는 방법을 소개합니다. [File] 메뉴에서 [New]를 선택하거나 Ctrl-N(MAC:[Command]-N)을 눌러 새 문서 대화상자를 불러옵니다. 왼쪽의 화면과 같이 '20 x 16 inches', '240 Pixels/Inch'로 사이즈를 입력한 후 [OK] 버튼을 클릭해 필요한 사이즈의 빈 문서를 만듭니다.

TIP 다른 사진 사이즈와 같은 크기로 크롭핑하려면
원하는 크기와 해상도를 갖춘 사진을 가지고 있을 때, 그와 똑같은 사이즈로 다른 사진들을 크롭핑하려면 표본이 되는 사진을 크롭핑 치수로 사용하여 쉽게 처리할 수 있습니다. 우선 리사이징을 실행할 사진을 열고 표본 사진도 불러옵니다. [Crop Tool]을 선택하고 옵션 바 왼쪽 끝의 비율 팝업 메뉴에서 [Front Image]를 선택하면 자동으로 해당 사진의 사이즈 값이 [Crop Tool]의 [Width], [Height], [Resolution] 필드에 입력됩니다. 이제 표본 사진과 같은 사이즈의 크롭핑 보더가 나타나므로 먼저 열어둔 사진을 클릭하여 크롭핑을 실행합니다.

04

이제 [Move](V) 도구를 선택한 다음 크롭핑 할 사진을 클릭하여 새로 만든 빈 문서 위로 드래그합니다. [Move] 도구가 선택된 상태로 화면 안에서 사진을 드래그하여 움직일 수 있으므로 원하는 모습이 나오도록 조정한 다음 Ctrl-E (MAC:[Command]-E)를 눌러 흰 배경색의 레이어와 사진 레이어를 병합합니다.

크롭핑 도구 프리셋 만들기

이번에 알아볼 내용은 직접 필요한 도구를 만드는 고급스러운 테크닉임에도 불구하고 크게 복잡하지 않습니다. 한번만 만들어두면 시간과 돈을 절약할 수 있습니다. 일명 '도구 프리셋'을 만들어볼 건데, 도구 프리셋은 모든 옵션 설정들이 갖춰진 일련의 도구 모음으로, 5×7인치, 6×4인치 또는 다른 어떤 사이즈든 원하는 대로 만들 수 있습니다. 즉, 5×7인치로 크롭핑할 때 해야 할 한 가지 일은 단지 5×7인치 'Crop Tool' 프리셋을 선택하는 것입니다.

01

[Crop Tool]([C]) 도구를 클릭하고 [Window] 메뉴에서 [Tool Presets]를 선택하여 패널을 불러옵니다. 기본적으로 5개의 'Crop Tool' 프리셋이 저장되어 있을 것입니다.

|NOTE|
하단의 'Current Tool Only' 옵션에 체크가 되어 있는지 확인합니다. 이 항목에 체크하지 않으면 'Crop Tool' 프리셋 이외에도 다른 모든 도구 프리셋이 목록에 나타납니다.

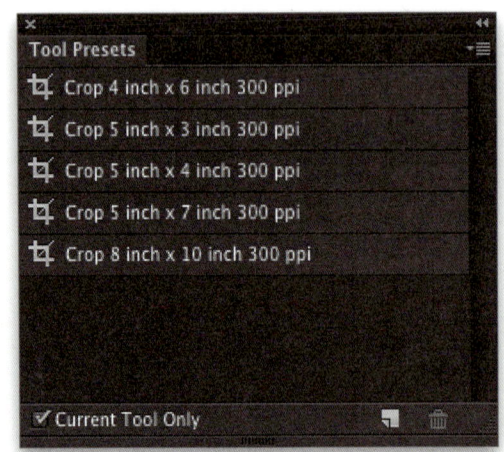

02

옵션 바 왼쪽의 비율 팝업 메뉴에서 [Ratio]를 선택한 다음 프리셋으로 만들려는 값을 두 입력란에 입력합니다. 여기서는 지갑 사이즈의 'wallet-size' 프리셋을 만들기 위해 첫 번째 Width 입력란에 '2'를 입력하고 [Tab]을 눌러 두 번째 Height 입력란으로 옮긴 후 '2.5'를 입력하고 [Enter](MAC:[Return])를 누릅니다.

|NOTE|
프리셋을 만들 때 해상도까지 설정하려면 비율 팝업 메뉴에서 [W x H x Resolution]을 선택하여 해상도 입력란을 만들고 가로, 세로, 해상도 값을 입력합니다.

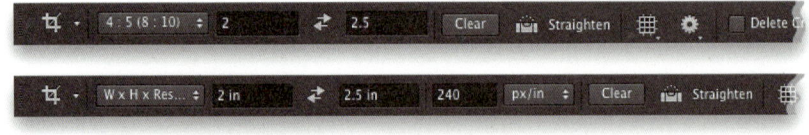

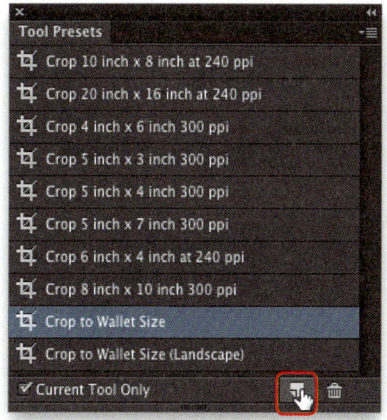 

03

이제 [Tool Presets] 패널에서 오른쪽 하단에 있는 'Create New Tool Preset' 아이콘을 클릭하여 [New Tool Preset] 대화상자를 나타냅니다. 여기에 새 프리셋 이름을 입력하고 [OK] 버튼을 클릭하면 패널에 새 프리셋이 추가됩니다. 여기까지의 과정을 반복하여 다시 [Crop Tool] 옵션 바에 프리셋으로 만들 값을 입력하고 'Create New Tool Preset' 아이콘을 눌러 자주 사용하는 사이즈의 크롭핑 도구들을 여러 개 만들어놓을 수 있습니다. 프리셋 이름은 'Portrait'나 'Landscape' 등 상세한 설명을 붙여 한눈에 알 수 있도록 하는 것이 좋습니다. 만들어둔 프리셋의 이름을 바꿀 때는 패널에서 프리셋의 이름을 더블클릭하여 수정합니다.

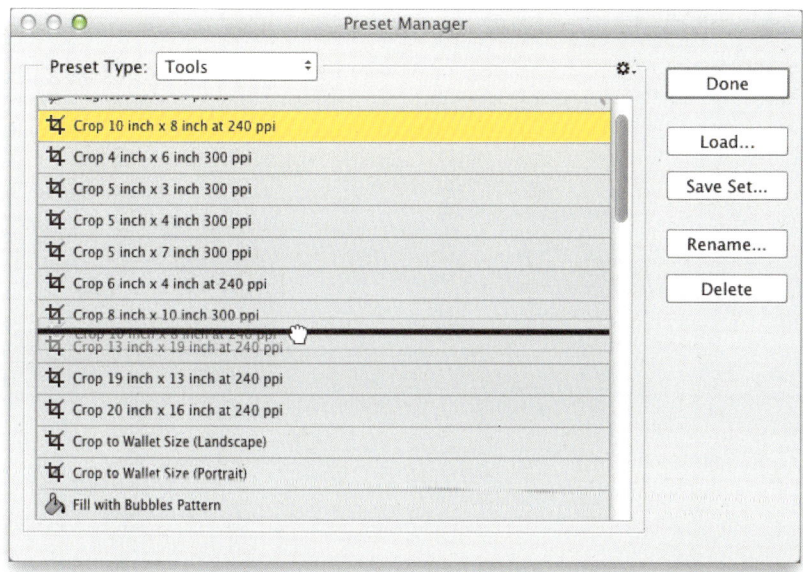

04

자주 쓰는 프리셋을 목록의 상단으로 올려 순서를 바꾸려면 [Edit] 메뉴를 누르고 [Presets]-[Preset Manager]를 선택합니다. 대화상자가 나타나면 'Preset Type' 팝업 메뉴에서 [Tools]를 선택하고 목록을 스크롤하여 순서를 바꾸려는 프리셋을 찾습니다. 이를 드래그하여 상단으로 위치를 옮긴 후 [Done] 버튼을 클릭하여 순서 변경을 완료합니다.

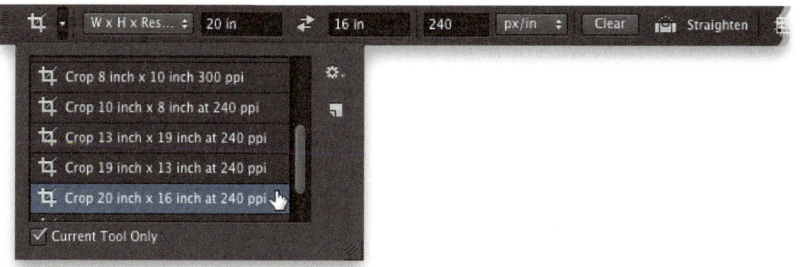

05

이번엔 [Tool Presets] 패널을 좀 더 쉽게 사용하는 방법을 알아봅니다. 예를 들어 [Crop Tool]이 선택된 상태에서 옵션 바 왼쪽 끝의 'Crop' 아이콘을 클릭하면 'Crop Tool' 프리셋 목록이 나타납니다. 여기서 필요한 프리셋을 골라 클릭하면 크롭핑 보더가 정확히 원하는 사이즈로 만들어집니다.

포토샵의 모든 설정 사항 백업하기

친구나 직장 동료의 컴퓨터 앞에 함께 앉아서 포토샵 작업을 한다고 가정해 봅시다. 몇 분 동안은 포토샵에서 사용하는 도구나 기능들을 자신의 스타일에 맞게 설정하는데 사용할 것입니다. 자신의 컴퓨터에서 쓰는 포토샵의 모든 설정 사항들을 그대로 친구 컴퓨터로 옮겨올 수 있다면 정말 편리하지 않을까요? Creative Cloud를 활용하면 설정을 싱크해두고 다른 장소에서도 클릭 한 번으로 적용할 수 있습니다. 게다가 중요한 설정을 클라우드에 백업해두면 하드 드라이브에 문제가 생기거나 컴퓨터를 도둑맞는다 해도 금방 재설정하여 하던 방식대로 작업할 수 있습니다.

01

[Edit](MAC:[Photoshop]) 메뉴에서 [Preferences]-[Sync Settings]를 클릭하여 [Preferences] 대화상자를 엽니다. 오른쪽 화면과 같이 기본적으로 모든 요소를 싱크할 수 있도록 전부 체크된 상태일텐데, 이중 필요한 요소만 선택하려면 'What To Sync' 팝업 메뉴에서 [Custom]을 선택한 다음 필요 없는 항목의 체크를 해제합니다.

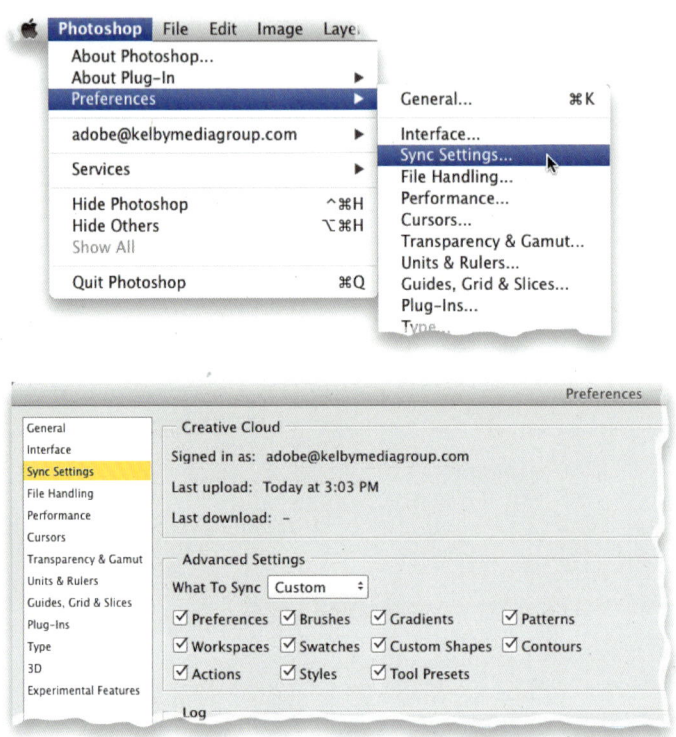

02

만약 마지막으로 싱크한 날짜가 오래 전이라면(싱크해두지 않으면 날짜가 더욱 빨리 가는 법이지요) [Edit](MAC:[Photoshop]) 메뉴 아래에서 [어도비 계정 주소]-[Upload Settings]를 선택합니다. Creative Cloud 설정이 현재 사용 중인 설정대로 저장되어 지난 싱크 이후에 변경된 요소들이 업데이트됩니다. 지금까지 설정을 백업했는데 이제 다른 컴퓨터에서 이를 불러와 사용하려면 어떻게 해야 할까요? 이번엔 [Help] 메뉴에서 [Manage My Account]를 선택하고 Creative Cloud 계정에 로그인합니다. 그리고 [어도비 계정 주소]-[Download Settings]를 선택합니다.

포토샵에서 새 문서를 만들 때 [New] 대화상자에는 사이즈 프리셋 목록이 있어 원하는 사이즈를 쉽게 선택할 수 있습니다. 이 목록만 보면 '내가 찾던 4x6인치, 5x7인치, 8x10인치 사이즈가 다 있으니 문제될 게 없군!'하고 생각할 것입니다. 그런데 문제는 이 프리셋들에 설정되어 있는 해상도를 바꿀 방법이 없다는 것입니다. 예를 들어 [Portrait, 4x6] 사이즈는 꼭 '300ppi'여야만 합니다. 그러므로 필요한 사이즈와 해상도를 모두 갖춘 새 문서를 만드는 방법을 꼭 알아둘 필요가 있습니다.

특정 사이즈 프리셋 만들기

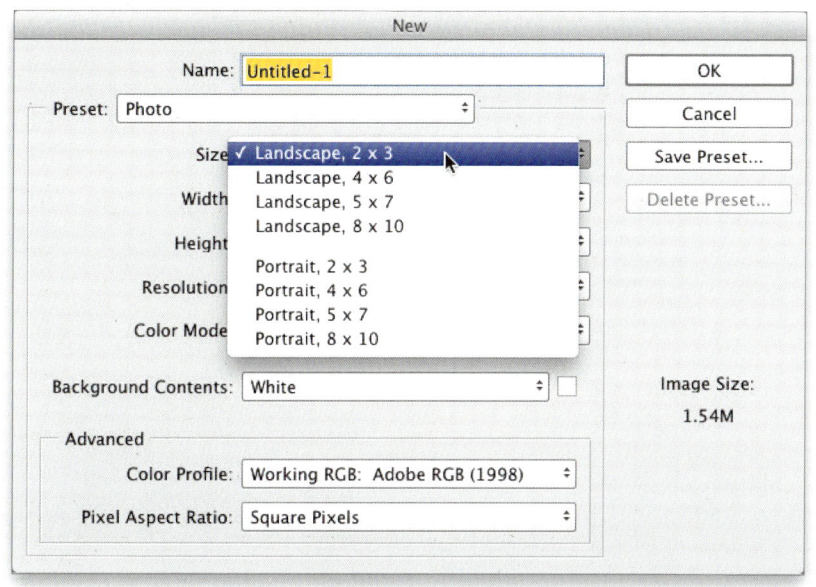

01

[File] 메뉴에서 [New]를 선택하거나 Ctrl-N (MAC:[Command]-N)을 눌러 [New] 대화상자를 불러옵니다. 'Preset' 팝업 메뉴를 클릭하면 저장되어 있는 프리셋 목록이 나타나는데 여기서 [Photo]를 선택합니다. 계속해서 'Size' 팝업 메뉴를 클릭하면 2x3인치, 4x6인치, 5x7인치, 8x10인치 치수 별로 Landscape(가로), Portrait(세로) 방향이 나뉘어있는 것을 볼 수 있습니다. 문제는 이 8개의 프리셋 모두 해상도(Resolution)가 '300ppi'로 정해져있다는 것입니다. 그러므로 '300ppi'가 아닌 다른 해상도의 문서를 만들려면 필요한 사이즈의 문서를 직접 만들어야 합니다.

02

여기서는 5x7인치 크기의 가로 방향 문서를 만들어 봅니다. 먼저 'Preset' 팝업 메뉴가 [Photo]로 설정된 상태에서 'Size'를 [Landscape, 5x7]로 선택합니다. 그리고 원하는 'Color Mode'를 선택한 다음 아래쪽에서 'Color Profile'도 설정합니다. 계속해서 중간 부분에 있는 'Resolution' 값을 입력하는데, 여기서는 '212ppi'로 필자의 프린터에서 충분한 해상도 값을 입력했습니다. 설정을 마치면 [Save Preset] 버튼을 클릭합니다.

03

[New Document Preset] 대화상자가 나타나면 'Preset Name'에 사이즈와 해상도를 알 수 있도록 프리셋의 이름을 입력합니다. 또한 아래쪽에 체크된 항목들만 프리셋에 저장되므로 기본적으로 모든 설정을 저장하는 것이 안전합니다.

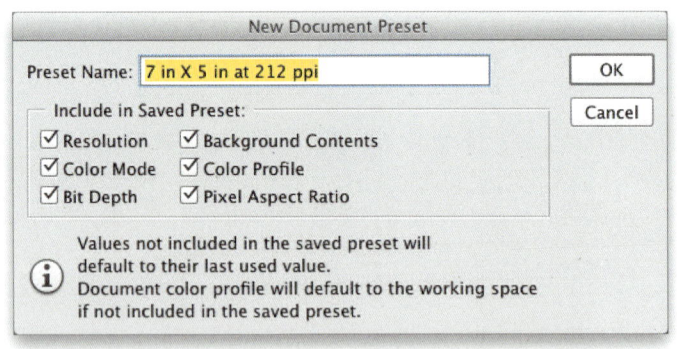

04

[OK] 버튼을 클릭하면 직접 만든 설정이 프리셋으로 저장되어 [New] 대화상자의 'Preset' 팝업 메뉴에 나타납니다. 이제는 클릭 한 번으로 필요한 사이즈의 문서를 만들 수 있게 되었습니다.

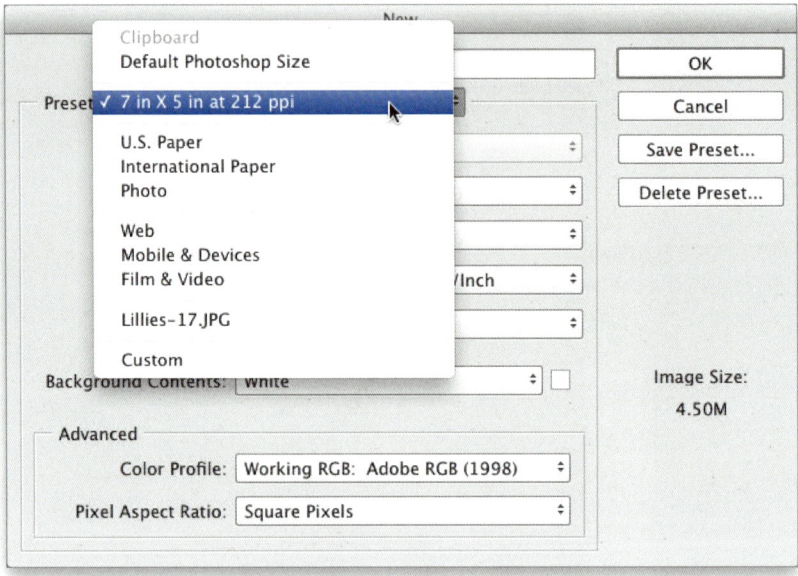

05

프리셋을 삭제하려면 [New] 대화상자의 팝업 메뉴에서 삭제할 프리셋을 선택하고 오른쪽에서 [Delete Preset] 버튼을 클릭합니다. 정말 삭제할 것인지 묻는 확인창이 나타나면 [Yes] 버튼을 클릭하여 삭제를 완료합니다.

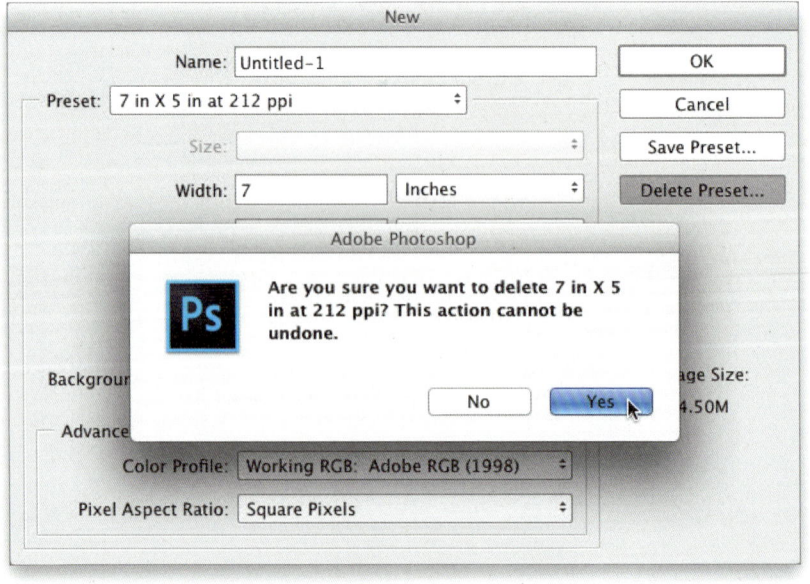

사진을 스캔할 때 리사이징 처리를 해본 적이 있다면 디지털 카메라에서 본 사진과 리사이징 처리된 사진이 약간 다름을 느꼈을 것입니다. 주된 원인은 스캐너가 보통 '300ppi' 이상의 고해상도로 스캔을 하는데 반해 디지털 카메라는 대부분 물리적 치수 크기에 맞추어 이미지를 생성하므로 인치 당 픽셀 수가 주로 '72ppi' 정도로 더 낮기 때문입니다. 이럴 때 필요한 요령은 디지털 카메라에 설정된 물리적 사이즈 값을 낮추어 상대적으로 해상도를 높이는 것입니다. 물론 사진의 품질은 그대로 유지해야 합니다.

디지털카메라 사진 사이즈 바꾸기

01

리사이징 처리할 디지털 카메라 사진을 불러옵니다. 그리고 Ctrl-R(MAC:[Command]-R)을 눌러 포토샵 화면 상단과 왼쪽 면에 룰러(자)를 나타냅니다. 룰러로 측정된 값을 보면 알 수 있듯이 예제 사진의 물리적 크기는 59x39인치입니다.

02

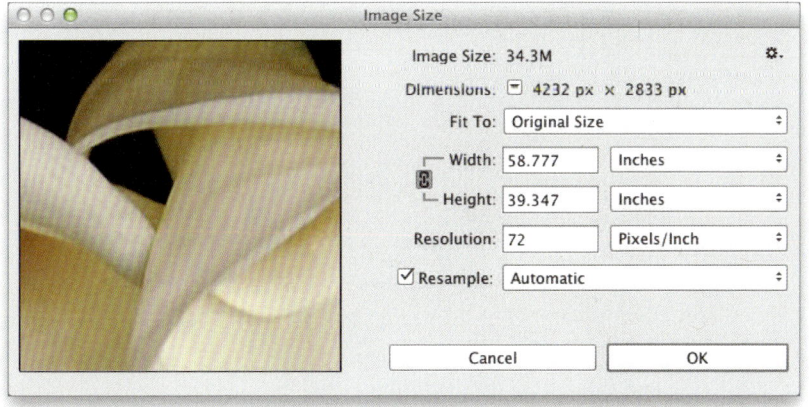

[Image] 메뉴에서 [Image Size]를 선택하거나 Ctrl-Alt-I(MAC:[Command]-[Option]-I)를 눌러 [Image Size] 대화상자를 불러옵니다. 예제 사진에서 'Resolution' 값은 '72ppi'의 매우 낮은 상태로 웹 게시용이나 슬라이드 쇼에 적합한 상태입니다. 이 해상도라면 컬러 잉크젯이나 레이저 프린터 등 출력기로 인쇄했을 때 좋은 품질을 기대하기는 매우 힘듭니다.

03

어떤 이미지든 출력기로 인쇄한다면 해상도가 높아야만 좋은 결과물을 얻을 수 있다는 것이 자명한 사실입니다. [Resolution] 입력란에 '200'이나 '240' 정도의 높은 해상도를 써넣으면 될 것 같지만, 기본 설정이 크기에 관계없이 해상도를 조절하는 리샘플링(resampling) 상태로 되어 있어 예제 사진의 경우 높은 해상도는 블러 효과를 준 듯 픽셀이 뭉개지도록 만듭니다. 'Resample' 항목의 체크를 해제해야 하는 이유가 바로 여기에 있습니다. 이 옵션을 사용하지 않으면 원하는 해상도를 설정했을 때 가로 세로 비율은 유지되면서 자동으로 물리적 사이즈인 Width와 Height 값이 계산됩니다. 물리적 크기가 작아질수록 해상도는 높아질 것입니다. 특히 중요한 사실은 사진의 품질이 저하되지 않는다는 것입니다.

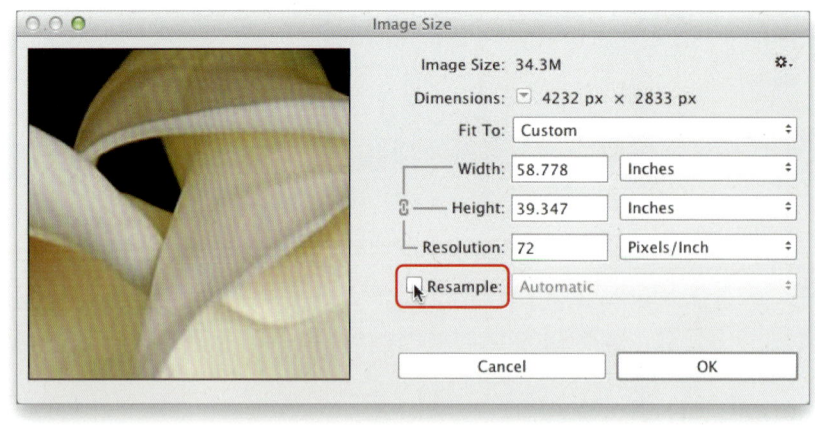

04

오른쪽 화면은 'Resample' 항목의 체크를 해제하고 [Resolution] 입력란에 잉크젯 프린터 출력용 해상도인 '240'을 입력한 상태입니다. 그 결과 사진은 12x18인치 크기에 가깝게 조절되어, 13x19인치까지 출력되는 필자의 Epson Stylus Photo R2880 프린터에 딱 알맞게 조절되었습니다.

|NOTE|
아마도 '240ppi'보다 더 높은 값이 좋다고 생각하는 사람이 많을 것입니다. 하지만 그보다 높을 필요가 전혀 없습니다. 사진 출력을 많이 해본 필자의 경험으로 봤을 때 어떤 경우든 '240ppi'면 충분합니다.

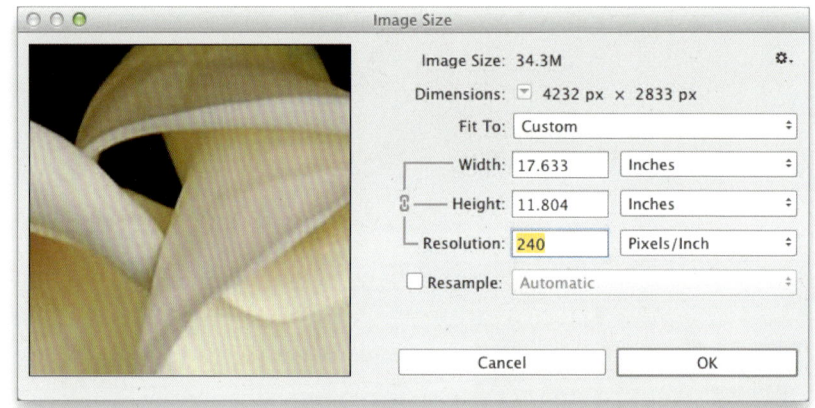

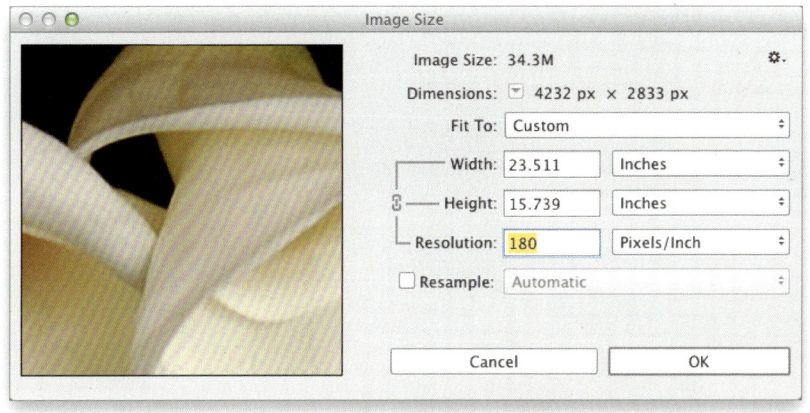

05

이번에는 [Resolution] 값을 조금 낮추어 '180ppi'를 입력했습니다. 출력용 해상도가 '240' 이상의 아주 높은 값일 필요는 없지만 컬러 잉크젯 프린터로 출력하려면 적어도 '180ppi'는 되어야 합니다. 해상도 변화에 따라 다른 값들도 왼쪽 화면과 같이 Width는 약 24인치, Height는 약 16인치로 조정되었습니다. 무엇보다도 'Resample' 옵션을 해제함으로써 손상되는 픽셀이 전혀 없이 리사이징되었는데, 보통 스캐너와 같은 다른 장치로는 불가능하므로 중요한 포인트라고 할 수 있습니다.

06

[OK] 버튼을 클릭하여 리사이징을 실행해도 화면에서 보이는 모습은 그대로입니다. 하지만 화면에 띄워놓은 룰러로 사진의 가로 세로 길이를 확인해보면 그 차이를 알 수 있습니다. 여기서는 리사이징 후 가로 24인치, 세로 16인치 정도로 변경되었습니다. 여기서 실행한 리사이징으로 다음 세 가지의 필요조건이 만족되었습니다.
❶ 16x24인치 크기 용지에 잘 들어맞아 원했던 물리적 사이즈가 되었습니다.
❷ 해상도를 충분히 높여 컬러 잉크셋 프린터로 출력해도 무리가 없습니다.
❸ 'Resample' 옵션을 해제했기 때문에 사진이 부드러워 보이거나 흐릿해지는 등 픽셀이 손상되는 일이 전혀 없이 원본 퀄리티가 그대로 유지되었습니다.

|NOTE|
작업할 사진이 스캐너로 스캔한 이미지이면 이미 높은 해상도를 갖추고 있으므로 'Resample' 옵션을 해제하지 않아도 됩니다. 옵션을 해제하는 것은 저해상도의 디지털 카메라 촬영 사진일 때만 해당됩니다.

저해상도 사진도 크게 만드는 스마트한 리사이징 방법

매번 포토샵의 새 버전이 출시되지만 어도비 사의 엔지니어들은 이미 나와 있는 기능도 다시 되돌아보고 더욱 잘 활용할 수 있도록 해주기 때문에 필자는 이들을 너무나 좋아합니다. 이번에 그들이 Creative Cloud에 새로운 수학적 알고리즘을 사용한 사진 업사이징 옵션을 제안했는데, 사진의 디테일이나 선명함은 그대로 유지하면서 사이즈를 키우는 방법이었습니다. 더 좋은 소식은 '72ppi' 정도의 저해상도 사진에도 이 방법을 적용할 수 있다는 것입니다!

01

오른쪽 화면은 '72ppi'의 저해상도 사진인데, 충분히 높은 해상도로 리사이징 처리를 하여 출력용으로 만들려고 합니다. 먼저 [Image] 메뉴에서 [Image Size]를 선택하여 대화상자를 나타냅니다. [Resolution] 값이 '72 Pixels/Inch'이며 'Resample' 항목에 체크되어 있음을 확인한 다음, [Resample] 팝업 메뉴에서 [Preserve Details (Enlargement)]를 선택합니다. 아래쪽에 'Reduce Noise' 슬라이더가 나타나는데, 이를 조절하면 리사이징에 의해 생기는 노이즈를 어느 정도 경감할 수 있습니다(대신 약간의 블러 효과가 나타날 수 있으므로 신중하게 조절해야 합니다).

|NOTE|
'Resample' 옵션은 단축키 Alt-1~7(MAC: [Option]-1~7)을 눌러 각 옵션 별로 어떤 결과가 나오는지 쉽게 비교해볼 수 있습니다.

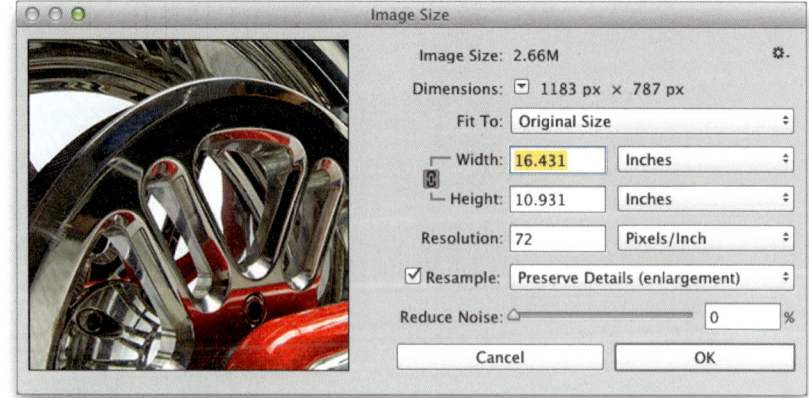

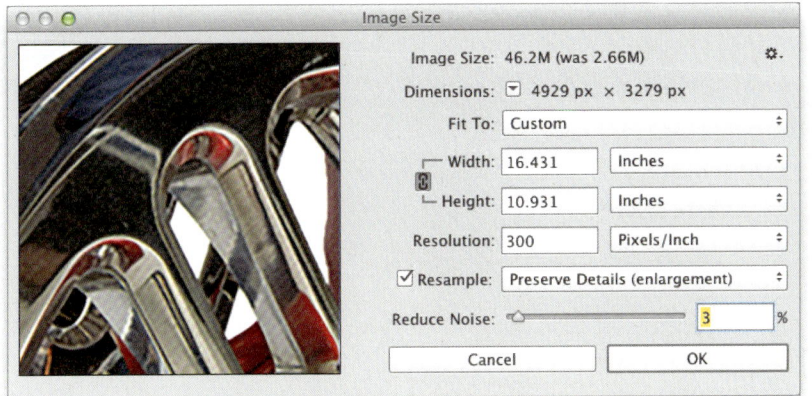

02

이제 [Resolution] 입력란에 원하는 해상도 값을 입력합니다. 여기서는 '300ppi'를 입력했는데, 만약 해상도 값을 그대로 유지하려면 대신 물리적 크기나 리사이즈 비율, 또는 두 가지를 모두 입력해도 됩니다. 새로 입력한 값에 의해 사진이 어떻게 보일지는 미리 보기 창에서 확인합니다. 아래의 리사이징 전과 후의 모습을 보면 업사이징 후에도 디테일이나 선명한 정도가 대부분 유지되었음을 알수 있습니다. 특정 사이즈로 리사이징 작업을 계속할 거라면 [Image Size] 대화상자의 'Fit To' 팝업 메뉴에서 [Save Preset]을 선택하여 프리셋으로 저장합니다.

Before: 일반적인 옛날 방식으로 업사이징한 모습

After: 새로운 방법으로 업사이징한 모습.

대량 사진 리사이징 자동 처리하기

리사이징 처리가 필요하거나 TIFF 파일(또는 PSD 파일)을 JPEG 파일로 변환해야 하는 등의 작업을 아주 많은 사진에 적용해야 한다면 [Image Processor] 기능이 있음을 매우 고마워하게 될 것입니다. 이 기능은 [Scripts] 메뉴 아래(그다지 예상할 수 없는 위치)에 있어 한 번에 찾기가 힘들지만 그대로 숨겨만 두지 말길 바랍니다. 한번 사용해보면 매우 쉽고 편리하며 엄청난 시간을 절약할 수 있게 해주는 자동화 도구임을 알게 될 것입니다.

01

[File] 메뉴에서 [Scripts]-[Image Processor]를 선택합니다. 혹여 포토샵보다 브리지에서 작업을 많이 하는 편이라면 브리지 화면에서 Ctrl(MAC:[Command])을 누른 채로 작업할 사진을 모두 클릭하여 선택합니다. [Tools] 메뉴에서 [Photoshop]-[Image Proccesor]를 선택하면 [Image Processor] 대화상자가 나타납니다.

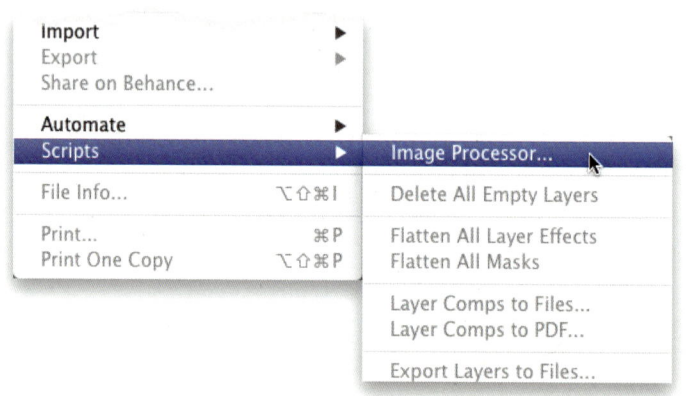

02

대화상자가 나타나면 맨 처음 해야 할 것은 [Select Folder] 버튼을 클릭하여 처리할 사진들이 있는 폴더의 경로를 찾아 설정하는 것입니다. 만약 처리해야 할 몇 장의 사진이 이미 포토샵에서 열려 있다면 'Use Open Images' 옵션을 선택합니다. 두 번째 영역에서는 작업을 마친 사진들을 동일한 위치에 저장할지 혹은 다른 폴더에 저장할지를 결정합니다.

|NOTE|
만약 브리지에서 처리할 사진들을 선택한 상태면 [Select Folder] 버튼이 아예 나타나지 않으며, 대신 선택한 사진 목록이 나타날 것입니다.

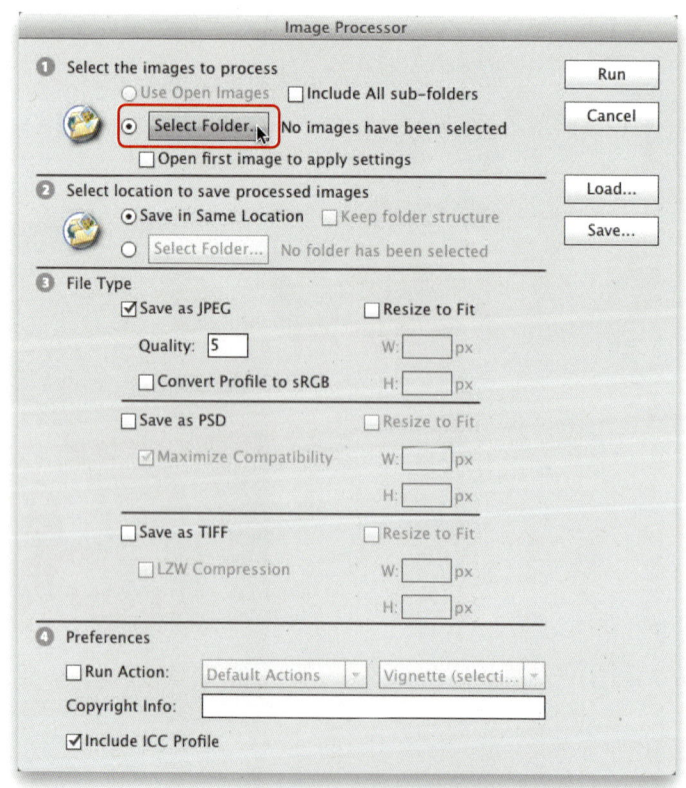

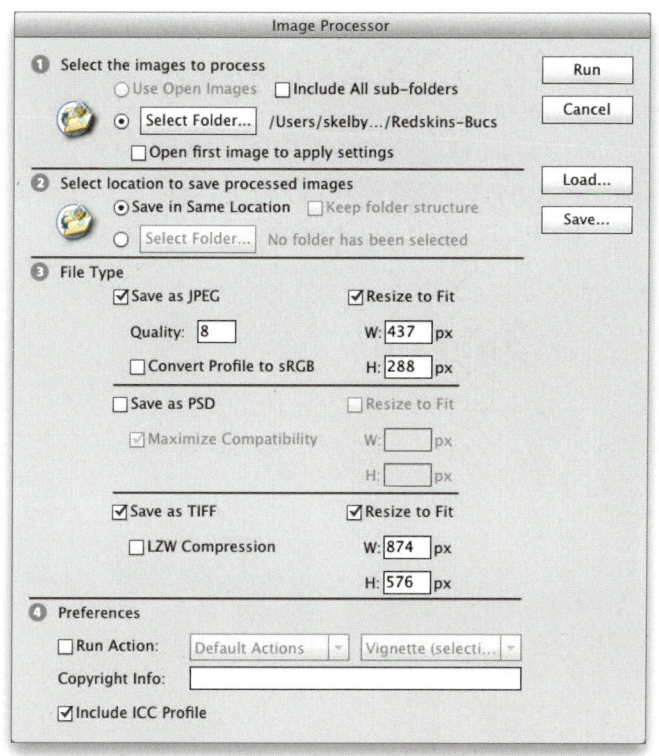

03

세 번째 영역 옵션부터 구체적인 결과에 대한 설정이 시작되는데, 복제 파일을 몇 개나 만들지, 어떤 파일 포맷으로 만들지 등을 결정해야 합니다. 'Save as JPEG', 'Save as PSD', 'Save as TIFF' 항목에 모두 체크하면 각 사진마다 유형별로 세 장의 사진이 복제될 것입니다. 이때 'Resize to Fit' 항목에 체크하고 가로, 세로 값을 입력하면 그에 따라 리사이징이 함께 실행됩니다. 왼쪽 화면에서는 작은 크기의 JPEG 파일과 보다 큰 사이즈의 TIFF 파일을 만들도록 설정했으므로, 작업 후 폴더에는 작은 JPEG 파일과 그보다 큰 TIFF 파일 등 각 사진마다 두 개씩 파일이 더 만들어져있을 것입니다.

04

기존에 만들어둔 액션이 있고, 그 내용을 사진마다 적용하려면 네 번째 영역을 선택하여 적용합니다. 'Run Action' 항목에 체크한 다음 팝업 메뉴에서 실행할 액션을 선택합니다. 필요한 경우 'Copyright Info' 입력란에 원하는 저작권 정보를 입력하면 모든 복제 파일에 저작권 정보가 자동으로 추가됩니다. 끝으로 마지막 항목인 'Include ICC Profile'에 체크하여 모든 사진에 ICC 프로필을 포함시킬지의 여부를 결정합니다(물론 필자는 색상 정보를 포함시킬 것을 권합니다. 이와 관련된 정보는 웹페이지에 게시한 내용 중 인쇄에 관한 보너스 챕터에 색 관리에 대한 설정 방법이 있으니 찾아봅니다). 이제 [Run] 버튼을 클릭하고 잠시 다른 할 일을 하면서 기다리면 어느새 원하는 조건의 복제 사진들이 저장되어 있을 것입니다.

인쇄용 포스터 크기로 리사이징 처리하기

적당한 사이즈의 인쇄물을 만들기 위해 얼마나 큰 값의 해상도가 필요한지에 대해서는 이미 앞장에서 알아보았습니다. 그런데 메가픽셀 카메라 없이 사진가들이 자주 쓰는 거대한 포스터 크기의 사진을 뽑으려면 어떻게 해야 할까요? 방법은 생각보다 쉽습니다. 포토샵에서 사진을 '300%' 이상으로 업사이징하는 것인데, 좋은 소식은 별다른 리사이징 플러그인을 구입할 필요 없이 포토샵에서 아주 손쉽게 리사이징 처리가 가능하다는 것입니다. 다만 '300%'보다 더 크게 리사이징할 때는 OnOne Software 회사의 'Perfect Resize'와 같은 플러그인이 필요합니다.

01

리사이징 처리할 사진을 열고 [Image] 메뉴에서 [Image Size]를 선택하거나 Ctrl–Alt–I (MAC: [Command]–[Option]–I)를 누릅니다. [Image Size] 대화상자가 나타나면 'Width' 입력란 오른쪽 팝업 메뉴에서 [Percent]를 선택합니다. 길이와 높이 값이 기본적으로 서로 링크되어 있기 때문에 'Height'값도 자동으로 똑같은 단위가 설정됩니다. 계속해서 'Resample' 항목에 체크합니다.

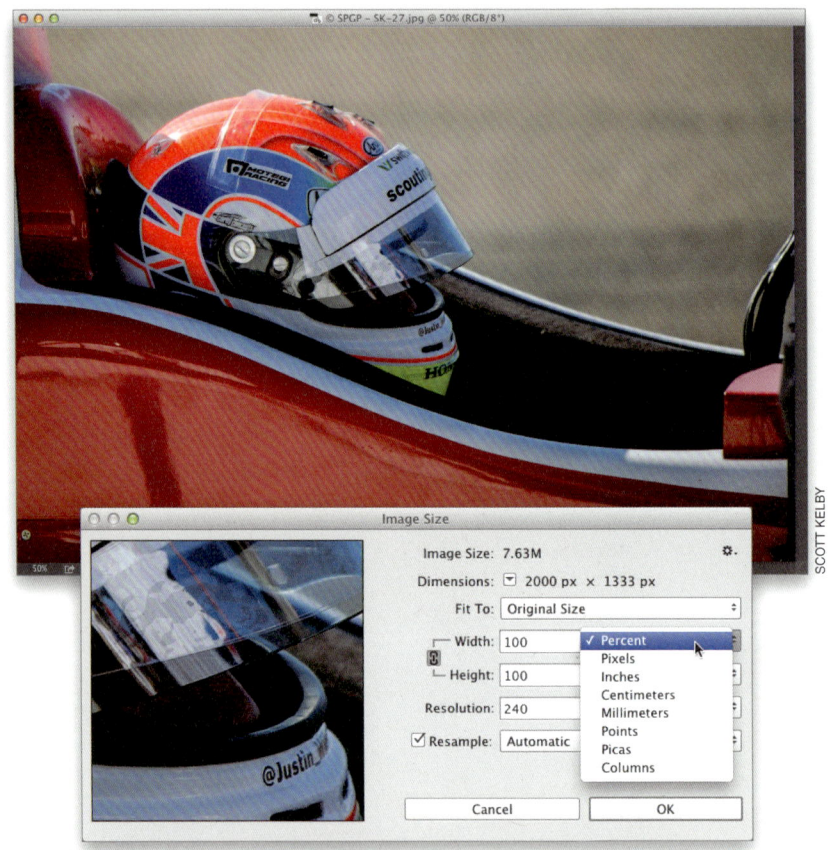

02

이제 입력란에 '200%'나 '300%' 정도의 증가 비율을 입력합니다. 정확히 얼마로 설정하는 것이 좋은지에 대하여 논쟁이 있는데, '100%' 이상이면 문제 없습니다. 'Width'와 'Height'는 서로 연계되어 있으므로 한쪽 값만 입력하면 다른 입력란에도 자동으로 같은 숫자가 입력됩니다.

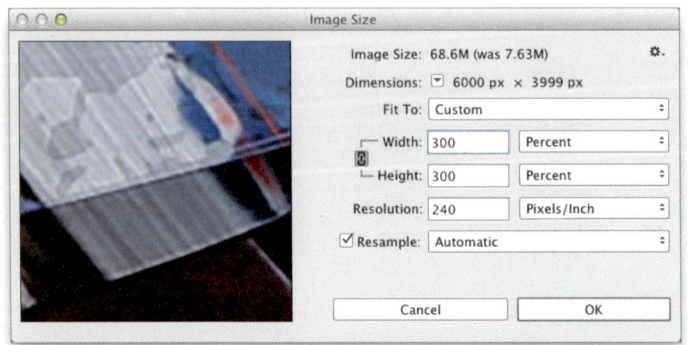

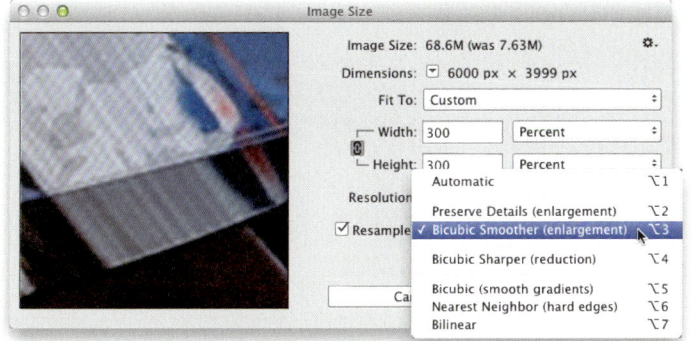

03

대화상자 하단의 팝업 메뉴에서는 사진 업사이징에 사용할 알고리즘을 직접 선택할 수 있습니다. 기본적으로는 [Automatic]이 설정되어 있는데, 필자는 거의 매일 작업하는 일반적인 리사이징에 이 기본 설정을 그대로 사용합니다. 하지만 간혹 지금과 같이 '200%'나 '300%' 정도의 큰 증가율을 적용할 때는 왼쪽 화면에서와 같이 [Bicubic Smoother]를 선택합니다.

04

저명한 디자이너 빈센트 베르사체에 의해 알고리즘 사용에 대한 룰이 깨졌습니다. 자료에 따르면 그는 리사이징을 할 때 어도비가 권장하는 [Bicubic Smoother]를 선택하지 않고 대신 [Bicubic Sharper]를 사용하며, 그 쪽이 더 우수한 결과를 가져왔다고 했습니다. 그러므로 어느 것이 자신에게 맞는지는 같은 사진에 두 가지 방법을 모두 적용해보고 테스트 프린팅까지 한 다음 자세히 비교해봐야 알 수 있을 것입니다. 왼쪽 화면은 약 25x16 인치 크기로 리사이징한 모습입니다. 물리적 크기를 확인하려면 Ctrl-R(MAC:[Command]-R)을 눌러 화면에 룰러를 나타내면 편리합니다.

왜곡된 사진의 수평 맞추기

어도비에서는 가장 빠르고 쉽게 처리할 수 있도록 과거의 포토샵 버전들에서 쓰던 수평 맞추기 방법을 차차 바꾸고 있습니다. [Crop Tool]의 옵션 중에서 수평 맞추기 기능을 찾을 수 있습니다.

01

수평 맞추기를 실행할 사진을 불러온 다음 도구 박스에서 [Crop Tool](C) 도구를 선택하고 오른쪽 화면과 같이 상단의 옵션 바에서 'Straighten' 아이콘을 클릭합니다.

02

이제 사진에서 수평선과 관련이 있거나 수평을 맞출 기준이 될만한 직선을 찾아봅니다. 여기서는 건물 위쪽의 돌출된 벽이 적당합니다. 기준이 되는 직선의 모서리를 따라 [Straighten] 도구를 수평 방향으로 드래그 합니다. 화면에서와 같이 왼쪽에서 오른쪽 방향으로 직선을 만들어갑니다.

03

마우스 버튼을 놓음과 동시에 사진이 정확히 필요한 각도만큼 회전하여 수평이 맞춰집니다. 한 가지 아주 멋지다 할만한 기능은 회전으로 인해 생기는 빈 공간이 크롭핑 보더에 의해 자동으로 숨겨진다는 점입니다. 수평 맞추기만으로도 모서리의 빈틈까지 보이지 않도록 크롭핑 보더 조절이 실행되므로 매우 편리해졌습니다(크롭핑 보더 바깥쪽 모서리를 보면 얇게 생긴 빈틈이 잘려나가 어둡게 보이는 것을 확인할 수 있을 것입니다). 크롭핑 보더가 자동 조절되어 있으므로 Enter (MAC:[Return])를 눌러 상태를 고정합니다. 수평 맞추기가 실행된 후의 최종 결과를 아래에서 확인합니다.

사진 작게 만들기 (다운사이징)

사진을 작게 만드는 방법은 여러 가지가 있지만 퀄리티를 최대한 유지하면서 사이즈를 줄이려면 몇 가지 규칙을 따라야 하는데, 여기서는 두 가지 방법에 대해 각각 알아볼 것입니다. 사진의 사이즈를 줄이면 크게 만들 때보다 사진의 품질을 유지하기가 쉬우며, 특히 여기서 알려주는 가이드라인을 잘 지키면 더욱 선명하고 느낌이 풍부한 사진으로 거듭날 것입니다.

고해상도(300ppi) 사진의 다운사이징

디지털 카메라에서 '72ppi'의 저해상도로 물리적 크기만 크게(24x42인치) 촬영한 사진을 사이즈 변환하는 방법에 대해서는 앞에서 이미 알아보았습니다. 그런데 반대로 '300ppi'의 고해상도로 물리적 크기는 작게(12x8인치) 촬영한 사진은 어떻게 처리해야 할까요? 이때는 'Resample' 옵션에 체크한 다음, 원하는 물리적 크기를 입력하고 [OK] 버튼을 클릭하면 간단히 해결됩니다. 물론 'Resolution' 설정은 그대로 둡니다. 사진의 물리적 크기만 변경되며 해상도는 선명하게 그대로 유지될 것입니다. 꼭 기억해야 할 것은 이 방법으로 크기를 줄였을 때 사진이 약간 부드럽게 되어 차후에 'Unsharp Mask' 필터를 적용하여 잃어버린 선명도를 되찾는 작업이 필요할 수 있다는 것입니다.

|NOTE|
'Unsharp Mask' 필터 사용에 대해서는 Chapter 9에서 알아봅니다.

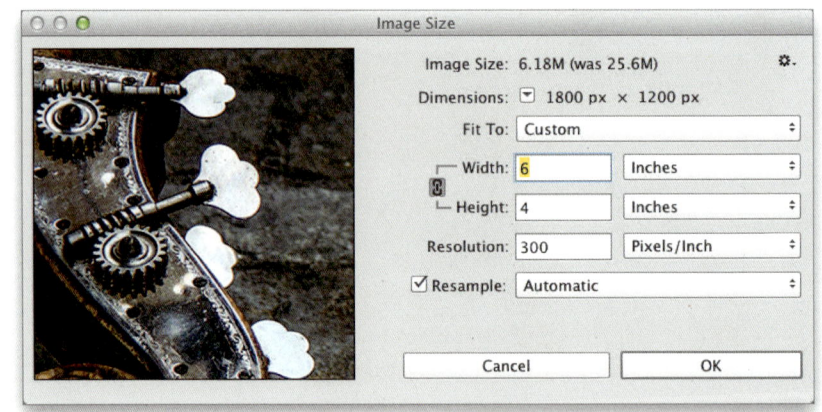

문서 내의 사진만 작게 만들 때

하나의 문서 내에서 여러 개의 이미지를 가지고 작업할 때 이미지 리사이징을 하려면 다른 방법을 써야 합니다. 왼쪽 첼리스트 사진처럼 레이어 상태로 되어있는 이미지를 작게 만들려면 [Layers] 패널 상의 사진 레이어를 클릭하고 Ctrl-T(MAC: [Command]-T)를 눌러 [Free Transform] 기능을 불러옵니다. [Crop Tool]의 보더처럼 사진을 포함하는 핸들 달린 보더가 나타나면 Shift를 누른 채로 핸들을 안쪽으로 드래그하여 크기를 줄입니다. 여기서는 화면과 같이 오른쪽 상단 코너의 핸들을 안쪽으로 드래그했습니다. 원하는 크기로 만들었으면 Enter(MAC:[Return])를 눌러 완료합니다. 리사이징 후 사진이 부드럽게 보인다면 'Unsharp Mask' 필터를 적용하여 선명도를 살려줍니다.

TIP Free Transform 핸들 위치 확인하기

열려있는 다른 문서로 이미지를 드래그하여 옮기는 경우, 그와 동시에 크기를 조절하여 화면에 알맞은 크기로 배치할 수 있습니다. 왼쪽 화면은 첼리스트 사진을 길가의 첼로 사진 위로 드래그하는 모습입니다. 이때 만약 옮겨온 사진이 배경이 되는 문서보다 더 크다면 [Free Transform]을 불러왔을 때 핸들이 보이지 않아 난감할 것입니다. 이런 경우 Ctrl-O(MAC:[Command]-O)을 누르면 프로그램 창이 핸들을 포함하는 범위까지 자동 확대되어 쉽게 핸들을 찾을 수 있습니다. 다음 두 가지 사항만 기억하세요.

❶ 이 단축키는 [Free Transform] 기능이 활성화된 상태에서만 적용됩니다.

❷ 단축키는 Ctrl과 숫자 0입니다(알파벳 'O'가 아닙니다!).

문서에서 문서로 이미지 이동 시 생기는 리사이징 문제 해결하기

현재 문서에서 다른 문서로 이미지를 옮길 때 많은 사람들이 리사이징 문제로 골치 아파하는데, 이미지 크기 변화가 언뜻 봐서는 이해되지 않기 때문입니다. 예를 들어 오른쪽 화면과 같이 거의 동일한 크기의 문서 두 개가 열려 있는 상태에서 사진을 빈 문서로 이동했는데 처음 문서에서와 달리 아주 작게 나타난다면, 왜 그런 걸까요? 겉보기엔 두 문서의 크기가 같아 보이지만 사실은 아닙니다. 여기서의 스테인드글라스 사진은 저해상도인 '72ppi'의 사진인데 빈 문서의 해상도는 '300ppi'의 고해상도로 설정되어 있습니다. 이를 쉽게 알 수 있는 한 가지 요령은 문서창 상단의 타이틀 바를 확인하는 것입니다. 스테인드글라스 사진은 100% 비율로 설정되어 있지만 빈 문서 'Untitled-1'은 25% 비율로 설정되어 있으므로 보이는 것보다 훨씬 큰 사이즈의 문서임을 알 수 있습니다. 중요한 점은 문서 간에 이미지를 이동할 때는 동일한 크기와 해상도 조건이어야 혼동하지 않는다는 것입니다.

TIP 자동화 기능으로 대량 사진 크롭핑 & 수평 맞추기

스캔하는 시간을 절약하려면 '갱 스캐닝(gang scanning)' 즉, 다수의 사진을 한꺼번에 스캐너 위에 올려놓고 하나의 큰 이미지로 스캔합니다. 그러면 포토샵 기능을 통해 각각의 사진에 대하여 자동으로 수평 맞추기를 실행하고 동시에 각 이미지가 분리되어 독립된 파일로 만들어집니다. 이 기능은 [File] 메뉴에서 [Automate]-[Crop and Straighten Photos]를 선택하면 곧바로 자동 실행되는데, 대화상자는 나타나지 않으며 대신 자동으로 수평선을 찾아 수평 맞추기가 실행되고 그와 함께 각각의 사진이 복제되어 분리된 문서로 나타납니다.

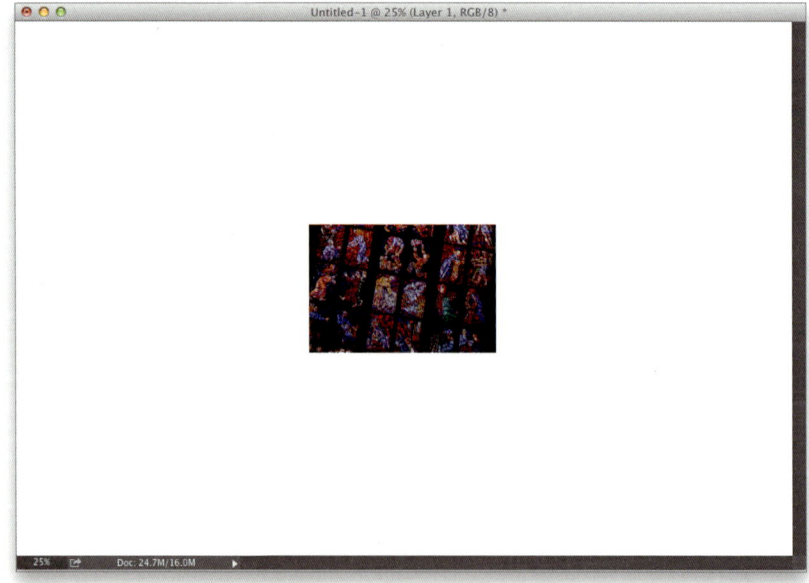

Content Aware로 주요 영역 피하여 리사이징하기

때때로 사진의 크기가 필요한 치수보다 약간 작은 경우가 있을 것입니다. 예를 들어 디지털 카메라로 찍은 사진을 리사이징하여 10x8인치의 필름 사이즈에 맞추면 사진의 위쪽 또는 아래쪽으로 빈 공간이 생깁니다. 이런 경우 [Content-Aware Scaling]을 통해 이미지의 중요한 부분은 그대로 보존한 채 일부만 리사이징하여 해결할 수 있습니다. 이 기능은 기본적으로 이미지를 분석하여 중요하지 않은 영역을 자동 선택하여 늘리거나 줄여줍니다. 어떻게 사용하는지 구체적으로 알아봅니다.

01

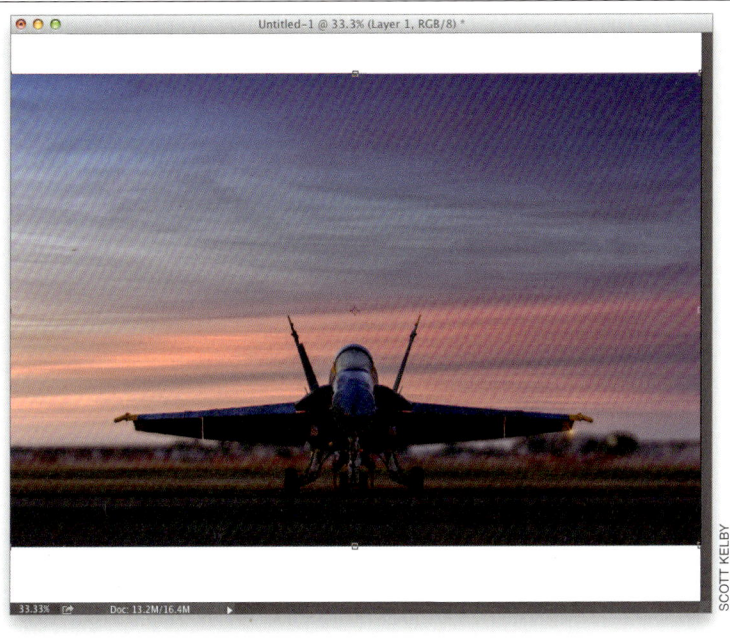

'240ppi' 해상도를 설정한 10x8" 크기의 새 문서를 만들어둡니다. 사용할 디지털 카메라 사진을 불러온 다음 [Move](V) 도구를 선택하고 사진을 새 문서 탭 위로 드래그하여 이동합니다. Ctrl-T (MAC:[Command]-T)를 눌러 [Free Transform] 기능을 실행한 다음 가로 세로 비율을 유지하기 위해 Shift를 누른 채로 코너의 핸들을 안쪽으로 드래그합니다. 문서에 맞게 사진 크기를 줄여 왼쪽 화면과 같은 상태가 되면 Enter (MAC:[Return])를 눌러 고정합니다. 이때 사진 위쪽과 아래쪽에 빈 공간이 생기는데, 이 부분을 이미지로 채우기 위해 [Free Transform] 기능을 사용하면 사진이 전반적으로 늘어나 아래쪽 사진과 같이 제트기가 길쭉해집니다. 이러한 문제를 [Content Aware Scale]로 해결할 수 있습니다.

02

[Edit] 메뉴에서 [Content-Aware Scale]을 선택하거나 Ctrl-Alt-Shift-C (MAC:[Command]-[Option]-Shift-C)를 눌러 기능을 불러옵니다. 상단의 핸들을 위쪽으로 드래그하면 하늘 위쪽이 늘어나 빈 공간을 채우는데, 주요 피사체인 제트기는 그대로 유지됨을 확인할 수 있습니다. 상단의 핸들 대신 하단부의 핸들을 밑으로 드래그해도 결과는 마찬가지입니다. 빈 공간이 완전히 채워졌으면 Enter(MAC:[Return])를 눌러 결과를 고정합니다.

|NOTE|
옵션 바에 나타나는 사람 모양 버튼은 [Content-Aware Scale]을 사용 중인 이미지에 인물 피사체가 있으며, 인물 자체가 변형되는 일이 없도록 살색 톤 부분은 늘리지 않는다는 표시입니다.

03

알아두면 유용한 사항에 대해 더 알아봅시다. [Content-Aware Scale]을 적용했을 때 그대로 유지되어야 할 부분이 변형되면 우선 [Lasso](L) 도구를 선택하여 유지해야 할 영역을 선택하고 [Select] 메뉴에서 [Save Selection]을 클릭합니다. 대화상자가 나타나면 [OK] 버튼을 클릭하고 Ctrl-D (MAC:[Command]-D)를 눌러 선택을 해제합니다. 이제 다시 [Content-Aware Scale]을 불러와 옵션 바의 'Protect' 팝업 메뉴에서 만들어둔 선택 영역을 클릭하면 해당 영역이 보호되어 어느 쪽으로 드래그하든 선택 영역은 거의 변형되지 않습니다.

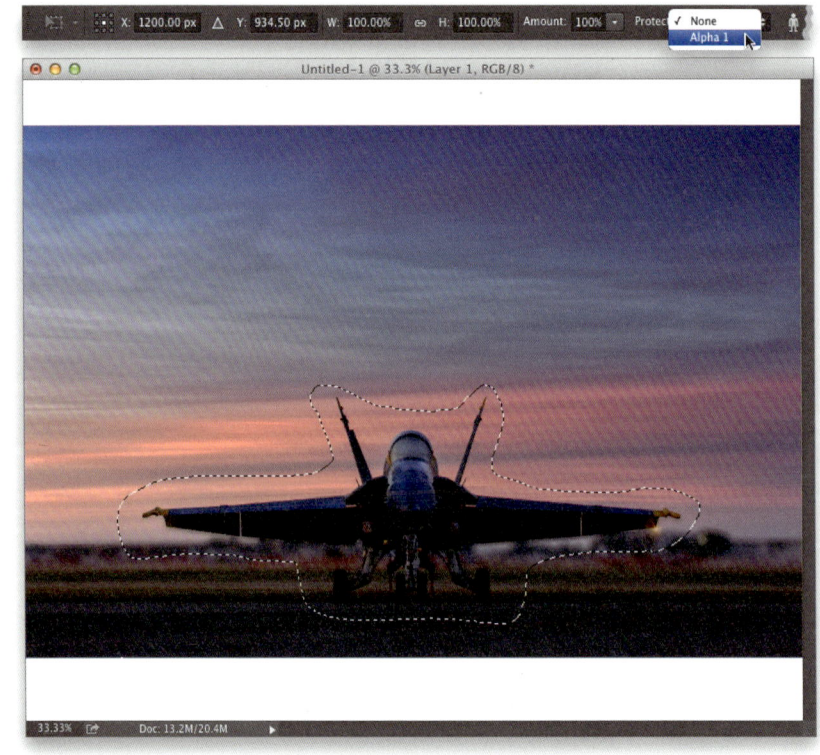

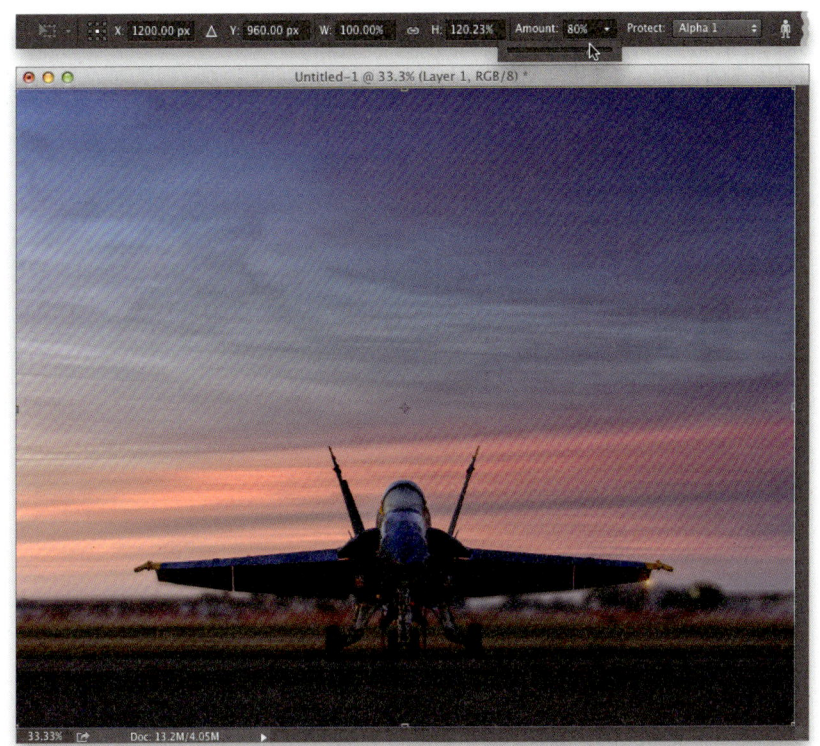

04

옵션 바에서는 'Amount' 값을 조절할 수 있도록 되어 있는데, 이것으로 보호해야 할 영역을 얼마나 온전하게 보존할지를 결정할 수 있습니다. 기본적으로 '100%' 값으로 되어있어, 최대한으로 보존하도록 되어 있습니다. 이 값을 '50%'로 조절하면 보호 작용과 일반적인 자동 변형이 적절히 혼재되어 적용되므로 일부 사진에서는 최선의 설정일 수 있습니다. 특히 [Amount] 조절 옵션은 실시간 확인이 가능하므로 조절하면서 어떤 영향을 미치는지 확인할 수 있습니다.

조건부 액션 기능 활용하기

[Actions] 기능은 쉽게 말해 포토샵 안에 살아있는 테이프 레코딩이라 할 수 있는데, 지루하게 반복해야 하는 작업을 순식간에 자동으로 해결할 수 있도록 도와줍니다. 액션 기능은 오래 전부터 포토샵에 탑재되었는데, 상황에 따라 적절한 액션이 자동 선택되도록 하는 조건부 액션에 대한 요구가 항상 있어왔고, 그 요구가 드디어 실행되었습니다. 즉, '만약 이 특정 요소가 있다면 액션을 실행하고, 없으면 실행하지 않는다.'와 같은 조건을 추가할 수 있게 된 것입니다. 예를 들어 가로형 사진과 세로형 사진이 혼재되어 있을 때 '상황'에 따라 적절한 리사이징 액션이 자동 선택되어 실행됩니다.

01

긴 가로 형태의 사진을 불러온 다음 [Window]-[Actions]를 눌러 [Actions] 패널을 나타냅니다. 패널 하단에서 'Create New Action' 아이콘을 눌러 [New Action] 대화상자가 나타나면 액션명에 "Wide Portfolio"를 입력하고 [Record] 버튼을 클릭합니다.

02

이제부터 실행하는 동작들이 레코딩될 것입니다. 우선 [Image] 메뉴에서 [Image Size]를 선택하여 사이즈를 재조정 합니다. '1200 x 800' pixels 정도로 조절한 다음 [OK] 버튼을 클릭합니다. 계속해서 패널 하단의 'Stop Recording' 아이콘을 눌러 레코딩을 마칩니다. 여기까지 하나의 액션이 만들어졌습니다.

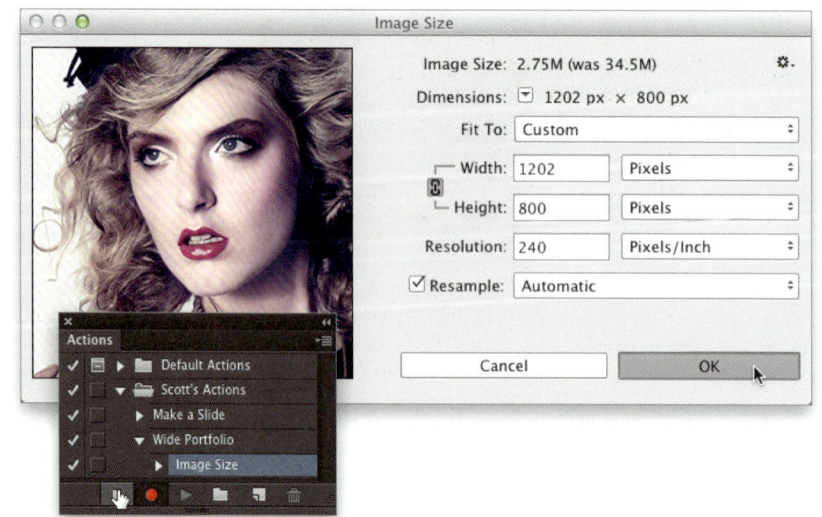

03

다음으로는 세로로 긴 형태의 사진을 불러온 다음 똑같이 레코딩을 시작하는데, 이번에는 액션명을 "Tall Portfolio"라고 입력하고 [Image Size] 대화상자에 '532 x 800' pixels로 설정한 다음 [OK] 버튼을 클릭합니다. 마찬가지로 'Stop Recording' 아이콘을 눌러 레코딩을 마치면 두 번째 액션이 만들어집니다. 이 두 가지 액션을 사용하여 다음 단계에서 조건부 액션을 만들어 봅니다.

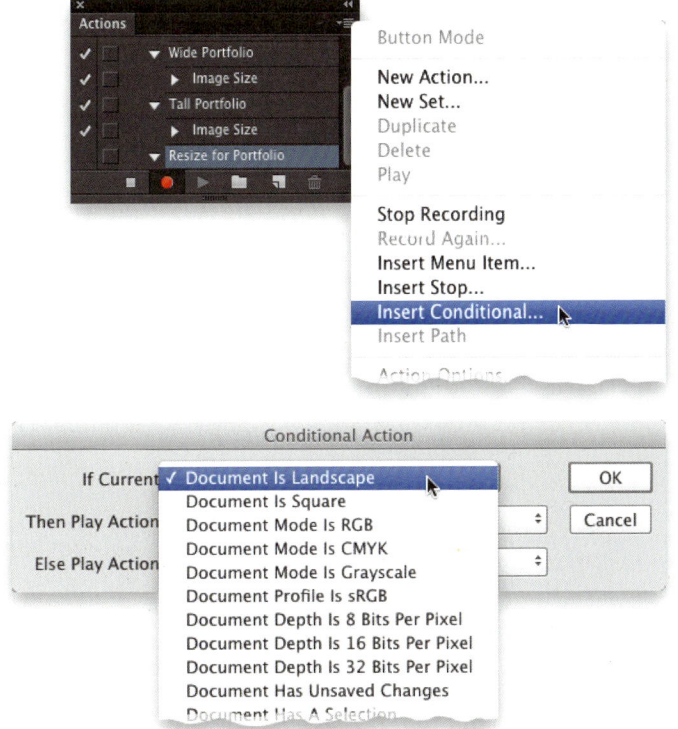

04

'Create New Action' 아이콘을 클릭하고 이번에는 액션명을 "Resize for Portfolio"라고 입력한 뒤 [Record] 버튼을 누릅니다. [Action] 패널 오른쪽 상단에 있는 메뉴 버튼을 눌러 [Insert Conditional]을 선택하면 [Conditional Action] 대화상자가 나타나는데, 여기에서 조건에 따라 어떤 액션을 실행할지 설정할 수 있습니다. 여기서는 만들어놓은 두 액션을 통해 사진을 포트폴리오에 적합한 높이인 '800' pixels로 통일하는 것이 목표입니다. [Conditional Action] 대화상자의 'If Current' 목록에는 매우 다양한 상태의 조건들이 있어 원하는 것을 선택할 수 있습니다.

05

여기서는 'If Current'(불러오는 문서의 상태) 팝업 메뉴에서 [Document Is Landscape]를 선택하고 이 조건에 해당될 때 실행할 액션으로 'Then Play Action' 팝업 메뉴에서 미리 만들어두었던 [Wide Portfolio] 액션을 선택했습니다. 그리고 'Else Play Action' 팝업 메뉴에서는 [Tall Portfolio]를 선택하여 조건에 해당되지 않을 때 실행할 액션을 설정하고 [OK] 버튼을 클릭합니다. 마지막으로 [Actions] 패널 하단의 'Stop Recording' 아이콘을 클릭하여 조건부 액션 만들기를 완료합니다.

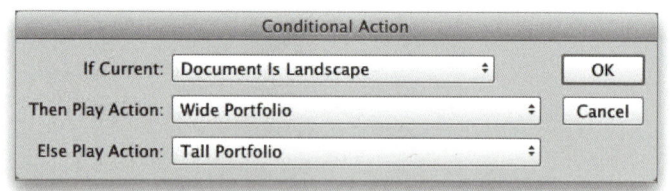

06

이제 특정 폴더에 들어있는 사진 전체를 조건부 액션에 적용하여 자동화 작업을 실행합니다. 다량의 사진을 일괄 처리하기 위해 [File] 메뉴 아래의 [Automate]-[Batch]를 클릭합니다. 대화상자가 나타나면 왼쪽 상단 [Play] 영역의 'Action' 팝업 메뉴에서 만들어둔 조건부 액션인 [Resize for Portfolio]를 선택합니다. Source 영역에서는 액션을 적용할 대상으로 [Folder]가 선택된 상태에서 [Choose] 버튼을 클릭하고, 오른쪽 [Destination] 영역에서는 [Save and Close]를 선택하여 저장 후 문서를 닫는 것으로 마무리합니다. 오른쪽 상단의 [OK] 버튼을 클릭하여 설정을 마칩니다.

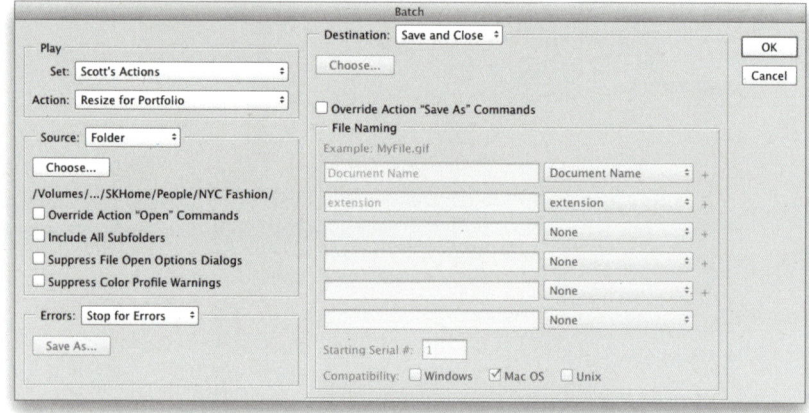

|NOTE|
리사이징을 마친 결과물을 별개의 폴더에 새로 저장하려면 [Destination] 영역의 팝업 메뉴에서 [Folder]를 선택하고 [Choose] 버튼을 클릭하여 저장할 폴더를 지정합니다.

07

[Batch] 기능이 실행되어 폴더에 있는 사진이 가로형이든 세로형이든 관계없이 '800' pixels의 동일한 높이로 리사이징된 것을 확인할 수 있습니다. 물론 이 작업은 조건부 액션을 활용한 한 가지 예시에 지나지 않습니다. 어떻게 액션을 만들고 활용하는지 알아봤으므로 이제는 훨씬 빠르고 쉽게 원하는 작업을 처리할 수 있을 것입니다.

Photoshop Killer **Tips**

Background Layer 잠금 해제하기

이 팁은 아주 사소하지만 알게 되면 유용한 팁입니다. 'Background' 레이어는 기본적으로 잠금 설정이 되어 있는데, 팝업 메뉴를 띄우지 않고서도 간단히 잠금을 풀 수 있습니다. 레이어명 옆의 자물쇠를 클릭하여 패널 하단의 휴지통으로 곧장 드래그합니다(이 팁을 공유해준 어도비의 Julieanne Kost에게 감사의 말을 전합니다).

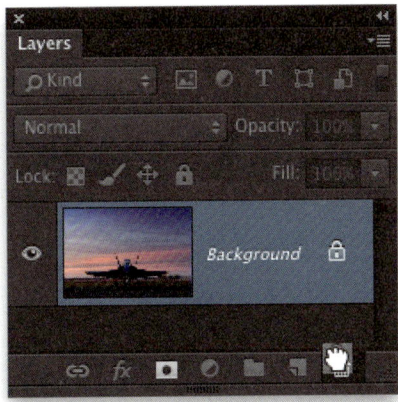

예전의 채널 단축키 되돌리기

CS3 버전까지의 포토샵에서는 단축키 Ctrl-1, Ctrl-2, Ctrl-3 등을 사용하여 개별 색 채널의 모습을 바로 확인할 수 있었지만, CS4부터 단축키가 바뀌어 오랜 포토샵 유저들을 슬프게 했습니다. 이제 바로 그 단축키를 되돌릴 수 있는 옵션이 생겼습니다. [Edit] 메뉴에서 [Keyboard Shortcuts]를 선택하고 대화상자 상단부에서 'Use Legacy Channel Shortcuts' 항목에 체크합니다.

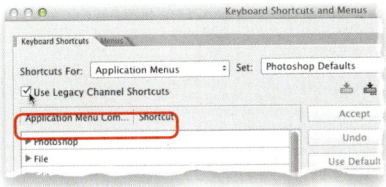

레이어 스타일 사용자 조절 값 불러오기

'Drop Shadow'나 'Glow'와 같은 레이어 스타일의 주로 사용하는 조절 값을 기본 설정으로 저장해둘 수 있습니다. [Layers] 패널 하단의 'Create a New Layer' 아이콘을 눌러 새 레이어를 만든 후 'Add a Layer Style' 아이콘의 팝업 메뉴에서 원하는 레이어 스타일을 선택합니다. 예를 들어 [Outer Glow]를 선택하여 [Layer Style] 대화상자가 나타나면 원하는 조절 값으로 설정한 다음 하단의 [Make Default] 버튼을 클릭합니다. 이제 [Reset to Default] 버튼을 클릭하면 직접 저장해둔 조절 값으로 쉽게 되돌릴 수 있습니다.

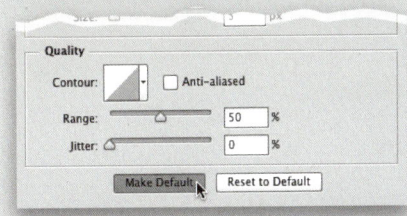

Blend If 슬라이더를 사용한 레이어 구별하기

[Layer Style] 대화상자의 'Blending Options'에서 'Blend If' 슬라이더를 적용한 레이어에는 화면과 같이 작은 아이콘이 나타납니다. 아이콘은 두 개의 사각형을 겹쳐놓은 모양인데, 이를 더블클릭하면 곧바로 [Layer Style] 대화상자의 'Blend If' 슬라이더를 조절할 수 있습니다.

투명 레이어 쉽게 덧붙이기

클릭 한 번으로 투명 레이어를 덧붙여 작업 시간을 줄이는 요령을 배워봅니다. 적용할 레이어가 선택된 상태에서 [Layer] 메뉴를 눌러 [Layer Mask]-[From Transparency]를 클릭합니다.

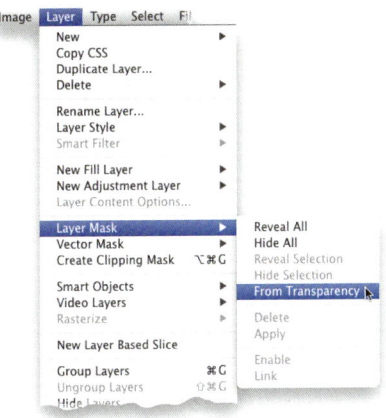

클릭 한번으로 모든 탭 닫기

모든 문서를 탭 형태로 열어주는 [Tabs] 기능을 사용한다면 이번 팁은 꼭 알아두는 것이 좋습니다. 아무 탭 위에서 마우스 오른쪽 버튼을 클릭하고 팝업 메뉴에서 [Close All]을 선택하세요. 열려있는 모든 탭을 한 번에 닫을 수 있습니다.

Photoshop Killer Tips

카메라로우에서 크롭핑한 후 최종 이미지 확인하기

카메라로우에서 사진을 크롭핑한 후 다시 포토샵에서 열어보지 않아도 최종 모습을 확인할 수 있습니다. 크롭핑 보더가 나타나있는 상태에서 다른 도구를 선택합니다(이전 버전들에서는 잘려나간 부분이 희미해지기만 할 뿐 온전한 최종 이미지를 확인할 수는 없었습니다).

16비트 사진을 JPEG로 변환하기

CS4 버전에서는 16비트 사진을 작업할 때 저장을 위해 [Save] 대화상자를 불러오면 'JPEG' 포맷을 선택하는 옵션이 없었습니다. 이전 버전에서는 JPEG 포맷을 8비트 모드로만 저장할 수 있었기 때문에 16비트 사진은 8비트로 변환한 후 저장했습니다. 이번 버전에서는 JPEG 포맷을 선택하는 옵션이 생겼는데, 이 옵션을 선택하면 사진을 8비트로 변환하여 파일 복사본을 만들고 JPEG로 저장합니다. 이때 16비트인 원본은 화면에 열린 상태로 유지되므로 16비트 버전을 따로 보관하려면 PSD나 TIFF 포맷으로 미리 저장하는 것이 좋습니다. 필자의 경우 8비트의 JPEG 포맷으로 저장된 것을 확인한 후에는 16비트 버전이 더 이상 필요하지 않으므로 저장하지 않고 문서창을 닫습니다.

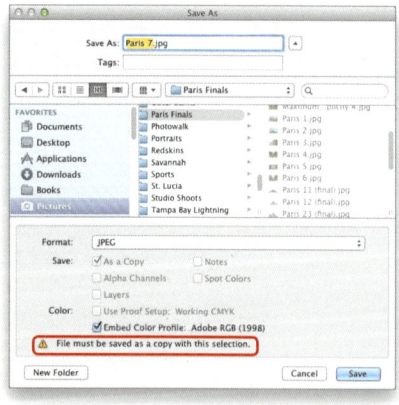

Lens Corrections 패널 사용 중 격자 나타내기

카메라로우의 [Lens Corrections] 패널에서 사진 속 건물의 수평을 맞추거나 구부러진 수평선을 직선으로 펼 때 V를 누르면 정렬된 격자(grid)가 나타나 정확한 기준선을 알 수 있도록 도와줄 것입니다. 격자를 다시 숨기려면 V를 한 번 더 누릅니다.

Color Picker에서 사용할 단축키 설정하기

포토샵에서 사용하는 전경색(foreground) 또는 배경색(Background)을 설정하는 Color Picker를 쉽게 불러올 수 있도록 직접 단축키를 설정합니다. [Edit] 메뉴에서 [Keyboard Shortcuts]를 클릭하여 대화상자가 나타나면 'Shortcuts For' 팝업 메뉴에서 [Tools]를 선택합니다. 그리고 하단부로 스크롤하여 'Foreground Color Picker'나 'Background Color Picker' 항목을 찾아 클릭하고 원하는 단축키를 직접 입력합니다. 대부분의 쓰기 편한 단축키는 이미 어딘가에 설정되어 있지만 필자의 친구 Dave Cross가 알려준 아이디어를 하나 공개하면, 그는 Pen 도구를 거의 안 쓰기 때문에 Picker의 단축키를 'P'로 설정했다고 합니다. 'Foreground Color Picker'의 단축키로 "P"를 입력하면 이미 사용 중인 단축키임을 알리는 경고문이 나타나며, 아래의 [Accept and Go to Conflict] 버튼을 클릭하면 다시 'Pen' 도구의 단축키를 다른 것으로 설정할 수 있게 합니다. Pen 도구를 자주 사용하지 않아 단축키 설정이 필요하지 않으면 그냥 비워둔 채로 [OK] 버튼을 클릭합니다.

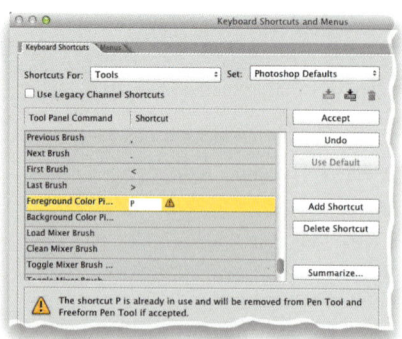

브러시 사이즈와 경도 값 확인하기

사용 중인 브러시의 크기와 부드러운 정도를 정확한 값으로 확인하며 조절할 수 있다면 작업 능률이 믿을 수 없을 정도로 높아질 것입니다. Alt-Ctrl을 누르고 마우스 오른쪽 버튼을 클릭한 채로 위-아래로 드래그하면 부드러운 정도가 조절되며 왼쪽-오른쪽으로 움직이면 브러시의 크기가 조절됩니다(MAC:[Option]-Ctrl을 누른 채로 상하(Softness)/좌우(size)로 드래그합니다).

문서 탭 기능 제대로 활용하기

여러 개의 문서를 띄워놓고 일할 때 [Tabs] 기능을 사용하면 필요한 문서를 보기 위해 상단의 탭을 누르거나 Ctrl-Tab을 재차 눌러 차례대로 하나씩 열어볼 수 있습니다. 탭 형태가 아닌 문서창 형태로 만들려면 [Edit](MAC:[Photoshop]) 메뉴에서 [Preferences]-[Interface]를 선택하고 대화상자에서 'Open Documents as Tabs' 항목의 체크를 해제합니다. 이때 'Enable Floating Document Window Docking' 항목도 체크를 해제하는 것이 좋은데, 그렇지 않으면 화면상에 하나의 문서만 고정되어 나타납니다.

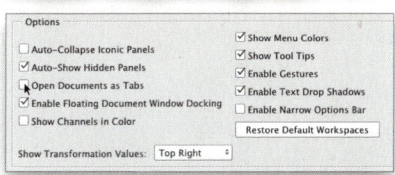

작업 환경 내 맘대로 설정하기

포토샵에는 작업물의 종류에 따라 자주 쓰는 패널들만 열리도록 다양한 레이아웃의 작업 환경(workspace)이 만들어져 있어 원하는 레이아웃을 선택하여 쓸 수 있습니다. 옵션 바 오른쪽 끝의 팝업 메뉴를 클릭하여 원하는 작업 환경을 선택할 수 있습니다. 이와 상관없이 자신만의 작업 환경을 만들려면 우선 [Window] 메뉴에서 필요한 패널을 찾아 클릭하고 원하는 자리에 배치합니다. 패널들을 하나로 모으려면 패널 위로 다른 패널을 드래그하여 파란색 테두리가 나타날 때 마우스 버튼을 놓아 겹쳐놓을 수 있습니다. 원하는 레이아웃의 작업 환경이 만들어졌으면 [Window] 메뉴에서 [Workspace]-[New Workspace]를 클릭하여 저장합니다. 이후로는 옵션 바의 팝업 메뉴에서 나타나 클릭 한 번으로 불러올 수 있습니다. 작업 도중 패널의 위치가 바뀌었을 때는 다시 목록에서 해당 레이아웃

을 클릭하는 대신 [Reset '작업 환경 이름']을 클릭해야만 원래 위치로 돌아갑니다.

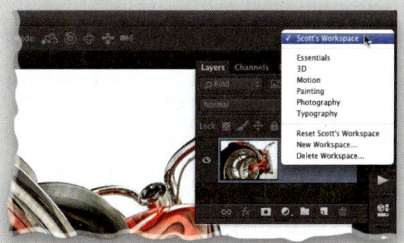

Stroke의 경계면 또렷하게 만들기

[Edit] 메뉴의 [Stroke] 기능을 사용하거나 [Layers] 패널 하단에서 'Add a Layer Style' 아이콘을 클릭하고 [Stroke]를 선택하여 'Stroke' 레이어 스타일을 추가하는 경우 경계면이 이미 둥글게 설정되어 있음을 알 수 있습니다. 이 상태에서 스트로크를 크게 만들면 경계면 역시 더욱 둥근 형태가 됩니다. 이것을 분명하고 또렷한 경계로 만들려면 아래와 같이 [Stroke] 대화상자의 [Location]을 'Inside'로 설정합니다.

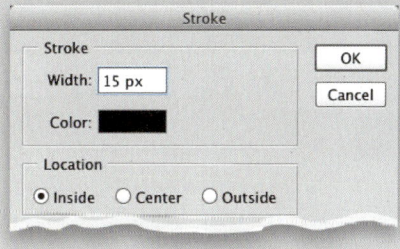

화이트밸런스 문제 손쉽게 해결하기

화이트밸런스 수정이 필요한 사진인데 RAW 포맷이 아닐 때는 이 방법을 사용합니다. [Image] 메뉴에서 [Adjustments]-[Match Color]를 클릭하고 대화상자가 나타나면 [Image Options] 영역의 'Neutralize' 항목에 체크합니다. 이것만으로도 대부분의 화이트밸런스 문제가 개선될 것입니다. 더 나아가 액션 기능을 이용한다면 대량의 사진에 나타난 화이트밸런스 문제를 한 번에 해결할 수 있습니다.

[Ruler] 도구의 단위 바꾸기

화면 상단과 좌측에 나타나는 [Ruler] 도구의 단위를 바꾸려면 룰러 영역 위에서 마우스 오른쪽 버튼을 클릭하고 팝업 메뉴가 나타나면 원하는 단위를 선택합니다.

미니 슬라이더 사용하기

포토샵의 곳곳에서 [Layers] 패널의 'Opacity' 입력란과 같이 특정 수치를 조절하는 곳을 볼 수 있을 것입니다. 이때 입력란에 숫자를 직접 입력하지 않고 미니 슬라이더를 드래그하여 조절해 봅니다. 예를 들어 'Opacity' 값을 조절하려면 'Opacity' 글자를 클릭하고 좌우로 드래그하여 적정 값을 찾는 것입니다. 이 방법은 생각보다 매우 빠르고 편리하기 때문에 금방 적응되어 습관적으로 사용하게 될 것입니다. 만약 아직 써보지 않았다면 꼭 한번 시도해보기 바랍니다. 참고로 Shift를 누른 채로 드래그하면 더욱 빠르게 증감합니다.

Photo by Scott Kelby | Exposure: 1/1500 sec | Focal Length: 300mm | Aperture Value: ƒ/5.6

5 CHAPTER

Black & White
흠잡을 데 없는 흑백사진 만들기

이번 챕터의 제목을 보고 여러분은 "이번에는 영화나 TV 쇼, 노래 제목을 그대로 쓰지 않았네? 포기했나보군"하고 생각할 것 같습니다. 하지만 사실 여기 보이는 제목 'Black & White'는 1970년대의 히트 제조기였던 Three Dog Night의 노래 제목입니다. 어쨌든 CS4 버전 당시 이 챕터에 썼던 제목을 다시 떠올려봤는데, Mötley Crüe의 노래 "Black Widow"를 두고 고민했던 기억이 났습니다. 지금까지도 비밀이지만 그때 그 제목을 택하지 않은 이유가 정당하지 않았는데, 바로 Crüe의 'u' 위의 점 두 개를 어떻게 입력하는지 알아내기가 너무 힘들다는 이유였습니다. 결국 Elvis Costello의 노래 "Black and White World"로 대체했는데, 이 노래에는 골치 아픈 점 두 개가 없었습니다. 사실 그 점 두 개를 뭐라고 부르는지도 모르는 내 자신이 부끄러웠다는 것을 인정해야겠습니다. 구글 검색창에 "U 위에 작은 점 두 개를 붙이면"이라고 입력해 봤더니 검색 결과가 6개나 나왔는데 그중에는 페이스북 그룹명도 있었습니다.

결국 알아낸 사실은 (1) 그 점은 '움라우트'라고 부르며, (2) 사람들은 이 움라우트를 잊고 글자를 쓰는 경우 광적으로 예민하게 반응한다는 것입니다. 아마도 이런 점 때문에 CS4 버전 책을 썼을 무렵 담당 편집자였던 Kim이 'u' 뿐만 아니라 'o' 위에도 굳이 점 두 개를 붙였던 것일 테죠. 이쯤 되면 아주 똑똑한 에디터라는 생각이 들 것입니다. 물론 사실이 그렇습니다. 하지만 나는 그녀의 작은 비밀 하나를 알고 있는데, 점 두 개를 추가해야 한다는 것을 그녀만이 유일하게 알고 있었던 이유는 바로 그녀가 1980년대 유행했던 'big hair bands(헤비메탈 음악을 하며 길고 현란한 헤어스타일과 징 박힌 의상 등이 외모상의 특징)'의 팬이었기 때문입니다. 만약 고상한 스타일의 Sheena Easton이나 컨트리 가수 Garth Brooks의 팬이었다면 그냥 'Motley Crew'라고 쓰고 넘겼을 것입니다. "Walk This Way"라는 노래의 가수를 "Arrow Smith"라고 써놓고 그냥 넘어가는 것과 같은 이치로 말이죠(농담이에요, Kim. 그냥 농담!).

카메라로우에서 흑백사진으로 바꾸기

포토샵 자체에도 'Black & White' 조절 레이어가 있어 사진의 흑백 변환이 가능하지만 결과가 썩 좋게 나오지 않기 때문에 필자는 전혀 사용해본 적이 없습니다(제가 아는 프로 사진가 중 누구도 쓰지 않더군요). 카메라로우의 흑백 변환 기능을 사용하면 훨씬 나은 결과물을 만들 수 있을 뿐만 아니라 속도도 빠릅니다. 다만, HSL/Grayscale 패널에서의 흑백 변환은 카메라로우에 숨어있는 (포토샵의) 'Black & White' 조절 레이어이므로 그 패널에 말려들지 않도록 조심하세요.

01

예제 사진과 같이 카메라로우에서 컬러사진을 열어 작업을 시작해 봅니다. 단순히 컬러를 흑백으로 바꾸는 것은 아주 간단합니다. 패널 영역 상단에서 네 번째에 있는 'HSL/Grayscale' 아이콘을 클릭하고 'Convert to Grayscale' 항목에 체크합니다. 여기까지가 흑백 변환의 전부입니다. 여기서는 흑백 변환과 상관없이 예제 사진에 보이는 두 가지 작은 문제점들을 보정하였습니다.
❶ 'Lens Corrections' 아이콘을 클릭하고 [Profile] 탭에서 'Enable Lens Profile Corrections' 항목에 체크합니다.
❷ [Manual] 탭에서 'Rotate' 슬라이더를 움직여 사진을 바르게 조절합니다.

02

'Convert to Grayscale' 항목에 체크하면 오른쪽 사진과 같이 아주 밋밋한 흑백으로 변환되므로 색상 슬라이더들을 조절하여 좀 더 나은 사진으로 만들고 싶을 것입니다. 하지만 이미 흑백으로 변환되었으므로 조절을 하다보면 사진은 점점 어두워지기만 할 뿐, 명쾌한 결과물을 만들기는 힘듭니다. 이 시점에서 해줄 수 있는 가장 좋은 충고는 가능한 빨리 이 패널을 벗어나라는 것입니다. 그 방법만이 밋밋한 무채색 사진을 아름다운 흑백사진으로 바꿀 수 있는 유일한 길입니다.

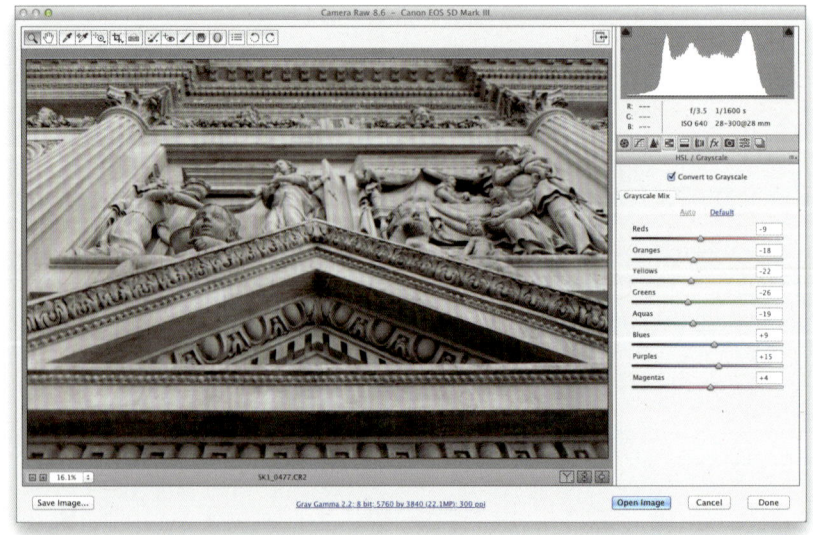

03

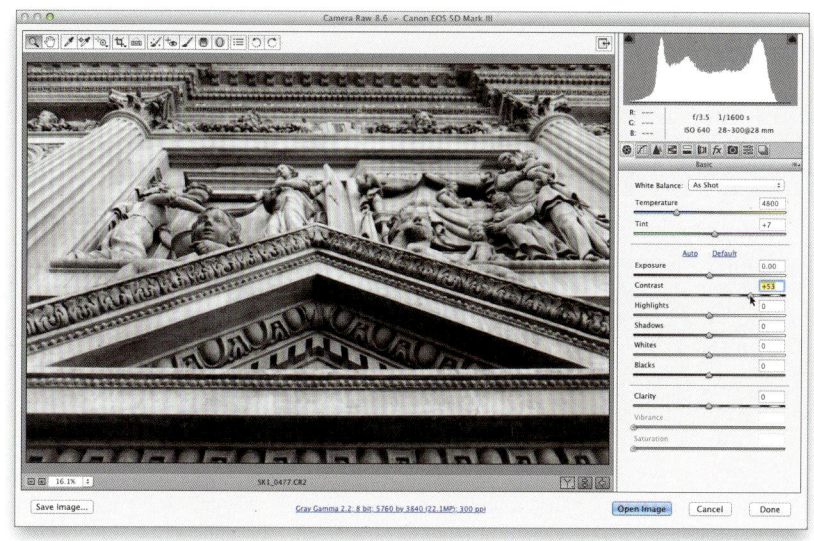

사진가들과 좋은 흑백사진이란 어떤 것인가에 대해 얘기해보면 어김없이 등장하는 것이 '고(高)대비 흑백사진'입니다. 이것은 대비를 강하게 더해주는 것인데, 기본적인 의미는 밝은 부분을 더욱 밝게, 어두운 부분을 더욱 어둡게 하는 것이라 할 수 있습니다. 그러므로 [Basic] 패널에서 시작하는데, 예제 사진은 무난한 중간 톤을 띠고 있으므로 일반적으로 거치는 'Exposure' 슬라이더는 건너뜁니다. 굳이 이 슬라이더를 조절하려면 왼쪽으로 약간만 움직여 살짝 더 어둡게 만들어도 되지만 필자는 주로 그냥 넘어갑니다. 큰 대비를 주기 위해서는 'Contrast' 슬라이더를 오른쪽으로 '+53'까지 움직여 밋밋한 사진을 바꿔야 합니다. 사진이 조금 나아졌지만 아직도 할 일은 남아 있습니다.

04

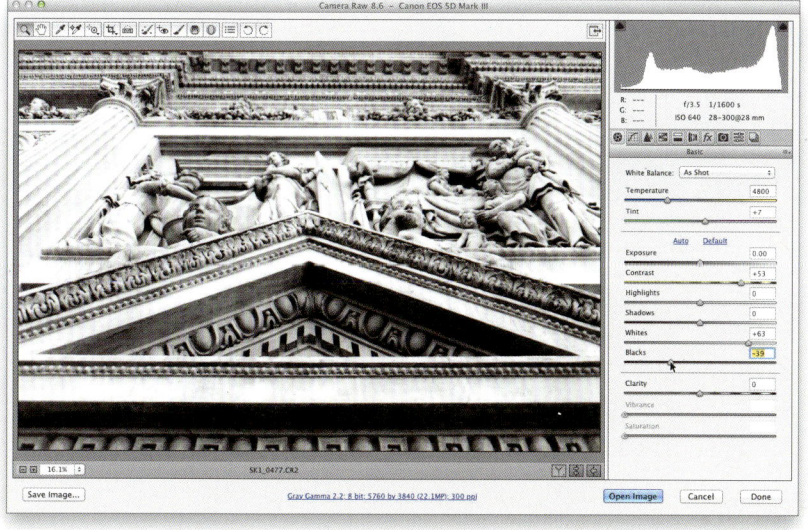

이번에는 흰색과 검정색의 포인트를 설정해 봅니다. 'Whites' 슬라이더를 경계선이 날아가기 직전까지 오른쪽으로 움직인 상태에서 시작합니다. 즉, 히스토그램의 오른쪽 상단에 흰색 삼각형이 나타날 때까지 드래그했다가 약간 왼쪽으로 움직여 다시 검정색 삼각형이 되도록 만들면 됩니다. 여기서는 '+63'까지 조절하고 'Blacks' 슬라이더도 왼쪽으로 '-39'까지 조절하여 멋스럽고 깊은 느낌의 대비를 만들어 보았습니다. 점점 흑백의 매력이 살아나고는 있지만 아직 완성된 것은 아닙니다.

|NOTE|

히스토그램의 삼각형이 흰색으로 나타나는 것은 하이라이트에 손상이 된다는 경고 표시입니다.

05

사진 하단부의 삼각형 형태 아랫면을 비롯한 몇 곳이 너무 어둡게 처리되었으므로 'Shadows' 슬라이더를 오른쪽으로 '+53'까지 움직여 약간 밝게 되돌렸습니다. 계속해서 'Clarity' 값을 높여 중간 톤의 대비를 더하면 사진을 좀 더 쨍하면서 밝아지게 만들 수 있으므로 여기서는 '135'까지 조절했습니다. 한편, 왼쪽의 기둥 부분은 지나치게 밝기 때문에 'Highlights' 슬라이더를 왼쪽으로 '-63'까지 움직여 하이라이트를 살짝 줄이고 'Whites' 슬라이더도 왼쪽으로 움직여 손상되는 영역이 없도록 조절했습니다. 여기까지 조절한 후에도 더 큰 대비가 필요하면 [Tone Curve] 패널 [Point] 탭의 'Curve' 팝업 메뉴에서 [Strong Contrast]를 선택합니다. 결과 모습이 과해 보이면 [Medium Contrast]를 선택합니다.

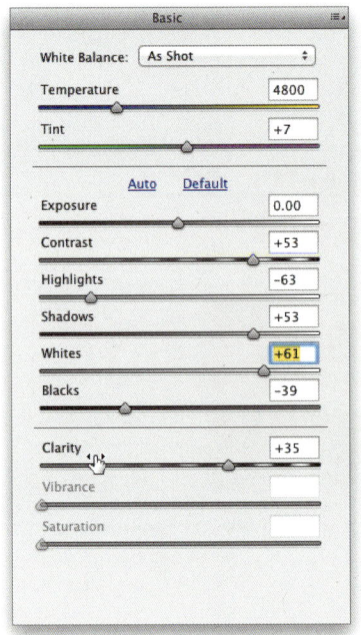
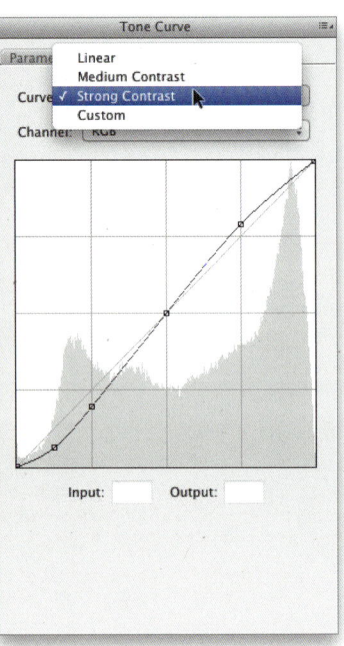

06

예제 사진에만 특별히 나타난 문제가 한 가지 있습니다. 왼쪽의 기둥이 여전히 뿌옇게 워싱된 듯 보인다는 것인데, 이를 해결하기 위해 [Adjustment Brush](K) 도구를 사용합니다. 'Highlights' 슬라이더 왼쪽의 (−) 단추를 클릭하여 다른 슬라이더들의 값을 '0'으로 만들고 'Highlights' 값을 약간 낮춥니다. 'Shadows' 값도 약간 낮춘 다음 오른쪽 화면과 같이 기둥 부분을 칠합니다. 다음 페이지에서 보정 전과 후의 모습을 확인할 수 있습니다.

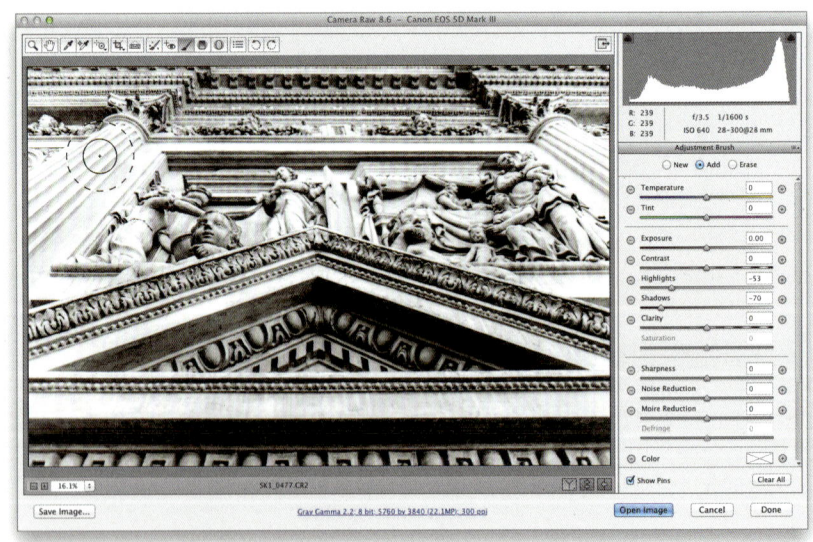

Before

After

Chapter 5. Black & White 흠잡을 데 없는 흑백사진 만들기 165

클릭 세 번으로 흑백사진 만들기

여러분이 전혀 예측하지 못했던 유용한 테크닉들이 있는데, 이번 레슨이 바로 그 대표적인 예가 될 것입니다. 필자 역시 완전히 다른 방법을 써서 작업했지만 이 테크닉을 우연히 발견하고 나서는 사랑에 빠지게 되었습니다. 이제 클릭 세번 만에 명쾌하고도 멋들어진 고대비의 흑백사진을 만들 수 있게 되었습니다(단, 포토샵에서 이미지를 열어둔 상태여야 합니다). 여기에 추가로 두 번 더 클릭하여 다른 버전으로 변화를 주는 방법까지 알아봅니다.

01

고대비의 흑백사진으로 변환할 컬러사진을 불러옵니다. 먼저 D를 눌러 전경색(Foreground color)을 검정색으로 설정합니다. 계속해서 [Adjustments] 패널에서 'Gradient Map' 아이콘을 클릭합니다. 오른쪽 화면에서 네모로 표시된, 수평 그러데이션 모양의 아이콘입니다.

02

아이콘을 클릭함과 동시에 [Properties] 패널에 'Gradient Map' 옵션이 나타나는데 이것은 그대로 두면 됩니다. 믿거나 말거나 이렇게 간단한 흑백 gradient map을 추가함으로서 [Grayscale] 기능 ([Image] 메뉴-[Mode]-[Grayscale])보다 항상 더 좋은 결과를 얻을 수 있습니다. 뿐만 아니라 [Black & White] 조절 대화상자에서 'default'나 'Auto' 설정으로 변환하는 것보다도 더 낫다고 할 수 있습니다. 여기에다 한두 번의 클릭을 더하면 한 단계 업그레이드 된 버전을 경험할 수 있습니다.

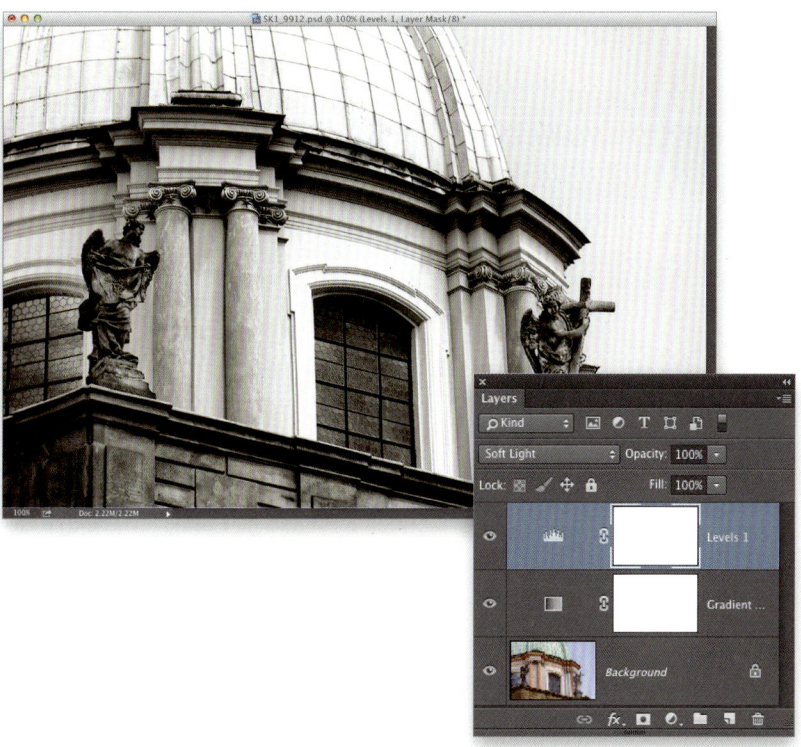

03

이제 손쉽게 대비를 더하기 위해 [Adjustments] 패널에서 'Levels' 아이콘(윗줄 두 번째)을 클릭합니다. 이 방법이 쉽다고 말하는 이유는 패널에 나타난 'Levels' 옵션을 직접 조절할 필요가 없기 때문입니다. 대신 해야 할 일은 레이어의 블랜드 모드를 [Soft Light]로 바꾸는 것인데, 이것만으로도 대비가 훨씬 강하게 나타나 대부분의 사진이 만족스러운 결과가 됩니다. 만약 이보다 더 큰 대비를 원한다면 [Overlay] 모드로 변경합니다. 여기까지 세 번 클릭으로 흑백사진 변환을 완성해 보았는데, 이 작업 방법이 만족스러우면 한 단계 더 변화를 주는 방법을 추가로 소개합니다(항상 필요한 작업은 아닙니다).

04

[Layers] 패널에서 'Gradient Map' 조절 레이어를 선택하고, [Properties] 패널의 그러데이션 옵션을 직접 클릭하여 [Gradient Editor] 대화상자를 불러옵니다. 왼쪽 화면과 같이 그러데이션 바 중앙을 클릭하여 가운데에 작은 집 모양의 컬러 스톱을 추가합니다. 사진이 많이 어두워질 것이므로 아직 [OK] 버튼을 클릭하지 말고 좀 더 조절합니다.

05

추가한 컬러 스톱을 더블클릭하면 [Color Picker] 대화상자가 나타나는데 색상 선택 박스의 왼쪽 면 끝에서 커서를 클릭하여 중간 회색을 선택합니다. 왼쪽 끝에서 위아래로 커서를 움직이면서 사진이 어떻게 변하는지 살펴봅니다. 커서의 움직임에 따라 중간 톤이 변화하므로 보기에 가장 적절한 지점의 회색을 선택하고 [OK] 버튼을 클릭하여 [Color Picker] 대화상자를 닫습니다. 계속해서 남아있는 [Gradient Editor] 대화상자에서 또 다른 변환 기법을 알아볼 것인데, 이 역시 선택적인 것으로 원하는 사람만 적용하면 됩니다.

06

[Gradient Editor] 대화상자로 돌아오면 추가했던 컬러 스톱의 색상이 회색으로 변한 것을 볼 수 있으며, 이를 움직여 사진의 톤을 조절할 수 있습니다. 헷갈릴만한 것은 그러데이션 바의 밝기와 반대로 톤이 바뀐다는 것입니다. 사진은 오른쪽의 흰색 방향으로 드래그하면 어두워지고 왼쪽의 검정색 방향으로 움직이면 밝아집니다. 포토샵의 다른 슬라이더들과는 달리 컬러 스톱은 드래그하는 도중에 사진이 어떻게 변하는지 실시간으로 볼 수 없기 때문에 마우스 버튼을 놓아야만 결과를 볼 수 있습니다. 조절을 마친 후에는 [OK] 버튼을 클릭하여 완료합니다.

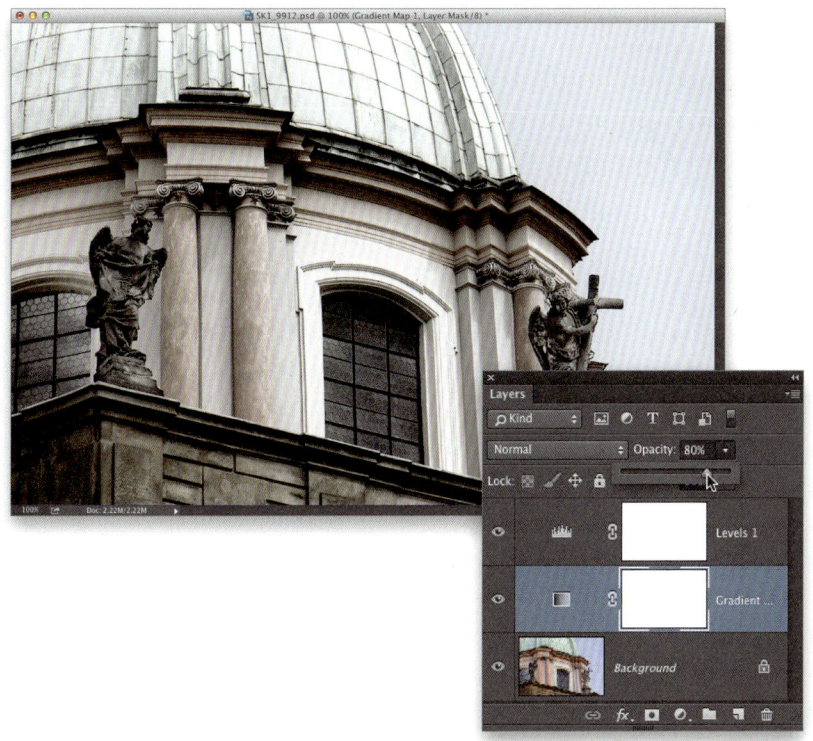

07

마지막으로 한 번의 클릭을 더하여 다양한 변환 모드를 빠르게 만들어 봅니다. [Layers] 패널에서 'Gradient Map' 조절 레이어의 'Opacity' 값을 '80%'로 낮춥니다. 이로서 사진의 색상을 약간 되살려 '워싱' 효과를 더할 수 있습니다(옆의 워싱 효과 사진과 01의 풀컬러 사진을 비교해보면 그 멋스러움을 직접 느낄 수 있을 것입니다). 아래에서 두 가지의 흑백 변환 결과를 비교할 수 있는데, 보정 후의 모습은 기본적인 세 번 클릭 버전까지만 진행한 모습입니다.

포토샵의 [Black & White] 기능으로 변환한 모습('Auto' 옵션 선택)

스콧 켈비의 '세 번 클릭 방법'으로 변환한 결과

분할톤으로 느낌 있는 흑백사진 만들기

Split Toning(분할 토닝)은 필름 카메라 세대의 암실에서 쓰던 특별한 효과인데, 사진의 하이라이트영역을 위한 톤과 쉐도우 영역을 위한 톤을 따로 조절하여 적용합니다. 각 톤의 채도(saturation)와 두 톤 간의 밸런스를 개별적으로 조절하여 재미있는 효과를 낼 수도 있습니다. 분할 토닝 효과는 컬러사진이나 흑백사진 모두 적용할 수 있지만 주로 흑백사진에 적용하는 경우가 많으므로 여기서는 사진을 먼저 흑백으로 변환하고 분할 토닝 효과를 적용해 봅니다.

01

풀컬러 사진을 흑백으로 바꾸기 위해 패널 영역 상단에서 4번째 아이콘인 'HSL/Grayscale' 아이콘을 클릭합니다. 패널 상단의 'Convert to Grayscale' 항목에 체크하여 흑백사진으로 만듭니다.

|NOTE|
예제 사진은 흑백 변환 이전에 [Basic] 패널에서 'Exposure' 값을 약간 높이고 'Highlights' 값을 조금 낮추어 손상되는 부분이 없도록 보정했습니다.

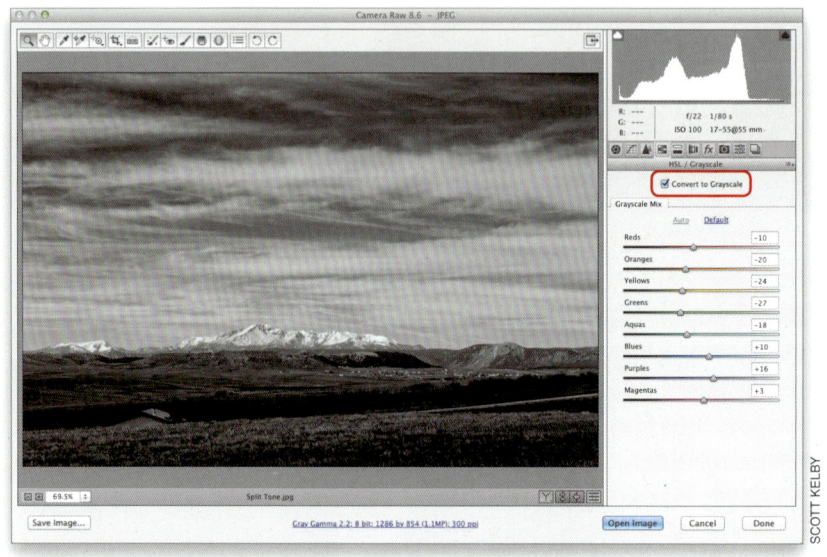

02

이제 패널 영역 상단에서 다섯 번째에 있는 'Split Toning' 아이콘을 클릭해 봅니다. 현재 시점에서 [Highlights]나 [Shadows]의 'Hue' 슬라이더의 조절은 사진에 아무런 영향을 미치지 못합니다. 기본적으로 'Saturation' 슬라이더 값이 '0'으로 되어있기 때문입니다. 그러므로 [Highlights]의 'Saturation' 슬라이더를 '25'까지 높여 'Hue' 슬라이더가 어떤 변화를 만드는지 확인합니다. 이때 'Hue' 슬라이더로 인해 설정된 기본 색조를 확인할 수 있습니다. 여기서는 분홍빛에 가깝습니다.

TIP 정확한 색조 확인하기
'Saturation' 값이 '100%'일 때의 색조를 정확하게 확인해 보려면 Alt(MAC:[Option])를 누른 채로 'Hue' 슬라이더를 클릭하여 움직여 봅니다. 이렇게 하면 어떤 색상을 선택할지 쉽게 고를 수 있을 것입니다.

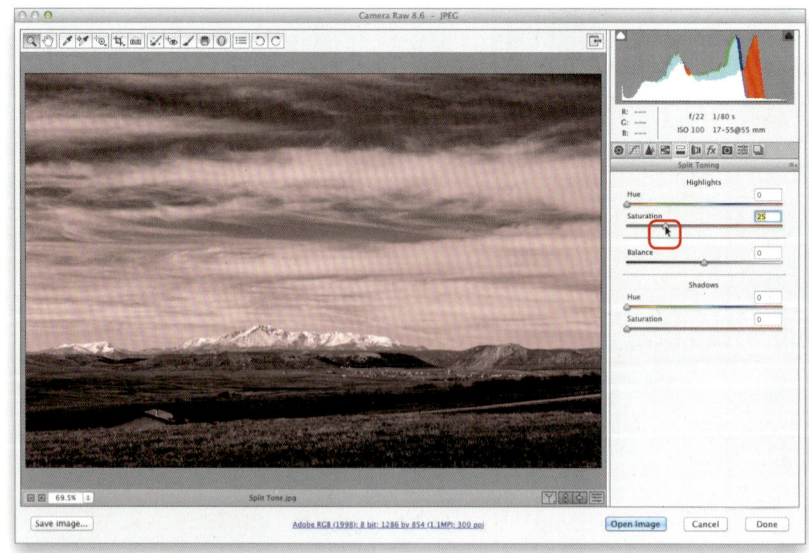

03

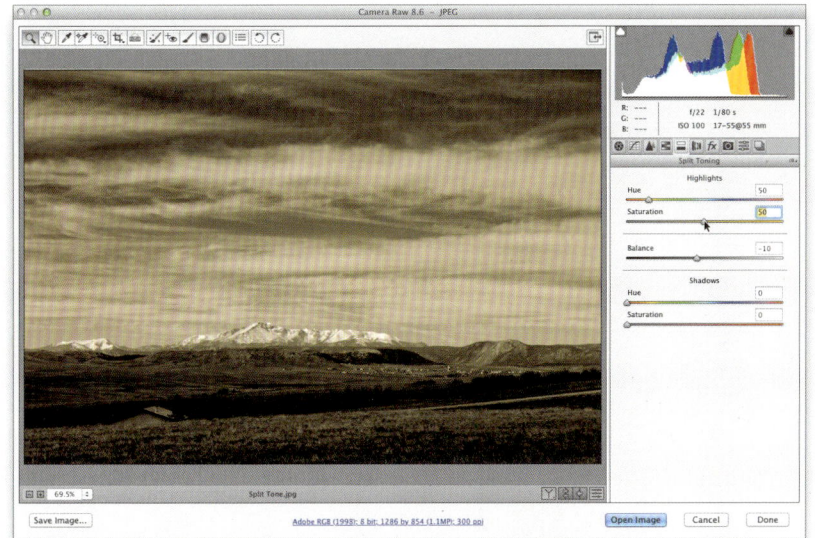

이제 어떤 식으로 작업을 진행할지 감이 잡힐 것입니다. [Highlights]의 'Hue' 슬라이더를 드래그하여 밝은 영역 톤이 원하는 색조가 되도록 조절합니다. 예제 사진은 'Hue' 값을 '50'으로 조절하고 [Highlights]의 'Saturation' 슬라이더를 '50'까지 움직여 약간 어두운 톤으로 만들었습니다.

04

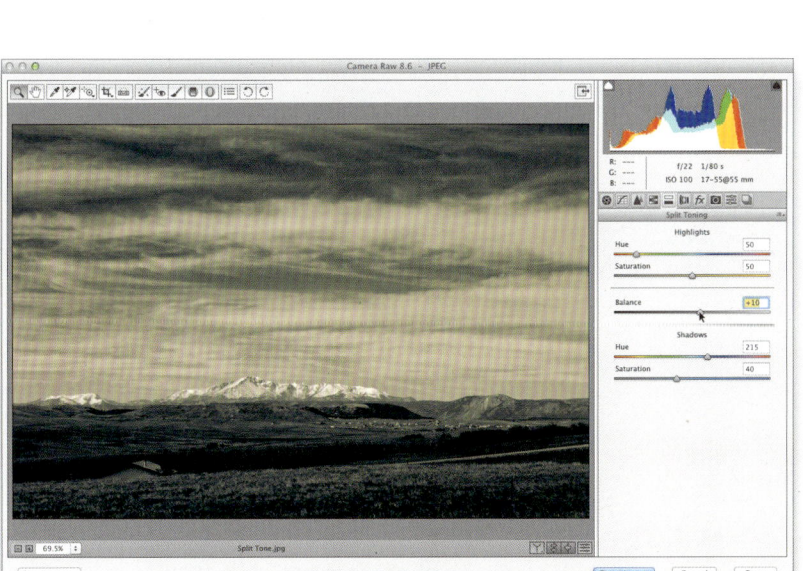

이번에는 쉐도우 영역 톤에 청록색 색조를 더해봅니다(청록색은 분할 토닝의 색 조합에 자주 쓰이는 색상입니다). 'Hue' 값에 따른 색조를 알 수 있도록 [Shadows]의 'Saturation' 값을 '40'으로 조절하고 [Shadows]의 'Hue' 값을 '215'로 맞추어 어두운 영역에 청록색 톤을 덧입혔습니다. 이외에도 'Balance' 슬라이더가 있어 두 분할 톤의 소합을 조절할 수 있습니다. 일단 좌우로 움직여보면 어떤 조절을 하는지 금방 알 수 있을 것입니다. 여기서는 오른쪽으로 '+10'까지 움직여 하이라이트 영역이 좀 더 노란 톤을 띄도록 했습니다. 마음에 드는 분할 토닝 조합을 찾았다면 그 설정 그대로 원클릭으로 적용할 수 있도록 프리셋을 만들어두는 것이 좋습니다. 그러면 필요할 때마다 만족스러운 분할 토닝을 빠르게 적용할 수 있습니다.

색다른 느낌의 듀오톤 빠르게 적용하기

이번 레슨이 단 한 페이지로 해결되는 테크닉이라고 우습게 보는 일은 없길 바랍니다. 필자가 써본 방법 중에 가장 빠르고도 최상의 결과를 가져다주는 듀오톤 적용 방법이기 때문입니다(필자는 이 방법만 사용합니다). 좀 더 복잡한 방법을 고수하고 있었는데, 친구 중 하나인 Terry White가 듀오톤을 신봉하는 다른 친구로부터 배웠다며 이 방법을 알려주었습니다. 이제 이 책에서 독자 여러분과 나누려 합니다. 아주 쉬우면서도 매력적인 방법입니다!

01

컬러사진을 흑백으로 바꾸기 위해 패널 영역 상단에서 4번째 아이콘인 'HSL/Grayscale' 아이콘을 클릭합니다. 패널 상단의 'Convert to Grayscale' 항목에 체크하여 흑백사진으로 만듭니다.

|NOTE|
예제 사진은 흑백으로 변환하기 전에 [Basic] 패널에서 'Exposure', 'Highlights', 'Shadows' 값은 낮추고 'Contrast Whites', 'Blacks', 'Clarity' 값은 높여 기본 보정을 했습니다.

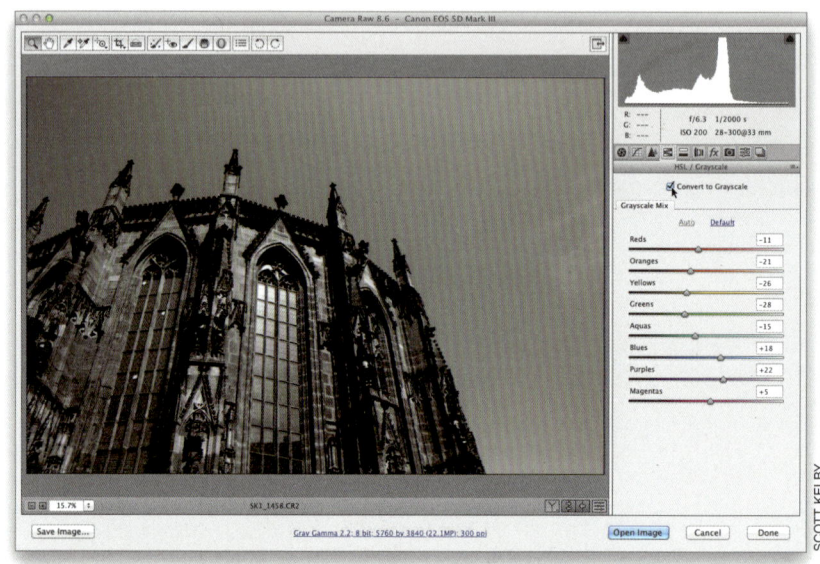

02

패널 영역 상단에서 다섯 번째에 있는 'Split Toning' 아이콘을 클릭하고 [Shadows] 영역에서 'Saturation' 값을 '25'로 높여 시작점으로 삼아줍니다. 이제 [Shadows]의 'Hue' 슬라이더를 움직여 보기 좋은 세피아 톤이 되게 합니다(필자는 보통 '28' 정도로 조절합니다). 톤이 너무 강해 보이면 'Saturation' 값을 낮춥니다. [Highlights] 영역을 전혀 건드리지 않아도 훌륭한 듀오톤을 만들 수 있습니다. [Highlights] 슬라이더들의 파워풀한 기능들을 이용하고 싶겠지만, [Shadows] 슬라이더만으로 완벽한 듀오톤이 되므로 필요 없는 욕심은 버려도 됩니다.

|NOTE|
아주 간편한 방법이긴 하지만 프린팅을 한다면 뒤통수를 맞을 수도 있습니다. 사진을 출력해야 한다면 시범 출력을 꼭 해봐야 합니다.

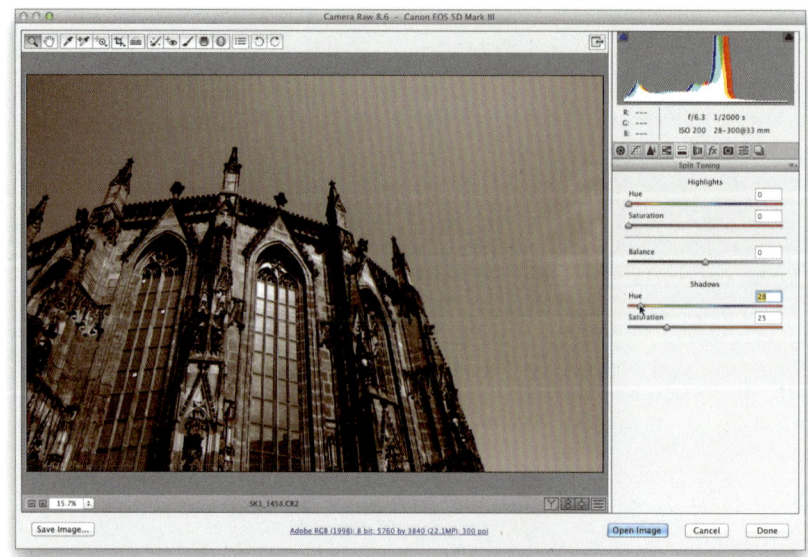

프로 사진가들이 만들어내는 깊고 풍부한 느낌의 흑백사진은 어떻게 완성된 것일까요? 그 흑백사진이 일반적인 흑백사진이 아니고 쿼드톤이나 트라이톤 등 여러 개의 톤을 조합한 것임을 안다면 아마 깜짝 놀랄 것입니다. 다른 톤을 지닌 3~4개의 회색 또는 갈색을 조합하면 흑백사진처럼 만들어지며 훨씬 깊이가 생깁니다. 포토샵에는 유용한 프리셋이 많긴 하지만 지금까지는 컴퓨터 어딘가에 숨어있는 프리셋을 찾아내야만 했는데, 이제는 클릭 한 번으로 쉽게 해결할 수 있습니다.

쿼드톤으로 깊이 있는 흑백사진 만들기

01

쿼드톤 효과를 적용할 사진을 불러옵니다. 참고로 쿼드톤은 특히 풍경사진이나 인물사진에 적용했을 때 최고의 효과를 발휘합니다. 여기서는 오래된 자동차 사진을 예로 듭니다.

|NOTE|
'Quadtone'이란 말은 사진을 출력할 때 4가지 색의 잉크를 섞어야 출력할 수 있음을 의미합니다. 'Tritone'은 3가지, 'Duotone'은 2가지 색의 잉크가 필요합니다.

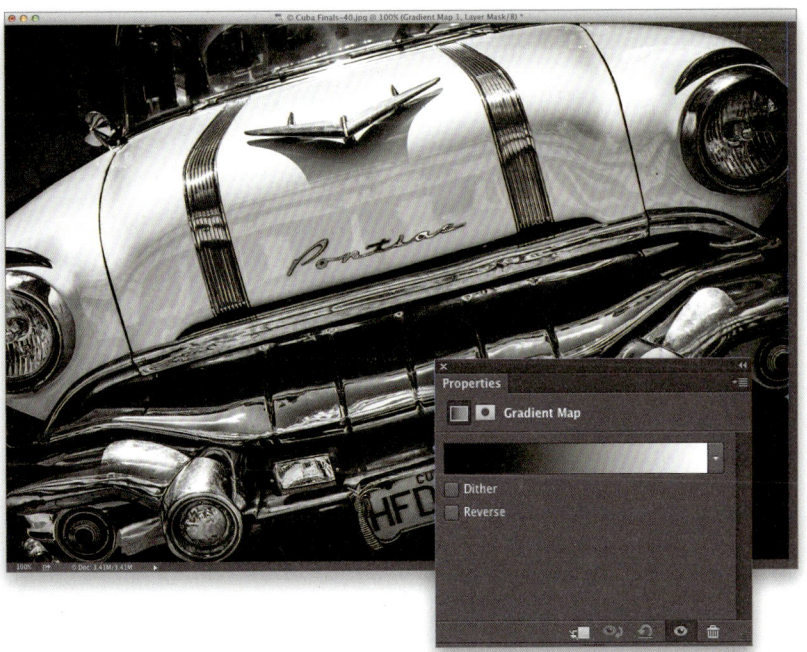

02

쿼드톤을 만들려면 먼저 [Grayscale] 모드로 변환해야 하는데, 이전까지의 레슨을 이해했다면 그 모드가 얼마나 밋밋한 느낌의 흑백사진을 만드는지 알고 있을 것입니다. 그러므로 그 대신에 D를 눌러 전경색과 배경색을 각각 검정색, 흰색으로 설정하고 [Adjustments] 패널에서 'Gradient Map' 아이콘을 클릭합니다. 'Gradient Map' 옵션이 나타나면 변경 없이 그대로 두고 모드 변환을 위해 [Image] 메뉴에서 [Mode]–[Grayscale]을 선택합니다. 이때 레이어를 하나로 모을지 묻는 창이 나타나면 [Flatten] 버튼을 클릭합니다. 계속해서 색상 정보 삭제를 확인하는 창이 나타나면 [Discard] 버튼을 클릭합니다.

03

사진의 색상 모드를 [Grayscale]로 변경하면 [Duotone] 메뉴가 활성화되어 사용할 수 있게 됩니다. [Image] 메뉴에서 [Mode]-[Duotone]을 선택하여 [Duotone Options] 대화상자를 불러오면 기본적으로 한 가지 톤만 설정하는 [Monotone]이 선택되어 있을 것입니다(어도비 엔지니어들의 지독한 장난이죠). 하지만 우리는 이와 상관없이 상단의 팝업 메뉴에서 미리 만들어져 있는 프리셋을 선택합니다. 총 116개(MAC:137개)의 듀오톤, 트라이톤, 쿼드톤 프리셋이 만들어져 있어 다양한 조합을 적용해볼 수 있습니다.

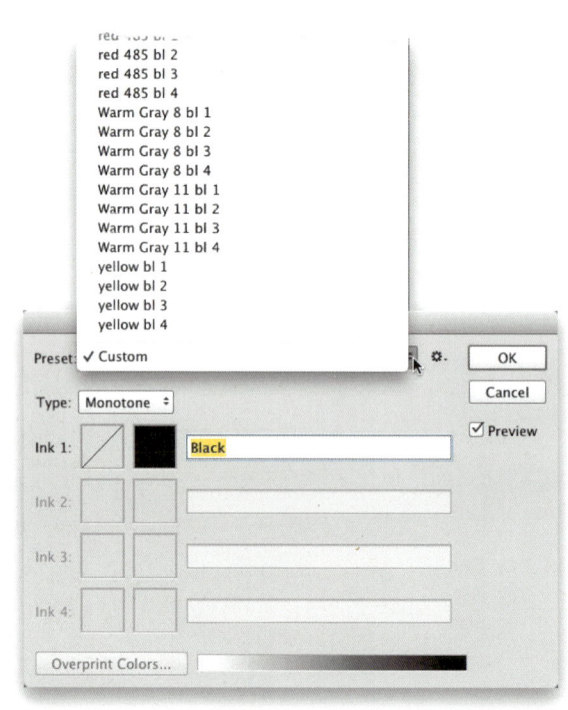

04

필자가 즐겨 쓰는 프리셋을 몇 가지 소개합니다. 먼저 [Bl 541 513 5773] 프리셋인데, 앞의 'Bl'은 검정색(black)을 나타내며 세 묶음의 숫자들은 쿼드톤을 구성하는 세 가지 다른 톤들의 PMS 번호입니다. 검정 톤에 적갈색 톤이 조합되어 멋진 듀오톤 효과를 내주는 [478 brown (100%) bl 4]도 적합한 사진을 제대로 만나면 매우 훌륭한 결과를 만들어 줍니다. 트라이톤 프리셋 중에는 검정색과 두 가지 회색을 조합한 [Bl WmGray 7 WmGray 2] 프리셋도 멋진 효과를 보여줍니다. 오른쪽 화면은 또 하나의 멋진 듀오톤 프리셋인 [Warm Gray 11 bl 2]를 적용한 것입니다. 여기까지 필자가 선호하는 프리셋 4가지를 소개했습니다. 단, 잊지 말아야 할 것은 컬러 잉크젯 프린팅을 위해 최종적으로 색상 모드를 다시 [RGB color]로 되돌려야 한다는 것입니다.

|NOTE|
같은 프리셋이라도 적용하는 사진에 따라 엄청난 차이를 보입니다. 그러므로 한두 번 써본 결과로 섣불리 판단하지 않도록 합니다.

지금까지 분할톤과 듀오톤 적용에 대해 알아보았으므로 이번에는 직접 만든 톤 조합을 원클릭으로 불러오는 프리셋으로 만들어 봅니다. 프리셋으로 만들어 놓으면 차후에 언제든지 같은 효과를 내고 싶을 때 자잘한 과정을 거칠 필요 없이 버튼 하나만 눌러 적용할 수 있습니다. 물론 이러한 프리셋 저장 기능은 분할톤이나 듀오톤에만 해당되는 것은 아니며 카메라로우에서 조절한 어떤 설정이든지 기억해 두었다가 언제든 쉽게 꺼내 쓸 수 있습니다.

카메라로우 원클릭 프리셋 만들기

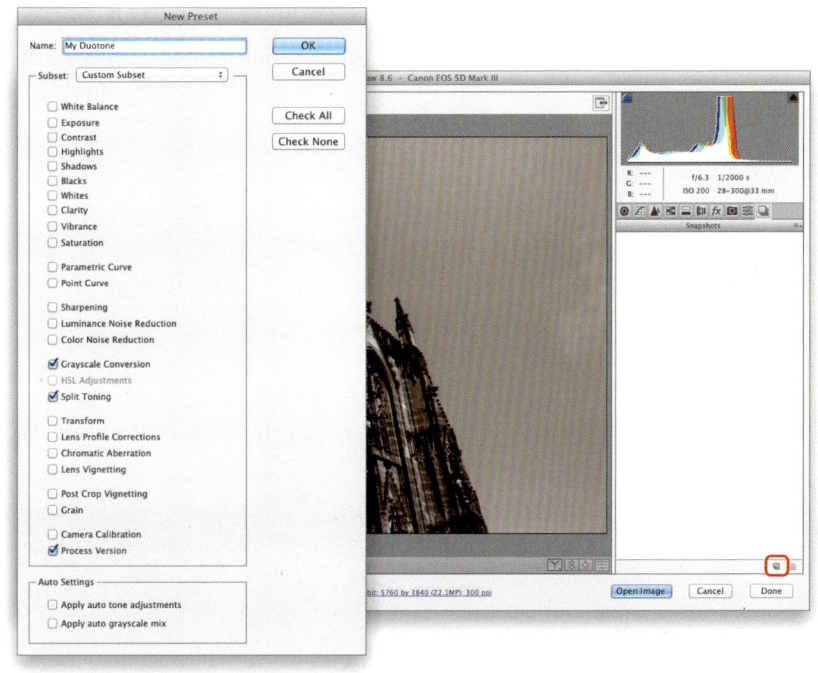

01

이전에 듀오톤 효과를 적용해보았으므로 곧바로 원클릭 프리셋 만들기를 시작합니다. 긴 시간 조절 끝에 드디어 마음에 드는 결과를 만들었을 때, 프리셋으로 저장해야 한다는 것을 잊지 않는 게 가장 중요합니다. 프리셋을 만들기 위해 패널 영역 상단에서 오른쪽으로부터 두 번째에 있는 'Presets' 아이콘을 클릭합니다. [New Preset] 버튼을 눌러 대화상자가 나타나면 프리셋으로 기억할 항목에 체크하고 프리셋 이름을 입력한 다음 [OK] 버튼을 클릭합니다.

02

프리셋으로 만들어 저장하면 패널에 목록으로 나타나며, 이를 클릭하면 내용이 바로 적용됩니다. 다른 사진을 하나 불러와 [Presets] 패널을 열고 만들어둔 프리셋을 클릭합니다. 이때 주의해야 할 점은 사진마다 노출이 다르기 때문에 노출 옵션 설정을 저장한 프리셋의 경우 기대와 다른 결과가 나올 수도 있다는 것입니다. 그러므로 분할톤이나 듀오톤 설정을 프리셋으로 만들 때는 'Exposure' 항목을 포함하지 않는 것이 좋습니다.

흑백사진 변환의 최종 선택사항

이번 레슨은 흑백사진 챕터의 마지막 페이지에 넣을 수밖에 없었는데, 오직 포토샵의 도구들만을 이용한 테크닉을 우선적으로 공유하고 싶었기 때문입니다. 그렇지만 지금도 여기서 소개하는 번외 프로그램을 종종 사용하므로, 포토샵만 쓴다고 한다면 솔직하지 못한 대답일 것입니다. 여기서 소개할 것은 Google Nik Collection 프로그램의 흑백 변환 플러그인 'Silver Efex Pro 2'입니다. 매우 쉬운 방법으로 흠잡을 데 없는 흑백 버전을 만들어 주기 때문에 필자가 아는 대부분의 프로 사진가들이 사용하곤 합니다. 'www.google.com/nikcollection'에서 15일 시험용 버전을 다운로드할 수 있습니다.

01

'Silver Efex Pro 2'를 설치한 다음, 흑백으로 변환할 컬러사진을 포토샵으로 불러옵니다. [Filter] 메뉴에서 [Nik Collection]–[Silver Efex Pro 2]를 선택하면 화면이 새로 열리며 기본적인 흑백 변환이 이루어집니다. 이 상태로도 나쁘지 않으므로 필자는 화면 우측에 나타나는 옵션들을 그대로 두는 편입니다.

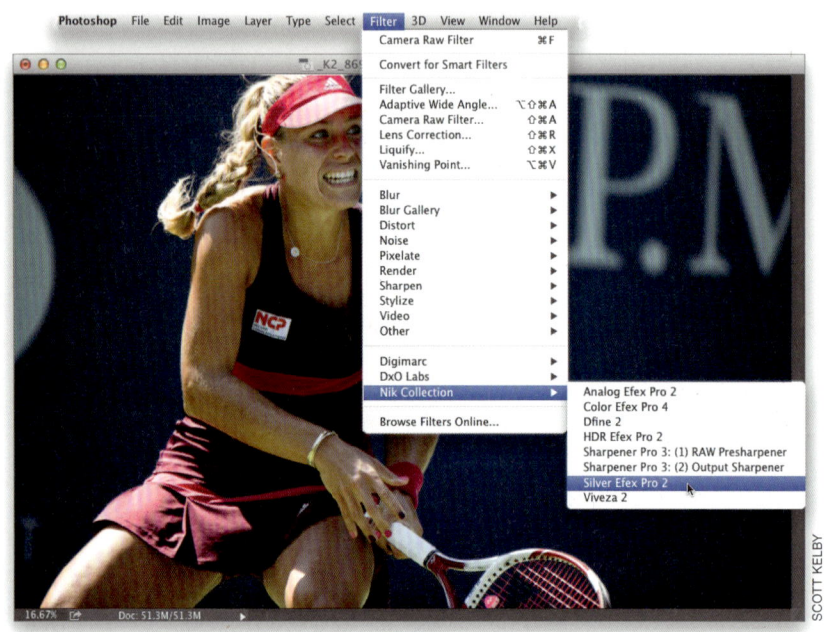

02

이 플러그인의 특장점은 'B&W(듀오톤)' 프리셋입니다. 화면 왼쪽에 작은 미리 보기 형태의 썸네일이 나타나 각각의 효과가 적용되었을 때 어떤 모습이 되는지 한눈에 확인할 수 있습니다. 여기의 프리셋 중 필자가 선호하는 것은 8번째에 있는 'High Structure' 프리셋으로, 고대비의 날렵한 느낌의 톤 적용이 대부분의 사진에 멋지게 어울립니다. 다만 인물사진일 경우 대비가 지나치게 강렬해 보일 수 있기 때문에 다른 프리셋을 사용합니다. 목록의 맨 처음 프리셋부터 하나씩 눌러보고 만족스러운 결과를 만나면 화면 오른쪽 하단의 [OK] 버튼을 클릭합니다. 매우 빠르고 쉬우면서도 확실히 만족스런 결과를 만들어줄 것입니다.

Photoshop Killer **Tips**

[Fill] 대화상자는 언제, 왜 나타날까?

레이어들을 모두 병합하여 'Background' 레이어만 남아있는 상태에서 선택 영역을 만든 후 Back Space (MAC: Delete)를 누르면 기본적으로 'Use' 팝업 메뉴에 [Content-Aware]가 선택된 상태로 [Fill] 대화상자가 나타납니다. 반면 레이어가 두 개 이상 존재하는 상태에서는 이 대화상자가 나타나지 않고 해당 레이어의 선택 영역이 바로 삭제되어 투명해질 것입니다. 'Background' 레이어 없이 하나의 레이어만 있을 때도 마찬가지입니다. 이런 경우 필요에 의해 [Fill] 대화상자를 불러오려면 Shift – Back Space (MAC: Shift – Delete)를 누릅니다.

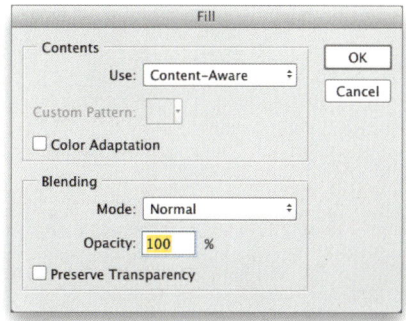

다른 문서 내의 같은 위치로 이동하기

레이어에 속해 있는 요소를 열려있는 다른 문서 내의 동일한 위치로 이동해야 할 때가 있을 것입니다. 이때는 먼저 [Layers] 패널에서 Ctrl (MAC: Command) 키를 누른 채로 옮기려는 대상의 썸네일을 클릭하여 대상을 포함하는 선택 영역을 만듭니다. 그리고 Ctrl – C (MAC: Command – C)를 눌러 복사한 다음, 이동하려는 문서의 [Edit] 메뉴에서 [Paste Special] – [Paste in Place]를 선택합니다. 이제 같은 자리에 복사된 모습을 확인할 수 있습니다. 물론 이동한 문서의 크기와 해상도가 기존의 문서와 동일해야 하며, 이 방법은 레이어 뿐만 아니라 다른 모든 대상에도 적용할 수 있습니다.

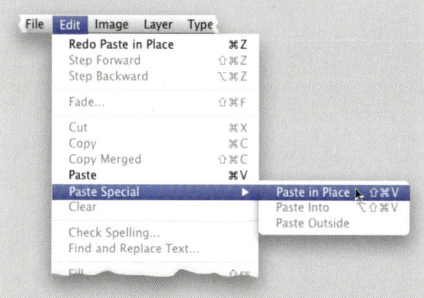

화면을 빠르게 확대하기

보통 사진을 확대하려면 특정 지점 위에서 [Zoom] 도구를 클릭합니다. 이 방법은 확대되는 모습이 부드럽긴 하지만 느리다는 단점이 있습니다. 느린 속도가 답답하면 [Zoom] 도구를 선택하고 그림 위에서 클릭한 채 오른쪽으로 드래그하여 빠르게 확대합니다.

빨갛게 나온 눈을 예쁘게 만들기

눈이 빨갛게 나오는 적목현상이 나타나면 단 15초 만에 수정할 수 있습니다. [Zoom](Z) 도구로 빨간 눈 부분을 확대하고 도구 상자에서 [Red Eye Tool](Shift – J)을 선택합니다. 이제 빨간 눈 위에서 클릭 한 번만 하면 곧바로 정상적인 눈으로 돌아올 것입니다. 만약 한 번에 모두 제거되지 않을 정도로 면적이 크다면 옵션 바에서 'Pupil Size' 값을 높입니다. 수정 후의 눈동자 색이 검정색보다 회색에 가까우면 옵션 바에서 'Darken Amount' 값을 높입니다.

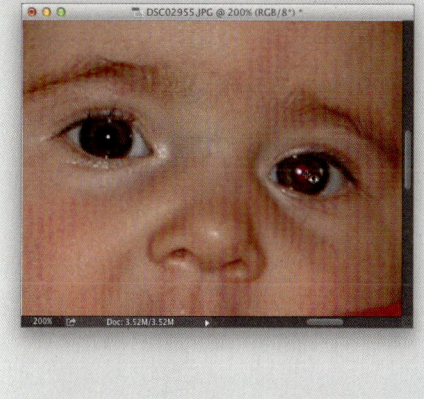

이미지를 문서로 바로 추가하기

Bridge에서 사진을 선택하여 열려있는 문서 위로 바로 드래그하면 문서 안에 사진이 바로 추가됩니다(문서가 열려있지 않은 경우에는 사진이 새 문서로 열립니다). 이때 기본적으로는 스마트 오브젝트 형태로 추가되도록 설정되어 있는데, 이것이 싫다면 설정을 변경할 수 있습니다. Ctrl – K (MAC: Command – K)를 누르거나 [Edit] 메뉴에서 [Preferences] – [General]을 선택하고 Options 영역에서 'Always Create Smart Objects When Placing' 항목의 체크를 해제합니다.

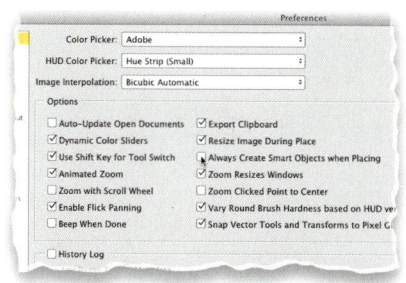

Photo by Scott Kelby | Exposure: 1/13 sec | Focal Length: 16mm | Aperture Value: f/2.8

6 CHAPTER
We Are HDR
HDR 사진을 만들다

이번 제목이 HDR을 다루는 챕터에 완벽히 어울린다고는 하지마세요. 이번에 다룰 밴드명은 'hdr'이며 앨범 타이틀 곡이 〈We Are HDR.〉이기에, 운명이라고 생각했었지요. 사실 밴드명 'HDR'이 이번 챕터에서 설명할 HDR(High Dynamic Range) 이미지 유형을 의미하지 않는다고 해도 어쩔 수 없지만 어쨌든 그렇다고 우기고 싶었습니다. 아마도 실상은 'Heavy Donut Raid'나 'Her Darn Rottweiler' 또는 'Hi, Don Rickles'의 약자일 가능성이 더 크죠. 사진가들을 화나게 할만한 'Highly Decaffeinated Roast(고도의 디카페인 로스팅)'일 가능성도 있으므로 굳이 진실을 파헤치고 싶진 않군요.

이번 챕터를 보면 알게 되겠지만 HDR(Hardee's Delicious Ribs)에는 두 가지 유형이 있습니다. 좋은 유형은 오늘날 디지털 카메라로 찍을 수 있는 것보다 더 넓은 범위의 톤과 노출을 만들어 마치 눈으로 직접 보고 있는 느낌을 주는 것입니다. 반면 나쁜 유형의 HDR(House Developers' Revolt)은 해리포터 영화의 한 장면처럼 비현실적인 느낌을 주는 것입니다. 이 시점에서 아마도 첫번째 요건에 주안점을 둬야겠다는 생각이 들겠지만 아마도 그 소망은 쉽게 이뤄지지 않을 것입니다. 물론 방법이 없는 것은 아니지요. 포토샵의 [Merge to HDR Pro] 대화상자에 현실과 초현실을 구분해주는 큰 역할의 슬라이더가 하나 있기 때문입니다. 필자가 아는 바로는, 다른 사람이 아무도 보지 않을 때 한번 그 슬라이더를 판타지 영역으로 드래그하면 - 두둥! - 당신은 중독된 나머지 결혼사진부터 아기사진까지 모두 톤 맵핑 보정을 하게 될 것입니다. 친구들과 가족이 당신을 앉혀놓고 이 심각한 중독에서 빠져나올 수 있도록 도움을 주려 하겠지만 글쎄요, 초현실 HDR(Hallucinogenic Deli Relish)의 유혹은 너무나 강렬하기만 할 것입니다. 난 분명히 경고했어요!

HDR 촬영을 위해 카메라 설정하기

HDR(High Dynamic Range) 촬영 작업을 하기 위해서는 그에 적합한 카메라 설정이 필요합니다. 즉, 모든 톤 범위를 조합하여 포토샵에서 한 장의 HDR 사진을 만들 수 있도록 다중 노출 브라케팅 촬영 모드를 설정하는 것입니다. 이번 레슨에서는 DSLR 카메라에서 3브라케팅과 5브라케팅 설정을 어떻게 하는지 알아보고 셔터 한 번으로 HDR 사진을 완성합니다.

01

HDR 사진을 만들기 위해서는 같은 장면을 노출만 달리하여 여러 장 찍는 다중 노출 촬영이 필요하므로 촬영한 장면이 모두 정확히 일치하도록 삼각대에 카메라를 고정하는 것이 좋습니다. 삼각대가 없거나 사용이 불가능한 상황이면 손으로 들고 찍어도 됩니다. 포토샵의 자동 정렬 기능을 이용하면 흔들려서 생긴 오차를 어느 정도 해결할 수 있기 때문입니다. 단, 이런 경우 명심해야 할 것은 빛이 충분한 장소에서 빠른 셔터 속도로 촬영하여 흔들림을 최소화해야 한다는 것입니다. 삼각대를 사용하면 고민할 필요가 없습니다.

|NOTE|
HDR 처리로 인해 사진에 노이즈가 나타날 수 있으므로 삼각대에 카메라를 고정하여 찍는 경우에는 사진이 깨끗하게 나오도록 최소한의 ISO를 설정합니다. Canon과 Sony의 DSLR 대부분은 ISO 100, Nikon은 ISO 200을 권장합니다.

02

여기서는 조리개 우선 모드로 하여 HDR 사진을 찍습니다(Nikon은 'A', Sony는 'Av'로 표기되어 있습니다). 사용자가 f-stop 값을 선택하면 카메라가 자동으로 셔터 속도를 다양하게 설정하여 브라케팅 노출을 만들어 냅니다. 이때 f/8이나 f/11 등 장면을 최대한 담을 수 있도록 깊은 심도의 f-stop 값을 설정합니다. f/2.8이나 f/4 정도로 조리개를 열면 배경이 흐릿해져 HDR 사진을 만들기에 어울리지 않기 때문입니다.

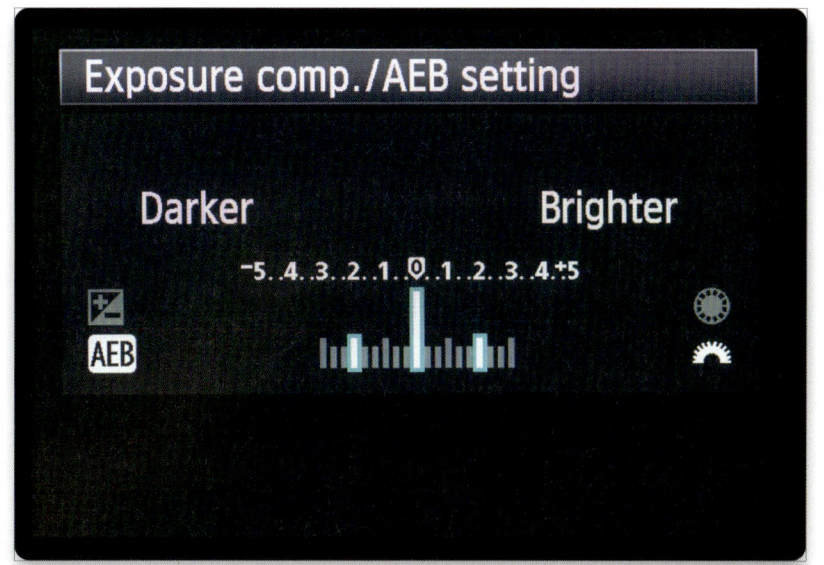

03

카메라가 자동으로 노출에 변화를 주어 연사 촬영을 할 수 있도록 설정합니다. 시작점이 되는 정상 노출 값을 기준으로 2스톱 아래로 아주 어둡게 한번 찍고 이어서 2스톱 위로 아주 밝게 한번 찍습니다. 어떤 카메라는 이렇게 2스톱 간격으로 3장을 찍을 수 있는 반면, 어떤 카메라는 1스톱 간격으로 무조건 5장을 찍도록 되어 있습니다. 이런 경우 HDR 사진을 만드는 데 5장 모두 쓸 수 있습니다.

|NOTE|
노출 브라케팅의 설정 방법은 카메라 모델과 제조사마다 다르므로 각자의 매뉴얼을 참고합니다.

04

목표대로 셔터를 길게 한번 눌러 3장 또는 5장이 나오도록 브라케팅 촬영을 해봅니다. 동일한 화면을 유지하기 위해 셔터 속도를 빠르게 유지시켜주는 소위 'Burst 모드'로 설정해두는 것을 잊지 말기 바랍니다. 삼각대를 사용한다면 케이블 또는 무선 리모트를 사용하여 셔터 버튼을 누르는 순간에도 카메라가 전혀 움직이지 않게 고정해야 합니다.

HDR Pro 화면 훑어보기

브라케팅 설정으로 찍은 여러 장의 사진을 [Merge To HDR Pro] 대화상자에서 한 장의 HDR 사진으로 통합하는 작업을 해봅니다. 여기서는 대화상자에 있는 여러 설정 영역을 대략적으로 훑어볼 텐데, 설정할 것이 많아 보이지만 실제로 무시해도 되는 슬라이더가 많으며 사용법도 아주 쉬우므로 겁먹을 필요는 없습니다. 또한 여기서 사진을 통합하여 이미지를 완성하더라도 어차피 카메라로우에서 마무리하기 때문에 비슷한 이름의 슬라이더 역시 신경 쓰지 않아도 됩니다.

'Presets' 팝업 메뉴와 흔들림 보정

대화상자 오른쪽 상단에는 'Preset' 팝업 메뉴가 있는데, 여기서 프리셋을 선택하여 몇 번 써보면 그 후에는 다시 쓰고 싶지 않아질 것입니다. 바로 아래에 있는 'Remove Ghosts' 항목은 촬영 시 삼각대 없이 손으로 들고 찍은 경우에 체크합니다. 여기에 체크하면 촬영하는 순간 움직임으로 인해 생긴 흔들림 현상을 개선할 수 있습니다. 꽤 괜찮은 결과를 보여주긴 하지만 육안으로 흔들림 현상이 보일 때만 사용합니다. 계속해서 그 아래에는 'Mode' 설정이 [16 bits]로 되어있으며 그 옆의 옵션은 'Local Adaptation'을 선택합니다(다른 옵션들은 권장하고 싶지 않은 CS4 시절의 잔존물이라 할 수 있습니다).

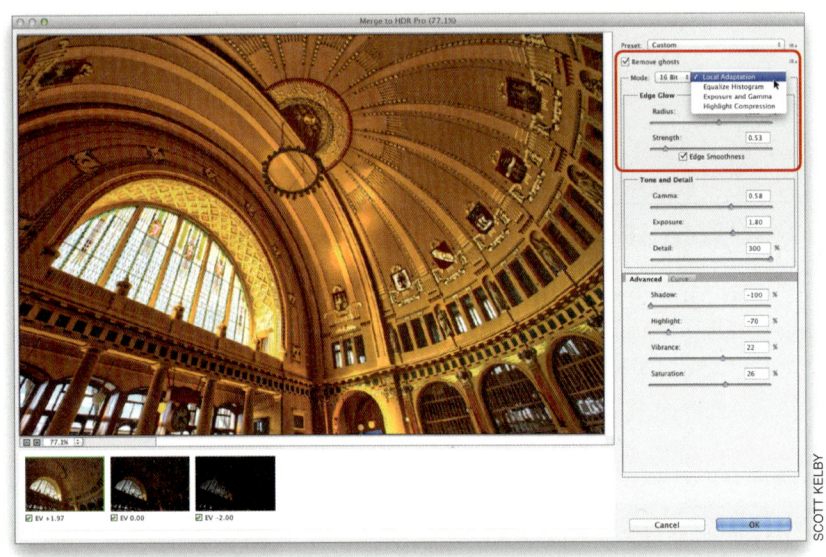

[Edge Glow] 영역

이 영역의 'Radius' 슬라이더는 크기가 큰 피사체를 둘러싼 형태로 나타나는 흰색 띠(white glow)의 크기를 조절하며, 'Strength' 슬라이더는 그 흰색 띠를 얼마나 도드라지게 할지 조절합니다. 'Strength' 슬라이더를 오른쪽으로 움직일수록 띠가 또렷해지는 것이죠. 즉, 이 두 슬라이더를 균형을 적절히 맞추어 눈에 거슬리는 흰색 띠를 없애는 작업은 아주 섬세한 작업입니다. 오른쪽 사진에서도 나타나 있는데, 'Radius' 값을 '150' 이상으로, 'Strength' 값은 '0.05' 정도로 작게 조절했더니 대부분 개선되었습니다. 'Edge Smoothness' 항목에 체크하면 슬라이더 조절로 인해 생기는 거친 느낌을 줄여주므로 필자가 자주 사용하는 방법입니다.

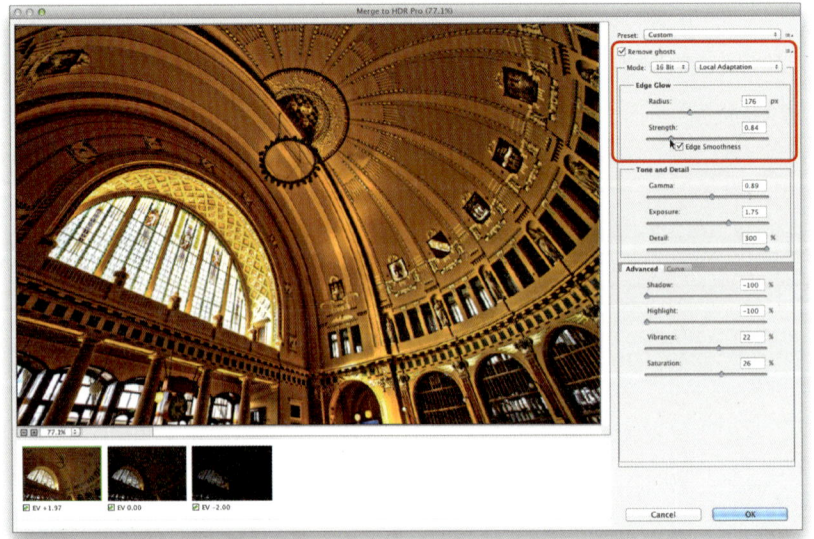

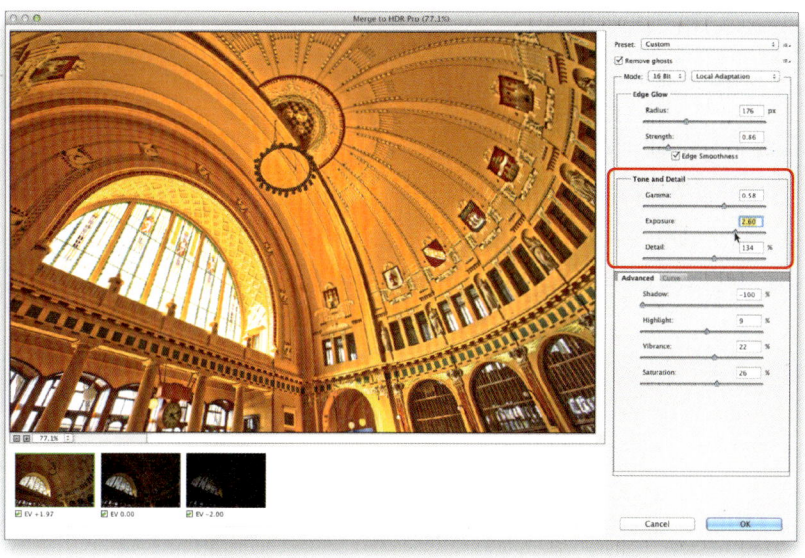

[Tone and Detail] 영역

필자의 경우 이 영역의 'Gamma', 'Exposure' 슬라이더로 고민한 적이 없습니다. 여기서는 HDR 사진을 만들기만 하고 그 후에 카메라로우에서 기존에 저장해둔 설정을 적용하기 때문이죠. 'Gamma' 슬라이더는 중간 톤의 밝기를 조절하며 왼쪽으로 움직이면 어두워지고 오른쪽으로 움직이면 밝아집니다. 'Exposure' 슬라이더는 전반적인 노출을 조절하며 카메라로우의 'Exposure' 슬라이더와 매우 비슷한 기능을 합니다. 왼쪽으로 움직이면 어두워지고 오른쪽으로 움직이면 밝아집니다. 다음 슬라이더는 'Detail' 슬라이더로 카메라로우의 'Clarity' 슬라이더와 같이 중간 톤의 대비를 높일 수 있는데, HDR처럼 보이도록 만들어 줍니다. 'Detail' 값을 높이면 하이퍼리얼 톤 맵핑 처리가 된 듯한 화보 느낌의 사진을 만들 수 있습니다.

[Advanced] 탭과 [Curves] 탭

[Advanced] 탭(실제로는 이름만큼 'advance' 하진 않지만) 상단의 'Shadows' 슬라이더는 카메라로우의 'Shadows' 슬라이더보다 더 세밀한 단위로 조절됩니다. 조절 폭이 크지 않은 만큼 '100%'까지 올려도 큰 변화를 느끼기 힘들기 때문에 필자는 거의 조절하지 않고 넘어갑니다. 'Highlight' 슬라이더는 하이라이트 영역의 밝기를 조절하므로 교회 안에 있는 창문이나 하늘의 흰 구름이 회색으로 찍힌 경우 이 슬라이더를 오른쪽으로 조금만 움직이면 흰색으로 만들 수 있습니다(카메라로우의 'Highlights' 슬라이더만큼 좋다고는 할 수 없지만요). 'Vibrance' 슬라이더는 색이 선명하지 않을 때, 'Saturation' 슬라이더는 해리포터에서 본 듯한 선명한 톤을 만들고 싶을 때 어느 정도 도움이 되지만 카메라로우에 있는 동명의 슬라이더만큼 확실한 효과를 발휘하지는 않습니다(그러므로 필자는 전혀 사용하지 않습니다). 마지막으로 짚고 넘어갈 것은 'Contrast' 슬라이더가 없다는 점입니다. 따라서 대비는 [Curve] 탭을 눌러 카메라로우의 포인트 커브 조절과 비슷한 방법으로 조절해야 합니다.

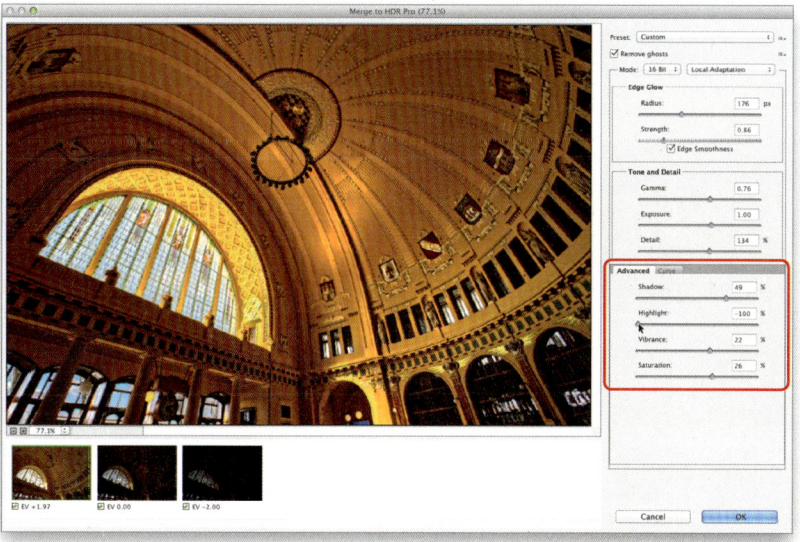

|NOTE|
대비 조절에 관한 부분은 Chapter 1의 "Curves로 대비 조절하기"를 참고합니다.

32비트 HDR로 손에 잡힐듯한 사진 만들기

HDR 사진은 기본적으로 두 가지 유형으로 나뉘는데, 그중 하나는 해리포터 영화에서 보이는 환상적인 풍경처럼 여러 개의 톤을 입혀 초현실적인 느낌을 주는 것입니다(실제 해리포터에 나오는 모습들은 Photomatix라는 영국의 소프트웨어로 만들어졌다고 합니다). 다른 한 가지는 손에 잡힐 듯이 현실적으로 보이도록 만드는 것으로, 노출에 변화를 주어 촬영한 여러 장의 사진을 합성하여 톤 범위를 넓히는 것입니다. 이번 레슨에서는 후자와 같이 육안으로 보이는 것과 비슷한 느낌을 주려면 어떻게 해야 하는지 알아봅니다.

01

Bridge에서 브라케팅 촬영으로 촬영한 사진들을 선택하고 [Tools] 메뉴에서 [Photoshop]-[Merge to HDR Pro]를 선택합니다. 그러면 [Merge to HDR Pro] 화면에 선택한 사진들이 나타나는데, 이대로 합성하고 슬라이더 조절을 하면 톤 맵핑 처리된 초현실적인 느낌의 사진이 되기 때문에 실제적인 모습의 사진을 만들기 위해서는 32비트로 전환하는 것이 좋습니다. 오른쪽 상단의 'Mode' 팝업 메뉴에서 [32 Bit]를 선택합니다.

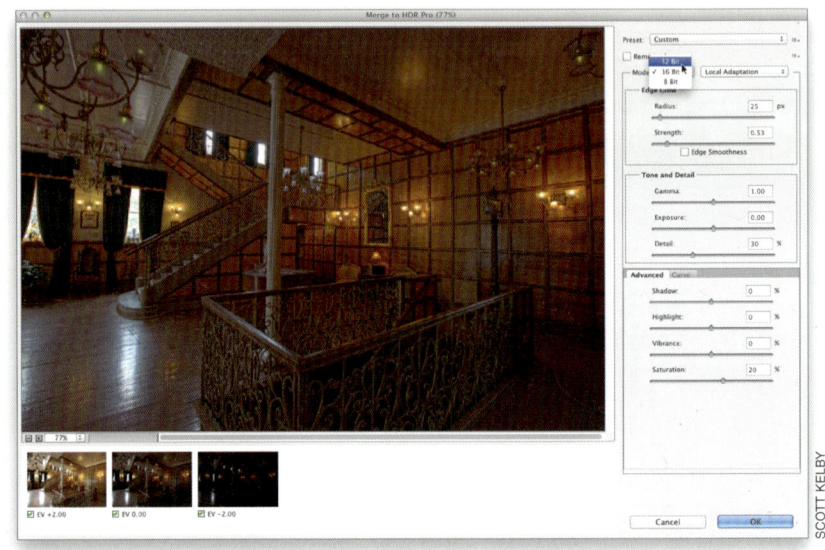

02

32비트로 전환하면 동시에 모든 조절 슬라이더가 사라지고 'Set White Point Preview' 히스토그램이 나타납니다. 여기서 해야 할 일은 히스토그램 아래의 'Complete Toning in Adobe Camera Raw' 항목에 체크하고 하단의 [Tone in ACR] 버튼을 클릭하는 것입니다. 즉, 현재 화면에서는 사진 합성만 하고 곧바로 포토샵의 카메라로우에서 사진을 열어 필요한 조절을 실행합니다.

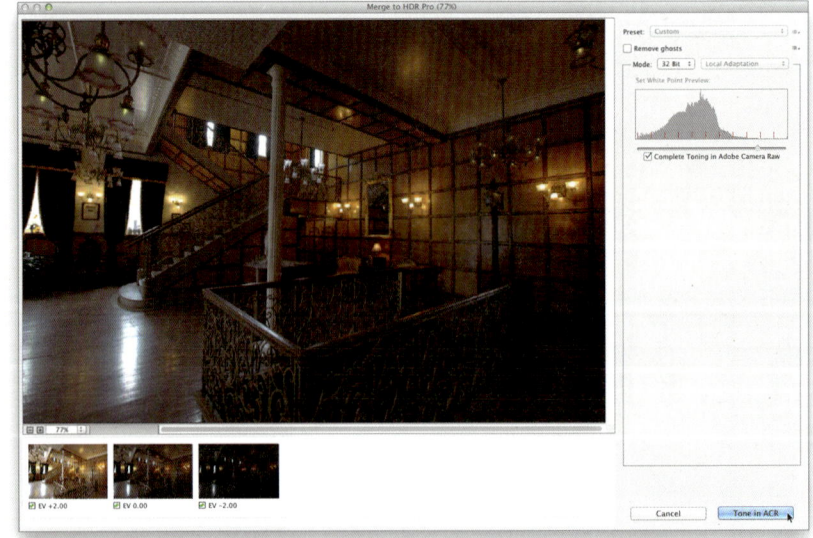

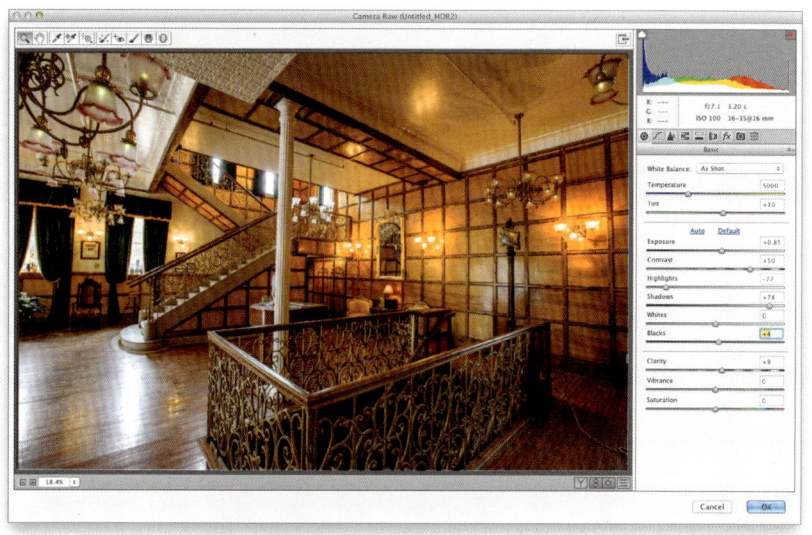

03

합성된 한 장의 HDR 사진이 카메라로우에서 열리며, 그 자체로도 이미 이전 화면에서의 밋밋했던 색조가 선명하게 바뀐 것을 볼 수 있습니다. 이제 지금까지 배운 톤 조절 테크닉들을 이용하여 사진을 멋지게 만들어 봅니다. 예제 사진이 조금 어두운 편이므로 'Exposure' 값을 조금 높이고 'Contrast' 값도 높였습니다. 또한 'Shadows' 값을 많이 높여 디테일을 살리고 'Clarity' 값도 조금 높여 목재의 질감을 되살렸습니다. 창문이 빛으로 인해 디테일을 잃지 않도록 'Highlights' 값은 낮추었습니다.

|NOTE|

일반적으로 'Exposure' 슬라이더는 '-5'부터 '+5'까지 10스톱에 해당하는 범위를 가지는데, 32비트 버전의 경우 '-10'부터 '+10'까지 20스톱의 범위를 지닙니다.

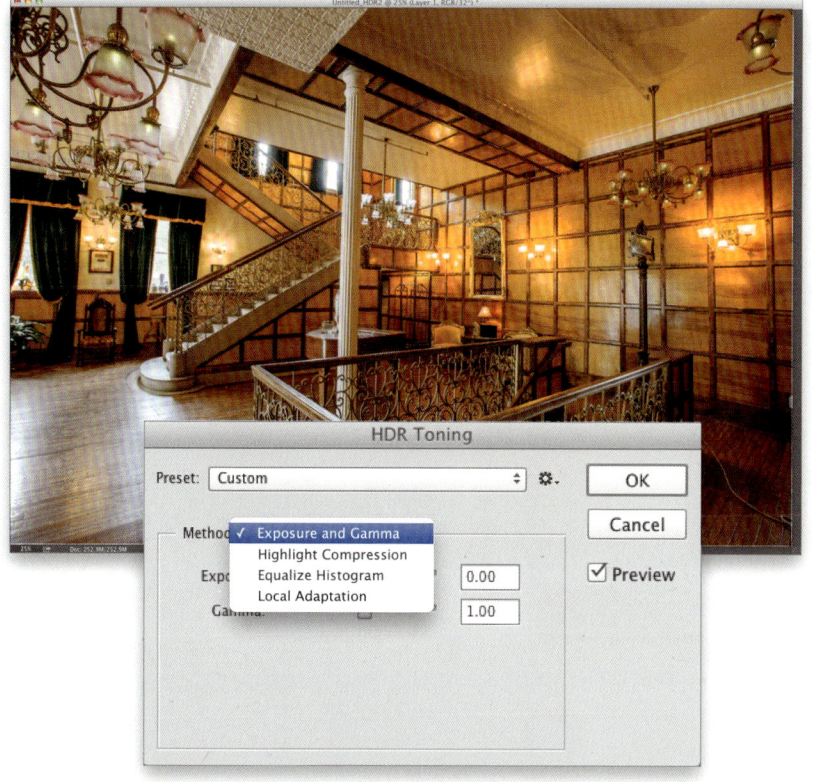

04

카메라로우에서의 보정 작업을 마쳤으면 [OK] 버튼을 클릭하여 포토샵에서 사진을 열어봅니다. 현재의 32비트 모드로는 포토샵에서 할 수 있는 작업이 거의 없으므로 16비트 또는 포토샵에서 주로 쓰는 8비트 모드로 변환합니다. 여기서는 [Image] 메뉴에서 [Mode]-[8 Bits/Channel]을 선택합니다. 확인창이 나타나면 [Merge] 버튼을 누르고 [HDR Toning] 대화상자가 나타나면 'Method' 팝업 메뉴에서 [Exposure and Gamma]를 선택하여 이상하게 변했던 색조를 원래대로 되돌립니다. 이제 다른 설정은 그대로 두고 [OK] 버튼을 클릭하여 일반적인 8비트 모드에서 포토샵 작업을 계속합니다. 샤프닝이나 비네팅 효과 등 원하는 작업을 더하여 마무리합니다.

초현실적인 톤 맵핑 HDR 사진 만들기

이번에는 톤 맵핑으로 극적인 효과를 주어 초현실적인 느낌의 사진을 만들어 봅니다(과장된 하이퍼리얼 사진이 모두에게 좋은 느낌을 주는 것은 아니므로 앞의 레슨에서 실제에 가까운 HDR 사진에 대해 먼저 알아봤습니다. 만약 극단적인 톤 맵핑 대신 적당히 현실적이고 과하지 않은 HDR 사진을 원한다면 페이지를 건너뛰어 다음 레슨을 보세요!) 클릭 몇 번이면 빠르고 쉽게 '해리포터의 판타지 월드' 스타일의 HDR 사진을 만들 수 있습니다.

01

Bridge에서 브라케팅 촬영을 한 3장의 사진을 선택하고 [Tools] 메뉴에서 [Photoshop]-[Merge to HDR Pro]를 클릭하여 대화상자를 불러옵니다(대화상자라기보다는 '화면'이라 할만한 큰 창이므로 나타나기까지 15초 이상의 시간이 필요합니다). 이 기능을 통해 세 장의 사진을 쉽게 합성할 수 있지만 결과 모습이 볼품없는 이유는 사진들이 기본적으로 16비트 모드 상태이기 때문입니다.

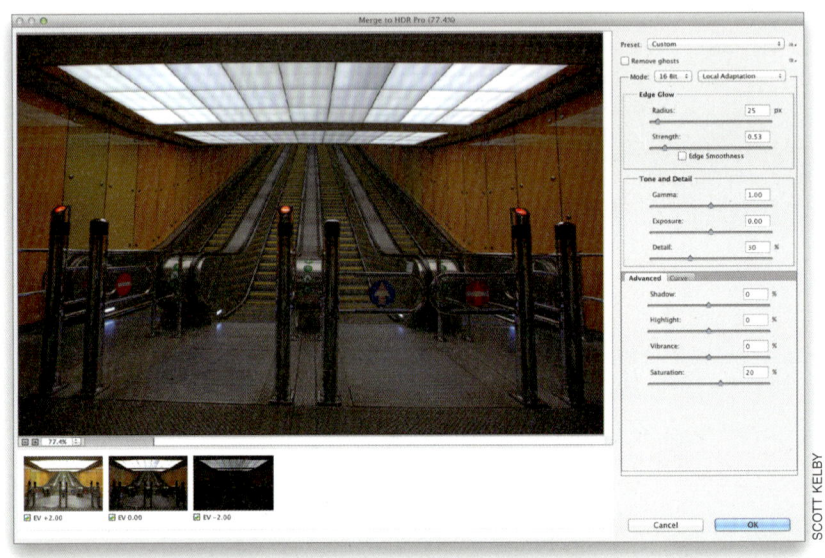

02

처음 HDR Pro 기능이 생겼을 때 필자는 여러 가지 프리셋을 하나씩 적용해 봤는데, 그 과정을 멈출 수 없었던 이유는 어느 하나도 마음에 드는 것이 없었기 때문입니다. 결국은 대부분의 사진에 효과적으로 들어맞도록 프리셋을 직접 만들어 써야만 했습니다. 시간은 걸렸지만 결국은 쓸 만한 프리셋을 하나 만들었고 어도비에서도 이에 만족하여 포토샵에 프리셋을 탑재하였습니다. 'Preset' 팝업 메뉴에 있는 'Scott5'가 바로 그 프리셋입니다. 이를 선택한 다음 'Edge Smoothness' 항목에 체크하여 거친 느낌을 줄여줍니다. 프리셋을 적용한 후에도 좀 더 극적인 연출이 필요하다면 'Strength' 슬라이더를 오른쪽으로 아주 약간만 더 조절합니다. 여기서는 Scott5 프리셋 값을 '0.47'에서 '0.67'까지 더 높였습니다.

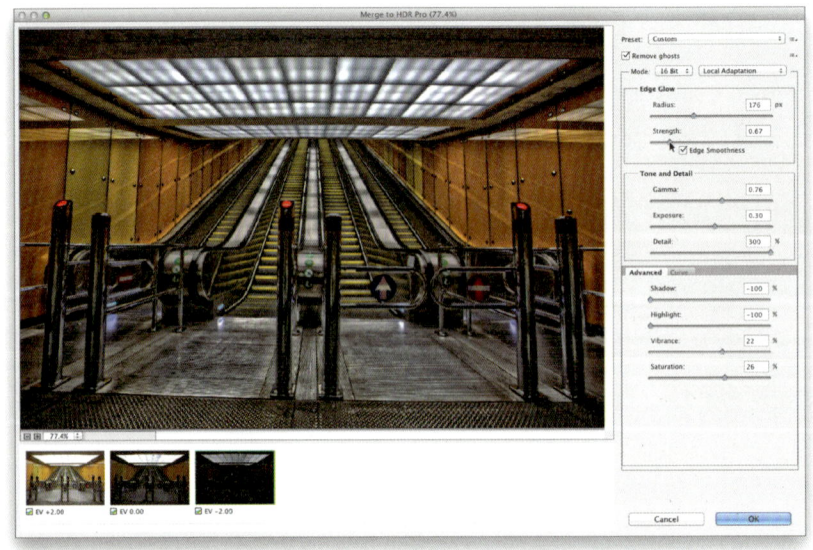

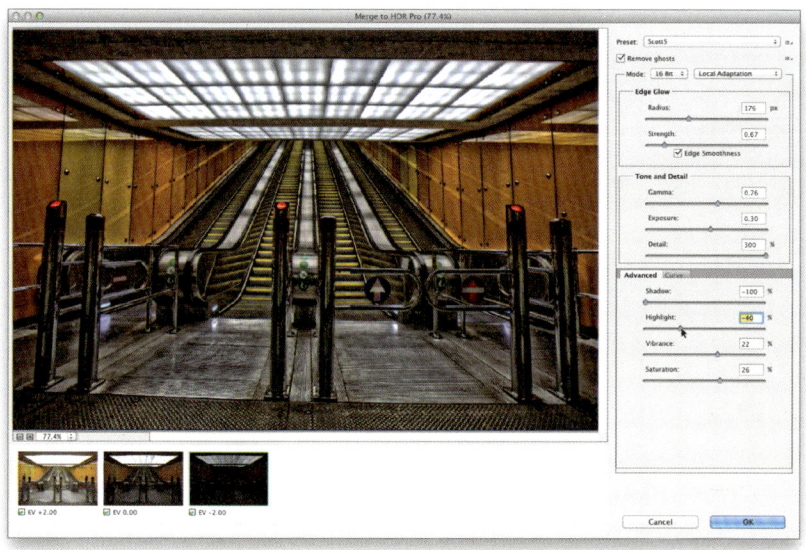

03

'Scott5' 프리셋을 적용한 후에는 다음의 두 슬라이더만 더 조절하면 되는데 카메라로우에 있는 동명의 슬라이더에 비해 그 조절 폭이 매우 미세하다는 점을 염두에 두기 바랍니다.

❶ 'Shadow' 슬라이더: 오른쪽으로 움직이면 가장 어두운 영역을 밝게 만듭니다. 효과가 크지 않은 편입니다.

❷ 'Highlight' 슬라이더: 실내 사진인 경우 창문의 빛이나 조명 기구(예로든 사진의 천장 조명과 같은)의 밝기 조절을 위해 사용합니다. 오른쪽으로 움직이면 하이라이트 영역을 더 밝게 만들 수 있습니다. 예를 들어 교회나 집의 실내 모습을 HDR 사진으로 만들 때 'Highlight' 슬라이더를 오른쪽으로 움직이면 창문이 밝아질 것입니다. 솔직하게 말하면 필자는 보통 이 두 슬라이더조차 조절 없이 그대로 두고 [OK] 버튼을 클릭하여 곧바로 포토샵으로 넘어갑니다.

> **TIP** 프리셋 적용 결과는 사진에 따라 다르게 나타나요!
> 어떤 프리셋이든 적용하는 사진에 따라 그 결과가 확연히 다르게 나타납니다. 그러므로 이번 사진에 그 프리셋이 멋지게 맞아떨어졌다고 해서 다음 사진도 잘 맞으리란 법은 없습니다.

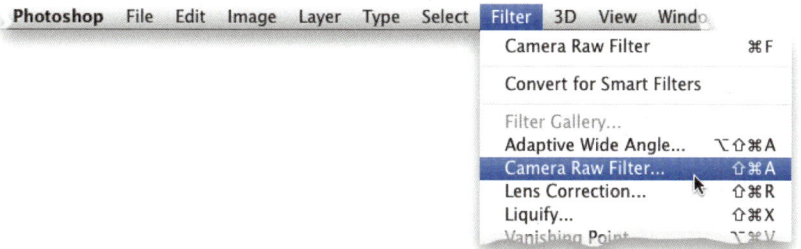

04

마지막 보정을 위해 [Filter] 메뉴에서 [Camera Raw Filter]를 선택하여 카메라로우 화면을 불러옵니다. 예제 사진은 전반적으로 매우 어두운 편이므로 'Exposure' 슬라이더를 '+0.70'까지 움직여 밝게 조절했습니다. 'Contrast' 값도 살짝 높여주고 (Contrast 값은 비단 HDR 사진뿐만 아니라 모든 사진에 대해 조절하는 편입니다) 천장의 조명이 너무 밝으므로 'Highlights' 값을 낮추었습니다. 마지막으로 'Shadows' 값을 '+70'까지 높여 검정색의 크롬 부분을 살렸습니다.

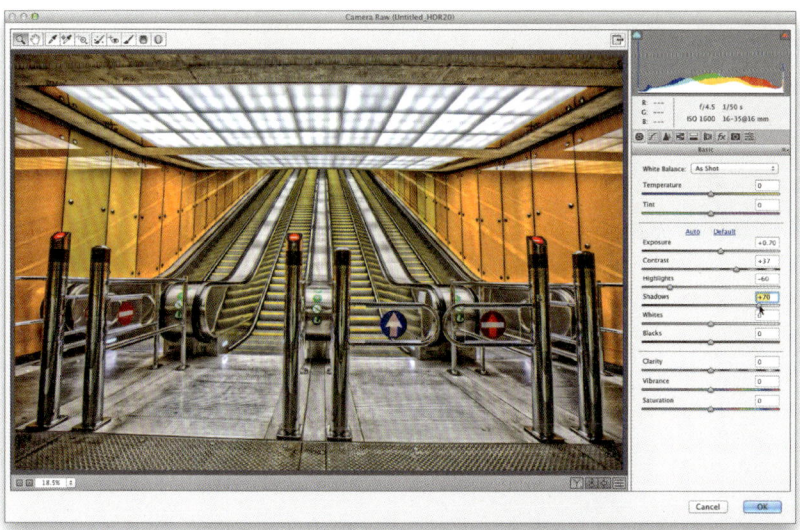

05

끝으로 해결해야 할 문제는 렌즈에 의한 왜곡 현상입니다. 04의 화면을 보면 사진 왼쪽 면이 안쪽으로 휘어있는 것을 볼 수 있습니다. 이를 바로 잡기 위해 패널 영역 상단에서 여섯 번째에 있는 'Corrections' 아이콘을 클릭합니다. [Manual] 탭을 누르고 [A] 버튼을 클릭하면 자동으로 왜곡 문제를 수정하여 일차적인 변형이 이루어집니다. 이 자동 수정 기능은 매우 간편하면서도 깔끔하게 일을 처리해주지만 간혹 원하는 만큼 수정이 안 되는 경우도 있습니다. 오른쪽 사진의 경우 앞쪽의 기둥들과 벽면은 곧게 펴졌지만 바닥과 천장을 보면 여전히 휘어있습니다. 이 문제를 마저 해결합니다.

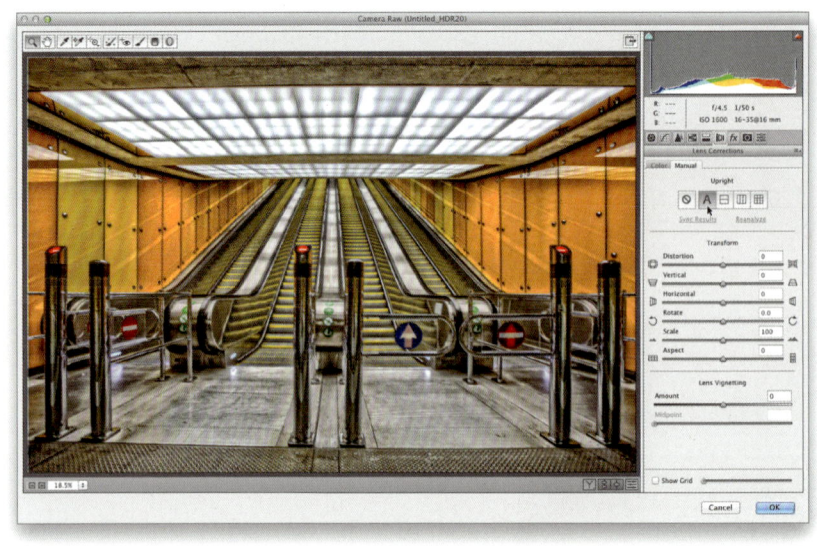

06

술통처럼 휜 왜곡 현상을 없애기 위해 [Manual] 탭에 있는 'Distortion' 슬라이더를 오른쪽으로 움직입니다. 여기서는 '+15'까지 움직여 문제를 해결했습니다. 또 하나 렌즈로 인해 생긴 문제는 사진이 전반적으로 오른쪽으로 기울어 있다는 것입니다. 이는 바닥 면을 보면 알 수 있는데, 사진을 회전하여 바닥을 곧게 펴면 반대로 천장 부분이 찌그러져 보입니다. 이와 같은 문제는 수평 원근이 맞지 않는 것으로, 'Horizontal' 슬라이더를 왼쪽으로 움직여 원근감을 회복하는 방법으로 수정합니다. 여기서는 '-5'로 조절했는데 동시에 위, 아래와 옆면에 빈 공간이 생기므로 크롭핑 처리가 필요해졌습니다. 그런데 지금처럼 카메라로우를 필터로서 연결하여 작업하는 경우 크롭핑 처리가 불가능하므로 [OK] 버튼을 클릭하여 포토샵으로 돌아가서 해결합니다.

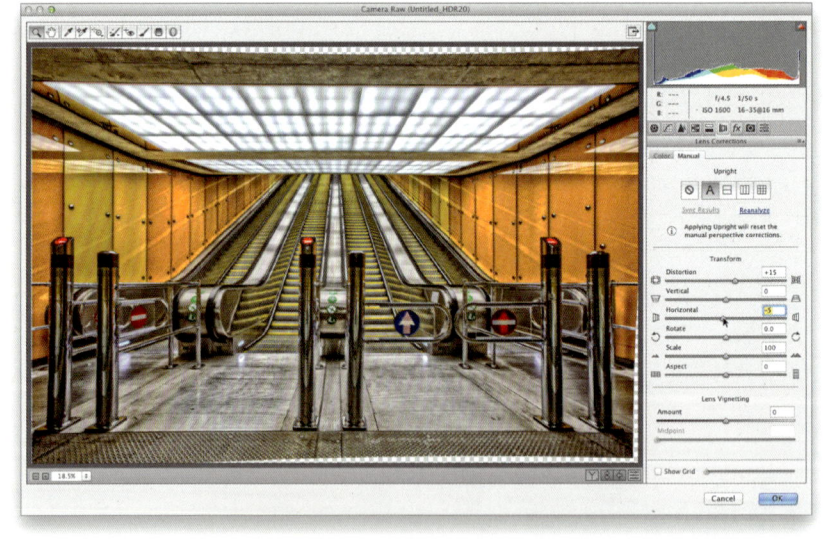

07

C를 눌러 [Crop Tool]을 선택하고 보더를 사진 안쪽으로 조절하여 가장자리의 빈 공간이 없어지도록 잘라냅니다. Enter (MAC:[Return])를 누르면 작업이 완료됩니다. 아래 왼쪽에 있는 보정 전 사진과 톤 맵핑 처리된 오른쪽 사진을 비교해 봅니다. 여기서는 일단 아래의 사진을 처리 후 사진으로 제시했지만 실제로는 추가로 해야 할 마무리 작업이 남아있습니다. 빠르고 쉬운 세 가지 간단한 테크닉이지만 지금과 또 다르게 더욱 완성된 사진으로 만들 수 있습니다.

|NOTE|
자세한 내용은 이 챕터 마지막의 'HDR 사진 마무리하기'에서 알아봅니다.

일반적인 노출의 원본 사진

톤 맵핑 효과를 적용하고 카메라로우에서 톤을 보정하여 렌즈 왜곡 현상을 해결한 HDR 사진

마무리 과정까지 추가하여 더욱 돋보이게 만든 HDR 사진

현실과 초현실을 아우르는 HDR 사진 만들기

HDR은 사진 속의 목재, 타일, 금속 등 재료의 질감과 디테일을 극대화하여 살려주는 놀라운 힘을 가지고 있는 반면, 나무가 플라스틱처럼 비현실적으로 보이고 흰 구름의 그늘이 지나쳐 검은 색으로 변할 정도가 되면 보기에 괴로운 사진으로 만들 수도 있습니다. HDR의 장점과 원본 사진의 장점을 함께 살릴 수 있다면 최적의 HDR 사진을 만들 수 있을 것입니다. 여기서는 사실적인 세계와 극적인 초현실 세계의 장점만을 살리기 위해 원본과 HDR 사진을 어떤 식으로 혼합하여 조절하는지 알아봅니다.

01

Bridge에서 브라케팅 촬영 사진을 선택하고 [Tools] 메뉴에서 [Photoshop]-[Merge to HDR Pro]를 클릭합니다. [Merge to HDR] 창이 나타나면 우선 'Preset' 팝업 메뉴에서 'Scott5' 프리셋을 선택하고 'Edge Smoothness' 항목에 체크하여 윤곽선이 거칠어지는 현상을 줄여줍니다.

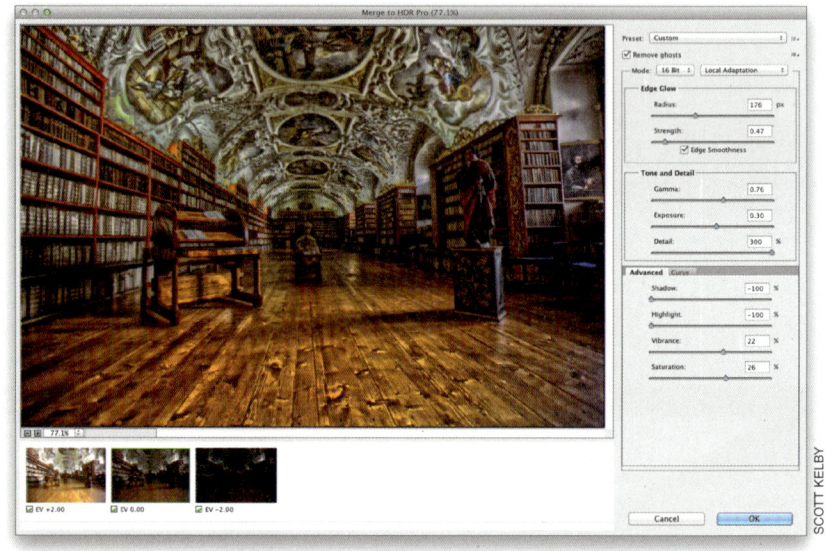

02

우선은 사진을 극단적인 HDR 사진으로 만들어야 하므로 'Strength' 슬라이더 값을 '+0.61'까지 높이고 [Advanced] 탭 하단의 'Shadow' 슬라이더를 오른쪽으로 '+100'까지 움직여 어두운 영역의 디테일까지 최대한 살려봅니다. 계속해서 'Highlight' 값도 적절히 높여 천정 부분을 밝게 만들면서 디테일을 유지할 수 있게 조절합니다. 이번 단계에서 필요한 것이 해리포터 판타지 월드의 느낌이긴 하지만 'Vibrance'와 'Saturation' 슬라이더는 건드리지 않는 것이 좋습니다(슬라이더를 움직이면 해리포터가 화면에서 뛰쳐나와 너무 심하다고 경고할걸요!). [OK] 버튼을 클릭하여 포토샵에서 사진을 엽니다.

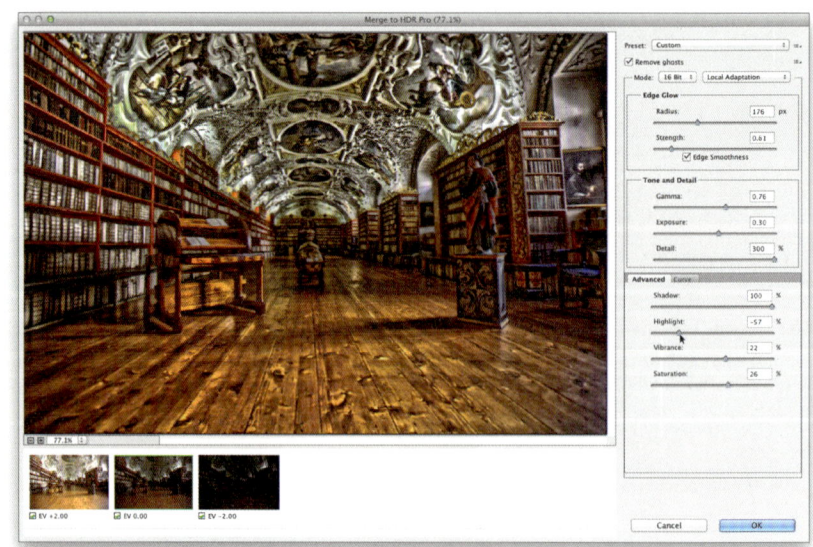

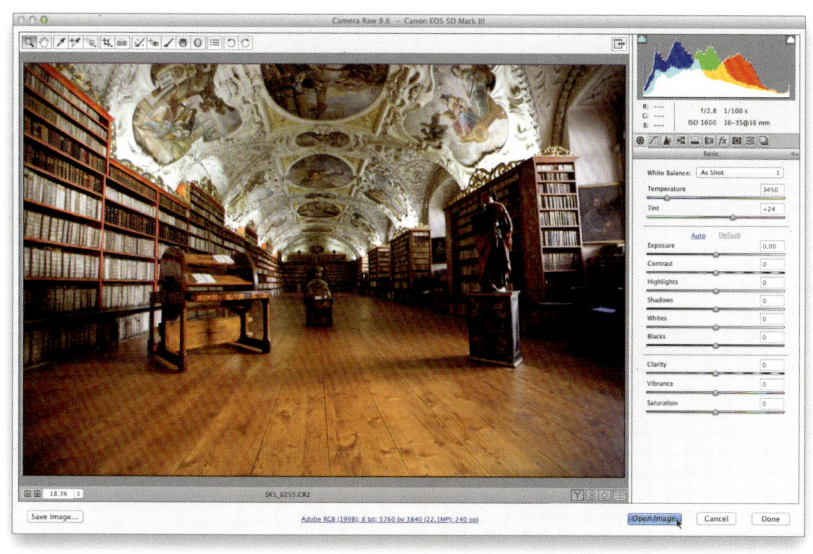

03

다시 Bridge 화면으로 돌아가서 브라케팅으로 촬영한 3장의 사진 중 정상 노출의 사진을 더블클릭하여 카메라로우에서 엽니다. 사진이 너무 어둡거나 특정 부분의 디테일이 날아간 경우처럼 꼭 수정이 필요한 상황이 아니라면 굳이 다른 보정을 할 필요가 없습니다. 여기서는 기본 설정 그대로 두고 아무 것도 따로 손대지 않은 채로 하단의 [Open Image] 버튼을 클릭하여 포토샵으로 넘어갑니다.

04

포토샵에는 방금 불러온 정상 노출 사진과 처음에 작업해둔 HDR 사진이 나타나 있습니다. Ctrl-A (MAC:[Command]-A)를 눌러 정상 노출 사진 전체를 선택하고 Ctrl-C(MAC:[Command]-C)를 눌러 복제합니다. 계속해서 HDR 사진을 선택한 상태에서 Ctrl-V(MAC:[Command]-V)를 눌러 붙여넣기합니다. HDR 사진 위에 정상 노출 원본사진이 놓인 상태가 되었습니다.

05

브라케팅 촬영 시 삼각대를 사용했다면 두 사진을 겹쳤을 때 정확하게 일치되어 쉽게 좋은 결과를 얻을 수 있습니다. [Layers] 패널의 썸네일 왼쪽에 있는 'Eye' 아이콘을 재차 클릭하여 두 사진이 정확하게 정렬되었는지 확인합니다. 이번 테크닉을 적용하려면 두 사진이 정확하게 일치되어야만 합니다. 만약 삼각대 없이 손으로 들고 촬영했다면 두 사진이 일치되지 않을 가능성이 큰데, 이때는 Ctrl(MAC:[Command])을 누른 채로 [Layers] 패널의 두 레이어를 클릭하여 모두 선택하고 [Edit] 메뉴의 [Auto-Align Layers]를 선택합니다. 대화상자가 나타나면 'Auto'가 선택되어 있음을 확인하고 [OK] 버튼을 클릭합니다.

06

사진이 정렬되었으면 가장자리를 잘라내는 마무리 작업이 필요합니다. 왜냐하면 자동 정렬 기능을 적용할 때 부분적으로 압축하거나 늘려야 하므로 남는 부분이나 빈 공간이 가장자리에 남기 때문입니다. [Crop Tool](C) 도구를 선택하여 남는 가장자리를 정리한 다음 [Layers] 패널에서 상위 레이어를 클릭합니다.

07

현재 선택된 레이어는 'Layer 1'이라 이름 붙은 정상 노출 사진이며, 그 아래에 HDR 사진인 'Layer 0' 레이어가 있습니다. 두 레이어가 완벽하게 겹쳐진 상태이므로 적절하게 블렌딩하여 본격적인 합성을 시작합니다. 상위 레이어가 선택되어 있음을 확인하고 'Opacity' 슬라이더 값을 낮추어 아래의 HDR 사진이 드러나게 합니다. 여기서는 '65%'까지 조절했으므로 나머지 '35%'의 양만큼 HDR 사진이 섞였다고 볼 수 있습니다. 두 사진의 합성이긴 하지만 정상 노출 사진이 더 많은 비중을 차지하므로 바닥 목재의 멋진 디테일에 HDR 사진의 세밀한 질감이 과하지 않게 녹아들었습니다. 여기서 디테일을 좀 더 살리려면 'Opacity' 값을 '50%'로, HDR 느낌을 줄이려면 '80%' 정도로 조절합니다.

08

작업을 마친 후에는 레이어를 병합하여 마무리합니다. Ctrl-E(MAC:[Command]-E)를 눌러 두 레이어를 하나로 병합한 다음, 여기서는 [Filter]-[Camera Raw Filter]를 선택하여 전반적인 톤을 살짝 만졌습니다. 'Contrast', 'Shadows', 'Clarity'를 각각 '+28', '+40', '+15'로 조절하고 [Effects] 패널 'Post-Crop Vignetting' 영역의 'Amount' 슬라이더를 '-11'로 설정합니다.

TIP 필요한 부분만 HDR 효과 더하기
여기서는 단순히 'Opacity' 값을 조절하여 HDR 사진 전체를 블렌딩했는데, 'Opacity' 값은 '100%' 그대로 두고 레이어 마스크를 추가하는 방법도 있습니다. 마스크 위에 검정색의 부드러운 브러시를 칠하여 해당 부분에만 HDR 사진의 모습이 적당히 나타나도록 하는 것입니다. 바닥이나 책장, 천장 등 보다 세밀한 디테일이 필요한 부분을 선택하여 적용할 수 있다는 장점이 있습니다. 이때 효과가 세밀하게 나타나도록 옵션 바에서 브러시의 'Opacity'를 '50%' 정도로 낮추고 작업하는 것이 좋습니다.

일반 사진에 HDR 효과 주기

브라케팅 설정 없이 그냥 찍은 사진이라 해도 그럴듯한 HDR 효과를 줄 수 있습니다. 카메라로우의 몇 가지 슬라이더를 최대치로 설정하는 방법인데, 이번 레슨에서 방법을 알아봅니다.

01

오른쪽 화면은 일반 노출로 촬영한 것으로 HDR 효과를 주면 잘 어울릴만한 사진입니다. 창문을 통해 들어오는 밝은 톤부터 앞쪽의 어두운 톤까지 넓은 톤 영역을 지니고 있으며 전반적으로 살려야 할 디테일과 질감이 풍부하므로 HDR 효과를 덧입히면 더욱 멋진 느낌을 줄 수 있을 것입니다. 카메라로우에서 HDR 효과를 어떻게 만드는지 대략적인 레시피를 정리해보면 'Shadows' 값을 최대한 높이고 'Highlights' 값은 완전히 낮춘 다음, 'Contrast'와 'Clarity'를 최대치로 조절하는 것입니다. 마무리로 샤프닝을 더하고 가장자리에 어둡게 비네팅을 추가합니다.

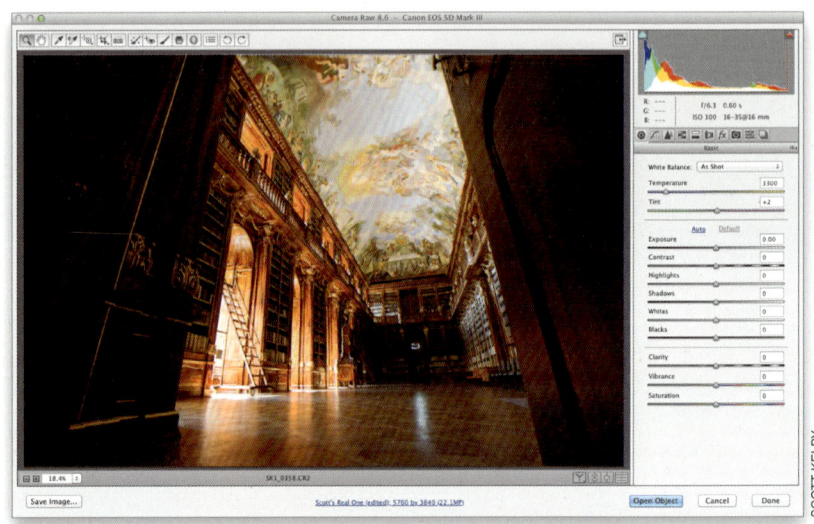

02

'Contrast' 슬라이더를 오른쪽으로 '+100'까지 드래그한 다음 'Shadows' 슬라이더 역시 오른쪽 끝까지 움직입니다. 여기까지 하면 사진이 워싱 처리한 듯이 되는데, 이번에는 'Clarity' 슬라이더를 '+100'으로 조절합니다. 그리고 창문의 밝은 영역이나 조명 부분의 디테일이 날아가지 않도록 'Highlights' 슬라이더를 '-100'까지 낮춰줍니다(이 설정을 프리셋으로 만들어두면 차후에는 클릭 한 번으로 적용할 수 있습니다).

|NOTE|
자세한 내용은 이번 챕터 마지막의 'HDR 사진 마무리하기'를 참조합니다.

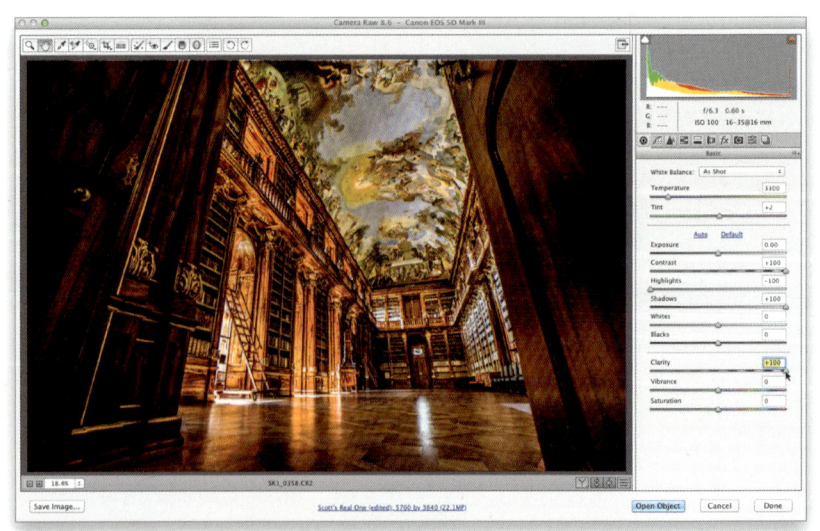

일반 노출의 원본 사진

카메라로우에서 HDR 효과를 적용한 모습

일반 노출의 원본 사진

카메라로우에서 HDR 효과를 적용한 모습

일반 노출의 원본 사진

카메라로우에서 HDR 효과를 적용한 모습(Highlights '–60'으로 조절)

Chapter 6. We Are HDR HDR 사진을 만들다 195

고스트 현상 제거하기

호수의 잔물결이나 바람에 흔들리는 나뭇가지, 길을 걷고 있는 사람들 등 무언가 움직이고 있는 장면을 촬영할 때 고스트 현상이 나타나기 쉽습니다. 약하게 나타나면 피사체가 약간 흔들린 정도이지만 심한 경우 유령처럼 투명하게 나타나거나 반만 보이는 등 수정이 불가피해집니다. 예제 사진은 카메라를 손으로 들고 사람들이 많은 거리를 촬영하여 고스트 현상이 적나라하게 나타났습니다. 하지만 대부분의 고스트 현상은 클릭 한 번으로 해결되므로 걱정할 것은 없습니다.

01

Bridge에서 브라케팅 촬영한 사진들을 선택한 다음 [Tools] 메뉴에서 [Photoshop]-[Merge to HDR Pro]를 클릭하여 사진 합성을 실행합니다. 여기서는 보통 아무런 설정 없이 합성하는데 결과가 너무 안 좋게 보이면 'Edge Smoothness' 항목에 체크하고 'Detail' 슬라이더를 '90'으로 높이는 정도의 설정만 해줍니다. 예제 사진은 촬영지의 관광객을 모두 멈추게 할 수 없는 안타까운 상황에서 찍은 것으로, 왼쪽의 여러 사람들이 유령처럼 나왔습니다. 특히 노란색 후드 티를 입은 남성은 확실히 유령처럼 보입니다. 남성의 뒤쪽 배경에 여러 명의 반투명한 형체가 나타난 것이 보이는데, 이것이 고스트 현상입니다.

02

다행히도 이와 같은 문제는 아주 쉽게 해결할 수 있습니다. 대화상자 오른쪽 상단에서 'Remove Ghosts' 항목에 체크합니다. HDR Pro 프로그램이 사진 상의 모든 노출 정도를 탐색하여 고스트 현상을 찾아내고 대부분의 경우 놀라울 정도로 만족스럽게 자동 보정을 실행합니다. 화면 하단에 나타나 있는 개별 사진 썸네일 중 하나에 녹색 테두리 표시가 되어 있는데, 바로 그 사진이 고스트 현상을 제거하기 위한 기본 바탕이 된 사진입니다. 사진의 유령 현상이 사라져 훨씬 나아졌지만 아직 남성의 발 부분에 블러 현상이 남아있습니다. 이를 해결합니다.

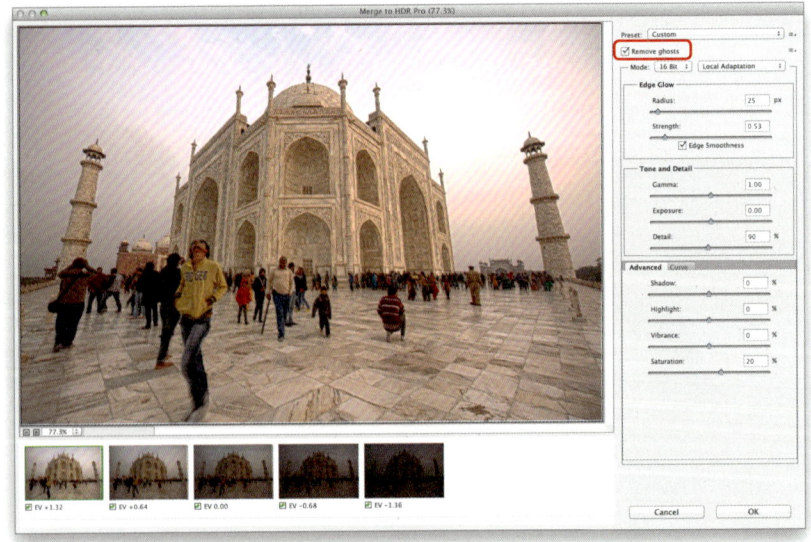

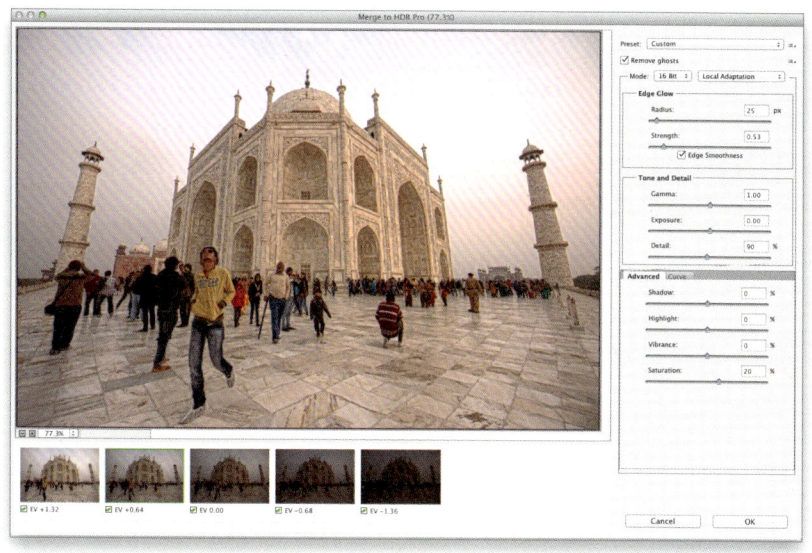

03

만약 HDR Pro가 잘못된 판단을 하면 어떻게 할까요? 주로 RAW가 아닌 JPEG 사진일 때 보정이 제대로 되지 않는 경우가 많은데, 이런 일이 일어나면 화면 하단의 브라케팅 사진들 중 적절한 사진을 직접 선택하여 좀 더 나은 결과를 얻을 수 있습니다. 다시 02로 돌아가면 5장의 개별 사진 중 자동으로 선택된 것은 제일 왼쪽 사진인데, 다른 사진들을 차례로 클릭해보고 더 나은 결과를 나타내는 경우가 있는지 확인합니다. 왼쪽 화면은 두 번째 사진을 선택했을 때의 모습으로 첫 번째 사진을 적용했을 때보다 더 나은 결과를 보여줍니다.

|NOTE|
이와 같은 테크닉은 비단 고스트 현상 해결에만 쓰이는 것이 아니라 다른 이점도 있습니다. 예를 들어 해안가의 물결처럼 움직이는 장면을 브라케팅 설정으로 여러 장 촬영하면 다양한 버전의 물결 중 마음에 드는 것을 선택할 수 있습니다.

04

만약 'Remove Ghosts'에 체크해도 고스트 현상이 대부분 사라지지 않는다면 어떻게 해야 할까요? 이때는 이전의 레슨에서 알아보았던 HDR 사진 블렌딩 중 레이어 마스크를 활용한 것과 비슷한 방법을 써야 합니다. 먼저 HDR 합성 사진을 만들고 그 위에 정상 노출의 원본 사진을 겹쳐 정렬합니다. 그리고 Alt(MAC:[Option])를 누른 채로 [Layers] 패널 하단의 'Add Layer Mask' 아이콘을 눌러 검정색 마스크를 추가하여 정상 노출 사진을 가립니다. 이제 작고 부드러운 모양의 흰색 브러시로 유령처럼 나타난 부분을 칠하면 그 부분만 정상 노출 사진의 정상적인 사람이 나타날 것입니다. 새로 나타난 사람의 모습이 너무 정상적이라서 나머지 HDR 사진에 자연스럽게 섞이지 못하면 처음부터 다시 시작해야 합니다. 이때는 정상 노출 사진을 그냥 복제하여 겹치지 말고 '일반 사진에 HDR 효과 주기'에서 배웠던 테크닉을 미리 적용하여 자연스럽게 섞일 수 있도록 합니다.

하이패스 샤프닝으로 더욱 극적인 HDR 효과 내기

High Pass 샤프닝에 대한 내용은 샤프닝 챕터에서 자세히 다루긴 하지만 HDR 작업과 비슷한 점이 많기 때문에 이번 챕터에도 꼭 포함시켜야겠다는 생각이 들었습니다. 하이패스 샤프닝을 소위 'extreme sharpening(극단적 샤프닝)'이라 부르는 만큼, 이 기능의 성격을 어느 정도 가늠해볼 수 있을 것입니다. 여기서는 어떻게 적용하여 조절하는지, 그리고 필자가 사용하는 옵션은 어떤 것이 있는지 알아봅니다.

01

[Merge to HDR Pro] 대화상자를 통하여 HDR 사진으로 합성을 마친 후 이를 다시 포토샵에서 불러오면 Ctrl-J(MAC:[Command]-J)를 눌러 'Background' 레이어를 복제합니다. 계속해서 [Filter] 메뉴에서 [Other]-[High Pass]를 선택합니다.

02

[High Pass] 대화상자가 나타나면 'Radius' 슬라이더를 왼쪽 끝까지 움직여 사진이 완전한 회색으로 보이게 만듭니다. 그리고 색상이 살짝 드러날 때까지 서서히 오른쪽으로 움직입니다. 오른쪽으로 더 많이 움직일수록 더욱 강력한 효과를 줄 수 있습니다. 여기서는 '9' pixels까지 조절했더니 경계선의 디테일이 나타나기 시작했습니다. 조절을 마치면 [OK] 버튼을 클릭합니다.

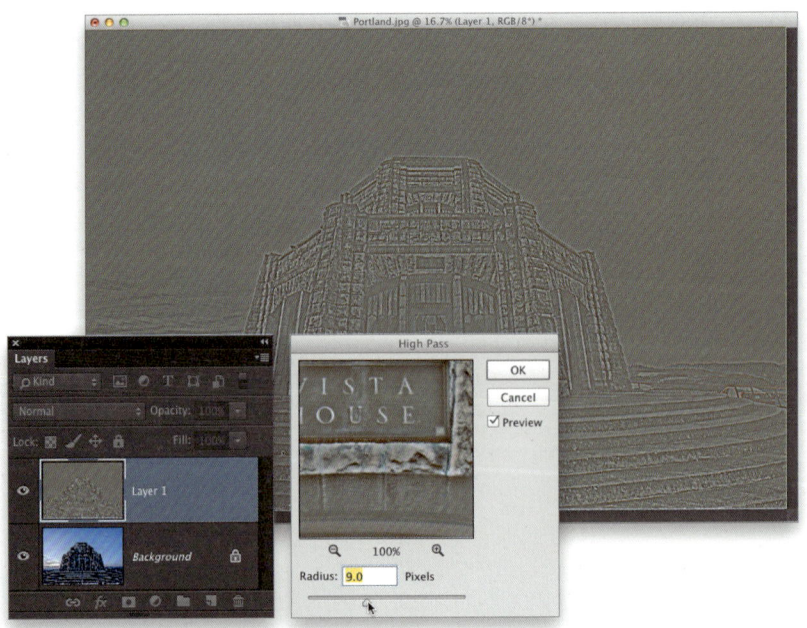

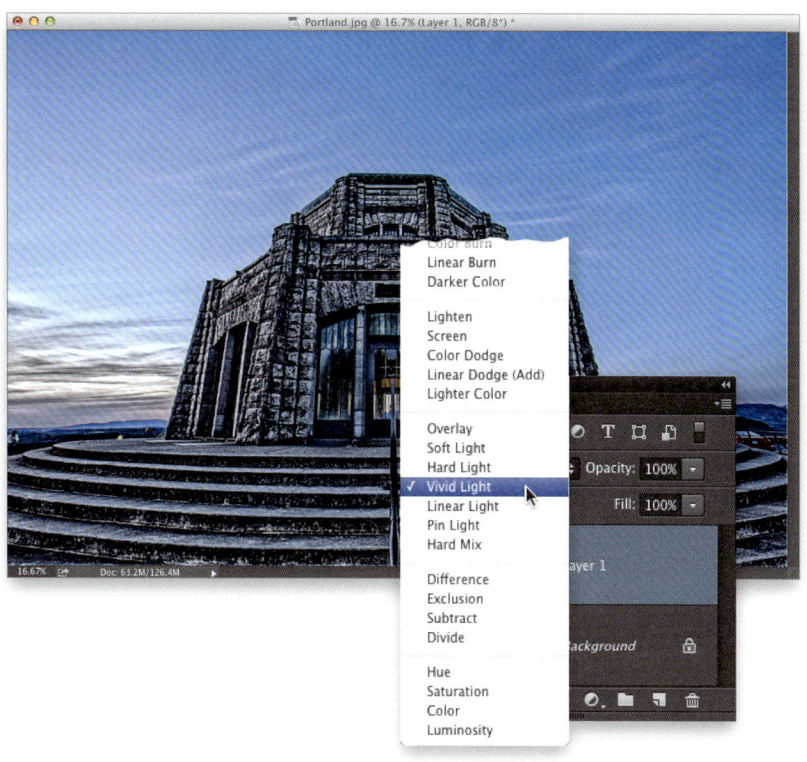

03

사진에 샤프닝을 적용하려면 [Layers] 패널 상단에서 복제 레이어의 블렌딩 모드를 다음의 세 가지 중 하나로 변경합니다.

❶ 적당한 중간치의 샤프닝을 적용하려면 [Soft Light]를 선택합니다.

❷ 많은 양의 샤프닝을 적용하려면 [Overlay]를 선택합니다.

❸ 극단적인 샤프닝을 적용하려면 [Hard Light]를 선택합니다.

샤프닝이 과하게 적용된 듯이 보일 때는 복제 레이어의 'Opacity' 값을 낮추어 강도를 조절할 수 있습니다. 즉, 'Opacity' 값은 샤프닝의 양과 같으므로 '75%'로 낮춘다면 샤프닝도 '75%'만 적용되는 것입니다.

04

예제 사진의 경우 건물 부분에는 샤프닝 효과가 필요하지만 하늘에는 굳이 적용할 필요가 없습니다. 이처럼 원하는 부분에만 샤프닝 강도를 높여 적용하려면 Alt(MAC:[Option])를 누른 채로 [Layers] 패널 하단의 'Add Layer Mask' 아이콘을 클릭하여 검정색 마스크로 샤프닝 레이어를 감춥니다. [Brush]([B]) 도구를 흰색, 부드러운 모양의 중간 크기로 설정한 다음 샤프닝 효과가 필요한 부분을 칠합니다. 여기서는 하늘과 계단을 제외하고 건물 부분만 칠했습니다. 칠을 마친 후에는 블렌드 모드를 [Overlay]나 [Soft Light]로 변경하고 마음에 드는 것을 선택합니다.

HDR 사진 마무리하기: 비네팅, 샤프닝, 소프트 글로우

이번 레슨은 HDR 사진을 만든 후에 할 수 있는 마무리 작업에 대한 것입니다. 물론 꼭 해야 하는 과정은 아니지만 일반적으로 하는 경우가 많습니다. 앞의 레슨들에서 몇 차례 마무리 작업 과정을 알아보았지만 굳이 마지막 레슨에서 되짚는 이유는 마무리 작업을 더하고 싶을 때 헤매지 않고 쉽게 찾아서 할 수 있도록 하기 위함입니다.

01

추가로 할 수 있는 몇 가지 마무리 작업 중 비네팅 효과부터 적용합니다. [Merge to HDR Pro] 대화상자에서 브라케팅 사진들을 합성한 다음 포토샵으로 넘어왔다면 [Filter] 메뉴에서 [Camera Raw Filter]를 선택합니다. 카메라로우에서 비네팅을 더하는 방법은 크게 두 가지가 있는데, 여기서 알아볼 방법은 많은 사람들이 사용하는 'Post Crop Vignetting'입니다. 이 기능은 원래 사진 크롭핑을 실행한 후 곧이어 비네팅을 더할 수 있도록 만들어졌지만 크롭핑을 하지 않아도 상관없습니다. 화면 오른쪽의 패널 영역에서 오른쪽으로부터 세 번째에 있는 'Effects' 아이콘을 클릭합니다. 'Post Crop Vignetting' 영역의 'Style' 옵션이 [Highlight Priority]로 설정되어 있는지 확인하고 'Amount' 슬라이더를 왼쪽으로 움직여 가장자리를 어둡게 만듭니다. 여기서는 '–18'까지 조절했습니다.

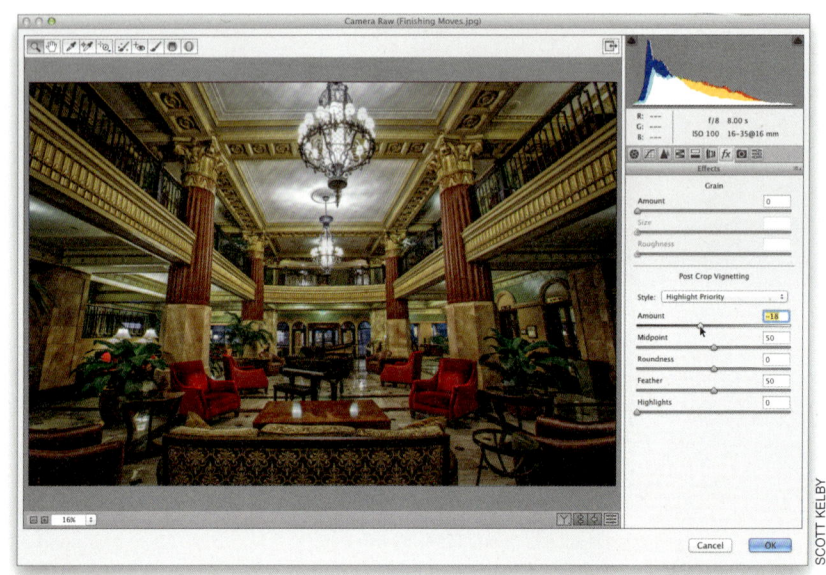

02

[OK] 버튼을 눌러 포토샵에서 사진을 열어봅니다. 이번에는 한낮의 햇빛 아래에 있는 듯이 쨍한 느낌을 위해 샤프닝을 더해봅니다. 이전 레슨에서 알아보았던 'High Pass' 샤프닝을 사용하거나 [Unsharp Mask] 기능을 통해 필자가 선호하는 설정을 그대로 따르는 방법을 쓸 수 있습니다. 'Amount 90%, Radius 1.5, Threshold 0'이 기본이지만 약간 과하게 보이면 그대로 적용하지 말고 재조정합니다.

03

HDR 사진에 소프트 글로우 효과를 더하여 부드러워야 할 부분을 부드럽게 처리하는 것은 아주 흔하게 쓰는 마무리 방법입니다. Ctrl-J (MAC: [Command]-J)를 눌러 'Background' 레이어를 복제한 다음 [Filter] 메뉴에서 [Blur]-[Gaussian Blur]를 선택합니다. 'Radius' 값으로 '50' pixels을 설정한 다음 [OK] 버튼을 클릭합니다.

04

블러 효과를 더한 복제 레이어가 선택된 상태에서 [Layers] 패널 상단의 'Opacity' 값을 '70%'로 조절합니다. 그래도 사진이 너무 부드럽게 보인다면 블렌드 모드를 [Soft Light]로 변경합니다. 이제 경계선은 거친 HDR 효과를 유지하면서도 부드러워야 할 부분은 적당히 부드럽게 표현됩니다. 다시 한 번 강조하지만 여기서 알아본 세 가지 마무리 기법은 선택적으로 적용하는 것이므로 모두 거쳐야 할 필요는 없습니다. 하지만 필요하다고 생각되면 이번 레슨에서 쉽게 찾아 적용하기 바랍니다.

|NOTE|

필자의 경우 톤 맵핑의 초현실적 HDR 사진으로 만들 때는 세 가지 기법을 모두 적용하지만 현실감 있는 HDR 사진에는 샤프닝만 적용합니다.

Photoshop Killer **Tips**

픽셀을 그대로 보여주는 'Pixel Grid'의 화면 배율

화면 배율을 '600%' 이상으로 크게 확대하면 촘촘한 형태의 'Pixel Grid'가 나타나 정확한 작업에 도움이 될것입니다. 'Pixel Grid'는 픽셀 구분을 쉽게 알 수 있도록 격자로 나타나는데, '600%' 배율 이상에서 자동으로 나타나며, [View] 메뉴에서 [Show]-[Pixel Grid]를 클릭하여 선택을 해제할 수 있습니다.

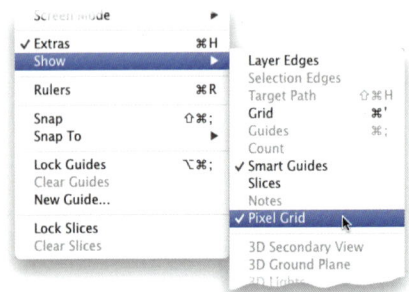

여러 개의 레이어를 한 번에 복제하기

Ctrl-J(MAC:Command-J)는 레이어가 여러 개일 때도 빠르게 복제할 수 있게 도와줍니다. [Layers] 패널에서 Ctrl(MAC:Command)를 누른 채로 복제할 레이어를 모두 클릭하여 선택한 다음 단축키를 눌러 한 번에 복제합니다.

포토샵 구동 시 문제가 있다면?

포토샵 프로그램을 열 때 Shift를 누른 채로 구동하면 대화상자가 나타나는데, 이때 [Yes] 버튼을 클릭하면 외부 플러그인이 활성화되지 못하게 설정할 수 있습니다. 포토샵을 사용할 때 플러그인으로 인한 문제가 있다면 이 설정이 도움이 될 것입니다.

바로 이전에 사용했던 문서 설정대로 새 문서 만들기

이번 팁은 매우 유용한 내용임에도 불구하고 잘 알려져 있지 않습니다. 바로 이전에 만들었던 문서의 스펙(크기, 해상도, 색상 모드 등)과 똑같은 설정의 새 문서를 만들 수 있는 단축키입니다. Ctrl-N(MAC:[Command]-N) 대신에 Ctrl-Alt-N(MAC:[Command]-[Option]-N)을 누르면 [New] 대화상자에 예전의 설정이 그대로 입력되어 나타납니다.

HDR Pro 사용 시 시간 절약하기

HDR 사진으로 만들기 위해 합성해야 하는 브라케팅 촬영 사진이 많을수록 HDR Pro에서 처리하는 시간이 오래 걸립니다. 필자는 주로 세 장의 사진을 사용하는데 포토샵 생산 관리자로부터 들은 팁을 전하면, 소스 사진들 중 어두운 사진이 많을수록 좋은 결과가 나온다는 것입니다. 그러므로 많은 양의 사진을 모두 합성하기보다는 아주 밝은 노출 사진 한 장과 어두운 사진 네 장을 선택하는 편이 더 나은 밸런스를 보여줄 것입니다.

'Lens Correction' 필터의 격자 모양 바꾸기

'Lens Correction' 필터를 사용할 때는 기본적으로 격자가 나타나는데, 자동으로 나타나는 것이므로 바꾸거나 감추고 싶은 경우가 있을 것입니다. 이 격자를 나타나지 않게 하거나 크기와 색상을 변경하여 원하는 대로 설정하는 방법이 있습니다. [Lens Correction] 대화상자 하단의 'Show Grid' 항목에 체크가 되어있으면 'Size' 입력란과 색상 박스가 활성화되어 원하는 대로 설정할 수 있습니다. 카메라로우의 [Lens Corrections] 패널에서도 격자가 나타나는데, 크기와 색깔을 따로 설정할 수는 없습니다.

여러 개의 레이어 이름 빠르게 바꾸기

여러 레이어의 이름을 모두 바꾸려면 우선 첫 번째 레이어의 이름 부분을 더블클릭하여 새 이름을 입력하고 Tab을 누릅니다. 다음 레이어의 이름 입력란이 선택되어 바로 입력할 수 있는 상태가 됩니다. 이전 레이어로 가려면 Shift-Tab을 누릅니다.

포토샵 패널을 한 번에 감추기

사진 전체를 제대로 보기 위해 일시적으로 도구 박스, 옵션 바, 패널 등을 모두 숨기려면 Tab을 누릅니다. 숨겼던 창들을 다시 나타낼 때도 Tab 을 누릅니다.

원하는 곳에 'Drop Shadow' 효과 바로 적용하기

이미지 뒤에 'Drop Shadow' 효과를 추가하려면 'Add a Layer Style' 아이콘을 클릭하고 팝업 메뉴에서 [Drop Shadow]를 선택하여 [Layer Style] 대화상자를 사용합니다. 대화상자에 'Angle'이나 'Distance' 값을 입력한 뒤 실제로 어떻게 나타나는지 확인하면 대화상자 밖으로 커서를 움직여 적용할 이미지 위에서 드래그합니다.

정확한 색 찾기

예전의 CS4 버전에서 소개되었던 'Kuler'는 작지만 유능한 유틸리티로, 다양한 색상 조합 방법(Color Scheme, 색채 계획)을 시도하여 원하는 색을 찾아 혼합하거나 매치시켜주는 일을 합니다. 인기가 매우 좋아 고유의 온라인 커뮤니티에서는 사용자들이 다양한 테마별 색상 세트 정보를 공유하며 순위도 확인할 수 있습니다. 이 유틸리티를 패널로 다운로드하려면 [Window] 메뉴에서 [Browse Extensions Online]를 선택하세요. [Kuler] 패널에는 인기 있는 색상 콤보들이 열거되어 있으며 이 중 원하는 것을 더블클릭하면 자세히 확인할 수 있습니다. 이때 콤보를 이루는 색상을 더블클릭하면 해당 색이 전경색으로 설정됩니다.

빈 레이어 한 번에 삭제하기

CS5 버전에서는 [Layers] 패널의 빈 레이어들을 자동으로 삭제하는 스크립트가 추가되었습니다(다량의 레이어로 구성된 큰 프로젝트 작업 시에는 생각보다 많은 빈 레이어가 생기기 마련이죠). 필요 없는 빈 레이어를 삭제하려면 [File] 메뉴에서 [Scripts]–[Delete All Empty Layers]를 선택합니다.

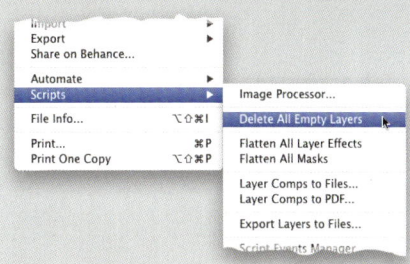

휴대폰 사진의 노이즈 제거하기

포토샵은 프로를 위한 도구이므로 아마도 휴대폰 사진을 위해 카메라로우의 [Noise Reduction] 기능을 쓴다는 생각은 하기 힘들 것입니다. 하지만 안 될 것도 없지요. 휴대폰 사진은 컬러 노이즈로 악명이 높기도 하므로 카메라로우가 문제를 깔끔하게 해결해줄 것입니다. 일단 한번 써본 후에는 훨씬 더 자주 이용하게 될 것입니다.

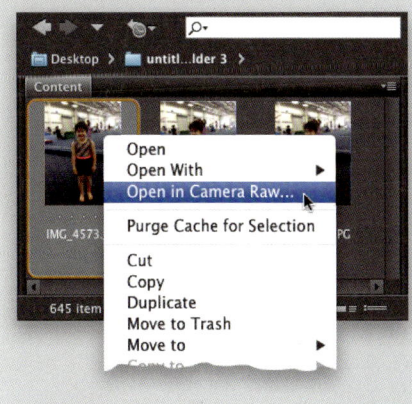

HUD 팝업 스타일의 Color Picker를 활용하려면?

매번 전경색과 배경색의 색상 박스를 클릭하여 필요한 색을 선택하는 것을 번거롭게 느낀 적이 있다면 이번 팁에 주목하세요. 이것은 어도비에서 HUD(Heads–Up Display)라고 하는 팝업 스타일의 색상 픽커로, 사진에서 시선을 뗄 필요 없이 해당 위치에서 곧바로 색상을 선택할 수 있습니다. 우선 [Brush] 도구를 선택한 다음 Alt-Shift(MAC:[Command]–[OptionCtrl])를 누른 채로 마우스 오른쪽 버튼을 클릭합니다. 그러면 간단한 색상 픽커가 나타나 원하는 색을 그 자리에서 선택할 수 있습니다. 이때 오른쪽에서 색상을 먼저 선택하고 왼쪽에서 색조와 채도를 선택하는 것이 편리합니다.

Photo by Scott Kelby | Exposure: 1/5000 sec | Focal Length: 85mm | Aperture Value: f/1.8

7 CHAPTER

Little Problems
흔히 발생하는 문제들 해결하기

이번 챕터의 제목은 2009년도 영화 〈Little Problems(Matt Pearson 감독)〉에서 따온 것인데, 원래는 2008년도에 나온 단편 영화 〈Little Problems(Michael Lewen 감독)〉로 쉽게 선택하려 했었습니다. 첫 번째 영화는 누가 만들어도 재미있는 '좀비 영화'입니다. 불운의 커플(있을 수 없는 상황에 처한 커플이죠)이 좀비들이 잔뜩 굶주려 있는 황폐한 장소에 던져지는데, 주인공은 금을 잔뜩 가지고 있습니다. 잠깐이라도 좀비 영화에 대해 궁금함을 느낀 적이 있지 않나요? 왜 꼭 좀비들은 부자에 구구절절한 사연이 있으며, 살점에 대한 특히 인간의 살에 대한 끝없는 욕구에 휩싸여 있는지? 왜 브로콜리여서는 안 되는지? 만약 그렇다면 황폐한 도시 어딘가 파괴된 그들의 구역 모퉁이마다 진달래 꽃 크기의 브로콜리를 파는 장면을 볼 수 있을 텐데 말이죠. 아무튼 모든 좀비들이 브로콜리나 스프링롤 아니면 차우더 같은 뭔가 지속적으로 공급이 가능한 것들은 제쳐두고 갑자기 주인공만을 쫓아 잡아먹고 싶어 한다는 것은 우연치곤 너무하지 않나 싶습니다. 아니, 생각해보니 반드시 사람의 살점이어야만 하는 이유가 있네요. 우리 모두 다 알고 있듯이 사람의 살은 치킨 맛이 날 테니까요(제 생각입니다만). 필자가 첫 번째 영화로부터 제목을 가져온 또 하나의 이유가 있는데, 감독의 성이 바로 저의 책 출간을 지원해주고 있는 Pearson Education과 같다는 점입니다. 회사는 DCBGC(the Desolate City Broccoli Growers' Consortium, 황폐도시브로콜리농부연합)가 미리 경고했음에도 불구하고 이력서에 채식주의자는 될 수 없다고 주장했던 Ted Waitt를 제 책의 에디터로 고용했습니다. 아마도 저는 Ted에 대한 험담을 하면 안 될 것 같습니다. 제 밥줄인 사람의 손을 물고 싶진 않거든요.

그늘진 피사체 환하게 만들기

아마도 피사체 뒤에 빛이 있는 상태인 역광으로 촬영한 적이 있을 것입니다. 현장에서 직접 봤을 때는 눈이 조명 상황에 자동으로 적응하기 때문에 문제가 없어 보이는 경우가 많지만, 카메라는 사람의 눈만큼 지능적으로 반응할 수 없기 때문에 항상 미리 몇 장 찍어보고 너무 어둡지 않은지 확인해야 합니다. 카메라로우의 'Exposure'와 'Highlights' 슬라이더를 사용해도 되지만 [Shadow]/[Highlights]도 원하는 결과물을 만들기에 적절한 도구입니다. 수정을 마친 후 설정한 내용을 다른 보정에 사용할 수 있는 방법도 알아봅니다.

01

피사체가 그늘지게 촬영된 사진을 불러옵니다(여기서의 피사체는 사람이 아니라도 상관없습니다). 예제 사진은 인물의 뒤쪽에 조명이 있어 인물이 어둡게 나왔습니다. 목표는 인물을 밝게 만들어 밸런스를 맞추는 것입니다. 보정을 위해 [Filter] 메뉴에서 [Convert for Smart Filters]를 클릭하면 조절 레이어를 추가한 것과 같이 필터가 적용되어 차후에 필요하면 설정을 재조정하거나 조절한 내용을 아예 제거할 수 있습니다. 다만 스마트 필터로서 적용되므로 조절을 위해서는 [Filter] 메뉴가 아니라 [Adjustments]-[Shadows/Highlights]를 선택해야 합니다.

02

아무래도 사진의 쉐도우 영역에 문제가 있을 가능성이 크기 때문에 [Shadows] 값을 '35%' 정도로 높여 좀 더 밝게 만들어야 합니다. 그런데 여기서의 예제 사진은 피사체가 꽤 많이 어두운 상태이므로 좀 더 높여야 원하는 밝기가 나옵니다. 문제는 [Shadows] 값을 '50%' 또는 그 이상으로 높이면 사진이 부자연스럽게 변한다는 것입니다. 오른쪽 화면은 '65%'로 조절했는데 인물의 얼굴이 이상하게 보이기 시작했습니다.

03

문제를 해결하기 위해 대화상자 하단에 있는 'Show More Options' 항목에 체크하여 좀 더 세밀한 설정을 해봅니다. 문제 해결의 열쇠는 'Radius' 슬라이더입니다. 부자연스러운 느낌이 사라질 때까지 슬라이더를 오른쪽으로 움직입니다. 여기서는 '144' pixels까지 조절하여 정상적인 모습이 되도록 했는데, 이 값은 사진에 따라 달라진다는 것을 기억하기 바랍니다(대부분의 경우 125~175 사이로 조절합니다). 'Radius' 값은 얼마나 많은 픽셀이 영향을 받을지를 조절하는 것으로, 더 넓은 영역에 걸쳐 조절 값을 적용하려면 값을 높이면 됩니다.

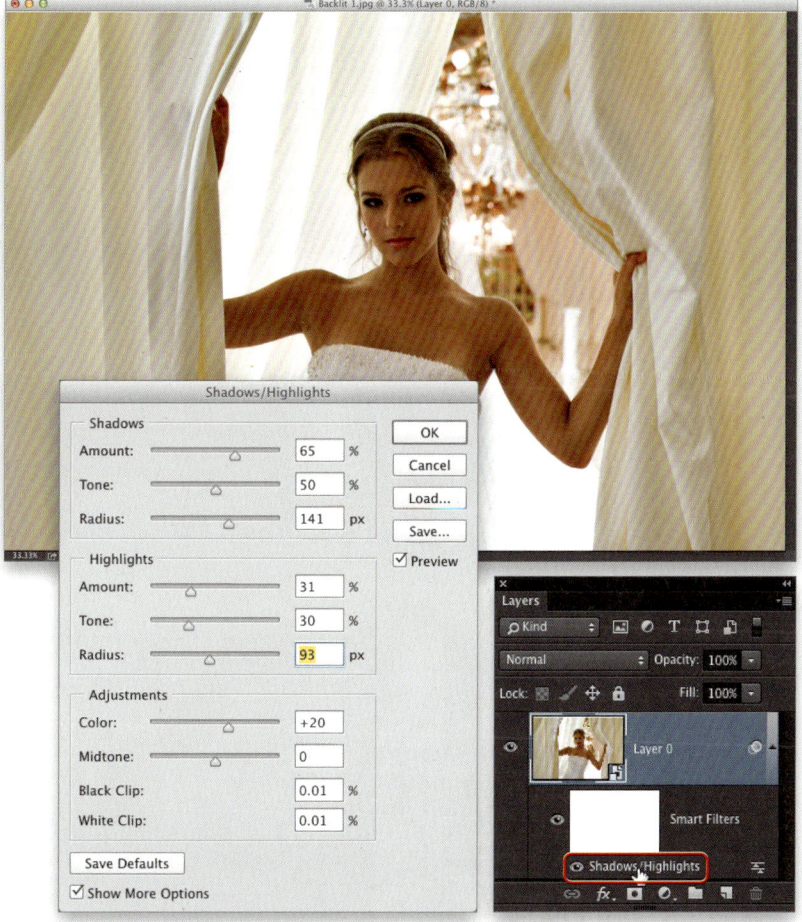

04

이제 쉐도우 영역이 자연스럽게 밝아졌습니다. 여기서 원한다면 하이라이트 영역을 약간 어둡게 조절합니다. 대부분의 경우 쉐도우나 하이라이트 둘 중 한 가지만 수정하고, 두 가지 모두 조절하는 일은 없습니다. 예를 들어 드레스의 주름 부분을 어둡게 만들려면 [Highlight] 영역의 'Amount' 슬라이더를 오른쪽으로 움직여야 합니다(여기서는 좀 더 자연스러운 결과를 위해 'Radius' 값도 약간 높여주었습니다). 'Amount' 값을 너무 높이면 색상이 변경되는 경계 지점이 부드럽게 전환되지 않고 선처럼 보이는 '밴딩' 현상이 나타나기 쉬우므로 조절하면서 주의 깊게 살펴봅니다. 현재 설정은 스마트 필터로서 적용하는 것이므로 차후에 다시 조절하려면 왼쪽 화면과 같이 [Layers] 패널에서 'Shadows/Highlights'를 더블클릭하여 대화상자를 다시 열고 재설정합니다.

Chapter 7. Little Problems 흔히 발생하는 문제들 해결하기 207

05

'Shadows/Highlights'를 스마트 필터로써 제대로 사용하는 또 하나의 방법은 레이어 마스크를 추가하는 것입니다. 예제 사진은 [Shadows] 값을 조절하면 사진이 대비를 잃게 되는데, 이때 레이어 마스크를 사용하면 효과가 필요 없는 부분에 대한 적용을 막을 수 있습니다. 여기서는 배경 전체에 마스크를 추가한 다음 마스크를 클릭하여 활성화하고 [Quick Selection](W) 도구를 선택하여 [Shadow] 조절이 필요한 인물 부분이 완전히 포함되도록 선택했습니다. 만약 원치 않는 부분이 선택되었을 경우 Alt(MAC:[Option])를 누른 채로 클릭하여 제외시킵니다. 선택 영역이 지정되면 Ctrl-Shift-I(MAC:[Command]-Shift-I)를 눌러 영역을 반전하고 Ctrl-Back Space(MAC:[Command]-Delete)를 눌러 검정색으로 채웁니다. 이제 인물을 제외한 나머지 부분에는 [Shadow] 효과가 적용되지 않습니다.

TIP 사용자 설정을 기본 설정으로 저장하기

어떤 대화상자에서든 직접 만든 설정을 매번 기본 설정으로 나타나게 하려면 화면 왼쪽 하단의 [Save As Defaults] 버튼을 클릭하여 저장합니다.

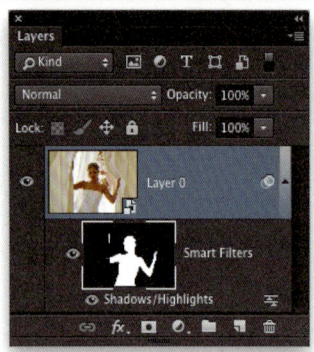

Before

After: 쉐도우 영역을 밝게, 하이라이트 영역은 어둡게 조절하여 디테일을 되살렸습니다.

신나게 촬영한 야외 사진의 하늘이 밋밋한 회색으로 나온 것을 확인했을 때만큼 괴로운 일도 없을 것입니다. 하지만 다행히 대부분의 경우 수정할 수 있는 방법이 있습니다. 중간 톤을 약간 어둡게 만들고 푸른 색조를 더하거나 그러데이션 효과를 주는 것입니다. 사진을 수정하는 두 가지 방법에 대해 모두 알아봅니다.

어두침침한 회색 하늘 맑게 되살리기

01

왼쪽 사진은 하늘이 매우 밋밋하게 촬영되었는데, 100%는 아니더라도 어느 정도는 보정할 수 있습니다. 우선 카메라로우에서 사진을 열고 노출을 낮추어 비구름처럼 더 어둡게 만듭니다. 그러면 노출 부족의 어두운 사진이 되어 보정의 방향이 달라지는데, 이 상태에서 아주 유용하게 쓰이는 테크닉에 대해 알아봅니다. 하늘 부분을 선택 영역으로 만들기 위해 [Magic Wand] 도구를 선택하고 사진 왼쪽 끝에서 오른쪽 끝까지 드래그합니다. 왼쪽 화면과 같이 하늘 영역이 선택됩니다.

|NOTE|
만약 원하지 않는 부분까지 선택되었으면 Alt (MAC:[Option])를 누른 채로 제외할 부분을 클릭합니다.

02

오른쪽 화면과 같이 선택 영역을 만든 후에는 필요한 부분의 모든 픽셀이 빠짐없이 선택될 수 있도록 범위를 '1~2' pixels 정도 더 크게 확대하는 것이 좋습니다. 예제 사진에서는 수평선상의 바위 경계선 부근이 약간 더 포함되어 미세하게 있을 수 있는 빈틈을 포함합니다. 선택 영역을 확대하려면 [Select] 메뉴에서 [Modify]-[Expand]를 선택합니다. 대화상자가 나타나면 고해상도인 경우 '2' pixels로, 60~80만 단위 화소 수의 저해상도인 경우 '1' pixel로 설정하고 [OK] 버튼을 클릭합니다. 대화상자 설정만으로는 화면상의 변화를 알아채기 힘들지만 실제로 기존의 선택 영역에서 '1~2' pixel만큼 바깥쪽으로 확장되었습니다.

03

하늘을 현실감 있게 살리기 위해 이미 멋진 하늘이 촬영된 다른 사진을 불러옵니다. 사진이 열리면 [Eyedropper](I) 도구를 선택하고 오른쪽 화면과 같이 밝은 파랑색을 한 번 클릭하여 전경색으로 설정합니다. 계속해서 X를 눌러 전경색과 배경색을 서로 전환하고 다시 [Eyedropper] 도구로 하늘 위쪽의 어두운 파랑색을 클릭합니다. 이제 전경색은 어두운 파랑, 배경색은 밝은 파랑으로 설정되었습니다.

TIP 색상 링 사용법

[Eyedropper] 도구를 사용할 때 나타나는 동그란 링은 현재 선택한 색상을 정확히 확인할 수 있도록 도와주는 역할을 합니다. 링의 바깥쪽은 중간 회색(50% gray)으로 나타나 다른 색상으로 인해 착시 현상이 일어나지 않도록 해줍니다. 또한 안쪽 아래의 원은 이전에 선택되어 있었던 색상을 표시하며, 안쪽 위의 원은 현재 클릭한 색상을 나타내어 어떻게 변할지 추측하기 쉽도록 도와줍니다.

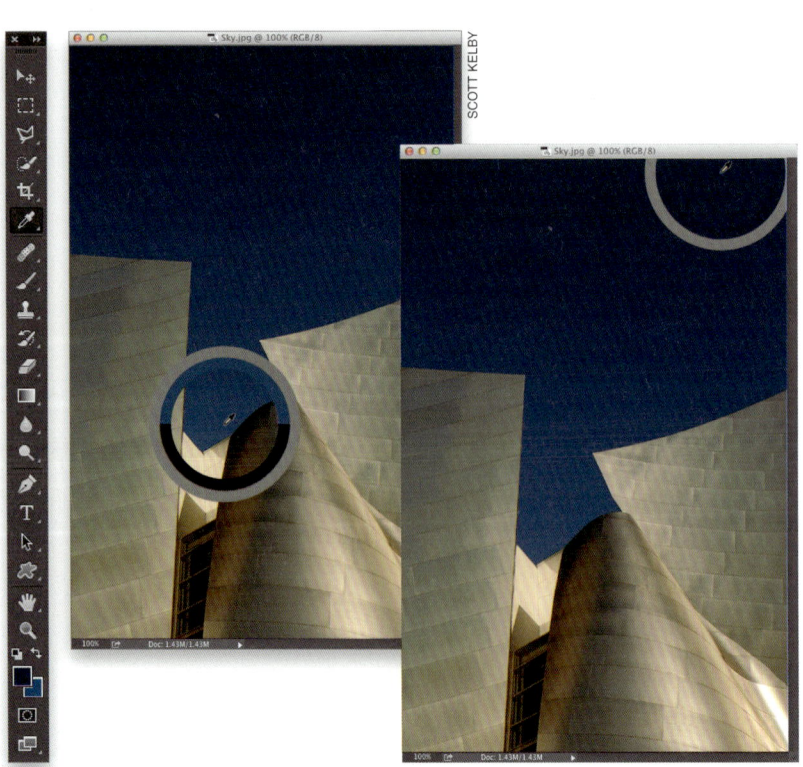

04

기존의 보정할 사진으로 돌아가 [Layers] 패널 하단에서 'Create a New Layer' 아이콘을 눌러 새 레이어를 추가합니다. 계속해서 [Gradient]((G)) 도구를 선택한 다음 사진 상단 끝에서 하늘 아래쪽까지 드래그합니다. 그러면 새 레이어에 색상이 전경색인 어두운 파랑부터 배경색인 밝은 파랑까지 그러데이션으로 채워집니다. 사진에 따라 이 상태가 어울리면 그대로 마치거나 'Opacity' 값만 약간 낮추어 자연스럽게 만들 수도 있지만, 보통은 그대로 두면 보정한 느낌이 나기 때문에 추가 작업이 필요합니다. 다음 두 단계가 더 필요한 이유가 바로 그 때문입니다.

05

먼저 Ctrl-D(MAC:[Command]-D)를 눌러 선택 영역 설정을 해제하고 [Layers] 패널에서 블렌딩 모드를 [Color]로 변경합니다. 예제 사진의 하늘은 푸른 색 cyan 톤이 강하고 가짜 같은 느낌을 주므로 추가 작업을 통해 자연스럽게 만듭니다.

06

레이어에 대비를 더하는 블렌딩 모드는 'Soft Light' 와 'Overlay' 두 가지입니다. 여기서는 두 가지 모두 각각 적용했는데, 'Soft Light'의 경우 효과가 가볍게 나타나며 'Overlay'의 경우 오른쪽 화면과 같이 좀 더 대비가 확연하게 드러나 원하는 정도의 밝기가 되었습니다. 만약 좀 더 드라마틱한 하늘색으로 수정하려면 [Color Burn]을 선택한 다음 'Opacity' 값을 '50%' 정도로 낮춰도 좋을 것입니다. 어느 것을 선택해야 할지 모르겠다면 Shift-+를 재차 눌러 블렌딩 모드 옵션을 차례대로 적용하여 확인합니다. 아래의 보정 전후의 모습을 보면 차이가 크지는 않지만 적당한 톤과 대비로 자연스럽게 보정되었음을 알 수 있습니다.

Before

After

포토샵의 이전 버전들에서 닷징이나 버닝 효과를 제대로 주려면 별도로 레이어를 만들고 블렌딩 모드를 변경하는 등 여러 가지 추가 작업을 해야 했습니다. [Dodge] 도구와 [Burn] 도구가 (좋게 말해) 최고 수준은 아니었기 때문입니다. 다행히 CS5 버전에서 이 도구들이 업데이트 되어 이전의 문제점들이 모두 사라졌습니다. 이제는 해당 도구만을 사용하여 사진의 필요한 부분만을 밝게 또는 어둡게 만들 수 있습니다.

닷징, 버닝 도구 사용하기

01

우선 한 가지 짚고 넘어가야 할 것이 있는데 필자의 경우 닷징과 버닝 작업은 주로 카메라로우의 [Adjustment Brush] 도구를 사용한다는 점입니다 (전반적인 밝기 역시 카메라로우의 'Exposure' 슬라이더를 사용합니다). 하지만 이미 포토샵을 사용 중이거나 카메라로우를 잘 쓰지 않으면 다음 단계들을 따라 합니다. 예제 사진은 빛의 밸런스가 잘 맞지 않게 촬영된 상태인데, 전경에 보이는 이끼 낀 바위에 시선이 모아지도록 만드는 것을 목표로 작업합니다. 현재 사진에서 가장 밝은 부분은 하늘과 햇빛이 반사된 나무들이므로 여기에 시선이 덜 가도록 처리해야 합니다. 실제로 앞쪽에 위치한 전경 전반이 그늘이므로 우선 바위와 언덕 부분에 닷징 효과를 주어 밝게 만들고 배경의 나무들과 언덕 윗부분, 하늘 부분은 버닝 효과로 어둡게 만들 것입니다. 기본적으로 사진이 담고 있는 빛의 형태를 재배치하는 작업이라 할 수 있습니다. Ctrl-J (MAC:Command-J)를 눌러 배경 레이어의 복제 레이어를 만듭니다.

|NOTE|
복제 레이어에 작업하면 결과가 마음에 들지 않을 경우 'Opacity' 값을 낮추거나 아예 레이어를 삭제하고 다시 시작함으로써 비교적 간편하게 수정할 수 있습니다.

02

오른쪽 화면과 같이 도구 박스에서 [Dodge]([O]) 도구를 선택하고 밝게 만들고 싶은 부분을 칠합니다. 여기서는 바위의 이끼 부분부터 칠했습니다. 칠할 때는 마우스를 클릭한 채로 떼지 않고 움직여 효과가 이중으로 덧입혀지지 않게 합니다. [Dodge] 도구와 [Burn] 도구는 마우스를 다시 클릭할 때마다 효과가 추가되어 적용되므로 주의해야 합니다.

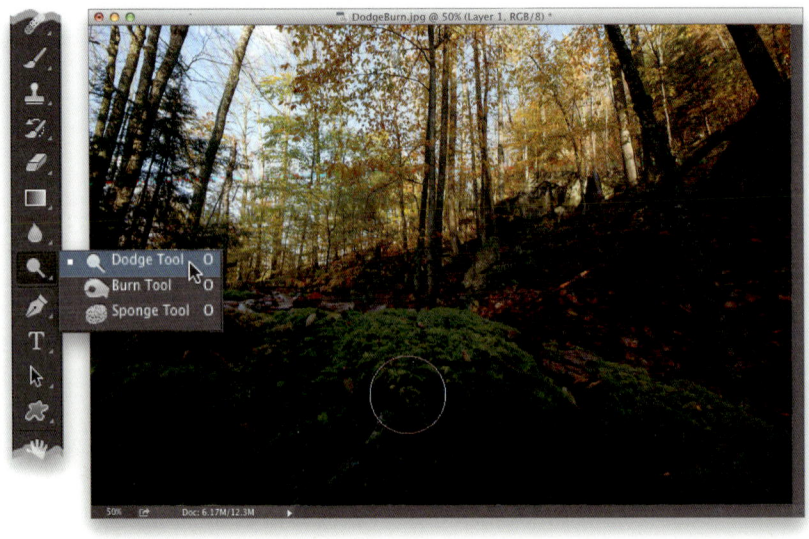

03

마우스를 놓았다가 다시 칠한 곳을 한 번 더 칠하면 그 부분이 더 밝아진 것을 볼 수 있습니다. 그러므로 마우스를 클릭한 만큼 밝기 단계가 올라간다는 것을 인지해야 합니다. 한 번 칠한 곳을 다시 클릭하여 칠하면 기본 밝기보다 더 밝게 됩니다. 이제 오른쪽의 사진에서 바위 부분이 어떻게 변했는지 01의 원본 사진과 비교합니다. 다음 단계에서는 바위 위쪽의 언덕배기 부분을 보정합니다.

04

언덕 부분을 밝게 만들기 위해 이번에도 마우스를 클릭한 채로 떼지 않고 계속해서 칠합니다. 이때 옵션 바를 확인해보면 닷징 효과의 'Range'가 [Midtones]로 되어있어 중간 톤 영역만 밝아졌음을 알 수 있는데, 만약 하이라이트나 쉐도우 영역에 효과를 주려면 팝업 메뉴를 클릭하여 옵션을 선택합니다. 한편 [Exposure] 값은 예제 사진의 경우 '50%'가 적절하지만 인물사진과 같이 세밀한 처리가 필요한 경우에는 '10~15%'로 조절합니다.

05

이번에는 버닝 작업으로 나무와 하늘 등을 어둡게 만들어 봅니다. 먼저 Ctrl-J(MAC:[Command]-J)를 눌러 패널 상위층에 새로운 복제 레이어를 만듭니다. 그러면 원본 사진인 'Background' 레이어 위에 밝게 효과를 준 'Dodge' 레이어가 위치하고 이 레이어의 복제 레이어가 제일 위에 위치한 상태가 됩니다. 이와 같이 분리된 레이어에 각각 닷징과 버닝 효과를 적용하면 'Opacity' 값을 각자 조절하거나 레이어를 삭제하여 해당 작업만 다시 할 때도 용이합니다. 이제 [Burn] 도구를 선택하여 하늘과 밝은 나무들을 칠합니다. 이 부분들을 어둡게 만들어 시선이 분산되게 만들면 상대적으로 전경의 바위 부분에 시선이 집중되는 데 도움이 될 것입니다.

|NOTE|

알아보기 쉽도록 닷징 효과를 준 가운데 레이어의 이름을 'Dodge Layer', 맨 위의 버닝 효과를 준 레이어를 'Burn Layer'로 변경했습니다.

06

하늘 부분은 버닝 효과를 더 주어 좀 더 어둡게 만들어야 합니다. 칠을 여러 번 할수록 효과가 덧입혀지므로 마우스로 덧칠하여 더 어둡게 만들 수 있습니다. 옵션 바의 'Protect Tones'에 체크하면 닷징이나 버닝 효과로 인해 색깔이 변형되는 것을 막아주므로 채도나 빛바램 현상 없이 밝기만 조절할 수 있습니다. 특히 인물사진 작업 시에는 매우 유용한 옵션으로, 필자는 다른 도구를 사용할 때도 이 항목을 체크한 상태로 둡니다. 또한 실제로는 닷징과 버닝 효과를 미세하게 적용하는 편인데, 아래의 보정 후 모습은 실제 작업할 때보다 강하게 효과를 주어 어떤 식으로 나타나는지 극명한 차이를 보여주고자 했습니다.

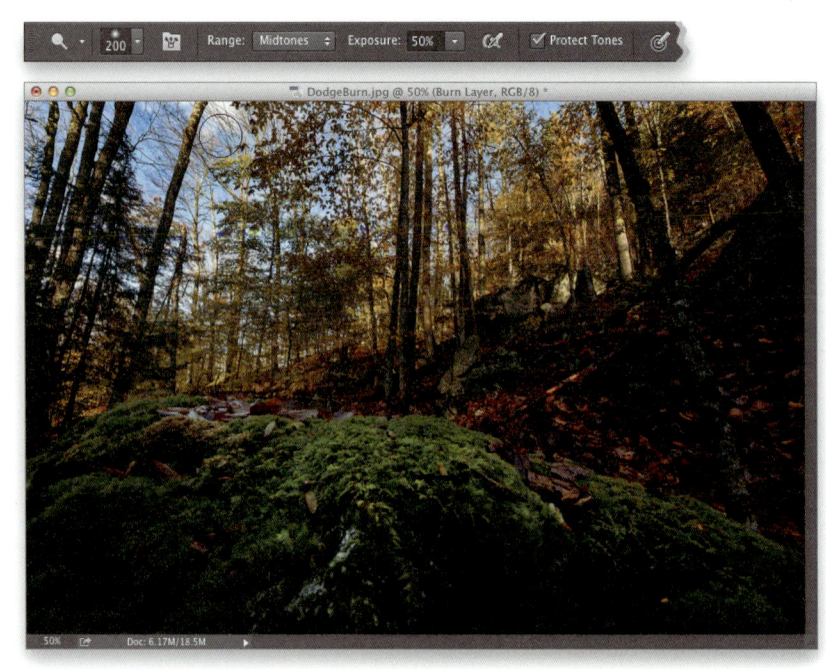

Before

After

다른 모든 질문들을 합한 것만큼 많은 질문을 받는 것이 바로 이번에 알아볼 안경 반사광 수정에 대한 것입니다. 운이 좋다면 한 시간정도 애쓰면 복제 기능을 사용하여 가까스로 문제를 해결할 수도 있지만, 대부분의 경우 어쩔 수 없이 쩔쩔대며 붙잡고만 있을 것입니다. 하지만 촬영할 때 30초만 투자하여 안경을 벗은 상태로 한 컷만 찍어 둔다면(포즈 별로 한 컷씩 추가해두는 것이 가장 좋습니다) 포토샵에서 아주 간편하게 보정할 수 있습니다. 이 추가 촬영이 번거롭다 생각된다면 아마도 한 시간 이상 쩔쩔매본 적이 없는 사람인 것 같군요.

안경에 반사된 모습 수정하기

01

01의 설명을 읽기 전에 위의 도입문을 먼저 읽었길 바랍니다. 그렇지 않으면 02에서 무슨 말을 하는지 모를 것입니다. 왼쪽 예제 사진은 안경을 쓴 여성의 모습으로, 안경에 빛이 반사되어 왼쪽 눈 부분은 완전히 뿌옇고 오른쪽도 보기에 좋지는 않아 보정이 필요한 상태입니다. 이상적인 상황은 촬영을 하고 그 모습 그대로 안경만 벗은 채 한 번 더 찍는 것입니다. 특히 모델의 포즈에 변화가 전혀 없도록 하기 위해서는 촬영자나 제삼자가 안경을 벗겨주는 것이 가장 좋습니다.

02

촬영할 당시에는 안경이 반사되어 촬영될 것이 불 보듯 뻔했기 때문에 안경을 쓴 채 첫 번째 촬영을 한 후 모델에게 움직이지 않도록 부탁하고 다른 사람에게 안경을 벗겨달라고 했습니다. 그 상태로 한 장 더 찍어서 필요한 사진을 확보할 수 있었습니다(그렇게까지 했음에도 불구하고 모델의 손가락이 움직였네요. 여기서 손가락은 문제가 되지 않습니다만).

03

포토샵에 두 사진을 모두 열어놓은 상태에서 [Move] ([V]) 도구를 선택한 다음, [Shift]를 누른 채로 안경 없는 사진을 클릭하여 안경 사진 위로 드래그합니다. 촬영 시 미리 계획하여 안경 사진과 안경 없는 사진을 차례로 찍되, 모델의 위치 변화 없이 철저하게 부동자세를 유지했다면 [Auto-Align Layers] 기능을 사용하여 두 장의 사진을 완벽하게 겹칠 수 있습니다. [Ctrl]을 누른 채로 두 레이어를 클릭하여 모두 선택한 다음 [Edit] 메뉴에서 [Auto-Align Layers]를 선택하여 대화상자가 나타나면 'Auto' 옵션에 체크된 것을 확인하고 [OK] 버튼을 클릭합니다. 잠시 후 두 사진이 자동으로 완벽하게 매치됩니다. 이와 같이 자동 정렬 기능이 제 역할을 할 수 있는 경우라면 06은 건너뛰어도 됩니다. 하지만 촬영 시 피사체의 위치 차이가 많이 날 경우 제대로 매치되지 않기 때문에 수동 작업이 필요합니다. 다음에서 어떤 작업이 필요한지 알아봅니다.

04

우선 상위 레이어를 약간 투명하게 만들어 하위 레이어에 겹쳐 보이도록 하기 위해 [Layers] 패널 상단에서 상위 레이어의 'Opacity' 값을 '50~60%'로 조절합니다. 그리고 [Move] 도구를 선택하여 눈 부분이 화면에 제대로 보이도록 움직입니다.

05

예제 사진과 같이 인물의 위치는 전혀 움직이지 않은 채로 고개만 약간 기울인 정도라면 사진을 회전하여 눈의 각도를 맞추어 작업을 간소화할 수 있습니다. Ctrl-T를 눌러 [Free Transform] 기능을 불러온 다음 사진을 축소하여 보더의 조절점이 보이도록 만듭니다. 보더 바깥쪽에 커서를 두어 둥근 양쪽 화살표 모양으로 바뀌면 드래그하여 하위 레이어의 눈 각도와 일치하도록 회전합니다.

|NOTE|
조절 보더의 안쪽에서 커서를 드래그하면 레이어의 위치를 조절할 수 있습니다.

06

두 레이어의 눈 부분이 완벽하게 일치하여 겹쳐졌다면 Enter(MAC:[Return])를 눌러 위치를 고정하고 상위 레이어의 'Opacity' 값을 다시 '100%'로 되돌립니다. 이때 상위 레이어에서 필요한 부분은 안경 알에 해당하는 프레임 영역이므로 이 부분만 나타나도록 해야 합니다. Alt(MAC:[Option])를 누른 채로 [Layers] 패널 하단의 'Add Layer Mask' 아이콘을 클릭하여 검정색 레이어 마스크로 하위 레이어를 감춥니다.

07

전경색을 흰색으로 설정한 다음 작고 부드러운 경계면의 [Brush](B) 도구를 선택하여 안경알 위를 칠합니다. 칠하는 부분은 안경 없는 사진의 모습으로 대체되어 화면과 같이 반사광으로 뿌옇게 보였던 부분이 또렷해집니다. 즉, 상위 레이어에서 살려야 하는 부분을 칠하여 하단 레이어에 나타나게 하는 작업입니다.

08

오른쪽 눈 부분을 작업한 후에는 왼쪽도 같은 방법으로 작업합니다. 특히 브러시 도구는 작은 크기로 설정하여 프레임을 벗어나 칠하는 일이 없도록 주의하여 칠합니다. 만약 실수한 경우 [X]를 눌러 전경색을 검정색으로 바꾸고 되돌릴 부분을 칠해야 합니다. 다시 한 번 말하지만 이와 같은 번거로운 작업을 완전히 쉽게 만들려면 촬영할 때 모델을 움직이지 않게 하고 안경만 벗겨낸 후 한 컷만 더 찍으면 됩니다. [Auto-Align Layers] 기능으로 자동 정렬하면 많은 시간과 노력을 아낄 수 있습니다. 다음 페이지의 보정 전, 후 사진을 비교해 봅니다.

Before: 안경알이 반사광으로 인해 흐릿해진 상태

After: 안경알의 반사광이 사라진 모습

Chapter 7. Little Problems 흔히 발생하는 문제들 해결하기

그룹사진을 찍는 참 쉬운 방법

그룹 또는 단체사진을 촬영하는 일은 항상 쉽지 않습니다. 왜냐하면 여러 명의 사람들 중 한명 이상은 타이밍을 못 맞추어 눈을 감거나 다른 곳을 보거나 또는 웃지 않는 등의 문제를 일으키기 때문입니다. 물론 여러 장을 찍어 문제가 되는 부분을 다른 사진에서 가져와 합성하면 되는데, 이 과정이 매우 복잡하고 오랜 시간이 걸렸습니다. 적어도 이 기능이 나오기 전까지는요. Auto-Align Layers, 정말 최고의 기능입니다!

01
오른쪽 예제 사진은 가운데에 있는 남성이 웃지 않아 문제가 되었습니다.

02
그룹사진을 찍을 때는 여러 장을 찍을 것입니다. 여기서도 여러 장 찍었는데 그중 다행히도 가운데의 남성이 제대로 미소 지은 사진이 나왔습니다. 하지만 이 사진에는 오른쪽의 여성이 눈을 게슴츠레 떴으므로 최선의 방법은 잘 나온 남성의 모습을 처음 사진에 합성하여 모두가 제대로 나온 한 장의 사진으로 만드는 것입니다.

03

두 장의 사진을 모두 포토샵에서 불러온 다음 하나의 문서에 놓이도록 만듭니다. [Move]() 도구를 선택한 다음 Shift를 누른 채로 남성이 잘 나온 사진을 처음 사진 위로 드래그합니다. [Layers] 패널을 보면 이동한 사진이 별도의 레이어로 나타남을 알 수 있습니다.

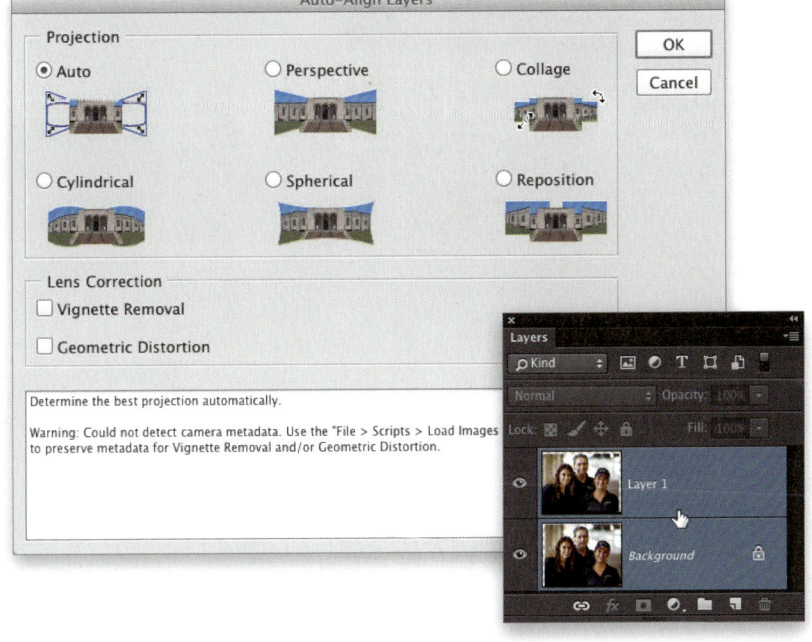

04

보통은 Shift를 누른 채로 사진을 이동하면 자동으로 딱 맞추어 정렬됩니다. 삼각대를 사용하여 찍으면 아주 확실합니다. 하지만 손으로 들고 찍었거나 피사체가 움직인 경우에는 포토샵 기능의 힘을 빌려야 합니다. [Layers] 패널에서 Ctrl(MAC:[Command])을 누른 채로 두 레이어를 클릭하여 모두 선택하고 [Edit] 메뉴의 [Auto-Align Layers]를 클릭하여 대화상자를 불러옵니다. 'Auto' 옵션이 선택된 상태에서 [OK] 버튼을 클릭하면 두 레이어가 최대한 일치되도록 자동으로 정렬됩니다. 대부분의 경우 매우 만족스러운 결과를 보여줄 것입니다.

05

계속해서 상위 레이어를 클릭한 다음 Alt(MAC: [Option])를 누른 채로 패널 하단의 'Add Layer Mask' 아이콘을 클릭하여 검정 마스크 뒤로 상위 레이어를 감춥니다. 이제 [Brush](B) 도구를 중간 사이즈의 부드러운 경계면으로 설정하고 전경색이 흰색임을 확인한 뒤 남성의 얼굴 부분을 칠합니다. 칠하는 부분은 미소 짓는 남성 사진으로 대체되어 나타나며, 머리 부분과 셔츠 등 대체하고 싶은 부분을 모두 칠하여 나타냅니다. 작업을 마친 후에는 [Crop Tool](C) 도구로 가장자리를 잘라내어 정리합니다. 아래의 최종 보정 사진을 확인합니다.

Before: 가운데 남성이 웃지 않은 상태

Before: 오른쪽 여성의 눈이 반쯤 감긴 상태

After: 두 사진을 부분 합성하여 한 장의 완벽한 그룹 사진으로 만든 모습

필자는 매우 많은 인물사진을 리터치합니다(실제로 필자가 쓴 인물사진 리터칭 책은 베스트셀러까지 되었습니다. 『사진가를 위한 인물사진 리터칭』을 홍보하는건가 하는 의심이 든다면 네, 맞습니다!). 아무튼 많은 리터치 전문가들이 꼽은 포토샵 위시리스트 중 하나는 [Liquify] 기능을 스마트 오브젝트 형태로 적용하는 것입니다. 이 작업이 된다면 Liquify 작업 내용을 언제든지 수정하거나 삭제할 수 있어 매우 편리해질텐데, 바로 이것이 CC 버전에서 가능해졌습니다. 더불어 Liquify 정도를 조절하는 [Smooth] 도구에 대해서도 알아봅니다.

Liquify 기능으로 형태 바꾸기

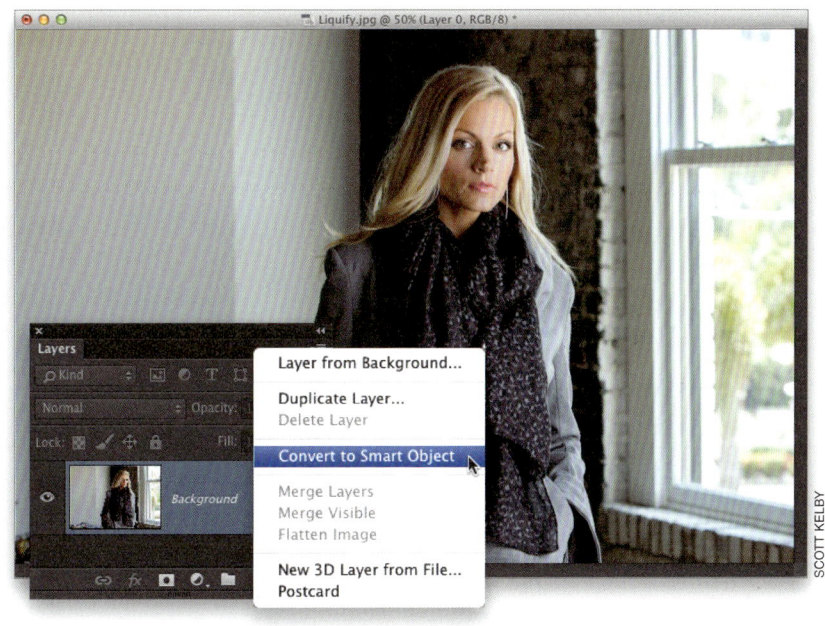

01

[Liquify] 기능을 스마트 오브젝트로 사용하려면 먼저 이미지 레이어를 스마트 오브젝트 레이어로 변환해야 합니다. [Filter] 메뉴에서 [Convert for smart Filters]를 선택하거나 [Layers] 패널의 'Background' 레이어 위에서 마우스 오른쪽 버튼을 클릭하여 [Convert to Smart Object]를 눌러 변환해 봅니다.

02

이제 [Filter] 메뉴에서 [Liquify]를 선택하고 원하는 보정 작업을 실행해 봅니다. 여기서는 [Forward Warp](W) 도구를 사용하여 인물의 어깨 아래쪽에 나타나 있는 주름을 없애기 위해 작은 크기의 브러시로 드래그하여 괜찮게 보일 때까지 주름을 밀어서 펴줍니다. 또한 안쪽 소매 아래 부분도 밀어주고 다른 쪽 어깨의 주름도 마찬가지로 펴줍니다. 이렇게 세 군데의 보정 작업을 마친 후 [OK] 버튼을 클릭하면 레이어가 레이어 마스크가 추가된 스마트 필터 레이어 형태로 생성되어 언제든 수정할 수 있습니다. 원한다면 보정 내용을 아예 감추거나 삭제할 수도 있으며 마스크를 부분적으로 칠하여 필요한 영역만 감출 수도 있습니다.

Chapter 7. Little Problems 흔히 발생하는 문제들 해결하기

03

만약 차후에 사진을 다시 열었을 때 [Liquify] 변형 작업이 너무 과해 보이면 기존 버전에서는 원본을 가지고 처음부터 작업을 다시 시작해야 했을 것입니다. 하지만 이제는 레이어를 스마트 오브젝트 형태로 변환하여 리터치 내용이 고스란히 분리되어 저장되므로 먼저 했던 작업을 이어서 할 수 있습니다. 작업을 수정하기 위해 [Layers] 패널에서 'Liquify' 글자를 더블클릭하여 대화상자를 불러옵니다. 기존의 설정 내용이 그대로 나타나므로 그 상태에서 추가 수정을 할 수 있습니다. 예를 들어 마지막에 수정했던 오른쪽 어깨 부분만 원래대로 되돌리려면 [Reconstruct](R) 도구로 칠하여 원래대로 되돌리고, 나머지 부분은 수정했던 그대로 유지합니다.

04

또 다른 변형 작업을 추가합니다. 대화상자 오른쪽 상단에 있는 'Advanced Mode'에 체크하여 더 많은 옵션이 나타나면 오른쪽 화면에 표시된 것과 같이 도구 박스 세 번째의 [Smooth](E) 도구를 선택합니다. 이 도구는 기존에 다른 도구로 작업한 것이 지나쳐서 보정한 티가 날 때 주로 사용하는데, [Reconstruct] 도구와 어느 정도 비슷하다고 할 수 있습니다. 다만 [Reconstruct] 도구는 보정 내용을 완전히 없애는 반면, [Smooth] 도구는 보정한 정도를 약화시켜 과하지 않게 만든다는 점에 차이가 있습니다. 좀 더 현실적인 결과물을 위해서는 작은 브러시로 세밀하게 작업하는 것이 좋습니다.

포토샵에서 선택 영역을 만들어야 할 때 대부분은 [Magic Wand], [Lasso] 또는 [Pen] 도구만으로도 쉽게 해결할 수 있습니다. 그런데 간혹 뒤통수를 치는 경우가 있으니, 바로 머리카락 부분을 선택해야 할 때입니다. 지난 몇 년간 필자는 이 문제를 해결하기 위해 모든 수단과 방법을 동원해봤는데 특히 『The Photoshop Channels Book』에서는 복잡한 채널 테크닉을 사용했습니다. 하지만 어도비가 CS5 버전에서 [Refine Edge] 기능과 함께 [Quick Selection] 도구를 한층 강화한 덕에 모든 시름이 사라졌습니다. 단언건대, [Quick Selection] 도구는 포토샵의 모든 도구를 통틀어 가장 유용하고 강력한 도구라고 할 수 있습니다.

흩어진 머리카락을 선택 영역으로 만드는 확실한 방법

01

예제 사진을 포토샵에서 열어봅니다. 사진은 인공 바람에 의해 머리카락이 마구 휘날리고 있는 모습입니다. 머리카락을 선택 영역으로 만들기 위해 도구 박스에서 [Quick Selection]() 도구를 선택합니다.

02

이제 해야 할 일은 선택 영역으로 만들 부분 위를 천천히 칠하여 전반적인 선택 영역을 만드는 것입니다(마치 [Magic Wand] 도구처럼 스마트하게 자동으로 영역을 만들어주지만, 실제로 두 도구는 다른 기술을 바탕으로 만들어졌다고 합니다). 이 도구는 화면에 보이는 것과 같이 반응하기 때문에 화면을 확대하여 사용하면 더욱 정확한 작업이 가능해집니다. 왼쪽 사진은 오른 팔 옆의 회색 공간이 포함되어 선택 영역이 제대로 잡히진 않았지만 이 정도는 전혀 문제가 되지 않습니다. 만약 선택되지 않아야 할 부분이 포함되었다면 [Alt](MAC:[Option])를 누른 채로 칠하여 뺄 수 있습니다. 하지만 아직은 완벽히 선택된 시점이 아니므로 대략적인 선택 영역이 잡혔으면 걱정 말고 다음 단계로 넘어갑니다.

03

필자가 [Quick Selection] 도구에 대해 알아낸 것 중 하나는 선택할 때와 달리 필요 없는 부분을 제외할 때는 항상 완벽하게 되지 않는다는 것입니다. 여기서는 오른쪽 옆구리와 팔 사이의 빈 공간을 제외시키기 위해 칠했더니 머리카락 끝부분과 스카프 일부가 함께 제외되어 다시 포함시켜야 했습니다. 이처럼 원하는 대로 작업이 안 될 때는 [Magic Wand](Shift)-(W)) 도구를 선택하고 (Alt) (MAC:[Option])를 누른 채로 해당 영역을 한 번 더 클릭합니다.

04

이제 본격적으로 까다로운 영역을 다뤄볼 차례입니다. 여기서 목표로 하는 것은 머리카락만 선택하되 이외의 배경 부분은 선택되지 않게 하는 것입니다. 필자는 기본적으로 배경과의 경계선보다 조금 안쪽으로 선택하여 배경이 조금이라도 선택되지 않게 합니다. 오른쪽의 확대한 모습을 보면 머리 부분을 선택할 때 가장자리의 잔머리는 선택하지 않은 것을 볼 수 있을 것입니다. 여기서 선택하지 못한 잔머리 부분은 포토샵이 알아서 선택하도록 설정할 것이므로 배경을 포함하지 않는 선까지만 선택합니다. 그러므로 여기서는 선택하기 난해한 부분들은 제쳐두고 머리카락이 아닌 배경이 포함되지 않도록 하는 것에 집중합니다. 만약 실수로 배경이 포함되었다면 그 부분을 영역에서 제외시키기 위해 (Alt)(MAC:[Option])를 누른 상태에서 [Quick Selection] 도구로 칠합니다.

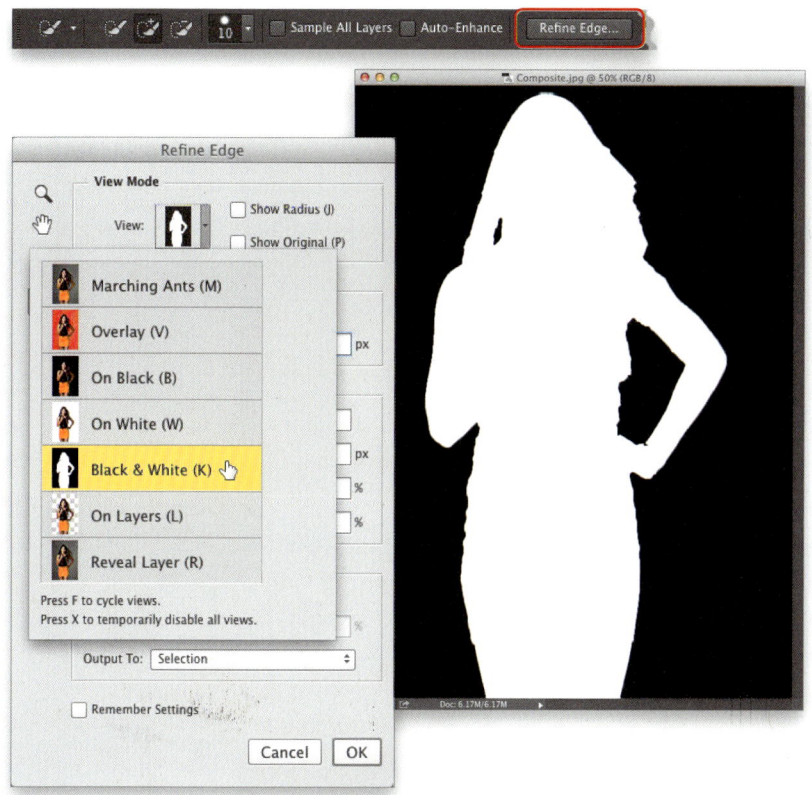

05

영역 선택을 마쳤으면 이제 포토샵의 파워풀한 '선택' 능력을 사용할 때입니다(이에 비하면 [Quick Selection] 도구는 준비운동에 불과합니다). 마법 같은 일이 일어나는 곳은 바로 옵션 바의 [Refine Edge] 버튼을 누르면 나타나는 대화상자인데, 'View' 팝업 메뉴에 있는 많은 선택 옵션 중 여기서는 [Black & White]를 선택합니다. 화면에 보이는 것과 같이 이 옵션은 [Quick Selection] 도구가 선택하지 못했던 거칠고 지그재그의 제멋대로인 경계선 즉, 잔머리를 자동으로 선택하여 일반적인 레이어 마스크 형태로 보여줍니다. 이제부터 본격적으로 작업을 진행해 봅니다.

06

계속해서 'Smart Radius' 항목에 체크합니다(이때 육안으로 보이는 변화는 없습니다). 이 옵션은 부드럽고 순탄한 경계와 거칠고 난해한 경계의 차이점을 인식하는 기술로, 두 가지 형태의 경계를 모두 잡아낼 수 있습니다. 따라서 꼭 체크한 상태로 유지해야 하는 중요한 옵션입니다. 이제 시험 삼아 'Radius' 슬라이더를 '250'까지 움직입니다. 그러면 머리카락이 전체적으로 선택되는 놀라운 일이 일어납니다. 다만 머리카락이 스마트하게 선택된 반면, 손이나 엉덩이 부분은 과도하게 선택되어 버렸습니다. 이전에 이 부분을 선택 영역에서 아예 빼려면 다시 처음부터 조절해야 했는데, 이번에 믿을 수 없을 정도로 놀라운 방법을 소개하려고 합니다.

|NOTE|

'Smart Radius' 옵션을 체크한 상태로 항상 유지하려면 대화상자 하단의 'Remember Settings' 항목에 체크합니다.

07

'Radius' 슬라이더를 다시 드래그하여 손과 엉덩이 부분이 불투명한 흰색이 되도록 만듭니다. 즉, 레이어 마스크 형상상 선택해야 할 주체는 완전히 불투명한 흰색으로, 제외해야 할 배경 부분은 완전한 검정색으로 만들어 줍니다. 어떤 식으로든 회색으로 보인다면 완전히 불투명한 것이 아니므로 수정이 필요합니다. 인물의 잔머리 부분은 약간 회색으로 나타나도 괜찮지만 손이나 옷의 실루엣처럼 단순한 형태가 드러나는 경계면은 이런 현상이 전혀 없도록 해야 합니다. 그것만 아니라면 'Radius' 값을 '250' 그대로 설정하여 작업을 마칠 수도 있지만, 예제 사진에는 잔머리와는 다른 성격의 매끈한 경계도 있으므로 이러한 부분들 역시 온전히 살려야 합니다. 그러므로 이번에는 'Radius' 값을 '60'까지 낮추어 어떻게 변하는지 살펴봅니다. 단순한 형태의 경계면은 적절하게 불투명한 흰색이 되어 '60~65' 정도로 조절해야 함을 알 수 있습니다. 반면 날리는 머릿결과 같이 복잡한 경계를 위해서는 높은 'Radius' 값이 필요합니다. 일단 여기서 선택이 난해한 부분은 'Radius'를 높여야 한다는 것을 확실히 기억하고 넘어갑니다.

08

이번에는 'View' 옵션을 [Overlay]로 바꾸어 선택하지 못한 부분이 없는지 확인합니다. 바꾼 옵션에서는 선택 영역이 원본 색상 그대로 나타나며 선택되지 않은 부분은 빨간색으로 나타납니다. 선택을 놓친 부분은 원본의 배경색(여기서는 회색)이 나타나는데, 예제 사진은 왼쪽 머릿결 사이에 회색이 나타났습니다. 이런 경우에는 정확히 어느 지점에 문제가 있는지 포토샵이 인식하도록 하여 수정할 수 있습니다. 수정을 위해 [Refine Radius](E) 도구를 선택하고 보정이 필요한 부분을 드래그하여 칠합니다. 포토샵이 해당 부분만 다시 인식하여 포함되었던 배경을 제외시켜줄 것입니다.

09

가장자리의 머리카락을 자세히 보면 부분적으로 도드라진 빨간색이 보이는데, 바로 그 부분이 선택되지 못한 지점입니다. 이 부분을 한두 번 칠하여 원본의 색상이 나타나도록 만듭니다. 새롭게 칠함에 따라 포토샵이 해당 부분의 경계를 다시 인식하며, 이로 인해 원본 색상을 드러낸 부분은 선택 영역에 새로 포함됩니다. 칠하는 동안 때로는 흰색으로 나타나지만 마우스 버튼을 떼면 바로 포토샵에서 자동으로 처리됩니다. 왼쪽과 오른쪽의 도드라진 빨간색 머리카락을 칠하여 사진에 보이는 것처럼 원래의 색상을 되찾습니다. 여기서는 'Radius' 값을 약간 높였습니다.

10

대화상자에서 [Adjust Edge] 영역의 슬라이더들은 한번 건드리기 시작하면 제대로 자리를 찾기까지 시간이 꽤 걸리므로 그대로 놔두는 것이 좋습니다. 대화상자 하단의 'Decontaminate Colors' 항목에 체크하면 경계면 픽셀의 색상이 어느 정도 삭제되므로, 만약 선택한 영역을 현재와 다른 배경 위로 옮긴다면 기존의 배경색이 거의 드러나지 않을 것입니다. 바로 아래 팝업 메뉴에서 선택 영역을 어떻게 사용할지 옵션이 나타나므로, 빈 문서에 보낼지 현재 문서에서 새 레이어로 만들지 또는 레이어 마스크가 추가된 새 레이어로 만들지 등 원하는 메뉴를 선택합니다. [Brush] 도구로 차후 수정이 가능하기 때문에 필자의 경우 항상 레이어 마스크가 추가된 새 레이어가 현재 문서에 만들어지도록 옵션을 선택합니다. 그렇게 하면 팝업 메뉴에서 [New Layer with Layer Mask]를 선택하고 [OK] 버튼을 클릭합니다.

11

이제 오른쪽 화면과 같이 선택 영역이 투명한 레이어 위에 나타나며 [Layers] 패널을 보면 레이어 마스크가 추가되어 있는 것을 알 수 있습니다. 놀라운 것은 인물의 얇고 지저분한 잔머리가 깔끔하게 정리되었으면서도 날리는 긴 머리카락은 모두 생생히 살아있다는 것입니다. 여기서 더 나아가 한두 가지 트릭을 더할 것인데, 선택 영역을 다른 배경 위로 옮기기 전에 우선 마스크에 인물의 형태가 제대로 나타나는지 체크해야 합니다. 이를 위해 Alt (MAC:[Option])를 누른 채로 패널 상의 레이어 마스크 썸네일을 클릭하여 마스크를 화면에 나타내 봅니다.

12

오른쪽 화면과 같이 마스크가 화면에 나타나면 오른쪽의 팔 부분을 확대합니다. 완전한 흰색이 아니라 흐릿하게 회색으로 나타나는 부분들이 있으므로 수정이 필요합니다. 크기가 작고 경계가 또렷한 [Brush](B) 도구를 선택하고 전경색을 흰색으로 설정한 다음 수정해야 할 부분을 칠하여 완전한 흰색으로 만듭니다. 또한 머리 옆의 귀걸이와 스카프 부분도 깔끔하게 선택되지 않아 회색이 보이므로 흰색으로 칠해줍니다. X 를 눌러 전경색을 검정으로 바꾸고 흰색 위를 검정색으로 다시 칠하여 화면 전체를 완전한 검정색으로 만듭니다. 이제 [Brush] 도구의 옵션 바에서 'Mode'를 [Overlay]로 설정합니다. 바로 이 부분이 요긴한 트릭인데, 이와 같이 블렌딩 모드를 바꾸어 흰색으로 칠하면 검정색 부분은 제외하고 페인팅이 적용됨을 알 수 있습니다.

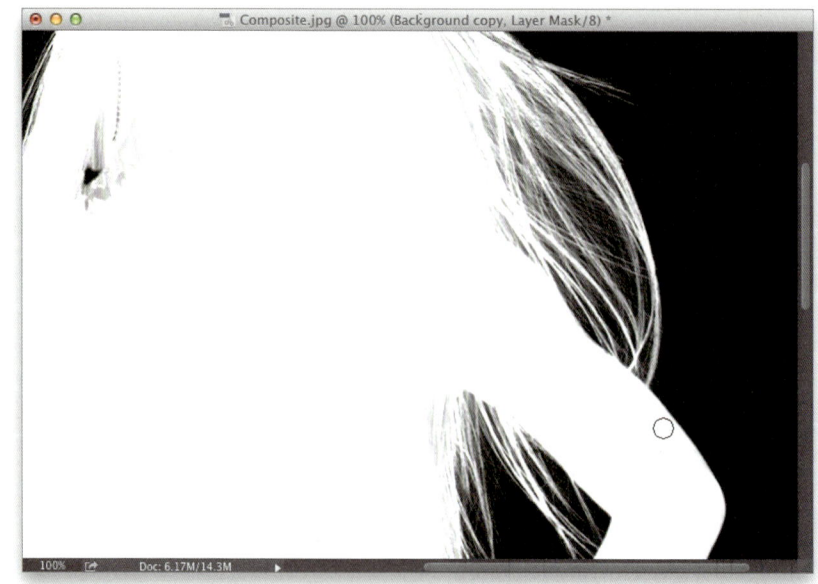

13

여기까지 마스크 위에서 해야 할 일은 모두 마쳤습니다. 물론 마스크 부분은 언제든지 썸네일을 클릭하여 수정하거나 패널 하단의 휴지통 아이콘으로 드래그하여 삭제할 수 있습니다. 삭제할 때는 레이어에 적용한 뒤 없앨지 그냥 없앨지를 선택할 수 있는 경고창이 나타나는데, [Apply] 버튼을 누르면 레이어 마스크 썸네일이 삭제됩니다. 지금까지 좀 더 쉬운 방법으로 디테일한 경계를 살리는 작업을 해보았습니다.

14

이제는 새로운 배경 이미지를 열어 선택 영역으로 따낸 인물을 합성합니다. [Move]([V]) 도구를 선택하고 작업한 인물의 형태를 드래그하여 새 배경 이미지 위에 가져다 놓습니다. [Ctrl]-[T] (MAC:[Command]-[T])를 눌러 [Free Transform] 기능을 불러와 배경에 맞도록 크기와 위치를 조절합니다(이때 [Ctrl]-[0](MAC:[Command]-[0])을 누르면 조절 보더의 핸들 위치를 파악할 수 있습니다). 또한 여기서는 변형 조절 보더의 안쪽에서 마우스 오른쪽 버튼을 클릭하고 팝업 메뉴에서 [Flip Horizontal]을 선택하여 배경과의 수평이 일치하도록 설정했습니다. 작업이 완료되면 [Enter] (MAC:[Return])를 눌러 위치를 고정합니다. 왼쪽 사진을 보니 인물의 색상 톤과 배경이 매우 달라 합성 사진처럼 보입니다.

|NOTE|
어떤 요소를 다른 문서로 이동할 때는 두 문서를 동시에 확인할 수 없으므로 주의해야 합니다. 움직이려는 대상을 클릭하여 가져다 놓을 문서의 탭 위로 드래그한 상태에서 마우스 버튼을 떼지 않고 잠시 기다립니다. 문서의 화면이 열리며, 이때 사진을 화면 위로 가져다놓으면 하나의 레이어로 추가됩니다.

15

먼저 가장자리에 나타난 흰색의 띠를 없앤 다음 색상 톤 문제를 해결해 봅니다. 띠를 없애기 위해서는 [Layer] 메뉴에서 [Matting]-[Defringe]를 선택하여 대화상자를 불러온 다음, '1'을 입력하고 [OK] 버튼을 클릭합니다. 여기서 '1'을 입력한 것은 메가픽셀 사진의 경우 '2' pixels을 사용하라는 의미로, 이 작업만으로도 흰색 띠가 사라집니다.

|NOTE|
[Defringe] 기능은 경계선 바깥쪽의 픽셀들을 새로운 설정의 픽셀들로 재배치하여 배경과의 합성을 자연스럽게 만들어주는 것으로, 프린지(띠) 현상이 현저히 약화됩니다.

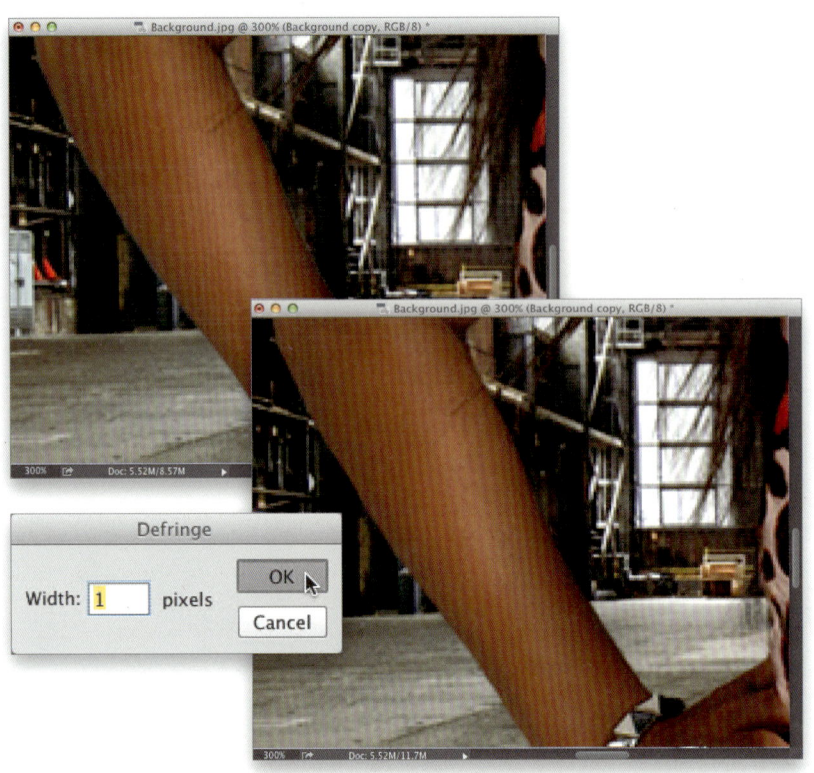

16

이번에는 합성을 위한 기법으로 약간의 픽셀을 더하여 잃어버린 디테일을 되찾을 수 있도록 해줍니다(예전의 채널 활용 방법 등을 쓰던 시절에 소개했던 트릭입니다). 매우 쉽고 간단한 방법인데, Ctrl-J(MAC:Command-J)를 눌러 인물 레이어를 복제하는 것입니다. 그러면 같은 레이어 두 개가 겹쳐지므로 좀 더 또렷해져 다소 흐릿했던 디테일 부분이 선명해집니다. 만약 지나치게 또렷하여 부자연스러우면 패널 상단에서 복제한 레이어의 'Opacity' 값을 낮추어 적절히 조절합니다. 여기서는 '50%'로 낮추어 자연스럽게 만들었습니다. 두 레이어를 병합하기 위해 Ctrl-E(MAC:Command-E)를 누릅니다. 다음으로는 배경과 매치되지 않는 인물의 색상 톤을 해결하여 배경에 녹아들도록 만들 차례입니다.

17

Ctrl(MAC:[Command])을 누른 채로 레이어의 썸네일을 클릭하여 선택 영역을 불러옵니다. 왼쪽 화면과 같이 선택 영역이 표시되면 [Layers] 패널 하단에서 'Create a New Layer' 아이콘을 눌러 새 레이어를 추가합니다. 이제 사진을 보며 '배경에서 어느 색상이 가장 도드라지는지' 생각해 봅니다. 예제 사진의 경우는 갈색, 회색, 흰색 등이 많은데 가장 눈에 띄는 색은 회갈색(brownish gray)이라 할 수 있습니다. 그러므로 [Eyedropper](I) 도구를 선택하고 배경의 회갈색 지점을 클릭하여 전경색으로 설정합니다. 왼쪽 화면에서는 배경 바닥면의 한 지점을 클릭했습니다.

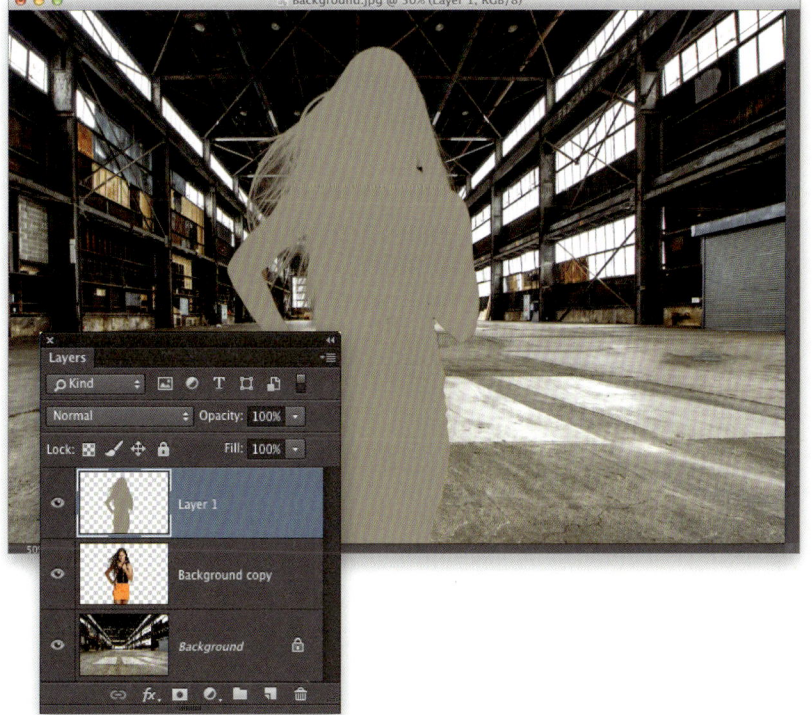

18

미리 만들어놓은 새 레이어를 전경색인 회갈색으로 채우기 위해 Alt-Back Space(MAC:[Option]-Delete)를 누르고 Ctrl-D(MAC:[Command]-D)를 눌러 영역 선택을 해제합니다.

19

회갈색이 된 레이어를 다음과 같이 설정합니다.
❶ 블렌딩 모드를 [Color]로 변경하여 하단 레이어가 비치도록 합니다.
❷ 'Opacity'를 낮추어 하단 이미지의 색상이 적절히 드러나도록 합니다. 색상이 드러나되 회갈색 톤이 알맞게 섞여 인물이 실제로 배경에서 촬영한 듯 자연스럽게 어울리도록 만듭니다.

예제 사진의 경우 'Opacity'를 '30%'까지 낮추어 두 레이어의 색상 톤이 자연스럽게 섞이도록 했습니다. 아래의 완성 사진을 보면 인물의 전반적인 색상에 배경의 회갈색 톤이 덧입혀져 도드라진 느낌이 많이 사라졌습니다. Ctrl - E (MAC: Command - E)를 눌러 레이어들을 통합하고 작업을 마칩니다.

이번 레슨의 제목은 와이드앵글로 촬영했을 때 일어나는 상황을 가장 잘 묘사했다고 할 수 있습니다. 와이드 사진을 포토샵에서 열어 작업할 때는 이러한 복잡다단한 상황을 위해 만들어진 [Adaptive Wide Angle] 기능을 사용합니다. 이 필터 기능을 사용할 때는 다음 세 가지 주의사항을 기억합니다. ❶ 너무 자주 사용하지 말 것 ❷ 작업 후에는 대대적인 크롭핑을 하거나 [Content-Aware Fill] 기능으로 빈틈을 메울 것 ❸ 상황에 따라 이 기능이 꼭 필요할 때가 있으니 사용 방법을 기억해둘 것.

빈틈이 많은 와이드샷 통합하기

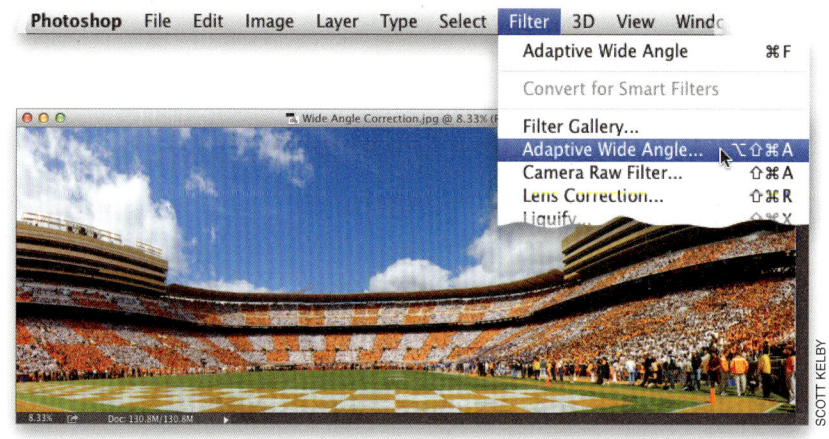

01

렌즈로 인한 왜곡 현상이 심각하게 나타난 와이드샷 사진을 불러옵니다. 필자는 스마트 필터를 여러 개 만들어 쓰지 않는 편인데, 대부분의 경우 한 개의 스마트 필터만으로도 원하는 결과를 얻을 수 있기 때문입니다. 하지만 예제 사진의 경우, 먼저 [Filter] 메뉴의 [Convert for Smart Filters]를 클릭한 다음 같은 메뉴의 [Adaptive Wide Angle] 기능을 적용하는 것도 나쁘지 않을 것 같습니다. 이는 작업하는 사진에 따라 결정되는 것이므로 실행해보고 적합하지 않으면 다시 되돌릴 수도 있고 몇 몇 옵션을 바꿔야 할 수도 있을 것입니다.

|NOTE|
작업한 내용을 스마트 필터로 만들어두면 나중에도 이 필터를 열어 적용하거나 추가로 설정하여 쉽고 빠르게 사용할 수도 있습니다. 다음 단계들을 통해 자세히 알아봅니다.

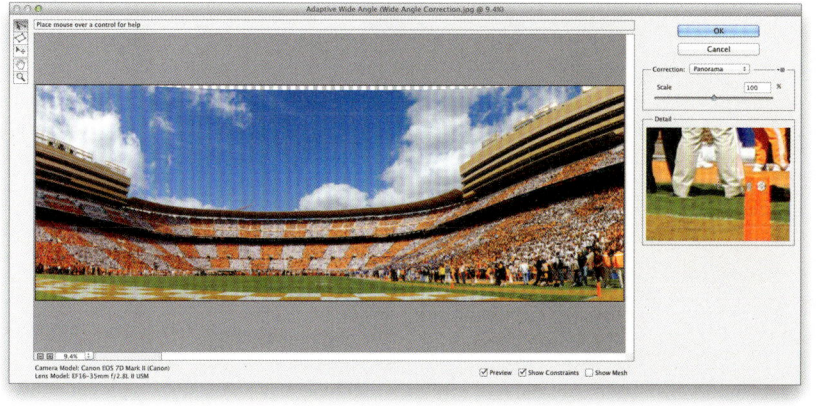

02

[Adaptive Wide Angle] 대화상자가 나타나면 사진의 고유 데이터를 읽어들여 하단 왼쪽에 렌즈 정보가 나타날 것입니다. 또한 'Auto' 옵션이 설정되어 있음에 따라 자동 보정이 실행됩니다. 간혹 자동 보정만으로도 괜찮은 결과를 얻을 수도 있지만 사실 그렇지 못할 때가 더 많습니다. 예제 사진은 자동 보정 후에도 경기장 형태가 매우 심하게 구부러져 있으므로 이 부분을 포토샵이 인식하여 처리할 수 있도록 수동으로 알려주어야 합니다.

03

대화상자 왼쪽 상단의 도구 바에서 첫 번째에 있는 [Constraint] 도구부터 선택하여 수정을 시작해 봅니다. 먼저 사진 오른쪽 보도석 박스가 가장 두드러지게 휘어 있으므로 이를 보정하기 위해 대상의 왼쪽 아래 꼭지점을 클릭하고, 커서를 이동하여 박스 왼쪽 위 꼭지점을 클릭합니다. 두 점을 잇는 하늘색의 'Constraint' 라인이 자동으로 휘어진 정도를 인식하여 곡선으로 나타나는데, 이는 렌즈 정보로 인하여 포토샵이 문제를 인식했기 때문입니다. 화면 왼쪽의 [Detail] 영역에서는 현재 커서가 있는 부분을 확대하여 보여주는데, 여기서 커서가 꼭지점을 제대로 클릭하여 정확한 굴곡을 측정했는지 확인할 수 있으므로 꼭 체크합니다.

|NOTE|
지점을 클릭하는 작업 중 실수가 생겼다면 Alt (MAC:[Option])를 누른 채로 하늘색의 'Constraint' 라인을 클릭하여 삭제하고 다시 설정합니다.

04

보도석 박스의 끝 지점을 클릭하면 휘었던 건물이 곧게 펴집니다. 그리고 동시에 상단에 넓은 틈이 생겨 조만간 크롭핑 작업이나 [Content-Aware Fill] 작업이 필요함을 알 수 있습니다(그만큼 구부러진 정도가 심했기 때문입니다). 또한 오른쪽 화면에서 보듯이 'Constraint' 라인을 만들어 처리한 후에도 구부러진 곳이 있다면 'Constraint' 라인의 시작점을 클릭하여 선이 더 길게 늘어나도록 왼쪽으로 드래그합니다. 이때 늘리는 길이가 사진 영역 바깥으로 넘어가도 상관없으므로 휘어진 부분이 곧게 펴질 때까지 선을 길게 늘입니다. 선이 사진 바깥으로 나간 경우엔 미리보기 사진 위에서 드래그하여 이동이 가능하며, 라인을 더 움직여야 한다면 대화상자 왼쪽 도구 바의 세 번째에 있는 [Move] 도구를 선택하여 조절을 계속할 수 있습니다.

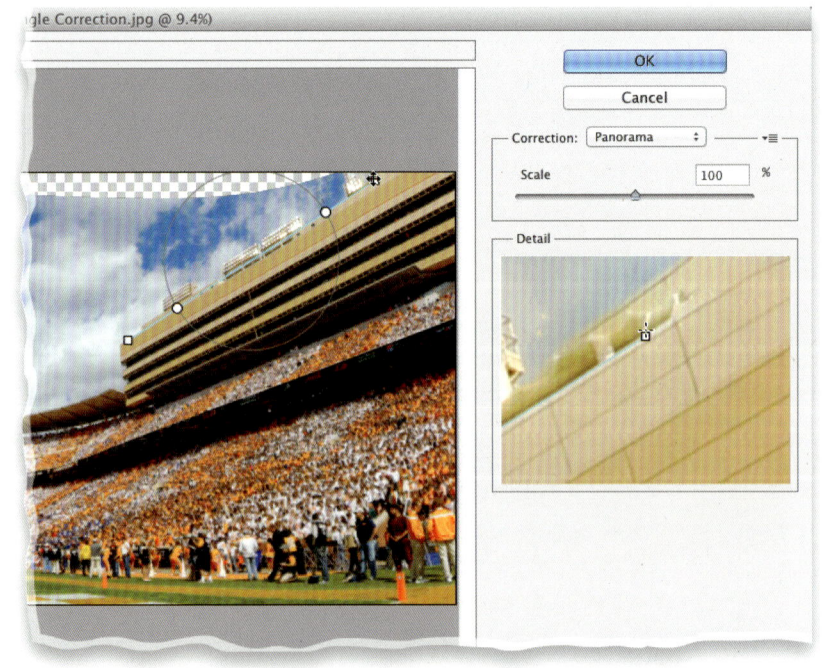

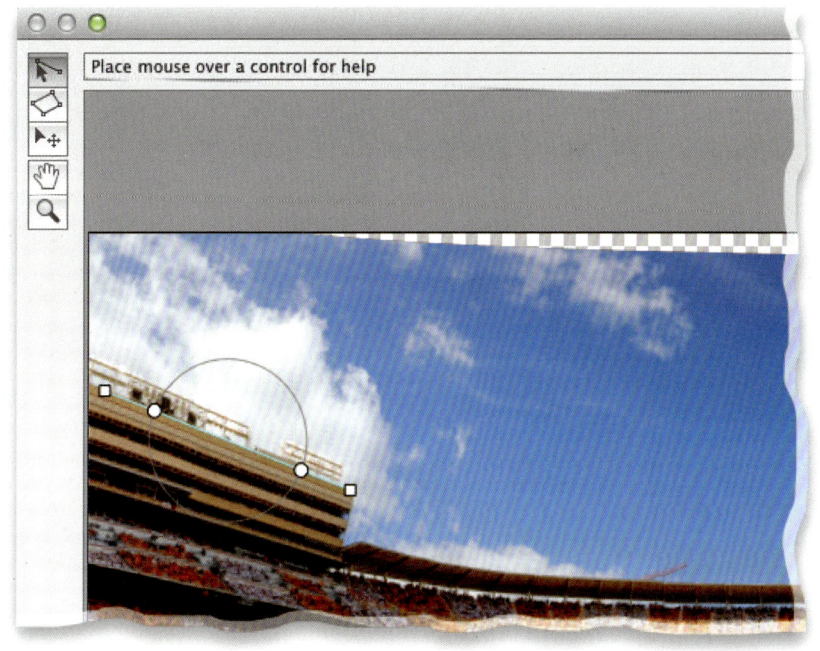

05

계속해서 라인의 끝점도 오른쪽으로 더 늘이기 위해 보도석 박스 왼쪽 편으로 사진을 이동합니다. 'Constraint' 라인 끝을 클릭하고 지붕 위까지 드래그한 후 마우스 버튼을 놓으면 구부러진 부분이 마저 펴집니다.

TIP Constraint 라인이 곡선으로 나타나지 않으면?
포토샵이 사진의 프로필에서 렌즈 정보를 읽어 인식했다면 라인이 자동으로 휘어 나타납니다. 만약 그렇지 않고 직선으로 나타나면 경고창이 나타나 매치되는 렌즈 프로필을 찾을 수 없다는 설명문이 나타납니다. 이때는 라인을 수동으로 만드는데, [Constraint] 도구로 수정할 부분의 시작점과 끝점을 차례로 클릭하고 마지막으로 중간 부분에서 굴곡을 고려하여 중앙점을 클릭하면 곡선이 완성됩니다.

06

'Constraint' 라인을 만들 때 두 개의 둥근 핸들이 붙어있는 원이 나타나는 것을 볼 수 있습니다. 이 원은 라인의 굴곡을 어느 방향으로 만들지 결정할 수 있도록 해주는 것으로, 둥근 핸들을 클릭하여 시계 방향이나 시계 반대 방향으로 회전하면 곡선의 경도가 바뀌어 원하는 형태로 만들 수 있습니다. 각도를 조절할 때 작은 팝업이 나타나 현재 각이 정확이 몇 도인지 수치로 확인할 수 있습니다.

07

왜곡 현상을 모두 바로잡았다면 [OK] 버튼을 클릭하여 [Adaptive Wide Angle] 대화상자를 닫습니다. 왜곡 문제에 있어서 다시 수정할 것이 있다면 [Layers] 패널에서 'Adaptive Wide Angle' 글자를 더블클릭하여 대화상자를 불러와 연이어 작업할 수 있습니다. 모든 설정 사항은 물론 기존에 만들었던 'Constraint' 라인들도 그대로 나타나므로 처음부터 다시 작업할 필요 없이 쉽게 추가 수정을 할 수 있습니다.

TIP 직사각형 곧게 펴기

문짝이나 창문과 같이 직사각형 모양의 구부러진 대상을 곧게 펴야 할 때는 도구 바에서 두 번째에 있는 [Polyton Constraint] 도구를 사용합니다. 이 도구는 [Polygonal Lasso] 도구처럼 기능하여 필요한 영역에 직사각형을 만들고 곧게 펴줍니다.

TIP 곡선을 직선으로 곧게 펴기

'Constraint' 라인을 만든 후 라인을 곧게 펴기 위해서 Shift를 누른 채로 클릭하거나 라인 위에서 마우스 오른쪽 버튼을 클릭하여 팝업 메뉴가 나타나면 원하는 라인 유형을 선택하여 변환합니다.

08

[OK] 버튼을 클릭하여 첫 작업을 마쳤지만 아직 해결해야 할 문제가 남아있습니다. 첫 번째는 사진이 약간 구부러져 있다는 것인데, 이를 바로잡기 위해 [Filter] 메뉴에서 [Camera Raw Filter]를 선택합니다. 카메라로우 화면이 나타나면 패널 영역 상단에서 오른쪽으로부터 4번째에 있는 'Lens Corrections' 아이콘을 선택하고 [Manual] 탭을 클릭하여 'Rotate' 슬라이더를 왼쪽으로 움직입니다. 사진이 곧게 펴지도록 조절한 다음 [OK] 버튼을 클릭하여 포토샵으로 돌아갑니다.

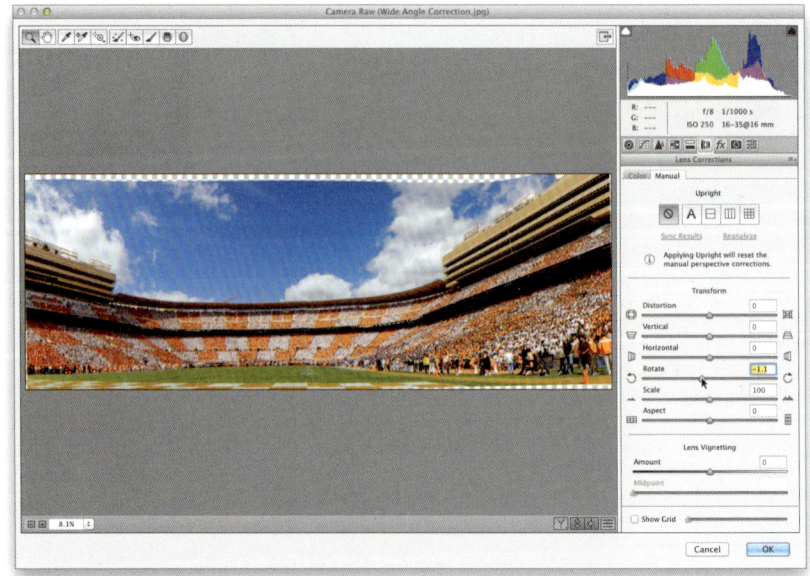

09

이제 [Layers] 패널에서 오른쪽 상단의 메뉴 버튼을 클릭하고 [Flatten Layers]를 선택하여 레이어들을 병합합니다. 계속해서 [Magic Wand] 도구(Shift-W)로 사진 상단과 하단, 양옆에 흰색으로 나타난 빈틈들을 모두 클릭하여 선택 영역으로 만듭니다(Shift를 누른 채로 클릭하면 영역이 추가되어 하나의 선택 영역으로 만들 수 있습니다). [Select] 메뉴에서 [Modify]-[Expand]를 선택하고 '4' pixels를 입력 후 [OK] 버튼을 클릭하면 선택 영역이 그만큼 확장됩니다. [Edit] 메뉴에서 [Fill]을 클릭하고 'Use' 팝업 메뉴에서 [Content-Aware Fill]을 선택합니다. [OK] 버튼을 클릭하여 빈틈을 채우는 작업을 실행한 후 Ctrl-D(MAC:[Command]-D)를 눌러 영역 선택 상태를 해제합니다. 아래에서 작업 전후의 모습을 비교해 봅니다.

Before

After

Shake Reduction 필터로 흔들린 사진 살려내기

빛이 충분하지 않은 장소에서 카메라를 손으로 들고 찍으면 느린 셔터 속도로 인해 흔들림이 발생합니다. 장거리 렌즈를 사용했을 때 카메라가 살짝 움직이는 것으로 인해서 생긴 흔들림이라면 'Shake Reduction' 필터를 사용하여 블러 현상을 최소화할 수 있습니다(단, 피사체의 움직임으로 인해 생긴 흔들림은 해당되지 않습니다). 이 필터가 제대로 성능을 발휘하려면 사진에 노이즈가 없는 것이 좋으며, 전반적인 노출이 적절해야 하고, 플래시를 사용하지 않은 것이어야 합니다. 모든 사진에 유용하진 않지만 조건이 맞는 사진에서는 놀라운 결과를 보여줄 것입니다.

01

예제 사진은 빛이 적은 상태에서 손으로 카메라를 들고 촬영한 사진으로, 전체적으로 흔들렸기 때문에 'Shake Reduction' 필터가 절실히 필요한 상태입니다. [Filter] 메뉴에서 [Sharpen]-[Shake Reduction]을 클릭하면 대화상자로 전환되며 블러 현상이 주로 시작되는 사진 중앙 부분부터 바깥쪽으로 흔들림 감소 기능이 실행됩니다. 이때 대화상자 오른쪽의 [Detail] 돋보기 화면 아래에 진행 상황을 나타내는 작은 바가 나타나 처리중임을 알려줍니다. 만약 처리를 중단하려면 진행 바 끝의 '금지' 모양 단추를 클릭합니다.

|NOTE|
오른쪽 화면은 'Preview' 옵션의 체크를 해제하여 흔들린 원본 사진의 모습이 나타난 상태입니다.

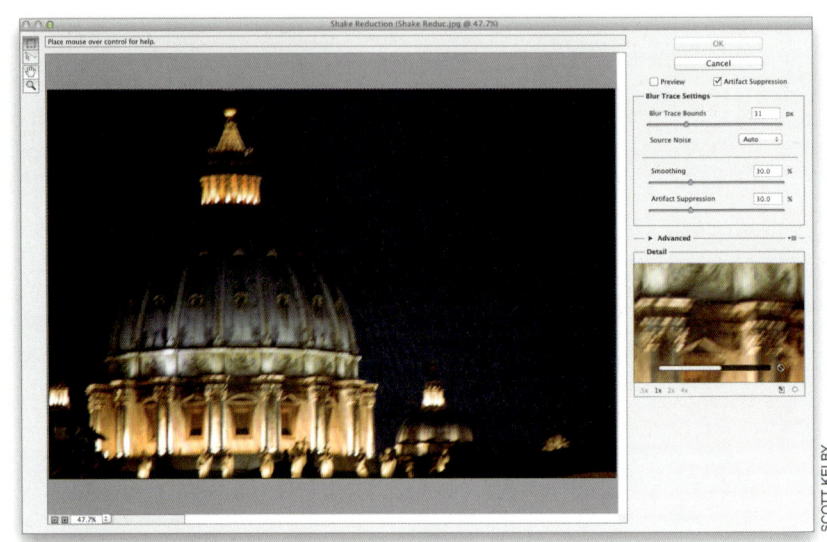

02

자동 블러 보정 처리가 완료되어 오른쪽 화면과 같이 사진이 꽤 또렷해졌습니다. 원본 사진이 워낙 많이 흔들려 아예 사용할 수 없었던 상태를 감안하면 처리 후 결과물이 완벽하게 또렷하지는 않더라도 매우 훌륭하게 보정되었다고 할 수 있습니다. 또한 만약 이 사진이 페이스북이나 트위터에 업로드할 용도라면 이 정도만으로도 충분히 사용할 수 있습니다. 대부분의 경우 여기까지 실행한 내용 즉, 필터를 열고 처리되도록 놔두는 것만으로 작업이 끝납니다.

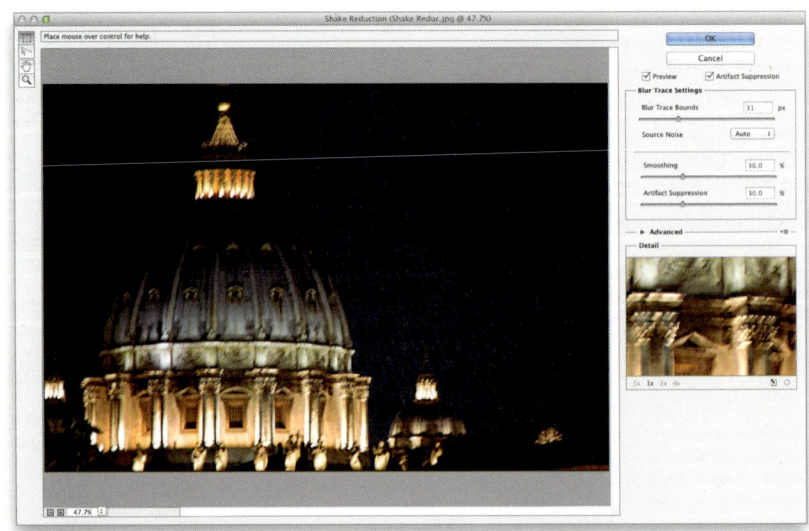

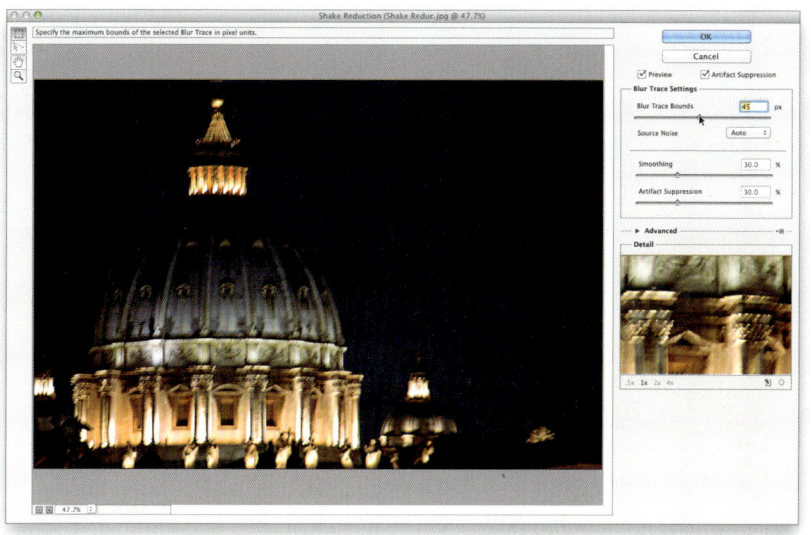

03

필터의 자동 처리 기능은 카메라가 흔들리면서 얼마나 많은 픽셀들이 제자리를 찾지 못하고 움직였는가를 유추하여 이루어진 보정 값 계산을 바탕으로 합니다. 그러므로 만약 자동 처리 결과가 만족스럽지 않으면 이동한 픽셀의 수를 늘리거나 줄여서 다시 처리해볼 필요가 있습니다. 그 픽셀 수를 수동으로 결정하는 것이 바로 'Blur Trace Bounds' 슬라이더이며, 이것을 움직여 얼마나 많은 픽셀이 자동 처리의 영향을 받을지 조절할 수 있습니다. 슬라이더를 왼쪽으로 움직일수록 적은 수의 픽셀만 처리되므로 약간의 픽셀만 영향을 받도록 왼쪽으로 움직입니다. 필터의 자동 계산도 꽤 정확하지만 경우에 따라 직접 조절할 수도 있음을 알아둡니다. 예제 사진의 경우 아주 약간 조절을 더했습니다. 만약 고스트(ghost) 현상 등 제거해야 할 요소들이 보이면 'Artifact Suppression' 슬라이더를 오른쪽으로 약간 움직입니다. 여기서는 '45%'로 조절했습니다.

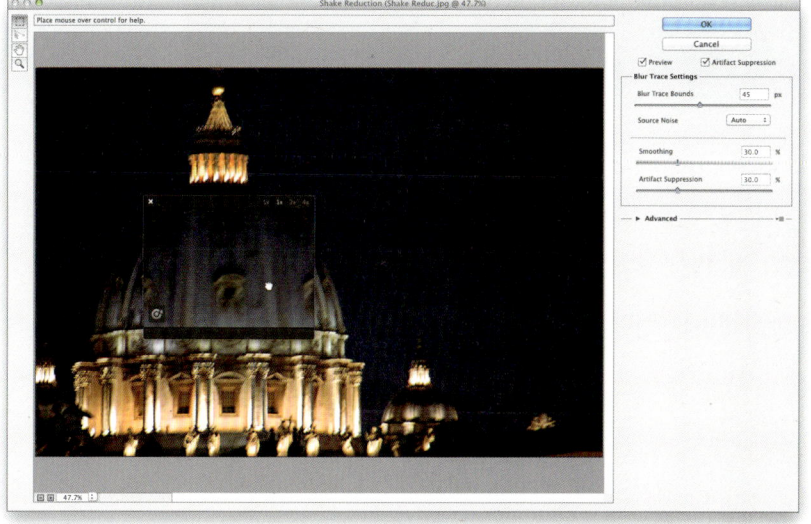

04

대화상자 오른쪽의 'Detail' 돋보기 기능은 사진을 확대하여 보여주는데, 하단의 배율 버튼이 있어 확대 비율을 선택할 수 있으며 Q를 누르면 사진 위치가 재배치됩니다. 또한 화면 위를 길게 클릭하고 있으면 필터 기능이 적용되기 전의 모습이 나타나고 마우스 버튼을 놓으면 다시 보정 후의 모습으로 돌아오므로 보정 전후의 모습을 쉽게 비교해볼 수 있습니다.

05

사진에서 분석하려는 특정 영역이 있을 때 'Detail' 돋보기 기능을 활용할 수 있습니다. 여기서는 새로운 예제 사진을 불러왔는데 'Detail' 화면을 보면 흔들림 현상이 심하게 나타나있음을 알 수 있습니다. 이제 돋보기 기능을 이용하여 흔들림을 수정합니다.

06

오른쪽의 큰 화면상에서 돋보기 화면에 나타내려는 지점을 더블클릭합니다. 그러면 새로운 화면이 미리보기 화면 위에 나타납니다. 새로 나타난 화면 왼쪽 아래의 둥근 버튼을 클릭하면 곧바로 해당 영역의 흔들림 상태가 분석, 보정됩니다. 이 기능만으로도 흔들림 보정이 꽤 훌륭하게 수정되었음을 알 수 있습니다. 예제 사진의 경우 오른쪽 앞부분을 더블클릭하여 흔들림을 보정했는데, 만약 기능을 적용해야 할 부분이 여러 군데라면 어떻게 해야 할까요? 다행히 여러 군데를 한 번에 처리할 수 있는 방법도 있습니다.

|NOTE|
돋보기 화면을 이미 띄워놓은 상태에서는 더블클릭이 아니라 한 번 클릭으로 돋보기를 위치시킵니다.

TIP 흔들린 방향이 잘못 인식되었을 때 수동으로 변경하기

필터가 흔들린 방향을 제대로 인식하지 못하여 제대로 보정이 안 되었다면 [Blur Direction] 도구로 직접 방향을 조절할 수 있습니다. 대화상자 오른쪽에서 'Advanced' 영역을 확장하면 왼쪽 상단의 도구들이 더 나타나므로, 여기서 두 번째에 있는 [Blur Direction] 도구를 선택하고 흔들린 방향으로 대략적인 흔들림의 길이만큼 드래그합니다. [,]를 사용하면 길이를 쉽게 조절할 수 있으며 Ctrl(MAC:[Command])을 누른 채로 드래그하면 각도를 조절할 수 있습니다.

07

한편 'Advanced' 영역 오른쪽의 작은 삼각형을 클릭하면 옵션이 확장되는데 이때 하단에 나타나는 'Show Blur Estimation Region' 항목에 체크하면 얼마나 넓은 영역이 보정 기능의 영향을 받는지 볼 수 있습니다. 화면에 나타나는 바운딩 박스가 그 영역을 표시해주는데 이 박스 안쪽을 클릭하여 새로운 위치로 드래그하면 해당 영역을 분석할 수 있습니다. 또한 가장자리의 조절점을 안팎으로 움직여 영역을 직접 조절할 수도 있습니다.

TIP 샤프닝 효과로 인해 생기는 노이즈 줄이기
샤프닝 보정은 보통 노이즈를 동반하는데(높은 ISO 값으로 촬영한 사진이 아닐 때 필터의 효과가 제대로 나타나는 것도 이 때문입니다), 다음 두 슬라이더가 노이즈를 줄여주는 역할을 합니다.
❶ 'Smoothing' 슬라이더: 사진에 점 형태로 나타나는 노이즈(grain)를 줄여줍니다.
❷ 'Artifact Suppression' 슬라이더: 샤프닝 효과를 강하게 주었을 때 나타나는 얼룩이나 다른 불필요한 요소들을 제거해줍니다.
이 두 슬라이더는 모두 일반적인 노이즈 보정을 실행하기 전에 적용해야 합니다.

08

만약 두 군데 이상의 여러 영역을 분석하려면 [Blur Estimation] 도구(도구 박스에서 첫 번째 위치)로 다른 영역을 새로 드래그합니다. 그러면 두 영역 모두에 초점을 맞추어 사진이 분석되고 그에 따른 흔들림 보정이 진행됩니다.

TIP 자동 노이즈 감소 기능
'Shake Reduction' 필터는 기본적으로 소스 이미지에 나타나 있는 노이즈를 제거해주는 자동 노이즈 감소 기능을 지원합니다. 하지만 결과가 만족스럽지 않으면 'Source Noise' 팝업 메뉴의 세 가지 옵션 중 노이즈 감소량을 더 높게 선택합니다.

Content-Aware Scale 기능으로 사진 늘이기

[Content-Aware] 기능을 이용하면 사진을 리사이징하면서 피사체가 잘려나가는 부분 없이 온전하게 유지해야 할 때 쉽게 처리할 수 있습니다. 또한 정해진 문서 크기에 이미지 크기를 맞춰야 하는데 가로, 세로 비율이 다를 때도 유용합니다. 예를 들어 디지털 카메라로 찍은 사진을 비디오 슬라이드쇼에 써야하는데 카메라와 비디오의 촬영 규격이 달라 곤란할 때 사용할 수 있습니다. [Content-Aware Scale] 기능의 스스로 '알아채는(aware)' 능력은 사진의 중요한 부분을 그대로 유지한 채 중요치 않은 부분만을 늘리거나 줄여주므로 아주 똑똑한 리사이저라고 할 수 있습니다.

01

작업을 위해 두 개의 문서가 열려 있습니다. 하나는 디지털 카메라로 촬영한 사진이고 다른 하나는 가로로 넓은 비율의 빈 문서로 보통 비디오 상영을 위한 와이드스크린 비율과 유사합니다.

> |NOTE|
> 여기서 빈 문서는 [New] 대화상자에서 'Preset' 팝업 메뉴 중 [Film & Video]를 선택하고 'Size' 팝업 메뉴에서 [NTSC DV Widescreen]을 클릭하여 만든 것입니다.

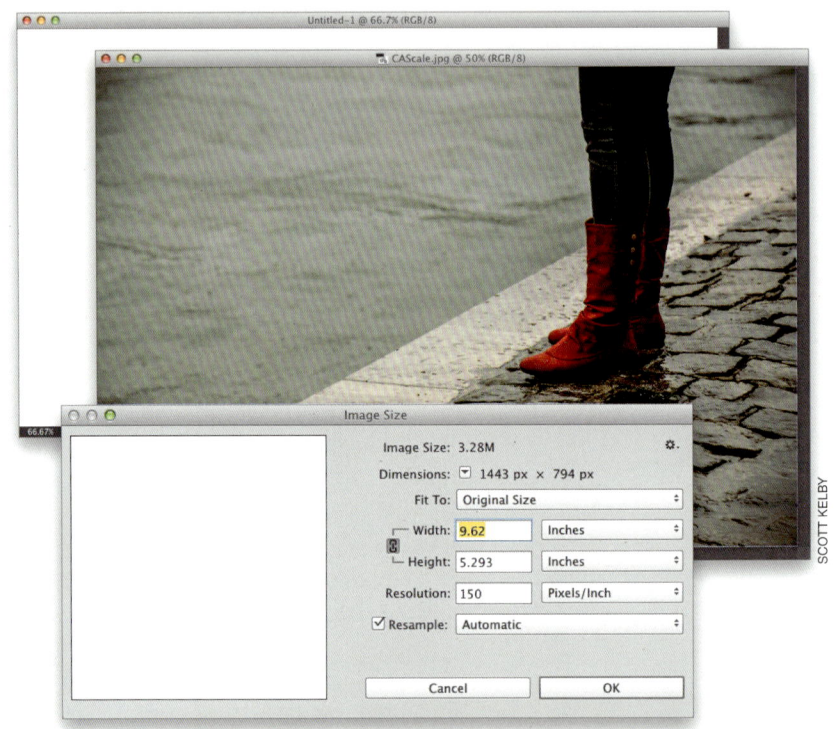

02

[Move]([V]) 도구를 선택하고 사진을 클릭하여 빈 문서 위로 이동합니다. 사진을 문서 위에 모두 보이게끔 축소해야 하므로 [Ctrl]-[T](MAC: [Command]-[T])를 눌러 [Free Transform] 기능을 불러옵니다(보더의 핸들이 보이지 않으면 [Ctrl]-[0](MAC:[Command]-[0])을 눌러 핸들의 위치를 확인합니다). [Shift]를 누른 채로 꼭지점의 핸들을 안쪽으로 움직여 사진 크기를 줄입니다. 오른쪽 화면과 같이 문서 크기에 맞게 조절한 후 [Enter](MAC:[Return])를 눌러 고정합니다. 이제 문제는 양옆에 남은 빈 공간을 크롭핑 없이 어떻게 메워야 하는가입니다.

03

다시 [Free Transform] 기능을 불러와 왼쪽 옆의 핸들을 바깥쪽으로 드래그하여 빈틈을 메워봅니다. 오른쪽 역시 마찬가지로 작업하여 빈틈을 없앱니다. 그런데 이렇게 하면 피사체의 다리가 두껍게 늘어나면서 실제와 다르게 변형됩니다(이렇게 작업하면 조만간 일자리를 잃게 될 수도 있습니다). 그러므로 이 상태로 고정하지 말고 Esc 를 눌러 변형 작업을 취소합니다. 이번에는 [Edit] 메뉴에서 [Content-Aware Scale]을 누릅니다.

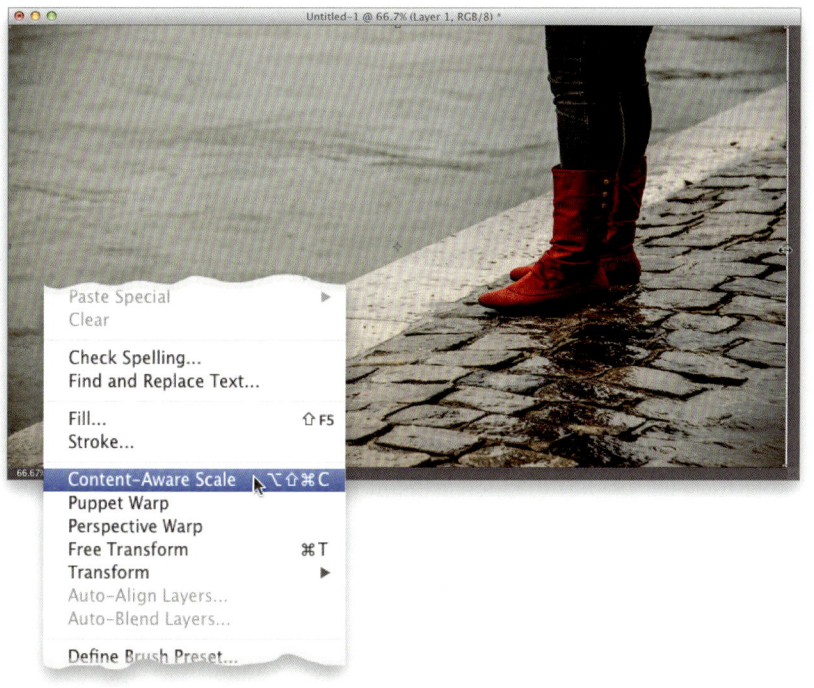

04

[Free Transform] 기능과 비슷하게 보더와 핸들이 나타납니다. 03에서 했던 것과 마찬가지로 양쪽 옆의 핸들을 각각 드래그하여 빈 공간을 메웁니다. 왼쪽 핸들을 움직여 왼쪽의 틈을 메우고 오른쪽 핸들을 움직여 오른쪽 틈을 메우는 것입니다. 이 기능은 스스로 사진의 주요 피사체가 어느 부분인지 인식하기 때문에 인물 부분은 그대로 유지한 채로 나머지 배경 부분만 측정하여 적절히 늘려줍니다. 인물이 있는 부분은 아예 조절을 위한 측정이 이루어지지 않게 됩니다. 또한 늘어나는 영역은 아주 스마트한 방법을 통하여 자연스럽게 변형되므로 결과물을 보면 전혀 변형한 느낌이 나지 않습니다. 만약 다른 사진에 이 기능을 사용했을 때 사진의 주요 피사체를 제대로 인식하지 못하여 문제가 생긴다면 옵션 바에 있는 사람 모양의 [Protect Skin Tones] 버튼을 클릭합니다. 이 버튼은 사진에 그대로 유지해야 할 인물 부분이 있으니 이를 피하여 작업하라는 의미로 포토샵이 놓친 인물 피사체를 다시 찾아 인식하도록 해줍니다. 물론 이 버튼으로도 인물을 인식하지 못하거나 사람 외에도 변형을 원치 않는 다른 피사체가 있을 수 있습니다. 이때는 다음 단계의 방법을 따라합니다.

05

방법을 알아보기 전에, 현재 작업은 사진을 옆으로 늘리기 위한 것이긴 하지만 반대로 사진의 폭을 줄일 때도 인물을 온전히 보존할 수 있을지 궁금할 것입니다. [Content-Aware Scale] 기능을 불러와 양쪽의 핸들을 안쪽으로 움직여보면 다리 주변의 배경들이 무너지듯이 축소되면서도 다리 부분은 그대로 유지됩니다. 늘이기보다 더 어려울 것만 같은 줄이기도 충분히 가능하다는 것을 알 수 있습니다. 축소된 보도블록과 흰 라인이 약간씩 찌그러지긴 했지만 대체적으로 자연스럽기 때문에 매우 쉽게 만족스러운 결과를 얻을 수 있습니다. 이제 포토샵이 알아채지 못한 사진의 중요한 부분을 어떻게 보존해야 할지 본격적으로 알아봅니다.

06

이번엔 다른 사진을 불러와 이전에 만들었던 새 문서 위로 이동합니다(이전까지 사용한 첫 번째 사진은 [Layers] 패널 하단의 휴지통 아이콘으로 드래그하여 삭제합니다). Ctrl-T(MAC:[Command]-T)를 눌러 [Free Transform] 기능을 불러와 사진이 문서 안에 들어오도록 축소합니다. 이어서 [Content-Aware Scale] 기능으로 양쪽의 핸들을 안쪽으로 드래그하면 이번에는 사진의 주요 피사체인 두 벌의 의상을 인식하지 못하여 오른쪽 모습처럼 납작해집니다. 물론 이와 같은 문제는 생각보다 쉽게 해결할 수 있습니다.

07

보존해야 할 대상을 둘러싸는 선택 영역을 만들어 저장한 다음, 포토샵이 이를 인식하여 선택 영역을 제외하고 변형하도록 만들어 줍니다. 그러므로 도구 박스의 여러 가지 선택 도구 중 자신이 쓰기에 가장 편한 도구를 골라 보존할 부분을 선택합니다. 여기서는 [Quick Selection] 도구로 빠르게 선택 영역을 만들었습니다. 완벽하게 정확히 선택되진 않지만 이 작업에서 필요한 만큼은 쉽게 선택할 수 있습니다. 이제 [Select] 메뉴에서 [Save Selection]을 선택하고 대화상자가 나타나면 [OK] 버튼을 클릭한 후 Ctrl-D(MAC:[Command]-D)를 눌러 선택 상태를 해제합니다.

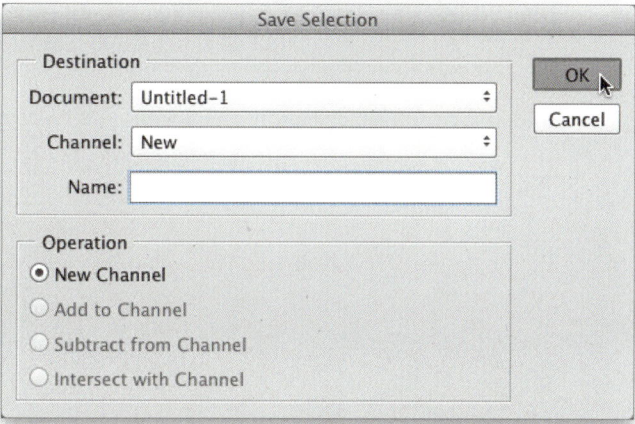

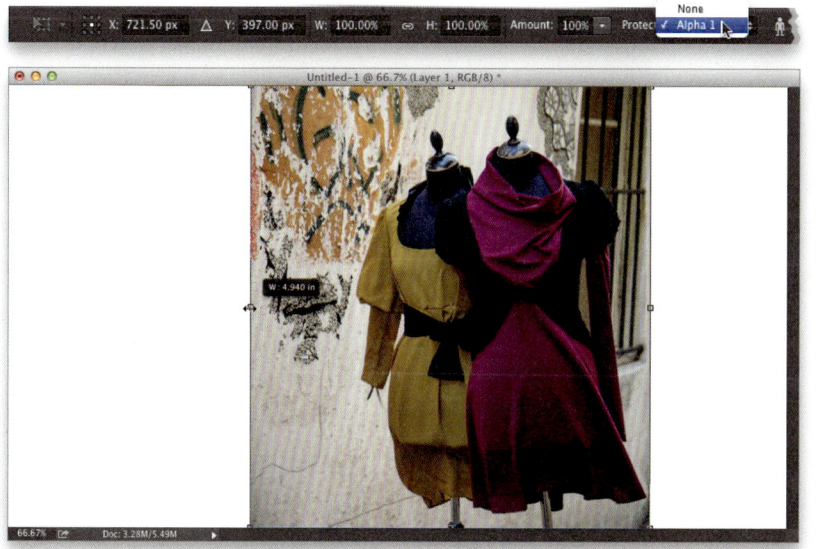

08

다시 [Edit] 메뉴에서 [Content-Aware Scale]을 선택합니다. 해야 할 것은 소위 '알파 채널'이라 부르는 선택 영역을 포토샵이 인식하도록 하는 것입니다. 옵션 바의 사람 모양 버튼 왼쪽에는 'Protect' 팝업 메뉴가 있는데 여기서 [Alpha 1] 즉, 이전에 만든 선택 영역을 선택합니다. 이제 포토샵이 정확히 어느 부분을 건드리지 않아야 하는지 인식했으므로 다시 양쪽의 핸들을 각각 드래그합니다. 선택 영역으로 설정한 의상 부분은 변형 없이 보존되며 대신 주위의 배경만 압축됨을 알 수 있습니다.

Content-Aware Fill 기능으로 불필요한 대상 제거하기

'포토샵의 마법'이라고 흔히 얘기들 하는데, [Content-Aware Fill] 기능도 바로 그런 류의 기능 중 하나입니다. 사진에 필요 없는 요소가 있을 때마다 이 기능을 써온 것이 2년을 넘어가지만 지금도 여전히 쓸 때마다 놀라움을 안겨줍니다. 그만큼 효과가 강력하면서도 사용법이 쉽기 때문에 사진가들에게는 꼭 필요한 기능입니다.

01

예제 사진을 보면 한쪽 바위 위에 커플이 서 있고 그들 뒤에 신발도 놓여 있어 사진의 주된 피사체 즉, 왼쪽 등대로 시선을 집중하는 것을 방해합니다. 그러므로 여기서는 두 사람과 두 켤레의 신발을 사진에서 지울 것입니다.

02

[Content-Aware Fill] 기능으로 커플을 지우기 위해서 우선 [Lasso](ㄴ) 도구나 [Quick Selection] 도구, [Pen] 도구 등 각자 즐겨 쓰는 선택 도구를 사용하여 커플 주변에 선택 영역을 만듭니다. 인물 가장자리를 따라 만든 선택 영역을 그대로 사용하면 주변 픽셀들이 [Content-Aware Fill] 기능의 영향을 받을 때 여유가 없으므로 영역을 '4' pixels 정도 확장하는 것이 좋습니다. 이를 위해 [Select] 메뉴에서 [Modify]–[Expand]를 선택하고 대화상자가 나타나면 '4' pixels 로 설정합니다. [OK] 버튼을 클릭하면 오른쪽 화면과 같이 선택 영역이 확장됩니다.

03

[Edit] 메뉴에서 [Fill]을 선택하고 대화상자가 나타나면 'Use' 팝업 메뉴에서 [Content Aware]를 클릭합니다. [OK] 버튼을 클릭하면 놀랍게도 커플이 사라졌을 뿐만 아니라 그 자리를 푸른 빛 파도가 감쪽같이 채우고 있음을 확인할 수 있습니다. 즉, 이 기능은 'Content-Aware Fill'이란 말 그대로 제거하려는 대상의 주변을 인식(aware)하고 제거한 후 남는 빈 공간을 지능적으로 채워주는(fill) 것입니다. Ctrl - D (MAC:[Command]- D)를 눌러 선택 상태를 해제하고 나머지 신발 두 켤레에도 같은 방법을 사용합니다. 아마도 이 기능을 쓰면 쓸수록 매번 놀랍다는 생각이 들 것이지만 취약점은 있기 마련이기 때문에 효과적인 사용을 위해서는 어떤 부분에 약한지 또 어떻게 해결할 수 있는지 알아봅니다.

04

완벽하게 채워지지 않은 부분이 한 군데 있는데, 바로 왼편의 물결 라인입니다. 여기서는 [Clone Stamp](S) 도구를 선택하고 Alt (MAC:[Option])를 누른 채로 왼쪽 물결 라인 지점을 클릭하여 샘플링한 뒤 오른쪽 물결 라인 위를 칠합니다(위쪽 사진). 이처럼 [Content-Aware Fill] 기능이 매번 완벽한 결과를 가져다주진 않지만 원치 않는 대상을 제거하는 작업부터 시작하여 70~80%는 작업을 진행하므로 나머지 20%도 안 되는 작업만 신경 써서 처리하면 됩니다. 만약 작업의 100%를 모두 처리해 준다면(물론 가끔 가능하기도 합니다만) 사용자에게 더 유익할 것입니다. 기능이 제 역할을 다 하도록 하는 팁 하나는 제거할 대상을 둘러싸는 배경이 좀 더 불규칙한 패턴을 이루어야 한다는 것입니다.

05

[Content-Aware Fill] 기능이 매우 놀라운 작업을 해내긴 하지만 포토샵의 다른 도구들과 마찬가지로 모든 사진의 모든 상황에서 100% 좋은 결과를 내진 않습니다. 필자의 경우 이 도구를 쓸 때는 항상 [Spot Healing Brush]를 함께 사용하는데, 이 도구에 [Content-Aware] 기능을 포함하고 있기 때문입니다. [Patch] 도구는 [Healing Brush]와 비슷한데 더 큰 형태의 대상을 제거할 때 유리한 도구로, 이 역시 [Content-Aware] 기능을 포함합니다. 이번에는 다른 사진을 불러와 이 도구들을 모두 사용하여 사진 속의 불필요한 요소들을 제거합니다. 풍경 뒤쪽의 앉아 있는 사람과 맞은편의 간판 그리고 앞부분 왼쪽 기둥에 부분적으로 나온 밧줄을 없애는 것이 목표입니다.

06

처음에 작업한 사진의 커플을 선택할 때도 그랬지만 제거할 대상을 아주 정확하게 선택할 필요는 없습니다. 이번 사진에서도 제거해야 할 인물을 선택해야 하므로 사진을 확대하고 [Lasso]([L]) 도구로 인물을 둘러싸는 대략적인 선택 영역을 만듭니다. [Edit] 메뉴에서 [Fill]을 선택하고 'Use' 팝업 메뉴에 [Content-Aware]가 선택된 상태로 [OK] 버튼을 클릭합니다. [Ctrl]-[D](MAC:[Command]-[D])를 눌러 선택 상태를 해제합니다.

07

사람이 있던 자리를 보면 홀연히 사라진 것을 알 수 있습니다. 오른쪽의 간판 역시 같은 방법으로 제거하고 계속해서 이번에는 [Spot Healing Brush]([J]) 도구로 왼쪽 앞 기둥의 밧줄을 제거합니다. 브러시의 크기를 밧줄보다 약간 크게 설정하고 밧줄 위를 칠하면 밧줄을 깔끔하게 없애줍니다(마우스 버튼을 놓고 잠시 기다리면 실행됩니다).

|NOTE|

[Alt](MAC:[Option])를 누른 채로 샘플 영역을 클릭하여 샘플링한 후 사용하는 일반적인 [Healing Brush] 도구는 [Content-Aware] 기능과 무관한 기술입니다. [Spot Healing Brush] 도구와 [Patch] 도구만 이 기능에 해당됩니다.

08

이번에는 [Patch] 도구([Shift]-[J]를 재차 눌러 선택합니다)를 사용해 봅니다. 이 도구는 [Lasso] 도구와 같은 방법으로 사용하면 되는데, 선택할 영역 주위를 대략적으로 드래그하여 선택 영역을 만들고, 안쪽을 클릭하여 대체할 다른 영역으로 드래그하는 것입니다 마우스 버튼을 놓지 않은 상태에는 선택 영역 안에 대체할 영역이 미리보기로 나타나므로 적절한 영역인지 쉽게 판단할 수 있을 것입니다. 필자는 주로 제거할 대상의 크기가 클 때 [Patch] 도구를 사용하는데, 여기서는 오른쪽의 간판 부분을 선택하고 대체 영역을 결정하여 간판을 깨끗이 제거했습니다. [Patch] 도구의 [Content-Aware] 기능을 사용하려면 옵션 바의 'Patch' 팝업 메뉴에서 [Content-Aware]를 선택해야 하는데, 일반 [Patch] 도구처럼 완벽하게 대체 영역을 찾아주지는 않습니다. 만족도는 사진에 따라 달라지므로 결과가 만족스럽지 않으면 다른 도구를 사용합니다.

09

오른쪽 화면은 오른쪽 기둥 부분에 붙어있는 안내문을 바로 위의 영역으로 대체한 결과입니다. 원본과 비교해보면 매우 자연스럽고 깔끔하게 처리되었음을 알 수 있습니다. 만약 결과가 맘에 들지 않으면 Ctrl-Z(MAC:[Command]-Z)를 눌러 작업을 취소하고 Ctrl-D(MAC:[Command]-D)를 눌러 선택 상태를 해제한 후 [Content-Aware Fill] 기능이나 [Spot Healing Brush] 도구 등 다른 방법을 써서 시도합니다.

10

마지막으로 [Spot Healing Brush] 도구(Shift-J를 재차 눌러 선택)를 선택하여 왼쪽 기둥에 있는 흰색 자국을 칠해봅시다.

TIP 대체할 영역의 범위 제한하기

예로 든 사진들은 운이 좋아 쉽게 해결되었지만, 대부분은 제거할 대상이 보존할 부분과 근접해 있을 때가 많습니다. 제거할 부분을 다른 영역으로 대체해야 할 때, 딱 들어맞는 대체 영역을 찾기 힘들고 배경의 다른 요소가 끼어들기도 쉽습니다(예를 들어 계단에 있는 사람을 제거하는 것은 매우 난해한 경우인데 생각보다 이런 일이 많습니다). 이때는 제거할 영역을 선택한 다음 포토샵이 사용할 대체 영역으로 '제한 영역'을 설정할 수 있습니다. 즉, 대체 영역을 설정할 때 제외해야 할 부분을 선택 영역으로 만들고 [Select]-[Save Selection]을 통해 저장해두는 것입니다. 그러면 저장한 영역을 피하여 대체 영역이 설정됩니다.

11

[Spot Healing Brush] 도구와 [Patch] 도구로 처리한 결과를 왼쪽 사진에서 확인합니다. 사실 여기서는 [Spot Healing Brush] 도구로 기둥면에 도드라진 부분을 두 군데 정도 더 보정했습니다. 이렇게 단순하고 가벼운 문제들은 마치 그 자리에 없었던 듯이 완벽하게 감출 수 있습니다. 아래에서 작업 전과 후의 모습을 비교합니다.

|NOTE|

예제 사진의 경우 패치 작업을 마친 후 기둥이 약간 휘어 왜곡되어 있습니다. 카메라로우의 [Lens corrections] 패널에서 [Manual] 탭을 선택하고 'Distortion' 슬라이더를 오른쪽으로 약간 움직여 왜곡 문제를 해결했습니다.

Before

After

Content-Aware Move 기능으로 위치 바꾸기

눈이 번쩍 뜨일 정도로 깜짝 놀랄만한 마법 같은 기능을 하나 더 소개합니다. 이는 사진에서 선택한 일부 영역을 다른 위치로 옮기는 것으로, 떨어져 나온 영역의 빈 공간을 포토샵이 자동으로 적절하게 채워줍니다. 물론 이 기능 역시 모든 사진을 항상 완벽하게 만드는 것은 아니며 자주 사용하는 기능도 아닙니다. 하지만 필요한 경우가 생겼을 때 조건이 잘 들어맞으면 완벽한 결과를 만들어줄 것입니다. 때론 지나치게 까다롭다는 생각이 들겠지만 이번 레슨에서 어떻게 하면 최선의 결과물을 만들 수 있는지 알아봅니다.

01

화면에 작업할 사진이 나타나 있습니다. 이 사진에서 상단에 있는 창을 왼쪽으로 이동해 볼 것입니다.

02

도구 박스에서 선호하는 선택 도구를 클릭하고 이동한 창문 주위를 선택 영역으로 만들어 봅니다. 여기서는 화분과 아래의 그림자까지 포함했습니다. 선택 영역이 대상과 완벽하게 들어맞을 필요는 없지만 최대한 가까이 포함하도록 만들어 줍니다. [Content-Aware Move] 기능이 제대로 힘을 발휘하려면 선택 영역을 어느 정도 확장하는 것이 유리하므로 [Select] 메뉴에서 [Modify]-[Expand]를 클릭합니다. 대화상자에 '4' pixels를 입력한 후 [OK] 버튼을 클릭하면 선택 영역이 확장됩니다.

TIP [Content-Aware Move] 기능으로 선택 영역 만들기

[Lasso] 도구를 사용하여 선택 영역을 만들 때와 같은 방법으로 영역을 그려서 쉽게 선택할 수 있습니다.

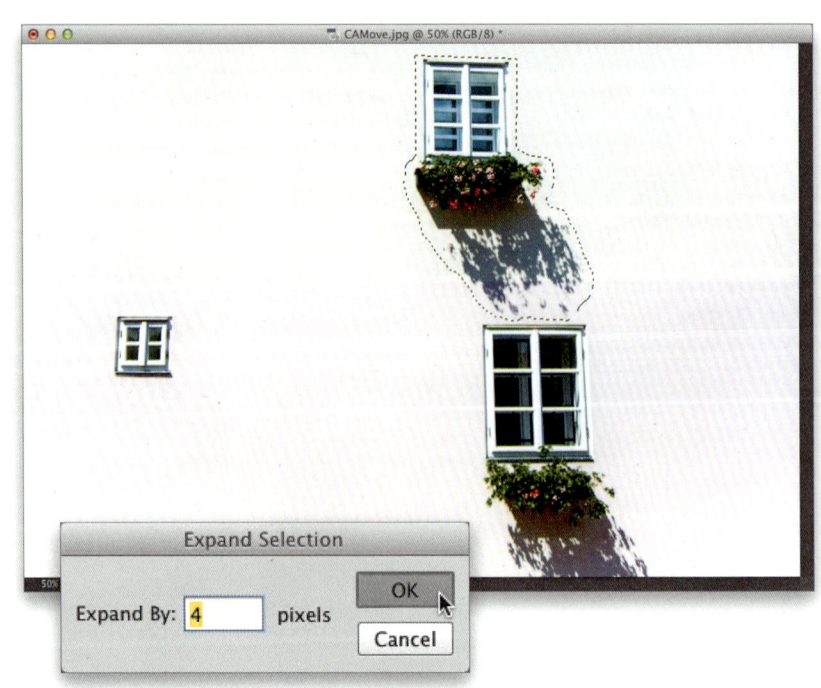

03

도구 박스에서 [Content-Aware Move] 도구를 선택합니다. 이 도구는 [Healing Brush] 도구, [Patch] 도구와 함께 구분되어 있으며 도구가 나올 때까지 Shift-J를 재차 눌러 선택할 수 있습니다. 이제 선택해놓은 대상을 클릭하고 사진 왼쪽 방향으로 드래그합니다. 포토샵이 변형 작업을 실행하는 동안에는 원래 위치에 있던 대로 형태가 유지됩니다.

04

마우스 버튼을 놓으면 잠시 후 대상이 이동하고, 원래 있던 자리는 배경으로 자연스럽게 채워진 것을 볼 수 있습니다. 다만 아직은 선택을 해제하지 말고 결과를 찬찬히 살펴봅니다. 포토샵이 배경의 질감과 색상을 고려하여 빈 공간을 제대로 메웠는지 보고 뭔가 부족한 점이 있으면 수정을 해야 하기 때문입니다. 포토샵의 처리 작업을 재실행(re-rendering)하려면 옵션 바의 'Adaptation' 팝업 메뉴에서 다른 옵션을 선택해야 하는데, 이는 처음에 만든 선택 영역이 유지되어 있을 때 가능합니다. 팝업 메뉴의 설정을 다르게 하여 적용해보고 가장 괜찮은 결과를 나타내는 옵션을 선택합니다(물론 처음 결과에 문제가 없다면 일일이 시도해보지 않아도 됩니다). 옵션의 숫자가 높을수록 많은 양의 질감과 색상이 공간을 메우는 데에 사용됩니다. 사진에 따라서 어떤 경우에는 좀 더 자연스럽고 어떤 경우에는 같은 설정도 비현실적으로 보일 수 있습니다. 그러므로 가장 좋은 방법은 직접 숫자를 설정해보고 가장 괜찮은 결과를 선택하는 것입니다.

|NOTE|
필요한 경우 [Spot Healing Brush]로 어색한 부분을 자연스럽게 수정하는 것도 좋은 방법입니다.

Photoshop Killer Tips

Adjustment Layer 형태로 Shadows/Highlights 효과 적용하기

이번에 소개할 방법은 조절 레이어 종류에 들지 못한 효과를 조절 레이어처럼 만들어 쓰는 것입니다. [Image]–[Adjustments]–[Shadows/Highlights] 조절 효과를 선택하기 전에 [Fill]–[Convert for Smart Filters]를 선택하는 것인데, 이렇게 함으로써 조절 레이어 형태가 주는 이점을 똑같이 얻을 수 있습니다. 예를 들어 차후에 언제든 조절 내용을 변경하거나 삭제할 수 있고, 레이어 마스크 적용이 가능하며, 레이어명 옆에 작은 조절 아이콘을 더블클릭하면 대화상자가 나타나 블렌드 모드와 투명도를 조절할 수도 있습니다. 'Eye' 아이콘을 클릭하여 조절 적용을 껐다 켰다 할 수도 있습니다.

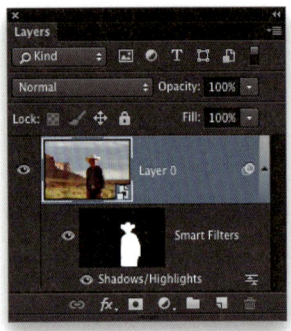

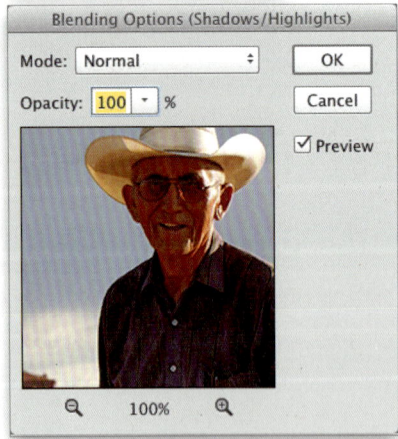

Lens Flare를 적용할 때 빛의 위치 바꾸기

[Filter]–[Render] 메뉴에 있는 [Lens Flare] 필터를 사용할 때 기본적인 빛의 위치는 사진의 중앙입니다. 이때 빛의 위치를 바꾸려면 필터 미리보기 화면에서 빛을 클릭하여 움직이기만 하면 되는데 이 필터를 최적으로 적용하는 또 다른 방법이 있습니다. 새 레이어를 추가하고 검정색으로 채운 다음 그 위에 필터를 적용한 뒤 블렌드 모드를 [Screen]으로 바꿔봅니다. 그러면 하단의 사진과 같은 모습이 나타나므로 어느 위치로 이동할지 확인하여 레이어를 움직임으로써 정확하게 이동할 수 있습니다. 만약 레이어의 가장자리가 보이면 레이어 마스크를 더하고 가장자리를 부드러운 경계의 검정색 브러시로 칠합니다.

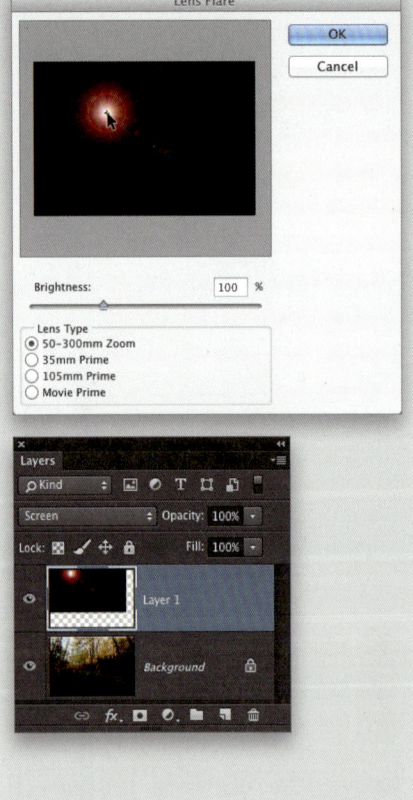

어떤 블렌드 모드를 선택해야 할지 모르겠을 때는?

Shift + + 를 눌러 모든 블렌드 모드를 하나씩 적용해보면 찾는 것이 어느 모드인지 쉽게 알 수 있습니다.

Brush Picker에 나타나는 브러시 순서 바꾸기

[Edit] 메뉴에서 [Presets]–[Preset Manager]를 선택하고 대화상자가 나타나면 기본적으로 모든 브러시 유형을 보여줍니다. 여기에서 필요한 것을 클릭하여 원하는 위치로 드래그하면 순서를 마음대로 바꿀 수 있습니다. 설정을 마친 후에는 [Done] 버튼을 클릭합니다.

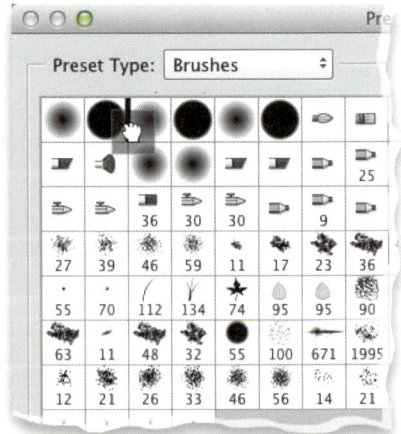

가이드 색상 바꾸기

측정 자(Ruler)를 사용할 때 자 부분을 클릭하여 화면 쪽으로 드래그하면 가이드(Guide)를 만들 수 있습니다. 만든 가이드 위를 더블클릭하면 'Guides, Grid & Slices' 옵션을 설정할 수 있도록 [Preferences] 대화상자가 나타나며 여기에서 원하는 가이드 색상을 선택할 수 있습니다. 대화상자를 불러오는 단축키는 Ctrl-K이며 이때는 왼쪽 목록에서 설정 대상을 선택해야 합니다.

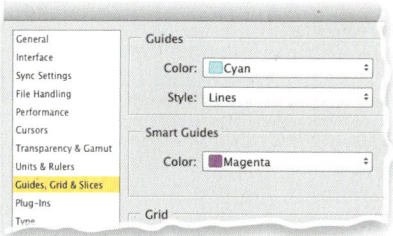

Layers 패널의 Fill 옵션이 하는 일

[Layers] 패널 상단의 'Opacity' 바로 아래에 'Fill' 값을 조절하는 슬라이더가 있는데, 사실 이 조절 슬라이더가 나타난 지는 꽤 오래되었습니다. 레이어 스타일을 적용한 레이어의 경우 이 슬라이더를 사용하는데, 예를 들어 레이어에 어떤 요소를 추가한 후 거기에 'Drop Shadow' 스타일을 적용했을 때 'Opacity' 값을 낮추면 추가한 요소와 레이어 스타일 모두 희미해질 것입니다. 하지만 'Opacity' 대신 'Fill' 값을 낮추면 추가된 요소만 희미해지고 'Drop Shadow' 스타일 형태는 그대로 유지됩니다.

레이어 병합을 위한 숨은 단축키

레이어의 'Flatten' 명령에 대한 공시된 단축키는 원래 없습니다만, 필자는 사진을 병합할 때 항상 단축키를 사용합니다. 이 단축키는 바로 Ctrl-Shift-E (MAC:[Command]-Shift-E)로, 원래 'Merge Visible' 명령의 단축키인데 숨긴 레이어가 없는 경우(필자는 보통 작업 시 숨기는 레이어가 없습니다) 이 단축키가 레이어 병합을 실행해 줍니다.

Color Picker 팝업 창을 원하는 형태로 만들기

[Brush] 도구를 사용할 때 Alt-Shift (MAC:[Command]-[Option]-[Control])를 누른 채로 마우스 오른쪽 버튼을 클릭하면 색상을 선택할 수 있는 [Color Picker] 팝업이 나타나는데, 이 팝업 창의 유형과 크기를 원하는 대로 바꿀 수 있습니다. Ctrl-K (MAC:[Command]-K)를 눌러 설정 대화상자를 불러온 다음 왼쪽 목록에서 [General]을 선택합니다. 그리고 왼쪽 상단에서 'Color Picker' 팝업 메뉴를 펼쳐 원하는 스타일과 크기를 골라줍니다.

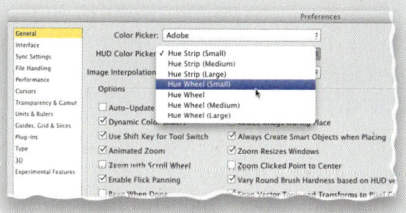

브러시의 블렌드 모드 간편하게 바꾸기

브러시의 블렌드 모드를 바꾸기 위해 굳이 상단의 옵션 바까지 갈 필요 없이 Shift를 누른 채로 마우스 오른쪽 버튼을 클릭하면(MAC:[Control]-Shift를 누른 채로 클릭합니다) 현재 브러시 위치에 곧바로 블렌드 모드 목록이 팝업 메뉴로 나타나 쉽게 선택할 수 있습니다.

드리워진 그림자(cast shadow) 만들기

먼저 'Drop Shadow' 레이어 스타일을 대상에 적용하기 위해 [Layers] 패널 하단에서 'Add a Layer Style' 아이콘을 눌러 'Drop Shadow'를 선택한 다음 대화상자의 옵션들을 설정하고 [OK] 버튼을 클릭합니다. 계속해서 [Layer] 메뉴의 [Layer Style]-[Create Layer]를 선택합니다. 이 기능은 미리 만든 레이어 스타일을 분리된 레이어로 만들어주는데, 이 레이어가 선택된 상태에서 Ctrl-T (MAC:[Command]-T)를 눌러 [Free Transform] 기능을 불러옵니다. Ctrl (MAC: [Command])을 누른 상태에서 상단 중앙의 조절점을 클릭하고 45도 각도의 아래 방향으로 드래그하여 그림자를 만들어 봅니다. 마룻바닥에 길게 드리워지는 그림자를 상상하며 각을 조절하여 만들어 줍니다.

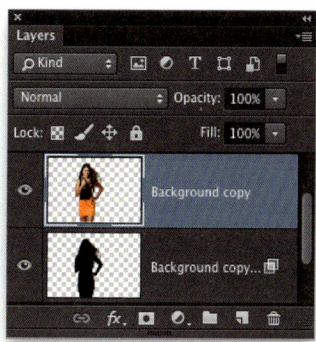

레이어 마스크를 복제하여 다른 레이어에 적용하기

레이어 마스크를 만든 후 같은 내용을 다른 레이어에도 적용하려면 Alt (MAC:[Option])를 누른 채로 마스크를 클릭하여 추가할 다른 레이어 위로 드래그합니다. 이와 달리 만들어놓은 마스크를 다른 레이어로 옮겨 적용하려면 다른 키를 누를 필요 없이 마스크만 클릭하여 이동할 레이어 위로 드래그합니다.

Photo by Scott Kelby | Exposure: 1/500 sec | Focal Length: 28mm | Aperture Value: f/5.6

8 CHAPTER

Side Effect
사진가라면 꼭 알아야 할 표현 기법 모음

이 챕터의 제목은 2009년도에 나온 단편영화 〈Side Effects〉에서 가져온 것으로 아이튠즈 스토어에서 1.99달러면 살 수 있는 영화입니다. 영화가 이렇게 싼 것은 단편영화라서 그럴 수도 있지만 영화에 출현하는 좀비의 수가 모자란 탓이 아닐까 싶은 생각도 듭니다. 어쨌든 대략의 줄거리는 이렇습니다(가장 좋아하는 성우의 목소리로 읽어주세요). "어느 평범한 소년이 약물 실험을 위한 인간 기니피그가 되었는데 꿈속에서 한 소녀를 만나고..." 잠깐만요, 조금만 들어봐도 매일 보고 듣는 진부한 내용 같습니다. 특히 '약물 실험을 위한 인간 기니피그' 대목이요. 아무튼, 이 영화의 포스터를 봤는데 등장인물이 모두 파란색, 녹색의 컬러 캐스트로 덮여 아프고 말라 보이는 와중에 여주인공만 정상적인 모습으로 멀쩡한 피부톤을 지니고 있습니다. 가만히 보고 있으니 소년이 왜 소녀를 꿈에서 본 거라 생각하는지 알겠더군요. 왜냐하면 그녀에겐 푸르딩딩한 컬러 캐스트가 나타나지 않기 때문입니다. 생각해보세요. 주변의 모든 여자들이 화이트 밸런스 문제를 가지고 있는데, 갑자기 18% 그레이 카드를 든 소녀가 '짜잔' 하고 나타나 그 어떤 조명 아래에서도 정확한 컬러 밸런스를 유지한다면 어찌 사랑에 빠지지 않을 수 있겠어요? 영화가 끝나기 10분쯤 전에는 이 소년이 eHarmony, Match.com 또는 Handsome Stalker.com 등 데이트 웹사이트 회원들을 상대로 온라인 비즈니스를 시작할 거라 장담합니다. 프로필 사진의 컬러 캐스트를 유료로 제거해주는 것으로, 잠시 동안은 제법 성과가 있을 것입니다. 하지만 실험용 약효가 떨어지면 이내 자신이 희미한 조명의 눅눅한 방 안에 갇혀 비이성적인 챕터 인트로를 밤새 쓰도록 강요받았음을 깨닫게 될 것입니다. 그러다가 그의 아내가 "여보, 어서 침대로 와요."하고 부르는 순간, 그녀 역시 푸르딩딩한 컬러 캐스트에 휩싸여 있음을 알게 되고...

채도를 줄여 세련된 인물사진 만들기

이번 레슨은 근래 들어 가장 핫한 인물사진용 테크닉으로, 매거진이나 CD의 커버 사진, 헐리우드 스타의 프로필 사진, 빌보드 에디토리얼 이미지 등 여기 저기 안 쓰이는 곳이 없을 정도입니다. 이제 곧 당신도 1분 만에 완성하는 간략한 방법으로 핫한 스타일의 인물 사진을 만들 수 있습니다.

01

트렌디한 효과를 적용할 인물 사진을 열어봅니다. 'Background' 레이어를 복제하기 위해 Ctrl-J (MAC:Command-J)를 누릅니다. 그리고 같은 단축키를 한 번 더 눌러 동일한 레이어를 두 개 더 만듭니다. 그러면 총 3개의 같은 모습의 레이어가 만들어집니다.

02

[Layers] 패널의 'Layer 1' 레이어를 클릭하고 Ctrl-Shift-U (MAC:Command-Shift-U)를 눌러 'Desaturate' 적용으로 색상을 제거합니다. 그리고 'Opacity' 값을 '80%'로 조절하면 약간의 색상만 되돌아올 것입니다. 물론 패널 상단에 아직 컬러 사진이 위치해 있으므로 화면에서는 아무런 변화를 느낄 수 없지만 레이어 썸네일을 보면 흑백 사진처럼 색상이 제거된 것을 알 수 있습니다.

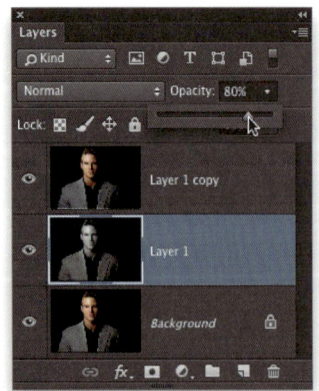

03

[Layers] 패널 상단의 'Layer 1 copy' 레이어를 클릭하고 블렌드 모드를 [Soft Light]으로 바꾸면 화면에 나타난 변화를 볼 수 있습니다. 가운데 레이어에 준 효과가 어우러져 세련되고 멋진 스타일의 인물로 변신합니다. 여기에 대비를 더하여 좀 더 강렬한 느낌으로 만들려면 블렌드 모드를 [Overlay]로 변경합니다. 대비가 과할 때는 'Opacity' 값을 낮추어 조절합니다(예제 사진의 경우 [Soft Light]가 최적으로 보입니다).

04

마지막으로 이 효과가 인물의 피부 부분에만 제한적으로 적용되도록 설정해 봅니다(필자는 주로 피부톤에만 효과를 주는 편이지만 이대로가 마음에 든다면 사진 전체에 적용해도 됩니다). 상단 레이어가 선택된 상태에서 Ctrl-Alt-Shift-E (MAC:[Command]-[Option]-Shift-E)를 눌러 세 개의 레이어를 병합한 새 레이어를 만듭니다. 그리고 아래의 두 레이어는 필요하지 않으므로 'Eye' 아이콘을 각각 눌러 숨기거나 휴지통 아이콘으로 드래그하여 삭제합니다. 이제 Alt(MAC:[Option])를 누른 채로 패널 하단의 'Add Layer Mask' 아이콘을 클릭하여 검정색 마스크를 추가합니다. D를 눌러 전경색을 흰색으로 설정하고 [Brush](B) 도구를 중간 크기의 부드러운 경계로 설정하여 인물의 얼굴과 머리, 목 등 피부가 나타나는 부분을 모두 칠합니다. 효과가 과도하게 적용되어 부자연스러울 때는 'Opacity' 값을 낮추어 강도를 적절히 조절합니다.

The Adobe Photoshop CC Book for Digital Photographers

고대비의 인물사진 만들기

색깔을 뺀(desaturated) 상태에서 초고도의 대비를 주는 방법은 언제나 인기가 있습니다. 때문에 이 효과를 쉽게 적용하는 플러그인도 계속해서 쏟아져 나오고 있습니다. 이번 레슨에서 사용되는 것은 독일의 리터칭 전문가 칼빈 헐리우드에게서 배운 것인데, 이 역시 유용한 플러그인 목록에 들 수 있을 것입니다. 이 버전의 장점은 액션 기능을 써서 클릭 한 번으로 적용할 수 있다는 점과, 효과 적용을 위한 제 3의 플러그인을 구하여 설치하지 않아도 된다는 점입니다.

01

고대비를 적용할 인물사진을 불러옵니다. 작업 내용을 액션으로 만들면 차후 필요할 때 클릭 한 번으로 적용할 수 있으므로 우선 액션을 만들 준비부터 합니다. [Actions] 패널 하단의 'Create New Action' 아이콘을 눌러 [New Action] 대화상자가 나타나면 [Name]에 "High-Contrast Look"을 입력합니다. 이제 [Record] 버튼을 클릭하면 이후의 모든 작업이 레코딩됩니다.

02

'Background' 레이어를 복제하기 위해 Ctrl-J (MAC:Command-J)를 누릅니다. 복제 레이어의 블렌드 모드를 'Vivid Light'로 변경하면 꽤 괜찮은 모습이 되지만 다음 과정들을 더하여 더 완벽하게 만들어 봅니다.

03

Ctrl-I (MAC:[Command]-I)를 눌러 레이어를 반선합니다. 블렌느 노느 탓에 화먼이 회색 돈으로 나타날 것입니다. 계속해서 [Filter] 메뉴에서 [Blur]-[Surface Blur]를 선택하고 대화상자가 나타나면 Radius: 40, Threshold: 40으로 입력한 후 [OK] 버튼을 클릭합니다.

|NOTE|

필터 처리를 하는 데는 시간이 걸리므로 여유를 갖고 기다려야 합니다. 16비트 버전의 이미지인 경우 더 오래 걸리므로 커피나 샌드위치를 곁들여도 좋습니다.

04

레이어의 블렌드 모드를 다시 바꿔야 하는데, 기존의 [Vivid Light]를 바꾸면 작업이 엉망이 될 것이므로 레이어 상단에 현재 모습과 같은 새 레이어를 만들어 블렌드 모드를 적용해야 합니다. 블렌드 모드를 변경하기 위해 상단 레이어기 선택된 상태에서 Ctrl-Alt-Shift-E (MAC:[Command]-[Option]-Shift-E)를 눌러 새 레이어를 만듭니다.

05

상단의 병합 레이어를 만들었으므로 [Suface Blur]효과를 적용했던 중간 레이어는 삭제합니다. 계속해서 사진에 나타난 만화 같은 네온 컬러를 없애기 위해 [Image] 메뉴에서 [Adjustments]-[Desaturate]를 선택하여 레이어의 색감을 아예 제거합니다. 블렌드 모드를 'Overlay'로 변경하면 효과가 나타나기 시작함을 확인할 수 있습니다. 이제 [Action] 패널 하단에서 빨간 네모 모양의 'Stop Recording' 아이콘을 클릭하여 레코딩을 마칩니다.

06

고대비를 적용하면 대부분 대상을 멋있게 만들지만 초점이 맞지 않아 흔들린 배경과 같은 영역에는 적당하지 않습니다. 예제 사진의 경우도 마찬가지이므로 이 효과를 인물에게만 적용해야 합니다. Alt(MAC:[Option])를 누른 채로 'Add Layer Mask' 아이콘을 클릭하여 고대비 효과를 준 레이어를 검정색 마스크로 감춰줍니다. 화면에서 고대비 효과가 사라지면 계속해서 전경색을 흰색으로 설정하고 중간 크기의 부드러운 경계를 가진 [Brush](B) 도구로 인물을 칠하여 해당 부분만 대비 효과가 나타나게 합니다.

07

마지막으로 [Layers] 패널에서 'Opacity' 값을 낮추어 자연스럽게 만들면 되는데, 여기서는 '65%'까지 조절했습니다. 이제 레이어를 병합하고 [Unsharp Mask] 설정(Amount: 120, Radius: 1, Threshold: 3)을 통해 샤프닝 효과를 주어 마무리합니다.

|NOTE|
작업을 액션으로 만들어두었으므로 차후에 다른 사진에도 적용할 수 있습니다.

Before

After

인물과 풍경 사진에 부드러우면서도 뚜렷한 효과 주기

이번에 소개할 것은 필자가 많이 사용하는 테크닉이면서 질문을 많이 받는 효과입니다. 어떻게 사진이 또렷하면서도 부드럽게 보이는지 많이들 궁금해 하는데, 사실 방법은 매우 간단합니다. 하지만 필자가 뭔가 특별한 비법을 써서 포토샵 매직을 일으킨다고 믿었으면 하기 때문에 다른 사람들에게 간단하다고 떠벌리진 말아주세요.

01

샤프닝 효과는 바로 이전 작업에 따라 결과가 달라지기 때문에 필자는 주로 파일을 완성하여 저장하기 직전에 샤프닝 작업을 합니다. 즉, 작업 과정의 가장 마지막에 샤프닝 처리를 하는 것입니다. 그런데 이번 레슨의 경우 샤프닝 이후에 처리해야 할 것이 있으므로 먼저 샤프닝 작업부터 시작합니다. [Filter] 메뉴에서 [Sharpen]–[Unsharp Mask]를 선택하여 대화상자가 나타나면 Amount: 120%, Radius: 1.0, Threshold: 3으로 설정하여 사진을 쨍하게 만들고 [OK] 버튼을 클릭합니다.

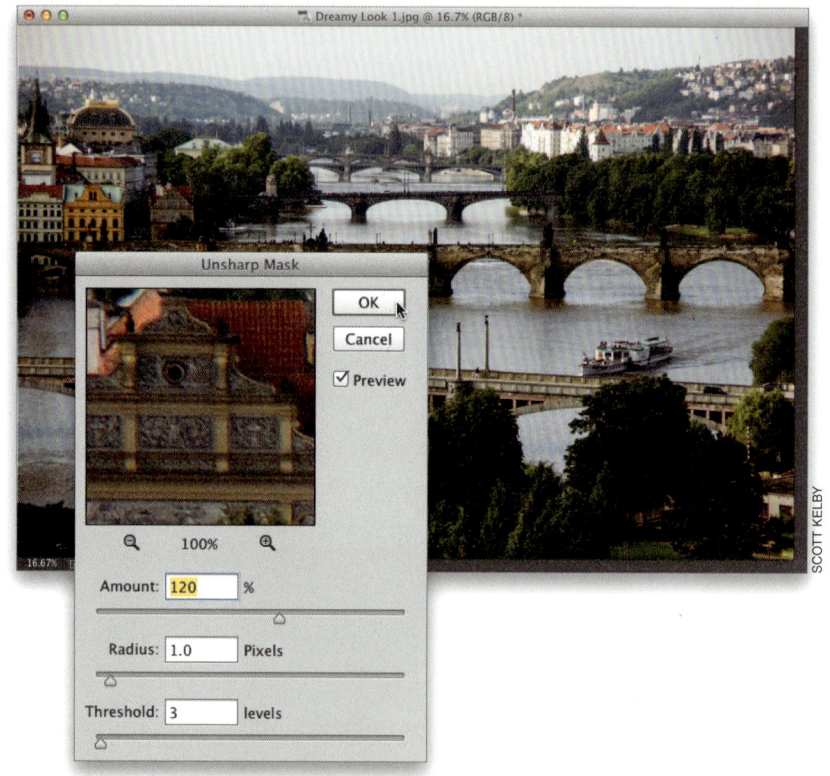

02

샤프닝 처리한 레이어를 복제해야 하므로 Ctrl-J (MAC:[Command]-J)를 눌러 복제 레이어를 만듭니다.

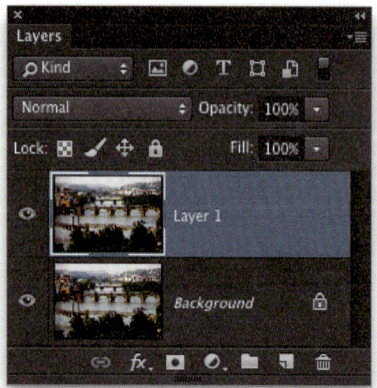

03

[Filter] 메뉴에서 [Blur]-[Gaussian Blur]를 선택하여 내화상자가 나타나면 [Radius] 값을 '25' pixels로 설정합니다. 만약 24 메가픽셀이나 그 이상의 카메라로 촬영한 사진이면 [Radius] 값으로 '35'나 그 이상을 입력해야 합니다. 숫자가 너무 높다고 염려할 필요는 없습니다. 그저 왼쪽 화면과 같이 최대한 뿌옇게 만들면 됩니다. [OK] 버튼을 클릭합니다.

04

마지막으로 [Layers] 패널에서 'Opacity' 값을 '30%'로 조절합니다. 이 간단한 작업으로 정말 끝난 것이 맞는지 아마도 의심이 들겠지만 네, 맞습니다(그러니까 다른 사람에겐 알려주지 마세요!).

쉬운 방법으로 파노라마 사진 뚝딱 만들기

라이브 포토샵 세미나 과정에서 필자가 늘 이야기하던 파노라마 사진 만들기의 7가지 요건이 있습니다. 그러나 이제는 포토샵의 [Photomerge] 기능이 매우 광범위하게 발전하여 단 한 가지 요건만 지키면 파노라마 사진을 만들 수 있게 되었습니다. 촬영할 때 각 장면이 20% 정도 겹치도록 찍으면 되는데, 예를 들어 사막에 바위가 있는 장면을 왼쪽에서 오른쪽으로 찍는다면 첫 번째 사진 왼쪽에 바위가 나오도록 찍고 두 번째 사진 오른쪽에 같은 바위가 한 번 더 나오도록 찍어줍니다.

01

파노라마 사진을 만들기 전에 카메라로우에서 노출이나 하이라이트 수정 등 사진에 필요한 보정 작업을 실행합니다. 파노라마 사진은 8비트로 만들 것이므로 사진이 아직 16비트의 RAW 포맷일 때 보정이 필요하기 때문입니다. 이것은 물론 선택 사항이지만 각각의 사진이 RAW 포맷의 품질을 가지고 있을 때 보정하면 좋으므로 미리 보정하길 권장합니다. RAW 포맷으로 촬영했다면 일단 Bridge에서 Ctrl(MAC:[Command])을 누른 채로 해당 사진들을 클릭하여 모두 선택합니다.

|NOTE|
JPEG 사진이면 굳이 보정 작업을 먼저 할 필요 없이 파노라마 사진으로 만든 후에 해도 됩니다.

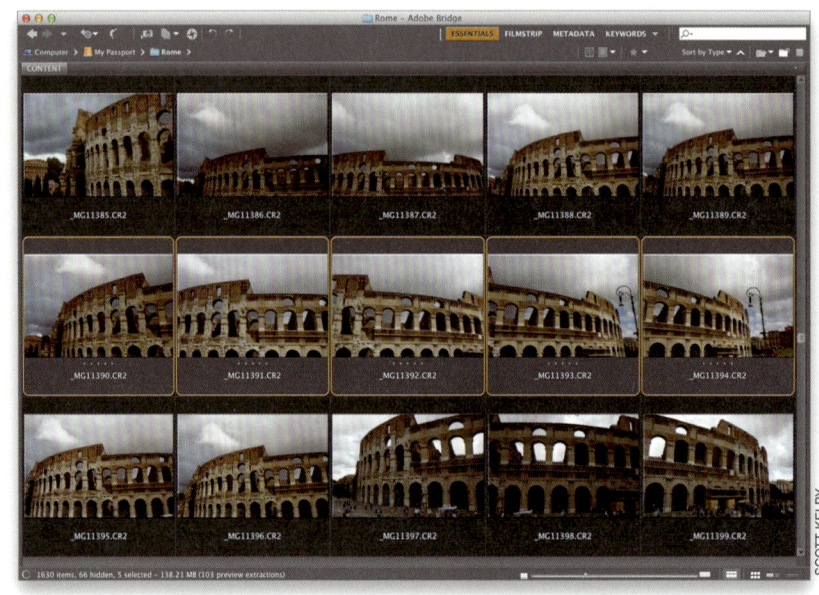

02

이제 Ctrl-R(MAC:[Command]-R)을 눌러 카메라로우에서 사진들을 열고 화면 왼쪽 상단의 [Select All] 버튼을 클릭하여 모두 선택합니다. 이제 설정하는 모든 내용이 모든 사진에 적용될 것입니다. 우선 기본 보정부터 시작해 봅니다. 여기서는 'Exposure', 'Contrast', 'Highlights', 'Shadows'를 각각 '+0.15', '+67', '-64', '+63'으로 조절하여 하늘 부분의 디테일을 되살리고 어두운 건물 내부의 윤곽도 좀 더 살렸습니다. Shift를 누른 채로 'Whites'와 'Blacks' 슬라이더 버튼을 더블클릭하여 각각의 포인트를 만든 다음 Clarity: +60, Vibrance: +27로 조절하여 질감을 더해주고 회색빛이었던 하늘에 약간의 푸른 톤을 더해주었습니다. [Done] 버튼을 클릭하여 작업을 마칩니다.

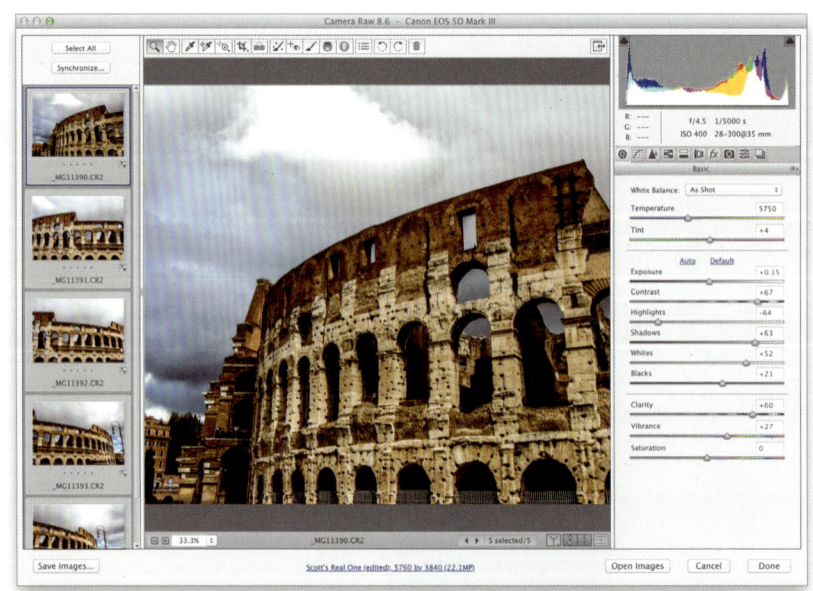

03

Bridge로 돌아와 보면 보정한 대로 썸네일의 모습이 변경되어 있으며, 각각의 썸네일 왼쪽 상단에 동그란 조절 아이콘이 붙어있어 카메라로우에서 보정한 상태임을 알려줍니다. 필요한 사진이 모두 선택되어 있음을 확인하고 [Tools] 메뉴에서 [Photoshop]-[Photomerge]를 선택합니다. 만약 카메라로우 작업을 생략하고 JPEG 사진들을 포토샵에서 바로 열었다면 [File] 메뉴에서 [Automate]-[Photomerge]를 선택합니다. 이제 왼쪽 화면과 같이 대화상자가 나타나고 선택했던 소스 파일들이 중간 영역에 열거됩니다.

|NOTE|
JPEG 사진들을 포토샵에서 바로 열었다면 중간 영역이 비어 있을 것이므로 [Add Open Files] 버튼을 눌러 파일을 선택합니다.

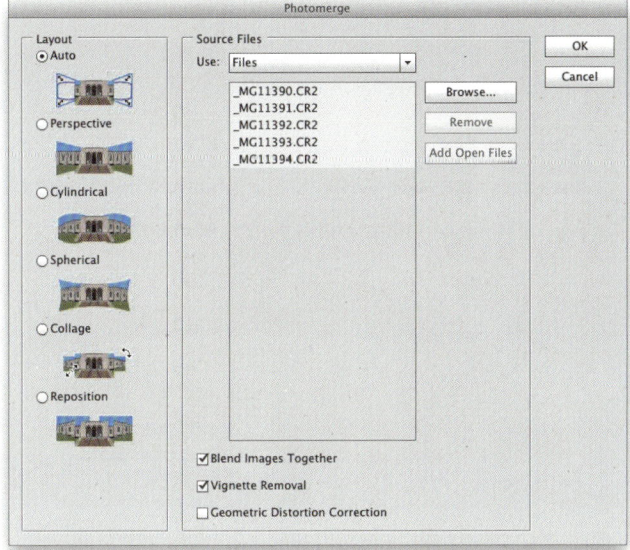

04

왼쪽 'Layout' 영역에 'Auto' 옵션이 선택되어 있는지, 그리고 대화상자 하단의 'Blend Images Together' 항목이 체크되어 있는지 확인합니다. 이 밖에 다음 두 가지 옵션이 더 있습니다.

❶ 소스 사진에 렌즈 비네팅 현상이 나타나 가장자리가 어두운 상태라면 'Vignette Removal' 항목에 체크합니다. 그렇지 않으면 포토샵의 렌더링 작업 시 비네팅 현상을 스스로 제거하기 때문에 매우 오랜 시간이 소요될 것입니다.

❷ 만약 Nikon, Sigma, Canon 사의 어안(fish-eye) 렌즈로 촬영했다면 'Geometric Distortion Correction' 항목에 체크하여 왜곡 현상을 보정합니다.

렌즈로 인해 생긴 다른 문제들은 모두 파노라마 사진이 만들어질 때까지 보정을 미뤄둡니다. 미리 실행한 작업으로 인해 가끔 파노라마 합성이 엉킬 때가 있기 때문입니다. 이제 [OK] 버튼을 클릭하여 파노라마 사진을 만듭니다.

Chapter 8. Side Effect 사진가라면 꼭 알아야 할 표현 기법 모음   271

05

포토샵이 카메라로우에서 보정한 사진들을 모아 화면과 같이 파노라마 사진을 만들었습니다. [Layers] 패널을 보면 사진들이 각각 레이어 마스크가 적용된 레이어로 나타나 있으며 5개의 레이어가 빈틈없이 합성되어 하나의 파노라마 사진을 이루고 있음을 알 수 있습니다. 레이어들을 하나로 만들기 위해 패널 왼쪽 상단의 메뉴 아이콘을 클릭하여 [Flatten Layers]를 선택합니다. 만들어진 사진은 서로 완벽하게 합체되어 있는데, [Photomerge] 기능이 미세하게 구부리거나 펴서 부분적으로 재배치하여 이음매 부분에 생길 수 있는 틈이나 어긋남이 없도록 처리했기 때문입니다. 그 증거로 가장자리에 불규칙하게 나타난 빈 공간들을 볼 수 있을 것입니다. 이와 같은 현상은 모든 파노라마 사진 작업 시 생기는 것임을 참고합니다.

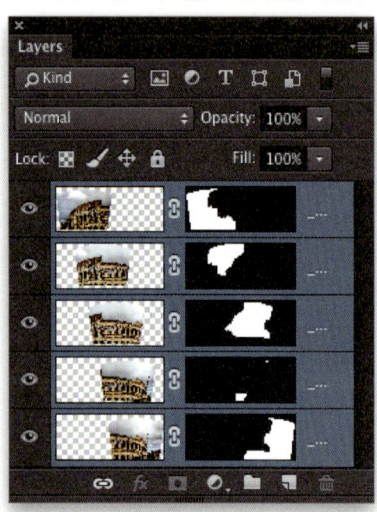

|NOTE|
대화상자의 'Layout' 영역에 있는 다른 옵션들(Perspective, Cylindracal, Spherical, Collage, Reposition)은 모두 재미있고 기묘한 모습의 파노라마 사진을 만들어줍니다. 이 옵션들에 대해 할 수 있는 얘기는 "필자는 전혀 사용하지 않는다"는 것입니다.

06

이제 사진을 크롭핑하여 최종 마무리를 해봅시다. [Crop Tool](C) 도구를 선택하고 사진 위에 보더가 나타나면 지면과 양쪽 옆면이 온전히 나타나도록 영역을 잡는데, 이때 하늘 부분은 나중에 처리할 것이므로 생각하지 않아도 됩니다. 만약 사진이 잔디나 사막, 물결처럼 그리 복잡하지 않은 디테일의 배경이면서 양 옆면에 빈 공간이 나타나면 하늘 부분처럼 빈 공간을 완벽히 잘라내지 않아도 됩니다.

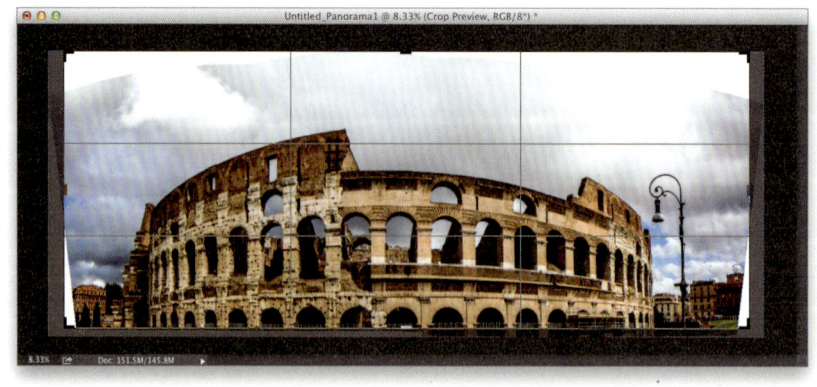

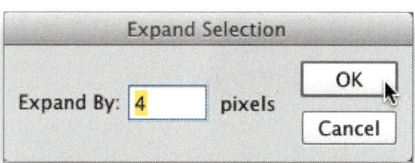

07

Enter(MAC:[Return])를 눌러 크롭핑 처리를 합니다. 왼쪽 사진을 보면 위쪽과 양 옆에 빈 공간이 남아 있으므로 이를 해결하기 위해 [Magic Wand] 도구(Shift-W를 재차 누릅니다)를 사용합니다. 먼저 왼쪽 아래의 공간을 클릭하고 Shift를 누른 채로 다른 빈 공간들 역시 차례로 클릭하여 하나의 선택 영역으로 만듭니다. 선택이 제대로 되지 않으면 [Quick Selection] 도구를 사용하는 것이 좋습니다. 이제 [Content-Aware Fill] 기능을 적용할 텐데, 적절히 여유를 두기 위해서 선택 영역을 '4' pixels 정도 확장하는 것이 좋습니다. 이를 위해 [Select] 메뉴에서 [Modify]-[Expand]를 선택하여 '4' pixels로 설정합니다. [OK] 버튼을 클릭하여 마법의 변형 작업을 위한 준비를 마칩니다.

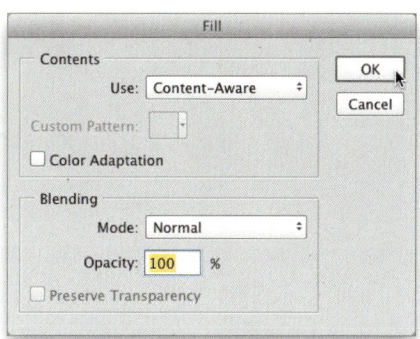

08

[Edit] 메뉴에서 [Fill]을 선택하고 대화상자가 나타나면 'Use' 팝업 메뉴에서 [Content-Aware]를 선택한 뒤 [OK] 버튼을 클릭합니다. 이제 조금만 기다리면 대부분의 경우 완벽하게 빈 공간이 메워집니다. 뭔가 맞아떨어지지 않아 결과가 제대로 나오지 않으면 다른 방법을 써야겠지만 예제 사진에서와 같이 하늘이나 사막의 모래판 또는 어떤 대상이든 불규칙한 형태가 배경을 이루고 있으면 매우 놀랍고도 완벽한 결과를 만들어줄 것입니다. 이제 Ctrl-D(MAC:[Command]-D)를 눌러 선택 상태를 해제합니다.

09

이전 단계에서 미뤄두었던 렌즈로 인한 왜곡 현상을 해결할 차례입니다. 렌즈 문제를 미리 보정하면 파노라마 사진을 만드는 과정에서 문제가 생길 수 있어 미뤘던 것이었는데, 이제 사진이 완성되었으니 어떤 문제가 나타났는지 확인합니다. 08의 화면을 보면 콜로세움의 가로 대칭이 약간 맞지 않으므로 이를 수정하기 위해 [Filter] 메뉴에서 [Camera Raw Filter]를 선택합니다. [Lens Corrections] 패널에서 [Manual] 탭을 클릭하고 'Distortion' 슬라이더를 오른쪽으로 움직입니다. 콜로세움 형태가 전반적으로 바깥으로 기울어있기 때문에 'Vertical' 슬라이더를 '-3'으로 조절하여 곧게 펴지도록 했습니다. 렌즈 왜곡 현상을 해결한 후에는 이로 인해 가장자리에 다시 약간의 틈이 생기므로 크롭핑을 하거나 [Content-Aware Fill] 기능을 써서 한 번 더 정리합니다. 또한 추가로 보정할 것이 있다면 [Basic] 패널에서 작업을 더합니다. 최종적으로 [Unsharp Mask] 효과를 적용하고 작업을 마칩니다.

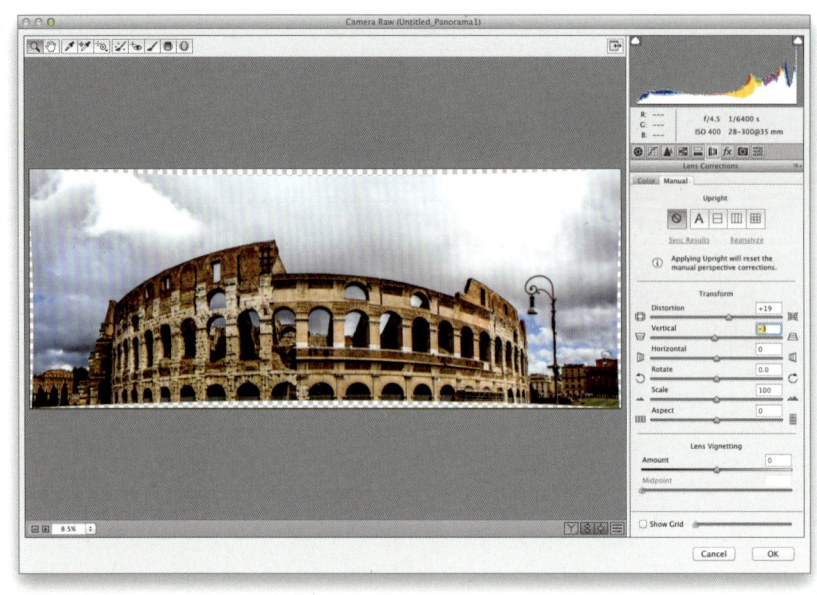

'Blur' 필터는 웹상에 띄울 소형화된 느낌의 사진을 매우 쉽게 만들 수 있는 방법을 제공하여 사진이 마치 작은 장난감 나라나 축소판 건축 모델처럼 보이게 합니다. 요건에 맞는 사진을 촬영하면 작업을 쉽게 마칠 수 있습니다. 그 요건은 위치에서 아래쪽을 향하여 촬영하는 것입니다. 촬영하는 위치가 높을수록, 더 가파른 각도로 촬영할수록 더 쉽게 그럴듯한 축소 모델 이미지를 만들 수 있습니다.

Tilt Shift 블러 효과 적용하기

01
효과를 적용할 사진을 열어봅시다(도입문에서 언급한 요건을 충족하지 못하면 효과는 매우 미미할 것입니다). [Filter] 메뉴에서 [Blur Gallery]-[Tilt-Shift]를 선택합니다.

02
[Blur Gallery]의 모든 필터들은 화면상에서 직관적인 조절이 가능합니다. 사진 중앙을 보면 동그란 핀이 나타나며 이를 기준으로 위와 아래에 두 개에 직선이 위치하는데 그 사이의 공간이 포커스 영역이 됩니다. 그리고 각각의 직선과 그 위아래 점선 사이의 공간은 전환 부분으로, 선명함에서 희미함으로의 변화가 일어나는 공간입니다. 직선과 점선 사이의 거리가 길수록 점진적인 변화를 줄 수 있습니다.

|NOTE|
핀을 없애려면 클릭한 다음 Back Space (MAC: Delete)를 누르세요.

03

핀의 회색 원 부분을 클릭하고 회전하듯 드래그하여 블러의 정도로 얼마나 희미하게 처리할 것인지를 조절할 수 있습니다. 원을 드래그하면 흰색으로 바뀌며 작은 팝업이 나타나 정확한 수치를 보여줍니다. 여기서는 사진을 '66'까지 드래그했는데, 만약 이 방법이 불편하면 화면 오른쪽 [Blur Tools] 패널의 'Blur' 슬라이더를 움직여 조절해도 됩니다.

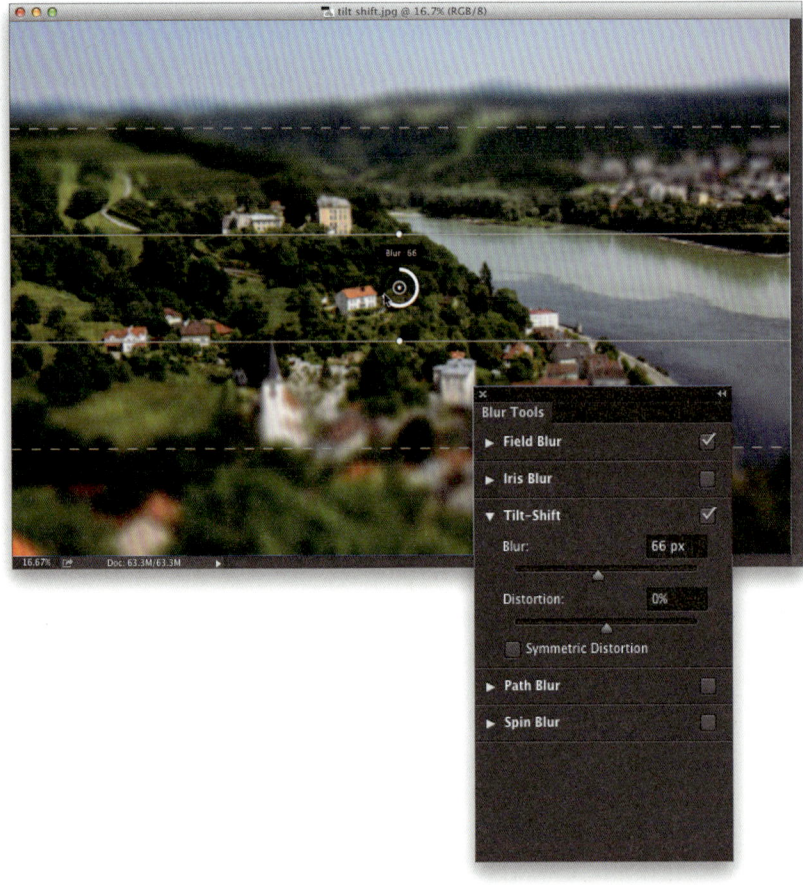

04

포커스 영역을 좁히면 전환 영역 역시 줄어들어 작은 모형을 보는 듯한 느낌을 확실하게 받을 것입니다. 이를 위해 중앙의 핀을 클릭하여 화면과 같이 오른쪽 아래 방향으로 움직입니다. 그리고 상단의 직선을 안쪽의 핀 위치를 향해 드래그하여 아주 가까운 곳에 위치하도록 옮겨줍니다. 하단의 직선 역시 둥근 핀 가까이로 이동합니다. 계속해서 상단 점선의 중간 지점을 클릭하여 상단 직선과 가까워지도록 이동하고 하단 점선 역시 동일한 방법으로 움직입니다.

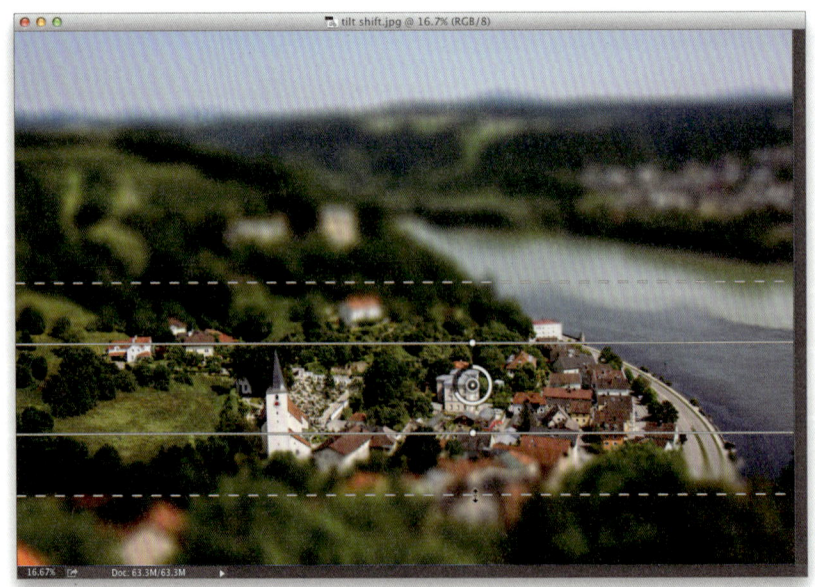

05

초점 영역과 블러 영역 등 전반적인 틀을 회전할 수도 있습니다. 핀 상단 직선의 중간 지점에 있는 흰색 점 위에 커서를 갖다 대면 양쪽 화살표 모양으로 변하는데, 이를 길게 클릭하여 왼쪽이나 오른쪽 등 회전할 방향으로 드래그합니다. 이밖에 몇 가지 더 알아둬야 할 옵션이 있습니다. [Blur Tools] 패널의 'Distortion' 슬라이더는 블러 효과의 형상을 변경합니다. 'Symmetric Distortion' 항목에 체크하면 블러 효과가 매우 왜곡되어 일그러져 나타납니다(아직 이유는 모르겠지만 필자는 사진에 아주 화가 날 때 이 옵션을 켜게 되더군요). 한편 [Blur Effects] 패널에도 몇 가지 옵션이 있습니다. 상단의 슬라이더로는 블러 영역의 하이라이트를 높일 수 있는데 특히 야외촬영 인물사진에는 꽤 멋진 효과를 더해줍니다. 하지만 값을 과도하게 주면 마치 폭탄을 맞은듯한 사진이 되므로 절제하여 사용합니다.

06

옵션 바에도 몇 가지 조절 옵션이 있습니다. 'Focus' 값은 기본적으로 '100%'로 설정되어 초점 영역이 최대한 선명하도록 해줍니다. 이 값을 낮출수록 중간의 초점 영역이 흐릿해지기 때문에 달리 조절하지 않아도 됩니다. 다음은 'Save Mask to Channels' 항목으로, 이것으로 마스크를 씌운 영역을 채널로 만들어두면 차후 노이즈를 더하거나 색상을 제거하는 등 수정이 필요할 때 요긴하게 사용할 수 있습니다. 채널을 띄우면 마스크 영역이 선택된 상태로 나타날 것입니다. 마지막으로 'High Quality' 항목은 좀 더 나은 품질의 블러 효과를 제공하며, 대신 처리 시간이 더 오래 걸립니다. 옵션 바 끝의 [OK] 버튼을 클릭하면 조절한 내용이 반영되어 결과를 볼 수 있습니다. 왼쪽의 Tilt-Shift 적용을 마친 완성 사진을 확인합니다.

|NOTE|

Tilt-Shift 설정을 하는 데 유용한 단축키를 소개합니다.
P: 블러 효과 숨기기/나타내기
H: 둥근 핀과 모든 선 숨기기

Iris 블러, Field 블러로 아웃포커싱 효과내기

이번에 소개할 기능은 시선을 끄는 사진을 만들 때 매우 유용한 것으로 실제보다 더 깊이 있는 입체감을 제공합니다. 또한 초점 기준을 직접 정할 수 있으며 상대적으로 흐릿하게 표현할 부분도 선택할 수 있습니다(다만 이전에 알아본 [Tilt-Shift] 블러 기능과는 다릅니다).

01

조리개를 'f/1.4'나 'f/1.8' 등으로 열고 찍은 아웃포커싱 사진처럼 배경에 블러 효과를 주기 위해 사진을 불러옵니다. 여기서는 신부의 모습을 찍은 예제 사진을 불러온 다음 [Filter] 메뉴에서 [Blur Gallery]–[Iris Blur]를 선택했더니 신부의 주변 배경이 약간 흐릿해졌습니다. 이보다 더 강한 블러 효과를 주어 주인공을 더욱 돋보이게 만들어 봅니다.

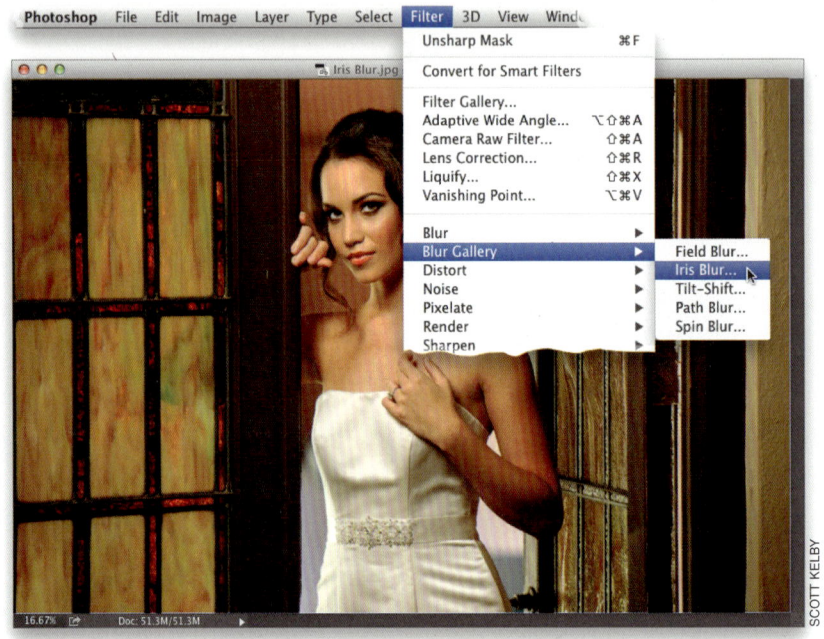

02

[Iris Blur]를 선택하면 사진 중앙에 큰 원형 보더가 나타나며 이를 이용하면 블러 효과의 적용 범위를 결정할 수 있습니다. 원형 보더 안쪽 중앙이 기준 초점이 되며, 이를 중심으로 멀어질수록 블러 효과가 점진적으로 나타납니다. 보더 안쪽을 클릭하면 온스크린 조절 기능이 나타나며, 중앙의 작은 핀을 클릭하여 드래그하면 보더 전체를 움직일 수 있습니다. 보더 안쪽 사방에 하나씩 나타나 있는 네 개의 흰점은 초점 영역이 끝나는 지점을 의미하며, 여기부터 원형 보더에 이르는 영역은 초점이 점차 희미해지는 전환 영역이 됩니다. 만약 안쪽의 흰점을 중앙으로 움직이면 초점 영역이 좁아지며 대신 블러 효과는 긴 영역에 걸쳐 점진적으로 나타납니다. 반면 흰점을 바깥쪽으로 움직이면 초점 영역이 넓어지고 전환 영역은 짧아져 블러 효과가 갑작스럽게 적용됩니다.

03

주인공인 신부에게만 시선이 집중되도록 하려면 원형 보더 안에 신부만 들어가도록 원을 좀 더 작게 만들어야 합니다. 그러므로 타원을 인물의 형태에 맞게 회전하고 측면을 축소하기 위해 양쪽 조절점을 안쪽으로 드래그하여 인물에 가깝게 만듭니다. 계속해서 같은 조절점을 위쪽으로 약간 조절하고 왼쪽 화면과 같이 회전합니다. 보더를 좀 더 길쭉하게 만들기 위해 위아래 조절점을 바깥쪽으로 조금씩 드래그합니다. 이제 길고 날씬한 모양의 보더가 신부를 감싸고 있는 형태가 되었습니다. 기본적으로 원형 보더의 바깥쪽은 약간의 블러가 적용되는데, 정도가 미약하므로 다음 단계에서 좀 더 강화합니다.

04

더 강한 블러 효과를 주기 위해서 핀을 둘러싸는 원의 회색 부분을 클릭하여 왼쪽으로 드래그합니다. 드래그할수록 블러의 양이 늘어나 효과가 강해지는데, 여기서는 '57px'까지 조절했습니다. 블러의 강도를 높였더니 머리 위쪽이 여전히 매우 희미해 보이며 보더가 정 위치에 있지 않고 크기가 충분히 크지도 않다는 것을 알 수 있었습니다. 그러므로 보더를 드래그하여 좀 더 길게 만들고, 핀을 왼쪽으로 약간 움직여 치우침이 없게 조정했습니다. 마지막으로 원 안쪽의 큰 흰점들을 바깥쪽으로 움직여 초점 영역을 좀 더 넓혔습니다.

05

만약 인물의 얼굴 외에 다른 곳에도 초점을 맞추려면 핀을 추가하여 여러 군데에 초점을 맞출 수 있습니다. 핀을 추가하려면 원형 보더 바깥쪽의 아무 지점이나 클릭하면 되는데, 이렇게 새로 만들어진 원형 보더는 기존의 것과 완전히 같은 모양이며 블러의 강도도 동일합니다. 예제 사진에서 신부의 팔 부분에도 초점을 맞추려면 팔을 클릭하여 원형 보더를 추가한 다음 적절한 크기와 위치로 조절하면 됩니다. 여기서는 머리 부분에도 초점이 맞도록 작은 보더를 하나 더 만들었습니다. 여기까지 3개의 블러 핀을 만드는 데는 거의 1분도 걸리지 않습니다. 각 핀이 모두 클릭 한 번으로 만들어지고 크기와 위치를 잡는 데에도 두세 번만 클릭하면 됩니다. Enter (MAC:Return)를 눌러 효과를 적용한 이후에 블러의 양이나 위치를 수정하려면 [Edit]–[Fade Iris Blur]를 선택합니다. 여기서는 'Opacity'를 '70%'로 줄여 과도하게 적용된 블러를 약간 줄였습니다.

Before

After

06

이번에 알아볼 것은 [Field Blur] 효과인데, 필자는 점진적인 블러 효과를 낼 때(Iris Blur 필터로 뭔가 해결되지 않을 때) 주로 사용합니다. 새로운 사진을 열고 [Filter] 메뉴에서 [Blur Gallery]-[Field Blur]를 선택합니다. 사진 중앙에 핀이 나타나며 전체적으로 블러 효과가 적용되는데, 핀을 둘러싼 조절 원의 회색 부분을 왼쪽으로 움직여 블러의 강도를 높입니다. 이것은 시작 단계로, 블러 효과 '0%'의 두 번째 핀을 추가하기 전의 준비 과정입니다.

07

신부의 얼굴 위를 클릭하여 두 번째 핀을 추가한 다음 조절 원의 회색 부분을 오른쪽으로 드래그하여 블러 강도를 '0%'로 만듭니다. 이제 핀 아래쪽이 조점 영역이 됩니다. 시금까시의 과정만 보면 마치 [Iris Blur] 기능을 순서만 바꾼 것처럼 생각될 것입니다. 하지만 다음 단계에서 어떤 차이점이 있는지 알 수 있습니다.

08

M을 누르고 있으면 핀들로 인해 만들어진 마스크가 어떻게 생겼는지 화면에서 확인할 수 있습니다. 검정색 영역은 완전히 초점이 잡힌 상태이며 회색은 부분적으로, 흰색은 완전히 초점이 흐려진 상태입니다. 그러므로 위에서 아래 방향으로 초점 영역이 블러 영역으로 전환되고 있음을 알 수 있습니다. 이 상태에서 상단의 핀을 아래쪽 오른편으로 조금 움직이면 상황이 달라집니다. 핀을 움직임과 동시에 마스크도 자체적으로 변화되기 때문에 2초 정도 시간이 소요됩니다. 자리를 옮긴 후에는 M을 놓아줍니다.

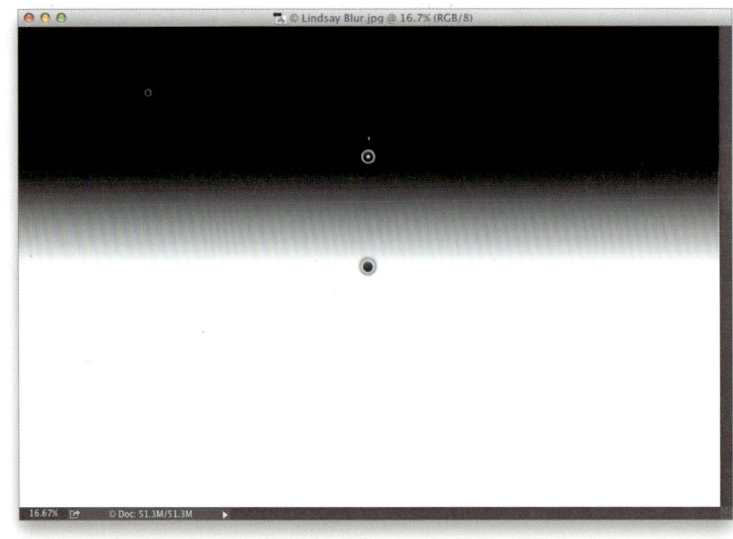

09

핀 위치 변경을 마쳤으면 옵션 바의 [OK] 버튼을 클릭하고 효과가 어떻게 적용되었는지 확인합니다. 사진의 상단부는 초점이 맞고 부케 부분부터 급격히 흐릿해집니다. 좀 더 점진적인 블러 효과를 위해서 첫 번째 핀을 아래쪽으로 약간 내렸습니다. 지금까지 블러 효과를 주는 두 가지 방법을 알아봤는데, 놀라운 기능은 아니더라도 필요할 때는 정말 유용하게 쓰이므로 잘 기억해두기 바랍니다.

조명 효과는 포토샵 기능 중 가장 오래된 것인데, 그만큼 기본적으로 늘 필요한 효과라고 할 수 있습니다. 특히 이번 버전은 예전보다 기능이 더욱 향상되었습니다. 기본적으로 필요한 지점에 소닝 효과를 너하는 작업으로, 여러 가지 조명의 스타일을 바꿀 수 있으며 이를 위해 사진의 주변 영역을 어둡게 하여 중요 영역을 밝게 만들어야 합니다. 작업 환경은 화면 위에서 직접 조절하는 직관적인 도구를 이용하며 일부는 새롭게 바뀌었습니다. 좀 더 발전한 대신, 예전의 고민하는 재미가 많이 없어져버렸네요.

드라마틱한 조명 효과 만들기

01

예제 사진을 불러옵니다. 사진은 자연광에서 찍은 것으로 회백색의 바닥면에서 드레스에 이르기까지 빛이 집중되어 있습니다. 전반적으로 조명이 괜찮게 들어가 있긴 하지만 인물 외의 주변 영역에도 아늑하게 조명이 비추고 있어 드라마틱한 느낌은 없는 상태입니다. 작업은 항상 'Background' 레이어를 복제하고 시작합니다. Ctrl - J (MAC:[Command]-J)를 눌러 복제 레이어를 만들어 줍니다.

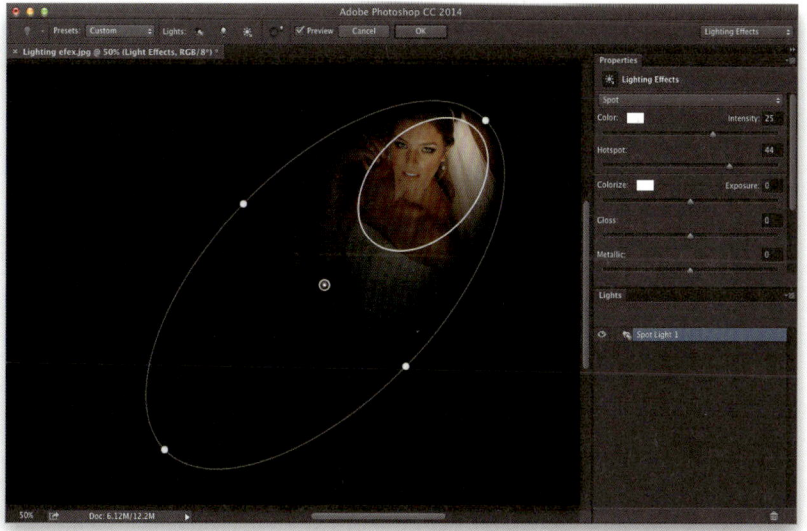

02

[Filter] 메뉴에서 [Render]-[Lighting Effects]를 선택합니다. 도구 박스가 숨어있는 [Lights] 패널이 나타나며 동시에 [Properties] 패널에도 [Lighting Effects] 조절 슬라이더들이 나타나고 옵션 바에도 새로운 옵션들이 보입니다. 한편 사진은 전체적으로 완전히 어둡게 변하는데 기본적으로 조명 하나가 위치해 있습니다. 갑작스럽게 바뀐 환경 때문에 자신이 없어진다면 화면의 거의 모든 것을 무시해도 됩니다. 그 이유를 다음 단계에서 알아봅니다.

|NOTE|
왼쪽 화면은 한눈에 확인할 수 있도록 [Window] 메뉴에서 [Application Frame]을 눌러 화면 설정을 바꾼 상태입니다.

03

화면의 생소한 도구들을 모두 무시할 수 있는 이유는 쉬운 사용을 위해 미리 만들어놓은 프리셋을 선택할 수 있기 때문입니다. 옵션 바 왼쪽의 'Presets' 팝업 메뉴를 누르면 미리 디자인해놓은 조명 설정들이 나타납니다. 드라마틱한 느낌을 주기 위해 필자가 애용하는 프리셋은 'Flashlight'로, 크고 길쭉한 'Spot Light' 스타일보다 작은 원형의 조명입니다. 이 프리셋을 선택하면 부드러운 느낌의 둥근 조명이 나타납니다. 중앙 지점을 클릭하여 "Move"라는 글자가 나타나면 원하는 위치로 이동합니다. 여기서는 인물의 얼굴 위로 위치를 잡았는데 빛의 강도가 너무 강하므로 이를 조절해야 합니다. 핀을 둘러싼 조절 원 위에 커서를 갖다 대면 "Intensity"라는 글자가 나타나며 현재 빛의 밝기가 '0~100' 사이인 숫자로 나타납니다. 여기서는 밝기를 줄이기 위해 오른쪽으로 회전하듯 드래그하여 '33'으로 조절했습니다.

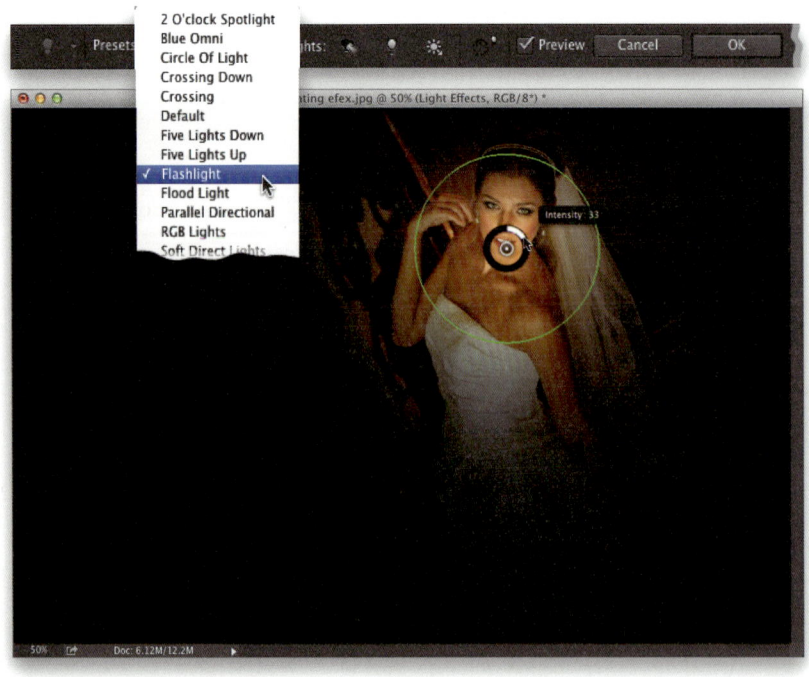

04

이번에는 조명 광선의 크기 조절을 위해 가장 바깥쪽의 녹색 원을 사용해 봅니다. 커서를 원 위에 갖다 대면 원이 노란색으로 변하며 "Scale" 글자와 함께 '0~100' 사이의 숫자로 크기가 표시됩니다. 원을 안쪽 또는 바깥쪽으로 드래그하여 광선의 크기를 조절하는데, 커서를 원 위에 두고 한참 있어야 인식이 됩니다. 그러므로 한번 해보고 안 된다고 조바심을 내지 말고 기다려야 합니다. 이와 같은 온스크린 조절 방식은 다른 프리셋에도 모두 같은 방법으로 적용되는데, 'Spotlight' 프리셋은 예외입니다. 이 프리셋에서는 바깥쪽 원이 회전 각도를 조절하며 흰색 점들을 드래그하여 위치를 이동할 수 있습니다.

05

조명을 추가하려면 옵션 바의 'Lights'에서 세 가지 조명 스타일 중 하나를 선택하여 클릭합니다. 여기서는 가운데의 [Point Light]를 클릭하고 왼쪽 계단 위로 위치 시켰습니다. 'Scale' 원을 안쪽으로 움직여 광선의 크기를 매우 작게 만들고 'Intensity' 값도 '25'까지 조절했습니다. 계속해서 [Point Light]를 하나 더 만들고 똑같은 설정 그대로 오른쪽 끝의 난간 위로 이동했습니다. 여기까지 3개의 조명을 배치하여 조명 상태를 바꿔보았습니다. 옵션 바의 [OK] 버튼을 클릭합니다. 조만간 다시 돌아올 것이지만요.

TIP 설정한 조명 제거하기
만든 조명을 삭제하려면 해당 조명을 클릭하여 [Lights] 패널 하단의 휴지통 아이콘으로 드래그합니다. 다만 모든 조명을 삭제할 수는 없으며 최소 하나는 있어야 합니다.

06

예제 사진에서 왼쪽을 보면 얼굴을 비춘 조명이 매우 밝은 직광 상태인데, 큰 문제는 없지만 약간 효과를 낮추어 좀 더 자연스럽게 만들 수 있습니다. 처음에 배경 레이어를 복제한 이유가 바로 지금처럼 마무리 작업에 사용하기 위해서인데, 원본 배경 레이어가 있으면 [Layers] 패널에서 작업 레이어의 블렌드 모드를 [Darken]으로 바꿈으로써 부드러운 믹싱 효과를 줄 수 있습니다. 왼쪽 사진과 블렌드 모드 변경 후의 오른쪽 사진을 비교해 봅니다. 레이어 위에 효과를 적용할 때 얻을 수 있는 이점은 전체적인 효과의 강도를 최종적으로 조절할 수 있다는 것입니다. 예를 들어 배경이 너무 어둡다거나 과도하게 드라마틱해 보인다면 'Opacity' 값만 약간 낮추어 해결할 수 있습니다.

07

처음에 패널의 모든 설정 내용을 무시해도 된다고는 했지만, 혹시 관심이 있는 사용자를 위해서 간단하게 훑어보려고 합니다. [Filter] 메뉴에서 [Render]-[Lighting Effects]를 다시 선택합니다. 이전까지 만든 조명들은 그대로 유지된 상태에서 새로운 조명이 추가된 영역이 좀 더 밝아집니다. [Lights] 패널의 조명 목록을 보면 [Layers] 패널의 레이어처럼 열거되어 있으며 왼쪽의 'Eye' 아이콘을 누르면 화면에서 숨길 수 있습니다. 조명의 스타일을 변경하려면 해당 조명을 클릭하고 [Properties] 패널의 팝업 메뉴에서 변경할 스타일을 선택합니다. 여기서는 [Infinite Light]를 선택했는데, 사실 필자는 한 번도 써본 적이 없는 조명입니다(옵션 바의 'Lights'에서 세 번째에 있는 아이콘입니다). 이 조명은 사진의 중앙에 마치 태양처럼 나타나며 움직일 수는 없고 방향만 변경할 수 있습니다. 중앙의 점을 클릭하여 움직이면 사진 가장자리 쪽에 조명 아이콘이 나타나 움직이는 것을 볼 수 있을 것입니다.

08

시험 삼아 만들어본 [Infinite Light] 조명을 패널 하단의 휴지통 아이콘으로 드래그합니다. 그리고 처음에 만든 세 개의 조명은 'Eye' 아이콘을 눌러 다시 화면에 나타냅니다. [Properties] 패널에서 할 수 있는 조절을 몇 가지 더 알아봅니다.

❶ 조명의 색상을 바꾸려면 [Color] 박스를 클릭하고 색상을 선택합니다.
❷ 'Intensity' 슬라이더는 사진 위의 강도 조절 원과 같은 역할을 합니다.
❸ 'Hotspot' 슬라이더는 [Spot Light] 조명을 만들었을 때 가장 강조할 조명의 중앙 부분을 조절합니다.
❹ [Colorize] 박스는 사진의 어두운 부분에 생기는 점 형태의 컬러 캐스트를 조절합니다.
❺ 'Exposure' 슬라이더는 카메라로우의 'Highlights' 슬라이더를 연상케 하는데, 필요하면 왼쪽으로 움직여 하이라이트 영역을 좀 더 눈에 띄게 만들 수 있습니다.

09

❻ 'Ambience' 슬라이더는 사진에서 조명 영역 이외 부분의 어두운 정도를 조절하는 것으로 여기서는 오른쪽으로 약간 움직였습니다.

❼ 'Texture' 팝업 메뉴는 사진의 질감을 도드라져 보이게 강조할 수 있는데 그 강도는 'Height' 슬라이더로 조절합니다. 일단 한번 써보면 어떤 효과를 주는지 쉽게 파악할 수 있습니다.

❽ 나머지 두 조절 옵션은 'Gloss' 슬라이더(이론상으로는 사진의 빛 양을 조절한다고 하는데, 실제로 대비 조절에 가깝습니다)와 'Metallic' 슬라이더(사진에 뭔가 빛나야 하는 금속이 있거나 반사광이 필요할 때 조절하여 더 강한 빛을 줄 수 있습니다)입니다.

아래의 작업 전후 모습을 비교합니다. 계단과 난간 쪽의 조명은 꺼놓은 상태입니다. 그리고 신부를 비추는 조명의 'Intensity'와 'Scale' 값을 좀 더 올렸습니다.

Before

After

다양한 톤 효과로 사진의 느낌 바꾸기

[Gradient Map]을 사용하는 조절 레이어들은 포토샵에서 충분히 활용되지 않는 기능들 중 하나입니다. 수년간 필자 역시 이들 중 한 가지만 사용했는데, 클릭 한 번으로 이루어지는 흑백 변환이 필요할 때였습니다. [Gradient Map] 기능을 선택하고 전경색은 검정, 배경색은 흰색으로 설정하면 되는 기능이었습니다. 어쨌든 어도비에서 사진가인 Steve Weinrebe와 함께 작업한 끝에 [Gradient Map] 기능에 38가지의 사진 톤과 분할 톤 프리셋을 추가했으므로 이제는 좀 더 활성화되리라 예상합니다.

01

톤 효과를 적용할 사진을 불러온 다음 [Layers] 패널 하단의 'Create New Adjustment Layer' 아이콘을 클릭하고 [Gradient Map]을 선택합니다. 혹은 [Adjustments] 패널에서 아랫줄 마지막 아이콘을 클릭해도 됩니다.

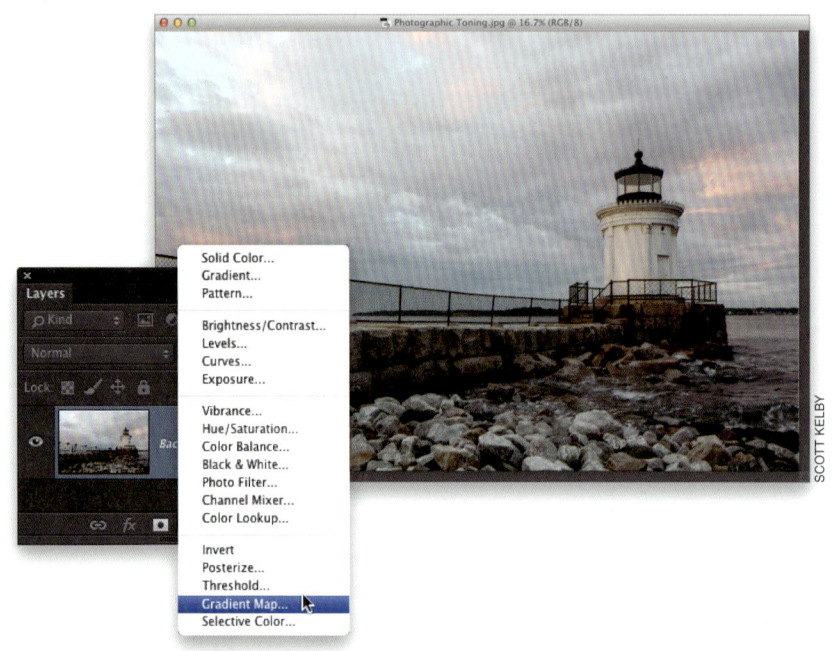

02

조절 레이어를 추가함과 동시에 기본적인 그러데이션 효과가 사진에 적용되는데, 이것이 바로 소개글에서 언급했던 흑백 변환 효과입니다. 물론 적용 이전의 전경색과 배경색이 각각 검정과 흰색이어야 합니다. 계속해서 Photo Toning 프리셋 목록을 불러오기 위해 오른쪽 화면과 같이 [Properties] 패널에서 그러데이션 바를 클릭합니다.

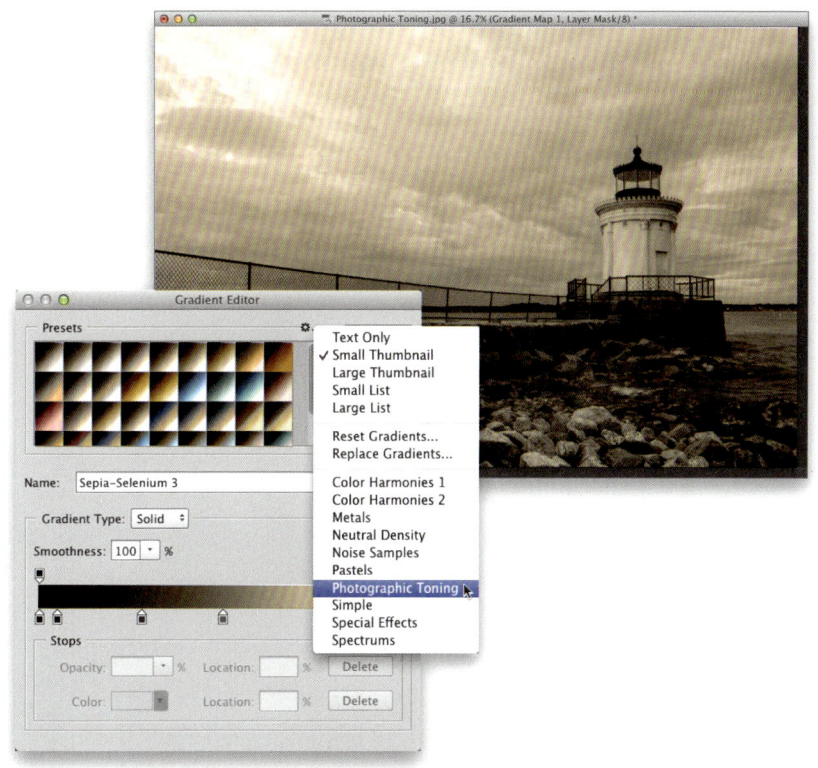

03

[Gradient Editor] 대화상자가 나타나면 'Presets' 영역 오른쪽 상단의 설정 아이콘을 눌러 팝업 메뉴에서 [Photographic Toning]을 선택합니다. 그러면 현재의 기본 설정 목록을 선택한 목록으로 대체할 것인지 묻는 확인창이 나타나는데, 여기서 필자는 보통 [OK]를 클릭합니다. 현재 목록에 필요한 목록을 추가하면 원하는 것을 찾는 데에 시간이 더 많이 걸리기 때문입니다. 또한 기본 목록은 언제든지 팝업 메뉴에서 [Reset Gradients]를 눌러 다시 불러올 수 있습니다. 새로운 그러데이션 목록이 나타나고 클릭하면 자동으로 적용되어 화면에 나타나므로 원하는 스타일을 찾을 때까지 직접 눌러보고 결정하면 됩니다. 왼쪽 화면은 셋째 줄 네 번째에 있는 [Sepia Selenium 3]을 선택한 모습입니다.

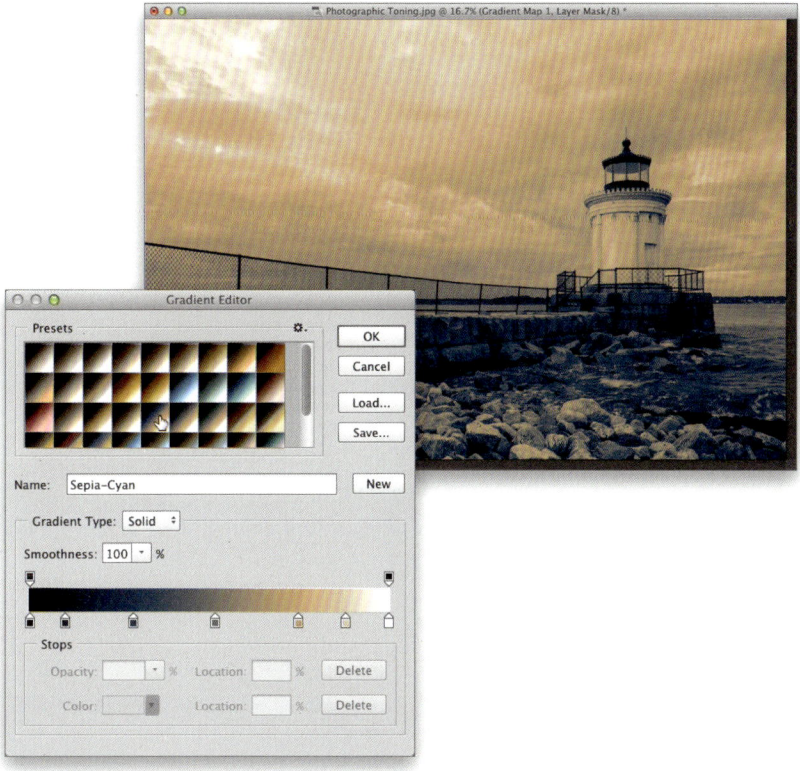

04

적용한 결과가 마음에 들지 않으면 다음으로 넘어가며 윈도우 쇼핑을 하듯 하나씩 눌러봅니다. 여기서는 [Sepia-Cyan]을 선택했는데 분할 톤의 형태로 어두운 부분은 사이언 톤이, 밝은 부분은 노란색 섞인 톤이 나타납니다. 특히 목록의 가장 윗줄은 정말 유용하게 쓸 수 있는 듀오톤과 세피아 톤이 위치해 있습니다. 한 가지 팁을 공개하면 모든 어도비 프리셋에서 가장 유용한 최고의 옵션들은 보통 처음에 나오며 아래로 내려갈수록 비교적 덜 유용한 옵션들이 나타납니다. 또 한 가지 편리한 점은 이 작업이 조절 레이어에서 실행되기 때문에 레이어의 'Opacity' 값 조절만으로도 효과의 강도를 조절할 수 있다는 것입니다. 블렌드 모드 역시 변경하여(특히 [Linear]나 [Burn]으로 바꿔보세요) 색다른 모습으로 연출할 수 있습니다.

Color Lookup으로
패션사진 효과 내기

요즘 패션 사진에서 매우 흔하게 볼 수 있는 사진 테크닉이 바로 컬러 토닝과 필름 룩 효과를 주는 것인데, 여기서는 포토샵에 탑재된 [Color Lookup]으로 효과를 내려고 합니다. 이 기능은 사진의 색상들을 즉석에서 재처리하여 세련된 색상 효과를 내는 것으로, 영화나 비디오 제작에서 사용되는 색상 조회 테이블에서 기인한 것입니다. 대부분 어떤 하나의 옵션이 잘 들어맞으면 선택하는 방식으로 진행됩니다. 포토샵이 제공하는 조절 레이어의 장점과 더해지면 수없이 많은 톤을 적용하고 조절할 수 있으며 레이어 마스크를 사용하여 배경에 쓰인 한 가지 톤에 매진할 수도 있습니다.

01

[Color Lookup] 효과를 적용할 사진을 불러온 다음 [Layers] 패널 하단에서 'Create New Adjustment Layer' 아이콘을 누르고 [Color Lookup]을 선택합니다. 곧바로 [Adjustments] 패널 둘째 줄 마지막 아이콘을 클릭해도 됩니다. [Properties] 패널에 [Color Lookup] 옵션 사항들이 나타나는데, 바로 보이는 세 가지 세팅 중 한가지를 선택합니다. 이때 한 번에 하나의 효과만 적용할 수 있으며, 두 가지를 섞으려면 조절 레이어를 추가하여 적용해야 합니다.

02

제일 위의 '3DLUT File' 옵션부터 선택합니다. 오른쪽의 팝업 메뉴를 클릭하면 오른쪽 화면과 같이 길고 긴 토닝 목록이 나타납니다. 흑백부터 옛날식 필름, 분할 톤까지 모든 톤이 있습니다. 여기서는 [Soft_Warming.look]을 선택했습니다. 이때 같은 톤을 적용해도 사진에 따라 결과가 매우 다르기 때문에 가능한 모든 목록을 클릭하여 원하는 톤을 찾습니다. 톤 적용 후에는 다음과 같은 처리를 하여 원하는 결과를 얻도록 합니다.

❶ 효과가 너무 강렬하면 레이어의 'Opacity' 값을 낮춥니다.

❷ 레이어의 블렌드 모드를 바꾸어 하위 레이어와 효과를 섞어 테스트해볼 수 있습니다.

❸ [Ctrl]-[I](MAC:[Command]-[I])를 눌러 검정색의 레이어 마스크 뒤에 사진을 숨긴 다음, 흰색의 [Brush]([B]) 도구로 효과가 나타나야 할 영역만 칠하여 특정 부분에만 적용할 수 있습니다.

03

계속해서 두 번째 옵션인 'Abstract'를 선택하고 팝업 메뉴를 클릭하여 목록을 펼쳐봅니다. 여기서 고른 것은 [Cobalt-Carmine]으로, 예제 사진에 썩 잘 어울리는 톤이라고 생각합니다.

[Properties] 패널 하단에는 몇 가지 편리한 기능의 버튼이 있는데, 그중 가장 많이 쓰이는 것은 'Eye' 아이콘으로 [Color Lookup] 조절 레이어를 켜고 끌 수 있어 [Layers] 패널까지 오가는 시간을 절약할 수 있습니다. 또한 왼쪽에서 첫 번째 아이콘을 클릭하면 보통 때처럼 모든 레이어들의 효과를 반영하지 않고 바로 아래의 레이어 효과만 반영하여 보여줍니다. 계속해서 두 번째 아이콘(화살을 동반한 눈 모양)은 적용 전과 후의 모습을 번갈아 보여주어 'Eye' 아이콘과 비슷한 역할을 합니다. 다음의 구부러진 화살 모양 아이콘은 모든 패널 사항을 기본 설정 상태로 되돌려 줍니다.

|NOTE|

특별한 옵션을 지닌 효과들이 몇 가지 있는데, 예를 들어 이전 단계에서 알아본 '3DLUT File' 옵션 메뉴에서 [NightFromDay.CUBE]를 선택하면 [Properties] 패널 하단에 몇 가지 새로운 옵션이 나타납니다. 이들은 모두 선택 버튼으로 되어 있으며 왼쪽에서 한 가지, 오른쪽에서 한 가지를 선택하면 이들을 합성, 변환하여 새로운 버전이 만들어집니다.

04

마지막 옵션인 'Device Link'를 선택하고 팝업 메뉴 목록을 펼쳐봅니다. 이번에 선택한 것은 [RedBlueYellow]로 왼쪽 화면과 같은 결과가 나타났습니다. 팝업 메뉴에서 선택을 하면 동시에 [Open] 대화상자가 나타나 해당 프로파일을 불러들이도록 되어 있습니다. 물론 최적의 프로파일을 찾은 것이라면 불러와 작업하면 되겠지만, 사실 마음에 쏙 드는 톤이 쉽게 찾아지진 않습니다. 그러므로 일단은 [Cancel] 버튼을 클릭해서 대화상자를 닫는 경우가 많습니다.

새로워진 Liquify 필터로 조각 같은 얼굴 만들기

이번에 알아볼 기능은 포토샵 CS6 버전에서부터 업데이트된 기능인데, 아마도 인물사진 리터칭 시 가장 많이 사용될 것입니다. 필자의 『사진가를 위한 인물사진 리터칭』에서도 많이 언급되었습니다. 다음 사항들은 필히 알아두길 바랍니다. (1) 매우 견고한 그래픽 처리 기술로 인해 예전에 비해 훨씬 빠르고 세밀한 조절이 가능해졌습니다. (2) 좀 더 쉽게 우수한 결과물을 만들기 위해 자잘한 사항들이 많이 업그레이드되었습니다. (3) 사용자를 돕기 위한 놀라운 기능이 추가되어, 잊고 있었던 사항들을 알아서 일깨워줄 것입니다.

01

리터칭할 인물사진을 불러온 다음 [Filter] 메뉴에서 [Liquify]를 누르거나 Ctrl-Shift-X(MAC: [Command]-Shift-X)를 누릅니다. 대화상자는 'Advanced Mode' 버전과 오른쪽 화면과 같은 단순 버전의 두 가지가 있습니다. 단순 버전은 왼쪽에 기본 도구 몇 가지가 나타나며 이 중에서는 첫 번째에 있는 [Forward Warp] 도구를 가장 많이 사용합니다. 화면 오른쪽에는 Brush Size, Pressure 등 기본 설정이 가능하도록 되어 있으며 이것만으로도 대부분의 작업이 가능하기 때문에 'Advanced Mode' 항목은 체크하지 않아도 됩니다.

TIP 브러시 크기 조절 단축키

브러시의 크기를 현재보다 훨씬 크게 또는 작게 만들 때 단축키를 써서 빠르게 조절할 수 있습니다. Alt(MAC:[Option])를 누른 채로 마우스 오른쪽 버튼을 클릭하여 드래그합니다.

02

[Forward Warp] 도구로 인물의 가장자리 위를 움직여 봅니다. 이 도구를 효과적으로 사용하려면 다음 사항들을 주의하세요.
❶ 브러시의 크기는 수정하려는 영역과 같은 크기로 조절합니다.
❷ 아주 조금씩 움직입니다. 표면을 아주 살살 밀기만 해도 괜찮은 결과를 만들 수 있습니다. 도구 중앙의 십자 표시가 인물의 볼 표면 바로 오른쪽에 오게 위치시킨 다음 왼쪽으로 살살 밀어 들어가도록 조절합니다.

03

이번에는 머리의 오른쪽 부분이 왼쪽보다 더 튀어 나왔으므로 이를 수정합니다. 항상 브러시의 크기를 수정할 영역과 비슷한 크기로 만들어야 함을 잊지 않습니다. 사이즈를 조절한 후 머리 부분을 약간 움직여보고 필요에 따라 크기를 재조정하는 것도 좋은 방법입니다. 브러시 크기는 화면 오른쪽의 'Brush Size' 슬라이더로도 조절할 수 있는데 이보다는 키보드의 [[ ](작게), [ ]](크게)를 사용하는 것이 더 편리합니다.

TIP 원하는 모양이 안 나왔을 때 실행 취소하기
처음부터 다시 시작하려면 [Restore All] 버튼을 클릭합니다. 한두 단계 전으로 돌아갈 때는 포토샵에서 일반적으로 쓰는 단축키 [Ctrl]-[Z](MAC: [Command]-[Z])로 되돌리고 [Ctrl]-[Alt]-[Z](MAC: [Command]-[Option]-[Z])를 눌러 취소한 내용을 다시 실행할 수도 있습니다.

04

이번에는 입술 부분을 수정하기 위해 윗입술을 크게 확대합니다. 브러시의 크기를 윗입술 왼쪽의 불룩한 영역과 비슷한 크기로 조절하여 약간씩 아래로 밀어 오른쪽 입술 모양과 비슷하게 만듭니다.

|NOTE|
화면 확대/축소를 위한 단축키는 다음과 같습니다.
확대 : [Ctrl]-[+](MAC: [Command]-[+])
축소 : [Ctrl]-[-](MAC: [Command]-[-])

05

계속해서 왼쪽 머리 부분을 확대하면 움푹 들어간 부분을 볼 수 있습니다. 들어간 곳은 끄집어내고 나온 곳은 밀어 넣어 거슬림 없이 자연스러운 머리로 만듭니다.

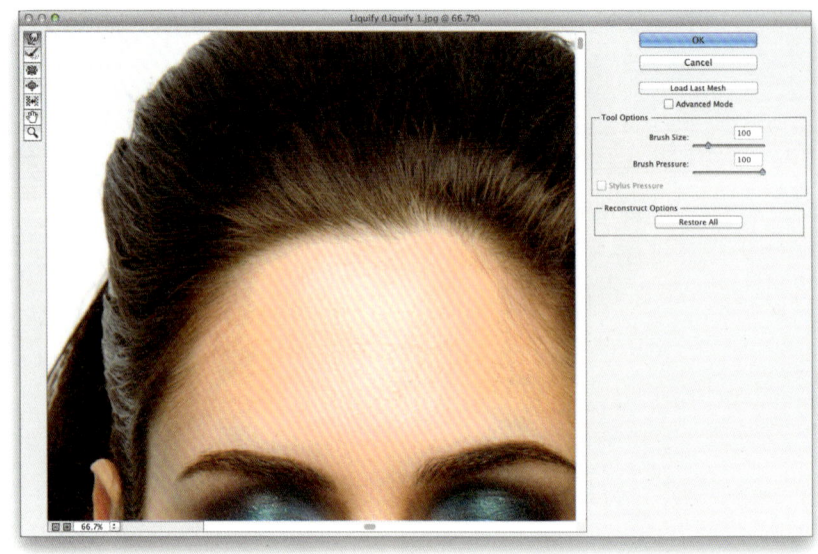

06

머리 부분을 수정하여 오른쪽 화면과 같이 만듭니다. 이번에는 'Advanced Mode' 항목에 체크하여 대화상자 오른쪽에 추가로 나타나는 옵션들과 도구박스에 추가된 세 개의 특수 도구를 사용할 것입니다. 'Advanced Mode'의 주된 기능은 수정이 필요한 곳에 변형을 가하는 동안 보존해야 할 곳이 움직이지 않도록 고정하는 것입니다. 예를 들어 왼쪽 귀를 약간 안으로 밀어 넣으면 얼굴까지 밀려들어가 변형될 위험이 있는데, 이런 경우 얼굴 부분을 고정하도록 설정하여 변형 없이 보존할 수 있습니다.

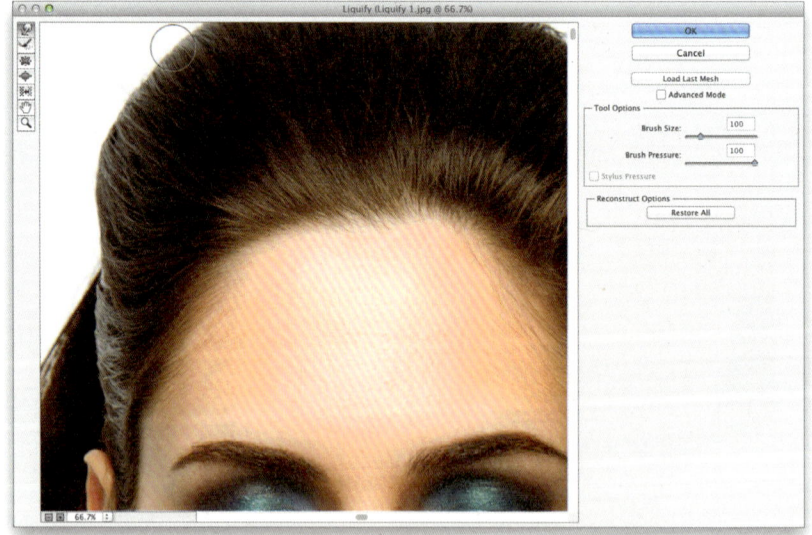

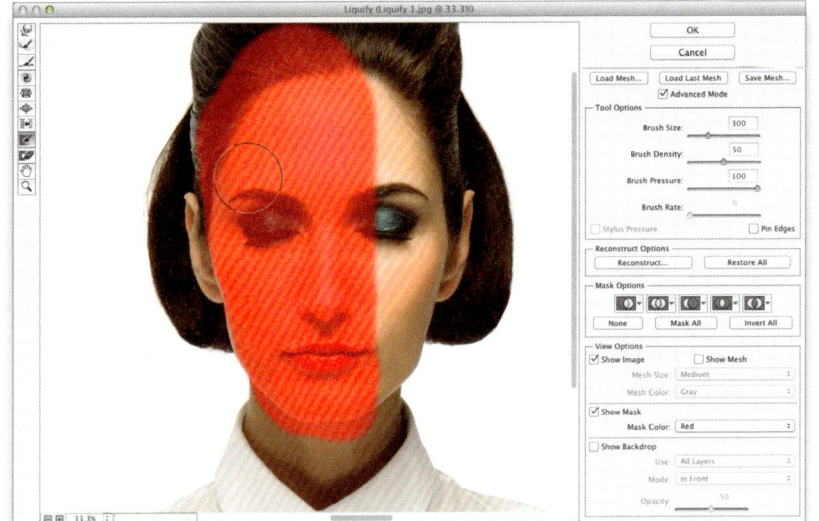

07

변형을 막기 위해 고정해주는 [Freeze Mask](F , 8번째 위치) 도구를 선택하고 얼굴 위를 칠하면 붉은 톤으로 나타나 고정되는 영역을 쉽게 알아볼 수 있습니다. 이때 만약 붉은 톤이 보이지 않는다면 오른쪽의 [View Options] 영역에서 'Show Mask' 항목에 체크합니다. 실수로 잘못 칠한 경우에는 [Thaw Mask](D , 9번째 위치) 도구를 선택하여 붉은 톤을 지울 수 있습니다. 고정할 영역 설정을 마쳤으면 변형할 부분을 수정하고 [OK] 버튼을 클릭하여 적용합니다. 아래의 작업 전, 후의 모습을 비교합니다.

Before

After

Lens Flare 필터 효과내기

복고풍 효과는 아주 오래 전에 패션계에서 유행했던 것으로 먼 길을 돌아 요즘 다시 유행되고 있습니다. 아주 빠르고 쉽게 효과를 낼 수 있으며, 필자도 매우 선호하는 테크닉입니다.

01

[Lens Flare] 효과를 적용할 사진을 불러옵니다. [Layers] 패널 하단에서 'Create A New Layer' 아이콘을 눌러 빈 레이어부터 만듭니다.

02

D를 눌러 전경색을 검정으로 바꾼 다음 Alt-Back Space(MAC:[Option]-Delete)를 눌러 빈 레이어를 검정색으로 채웁니다. 계속해서 [Filter] 메뉴에서 [Render]-[Lens Flare]를 선택합니다. 대화상자에는 네 가지의 렌즈 유형이 나타나는데, 이들 중 가장 흔히 쓰이는 것은 첫 번째 렌즈인 '50-300mm Zoom'이므로 일단 이것을 선택합니다. 'Brightness' 슬라이더가 하는 일은 렌즈 플레어의 밝기를 조절하는 것으로, 보통 '100%' 상태로 둡니다. [OK] 버튼을 클릭하여 검정색 레이어에 효과를 적용합니다.

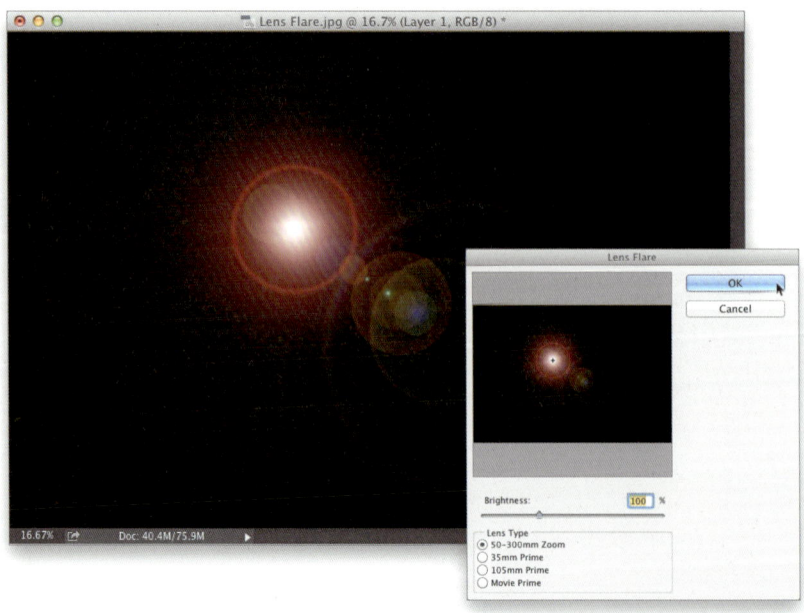

03

검정색 배경 위에 나타난 렌즈 플레어를 원본 사진과 블렌딩합니다. [Layers] 패널에서 블렌드 모드를 [Screen]으로 변경하여 쉽게 합성할 수 있습니다. 그런데 플레어가 사진 중앙에 애매하게 위치해 있습니다. 위치 이동을 위해 [Move]([V]) 도구를 선택하고 사진 위에서 곧바로 렌즈 플레어를 클릭하여 원하는 위치로 드래그합니다. 여기서는 인물의 머리 왼쪽으로 움직였습니다.

TIP 플레어를 이루는 원의 위치 바꾸기
[Lens Flare] 대화상자 안의 작은 미리보기 창에서 원 중앙의 (+)를 클릭하여 드래그합니다. 위치가 변화하면서 렌즈 플레어 원들의 위치도 변경됩니다.

04

렌즈 플레어 효과가 적용된 레이어의 위치를 이동하다보면 화면과 같이 레이어의 가장자리가 사진 내부에 비쳐 보입니다. 왜 이렇게 될까요? 만약 렌즈 플레어 효과가 적용되지 않은 단순한 검정색 레이어를 움직였다고 가정하면 검정색의 직사각형을 움직이는 것과 같습니다. 즉, 렌즈 플레어 효과와 상관없이 이 직사각형의 가장자리를 부드러운 경계가 되도록 처리하면 경계가 나타나지 않을 것입니다. 그러므로 패널 하단에서 'Add Layer Mask' 아이콘을 클릭하고 [X]를 눌러 전경색을 검정색으로 설정한 뒤 [Brush]([B]) 도구를 크고 부드러운 경계를 지니도록 설정하고 가장자리 부분을 칠합니다. 효과가 과도해 보이면 레이어의 'Opacity'를 왼쪽 화면처럼 '95%' 정도로 낮추면 됩니다.

촉촉하게 비에 젖은 거리 만들기

메마른 조약돌이나 아스팔트 거리를 비에 젖은 느낌으로 촉촉하게 만드는 아주 빠른 방법이 있습니다. 필자가 이 테크닉을 웹캐스트에 소개한 것은 여행사진 편집에 대한 내용을 다룰 때였는데, 그 후로 몇 달이 지난 뒤에도 이 방법에 대해 질문을 많이 받았습니다. 그래서 이번 책에서 그 기법을 공유하려고 합니다. 무엇보다도 대부분의 사진에서 빠르고 쉽게 훌륭한 결과를 낸다는 것이 장점입니다.

01

이번 테크닉은 카메라로우에서 진행해야 하는데 꼭 RAW 형식의 사진이 아니더라도 상관없습니다. 먼저 포토샵에서 사진을 불러온 다음 [Filter] 메뉴의 [Camera Raw Filter]를 클릭하여 카메라로우로 이동합니다. 먼저 [Basic] 패널에서 필요한 기본 보정을 실행합니다. 여기서는 'Exposure' 값을 올려준 다음 Shift를 누른 채로 'Whites' 슬라이더와 'Blacks' 슬라이더 버튼을 각각 눌러 자동으로 기준점이 만들어지도록 했습니다. 또한 'Vibrance' 값도 약간 높여 회색 톤의 사진에 약간의 색감을 더했습니다.

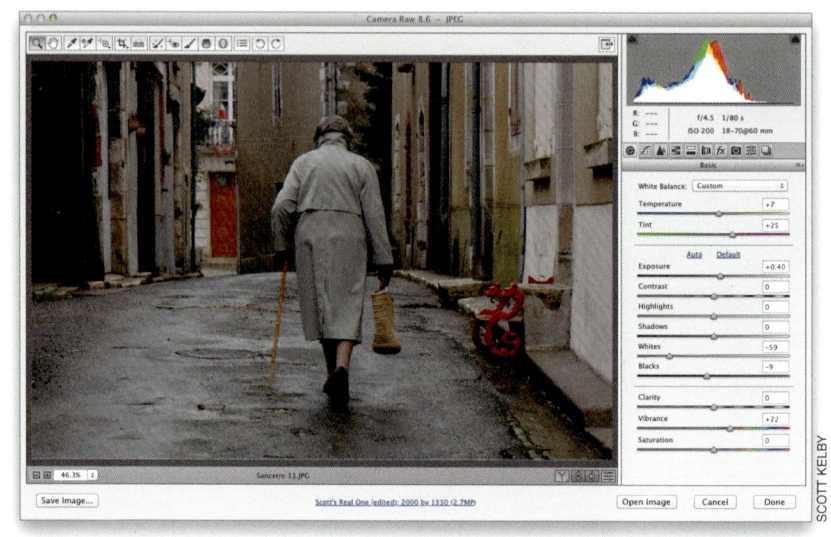

02

[Adjustment Brush](K) 도구를 클릭하고 [Adjustment Brush] 패널에서 'Contrast' 슬라이더 오른쪽 끝의 (+) 단추를 클릭하면 다른 모든 슬라이더 값은 '0'이 되며 'Contrast' 값은 '+25'로 조절됩니다. 이것을 '+100'까지 드래그합니다. 계속해서 'Clarity' 슬라이더도 '+100'으로 조절하면 설정이 끝납니다. 이제 사진에서 젖어 있는 것처럼 보여야 할 부분 위를 칠합니다. 여기서는 여인의 오른쪽 지면을 칠했습니다. 오른쪽 화면을 보면 실제로 물기가 있어 빛이 반사되는 것처럼 느껴질 것입니다.

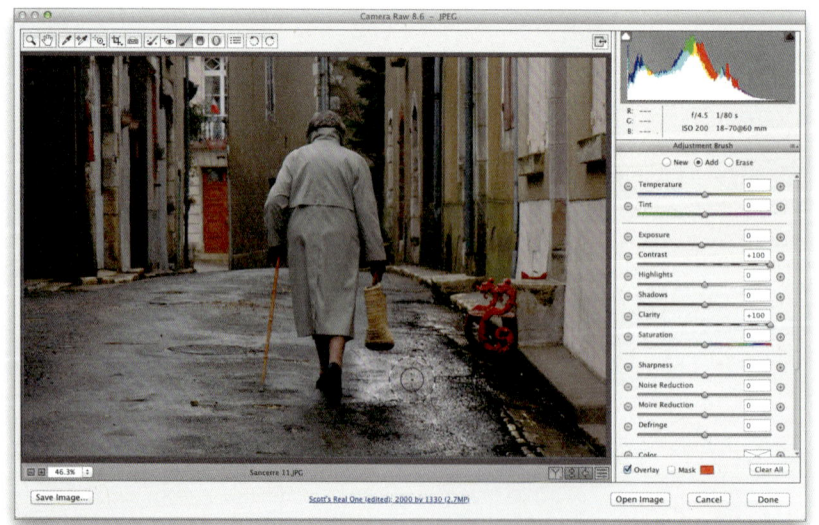

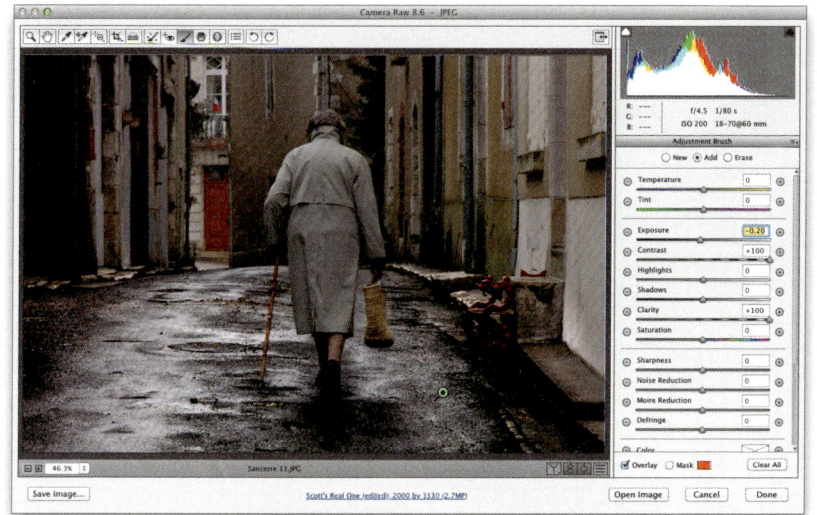

03

옆길과 연석 부분도 칠합니다. 길 위를 칠했는데 젖어 있는 느낌이 충분히 나지 않는다면 [Adjustment Brush] 패널 상단의 [New] 버튼을 클릭하고 해당 부분을 한 번 더 칠합니다. 그러면 젖은 효과가 두 번 겹쳐 강도를 높일 수 있습니다. 길의 모습이 너무 밝아졌다면 'Exposure' 슬라이더 값을 내려 전반적인 밝기를 낮춤으로써 균일한 밝기가 되도록 만듭니다. 여기서는 길을 모두 칠했더니 건물들이 마른 듯 보여서 'Contrast' 값을 더하여 전체적인 대비를 더해주었습니다.

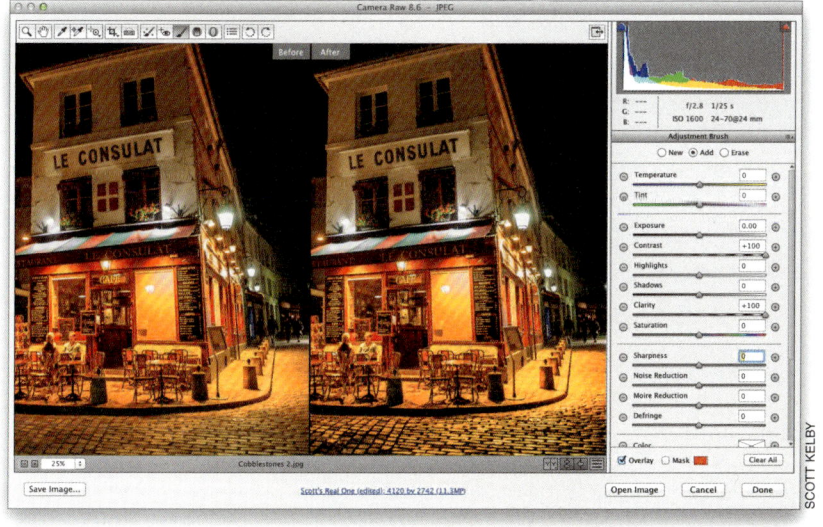

04

이 테크닉은 특히 큰 자갈길을 표현할 때 빛을 발합니다. 왼쪽 화면은 카메라로우에서 처리한 후 작업 전과 결과 사진을 나란히 띄워놓은 것입니다.

Photoshop Killer Tips

Bridge의 JPEG/TIFF 사진들을 카메라로우에서 한 번에 열기

Bridge에서 여러 장의 RAW 사진을 여는 것은 매우 쉬운데, 사진들을 선택하고 그중 하나를 더블클릭하거나 마우스 오른쪽 버튼을 클릭하여 [Open in Camera Raw]를 선택하면 됩니다. JPEG/TIFF 사진의 경우 방법이 약간 다르지만 역시 간단합니다. 필요한 사진들을 선택하고 마우스 오른쪽 버튼을 클릭하여 [Open in Camera Raw]를 클릭합니다.

Wacom 타블렛 펜 사용자를 위한 팁

리터칭 작업을 위해 Wacom 타블렛 펜을 사용하면서 펜을 누르는 힘의 강도나 크기 조절이 필요할 때 [Brushes] 패널로 곧바로 연결해주는 두 버튼에 대해 알아봅니다. 이는 [Brush] 도구를 선택한 상태에서 옵션 바에 나타나는데, 아래 그림에서 빨간색 네모 표시가 되어있는 버튼들입니다. 각 버튼을 클릭하면 [Brushes] 패널의 현재 설정으로 곧바로 연결되므로 'Opacity'나 'Size' 값 조절을 위해 패널을 찾아 띄우는 시간을 절약할 수 있습니다.

작업 도중 포토샵 프로그램이 이상하게 반응한다면?

늘 하던 작업이 실행되지 않고 멈추면 설정 사항들이 뒤엉켜 에러가 생긴 것일 수 있습니다. 이와 같은 현상은 한 번에 여러 가지 작업을 처리할 때 생기는데, 문제의 99%는 설정 세팅을 새롭게 하여 해결할 수 있습니다(어도비의 테크닉 지원 센터에서도 가장 먼저 추천하는 방법입니다). 포토샵 프로그램을 종료하고 Ctrl-Alt-Shift (MAC:[Command]-[Option]-Shift)를 누른 채로 포토샵을 실행합니다. 포토샵의 설정 파일을 삭제하겠냐는 확인창이 나타나는데 이때 [Yes] 버튼을 클릭하여 프로그램을 열면 문제가 해결될 것입니다.

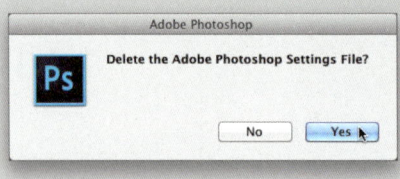

열려 있는 문서와 같은 조건으로 새 문서 만들기

사진이 이미 열려 있는 상태에서 정확히 같은 크기와 해상도, 색 공간 등을 지닌 새 문서를 만들려면 Ctrl-N(MAC:[Command]-N)을 눌러 [New] 대화상자를 불러온 다음 'Preset' 팝업 메뉴에서 이미 열려 있는 문서의 이름을 선택합니다. 그러면 대화상자의 입력란이 해당 문서와 동일하게 자동 입력되므로 [OK] 버튼만 클릭합니다.

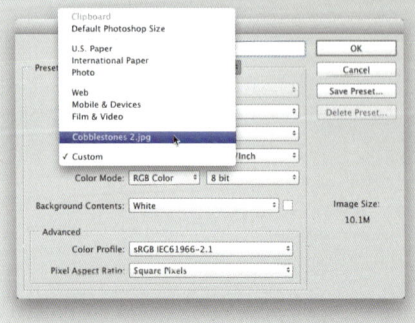

Liquify 작업 시 유용한 리터칭 팁

'Liquify' 필터를 사용하여 인물사진 리터칭을 할 때 변형이 적용되지 않아야 할 영역은 고정(freeze) 도구를 써서 보호할 수 있습니다. 그런데 이보다 더 쉬운 방법은 변형할 부분을 우선적으로 선택 영역으로 만들고 'Liquify' 필터 기능을 불러와 작업하는 것으로, 이렇게 하면 선택 영역 이외의 부분은 모두 효과 적용이 되지 않습니다. 선택 영역 설정 방법을 쓰면 대화상자의 미리보기 창에 직사각형 안쪽으로 선택 영역이 표시되며 선택되지 않은 부분은 붉은 톤으로 나타납니다.

임시 도구의 초고속 전환 방법

이 방법은 CS4 버전부터 소개되어 온 것인데 아는 사람은 많지 않은 것 같습니다. 바로 [Spring Loaded] 도구라 불리는 것들인데, 현재 사용하는 도구가 있는 상태에서 다른 도구로 잠시 동안만 전환하여 사용하는 것입니다. 임시 도구의 사용을 마친 후에는 자동으로 기존의 도구로 돌아옵니다. 예를 들어 [Brush] 도구를 사용하다가 [Lasso] 도구로 선택 영역을 만들어 그 외의 부분은 칠할 수 없도록 만들 수 있습니다. 단축키인 L을 누르고 있으면 기존에 선택한 [Brush] 도구 대신 일시적으로 [Lasso] 도구로 바뀌어 선택 영역을 만들 수 있고, 단축키를 손에서 놓으면 다시 [Brush] 도구로 돌아갑니다. 이 기능으로 많은 시간과 노력을 줄일 수 있습니다.

휴대폰이나 태블릿 패드를 위한 사진 만들기

포토샵에는 매우 다양한 크기의 모바일 디바이스 스크린 사이즈가 프리셋으로 저장되어 있어, 휴대폰이나 태블릿을 위한 사진을 만들 때 매우 유용하게 쓸 수 있습니다. [File] 메뉴에서 [New]를 선택하고 대화상자가 나타나면 'Preset' 팝업 메뉴에서 [Mobile & Devices]를 클릭한 후 'Size' 팝업 메뉴에서 원하는 크기를 선택합니다.

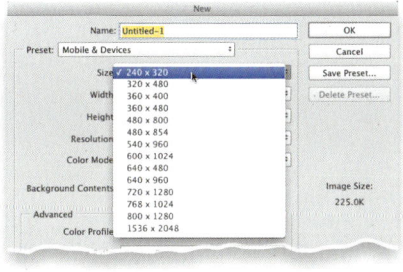

포토샵에 더 많은 RAM 부여하기

포토샵의 설정 대화상자에서는 사용자의 컴퓨터에 설치되어 있는 RAM을 포토샵에 얼마큼 할당할지를 직접 결정할 수 있습니다. Ctrl - K (MAC:[Command] - K)를 눌러 [Preferences] 대화상자가 나타나면 왼쪽 목록에서 [Performance]를 선택합니다. 그러면 포토샵에 쓰이는 RAM의 크기가 그래프 상에 바로 나타나는데, 이 슬라이더 오른쪽으로 드래그하여 더 많은 용량이 포토샵에 쓰이도록 조절할 수 있습니다. 단, 변경 후 포토샵을 재시작해야만 내용이 적용됩니다.

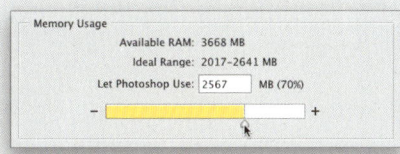

저장하는 시간 단축하기

카메라로우 화면의 왼쪽 아래에 있는 [Save Image] 버튼을 클릭하면 [Save Options] 대화상자가 나타납니다. 대화상자에서 특별히 재설정할 것이 없어 아예 대화상자가 나타나지 않도록 하려면 Alt (MAC:[Option])를 누른 채로 [Save Image] 버튼을 클릭합니다.

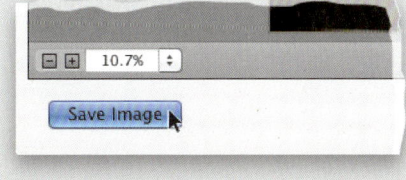

레이어의 순서를 바꾸는 단축키

단축키를 쓰면 패널 위를 떠돌아다니는 시간을 줄일 수 있기 때문에 필자는 단축키를 매우 자주 사용합니다. 현재 선택된 레이어를 상단 레이어 위로 이동하려면 Ctrl -] (MAC:[Command] -])를, 하단 레이어 아래로 이동하려면 Ctrl - [(MAC:[Command] - [ )를 누릅니다. 또한 현재 레이어를 가장 위 또는 가장 아래로 이동하려면 동일한 단축키에 Shift 를 누릅니다. 참고로, 원본인 'Background' 레이어는 잠금 상태이므로 그 아래로는 이동할 수 없습니다.

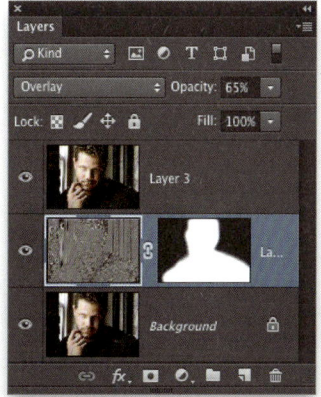

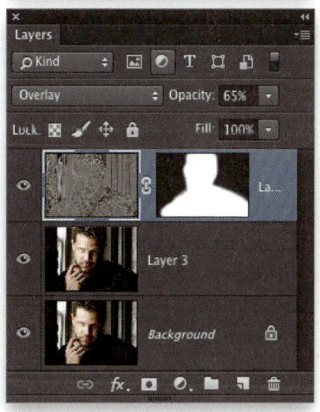

Chapter 8. Side Effect 사진가라면 꼭 알아야 할 표현 기법 모음 301

Photo by Scott Kelby   Exposure: 1/500 sec | Focal Length: 237mm | Aperture Value: $f/5.6$

CHAPTER 9
Sharpen Your Teeth
선명함을 살리는 샤프닝 테크닉

이 챕터 제목으로 안성맞춤인 두 곡의 노래를 찾았는데, 하나는 Ugly Casanova의 〈Sharpen Your Teeth〉라는 곡이고 또 하나는 The Bags의 〈Sharpen Your Sticks〉라는 곡입니다. 필자만의 생각인지, 아니면 하필 이번에 그런 것만 골랐는지 모르겠지만 어쩜 밴드 이름을 어쩜 이렇게 하나같이 이상하게 지었을까요? 제가 어릴 때만 해도(크게 상관없다면 몇 년 전인 걸로 하죠) The Beatles, The Turtles, The Aminals, The Monkeys, The Flesh Eating Mutant Zombies 등 밴드명이 다들 그럴 듯했습니다. 그런데 The Bags라니, Yonkers(뉴욕 동남부 도시)에서 온 마나님들이 만든 그룹쯤 되는 건가요? 그게 아니라면 완전히 이상한 이름입니다. 말했다시피, 필자가 어릴 때 있었던 The Turtles라는 밴드는 하는 행동도 딱 밴드명과 같았기에 정말 놀라웠습니다 (그들의 히트곡 〈Peeking Out of My Shell〉나 잊지 못할 노래 〈Slowly Crossing a Busy Highway〉, 그리고 필자가 좋아하는 노래 〈I Got Hit Crossing a Busy Highway〉를 떠올려보세요). 하지만 이번에 Ugly Casanova의 노래를 다룬다고 해서 꼭 못생겨질 필요는 없습니다. 만약 제가 밴드를 한다면(실제 하고 있기는 합니다) 그룹의 실제 모습을 반영하는 이름으로 밴드명을 짓겠습니다. 우리 밴드의 이상적인 이름은 Devastatingly Handsome Super Hunky Guys With Six-Pack Abs(식스팩 복근을 갖춘 압도적으로 잘생긴 초특급 매력남들) 정도가 될 것 같습니다. 팬들은 아마도 밴드명을 TDHSHGWSPA 라고 줄여서 부르겠죠. 24시 헬스장과 골드짐 그리고 다른 아름다운 이들(우리처럼)이 있는 곳에서 서로에게 하이파이브를 멋지게 날리는 모습을 촬영할 수도 있을 것 같습니다. 그러다가 점점 대중적인 그룹으로 발전하면 매니저도 한 명 고용해야 할 것입니다. 오래 전에 우리를 앉혀놓고 거짓말하지 말라며 TDHSHGWSPA는 우리 밴드의 진짜 이름일 수 없다고, 차라리 Muscle Bound Studs Who Are Loose With Money(돈으로 풀리는 뭉친 근육덩어리들) 혹은 The Bags 가 낫겠다고 제안했던 그 사람이 좋을 것 같습니다.

샤프닝 핵심 기법

사진을 원하는 대로 보정한 후 저장하고 마치기 전에 잊어서는 안될 것이 바로 샤프닝 처리입니다. 필자는 모든 사진에 샤프닝 처리를 하여 이전의 보정 과정에서 잃어버린 원본의 디테일을 되돌리기도 하고 촬영 시 미세하게 흔들려 살짝 빗나간 초점을 바로 잡기도 합니다. 디지털 카메라로 찍은 사진이나 스캔한 사진들 중 대부분이 샤프닝을 필요로 했습니다. 여기서는 전반적인 샤프닝 보정의 기본기를 다져봅니다.

01

샤프닝 처리를 할 사진을 불러옵니다. 처음에 사진을 불러오면 사진에 따라 화면에 다른 비율로 나타나는데, 샤프닝을 위한 적절한 확대 비율에 대해서는 논쟁의 여지가 있습니다. 요즘의 디지털 카메라는 파일을 매우 큰 사이즈로 만들어내기 때문에, 일반적으로 받아들여지는 적정 비율은 '50%' 정도입니다. 화면 상단의 타이틀 바를 보면 현재 확대 비율이 나타나므로 쉽게 확인할 수 있습니다. 사진을 '50%' 비율로 만드는 가장 빠른 방법은 Ctrl-+(MAC:[Command]-+)를 눌러 확대하거나 또는 Ctrl-–(MAC:[Command]-–)를 눌러 축소하는 것입니다.

02

사진이 '50%' 크기로 나타났으면 [Filter] 메뉴에서 [Sharpen]-[Unsharp Mask]를 선택합니다.

|NOTE|

옛날 필름 방식의 암실 테크닉에 익숙하면 'un-shrp mask'라는 말의 의미를 쉽게 알 수 있을 것입니다. 원본 사진을 흐릿하게 만든 버전의 복사본을 만들고, 이 'unsharp' 버전을 마스크로 사용하여 윤곽이 또렷하게 나타나는 새로운 버전의 사진을 만들었기 때문입니다.

03

[Unsharp Mask] 대화상자가 나타나는데, 여기에는 3개의 슬라이더가 있습니다. 'Amount' 슬라이더는 사진에 적용할 샤프닝의 양을 조절하며, 'Radius' 슬라이더는 윤곽선으로부터 얼마나 많은 픽셀들이 샤프닝 효과의 영향을 받게 할지 결정합니다. 'Threshold' 슬라이더는 샤프닝을 적용할 픽셀과 그 외 영역의 픽셀 사이 경계 차를 얼마나 둘 것인지 조절합니다. 단, 'Threshold' 슬라이더는 생각과는 반대로 값을 낮출수록 샤프닝 강도가 높아집니다. 이제 어느 정도의 값을 입력해야 할까요? 앞으로 몇 가지 유용한 시작점에 대해 알아보겠지만 여기서는 일단 Amount: 120%, Radius: 1, Threshold: 3으로 입력하고 [OK] 버튼을 클릭하여 사진에 전반적으로 샤프닝을 적용합니다.

Before

After

자연사진 샤프닝

Amount: 120%, Radius: 1, Threshold: 10 설정은 꽃이나 동물, 사람들, 무지개 등 부드러움이 강조되는 자연사진의 샤프닝에 적합합니다. 샤프닝 적용을 약하게 하여 예제 사진과 같은 대상을 매우 잘 살려줄 것입니다.

인물사진 샤프닝

클로즈업으로 촬영한 인물사진의 경우 Amount: 75%, Radius: 2, Threshold: 3의 설정으로 샤프닝 처리를 합니다. 이 설정 역시 미세한 샤프닝만 적용하는데 인물의 눈빛이나 머릿결의 하이라이트 등은 어느 정도 쨍하게 살아나도록 만들어 줍니다.

TIP 여성사진의 샤프닝

여성 인물사진에 강력한 샤프닝을 주려면 우선 [Channels] 패널에서 'Red' 채널을 클릭하여 활성화 합니다. 채널은 흑백의 모습인데, 여기에 Amount: 120%, Radius: 1, Threshold: 3으로 높은 강도의 샤프닝을 적용합니다. 이렇게 하면 대부분의 피부결 부분은 샤프닝의 영향을 받지 않으면서 눈이나 눈썹, 입술, 머리카락 등에만 샤프닝 보정이 됩니다. 설정을 마치면 RGB 채널을 클릭하여 다시 풀컬러 상태로 돌아갑니다.

중간 강도의 샤프닝

중간 강도의 샤프닝은 제품사진부터 홈 인테리어와 야외 조경사진, 풍경사진 등 어디에나 잘 들어맞습니다. 여기서는 모자를 찍은 제품사진을 불러와 Amount: 120%, Radius: 1, Threshold: 3으로 설정했습니다. 적용 후의 사진을 보면 보석의 반짝임과 디테일이 살아나 시선을 끄는 느낌을 받을 수 있습니다.

최대 강도의 샤프닝

아래 두 가지의 경우에 한해서 Amount: 65%, Radius: 4, Threshold: 3의 설정을 사용합니다.
❶ 사진 촬영 시 흔들린 탓에 흐릿한 사진이 나온 경우 강력한 샤프닝을 주어 초점이 어느 정도 잡히도록 합니다.
❷ 사진을 구성하는 대상이 바위, 빌딩, 동전, 자동차, 기계 등 매우 세밀한 디테일을 담고 있을 때 강력한 샤프닝을 주어 디테일을 강조합니다.

모든 사진에 가능한 샤프닝

이번 설정은 필자가 가장 선호하는 Amount: 85%, Radius: 1, Threshold: 4의 설정인데, 대부분의 경우 이 설정을 사용하는 편입니다. 이 설정은 효과가 미미하게 적용되어 보정한 것인지 아무도 모르게 보정할 수 있다는 큰 장점이 있습니다. 한번 적용했을 때 샤프닝 효과가 충분하지 않아 보이면 같은 설정을 한 번 더 적용해도 되지만, 보통은 한 번으로도 효력을 발휘합니다.

웹 사진을 위한 샤프닝

웹에 게시할 사진이 흐릿하게 보일 때는 Amount: 200%, Radius: 0.3, Threshold: 0의 설정을 사용합니다. 특히 '300ppi'의 고해상도로 촬영한 사진을 웹상에 업로드하기 위해 '72ppi' 정도로 낮추었을 때 사진이 약간 부드럽고 흐릿해지기 쉽습니다. 설정대로 효과를 적용해도 충분히 선명해지지 않는다면 'Amount' 값을 '400%'로 올립니다. 필자는 Amount: 400 설정을 초점이 맞지 않은 사진에도 많이 사용합니다. 이때 약간의 노이즈가 생길 수는 있지만 아예 버려지는 것보다는 낫습니다.

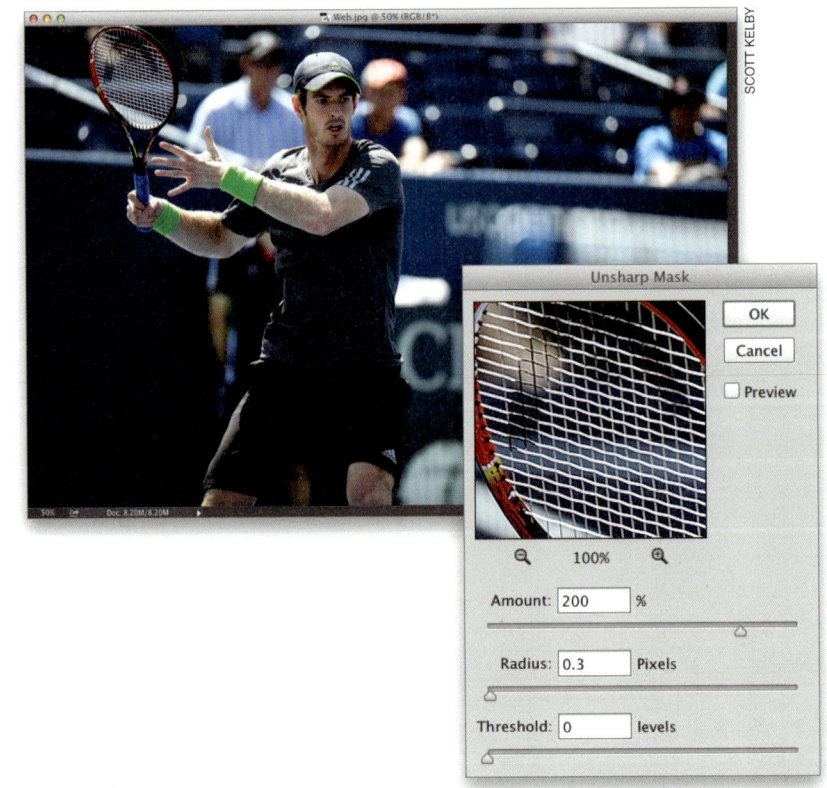

사용자 설정 만들기

여러 값을 시험해보고 그중 자신이 쓰기에 적합한 설정을 직접 만들어 봅니다. 아래에 각각의 유형에 따른 전형적인 조절 범위를 명시해두었으므로 자신만의 설정을 좀 더 쉽게 찾을 수 있습니다.

Amount

전형적인 범위는 '50~150%'지만 아주 엄격한 규칙은 아닙니다. 다만 '50%' 이하로 내려가면 효과가 충분히 나타나지 않고 '150%' 이상으로 올라가면 효과로 인한 새로운 문제가 생길 수 있습니다. 물론 'Radius', 'Threshold' 값에도 영향을 받지만 Amount는 '150%' 아래에서 조절해야 한다는 것이 거의 확정적입니다. 왼쪽 사진은 Radius: 1, Threshold: 2로 설정하여 괜찮은 결과를 얻었습니다.

Radius

대부분의 경우 '1' pixel로 설정하는데, 최고 '2' pixels까지도 가능합니다. 앞에서 극단적인 상황에서의 설정으로 제시했던 'Radius' 값은 '4' pixels이었음을 기억할 것입니다(신시내티의 누군가는 '5' pixels까지 썼다고도 하는데 필자는 믿을 수가 없네요).

Threshold

안전한 범위는 가장 강한 효과를 줄 때의 '3' levels 부터 가장 약한 '20' levels까지입니다. 이 설정은 숫자가 작을수록 효과가 강해집니다. 정말 강력한 샤프닝 효과를 원한다면 'Threshold' 값을 '0'까지 설정할 수도 있지만 사진에 노이즈 등이 생기지 않는지 잘 살펴봐야 합니다.

최종 결과 사진

샤프닝 작업을 마친 예제 사진의 경우 중간 강도의 샤프닝 설정(Amount: 120%, Radius: 1, Threshold: 3)을 적용했는데, 여성 인물사진인 경우에는 Red 채널에만 효과를 주는 방법이 있었습니다. 이 방법을 쓰면 부드럽게 표현되어야 할 피부결은 샤프닝의 영향이 미치지 않으며 선명해야 할 머릿결, 눈과 눈썹, 입술, 옷 등의 선명도만 높일 수 있습니다. 만약 자신만의 적절한 [Unsharp Mask] 설정 값을 찾아내기 힘들면 이전까지 필자가 제시했던 설정 중 시작점을 하나 선택합니다. 'Amount' 슬라이더만 천천히 움직이며 사진의 변화를 관찰하다 보면 머지않아 'Threshold'를 움직이면 어떻게 변할지 궁금해질 것입니다. 그렇게 하나씩 움직여 살피다보면 곧 자신 있게 샤프닝 처리를 하는 자신을 발견하게 될 것입니다.

Before

After

CS5 버전부터 [Sharpen] 도구의 기반이 재정립되어 그 이전까지 '노이즈 발생기/픽셀 파괴자'였던 것이 완전히 개선되었습니다. 이를 두고 어도비의 생산 매니저 브라이언 오닐은 그 어떤 제품에 속했던 샤프닝 도구 중에서도 가장 발전된 것이라고도 했습니다. 여기에선 [Sharpen] 도구가 어떻게 적용되는지 알아봅시다.

가장 진보된 샤프닝 기법으로 선명도 높이기

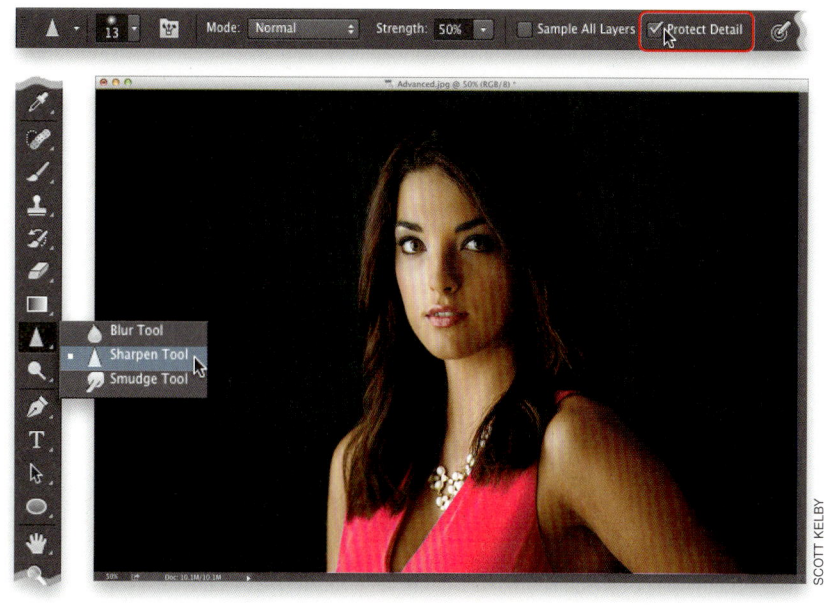

01

[Unsharp Mask] 또는 [Smart Sharpen] 기능을 써서 대부분의 사진에 적용할 수 있는 일반적인 샤프닝 보정을 먼저 시작해 봅니다. 예제 사진은 여성 인물사진이기 때문에 피부 결을 살리기 위해 'Red' 채널에만 효과를 주는 방법을 사용했습니다. 계속해서 도구박스에서 [Sharpen] 도구([Blur] 도구를 클릭하면 나타납니다)를 선택하면 옵션 바에 'Protect Detail' 항목이 나타나는데, 여기에 체크되어 있는지 확인합니다. 이 옵션으로 진보된 샤프닝 알고리즘이 적용됩니다.

02

이제 배경 레이어의 복제 레이어를 만들기 위해 Ctrl-J(MAC:Command-J)를 누르고 새로 만들어진 레이어에 최대 레벨의 샤프닝을 적용합니다. 이렇게 하면 샤프닝 강도가 과하게 보일 때 이 레이어의 'Opacity' 값을 낮추어 쉽게 강도를 조절할 수 있습니다. 또한 'Eye' 아이콘을 눌러 레이어를 껐다 켰다 할 수 있으므로 샤프닝 적용 전과 후의 모습을 쉽게 비교할 수 있다는 장점도 있습니다. 눈과 같이 디테일이 강조되는 영역은 Ctrl-+ (MAC:Command-+)를 눌러 확대하고 샤프닝 효과가 제대로 적용되었는지 꼼꼼히 확인합니다.

03

이번에는 옵션 바에서 브러시 설정을 중간 크기의 부드러운 경계면으로 조절하고 [Sharpen] 도구를 선택하여 사진에서 특히 선명해야 할 부분을 칠합니다. 이 방법은 인물사진처럼 부드럽게 유지해야 할 피부 톤이 있으면서 눈썹이나 목걸이 같은 귀금속처럼 선명함을 강조해야 할 부분도 함께 있을 때 매우 편리합니다. 아래의 보정 전과 후의 사진을 보고 샤프닝이 강조된 부분, 부드러움이 유지된 부분 등을 비교해 봅니다.

|NOTE|
이 기법이 꼭 인물사진에만 유용한 것은 아닙니다. [Sharpen] 도구는 금속이나 크롬, 보석, 액세서리 등 날카로움과 선명도가 특히나 필요한 소재에 효력을 발휘할 것입니다.

Before

After

[Smart Sharpen] 도구가 포토샵에 나타난지는 꽤 되었는데, 어도비가 업그레이드한 기술적 바탕과 인터페이스로 인해 이제는 최고의 샤프닝 도구로 거듭났습니다. 외적으로는 창의 모서리를 직접 드래그하여 사이즈 조절이 가능해졌으며 능률적인 모습을 갖추었습니다. 내적으로도 특별한 진보가 있었는데, 헤일로 현상(가장자리에 선이 나타나는 것) 없이 높은 레벨의 샤프닝을 적용할 수 있게 된 것입니다. 또한 노이즈 현상을 막아주는 새로운 슬라이더도 준비되어 있습니다.

더욱 스마트해진 Smart Sharpen 도구 활용하기

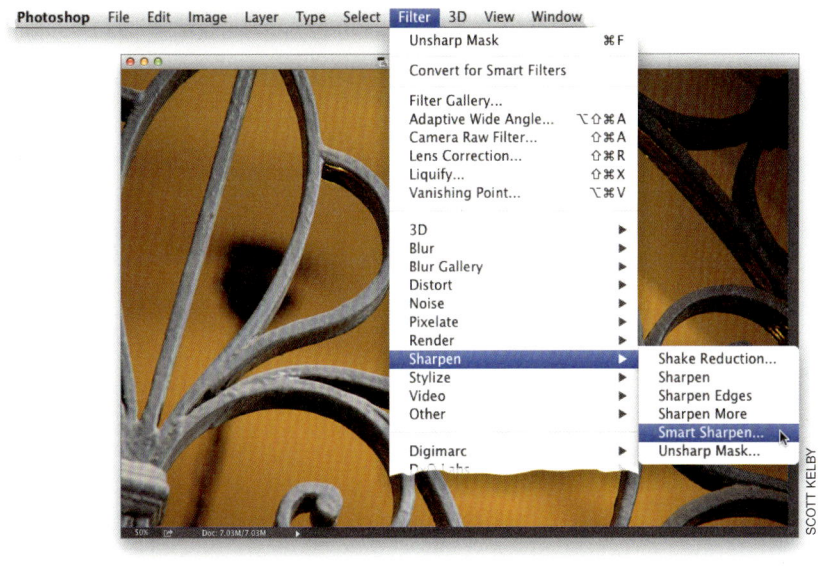

01

스마트 샤프닝 기법 역시 [Filter] 메뉴에서 찾을 수 있는데 [Sharpen]–[Smart Sharpen]을 클릭하여 더욱 스마트해진 대화상자를 불러옵니다. 조절 옵션은 예전의 [Smart Sharpen] 대화상자와 거의 비슷한 위치에 있는데, 'Reduce Noise' 슬라이더가 추가되어 강도 있는 샤프닝을 적용하더라도 노이즈가 증가되지 않도록 해줍니다. 그러므로 샤프닝을 적용한 후 슬라이더를 오른쪽으로 움직여 샤프닝으로 인해 더해진 노이즈를 이전의 수준으로 되돌릴 수 있습니다.

02

강도 있는 레벨의 샤프닝을 적용했을 때 부딪히게 되는 문제는 윤곽을 따라 '헤일로(halo)' 현상이 나타난다는 점입니다. 하지만 [Smart Sharpen] 도구의 새로운 알고리즘에 띠라 헤일로 현상이 나타나기 전까지만 효과를 줄 수 있는 방법이 생겼습니다. 어도비에서 권장하는 방법은 우선 'Amount' 슬라이더를 '300%'까지 높인 후 헤일로 현상이 나타날 무렵까지 'Radius' 슬라이더를 오른쪽으로 조절하는 것입니다. 헤일로가 나타나기 직전까지 조절하는 것이 중요합니다.

03

'Radius' 값을 정했으면 다시 'Amount' 슬라이더를 오른쪽으로 움직여 샤프닝의 강도를 더 높입니다. 이전 단계에서 'Radius' 값을 조절했기 때문에 헤일로 현상을 피할 수 있습니다. 이 새로운 샤프닝 알고리즘은 예전의 [Smart Sharpen] 기능에 비할 수 없을 정도로 좋지만, 혹시 예전의 방식을 선호하거나 단순히 비교를 하면 L을 눌러 예전 버전의 도구로 돌아갈 수도 있습니다. L을 다시 누르면 다시 현재 버전으로 돌아옵니다. 또는 대화상자 오른쪽 상단의 설정 팝업 메뉴에서 [Use Legacy]를 선택해도 됩니다.

04

예전 버전의 [Smart Sharpen] 대화상자에는 [Advanced] 버튼이 있어 이를 클릭하면 두 개의 탭이 더 나타납니다. 하나는 하이라이트 영역의 샤프닝 강도를, 하나는 쉐도우 영역의 샤프닝 강도를 줄여주기 위한 용도입니다. 필자는 노이즈가 매우 많은 사진일 때 이 탭들을 사용했었는데, 이제는 'Reduce Noise' 슬라이더가 생겼으므로 또 사용할 것 같지는 않습니다. 어쨌든 이제는 [Shadows/Highlights] 왼쪽의 작은 삼각형을 클릭하여 예전에 탭에 있던 기능들을 사용할 수 있으므로 필요 시 참고하기 바랍니다.

Before

After

High Pass 샤프닝 적용하기

이 책의 HDR 관련 챕터에도 High Pass 샤프닝에 대한 이야기가 나오는 이유는 이것이 HDR 프로세스의 동의어라고도 할 수 있기 때문입니다. 필자 입장에서는 HDR 챕터를 전혀 보지 않고 이 페이지로 온 사람들이 있을테고 그토록 유명한 High Pass 샤프닝 기법이 이 책에 안 나온 것으로 알까봐 염려가 됐던 것입니다. 아무튼 특별히 강력한 샤프닝 효과를 얻을 수 있을 것입니다.

01

예제 사진은 프라하에서 찍은 것인데, 이와 같이 극도의 강력한 샤프닝이 필요한 사진을 불러옵니다. 배경 레이어를 복제하여 새 레이어를 만들기 위해 Ctrl-J (MAC:[Command]-J)를 누릅니다.

02

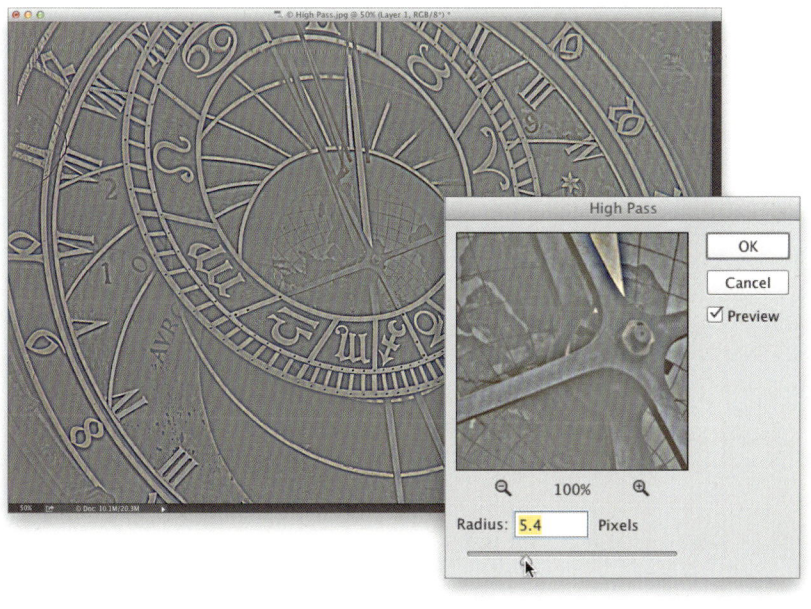

[Filter] 메뉴에서 [Other]-[High Pass]를 선택합니다. 이 필터는 사진에 나타난 윤곽선들을 도드라지게 만들어 강한 인상을 주는 최강의 샤프닝 효과를 줍니다. 대화창이 나타나면 사진은 회색빛으로 나타나는데 우선 'Radius' 슬라이더를 왼쪽 끝으로 움직입니다. 그리고 나서 천천히 오른쪽으로 움직입니다. HDR 사진이 아닌 경우에는 많이 움직이지 않는 것이 좋습니다. 피사체의 윤곽이 선명하게 나타날 때까지만 움직이는데, 많이 드래그할수록 더 강한 샤프닝 효과가 나타나긴 하지만 자칫하면 경계면을 따라 무수한 띠(glow)가 나타나 사진을 망칠 수 있으므로 주의해야 합니다. [OK] 버튼을 클릭하여 샤프닝을 적용합니다.

03

[Layers] 패널에서 블렌드 모드를 [Hard Light]로 바꾸면 사진의 회색 톤이 삭제되며 선명한 윤곽선의 표현은 그대로 유지되어 전반적으로 또렷해집니다. 샤프닝 효과가 과도해보이면 'Opacity' 값을 낮추어 조절하거나 블렌드 모드를 [Overlay]나 [Soft Light]로 조절하여 약화시킬 수 있습니다.

04

이보다 더 강력한 샤프닝이 필요하면 'High Pass' 필터를 적용한 레이어를 복제하여 효과를 두 배로 만듭니다. 이때도 역시 효과가 과할 때는 상위 레이어의 'Opacity' 값을 낮추면 됩니다. High Pass 샤프닝의 한 가지 문제점은 부분적으로 윤곽선을 따라 흰색의 띠 현상이 생긴다는 것인데, 다음과 같은 과정을 거쳐 제거할 수 있습니다.

❶ Ctrl - E (MAC:[Command] - E)를 눌러 두 필터 레이어를 병합합니다.
❷ 패널 하단에서 [Add Layer Mask] 버튼을 클릭합니다.
❸ [Brush](B) 도구는 작고 부드러운 경계면으로, 전경색은 검정으로 설정합니다.
❹ 띠 현상이 나타난 경계를 따라 칠하여 원본의 모습으로 되돌립니다. 샤프닝 효과를 지움으로써 부작용을 없애는 것입니다.

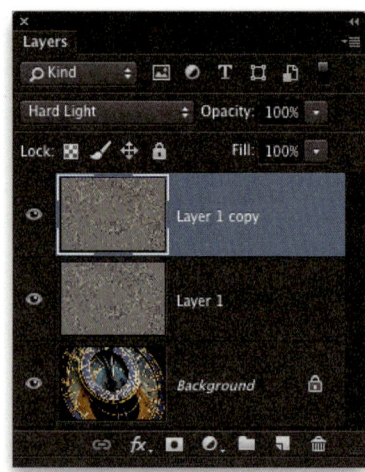 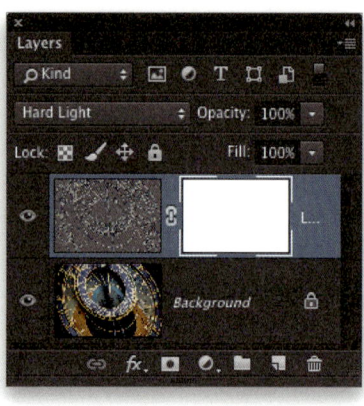

Before

After

카메라로우에서 여러 가지 보정을 마친 후 JPEG나 TIFF 형식으로 저장하고 포토샵 작업 없이 마치는 경우 사진 용도에 따라 샤프닝이 필요한 경우가 있을 것입니다. 이 때의 샤프닝을 '출력(Output) 샤프닝'이라 합니다. 반면 카메라로우의 [Detail] 패널에서 적용하는 샤프닝은 촬영 시 JPEG, TIFF 모드로 찍었을 때 카메라 자체에서 적용한 샤프닝을 대체하는 작업으로 '입력(Input) 샤프닝'이라 합니다.

카메라로우 출력용 파일에 샤프닝 더하기

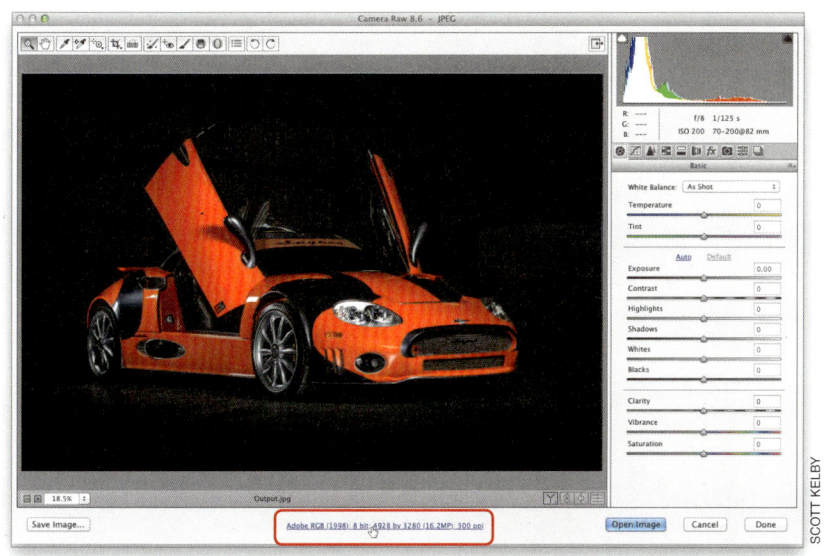

01

이번 작업은 카메라로우에서 최종적으로 화면 왼쪽 아래의 [Save Image] 버튼을 클릭하여 사진을 저장하는 경우에만 해당됩니다. [Open Image]나 [Done] 버튼을 클릭하여 포토샵으로 연결하는 경우에는 해당되지 않습니다. 출력 샤프닝을 위해 사진 아래 푸른색으로 나타나는 사진 정보 링크를 클릭합니다.

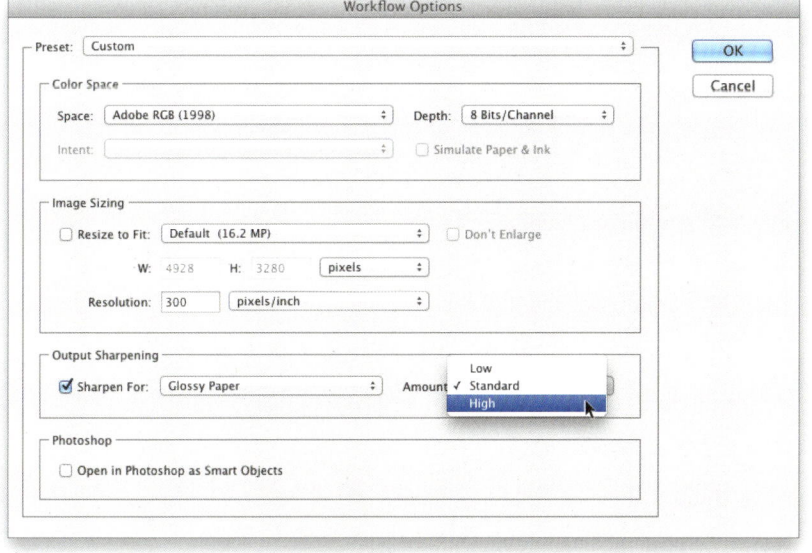

02

먼저 'Output Sharpening' 영역에서 'Sharpen For' 항목에 체크하고 팝업 메뉴에서 얼마나 강한 샤프닝을 줄 것인지 결정합니다. [Screen]은 웹상에 게시하거나 확인용으로 이메일에 첨부할 때, 슬라이드쇼로 보여줄 때 선택합니다. 프린팅할 사진이면 [Glossy Paper]나 [Matte Paper]를 선택합니다. 마지막으로 'Amount' 팝업 메뉴에서 샤프닝의 강도를 결정합니다. 여기서의 모든 계산 원리는 사진의 해상도와 선택한 옵션에 기초하므로 정확한 양의 출력 샤프닝 작업이 이루어집니다.

|NOTE|
[OK] 버튼을 클릭하면 샤프닝 효과 설정이 그대로 저장되어 남습니다. 차후에라도 효과를 없애려면 'Sharpen For' 항목의 체크를 해제합니다.

Photoshop Killer Tips

Content-Aware Fill 기능을 위한 팁

사진에 선택 영역을 만든 다음 [Content-Aware Fill] 기능을 적용했는데 결과가 만족스럽지 않으면 다음 두 가지 방법을 사용합니다.

❶ Ctrl-Z(MAC:Command-Z)를 눌러 실행을 취소하고 다시 적용합니다. 작업을 위한 영역 채집이 랜덤으로 이루어지기 때문에 단순히 같은 방법을 다시 적용하는 것만으로도 다른 결과가 나올 수 있습니다. 이와 같은 일은 생각보다 자주 일어납니다.

❷ 선택 영역을 조금 확장합니다. 선택 영역을 만든 후라면 [Select]-[Modify]-[Expand]를 선택하고 '3'이나 '4' pixels로 설정하여 다시 적용합니다.

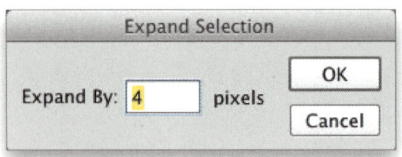

갑자기 도구가 제대로 기능하지 않으면?

해당 도구의 옵션이 바뀌면서 문제가 발생할 수 있는데 옵션 바를 살펴봐도 무엇이 문제인지 쉽게 알기는 힘들 것입니다. 이때는 도구 옵션 사항을 원점으로 되돌리는 것이 간편합니다. 옵션 바 왼쪽 끝의 도구 아이콘 옆에 나타나는 작은 화살표 위에서 마우스 오른쪽 버튼을 클릭합니다. 팝업 메뉴가 나타나면 [Reset Tool]을 선택하여 현재 도구만 리셋하거나 [Reset All Tools]를 선택하여 모든 도구를 원점으로 되돌릴 수 있습니다.

화면 확대를 위한 팁

사진을 확대하여 볼 때 가장 불편하게 여기는 점이 스크롤바를 사용하여 사진 위치를 이동할 때입니다. 필요한 영역을 찾기 위해 스크롤바를 움직이다 보면 너무 멀리 와버려 결국 다시 축소하여 원하는 지점을 찾아야 합니다. Space Bar를 누른 채로 있으면 일시적으로 [Hand] 도구로 변경되어 사진 위를 직접 드래그하여 원하는 만큼 쉽게 이동할 수 있습니다. Space Bar를 놓으면 기존에 사용하던 도구로 되돌아옵니다.

흑백사진을 HDR Pro로 변환하기

'HDR' 하면 대부분은 초현실 사진이나 강렬한 색채의 사진을 떠올리기 때문에 흑백사진을 [HDR Pro] 기능으로 변환할 생각은 거의 하지 않을 텐데, 사실 멋들어진 흑백사진을 만들 수 있습니다. 또한 [HDR Pro]에 탑재되어 있는 프리셋 대부분의 평판이 좋지만은 않은데, 흑백사진을 위한 'Monochromatic' 프리셋들은 매우 우수하므로 꼭 한번 사용해보기 바랍니다.

RAW 파일을 보정 내용과 함께 주고받기

카메라로우에서 작업한 RAW 파일을 클라이언트에게 보여줘야 한다면 다음 두 가지 요건 중 한 가지를 충족해야 합니다.

❶ RAW 파일과 함께 존재하는 분리형 XMP 파일이 동일한 폴더에 있을 것

❷ 파일 저장 시 [Save Options] 대화상자의 'Format' 팝업 메뉴에서 DNG 형식(어도비의 오픈 소스 형식으로 편집 내용이 파일에 포함됨)을 선택하여 저장할 것

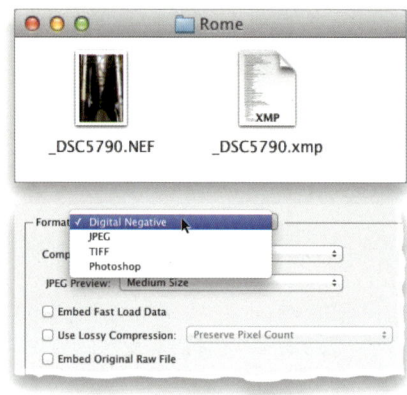

여러 개의 레이어를 한 번에 잠그기

두 개 이상의 레이어를 한 번에 잠그는 방법은 매우 쉽습니다. Ctrl(MAC:Command)을 누른 채로 잠글 레이어들을 모두 클릭하여 선택하고 패널 상단에 있는 자물쇠 모양의 'Lock' 아이콘을 클릭하면 됩니다. 레이어에 색상을 적용할 때도 마찬가지로 해당 레이어들을 선택한 후 마우스 오른쪽 버튼을 클릭하여 팝업 메뉴에서 원하는 라벨 색상을 선택합니다.

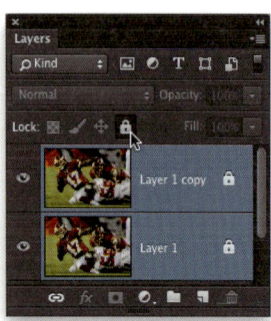

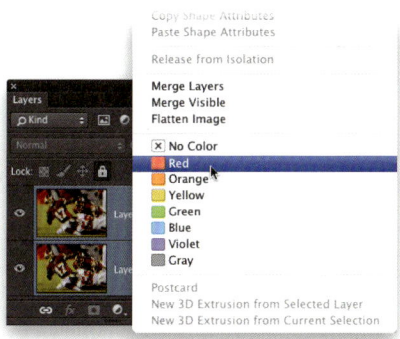

선택 영역을 만들 때
화면을 이동해야 한다면?

선택 도구를 움직여 선택 영역을 만들다가 화면에 보이지 않는 영역까지 이동해야 할 때가 있습니다. 이때는 Space Bar를 눌러 [Hand] 도구로 임시 전환하고 원하는 위치로 드래그하여 이동한 다음, Space Bar를 놓고 계속해서 영역을 만듭니다. 이동 중에는 선택 도구 기능이 멈춰있으므로 화면 이동 후 선택 도구로 되돌아와 작업을 계속할 수 있습니다.

카메라 설정 정보를
비공개 상태로 만들기

사진을 웹상에 올리거나 클라이언트에게 보낼 때 카메라 설정이나 시리얼 넘버 등 다른 이에게 공개하고 싶지 않은 정보들이 있을 것입니다. 이러한 정보들이 공개되지 않도록 하려면 Ctrl-A (MAC:[Command]-A)를 눌러 사진 전체를 선택하고 Ctrl-C(MAC: [Command]-C)를 눌러 복사한 다음, 곧바로 Ctrl-N(MAC:[Command]-N)을 누르면 복사한 사진과 정확히 동일한 크기, 해상도, 색상 모드를 갖춘 새 문서가 자동으로 만들어집니다. 이제 새 문서 위에서 Ctrl-V (MAC: [Command]-V)를 눌러 사진을 붙여넣고 Ctrl-E(MAC:[Command]-E)를 눌러 레이어를 병합하면 데이터가 기록되어 있지 않은 파일이 되어 정보 유출의 염려 없이 타인에게 전송할 수 있습니다. 단, 이때 필자는 [File] 메뉴에서 [File Info]를 선택하여 [Basic] 목록의 Copyright 영역에 저작권 정보를 기록해둡니다.

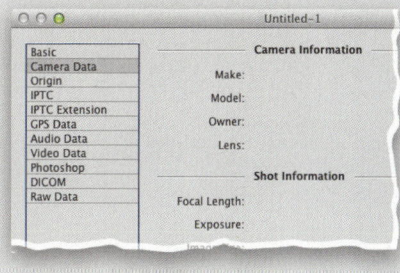

Adjustment 레이어의 조절 패널 크기 키우기

'Levels', 'Hue/Saturation', 'Curves' 등의 조절 레이어를 만들었을 때 [Properties] 패널에서 관련 슬라이더들을 조절해야 합니다. 이때 좀 더 정확한 조절을 위해 패널의 크기를 키우려면 왼쪽 가장자리를 클릭하여 왼쪽으로 드래그합니다. 패널의 폭이 넓어지면서 조절 바의 길이도 길어져 세밀한 조절이 가능해집니다.

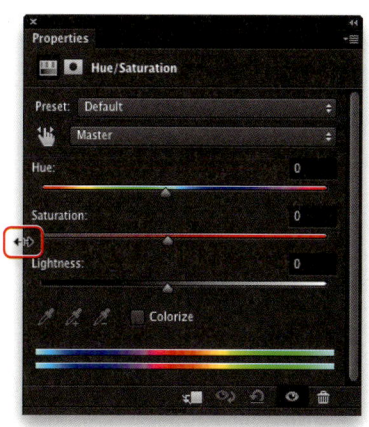

Photo by Scott Kelby | Exposure: 1/125 sec | Focal Length: 100mm | Aperture Value: $f/4$

CHAPTER 10
Videodrome
포토샵으로 완성하는 DSLR 비디오

이번 챕터의 제목은 1983년도 영화에서 따온 것으로, 80년대 밴드 Blondie의 리드 싱어 Debbie Harry와 같은 이름의 배우가 출연했는데, 여기서 필자가 유추할 수 있는 것은 그녀가 영화에 데뷔함과 동시에 영화계를 떠났다는 것입니다. 왜냐하면 다른 어떤 영화에서도 그녀가 출연했다는 얘기를 들을 수 없었기 때문입니다. 아, 사실 지금 제가 성급하게 얘기한 것을 인정해야겠네요. 잠시 이 챕터 인트로를 멈추고 그녀의 영화에 대해 온라인 소스를 검색해봐야겠습니다. 'www.homedepot.com'에서요(알았어요, 하지만 이건 얘기해야겠어요. 거기서 DeWalt 18Volt 1/2인치 무선 충격 렌치를 아주 싸게 팔고 있다고요). 아무튼 다시 IMDb(the Internet Movie Database)를 확인해 봤는데, Debbie Harry가 나온 영화와 TV쇼가 53편이나 있다는 매우 충격적인 사실을 알게 되었습니다. 더 자세히 알아보니(사실은 대충 알아보니) 이 중 어느 것도 포토샵에 탑재된 비디오 편집기를 사용하지 않았습니다. CS6 이전까지는 포토샵에 이렇다 할 비디오 편집 기능이 없었기 때문입니다. 제 말은, 몇 가지 작업 정도는 할 수 있었겠지만 Debbie Harry의 2011년(CS6 이전) 단편영화 〈Pipe Dreams〉에서 볼 수 있는 복잡한 화면은 전혀 작업할 수 없었다는 것입니다. 이 영화에서 그녀는 에콰도르에서 온 어린 불법체류 노동자 아이리스 역을 맡았습니다. IMDb에 의하면 영화는 오래된 담배파이프 제조 공장에서 일어나는 일들이라고 합니다. 저런, 또 낡아빠진 시나리오인가요. 벌써부터 결말이 어떻게 될지 알 것 같네요. 어디 봅시다. 그녀는 담배 생산에 대한 꿈을 갖고 히치하이킹을 하여 노스 캐롤라이나로 가게 되고 그곳에서 허가서를 만들어주기로 한 롤리라는 담배 세일즈맨을 만나 두 사람은 잭슨빌에서 작은 애완동물 베이커리/모바일 스프레이-태닝 샵을 열지요. 이는 확실히 그녀를 조종하던 반역 투쟁 중인 캐나다인 부모와 애꾸눈의 알바니안 전 약혼자 Kreshnik, 그리고 그들의 사생아 티컵 슈나우저 Mr. Buttersticks의 바람에는 어긋나는 것입니다. 설마 이 영화를 본 사람은 없겠죠?

The Adobe Photoshop CC Book for Digital Photographers

포토샵 영상을 만들 때 알아둬야 할 4가지

대부분의 사진가들이 DSLR로 동영상을 찍는 것에 대해 하는 이야기는, 컴퓨터 폴더 안에 동영상 파일이 수십 개가 있지만 그걸로 한편의 영상을 만들어본 적은 없다는 것입니다. 왜냐고 물으면 동영상 편집 프로그램을 다룰 줄 모르고 배울 시간도 없다고들 합니다. 필자 역시 마찬가지 입장인지라 십분 이해하며, 또한 그렇기에 포토샵의 동영상 편집 기능이 제 역할을 해야 한다고 봅니다. 즉, 새로운 프로그램에 대해 배울 필요 없이 그저 한 가지 기능에 대해서만 추가로 알아두자는 것입니다.

RAM 용량은 최대한 많이!

동영상 작업은 RAM 용량을 점점 더 많이 필요로 합니다. 최소한 RAM 8GB가 필요하며, 작업을 거듭할수록 RAM에서 처리하는 '렌더링'이 많이 필요해집니다. 그러므로 사진 작업과는 달리 동영상 작업에서는 RAM 용량이 커야만 버벅거리는 현상 없이 빠르게 화면을 확인할 수 있습니다.

짧은 영상을 만들기 위한 최고의 기능

포토샵의 동영상 편집 기능은 30분짜리의 긴 동영상을 만드는 것이 가능하긴 하지만 그보다는 5~10분 정도의 짧은 동영상을 만드는 데에 최적화되어 있습니다. 웨딩사진 촬영가에게 필요할 법한 결혼식 동영상이나 사진가의 웹사이트 홍보 비디오, 유튜브 상업용 광고 등이 여기에 해당됩니다. 좀 더 길고 복잡한 동영상을 만들려면 포토샵에서 여러 개의 짧은 영상을 만든 후 마지막으로 짧은 클립 영상들을 모두 결합하여 하나의 긴 동영상으로 만듭니다. 만약 〈브레이브하트 2〉나 〈스파이더맨 3〉처럼 아주 긴 한편의 영화를 만들려면 아마도 '프리미어 프로'와 같이 동영상 편집만을 위해 만들어진 전문 프로그램을 써야 할 것입니다.

하나의 패널에서 이뤄지는 쉽고 편리한 작업

[Timeline] 패널은 동영상 만들기, 편집하기, 다른 클립들이나 음악을 추가하고 트랜지션 효과를 넣기 등 모든 작업이 이루어지는 곳입니다. 이 패널에 대해서만 알면 되므로 배우는데 어려움은 없을 것입니다. 여기서는 항상 화면 하단에 패널을 띄워놓을 것입니다. 앞으로 몇 페이지에 걸쳐 우선적으로 배우게 될 것은 '플레이헤드'에 대한 것인데, 플레이헤드는 타임라인 위를 움직이는 파란색 손잡이가 달린 빨간 세로선입니다. 플레이헤드가 왼쪽에서 오른쪽으로 움직이면서 동영상이 재생되는데, 특정 부분을 보려면 플레이헤드를 해당 위치로 드래그하여 곧바로 재생할 수 있습니다. 플레이헤드 사용에 익숙해지려면 시간이 약간 걸리므로 찾는 영상이 안 보이기도 하고 플레이헤드를 찾아 헤맬 때도 많을 것입니다. 하지만 곧 익숙해질 테니 걱정마세요.

일반적인 사진 작업처럼 동영상 편집하기

포토샵에서 이뤄지는 동영상 편집의 최대 장점은 동영상도 사진을 편집했던 방법과 비슷하게 처리할 수 있다는 것입니다. 지금까지 사진을 보정하면서 다뤄보았던 [Levels], [Curves] 기능부터 [Gaussian Blur]와 [Unsharp Mask] 효과도 동영상 작업에 사용할 수 있습니다. 또한 [Free Transform] 변형 작업이나 [Type] 도구를 통한 문자 작업도 가능합니다. 알아두면 좋을 많은 기능들이 있지만, 가장 좋은 소식은 일단 동영상을 원하는 순서대로 타임라인에 열거한 후 이미 알고 있는 포토샵 보정 기능을 그대로 활용하기만 하면 된다는 것입니다.

포토샵에 동영상 불러오기

단편적으로 찍은 동영상 클립들을 이어 붙여 한 편의 다른 동영상처럼 만들려면 포토샵으로 클립들을 불러와야 합니다. 특히 포토샵은 DSLR에서 취급하는 거의 모든 형식의 동영상 파일을 다룰 수 있습니다. 단순히 파일을 열어둔다기보다는 영상을 만들어서 무엇을 할 것인지 결정하고 다음 영상으로 어떤 것을 추가할지 등 순서를 결정해두면 많은 시간을 절약할 수 있으며 혼란을 피할 수 있습니다. 차후에는 동영상과 스틸 컷, 오디오 파일을 모두 통합해야 하므로 우선은 영상 클립부터 처리해 봅니다.

01

DSLR에서 컴퓨터로 영상 클립들을 모두 옮겨둔 다음, 포토샵에 필요한 파일들만 불러옵니다. [File] 메뉴에서 [Open]을 선택하고 사용할 영상 클립을 하나 불러옵니다. 파일을 열면 포토샵은 불러온 것이 동영상 파일임을 인식하여 [Timeline] 패널을 자동으로 열어줍니다. 패널은 화면 하단에 나타나며 파란색 바로 영상의 길이를 초 단위로 가늠할 수 있습니다. 바의 길이가 길수록 영상의 길이도 길어지며 패널 하단의 슬라이더를 사용하여 패널에 표시되는 크기를 조절할 수 있습니다.

02

첫 번째 영상 뒤에 다른 영상 클립을 추가하려면 [Timeline] 패널 왼쪽에서 [Video Group 1] 오른쪽에 있는 작은 필름 모양 아이콘을 클릭하고 [Add Media]를 선택합니다. [Open](MAC:[Add Clips]) 대화상자가 나타나면 추가할 영상을 찾아 클릭합니다. 이렇게 첫 번째 영상 바로 뒤에 새 영상을 연결할 수 있습니다.

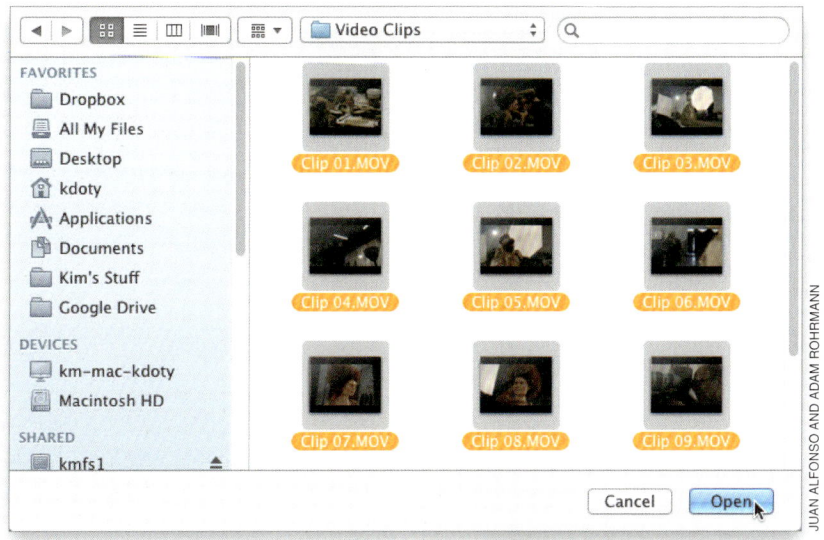

03

만약 여러 편의 영상을 한꺼번에 불러오려면 작은 필름 모양 아이콘을 눌러 [Add Media]를 클릭하고 대화상자에서 필요한 영상 클립을 모두 선택한 뒤 [Open] 버튼을 클릭합니다.

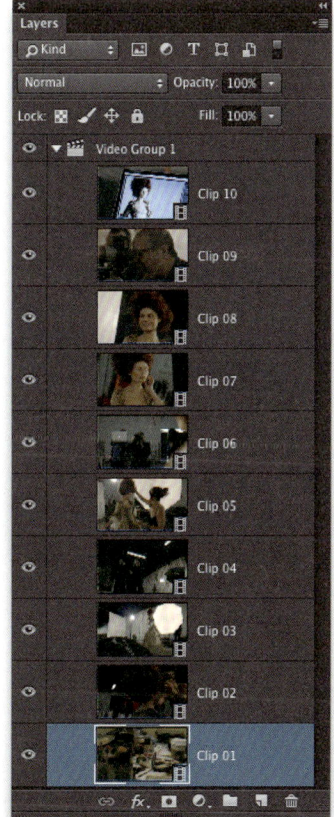

04

여러 개의 파일을 한 번에 불러오면 각각 레이어 형태로 추가됩니다. 여기서는 파일들의 추가 순서를 쉽게 알 수 있도록 일련번호를 넣어 'Clip 01.mov', 'Clip 02.mov' 등으로 파일명을 바꾸어 놓았는데, 이렇게 하면 파일을 불러왔을 때 타임라인 왼쪽부터 숫자대로 추가할 수 있습니다. 즉, [Layers] 패널에서는 가장 하단에 위치하는 클립이 가장 먼저 재생되며 [Timeline] 패널에서는 왼쪽부터 차례대로 연결되어 위치합니다.

영상 편집을 위한 기본 조절 기능

동영상과 관련된 작업은 모두 [Timeline] 패널에서 일어납니다. 모든 동영상 편집 프로그램들이 이와 같은 틀을 기반으로 하는데, 여기서 영상들을 모으고 어떤 흐름으로 진행할지 눈으로 쉽게 확인할 수 있어 편리합니다. 영상은 왼쪽에서 오른쪽으로 재생되며 마치 슬라이드쇼를 만들 때처럼 처음 나오는 썸네일이 재생된 후 이어서 오른쪽의 영상이 두 번째로 재생되는 형태입니다. 여기서는 [Timeline] 패널과 기본 조절 기능에 대해 간단히 알아봅니다.

01

일반적인 동영상 플레이어에서 되감기(Rewind), 재생(Play), 빨리감기(Fast-Forward) 동작을 진행하듯이 포토샵에서도 똑같은 아이콘을 클릭하여 이전 프레임으로 되돌아가기(Go to Previous Frame), 재생(Play), 다음 프레임으로 가기(Go to Next Frame)와 같은 동작을 실행할 수 있습니다. 또한 맨 처음 화면으로 되돌아가는 [Go to First Frame]이 있는데 매우 자주 사용되는 버튼입니다.

Go to First Frame 아이콘을 누르면 제일 처음으로 돌아갑니다.

02

이번에는 패널 오른쪽 상단의 메뉴 아이콘을 클릭하여 팝업 메뉴가 나타나면 [Enable Timeline Shortcut Keys]를 클릭하여 단축키 기능이 가능하도록 설정합니다. 동영상을 재생할 때 단축키를 사용하면 매우 편리하므로 꼭 사용합니다.

- `Space Bar` : 재생하기(Play), 멈추기(Stop)
- `↑` : 현재 선택된 영상 클립의 시작 지점으로 이동
- `↓` : 현재 선택된 영상 클립의 끝 지점으로 이동

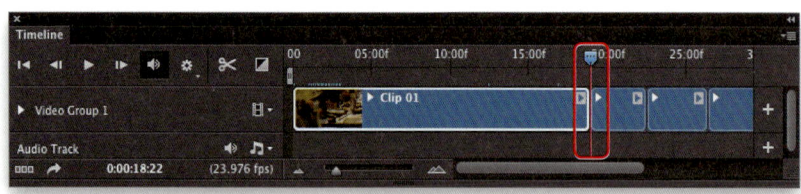

`↑`를 누르면 현재 선택된 클립의 맨 처음으로, `↓`를 누르면 선택된 클립의 맨 끝으로 플레이헤드가 이동합니다.

> **TIP 플레이헤드를 원하는 곳으로 가져오기**
> 플레이헤드를 원하는 지점으로 이동하는 것은 클릭 한 번으로 가능합니다. 타임라인 상단의 시간 단위가 나타나는 지점을 클릭하면 플레이헤드가 해당 지점으로 이동됩니다.

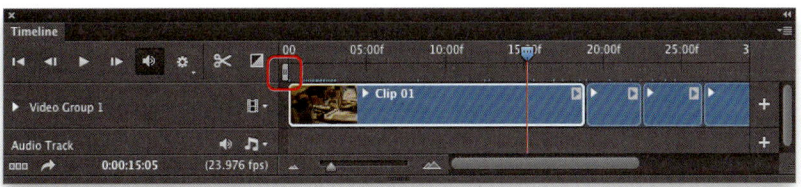

시작 포인트와 엔딩 포인트의 위치를 조절하여 플레이헤드가 움직이는 영역을 한정할 수 있습니다. 화면에서는 10초 지점에서 재생을 시작하여 20초 지점에서 자동으로 멈추게 됩니다.

03

만들려는 영상의 길이가 상업용 광고를 위해 30초나 60초, 또는 프로모션 영상을 위한 90초 등으로 정확하게 결정되어 있다면 타임라인의 처음부터 끝까지의 시간 길이를 필요한 시간대로 설정하여 좀 더 쉽게 작업할 수 있습니다. 타임라인 시작 지점에 있는 'Set Start of Work Area' 바(시작 포인트)를 움직여 시작점을 설정하고, 마찬가지로 끝 부분에 있는 'Set End of Work Area' 바(엔딩 포인트)를 필요한 시간에 맞추어 설정합니다. 이렇게 해놓으면 플레이헤드가 설정해놓은 엔딩 포인트에 닿자마자 재생을 멈춥니다. 또한 전체 영상 중에 일부만 가지고 작업할 때도 시작 포인트와 엔딩 포인트를 필요한 지점에 위치시켜 플레이헤드가 해당 영역 내에서만 재생되도록 하여 좀 더 편하게 작업할 수 있습니다.

1초 앞으로 가려면 Shift + ↑를, 1초 뒤로 가려면 Shift + ↓를 누릅니다.

04

차차 복잡한 작업을 하게 되면 여러 가지 단축키를 알아야 하겠지만, 아직까지는 여기서 알려주는 기본 단축키에만 집중하는 것이 좋습니다. 기본 단축키는 영상 작업을 하는 동안 매번 써야 하기 때문입니다. 다음 몇 가지를 더 알아봅니다.

- ←: 1프레임 앞으로 돌아가기
- Shift + ←: 10프레임 앞으로 돌아가기
- →: 1프레임 뒤로 가기
- Shift + →: 10프레임 뒤로 가기
- End: 타임라인 끝으로 가기
- Shift + ↑: 1초 앞으로 가기
- Shift + ↓: 1초 뒤로 가기

05

타임라인 패널에 대해 알아둬야 할 것들이 몇 가지 있습니다. 패널 하단의 크기 조절 슬라이더를 움직여 영상을 나타내는 썸네일의 크기를 조절할 수 있는데, 왼쪽으로 움직이면 작아지고 오른쪽으로 움직이면 커집니다. 썸네일을 작게 만들면 한 화면에 나타나는 영상의 길이도 늘어나므로 영상을 탐색할 때 스크롤을 좀 더 적게 해도 된다는 장점이 있습니다.

TIP 영상 클립의 순서 재배치하기

클립의 순서를 바꾸는 방법은 두 가지입니다.
(1) 순서를 바꿀 클립을 클릭하여 원하는 위치로 드래그합니다.
(2) [Layers] 패널에서 영상 레이어의 순서를 바꿉니다. 하단의 영상부터 상단에 위치한 영상까지 차례로 재생됩니다. 레이어 역시 클릭하여 원하는 위치로 이동하면 됩니다.

타임라인 크기를 줄였더니 35:14 길이의 동영상이 한 화면 안에 모두 나타나 스크롤할 필요가 없어졌습니다.

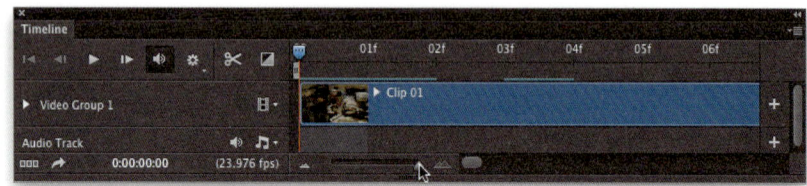

타임라인 크기를 확장하여 총 영상에서 7초 정도의 분량만 화면 안에 나타난 상태입니다. 아주 짧은 클립들을 연결한 상태에서 부가적으로 적용할 효과가 많을 때 편리합니다.

06

영상 중 일부를 미리보기로 빠르게 확인하려면 플레이헤드를 클릭하여 오른쪽 또는 왼쪽으로 움직이면서 작은 화면으로 소리 없이 볼 수 있습니다. 이를 '비디오랜드에서 스크러빙 한다'고 하는데, 이 기능으로 많은 시간을 아낄 수 있으므로 작업 시 자주 이용하게 될 것입니다.

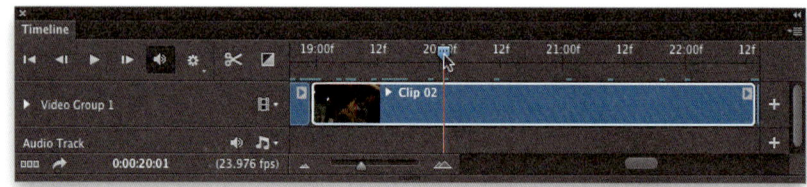

재생 버튼을 누르지 않고 '스크러빙'하여 두 번째 클립을 미리보기로 확인하는 모습입니다.

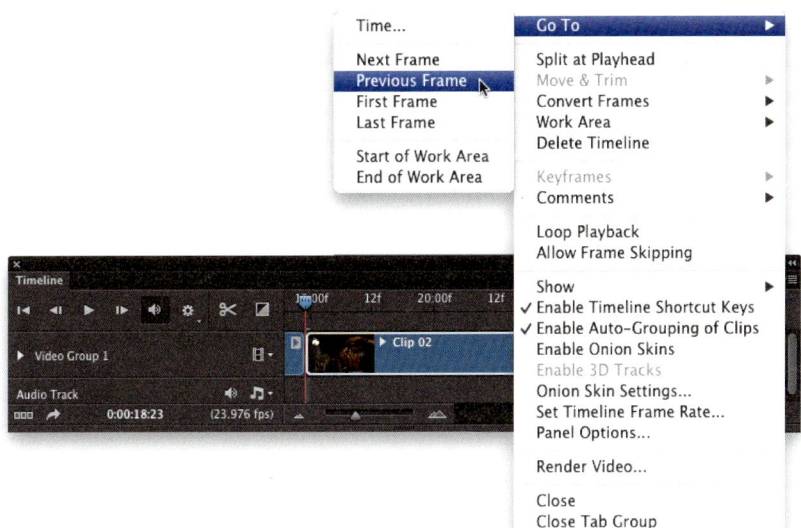

07

[Timeline] 패널의 오른쪽 상단에는 작은 메뉴 아이콘이 있어 단축키 기능을 활용하려고 할 때 이를 눌러 실행할 수 있습니다. 물론 기본적으로 포토샵의 모든 기능에 대해 단축키가 부여되어 있는데, 예를 들어 [Move] 도구가 활성화되어 있을 때 키보드의 방향키를 누르면 화면의 위치를 위, 아래로 움직일 수 있습니다. 하지만 02에서 알아봤던 것과 같이 [Enable Timeline Shortcut Keys]를 선택한 후에는 방향키의 기능이 달라져 상/하 방향키가 각각 현재 클립의 처음, 끝으로 이동시키는 역할을 합니다.

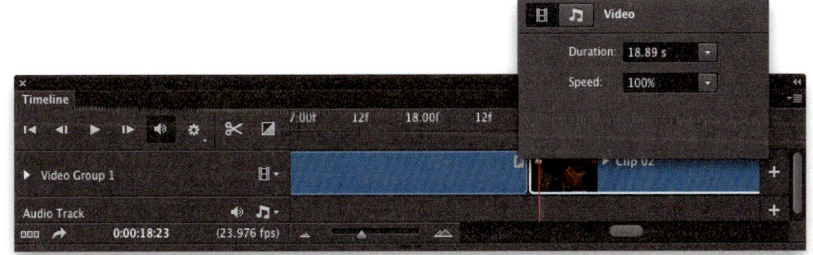

08

각 영상 클립의 끝 부분에는 오른쪽 화살표 형태의 삼각형 단추가 나타나 있어 이를 누르면 해당 클립에 대해 설정할 수 있도록 대화상자가 나타납니다. 예를 들어 만약 정확히 4분의 영상이 필요하다면 'Duration' 값을 여기에 '4'로 입력하여 쉽게 설정할 수 있으며 'Speed' 값도 조절할 수 있습니다. 한편 상단의 음표 아이콘을 클릭하면 'Audio' 옵션이 나타나므로 해당 클립의 볼륨 크기나 'Fade In/Fade Out'의 서서히 나타나고 사라지는 효과 등을 초 단위로 정확히 조절할 수 있습니다.

영상 클립 트리밍 작업하기

디지털 사진을 촬영할 때 다른 사람들이 알 수 없는, 자신만의 조건을 만족하는 사진을 건지려면 수백 장의 사진을 찍어야 합니다. 동영상도 마찬가지입니다. 예를 들어 영상의 끝에 "컷(cut)!" 하는 소리 등 찍지 않을 수는 없지만 실질적으로는 삭제해야 할 많은 영상들이 각 클립에 들어갑니다. 이처럼 영상의 불필요한 부분을 잘라내는 것을 '트리밍'이라고 하는데, 여기서는 단순한 트리밍 작업 외에 요긴하게 쓰일 만한 요령이 몇 가지 더 공개되므로 이미 트리밍 방법을 알고 있더라도 한 번 더 읽어보길 바랍니다.

01

[Timeline] 패널에서 'Get Media' 아이콘을 클릭하고 'Clip 01.mov', 'Clip 02.mov' 파일을 불러와 새로운 동영상 만들기를 시작합니다. 우선 'Play' 아이콘을 눌러 첫 번째 클립을 재생하면 화장대의 모습이 나타나며 중간 중간 화면이 끊어져 있는데, 이 중 불필요한 부분들을 트리밍하려고 합니다. 타임라인의 클립이 시작되는 지점을 길게 클릭하면 작은 트리밍 미리보기 창이 오른쪽 화면과 같이 나타납니다.

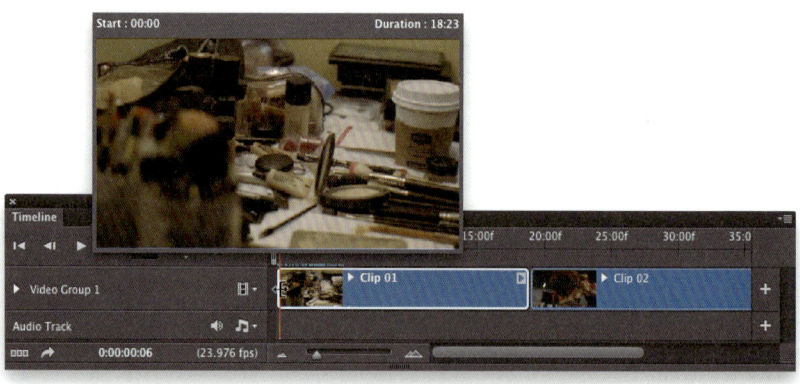

02

영상의 시작점을 오른쪽으로 스크러빙하면 미리보기 창에 해당 지점의 미리보기가 매순간 나타나는데 2초 지점의 화면이 영상을 시작할 만한 부분인 듯합니다. 그러므로 여기에 시작점을 위치시켜 이 전까지의 영상을 트리밍합니다. 미리보기 창의 시작 시간을 보면 2초 6프레임으로 변경된 것을 알 수 있습니다.

03

이번에는 클립의 끝 부분도 같은 방법으로 트리밍하여 화장대 장면의 일부를 잘라냅니다. 클립의 끝점을 길게 클릭하면 미리보기 창이 나타나며 왼쪽으로 서서히 드래그하여 잘라내기에 적합한 지점을 찾습니다. 여기서는 '15:13' 지점을 끝점으로 하여 그 이후의 영상을 트리밍했습니다. 끝 부분을 좀 더 트리밍하여 원래 18초 길이였던 영상을 15초 분량으로 줄였습니다.

04

이어서 나타나는 두 번째 클립은 어떻게 처리해야 할까요? 첫 번째 클립의 끝 부분을 트리밍하면 포토샵이 자동으로 다음 클립을 당겨서 이어주기 때문에 두 클립 사이에 공백이 생기지 않았습니다. 화면에서 확인해보면 두 클립이 맞닿아 있으며 첫 번째 클립이 15초 만에 끝나고 뒤를 이어 곧바로 두 번째 클립이 시작됨을 알 수 있습니다. 한편 이미 트리밍되어 버려졌던 부분이라도 다시 시작점이나 끝점을 드래그하여 되돌릴 수 있으므로 차후 수정을 걱정하지 않아도 됩니다.

|NOTE|
트리밍한 부분은 단순히 숨기기만 하는 것이 아니라 언제든 되살릴 수도 있습니다.

오디오와 배경음악 작업하기

동영상 만들기에 필요한 오디오로 다음 세 가지의 유형이 있습니다. (1) 비디오 촬영 시 현장에서 캡처된 소리로, 영상에 넣을 것인지 직접 판단합니다. (2) 동영상 뒤에 배경 음악이 깔리게 할 수 있습니다. (3) 내레이션이나 사운드 효과와 같은 새로운 오디오 트랙을 추가할 수 있습니다. 다행히 오디오 파일들은 매우 쉽게 조절할 수 있습니다.

01

이전 레슨에서 사용했던 두 영상 클립을 그대로 사용합니다. [Timeline] 패널을 보면 영상 클립 바로 아래에 비어있는 트랙을 볼 수 있는데, 왼쪽 끝에 [Audio Track]이라고 나타납니다. 바로 이 자리에 오디오 파일 즉, 배경음악이나 내레이션 트랙 등이 추가될 것입니다. 오디오 트랙을 추가하려면 [Audio Track] 오른쪽의 음표 아이콘을 눌러 팝업 메뉴에서 'Add Audio'를 선택합니다.

02

배경음악으로 사용할 오디오 트랙을 선택합니다. 포토샵에서는 ACC 파일부터 MP3 파일까지 일반적인 형식의 오디오 파일을 모두 지원합니다. 이 책의 다운로드 페이지에서 받을 수 있는 음악은 'Triple Scoop Music'에서 배포하는 것이며, 저작권이 없으므로 마음껏 사용해도 됩니다. 오디오 파일을 선택하여 불러오면 파란색의 영상 클립과는 달리 녹색으로 추가되어 나타나므로 오디오 파일임을 쉽게 알 수 있습니다.

| NOTE |

'Triple Scoop Music'은 매우 많은 배경음악 트랙을 보유하고 있어 필자는 풍경사진이나 여행사진을 위한 음악 컬렉션을 사용하고 있습니다. 이번 레슨의 연습 용도로 기꺼이 이 트랙을 공개해줬는데, 그들의 사이트에서 필자가 직접 찾아낸 곡으로 이번 작업에 완벽하게 들어맞는 곡입니다.

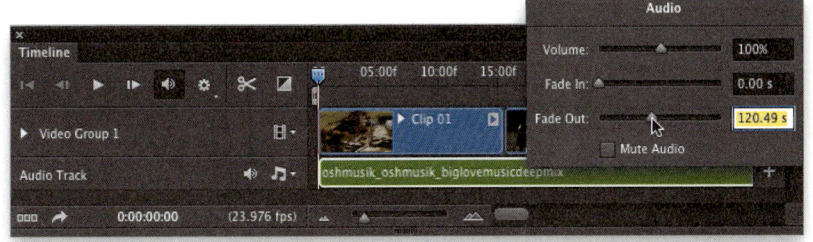

03

'Play' 아이콘(Space Bar)을 눌러 영상 클립을 재생하면 배경음악도 함께 재생되며, 영상만 볼 때와는 느낌이 많이 달라집니다. 이 챕터의 마지막에는 2분 가량의 데모 동영상이 만들어지게 할 것이므로 음악 트랙 역시 영상 클립처럼 2분 길이로 트리밍해야 합니다. 추가한 트랙은 4분 39초 길이이며, 영상 길이에 맞춰 트리밍하면 음악이 갑자기 뚝 끊어질 것이므로 이를 자연스럽게 만들기 위해 효과를 더합니다. 녹색의 오디오 트랙 위에서 마우스 오른쪽 버튼을 클릭하고 [Audio] 설정 대화상자가 나타나면 'Fade Out' 슬라이더를 120초 정도로 조절한 뒤 대화상자 바깥쪽을 클릭하여 닫습니다. 참고로, 시작할 때는 배경음악도 처음부터 시작했으므로 'Fade In' 효과는 적용할 필요가 없습니다. 이제 다시 영상을 재생해보면 120초 지점부터 음악의 음량이 부드럽게 줄어드는 것을 알 수 있습니다.

TIP 배경음악 음소거 기능
일시적으로 배경음악 트랙의 소리를 꺼야 하면 음표 아이콘 왼쪽의 작은 스피커 아이콘을 클릭합니다.

04

03에서 영상을 재생했을 때 사람들의 수군대는 소리가 잠시 들렸을 것입니다. 그것은 촬영할 때 모델과 메이크업 아티스트가 촬영 준비가 다 되었다고 이야기하는 소리인데, 물론 이 소리를 그대로 넣고 싶지는 않을 것입니다. 필요 없는 소리를 빼고 배경 음악만 들리도록 하려면 영상 클립의 오디오를 음소거해야 하므로, 이를 위해 첫 번째 영상 클립 위에서 마우스 오른쪽 버튼을 클릭하여 대화상자를 나타냅니다. 상단에서 음표 아이콘을 눌러 'Audio' 설정으로 전환하고 'Mute Audio' 항목에 체크합니다. 이제 영상 파일의 소리는 전혀 나오지 않습니다.

05

배경음악 트랙 이외에 내레이션 트랙이나 사운드 효과도 추가해 봅니다. 이처럼 오디오 트랙을 추가하기 위해서는 왼쪽에서 음표 아이콘을 클릭하여 'New Audio Track'을 선택합니다. 타임라인의 배경음악 트랙 아래로 빈 오디오 트랙이 추가되면 해당 라인의 음표 아이콘을 클릭하여 팝업 메뉴에서 'Add Audio'를 선택하고 내레이션 또는 음성 파일을 선택하여 트랙을 추가합니다. 여기서는 'Voice Over'라는 음성 파일을 배경음악 트랙 아래에 추가했으며 오른쪽 화면과 같이 10초 지점부터 시작되도록 트랙을 드래그하여 이동했습니다.

06

음성 파일이 잘 들리도록 하려면 음성이 시작되는 지점부터 배경음악의 소리가 작아져야 합니다. 이를 '더킹(ducking)'이라고 하는데, 이를 위해 배경음악 트랙 위를 클릭하고 플레이헤드를 음성이 시작되기 1초 전쯤으로 움직입니다. 이제 가위 모양의 'Split at Playhead' 아이콘을 클릭하여 배경음악을 두 개의 영역으로 나눈 다음, 두 번째 영역 위에서 마우스 오른쪽 버튼을 클릭하고 'Audio' 설정 대화상자에서 'Volume' 값을 '50~60%'로 조절합니다.

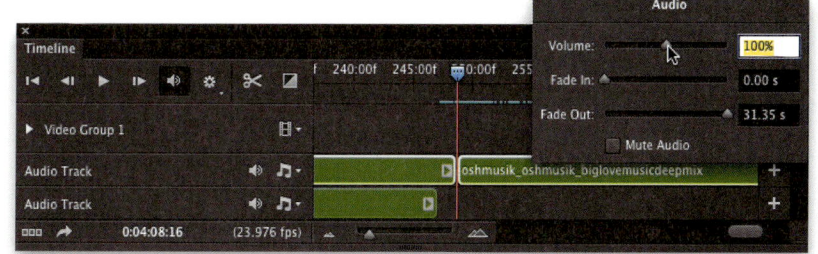

07

음성 파일이 끝날 무렵에도 역시 배경음악의 볼륨 변화가 필요합니다. 볼륨을 다시 '100%로 키우기 위해 똑같은 방법으로 작업합니다. 플레이헤드를 음성 파일이 끝나는 부분에서 1~2초 뒤 지점으로 이동하고 가위 모양 아이콘을 클릭하면 세 번째 영역이 생기므로, 그 위에서 마우스 오른쪽 버튼을 클릭하여 볼륨 설정을 '100%'로 되돌립니다.

영상 클립 사이에 전환 효과 추가하기

여러 장면이 모여 하나의 동영상을 이루는데, 이때 각 장면의 시작과 끝을 어떻게 처리해야 할지 미리 결정해야 합니다. 영상의 끝을 갑자기 멈추고 끝내거나 점진적으로 사라지면서 검정색 화면으로 마무리하는 등 다양한 형태가 있기 때문입니다. 오프닝도 마찬가지입니다. [Play] 버튼을 누르면 곧바로 시작하거나 혹은 흰색이나 검정색 화면에서 서서히 나타나며 시작하는 등 선택할 수 있습니다. 클립과 클립 사이의 전환 시에도 빠르게 넘어갈지 부드럽게 사라졌다 나타날지 등을 결정해야 합니다. 물론 어떤 목적의 영상인가에 따라 결정해야겠지만 적절한 전환 효과는 영상을 좀 더 세련되게 만들어 줍니다.

01

이전 단계에서 작업하던 두 영상 클립을 그대로 사용합니다. 'Play' 아이콘(Space Bar)을 눌러 첫 번째 클립을 재생하면 이 클립이 끝난 후 곧바로 두 번째 클립이 재생됩니다. 이때 첫 클립이 순식간에 끝나고 둘째 클립도 갑자기 시작되므로 이 사이에 점진적으로 희미해지는 효과를 넣어 세련되게 만들어 봅니다. 사각형 모양의 'Transition' 아이콘을 클릭하여 [Drag To Apply] 대화상자가 나타나면 전환 효과를 선택할 수 있습니다. 맨 처음의 [Fade]는 첫 클립의 끝 부분을 점진적으로 희미하게 만들고 둘째 클립의 시작 부분을 점점 또렷하게 만들어주긴 하지만 여기서처럼 클립과 클립 사이에 넣기에는 적당하지 않습니다.

02

여기서 사용할 만한 것은 두 번째에 있는 [Cross Fade]로 하나의 클립에서 다음 클립으로 곧바로 전환해주는 것인데 슬라이드 쇼에서의 디졸브 효과와 같습니다. 클립 사이에 이 효과를 넣기 위해 대화상자에서 [Cross Fade]를 클릭하고 효과가 지속될 시간을 'Duration'에서 선택해야 하는데, 기본 설정은 1초이지만 여기서는 2.15초로 설정했습니다. 이제 [Cross Fade]를 클릭하여 두 클립 사이의 지점으로 드래그하면 파란색의 직사각형으로 나타나 전환 효과가 추가되었음을 알려줍니다. 효과를 제거하려면 클릭한 다음 Back Space (MAC: Delete)를 누릅니다.

03

다른 전환 효과들 중 자주 사용되는 것은 [Fade With Black]으로, 검정색 화면부터 점차적으로 영상이 나타나므로 특히 영상을 시작할 때 넣으면 좋습니다. 이때 기본 시간 설정인 1초를 지정하면 너무 짧아 갑작스러운 느낌이 들기 때문에 필자의 경우 2초 정도로 시간을 늘립니다. 영상의 처음에 이 효과를 넣기 위해 클립 처음 지점으로 드래그하여 위치시키고 파란색 직사각형이 적절한 위치에 추가되었는지 확인합니다.

TIP 전환 효과 수정하기

추가한 전환 효과를 수정하려면 직사각형 위에서 마우스 오른쪽 버튼을 클릭하고 [Transition] 대화상자를 다시 불러옵니다.

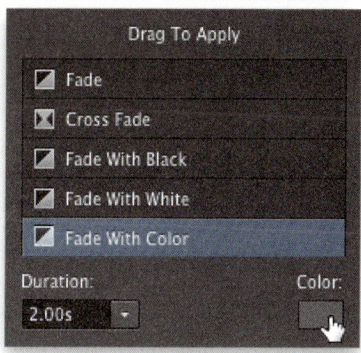

04

[Fade With Black]의 효과를 알았으므로 [Fade With White]의 효과도 추측해볼 수 있을 것입니다. 한편 [Fade With Color]를 선택하면 대화상자 오른쪽 아래에 작은 색상 선택 박스가 나타나며, 이를 클릭하여 [Color Picker] 대화상자에서 화면을 채울 색상을 직접 선택할 수 있습니다. 영상의 마지막 부분은 [Fade With Black]으로 잔잔하게 끝내는 것이 어울리므로 같은 방법으로 추가합니다. 영상의 끝 지점이 나타나도록 타임라인을 드래그하고 'Transition' 아이콘을 클릭하여 [Drag To Apply] 대화상자를 불러온 다음 [Fade With Black]을 영상의 끝 지점으로 드래그합니다. 작은 사각형 모양으로 전환 효과가 추가된 것을 알 수 있을 것입니다.

화면 위에 자막이나 로고 추가하기

인터뷰 영상에서 사람 이름 등이 프레임 하단 1/3 가량을 차지하는 직사각형이나 그래픽으로 구분된 영역 안에 나타나는 것을 흔히 볼 수 있는데, 이것을 영상 용어로 '로어써드(lower third)'라 합니다. 이 효과에서 중요한 것은 배경 영역이 투명하게 나타나 영상을 가리지 않게 하는 것으로, 포토샵에서 이 화면을 만들고 곧바로 타임라인 위에 가져올 수 있어 매우 쉽고 편리합니다. 같은 방법으로 로고나 다른 그래픽 요소도 만들어 추가할 수 있습니다.

01

새로 문서를 만들어 시작합니다. [File]-[New]를 눌러 새 문서를 설정해야 하는데, 촬영한 영상과 동일한 크기로 만들기 위해 'Preset' 팝업 메뉴에서 [Film & Video]를 선택하고, 'Size' 옵션에서 가지고 있는 영상과 가장 가까운 크기를 선택합니다. 여기서는 1080p HD 영상 파일을 사용하므로 [HDV 1080p/29.97] 프리셋을 선택한 다음 [OK] 버튼을 클릭하여 새 문서를 만들었습니다.

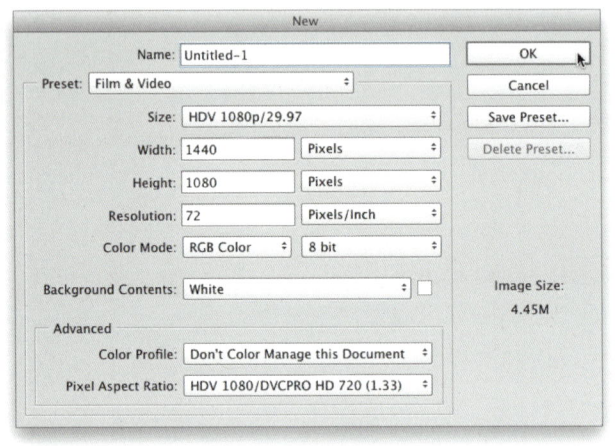

02

[Layers] 패널 하단에서 'Create a New Layer' 아이콘을 클릭하여 빈 레이어를 만들고 [Rectangular Marquee](M) 도구를 선택하여 오른쪽 화면과 같이 가로로 긴 형태의 선택 영역을 만듭니다. 이 영역이 바로 로어써드 영역이 될 것입니다. D를 눌러 전경색을 검정으로 설정하고 선택 영역을 채우기 위해 Alt-Back Space(MAC:[Option]-Delete)를 누릅니다. 영역이 검정색으로 채워지면 Ctrl-D (MAC:[Command]-D)를 눌러 선택을 해제합니다. 계속해서 패널 하단의 'Add a Layer Style' 아이콘을 클릭하고 팝업 메뉴에서 [Stroke]를 선택합니다. [Layer Style] 대화상자가 나타나면 색상 박스를 클릭하여 [Color Picker]에서 녹색을 선택한 다음 [Size]에 '8' px을 입력하고 [OK] 버튼을 클릭합니다.

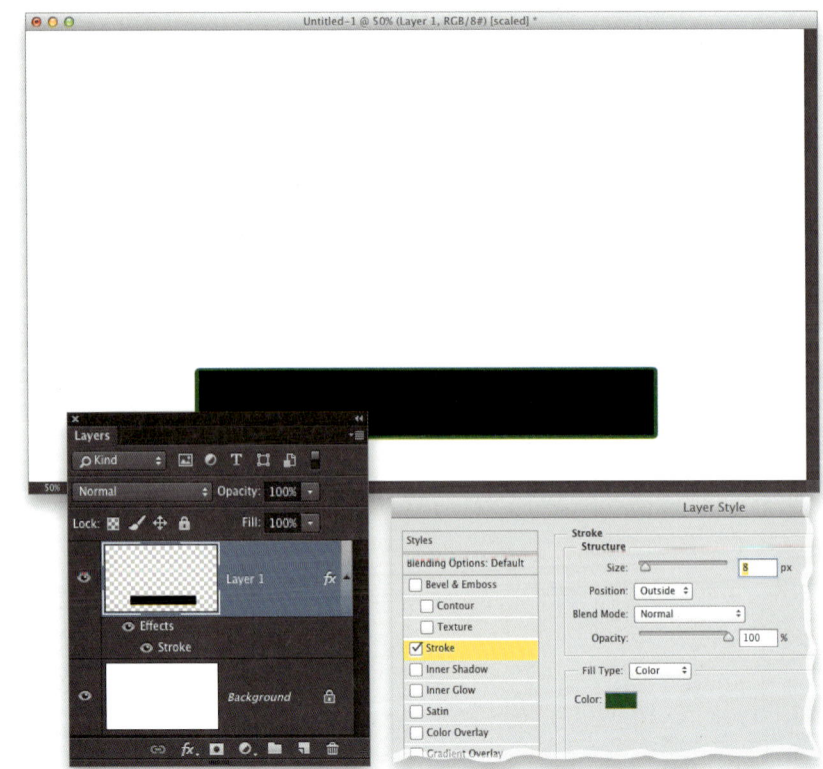

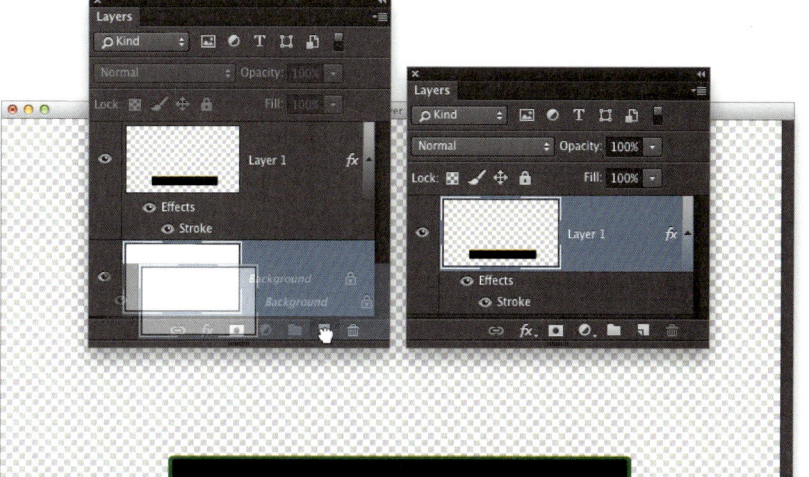

03

현재 파일의 배경이 불투명한 흰색이므로 이대로 저장하면 타임라인에 추가했을 때 동영상을 모두 가려버릴 것입니다. 그러므로 배경을 제거하여 투명하게 만들기 위해 'Background' 레이어를 패널 하단의 휴지통 아이콘 위로 드래그하여 삭제합니다. 투명한 배경 위에 검정색 바만 남았습니다. 왼쪽 화면과 같은 형태로 만들었으면 이제 타임라인에 올려주기만 하면 됩니다.

04

만들어놓은 검정색 바 문서와 영상 클립을 불러온 화면이 모두 보이도록 배치합니다(화면 배열 옵션이 [Application Frame]으로 설정되어 있다면 [Window] 메뉴에서 [Arrange]-[Tile All Vertically]를 선택합니다). [Move]([V]) 도구를 선택하여 검정 바 레이어를 클릭하고 동영상 화면 위로 드래그하여 추가합니다. [Layers] 패널을 보면 투명한 배경 위에 검정 바가 나타나 원하는 형태로 추가되긴 했지만 위치는 조절이 필요합니다. 기본적으로 레이어를 추가하면 영상 클립 끝 부분에 새로운 영상을 연결하듯이 추가되며 검정색 바 이미지는 스틸 컷으로 분류되기 때문에 군청색으로 표시됩니다. 여기서는 이 스틸 컷을 영상 '위에' 올려 함께 나타나도록 해야 합니다.

05

검정 바가 영상과 함께 나타나려면 'Video Group 1'에서 제외시켜야 하므로, 이를 위해 [Layers] 패널에서 검정 바 레이어를 가장 상위에 위치하도록 드래그합니다. 즉, 'Video Group 1' 밖으로 빼는 것입니다. 레이어를 그룹 밖으로 드래그할 때는 상단 위치에 흰 선이 나타날 때까지 잠시 기다려 패널이 인식한 후에 마우스 버튼을 놓습니다. 아직 영상 위에 검정 바는 나타나지 않은 상태입니다. 타임라인을 보면 별도의 그래픽 트랙으로 분리는 되었지만 영상 클립이 끝난 뒤에 시작하게 되어 있으므로, 바가 나타나야 할 지점으로 위치를 옮겨야 합니다. [Move] 도구를 선택하여 검정 바를 원하는 위치로 이동합니다. 여기서는 영상의 중간부터 나타나도록 위치를 조절했습니다.

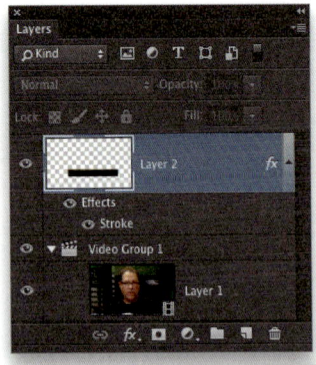

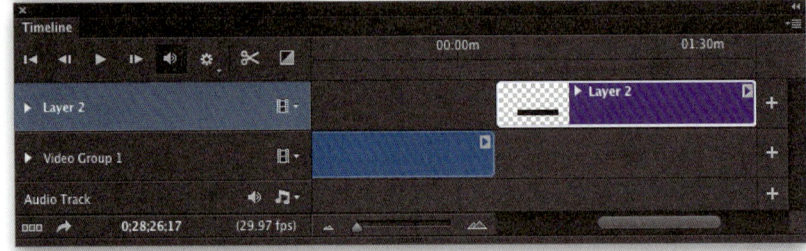

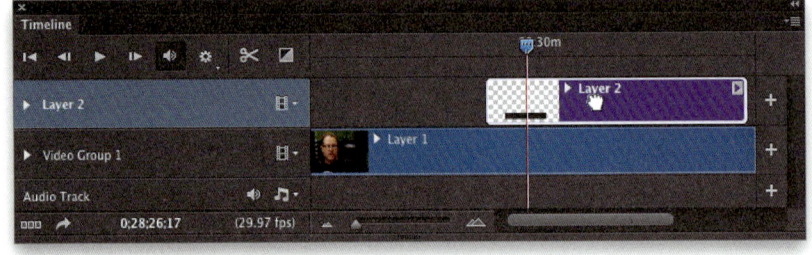

06

추가한 자막 영역이 서서히 나타나도록 효과를 주기 위해 'Transition' 아이콘을 클릭한 다음 [Drag To Apply] 대화상자에서 [Fade]를 선택하고 'Duration'은 '1.5s' 정도로 설정합니다. [Fade]를 클릭하여 타임라인 위의 검정 바가 시작되는 지점으로 드래그합니다. 플레이헤드를 검정 바 시작점으로 이동하여 재생해보면 1.5초에 거쳐 점차적으로 검정색의 자막 영역이 나타나는 것을 볼 수 있습니다.

07

이번에는 프로젝트에 레이어 스타일을 추가합니다. 검정 바에 'Drop Shadow' 레이어 스타일을 추가하여 영상 위에 약간 떠있는 느낌을 줌으로써 세련된 표현을 할 수 있습니다. 이를 위해 타임라인에서 플레이헤드를 검정 바 위에 위치시켜 화면에 나타나도록 한 다음, [Layers] 패널의 검정 바 레이어 아래에 나타난 'Effects'를 더블클릭합니다. 대화상자가 나타나면 왼쪽 목록에서 [Drop Shadow]를 선택하고 'Size' 슬라이더를 오른쪽으로 움직여 쉐도우를 부드러운 형태로 만듭니다. 또한 쉐도우를 만들 방향을 원하는 쪽으로 드래그하여 조절합니다. 여기서는 배경이 어두워서 쉐도우의 형태를 정확히 확인하기 힘들지만 배경이 밝아짐에 따라 제대로 나타날 것입니다. 설정을 마쳤으면 [OK] 버튼을 클릭합니다.

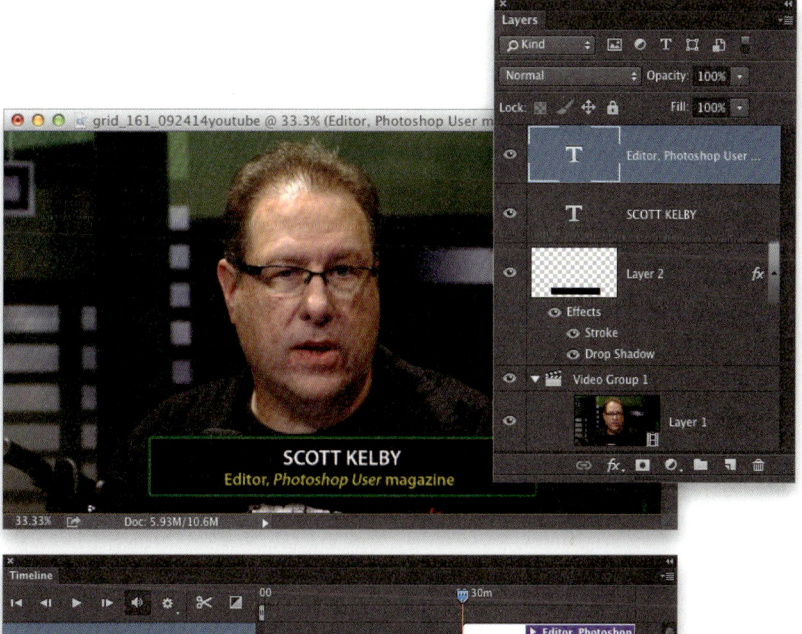

08

이제 로어써드 작업을 마무리합니다. [Type]([T]) 도구를 선택하고 화면에서 검정 바 위를 클릭한 다음 필요한 텍스트를 입력합니다. 여기서는 'Myriad Pro Semibold'와 'Myriad Pro Semibold Italic' 서체를 사용하여 글자를 입력했습니다. [Move] 도구로 글자의 위치를 조절하고 [Layers] 패널에서 문자 레이어의 위치를 확인합니다. 가장 상위에 문자 레이어가 위치에 있으므로 검정 바 위에 글자가 나타나며, 그 아래로 영상 클립이 위치하여 세 가지 요소가 모두 화면에 나타납니다. 한편 문자 레이어를 만들 때는 검정 바 레이어와는 달리 이미 'Video Group 1' 밖에서 작업했으므로 가장 상단에 레이어가 생성되어 따로 이동하지 않아도 됩니다. 소개글에서 언급했듯이 로고나 기타 그래픽 요소 역시 같은 방법으로 만들어 추가할 수 있습니다.

영상 작업에 필터와 조절 레이어 적용하기

Curves에서 Levels를 포함한 포토샵의 모든 조절 기능과 필터 효과들을 영상 작업에도 마음껏 활용할 수 있다는 것은 매우 매력적인 능력입니다. 더욱 큰 장점은 일반 사진에 효과를 적용하듯이, 한 프레임에 제한되지 않고 전체 영상에 똑같은 방법으로 적용할 수 있다는 점입니다. 몇 가지 주의사항만 알아두면 나머지는 기존에 하던 대로 작업할 수 있을 것입니다.

01

이전 레슨의 작업을 종료하고 새로운 프로젝트를 시작합니다. 'Clip21.mov.' 파일을 불러와 재생해보고 트리밍이 필요하면 원하는 대로 작업합니다. 트리밍 작업 후에는 [Layers] 패널에서 'Create New Adjustment Layer' 아이콘을 클릭하고 팝업 메뉴에서는 일반적인 디지털 사진 작업에서 흔히 사용하는 조절 레이어를 선택합니다. 여기서는 'Black & White'를 선택합니다.

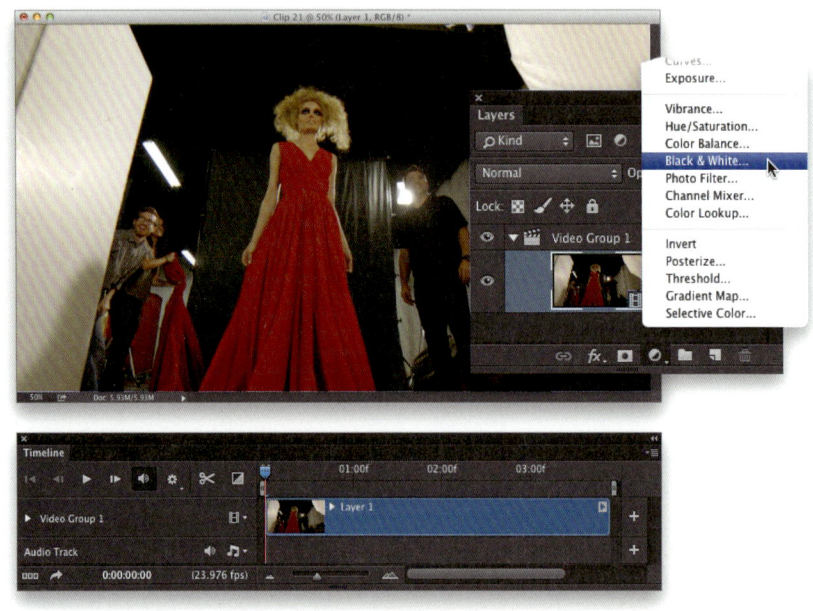

02

선택한 조절 레이어로 인해 동영상이 흑백으로 나타납니다. 또한 [Properties] 패널에는 기존에 보던 일반적인 'Black & White' 슬라이더들이 나타납니다. 여기서 한 가지 알아둘 것은 [Layers] 패널을 확인해보면 조절 레이어가 자동으로 영상 그룹에 포함되었다는 점입니다. 조절 레이어 효과를 해당 영상에만 적용할 것이므로 이처럼 자동으로 그룹화되는 기능은 작업을 편리하게 해줍니다.

03

조절 레이어 적용 시 명심해야 할 것은 이것이 클릭 한 번으로 적용되는 비디오 이펙트가 아니라는 점입니다. 일반적인 포토샵 조절 레이어를 추가한 것이므로 디지털 사진에 적용하듯이 필요한 설정들을 직접 조절해야 합니다. 여기서는 사진을 보정하는 것처럼 'Red' 톤의 강도를 줄여 드레스 색상을 약간 어둡게 만들었는데, 이 효과가 영상 전체에 걸쳐 적용됩니다. 이와 같은 기능은 포토샵에서의 영상 작업을 할 때 매우 강력한 장점이 됩니다. 새로운 프로그램 사용법에 대해 습득할 필요 없이, 이미 알고 있는 포토샵 테크닉을 그대로 영상 작업에 사용할 수 있기 때문입니다.

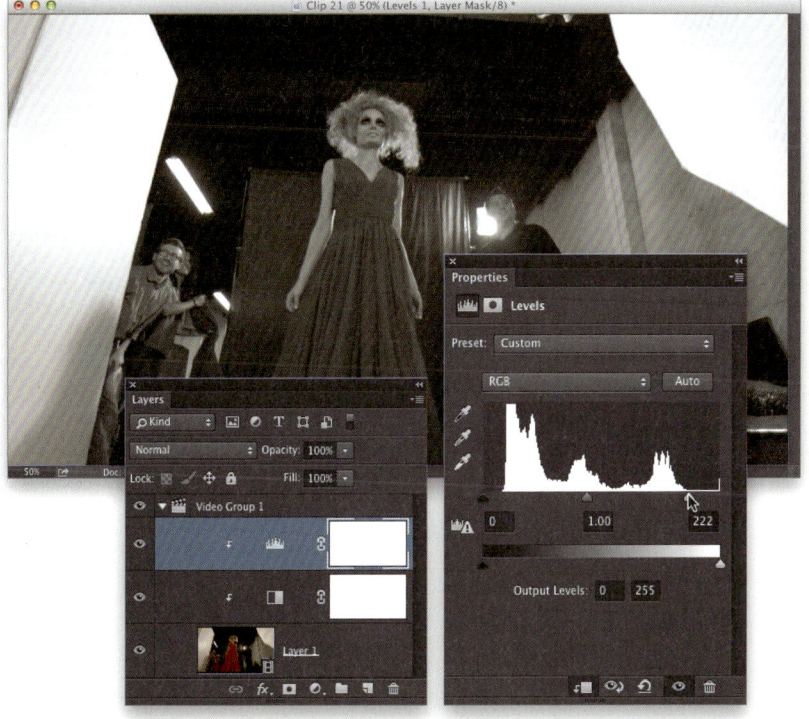

04

이번에는 다른 조절 레이어를 추가합니다. 다시 'Create New Adjustment Layer' 아이콘을 누르고 [Levels]를 선택합니다. 예제 영상은 대비가 약하여 밋밋한 상태이므로 강한 대비를 주기 위해 [Properties] 패널의 'Preset' 팝업 메뉴에서 [Increase Contrast 2]를 선택합니다. 그리고 'Highlights' 슬라이더(히스토그램 아래 오른쪽 끝의 삼각 슬라이더)를 왼쪽으로 조금 움직여 하이라이트를 약간 높여줍니다. 이 조절 레이어 역시 자동으로 영상 클립 그룹 안에 포함된 상태입니다. 이처럼 스틸 사진에 적용하듯이 영상 파일에도 효과를 줄 수 있다는 것은 확실히 큰 장점입니다. 이제 한 단계 더 나아가 알아봅니다.

05

[Layers] 패널에서 방금 추가한 두 개의 조절 레이어를 삭제하고 포토샵의 필터 효과는 어떻게 영상을 바꾸는지 적용해 봅니다. [Filter] 메뉴에서 [Sharpen]-[Unsharp Mask]를 선택하고 대화상자가 나타나면 강력한 샤프닝 효과를 주기 위해 Amount: 135, Radius: 1.5, Threshold: 3으로 입력한 다음 [OK] 버튼을 클릭합니다. 이제 'Play' 아이콘을 눌러 영상을 재생해보면 샤프닝 효과가 어떻게 보이는지 알 수 있습니다. 그런데 예상과 달리 샤프닝 효과가 처음에만 잠시 나타나고 곧 사라져 버리는데, 이는 필터가 클립 전체에 바로 적용되지 않기 때문입니다. 클립 전반에 걸쳐 필터를 적용하려면 특별히 한 단계 작업이 더 필요합니다.

06

Ctrl-Alt-Z(MAC:[Command]-[Option]-Z)를 눌러 처음 프레임만 적용된 샤프닝 효과를 취소합니다. 클립 전반에 필터 효과를 적용하기 위해서는 우선 클립을 스마트 오브젝트 레이어 형태로 만들어야 합니다. [Filter] 메뉴에서 [Convert for Smart Filters]를 선택하면 [Layers] 패널에서 영상의 썸네일 오른쪽 아래에 작은 페이지 아이콘이 나타나 영상이 스마트 오브젝트 형태임을 알려줍니다. 이제 다시 'Unsharp Mask' 필터를 이전 단계에서의 설정 그대로 적용합니다. 'Play' 아이콘을 클릭하여 확인해보면 영상 클립 전반에 걸쳐 샤프닝 효과가 나타나는 듯 보이지만 재생 상의 문제는 아직 남아있는 것 같습니다.

|NOTE|
영상에 스마트 필터를 적용하면 타임라인 바의 색상이 스틸 컷과 같은 보라색으로 바뀝니다.

07

영상을 재생하면 샤프닝이 계속 나타나는데 중간 중간 끊겼다가 다시 나타나고 플레이헤드 역시 일시적으로 멈추는 등 안정적이지 못한 상태임을 확인할 수 있습니다. 이는 영상이 아직 미리보기 화면을 완전히 렌더링하지 못했기 때문입니다. 필터 효과를 적용하는 경우 매초의 24프레임마다 샤프닝이 적용돼야 하므로 컴퓨터의 RAM이 많이 소모되며 처리 시간도 많이 필요합니다. 이는 영상을 다루는 사람들에겐 익숙한 현상이지만 우리처럼 실시간으로 작업해온 사진가들은 처음엔 이해하기 힘듭니다. 그렇다면 영상이 제대로 렌더링되었는지 어떻게 알 수 있을까요? 타임라인의 클립 바로 위를 보면 얇은 푸른색의 긴 선이 있는데 만약 이 선이 중간 중간 끊어져 있거나 점 형태로 나타나면 렌더링이 완전히 이루어지지 않은 것입니다. 이때는 어떻게 처리해야 할지 알아봅니다.

08

필자는 『Photoshop for Video』의 저자 Richard Harrington에게서 그 해답을 얻었습니다. 우선 스피커 모양 아이콘을 눌러 오디오 트랙의 소리를 음소거합니다. 그리고 나서 클립을 한번 재생합니다. 어떤 이유에선지 모르지만 이렇게 오디오를 끈 채로 플레이헤드가 움직이며 미리보기가 진행되면 영상 바 상단의 푸른 선이 직선으로 연결되는 것을 볼 수 있습니다.

|NOTE|

'Liquify'와 같이 복잡한 수학적 계산이 뒷받침되는 필터를 적용했을 때 이처럼 렌더링이 더디게 진행되는데, 한번 재생으로 완성이 안 되는 경우 오디오를 끈 채로 한두 번 더 재생하면 완전한 렌더링이 이루어집니다.

타이틀과 텍스트 작업하기

영상 프로젝트에 텍스트를 넣는 방법은 두 가지가 있습니다. 하나는 별도의 포토샵 문서에 텍스트를 입력하여 프로젝트 안으로 가져오는 것이고, 다른 방법은 영상 위에 곧바로 입력해 넣는 것입니다. 두 가지 방법과 함께 몇 가지 요령을 더 알아봅니다.

01

포토샵에서 영상에 텍스트를 추가할 때 좋은 점은 일반적인 문자 조절 기능을 모두 그대로 사용할 수 있다는 것입니다. 영상 위에 텍스트를 추가하기 전에 우선적으로 오프닝과 클로징에 사용할 타이틀 슬라이드 작업을 먼저 해야 합니다. 타이틀을 추가하기 위해 우선은 포토샵의 분리된 새 문서에 문자열을 입력합니다. [File] 메뉴에서 [New]를 클릭하여 대화상자가 나타나면 'Preset' 팝업 메뉴에서 [Film & Video]를 선택한 후, 'Size' 팝업 메뉴에서 작업하는 영상의 크기와 비슷한 것을 선택합니다. 여기서는 [HDTV 1080p/29.97]을 선택했으며 이렇게 만들어진 새 문서에 배경이나 텍스트 작업을 할 것입니다.

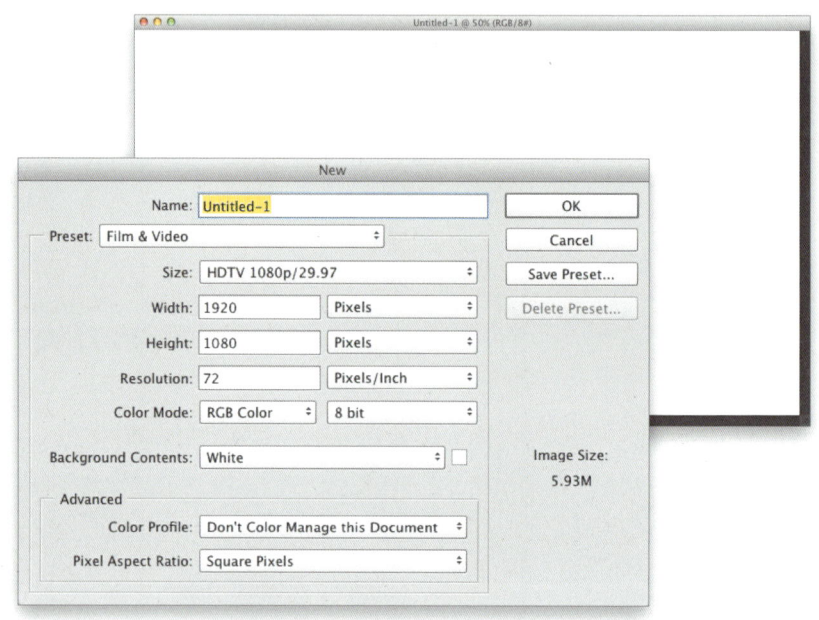

02

만약 배경에 사진을 넣고 싶다면 사진을 열고 [Move]([V]) 도구를 불러와 HD 사이즈 문서로 드래그하여 추가합니다. [Ctrl]-[T](MAC:[Command]-[T])를 눌러 [Free Transform] 기능을 불러온 다음, [Shift]를 누른 채로 모서리의 조절점을 움직여 비율을 유지하면서 크기를 조절합니다. 문서에 최대한 꽉 차도록 조절했으면 [Type]([T]) 도구를 선택하고 사진 위를 클릭하여 제목을 입력합니다. 이때 텍스트 위치는 가장자리와 거리를 두고 배치하는 것이 좋습니다. 문서의 안쪽 영역에 배치하면 프로젝트에 넣었을 때 살릴 위험도 없고 안정감이 있어 보이기 때문입니다.

03

타이틀 슬라이드를 원하는 모습으로 만들었으면 [Layers] 패널 오른쪽 상단에서 메뉴 아이콘을 클릭하여 [Flatten Image]를 선택합니다. 레이어가 하나로 병합되었으면 이제 어떻게 영상과 합칠지 결정해야 합니다.

(1) 타이틀 파일을 저장한 다음, [Timeline] 패널에서 필름 아이콘을 눌러 [Add Media]를 선택하고 해당 파일을 찾아 불러옵니다.

(2) 타임라인 위로 곧바로 드래그하여 추가합니다. 이때는 두 문서창이 동시에 보이도록 화면 배치를 조절한 상태에서 가능합니다. [Window] 메뉴에서 [Arrange]-[Tile All Vertically]를 선택하면 쉽게 배치할 수 있습니다.

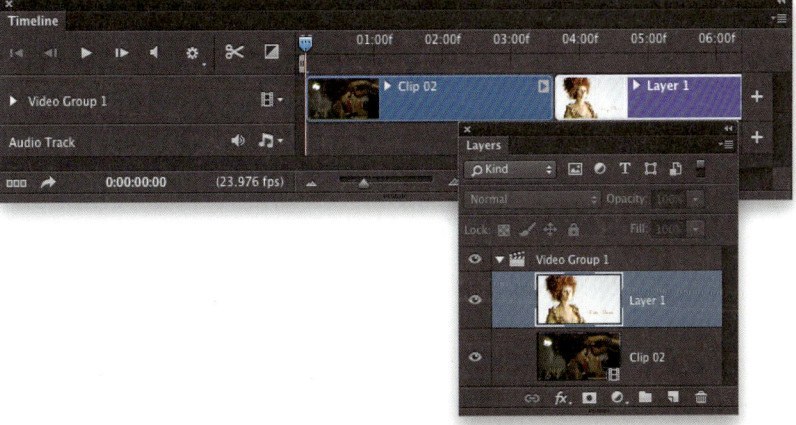

04

[Move] 도구를 다시 선택하고 Shift를 누른 채로 타이틀 슬라이더를 클릭한 다음, 이를 영상 클립 레이어 상위에 위치하도록 드래그합니다. 문서를 이동하는 동안 문서의 형태가 옅은 선으로 나타나 움직이는 것을 볼 수 있는데, 만약 이 선이 안 보이면 클릭한 상태로 잠시 기다립니다. 또한 Shift를 놓기 전에 영상 위에 적절히 배치되었는지 확인하여 차후에 다시 조절해야 하는 일이 없게 합니다. 한편, 슬라이드를 추가하면 기본적으로 영상 클립 뒤에 연결되어 나타납니다. 오프닝 위치로 이동하기 위해 [Layers] 패널에서 영상 바로 위에 위치해 있는 타이틀 슬라이드를 영상 레이어 아래로 드래그합니다. 이제 타이틀 슬라이드가 제일 앞에 나오고 이어서 영상이 재생됩니다.

05

포토샵에서는 별도로 타이틀 슬라이더를 만들어 추가할 수 있을 뿐만 아니라 텍스트나 스틸 컷 역시 따로 작업하여 영상의 어느 부분이든 원하는 지점에 추가할 수 있습니다. 그런데 단순히 [Type] 도구를 선택하여 영상 레이어 위에 곧바로 문자를 입력하면 문자 레이어가 상위에 생성되면서 영상의 뒤에 연결되므로 문제가 발생합니다. 여기서 필요한 것은 문자가 영상과 겹쳐져서 함께 나타나는 것이므로, 영상 뒤에 연결된 것을 수정해야 합니다. 그 전에 [Layers] 패널을 확인하면 타이틀 슬라이더가 제일 아래에 있고 그 위에 영상 레이어가 위치하며 그 다음으로 'Type' 레이어가 나타나 아래에서 위 방향 그대로 재생 순서가 됨을 알 수 있습니다.

06

레이어들이 모두 하나의 'Video Group' 안에 포함되어 있는 경우 각 레이어가 하나씩 순차적으로 재생됩니다. 이때 영상과 동시에 재생할 요소가 있다면 해당 비디오 그룹 밖으로 분리해야 합니다. 그러므로 [Layers] 패널에서 'Type' 레이어를 그룹 외의 상위에 위치하도록 드래그합니다. 화면과 같이 문자 레이어를 영상 그룹 밖으로 분리하여 상위에 위치시키면 [Timeline] 패널에도 문자 클립이 별도로 생성된 것을 볼 수 있습니다. 문자 클립을 왼쪽으로 움직여 영상 클립과 동시에 나타나도록 위치를 조절합니다.

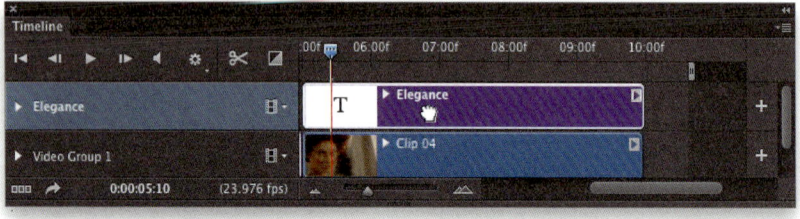

07

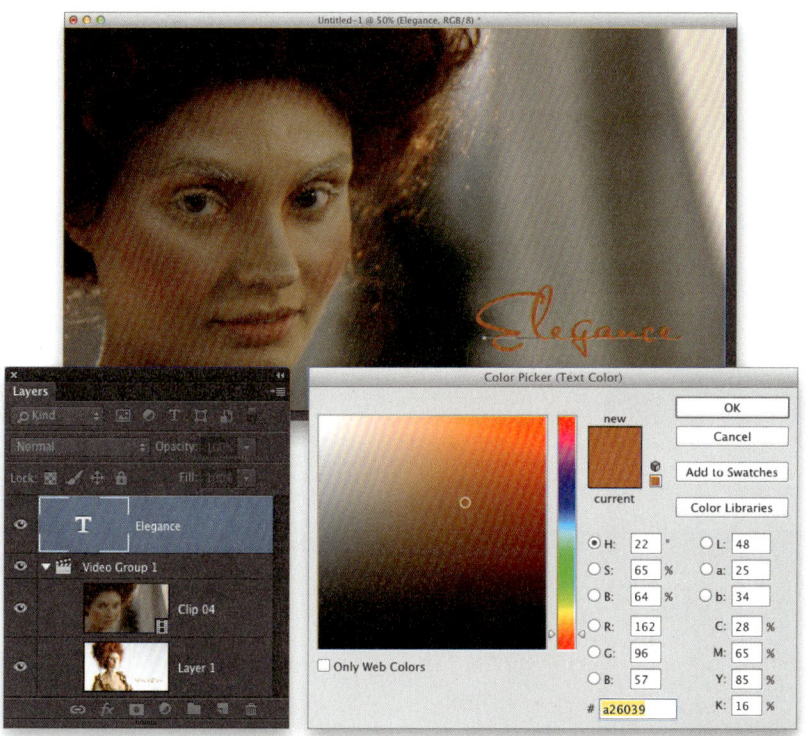

만약 영상 위에 추가한 문자열이 보이지 않으면 아마도 플레이헤드가 문자 클립 위에 있지 않아서일 가능성이 큽니다. 그러므로 플레이헤드를 찾아 문자 클립 위에 놓습니다. [Move] 도구를 이용하면 문자 클립을 드래그하여 문자가 나타나는 시간을 조절할 수 있습니다. 또한 텍스트의 색상을 바꾸려면 기존에 해왔던 방법과 동일하게 레이어의 썸네일을 더블클릭하고 옵션 바에서 색상 박스를 클릭하여 원하는 색을 선택합니다. 옵션 바에서 직접 조절해도 되지만 [Window] 메뉴에서 [Character]를 선택하여 [Type] 패널을 나타내면 좀 더 상세하게 문자열 편집을 할 수 있습니다.

08

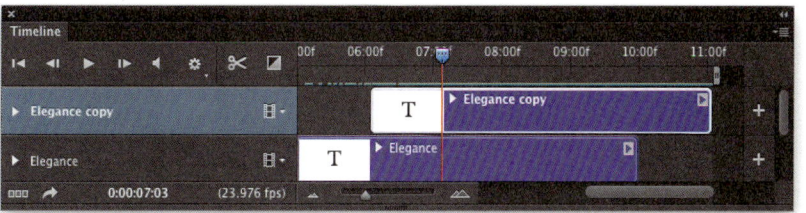

몇 가지 문자열 편집 요령을 더 알아봅시다. [Ctrl]-[J](MAC:[Command]-[J])를 눌러 'Type' 레이어를 복제하고 [Ctrl]-[T](MAC:[Command]-[T])를 눌러 [Free Transform] 기능을 불러온 다음, [Shift]를 누른 채로 모서리의 조절점을 드래그하여 레이어가 화면 가로 너비를 꽉 채우도록 크기를 키워줍니다. 이어서 비디오의 상단에 위치하도록 위치를 잡습니다. 사진을 작업할 때와 똑같은 방법으로 문자 레이어를 얼마든지 편집할 수 있기 때문에 여기서는 블렌드 모드를 [Soft Light]로 변경하고 'Opacity' 값을 '75%'로 조절했습니다. 마지막으로 타임라인에서 현재의 문자 클립을 약간 오른쪽으로 움직여 처음에 만든 작은 문자가 나타나면 잠시 후에 두 번째로 만든 큰 문자가 나타나도록 조절했습니다.

|NOTE|
문자열들이 어떤 효과를 낼지는 영상과의 조화에 달려 있으며, 세밀한 시간 조절은 각자의 아이디어에 달려 있습니다.

09

크게 만든 문자열이 점진적으로 나타나도록 전환 효과를 더해봅니다. 'Transition' 아이콘을 클릭하여 [Drag To Apply] 대화상자가 나타나면 'Fade'를 선택하여 문자 클립의 시작점으로 드래그합니다. 이제 여기서 한발 더 나아가 문자열 애니메이션을 만들 것입니다.

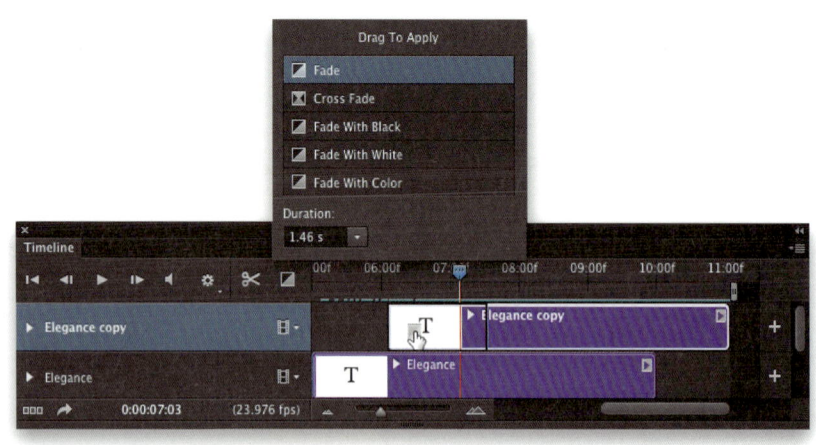

10

[Layers] 패널에서 처음에 만든 작은 크기의 'Elegance' 문자 레이어를 클릭하고 [Timeline] 패널 왼쪽에서 'Elegance' 왼쪽의 작은 화살표를 클릭하여 애니메이션 조절 기능을 나타냅니다. 플레이헤드를 문자가 나타나는 시작점 바로 뒤에 놓고 오른쪽 화면에서와 같이 'Text Warp' 왼쪽의 'Enable Keyframe Animation' 단추를 클릭하여 타임라인에 노란색 다이아몬드 아이콘을 추가합니다. 이 지점부터 'Text Warp' 애니메이션이 시작되며, 끝나는 지점을 설정하기 위해 다시 플레이헤드를 애니메이션 종료지점 위에 놓아둡니다. 계속해서 'Type' 레이어의 썸네일을 더블클릭하여 텍스트를 선택하고 옵션 바에서 'Create Warped Text' 아이콘을 클릭하여 대화상자를 불러옵니다. 'Style' 팝업 메뉴에서 원하는 형태(여기서는 [Arc])를 선택하고 'Bend' 슬라이더를 움직여 변형 정도(+26%)를 조절한 다음 [OK] 버튼을 클릭합니다. 다시 [Timeline] 패널을 보면 다이아몬드 아이콘이 애니메이션 종료 위치에도 추가된 것을 볼 수 있습니다. 이제 결과를 확인하기 위해 'Play' 아이콘을 클릭하면 처음에 보통 문자열 형태로 시작하여 점차 둥근 모양으로 변형되는 애니메이션이 나타나는 것을 볼 수 있습니다.

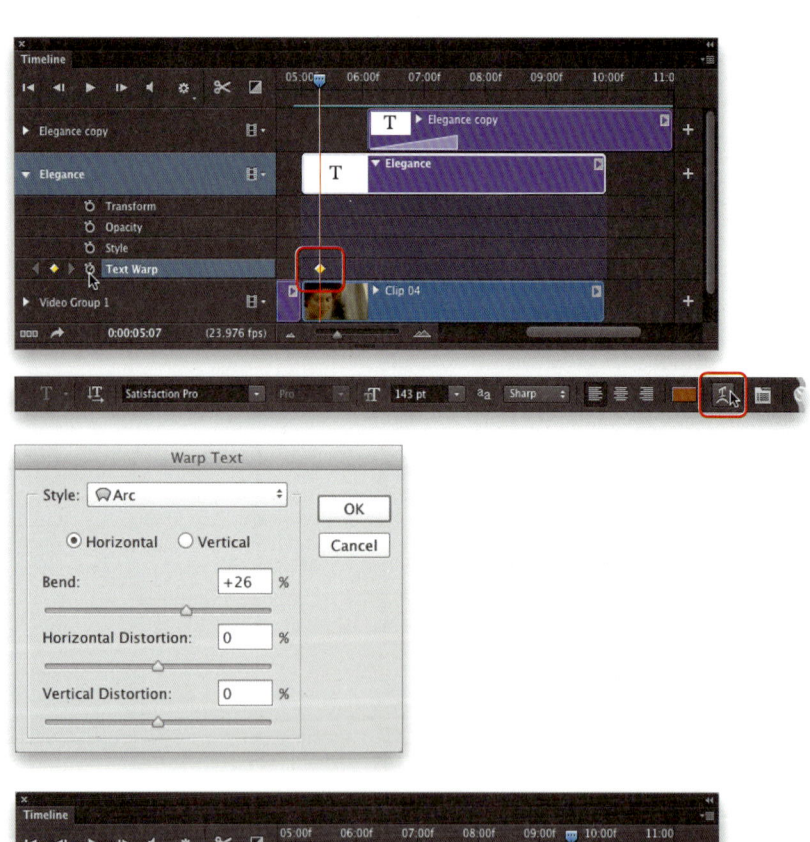

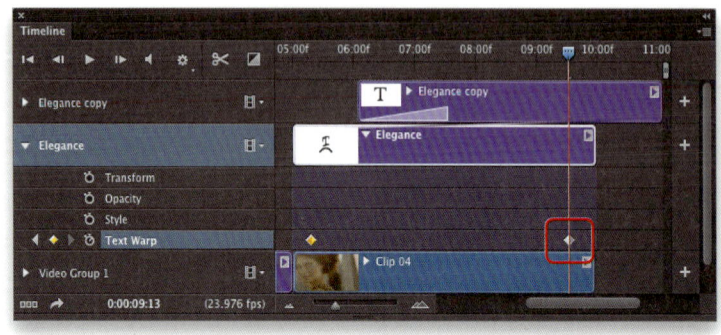

특별한 화면을 위한 블렌드 모드 활용하기

조절 레이어를 추가하여 일반적인 보정을 할 수도 있지만 레이어 블렌드 모드를 사용하여 색다른 질감을 더하거나 겹침 효과로 특별한 효과를 줄 수도 있습니다. 일반적인 포토샵 사진 보정을 하듯이 비슷한 방법으로 진행되지만 영상 프로젝트만을 위한 몇 가지 주의사항들은 항상 생기므로, 차분하게 따라합니다.

01

블렌드 모드 효과를 적용할 영상을 불러옵니다. 필자는 블렌딩에 사용할 이미지로 장미 무늬 패턴을 아이스톡(iStock)에서 다운로드하였습니다. 패턴 이미지를 원하는 크기로 열기 위해 [File] 메뉴에서 [Place Embedded]를 선택합니다.

|NOTE|
아이스톡(iStock)에는 무수히 많은 이미지가 있기 때문에 원하는 이미지를 검색하여 쉽게 찾을 수 있습니다. 여기서 다운로드한 것은 "wedding textures"로 검색하여 얻은 고해상도의 이미지로, 15달러에 구입했습니다.

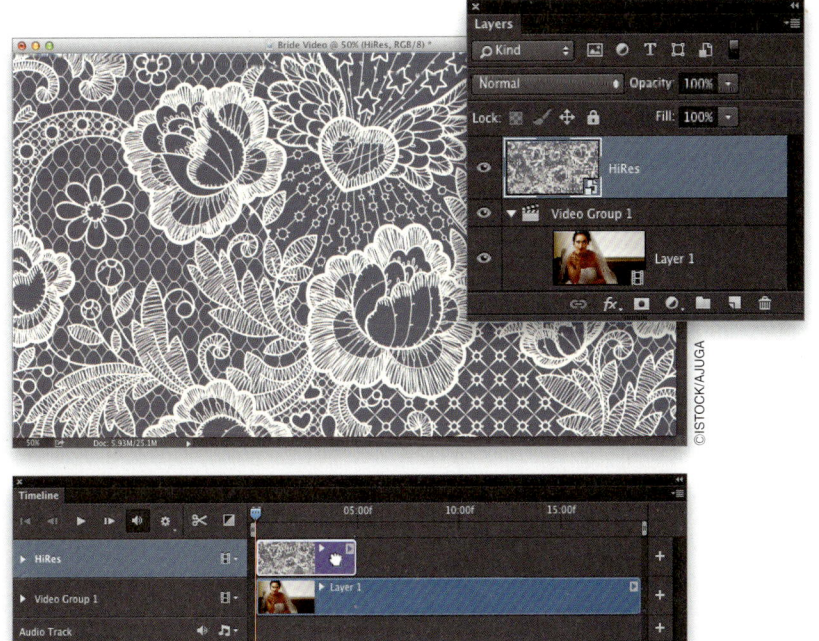

02

패턴 파일을 선택한 다음 [Place]를 클릭하면 영상 위로 이미지가 열리며 크기를 조절할 수 있도록 보더가 함께 나타납니다. Shift 를 누른 채로 모서리의 조절점을 드래그하여 영상 화면에 꽉 차도록 조절한 후 Enter (MAC:[Return])를 누릅니다. 이때 [Layers] 패널에서는 패턴 레이어가 나타나 있지만 화면상에는 보이지 않는 상태인데, 그 이유는 영상 클립에 다른 요소를 더하면 기본적으로 클립 뒤에 연결 상태로 추가되기 때문입니다. 그러므로 [Layers] 패널에서 패턴 레이어를 드래그하여 영상 그룹 바깥쪽 상단에 위치하도록 이동합니다. 이제 [Timeline] 패널을 보면 패턴이 별도의 트랙으로 분리된 것을 알 수 있는데, 이를 왼쪽으로 약간 드래그하여 영상 클립의 시작점과 나란해지도록 위치를 조절합니다.

03

이제 패턴 레이어의 블렌드 모드를 [Soft Light]로 변경하고 화면이 어떻게 되는지 확인합니다. 이미지의 패턴이 영상과 블렌딩되어 오른쪽 화면과 같이 특별한 느낌이 나타나는데, 이와 같은 작업은 물론 영상과 패턴 선택에 따라 결과가 달라지므로 여러 가지 이미지와 블렌드 모드를 사용해보고 결정해야 합니다. 다른 블렌드 모드를 적용하려면 Shift－+를 재차 눌러 쉽게 비교해볼 수 있습니다. 또한 'Opacity' 값을 '60%' 정도로 낮추면 적절한 블렌딩 효과로 더 좋은 결과를 얻을 수 있을 것입니다.

04

블렌드 효과가 그럴듯하다 해도 패턴이 인물의 얼굴까지 겹쳐져 나타나는 것은 바라지 않을 것입니다. 이런 경우 쉽게 보정할 수 있습니다.

❶ [Layers] 패널 하단에서 'Add Layer Mask' 아이콘을 눌러 패턴 레이어에 레이어 마스크를 추가합니다.
❷ 인물의 얼굴을 포함할만한 크기와 부드러운 경계로 설정한 [Brush](B) 도구를 선택하고 전경색을 검정색으로 조정합니다(D→X).
❸ 인물의 얼굴 위를 한두 번 클릭하여 패턴을 삭제합니다. 브러시 경계를 부드럽게 설정했기 때문에 자연스러운 모습을 얻을 수 있습니다.

이번 레슨을 읽기 전에 이 챕터의 이전 레슨들을 모두 이해하고 있길 바랍니다. 여기서는 이미 자세히 알아본 세부 사항들에 대해 다시 설명하지 않을 것이기 때문입니다. 다만 무엇을 해야 할지 간단히 정리함으로써 프로젝트를 완성하기까지의 흐름을 파악할 수 있도록 할 것입니다. 이전의 레슨들을 모두 이해했다면 이번 레슨을 직접 따라서 해보기 위해 필요한 파일들을 다운로드하기 바랍니다. 필자의 스튜디오 홍보를 위한 최근 패션 촬영 현장의 뒷이야기를 담은 영상 프로젝트를 완성해 봅니다.

프로젝트 완성! 시작부터 끝까지 훑어보기

01

필요한 영상 클립들을 포토샵으로 불러오기 위해 [Timeline] 패널에서 필름 모양 아이콘을 누르고 [Add Media]를 클릭하여, 대화상자가 나타나면 필요한 클립들을 모두 선택합니다. 불러온 클립들은 모두 각각의 레이어로 나타나며 [Layers] 패널 하단부터 놓인 순서대로 연결되어 재생될 것입니다. 이번에 만들 스튜디오 뒷이야기 프로젝트는 총 2분 30초 길이로 만들 것이므로, 필요하면 [Timeline] 패널에서 'Set End of Work Area' 바를 150초 지점으로 미리 움직여놓아도 좋습니다.

| NOTE |
여기서 사용하는 영상 클립들은 정보문화사 홈페이지(http://www.infopub.co.kr)의 [자료실]–[통합자료실]에서 다운로드할 수 있습니다.

02

'Play' 아이콘을 눌러 영상을 확인해보면 각각의 클립이 하나씩 차례대로 재생되어 나타나는데, 화면 처음이나 중간, 끝에 점진적으로 이루어지는 전환 효과가 없는 상태이므로 영상들이 딱딱 끊어지고 배경 음악 역시 없는 상태입니다. 그러므로 이 프로젝트가 제대로 된 영상이 되려면 한 편의 영화처럼 다듬어야 합니다. 우선 첫 번째 영상 클립을 트리밍하는 것부터 시작합니다. 'Clip 01' 영상 중 가장 쓸만해 보이는 부분을 선택하고 필요 없는 부분을 트리밍하여 삭제합니다. 이 프로젝트에는 총 26개의 클립이 사용되는데, 이들을 모두 트리밍하라고는 하지 않겠습니다. 사실 여기서는 빠른 진행을 위해 나머지 영상들에 대해서는 미리 트리밍을 해둔 상태입니다. 하지만 자신의 프로젝트를 진행하게 되면 모든 클립들을 하나씩 보면서 트리밍 작업을 해야 합니다.

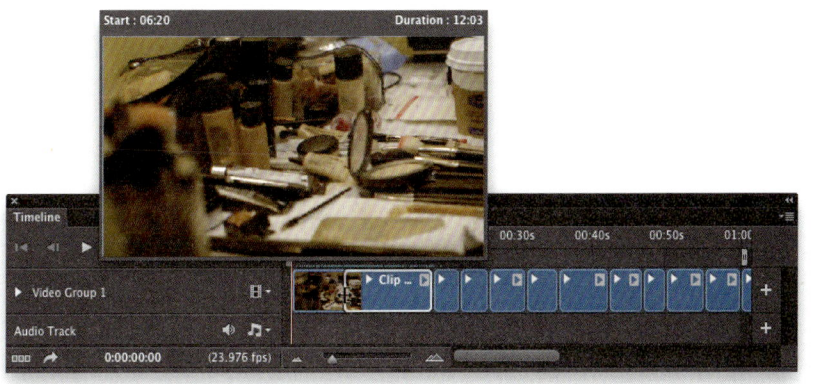

03

다시 영상을 재생해보면 두 번째 클립과 세 번째 클립의 순서가 바뀐 것을 알 수 있을 것입니다. 인물이 메이크업하는 모습 후에 머리를 만지고 다시 메이크업을 하는 순서로 되어 있으므로 메이크업을 하는 세 번째 클립이 머리를 다듬는 두 번째 클립 앞으로 와야 이야기가 제대로 이어집니다. 순서를 바꾸려면 타임라인에서 클립을 곧바로 클릭하여 원하는 위치로 드래그해도 되지만 [Layer] 패널에서 레이어의 상하 위치를 드래그하여 조절해도 됩니다. 여기서는 'Clip 03'이 'Clip 02' 아래에 위치하도록 드래그하여 아래부터 'Clip 01(메이크업)', 'Clip 03(메이크업)', 'Clip 02(헤어)'의 순서로 위치를 재설정했습니다.

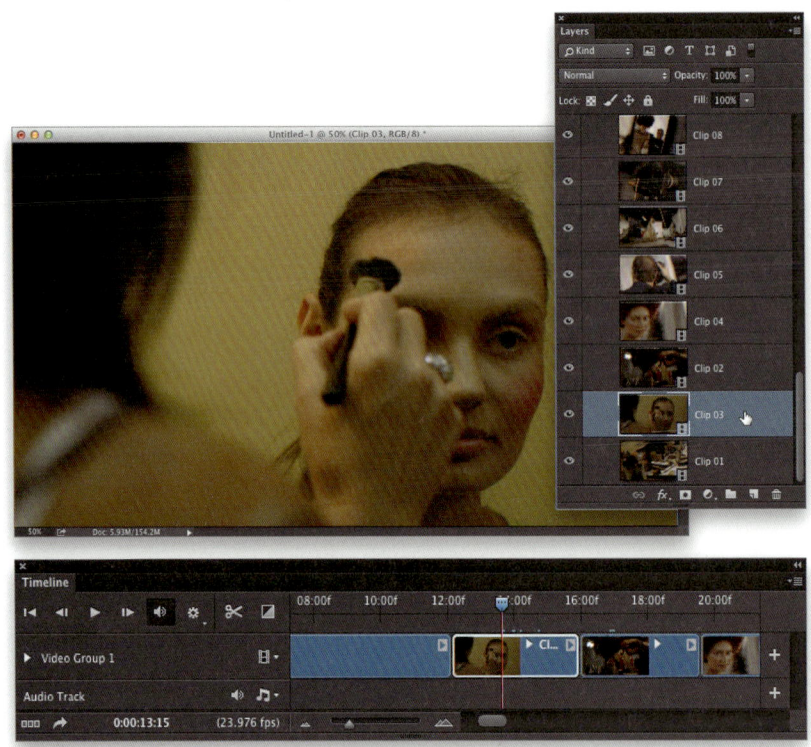

04

아직 영상 클립만 모아놓은 상태인데, 여기에 사진을 추가할 것입니다. 사진을 불러오기 전에 현재 문서가 HD 와이드스크린 영상용 사이즈임을 기억한다면 사진이 화면에 딱 맞는 비율로 나타나는 힘들 것임을 예측할 수 있습니다. 그러므로 포토샵에서 HD 영상용 사이즈와 똑같은 크기의 빈 문서를 만들어 미리 화면 작업을 합니다. 여기서는 '1920x1080' pixels, 72 해상도 크기의 새 문서를 만들고 전경색을 검정으로 설정한 뒤 Alt - Delete (MAC:[Option]-Delete)를 눌러 배경색을 검정으로 채웠습니다. 그리고 추가할 사진을 불러온 다음 Ctrl-A (MAC:[Command]-A)를 눌러 사진 전체를 선택하고 복사하여 검정색 배경의 만들어놓은 문서에 붙여넣기 했습니다. 사진이 레이어로 추가되었으면 Ctrl-T (MAC:[Command]-T)를 눌러 [Free Transform] 기능을 불러와 사진을 원하는 크기로 리사이징합니다. 여기서는 약간 회전하여 자연스럽게 만들었습니다. 화면에 사진 배치를 마친 후 레이어를 병합하고 JPEG 형태로 저장하면 영상 파일에 추가할 준비가 된 것입니다.

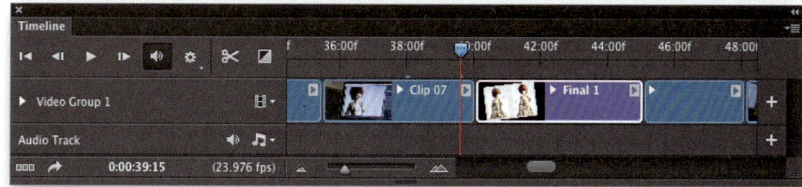

05

이제 영상에 사진을 넣기 위해 [Timeline] 패널 왼쪽의 필름 아이콘을 클릭하고 [Add Media]를 선택합니다. 이전에 작업한 사진 파일을 선택하고 [Open] 버튼을 클릭하면 사진이 타임라인 제일 끝에 추가됩니다. 여기서 필자는 사진을 'Clip 07' 다음 위치에 넣어 해당 사진을 만드는 작업을 영상으로 보여준 뒤 결과 사진이 나타나게 할 것입니다. 사진 슬라이드의 위치 이동을 위해 타임라인 상에서 직접 드래그해도 되지만 현재는 클립이 매우 많으므로 [Layers] 패널에서 이동하는 것이 쉽고 빠릅니다. 가장 상위에 있는 사진 레이어를 드래그하여 'Clip 07' 상단에 위치하도록 해봅니다.

|NOTE|
추가한 사진 파일은 타임라인에서 보라색으로 표시되므로 어떤 요소가 어디에 있는지 쉽게 알아볼 수 있습니다.

06

플레이헤드를 'Clip 07' 위에 놓고 'Play' 아이콘(Space Bar)을 눌러 작업한 사진이 전체 영상의 흐름에서 어떻게 나타나는지 확인합니다. 영상이 끝난 후 사진이 '스틸 컷'의 느낌 그대로 나타나 갑작스럽고 어색해 보입니다. 다행히 이런 경우 포토샵의 모션 기능을 활용하면 프로젝트에 어울리는 자연스러운 모습으로 만들 수 있습니다. 타임라인의 사진 슬라이드 왼쪽 끝을 보면 작은 삼각형이 있는데 이를 클릭하여 [Motion] 대화상자를 나타낸 후 팝업 메뉴에서 [Pan & Zoom]을 선택합니다. 이 모션은 사진이 부분에서 전체의 모습으로 나타나다가(pan) 다시 특정 부분으로 확대되는(zoom) 형태로 나타나게 해줍니다. 플레이헤드를 다시 'Clip 07'에 놓고 재생하여 클립과 사진과의 연결이 얼마나 자연스러워졌는지 확인합니다.

07

프로젝트에 추가할 사진이 두 장 더 있습니다. 여기서는 'Clip 17' 뒤에 'Final 2.jpg'를, 'Clip 26' 뒤에 'Final 3.jpg'를 연결했으며 물론 각 사진에 모션 효과를 설정하여 자연스럽게 나타나도록 했습니다. 한편 이 홍보용 영상의 처음과 끝 부분에 필자의 로고가 나타나도록 하기 위해 사진처럼 로고 슬라이드도 추가합니다(필자의 로고 이미지는 영상 파일과 같은 크기로 검정색 배경에 흰색 텍스트를 넣어 만들었으며 JPEG 형식으로 저장했습니다). 로고 이미지를 불러와 화면에 나타나면 Ctrl-J (MAC:[Command]-J)를 눌러 마지막에 쓸 것까지 복제합니다. 하나는 'Clip 01' 앞에, 하나는 'Clip 26' 뒤에 나타나도록 위치를 조정합니다. 계속해서 패션모델의 이름을 보여주는 슬라이드를 하나 더 만드는데, 여기서는 흰색 배경에 검정색의 'Futura Light' 폰트를 사용하여 모델명을 입력하고 JPEG 형식으로 저장했습니다. 이 슬라이드는 로고가 나타난 뒤 'Clip 01' 앞에 나오도록 하기 위해 로고 슬라이드 뒤에 위치시킵니다. 전체 시간 길이를 맞추기 위해 이 두 슬라이드를 각각 2.5초 길이로 조절합니다. 이제 처음부터 재생하여 확인해보면 필자의 로고가 나온 뒤 모델명이 나타나고 첫 번째 영상이 시작되는 것을 볼 수 있습니다.

08

여기까지 여러 개의 영상 클립들을 나열한 뒤 중간에 필요한 사진들을 넣고 로고와 모델명 슬라이드를 추가했는데, 아직 전환 효과를 추가하지 않았기 때문에 흐름이 매끄럽지 못한 상태입니다. 그러므로 클립과 클립 사이에 부드럽게 전환되는 'Cross Fade' 전환 효과를 추가합니다. 우선 플레이헤드를 맨 처음으로 이동하기 위해 'Go to First Frame' 아이콘을 클릭하고 [Timeline] 패널 상단의 'Transition' 아이콘을 눌러 [Drag To Apply] 대화상자를 띄웁니다. 여기서 [Cross Fade]를 선택하고 'Duration'을 '0.75'초로 설정한 후 'Cross Fade' 아이콘을 클릭하여 1~2번 영상 클립 사이로 드래그합니다. 플레이헤드를 맨 처음으로 다시 가져가 재생해보고 전환 효과로 인해 좀 더 자연스러워졌는지 확인합니다.

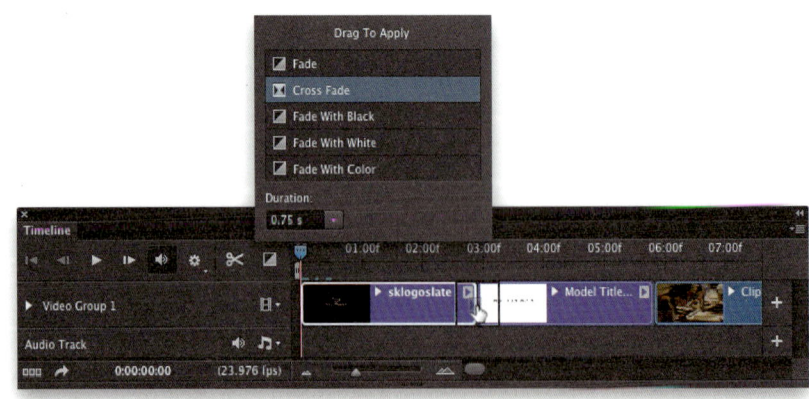

09

지금쯤이면 전환 효과를 추가하는 것이 매우 쉽다는 것을 충분히 알고 있을 것입니다. 이제 각 영상 클립과 슬라이드 사이에 'Cross Fade' 전환 효과를 추가해 봅니다. 이제 모든 영상들이 자연스럽게 전환되어 매끄럽게 진행되는 듯한데, 여전히 시작과 끝 부분은 갑작스럽게 시작하고 마무리됩니다. 필자는 처음에 검정색 화면에서 서서히 시작하고 끝날 때도 검정색 화면으로 마무리되는 것을 좋아하기 때문에 이 효과를 추가하기 위해 다시 'Transition' 아이콘을 눌러 [Fade With Black]를 선택했습니다. 그리고 맨 처음의 로고 슬라이드 앞으로 드래그하여 효과를 추가하고 맨 끝에도 마찬가지로 효과를 추가했습니다.

|NOTE|
추가한 'Cross Fade' 효과의 시간을 변경하려면 썸네일 위에서 마우스 오른쪽 버튼을 클릭하여 팝업 메뉴를 나타낸 뒤 'Duration' 값을 수정합니다.

10

다시 프로젝트의 맨 처음부터 재생하여 확인합니다. 전체 시간 길이는 2분 30초로 영상은 적절해 보이는데, 소리를 그대로 쓰기엔 별로 좋지 않습니다. 그러므로 영상 전반에 배경 음악을 추가하여 완전히 다른 느낌의 영상으로 탈바꿈해봅니다. 필자는 'TripleScoopMusic.com'이라는 사진가를 위한 무료 음악 사이트를 애용하는데(무료 음악이지만 정말 좋은 음원이 많습니다), 이번에는 Oshmusik의 "BigLoveMusic(Deep Mix)"라는 곡을 추가할 것입니다. 물론 각자 좋아하는 다른 음악을 넣어도 상관없습니다. 음악 파일을 불러오기 위해서 [Timeline] 패널 상단의 작은 음표 아이콘을 클릭하고 [Add Audio]를 선택합니다. 음원 파일을 선택하고 [Open] 버튼을 클릭하면 타임라인 아래쪽으로 오디오 트랙이 추가될 것입니다. 오디오 트랙은 녹색으로 표시됩니다.

11

여기서 사용한 음악은 4분 39초짜리로 영상 길이보다 훨씬 깁니다. 그러므로 녹색의 오디오 트랙을 따라 오른쪽 끝으로 스크롤하여 트랙의 끝 지점을 클릭한 다음 왼쪽으로 드래그하여 영상과 같은 길이로 트리밍합니다. 길이가 조정되었으면 다시 처음부터 재생하여 영상과 사운드가 모두 제대로 설정되었는지 확인합니다. 음악을 더했으므로 느낌이 크게 달라졌을 것입니다.

|NOTE|
시작 부분에 약간의 공백을 두고 음악이 시작되도록 하려면 녹색의 오디오 클립을 약간 오른쪽으로 드래그하여 이동합니다.

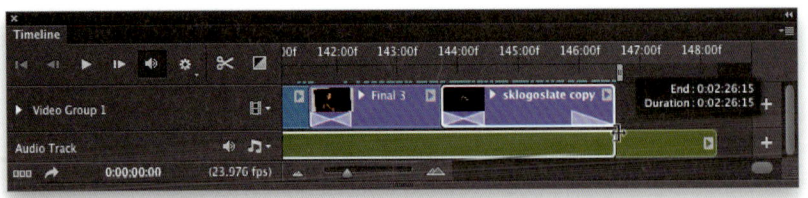

12

영상을 끝까지 확인해보면 마지막에 로고 슬라이드는 멋있게 페이드아웃 되어 사라지는 반면, 음악은 전축 테이블의 바늘을 갑자기 올려버린 듯 급하게 멈추어 수정이 필요함을 알 수 있습니다. 즉, 마지막 로고 화면이 서서히 사라지는 동안 음악 소리 역시 점점 작아지도록 설정해야 합니다. 이를 위해서는 타임라인에서 'Final 3.jpg' 이미지와 마지막 로고 슬라이드 사이의 타임 룰러 지점을 클릭하여 플레이헤드를 위치시킵니다. 그리고 녹색의 오디오 트랙을 클릭하여 선택한 상태에서 타임라인 왼쪽의 가위 모양처럼 생긴 'Split at Playhead' 아이콘을 클릭합니다. 이렇게 하면 현재 플레이헤드의 위치를 중심으로 오디오 트랙이 둘로 나뉩니다. 오른쪽의 더 작은 오디오 클립을 클릭하여 선택하고 썸네일 오른쪽 끝의 삼각형을 클릭하여 [Audio] 대화상자가 나타나면 'Fade Out' 슬라이더를 오른쪽 끝까지 움직여 오디오 트랙의 끝에서 소리가 점차 작아지게 설정합니다. 이제 마지막 몇 개의 클립들을 재생해보고 영상과 오디오에 원하는 효과가 제대로 적용되었는지 확인합니다.

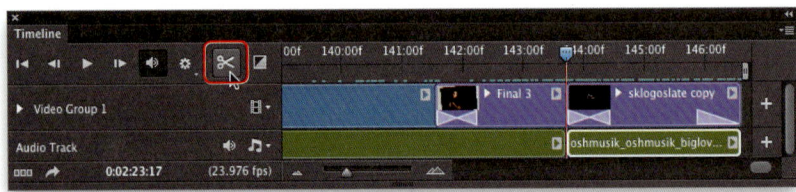

가위 모양의 'Split at Playhead' 아이콘을 클릭하면 해당 지점의 오디오 클립이 잘립니다.

'Fade Out' 슬라이더는 오디오 소리가 점차적으로 줄어들며 사라질 수 있도록 해줍니다.

13

영상을 재생해보면 아직 문제가 남아 있음을 알 수 있을 것입니다. 배경 음악과 영상이 잘 맞아 돌아가긴 하지만 촬영 시에 마이크를 통해 영상 클립에 녹음된 오디오 역시 같이 들립니다. 이 소리가 잘 어울릴 때도 있지만 이번 프로젝트에서는 그냥 배경음악만 들리도록 하는 것이 나을 것 같습니다. 영상 트랙에 삽입되어 있는 소리가 들리지 않도록 하려면 영상 클립을 클릭하고 오른쪽 끝에 나타나 있는 삼각형을 눌러 [Video] 대화상자를 불러온 다음 상단의 'Audio(음표 모양)' 아이콘을 클릭하여 'Mute Audio'를 체크합니다. 사용된 영상 클립들 모두 오디오 설정을 일일이 변경해야 합니다.

14

이제 거의 마무리 단계이지만 클립의 순서를 바꾸는 것은 여전히 가능합니다. 영상을 다시 보니 마지막 클립인 'Clip 27'의 순서가 'Clip 26' 이전에 배치되어야 흐름이 자연스러워질 것 같습니다. 일단 클립을 재배치하고 자잘한 문제들을 해결합니다. 먼저 'Final 3.jpg' 슬라이드를 'Clip 26' 앞으로 이동하면 이전에 추가했던 'Cross Fade' 전환 효과가 자동으로 삭제됩니다. 그러므로 적절한 위치에 필요한 전환 효과를 다시 추가합니다.

15

이와 같이 차후에 영상의 위치를 바꿀 경우 갑자기 다른 'Cross Fade' 전환 효과들도 수정이 필요할 때가 있습니다. 아마도 이는 버그 현상인듯한데, 뜻하지 않게 나타나므로 눈여겨 살펴봅니다. 만약 그런 일이 생기면 해당 전환 효과의 썸네일 위에서 마우스 오른쪽 버튼을 클릭하고 팝업 메뉴에서 'Duration' 값을 원래대로 수정해야 합니다. 항상 그런 것은 아니지만 필자는 수차례 이런 식으로 수정을 해왔습니다. 이제 전반적인 흐름에 문제 없이 원하는 모습의 프로젝트가 완성된 듯합니다.

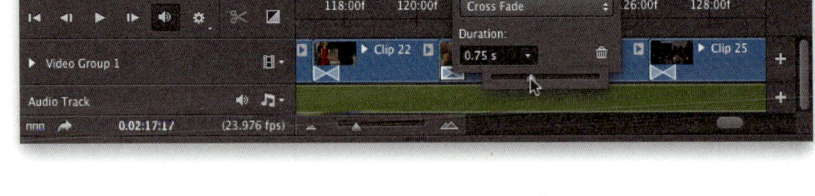

16

드디어 우리의 프로젝트를 한 편의 동영상으로 만들어 완성할 차례입니다. 이 완성본을 다른 사람들과 공유하고, 이메일에 첨부하거나 유튜브에 업로드할 수 있게 될 것입니다. 사실 다음의 두 가지 레슨을 통해 이 영상 뒤에 추가할 만한 것들을 좀 더 알아볼 테지만, 일단 이번 레슨은 여기서 마무리 지어봅니다. [Timeline] 패널 왼쪽 하단에 있는 'Render Video' 아이콘을 클릭하여 [Render Video] 대화상자를 불러옵니다. 동영상 파일의 제목을 입력하고 저장할 위치를 설정한 다음 'Preset' 팝업 메뉴에서 저장할 형식을 선택합니다. 여기서는 유튜브에 업로드할 용도로 만들기 위해 [YouTube HD 720p 29.97]을 선택했습니다. 이 프리셋은 유튜브에서 재생하기에 좋은 크기로 자동 설정해 줍니다. 그런데 여기서 문제점이 하나 발생하므로 다음 단계에서 해결합니다.

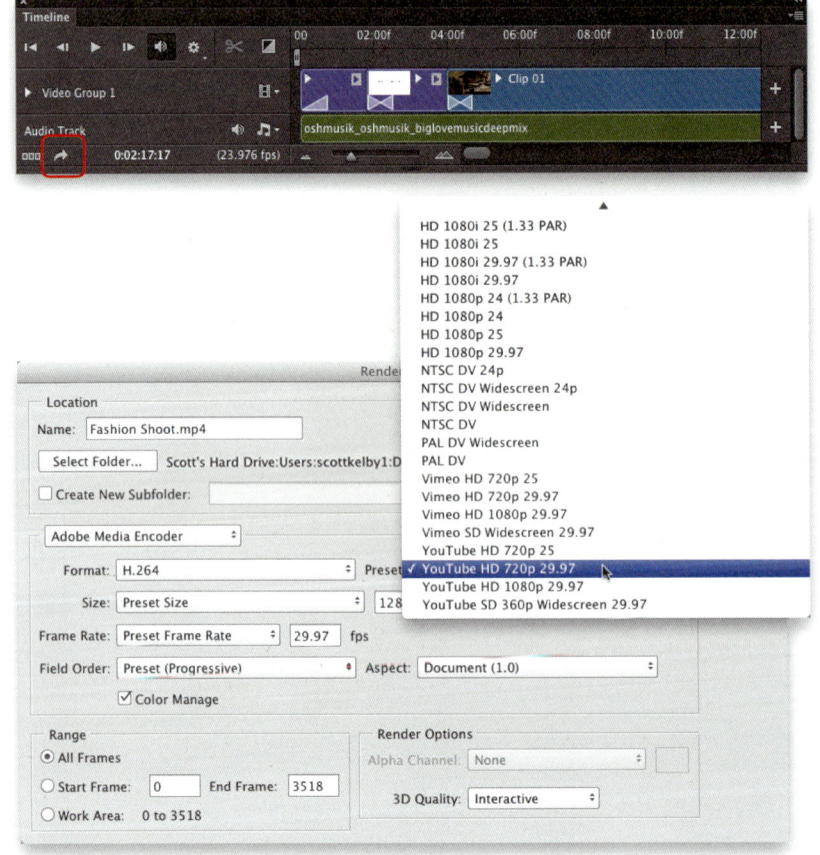

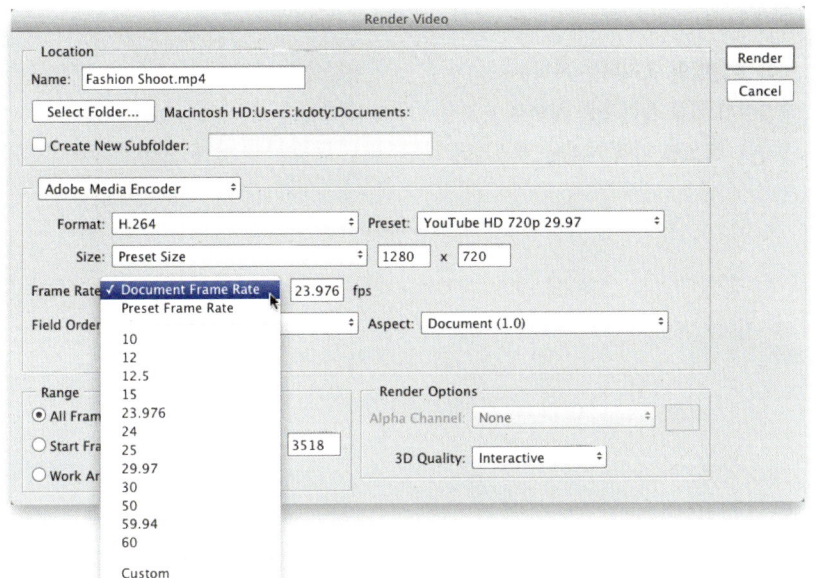

17

선택한 유튜브 사이즈 프리셋은 [Frame Rate] 값을 '29.97' fps로 설정해주는데, 이 값이 사용한 카메라 화면과 맞는지는 확실하지 않습니다. 그러므로 재생 시 버벅대거나 튀는 현상을 방지하기 위해서는 [Fame Rate] 팝업 메뉴에서 'Document Frame Rate'를 선택하여 카메라로 촬영했던 실제 프레임 비율이 적용되도록 합니다. 이제 [Render] 버튼을 클릭하여 영상을 완성본으로 만듭니다. 렌더링이 완료되기까지는 5분에서 10분까지도 소요될 수 있습니다.

|NOTE|

차후에 또 다시 긴 렌더링 과정을 겪고 싶지 않다면 수정해야 할 점이 없는지 마지막으로 한 번 더 재생해보고 꼼꼼히 살피는 것이 좋습니다. 렌더링 작업 이전에 원하는 순서대로 적당한 시간에 필요한 영상과 소리가 제대로 매치되었는지, 추가한 효과들에는 이상이 없는지 확인합니다.

화면을 지나가는 엔딩 자막 만들기

영화 스타일의 움직이는 자막(credit)을 만들어 영상의 마지막에 추가합니다. 여기서는 아래에서 위로 올라가는 형태로 포토샵에서 직접 만들어 볼 것인데, 놀랍게도 매우 쉽습니다. 텍스트 입력 시간을 제외하면 1분 안에도 완성할 수 있을 것입니다.

01

[Layers] 패널 하단에서 'Create A New Layer' 아이콘을 눌러 빈 레이어를 만듭니다. 이 레이어는 클립 형태로 타임라인 맨 끝에 추가되므로 위치는 따로 조절할 필요가 없습니다. 레이어를 검정색으로 채우기 위해 D를 눌러 전경색을 검정으로 설정하고 Alt-Back Space(MAC:[Option]-Delete])를 누릅니다. 계속해서 [Horizontal Type]([T]) 도구를 선택하고 전경색을 흰색으로 재설정한 뒤 화면 위를 클릭하여 필요한 텍스트를 입력합니다. 이때 'Type' 레이어는 검정색 배경 레이어 위가 아니라 타임라인의 끝에 투명한 배경 상태로 추가되기 때문에 바로 앞에 위치한 검정색 레이어 위에 나타나도록 위치를 설정합니다. [Layers] 패널에서 'Type' 레이어를 클릭하고 현재 소속되어 있는 [Video Group] 바깥쪽의 상단에 위치하도록 드래그합니다. 다시 타임라인을 보면 영상 트랙 위에 문자 슬라이드가 별도의 트랙으로 생성된 것을 알 수 있습니다. 문자 슬라이드를 왼쪽으로 드래그하여 검정색 배경의 시작점과 나란하도록 위치를 조절하면 화면에 두 슬라이더가 함께 나타납니다.

|NOTE|
여기서 사용한 서체는 'Futura Light'와 'Futura Extra Bold'입니다.

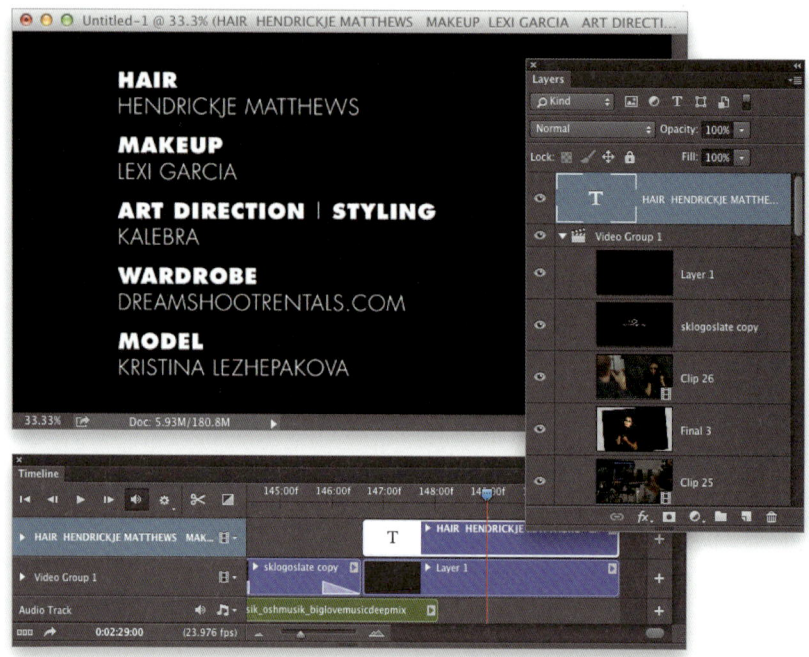

02

이제 플레이헤드를 자막이 시작되는 지점에 위치시킨 다음, [Move]([V]) 도구를 선택하고 Shift를 누른 채로 화면 위의 문자 슬라이드를 클릭하여 아래 방향으로 드래그합니다. 입력한 텍스트의 끝이 보일 때까지 화면 위에서 드래그합니다.

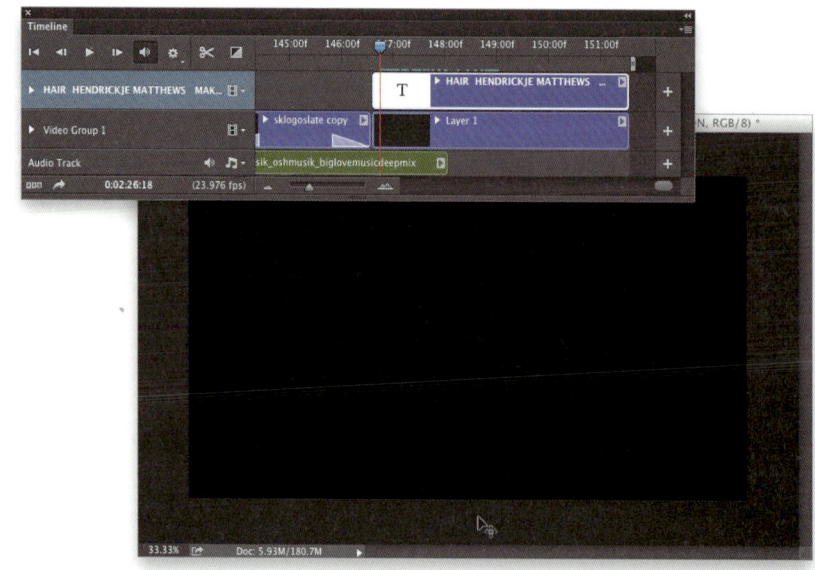

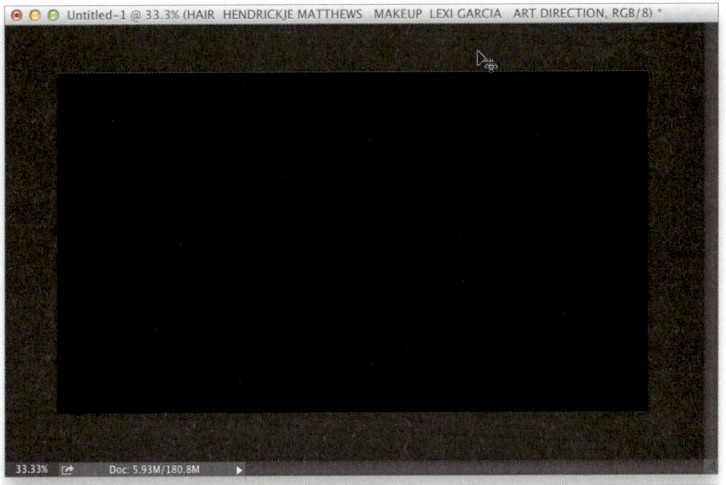

03

타임라인의 문자 슬라이드 왼쪽 편에는 트랙 이름이 나타나며 그 왼쪽의 작은 삼각형을 클릭하면 문자 슬라이드를 조절하는 옵션이 펼쳐집니다. 문자열을 조절하는 'Transform', 'Opacity', 'Style', 'Text Warp' 등이 나타나는데, 여기서는 'Transform' 왼쪽의 작은 시계 아이콘을 눌러 현재 플레이헤드가 위치한 지점에 다이아몬드 모양의 시작 포인트를 추가합니다. 이것이 자막이 움직이기 시작하는 지점이 됩니다. 계속해서 플레이헤드를 엔딩 지점에 두고 [Move] 도구를 선택한 뒤 [Shift]를 누른 채로 맨 아래 텍스트 화면에서 클릭하여 맨 위의 텍스트가 나타날 때까지 위쪽으로 드래그합니다. 마우스 버튼을 놓으면 타임라인의 플레이헤드 위치에 다이아몬드 형의 엔딩 포인트가 생성됩니다.

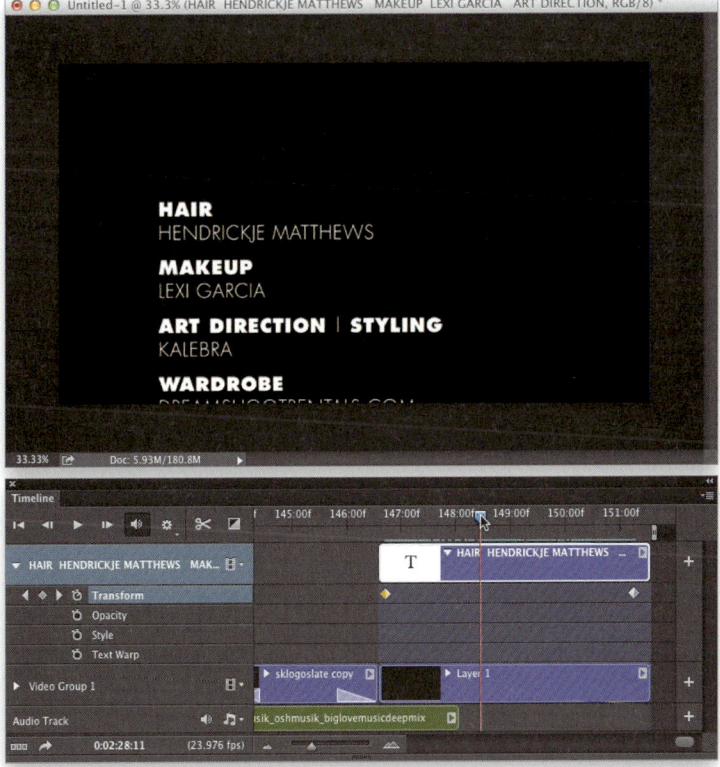

04

움직이는 엔딩 자막이 완성되었으므로 플레이헤드를 자막이 시작되는 지점에 두고 재생하여 자막의 움직임을 확인합니다. 드래그했던 대로 자막이 움직입니다. 프로젝트 끝에 엔딩 자막이 추가되었습니다.

여러 영상 클립에 일괄적으로 효과 적용하기

영상 클립에 조절 레이어 기능 등의 효과를 적용하는 방법은 이전에 알아보았습니다. 클립을 하나 선택하고 흑백으로 만들어본 적이 있지요. 그런데 만약 프로젝트에 쓰인 모든 영상을 흑백으로 만들려면 어떻게 해야 할까요? 다행히도 생각처럼 쉽게 일괄 적용이 가능합니다. 비단 흑백 변환뿐만 아니라 Color Filters, Curves, Gradients, Hue/Saturation, Color Balance, Solid Color 등 어떤 조절 레이어든지 가능합니다. 여기서는 블렌드 모드를 [Soft Light]로 바꾸고 'Opacity' 값을 낮추는 작업을 해봅니다.

01

[Layers] 패널의 가장 아래 'Clip 01' 레이어를 클릭하고 하단의 'Create New Adjustment' 레이어 아이콘을 클릭한 다음 [Black & White]를 선택합니다. 이것으로 하나의 클립에만 흑백 효과가 적용됩니다. 그런데 여러 개의 클립, 또는 전체 클립에 이 효과를 적용하려면 어떻게 해야 할까요? [Layers] 패널에서 방금 만들어진 'Black & White' 조절 레이어를 클릭하고 'Video Group 1' 그룹의 바깥쪽 상단으로 드래그하여 분리해 봅니다. 오른쪽의 패널 화면과 같이 그룹과 별도로 위치합니다.

02

타임라인에서 보면 조절 레이어가 'Video Group 1' 트랙 상단에 별개의 새로운 트랙으로 분리되었으며, 길이도 전체 영상의 길이와 똑같아졌습니다. 트리밍이 필요하면 다른 슬라이드처럼 처음 또는 끝 지점을 드래그하여 원하는 길이로 조절합니다. 전체 길이만큼 흑백 조절이 되어 전체 영상을 쉽게 바꿀 수 있습니다.

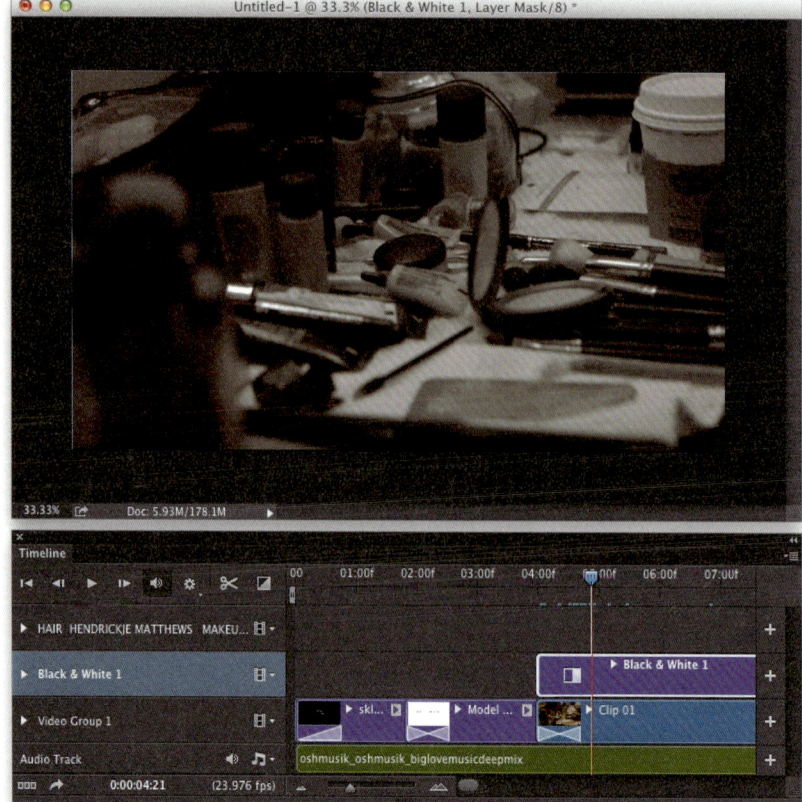

Photoshop Killer **Tips**

Contact Sheet II 기능과 함께 되돌아온 자동화 기능

포토샵 CS6 버전부터 'Contact Sheet II'라는 자동화 기능이 나타났는데, 이 뿐만 아니라 CS4 버전부터 사라졌던(하지만 사용자들이 줄곧 그리워했던) 두 가지의 자동화 기능도 역시 되살아났습니다. 바로 [PDF Presentation]과 [Layer comps to PDF] 기능입니다. [File] 메뉴에서 [Automate] 또는 [Scripts]를 클릭하면 각 기능을 찾을 수 있습니다.

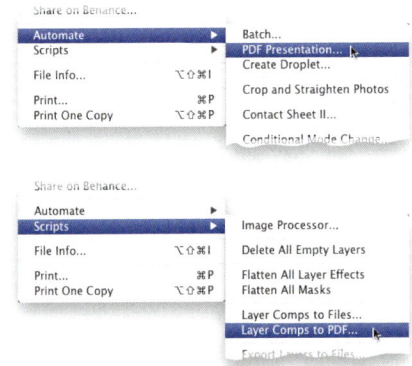

화면 위에서 곧바로 브러시의 크기, 경도, 투명도 조절하기

Alt (MAC:[Option]) - Ctrl 를 누른 채로 화면 위에 나타나 있는 브러시 팁을 마우스 오른쪽 버튼으로 클릭하면 현재의 브러시 옵션 상태가 작은 팝업으로 나타나 정확한 'Diameter', 'Hardness', 'Opacity' 값을 알 수 있습니다. 이 상태에서 커서를 위, 아래로 드래그하면 'Hardness' 값을 조절할 수 있으며 좌우로 움직이면 브러시의 크기 즉 'Diameter' 값을 조절할 수 있습니다. 여기서 Ctrl - K (MAC: [Command]- K)를 눌러 [Preferences] 대화상자를 불러온 다음 [General] 목록에서 'Vary Round Brush Hardness Based on HUD Vertical Movement' 항목의 체크를 해제합니다. 상하로 드래그했을 때 'Hardness' 값 대신 'Opacity' 값이 조절됩니다.

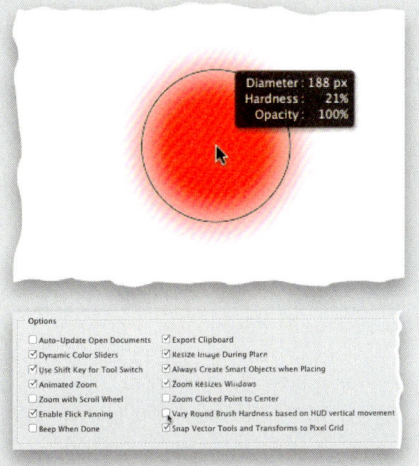

여러 레이어에 레이어 스타일 한 번에 적용하기

Ctrl (MAC:[Command])을 누른 채 스타일을 적용할 레이어들을 모두 선택한 다음, 패널 오른쪽 상단의 메뉴 아이콘을 눌러 [New Group from Layers]를 선택하면 하나의 그룹으로 만들어집니다. 레이어의 개수에 관계없이 그룹 전체에 레이어 스타일을 한 번에 적용할 수 있으며 스타일 또한 여러 가지를 선택하여 적용할 수 있습니다. 그룹명 오른쪽의 'fx' 아이콘을 눌러 대화상자를 불러온 다음 왼쪽 목록에서 원하는 레이어 스타일을 선택하여 추가로 적용합니다.

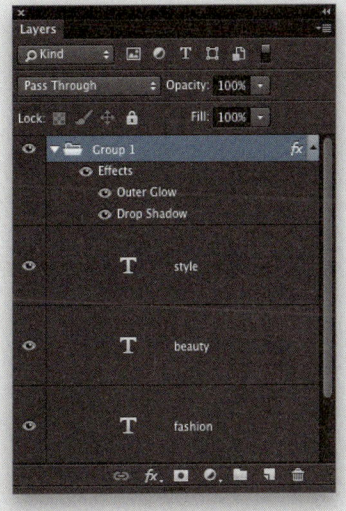

많은 수의 레이어로 작업할 때 알아둬야 할 필터링 팁

다수의 레이어를 만들어 작업할 때는 레이어 목록이 길어지므로 필요한 레이어 하나를 찾기 위해 오랫동안 스크롤을 하는 등 시간이 많이 소요됩니다. 이때 도움이 되도록 [Layers] 패널에는 '필터' 바가 있는데, '필터' 바 왼쪽의 팝업 메뉴에서 무엇을 선택하는가에 따라 오른쪽 선택 옵션이 변경됩니다. 팝업 메뉴는 기본적으로 [Kind]가 선택되어 있는데 이에 따라 오른쪽에 아이콘이 나열되며, 찾는 레이어 종류의 아이콘을 클릭하면 이에 해당되는 레이어만 걸러져 패널 목록에 나타납니다. 예를 들어 [T] 모양의 문자 아이콘을 누르면 'Type' 레이어들만 나타납니다. 물론 화면에서 다른 레이어들이 가려지는 것은 아니며, 단지 'Type' 레이어들을 한 눈에 볼 수 있도록 패널상에만 나열됩니다. 이밖에도 픽셀 레이어, 조절 레이어, 쉐이프 레이어, 스마트 오브젝트 레이어 등의 아이콘이 있어 종류별 필터링이 가능합니다. 또한 팝업 메뉴에서 [Name]을 선택하면 입력란이 나타나 레이어명을 직접 입력하여 찾을 수도 있으며, [Effect]를 선택하여 레이어 스타일별로 모으거나 사용한 블렌드 모드, 특정한 속성([Attribute]), 특정 색상 등을 기준으로 필터링이 가능합니다. 이 기능을 잘 활용하면 쉽고 빠르게 필요한 레이어를 찾을 수 있을 것입니다. 원하는 레이어를 찾은 후 필터링 기능을 끄려면 '필터' 바 오른쪽 끝의 스위치를 클릭합니다.

Photoshop Killer **Tips**

어떤 리사이징 방법을 써야할지 모를 때는?

어떤 기능을 통해 리사이징을 해야 할지 결정하기 힘들면 자동화 기능을 활용합니다. 포토샵이 최적의 방법을 찾아 자동으로 원하는 크기로 만들어줄 것입니다.

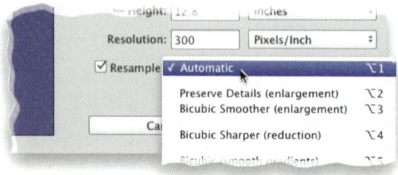

가장 빠른 리사이징 방법

해당 도구의 옵션이 바뀌면서 문제가 발생할 때 어떤 대상이나 선택 영역을 기준으로 리사이징해야 할 것이 많다면 매번 Ctrl+T(MAC: [Command]-T)를 눌러 [Free Transform] 기능을 불러내는 것보다 [Move](V) 도구를 사용하면 더 빠릅니다. 옵션 바에서 'show Transform Controls' 항목에 체크하면 선택 영역이나 오브젝트를 둘러싸는 'Free Transform' 핸들이 항상 나타나며, 조절점을 드래그하여 원하는 크기로 만들기만 하면 됩니다. 또한 Shift를 누른 채로 조절하면 비율이 유지됩니다.

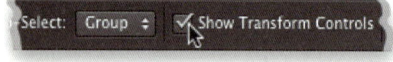

더욱 더 커진 브러시 크기

CS5에서 선보였던 브러시의 최대 크기는 2,500픽셀이었습니다. DSLR 사진 크기가 30메가픽셀을 넘어가기 전까지는 2,500픽셀도 매우 큰 것이었습니다. 이제는 필요에 부응하여 2,500을 훨씬 넘어선 5,000픽셀 크기의 브러시를 사용할 수 있게 되었습니다.

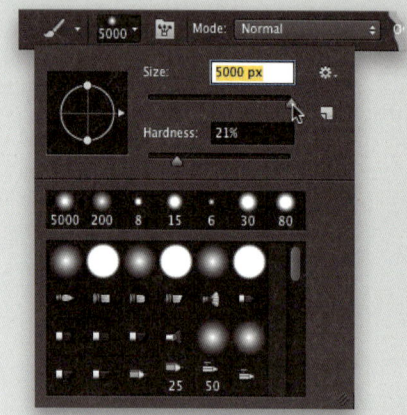

[Eyedropper] 도구의 새로운 능력

사진에 조절 레이어를 추가한 후 [Eyedropper] 도구로 사진 속 색상의 샘플을 채취한다면 조절 레이어가 사진에 어떤 영향을 주는가에 따라 같은 지점도 색상이 달라질 것입니다. 이때 'Sample' 팝업 메뉴에서 [All Layers No Adjustments]를 선택하면 조절 레이어의 영향을 무시하고 원본 사진 레이어의 색상을 얻을 수도 있습니다.

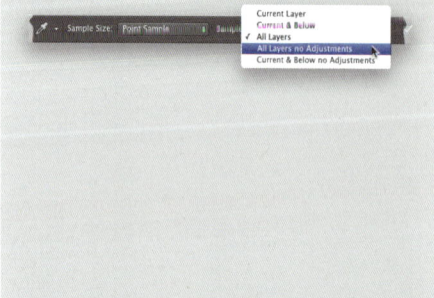

적절한 피부 톤 선택하기

사진에서 이상한 부분은 없지만 피부 톤이 빨갛게 나타나 해당 부분만 보정해야 한다면 [Select] 메뉴에서 [Color Range]를 선택한 다음, 대화상자 상단의 'Select' 팝업 메뉴에서 [Skin Tones]를 선택합니다. 이것은 피부 색상을 찾아 선택 영역으로 만들어주며, 대화상자에서 'Detect Faces' 항목에 체크하면 더욱 세밀하게 피부 톤을 찾아 영역으로 설정해 줍니다. 계속해서 'Fuzziness' 슬라이더([Magic Wnad] 도구의 'Tolerance' 슬라이더와 비슷한 역할을 합니다.)를 '1'까지 낮추어 사진이 어떻게 나타나는지 확인하고 피부 영역을 넓게 선택하려면 오른쪽으로 드래그하여 조절합니다.

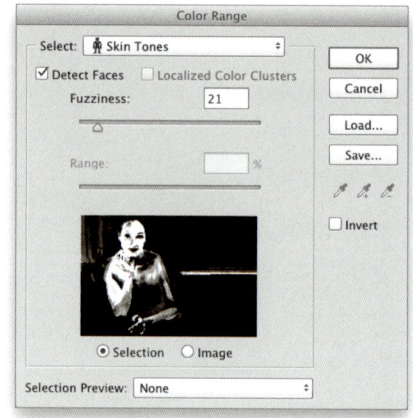

작업 내용을 자동으로 저장하기

포토샵은 매우 안정적인 프로그램이긴 하지만 갑자기 알 수 없는 이유로 인해 충돌이 일어나 멈추는 경우도 있을 수 있습니다. 하지만 일정 시간동안 작업한 내용을 직접 저장하지 못했다 하더라도 포토샵의 [Auto Save] 기능이 자동으로 문서를 저장합니다. 몇 분에 한번 저장할지 시간을 지정할 수도 있습니다. [Edit] 메뉴에서 [Preferences]-[File Handling]을 선택합니다. 하단의 'File Saving Options' 영역에서 'Automatically Save Recovery Information Every' 항목에 체크하고 팝업 메뉴에서 원하는 저장 단위 시간을 선택합니다. 팝업 메뉴는 기본적으로 '10 Minutes'로 설정되어 10분마다 자동으로 저장되는데, 이 시간이 너무 길거나 짧으면 다른 시간으로 설정합니다.

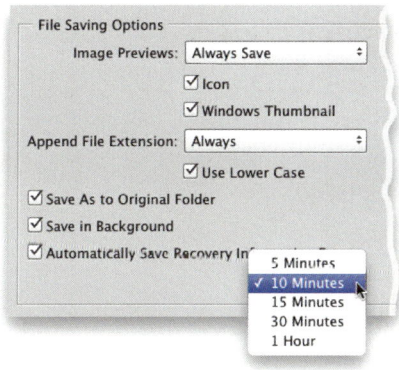

저장하기 전에 숨긴 레이어를 모두 삭제하기

[Layers] 패널 상단의 필터 바에서 왼쪽 팝업 메뉴를 [Attribute]로 선택하고 오른쪽에 나타나는 옵션을 [Not Visible]로 설정하면 현재 화면에 나타나지 않은 숨은 레이어들만 패널에 나열됩니다. 나타난 레이어를 모두 선택한 다음 Back Space (MAC: Delete)를 눌러 모두 삭제합니다. 이렇게 필요 없는 레이어들을 삭제하면 패널도 정리되고 최종 파일의 크기도 작아지는 장점이 있습니다.

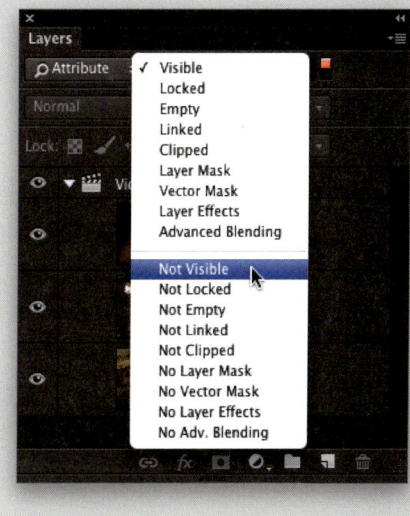

Photo by Scott Kelby   Exposure: 15 sec | Focal Length: 16mm | Aperture Value: $f/22$

CHAPTER 11
Workflow
프로페셔널 사진가의 작업실

이번 챕터에서는 당신을 필자만의 워크플로우로 안내하려 합니다. 그리고 포토샵 워크플로우 뿐만 아니라, 실례가 안 된다면 챕터 인트로의 타이틀을 찾는 워크플로우도 공개할까 합니다(포토샵CC 워크플로우보다 이것이 더 유용할 수도 있을 것 같습니다만). 어쨌든 이 내용은 철저히 보호되는 초특급 비밀 프로세스로 미스터리에 싸인 채 깊은 곳에 안치되어 왔는데, 여러분에게 생애 처음으로 공개하는 바입니다. 내용은 이렇습니다. 첫 번째, 검색할 단어를 결정합니다(예를 들어 'color correction' 챕터라면 'color'로 할지 'correction'으로 할지 선택합니다). 그리고 애플 아이튠즈 스토어에 선택한 첫 번째 단어를 입력합니다. 영화, TV 쇼, 음악이 모두 검색되므로 편리하기 때문입니다. 'color'를 선택하면 방대한 결과를 얻게 되겠지만 선택한 단어에 따라서 결과가 전혀 없을 수도 있습니다. 이런 경우에는 IMDb(Internet Movie Database; 'www.imdb.com')에서 검색합니다. 이번 챕터에서는 일단 검색할 단어를 'work'로 선택하여 수많은 결과를 얻었습니다. Huey Lewis & The News의 "Workin' for a Livin'" 같은 것들 말이죠. 그런데 재미삼아 'workflow'를 입력해봤고 설마 뭔가 나올까 했던 것이 저런, Ricky Ambilotti의 "Workflow"라는 앨범에 두 곡의 노래가 있었습니다. 세상에 어떤 챕터 인트로 작가가 이보다 더 좋을 수 있겠습니까! 지금쯤 아마도 "와우, 정말 쉬운 프로세스네요." 하겠지만 사실 이 작업을 훨씬 더 힘들게 만드는 것이 있습니다. 필자는 읽을 줄을 모릅니다. 생계를 위해 책을 쓰는 사람이 할 말로는 매우 이상하게 들리리란 걸 알지만, 슬프게도 사실입니다. 필자가 초등학교에 다닐 때 읽기 수업을 빼먹었기 때문입니다. 사실 그때는 300-보(baud) 다이얼업 모뎀으로 WOPR(WarGames;War Operation Plan Response)를 해킹해서 Dr. Falken과 체스를 두는 것에 더 흥미가 있었거든요.

사진가를 위한 포토샵 CC 워크플로우

"당신의 사진을 위한 포토샵 워크플로우는 어떤 것입니까?", "어떤 것을 먼저 하고 어떤 것을 나중에 해야 하나요?" 필자는 수차례 이러한 질문들을 받아왔습니다. 책을 마무리하기 전 그 궁금증을 해결하기 위해 이와 같은 워크플로우 챕터를 넣게 되었습니다. 새로운 테크닉에 대한 것이 아니라 사진 보정 작업을 처음부터 끝까지 순서대로 훑어볼 수 있도록 했습니다. 하지만 사진가들은 각자의 작업 방식이 있는 법이므로, 필자의 작업 방식을 참고하여 자기 스타일에 맞는 작업 방식을 찾기 바랍니다.

01

지난 몇 년 간 어도비가 기능 향상에 주력한 것은 대부분 카메라로우에 대한 것이었습니다. 그 결과 카메라로우는 포토샵에 소속된 사진 보정 프로그램으로서 완전히 자리를 잡았으며, 대부분의 사진가들이 그렇듯이 필자 역시 이제는 꼭 RAW 파일이 아니더라도 카메라로우에서 대부분의 작업을 하는 편입니다. 여기서는 포틀랜드 오레곤에서 촬영한 폭포 사진을 다듬는 작업과정을 처음부터 마지막까지 여과 없이 공개합니다. 먼저 브리지에서 사진을 선택하여 카메라로우로 불러오는 것부터 시작해 봅니다. 사진을 선택한 다음 마우스 오른쪽 버튼을 클릭하고 [Open in Camera Raw]를 선택합니다.

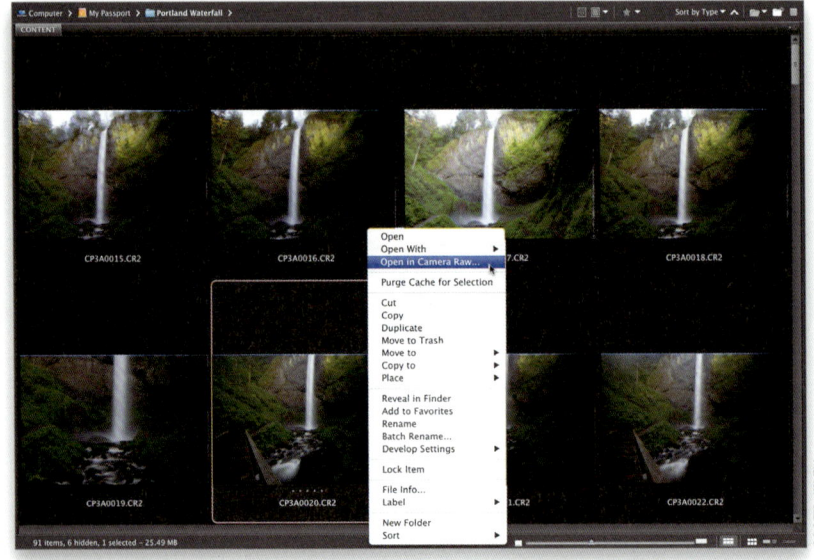

02

카메라로우에 RAW 형식의 사진이 열렸으면 우선적으로 해야 할 일은 사진에서 어떤 부분이 부족한지 파악하는 것인데, 스스로 "내가 바랐던 사진과 다른 점이 무엇인가?"라는 질문을 한다면 어느 정도 답이 나올 것입니다. 이번 사진은 좀 더 밝았으면 했으나 노출이 부족한 상태고 입체감이 없어 밋밋한 느낌이 들며, 전반적인 디테일과 특히 오른쪽 어두운 부분의 윤곽이 좀 더 살아났으면 하는 생각이 듭니다. 그리고 촬영할 당시에는 훨씬 컬러풀한 느낌이었으므로 색상 보정도 필요하며 선명도를 높이기 위한 샤프닝 작업도 필요합니다.

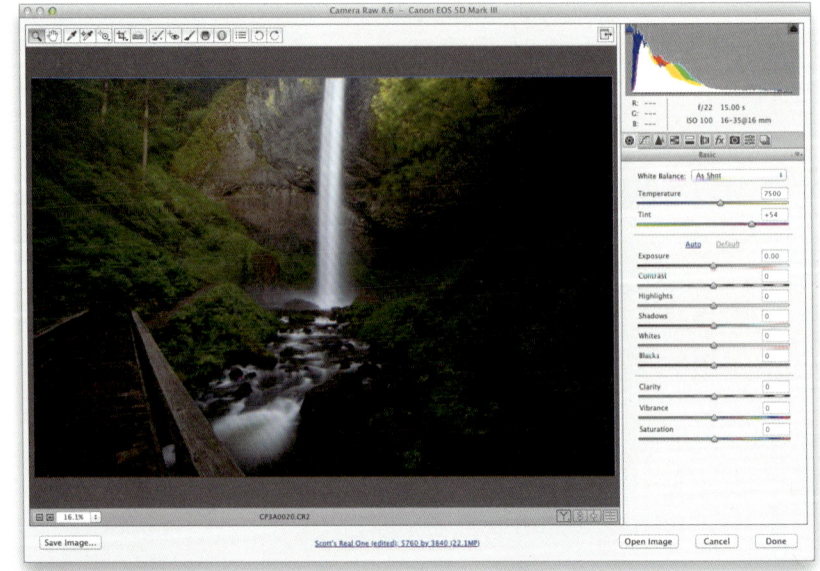

03

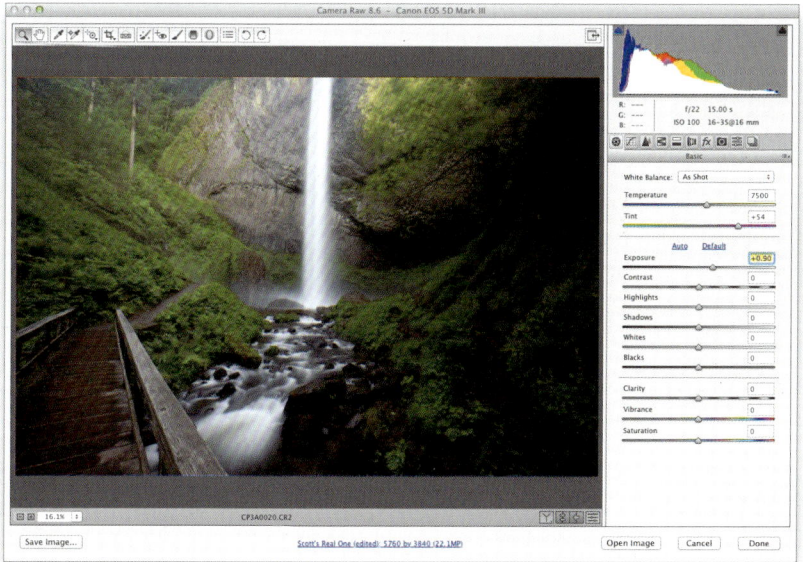

보통 시작은 화이트밸런스부터 조절하는 편인데, 이번 사진은 전반적인 색 온도가 적절하다고 판단됩니다(사실 약간은 문제가 있다고 볼 수도 있지만 너무 따뜻하거나 차가워 이상한 정도는 전혀 아니므로 적절하다고 판단하는 것입니다. 부분적인 문제는 야외 촬영에서 매우 흔하게 일어나는 정도이며 결과에도 크게 영향을 미치지 않습니다). 기본 보정은 [Basic] 패널의 상단부터 하단까지 순차적으로 진행하여 빠뜨리는 것이 없도록 합니다. 즉, 전반적인 노출 보정부터 시작하는데 여기서는 좀 더 밝게 만들기 위해 'Exposure' 값을 '+90'까지 높여주었습니다. 노출 조절에 정해진 수치는 없으며 슬라이더를 드래그하면서 보기에 좋은 지점을 찾는 것이 가장 좋습니다.

04

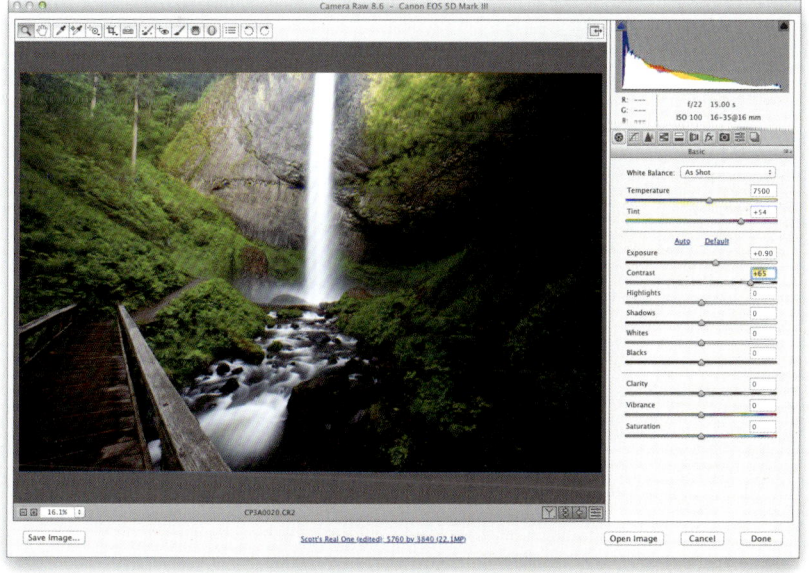

계속해서 슬라이더를 하나씩 조절해야 하는데, 아마도 사진에 가장 큰 영향을 미치는 슬라이더는 바로 'Contrast'일 것입니다. 특히 이번 사진은 매우 밋밋하기 때문에 높은 대비 효과가 절실히 필요한 상태입니다. 이와 같은 현상은 특히 RAW 형식의 사진일 때 많이 나타나는데, RAW로 촬영하는 순간 카메라의 대비 증대 기능이 효력을 발휘하지 못하기 때문입니다(JPEG 형식으로 촬영하면 자동으로 대비가 더해집니다). 대비 증대 기능이 적용되지 않는 이상 사진은 밋밋할 수밖에 없습니다. 그러므로 'Contrast' 슬라이더의 도움을 받아야 한다는 사실에 자책감을 느낄 필요는 전혀 없으며 풍경사진, 도시사진, 여행사진, 차량사진이나 디테일이 많고 복잡한 어떤 종류의 사진이든지 대비 보정을 충분히 합니다. 여기서는 '+65'로 사진이 볼륨 있어 보일 때까지 높였습니다.

05

'Exposure' 값을 높여 사진을 밝게 만들고 'Contrast' 값을 높여 밝은 부분을 더 밝게, 어두운 부분을 더 어둡게 만들었으므로 폭포 부분에 흰색의 역광(glow)이 나타나는 것이 당연합니다. 이와 같은 강력한 하이라이트 현상을 줄이기 위해 'Highlights' 슬라이더를 왼쪽으로 움직여 봅니다(필자는 이 'Highlights' 슬라이더를 오른쪽으로 조절하는 경우는 거의 없으며 95%는 왼쪽으로 움직여 하이라이트 양을 줄이는 데에 사용합니다). 그런데 특정 사진에 하이라이트 양을 얼마나 조절해야 할지는 무엇을 보고 알 수 있을까요? 그냥 봐서는 알기 힘들기 때문에 슬라이더를 움직여보고 더 괜찮은지 아니면 더 나빠지는지 확인해봐야 합니다. 'Highlights' 값을 낮췄을 때 더 괜찮아 보이지 않으면 슬라이더 조절점을 더블클릭하여 '0'으로 조절합니다. 즉, 하이라이트 값 조절을 하지 않음으로써 사진을 있는 그대로 유지하는 것입니다. 여기서는 '-58'로 조절하여 폭포수의 후광 현상이 제거되면서 경계면이 좀 더 또렷해졌습니다.

06

처음에 자신에게 했던, "내가 바랬던 사진과 다른 점이 무엇인가?"라는 질문을 다시 해봅니다. 사진의 오른쪽을 따라 형성되어 있는 쉐도우 영역이 너무 어두워 디테일을 거의 알아보기 힘든 상태인데, 이 부분은 실제로 동굴에 가려진 것이 아니라 단지 그늘진 것이므로 디테일이 살아있어야 합니다. 쉐도우 영역의 디테일을 잃었을 때는 'Shadows' 슬라이더를 오른쪽으로 움직여 디테일을 되찾을 수 있습니다. 여기서는 '+95'까지 조절했습니다.

|NOTE|

여기서와 같이 'Shadows' 값을 많이 높이면 사진의 대비가 다소 약해지는 현상이 일어나므로 'Contrast' 값도 함께 높여주는 것이 좋습니다. 또한 촬영 시 높은 ISO 설정으로 인해 사진에 노이즈가 나타났다면 'Shadows' 값을 높였을 때 노이즈가 더 심해질 수 있으므로 주의해야 합니다.

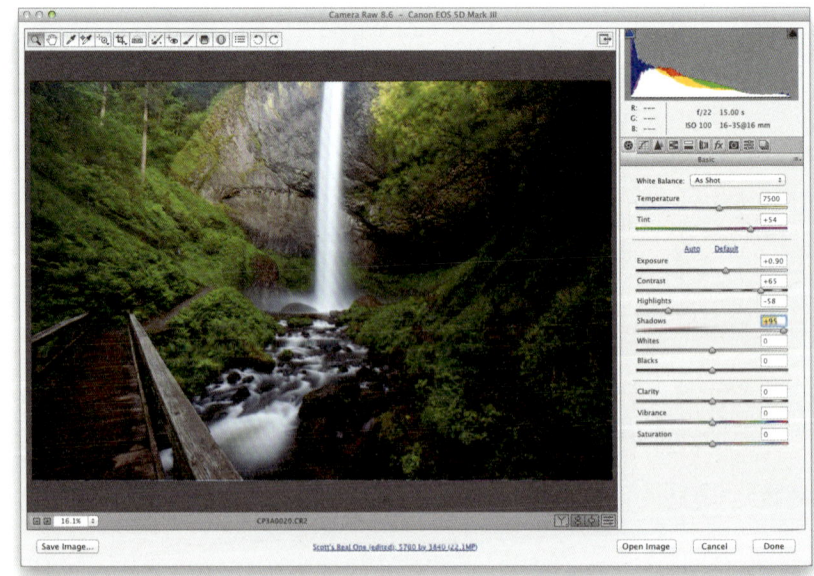

07

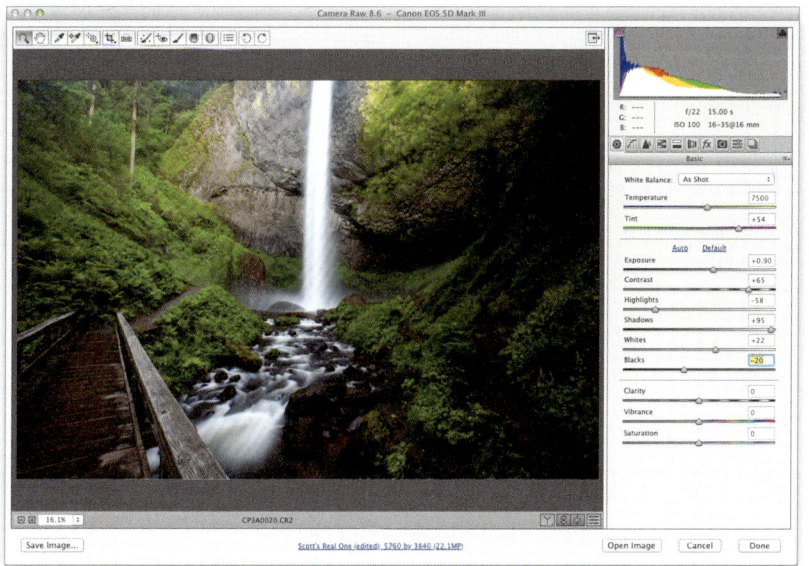

계속해서 'Whites'와 'Blacks' 슬라이더로 각 포인트를 설정하여 사진의 화이트와 블랙이 나타나는 폭을 최대한으로 조절합니다. 이때 하이라이트 영역의 디테일이 손상되지 않도록 주의해야 하며, 만약 손상이 일어났다면 'Whites'나 'Highlights' 값을 낮춰야 합니다. 사실 필자는 이 방법 대신 카메라 로우가 자동으로 설정하도록 단축키를 써서 해결하는 편입니다. [Shift]를 누른 채로 'Whites' 슬라이더 조절점을 더블클릭하면 자동으로 적절한 포인트로 조절됩니다. 'Blacks' 슬라이더 역시 같은 방법으로 조절합니다. 사진에 따라서는 단축키 방법을 썼을 때 조절점이 전혀 움직이지 않을 수도 있습니다. 이미 적정 값이 설정되어 있다는 의미이므로 고민하지 말고 넘어가면 됩니다.

08

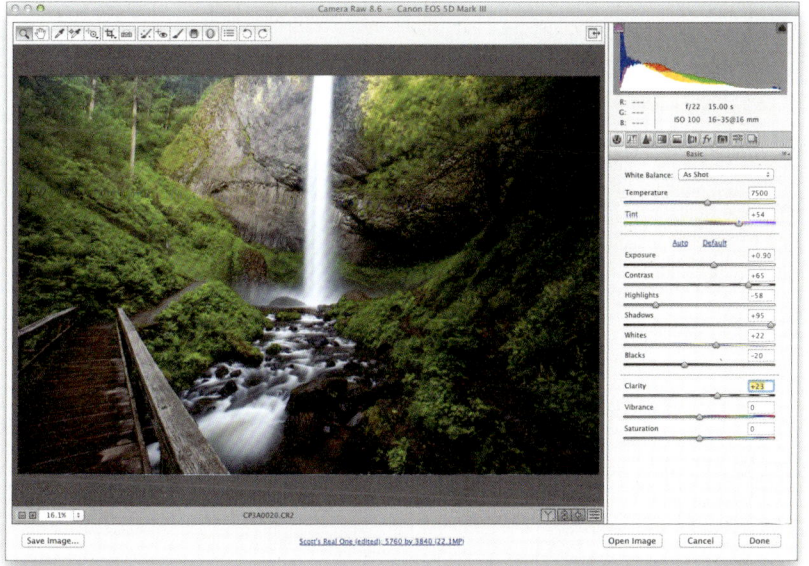

풍경사진 대부분이 그러한데, 복잡하고 많은 디테일과 질감을 지닌 사진의 경우 선명도를 살려 좀 더 또렷하게 보이도록 해야 할 것입니다. 이를 위해 'Clarity' 슬라이더를 오른쪽으로 조절해야 하는데, 다시 한 번 말하지만 조절 값은 정해져 있는 것이 아닙니다. 사진에 따라, 그리고 얼마나 디테일을 살려야 하는가에 따라 직접 판단하여 결정합니다. 지나치게 오른쪽으로 조절하면 마치 HDR 사진처럼 부자연스럽게 될 것이므로 자세히 살펴보면서 조절해야 합니다(만약 HDR 사진과 같은 모습이 나타났다면 'Shadows'와 'Contrast' 값을 높이고 다시 결과를 봐야 하는 등 조절이 많이 복잡해지므로 높은 값으로는 조절하지 않는 편이 나을 수도 있습니다). 여기서는 '+23'까지 높여주었습니다.

09

예제 사진의 경우 슬라이더를 하나만 조절하면 되기 때문에 색감을 살리는 것은 아마도 가장 쉬운 일일 것입니다. 'Vibrance' 슬라이더를 오른쪽으로 움직여 원하는 색감이 나오도록 조절합니다. 이 슬라이더 역시 지나치게 움직이면 사진에 곧바로 보정한 티가 나므로 적정 값을 파악하기 쉬운 편입니다. 여기서는 '+11'로 조절했습니다. 필자는 일반적으로 '10~15' 사이로 조절하며 그 이상까지 높이는 경우는 거의 없습니다.

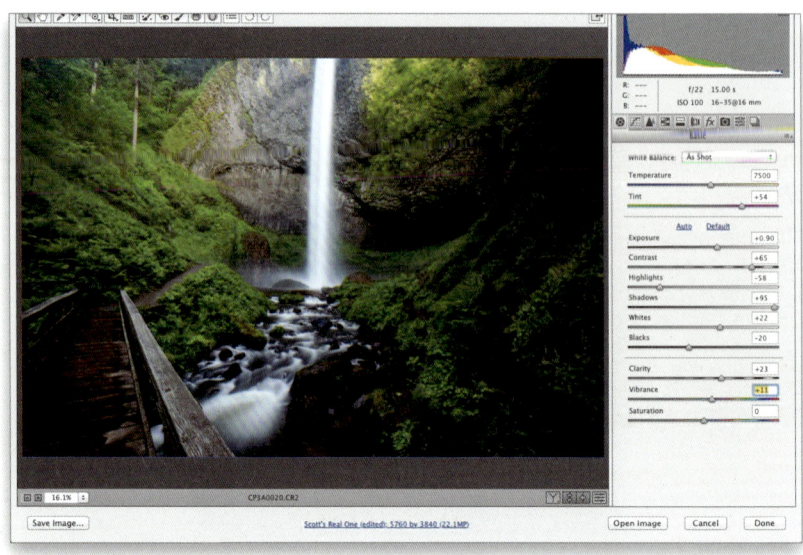

10

09의 사진을 보면 폭포 위쪽이 나머지 부분보다 너무 밝은 상태입니다. 이 부분의 밝기 때문에 사진을 보는 시선이 폭포수를 따라 아래로 떨어지지 않고 오히려 밝은 영역을 따라 위로 올라가게 됩니다. 이를 해결하기 위해 'Exposure' 슬라이더를 조절하면 사진 전반이 어두워지므로 좋은 방법이 아닙니다. 여기서는 'Neutral Density' 그러데이션 필터 기능을 이용하기 위해 [Graduated Filter](G) 도구를 선택합니다. 패널이 나타나면 'Exposure' 슬라이더 왼쪽의 (-) 단추를 두 번 클릭하여 다른 슬라이더 값을 '0'으로 설정합니다. 계속해서 Shift 를 누른 채로 사진의 위쪽에서 폭포 아래쪽 1/3 지점까지 드래그합니다. 사진 상단부의 어두운 효과부터 시작하여 그러데이션이 점차적으로 하단부의 투명한 효과까지 적용됩니다.

|NOTE|

촬영 시 렌즈 앞에 글라스 필터를 장착하면 위쪽은 어두운 회색 톤이 나타나고 아래로 갈수록 투명해지는 그러데이션 효과를 얻을 수 있습니다. 그렇게 하면 주로 상단에 나타나는 하늘 부분은 어두워지고, 원래 어두운 전경 부분은 그대로 밝기를 유지합니다.

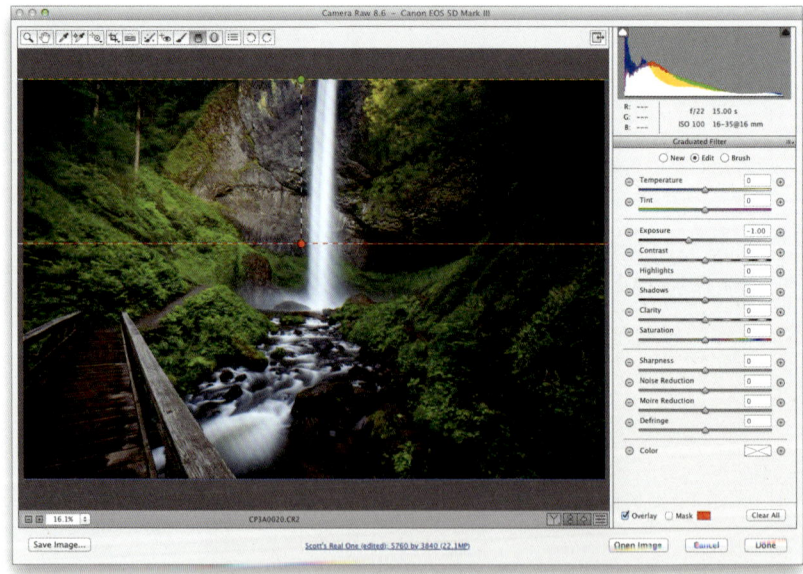

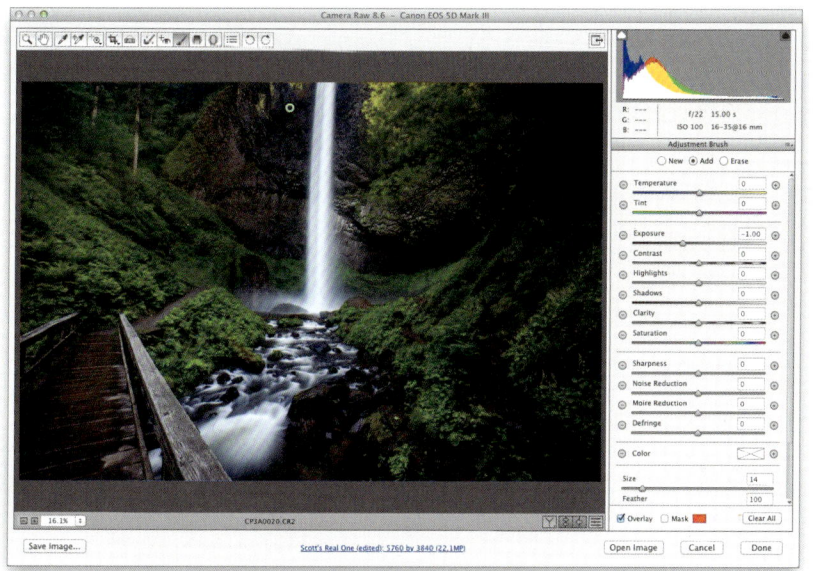

11

10의 사진을 보면 폭포수 왼쪽의 바위와 나무들이 여전히 너무 밝은 상태라 시선의 흐름을 방해하고 있습니다. 이를 보정하기 위해 이번에는 [Adjustment Brush](K) 도구를 선택한 다음 'Exposure' 슬라이더 왼쪽의 (−) 버튼을 클릭하여 다른 슬라이더 값을 '0'으로 만듭니다. 'Exposure' 값을 '−1.00'으로 조절한 다음 브러시로 사진의 바위와 폭포수 왼쪽의 나무들을 칠하여 해당 영역을 어둡게 만드는 버닝 작업을 합니다. 일단 필요한 영역을 칠하고 나서 'Exposure' 슬라이더를 움직여 밝기를 조절해도 됩니다. 조절핀이 활성화되어 있는 녹색 핀 상태에서 슬라이더를 조절하여 적절한 밝기를 찾습니다.

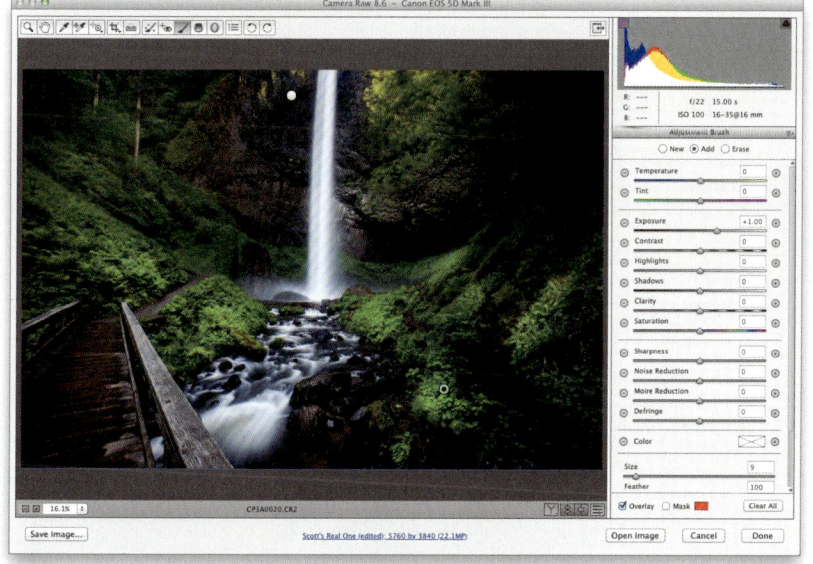

12

이번에는 특정 부분을 밝게 만드는 닷징 효과를 더합니다. 여기서 주력해야 할 것은 오른쪽의 식물과 바위가 있는 하이라이트 영역을 좀 더 밝게 만드는 것입니다. 그러므로 우선 [Adjustment Brush] 패널의 상단에서 'New' 옵션을 선택하고 'Exposure' 슬라이더 값을 '+1.00'까지 높입니다. 패널 하단의 'Size' 슬라이더로 브러시의 크기를 중간 정도로 조절한 다음 사진에서 하이라이트를 더해야 할 부분을 한두 번 클릭합니다. 이제 사진의 식물과 바위들 위로 빛이 더해져 시선을 모을 수 있습니다. 보통은 좀 더 미세하게 효과를 주어 보정한 느낌이 전혀 없도록 해야 하지만 여기서는 어떻게 변하는지 확실히 알아볼 수 있도록 값을 더 높였습니다.

13

다시 사진을 살펴보니 폭포수가 떨어지고 있음에도 불구하고 다리 부분은 메마른 듯 보입니다. 그러므로 여기에 'Special Effects' 챕터에서 알아봤던 '촉촉한 거리' 기법을 써보면 좋을 듯합니다. 패널 상단에서 'New' 옵션을 다시 선택하고 'Contrast' 슬라이더 오른쪽의 (+) 단추를 클릭하여 다른 슬라이더 값을 '0'으로 만든 다음 'Contrast' 값을 '+100'까지 높여봅니다. 'Clarity' 값도 '+100'으로 설정한 다음 다리 위를 칠하여 젖어있는 듯한 모습으로 만들어 봅니다. 비 내린 거리처럼 확실하게 변한 것은 아니지만 그래도 효과가 나쁘지 않게 적용되었습니다.

14

이제 [OK] 버튼을 클릭하여 사진을 포토샵으로 옮깁니다. 이제 남은 것은 샤프닝을 더하는 것이므로 [Filter] 메뉴에서 [Sharpen]–[Unsharp Mask]를 선택하고(여기서는 Amount: 120%, Radius: 1.0, Threshold: 3으로 조절했습니다), 샤프닝을 더 강력하게 적용하려면 Amount: 90%, Radius: 1.5, Threshold: 0으로 조절합니다. 여기서 더 나아가 추가 보정을 할 만한 곳은 사진 왼쪽의 나무 다리 부분인데, 아직 말라 보이는 부분이 있으므로 [Clone Stamp](S) 도구로 나무 바닥판의 어두운 부분을 샘플링하고 이를 마른 부분에 복제하여 비에 젖은 느낌을 더합니다. 또한 바위들에 나타난 작은 얼룩들 역시 [Clone Stamp] 도구나 [Healing Brush] 도구로 제거할 수 있습니다. 이밖에 필요한 보정은 다 마쳤습니다. 필자의 실제 작업만큼은 아니지만 만족할 만한 최종 결과로, 원본에 비하여 확연히 달라진 모습을 볼 수 있습니다.

Before

After

Chapter 11. **Workflow** 프로페셔널 사진가의 작업실 377

Index

ㄱ

격자(grid)	124
고대비	264
고스트 현상	196
그레이 카드	027

ㄴ

노이즈	88, 117
노출	28

ㄷ

다운사이징	148
다중 노출 브라케팅 촬영	180
단체사진	222
닷징	98
더블 프로세싱	54
더킹(ducking)	334
듀오톤	172

ㄹ

렌즈 비네팅	76
렌즈 프로필	68
로어써드(lower third)	338
리사이징	144
리샘플링(resampling)	138
별점	51
블렌드 모드	50

ㅁ

미리 보기	48

ㅂ

버닝	98
분할톤	170
블렌드 모드	351
비네팅	200

ㅅ

색수차	74
샤프닝	200, 306
소프트 글로우	200
수평 맞추기	47, 146
스냅샷	120

ㅇ

업데이트	18
엔딩 자막	362
영상 편집	326
와이드샷	237
와콤 타블렛	94
왜곡 현상	240
워크플로우	370
음소거	333

ㅈ

자동 보정	33
자막	338, 362
전환 효과	336
중간 회색	27

ㅊ

출력(Output) 샤프닝	317

ㅋ

캘리브레이션	87
컬러 프로필	94
쿼드톤	173
크롭핑	124

ㅌ

타블렛 펜	300
타이틀	346
타이틀 슬라이드	346
톤 맵핑	186
트리밍	330

ㅍ

파노라마 사진	270
프로필	21
프리셋	175
피부 소프트닝	37

필름스트립	60
필터링	365

ㅎ

하이라이트 경고	30
하이패스 샤프닝	198
화이트 밸런스	24
환경 설정	91
황금 분할	51
휴지통	95
흑백사진	162
히스토그램	29, 95

A

Actions	154
Adaptive Wide Angle	237, 240
Add Audio	332
Add Media	324
Adjustment Brush	37, 98, 109, 116, 117, 118, 298
As Shot	25
Auto-Align Layers	218, 222

B

Black & White	162
Brush Picker	258
Burn 도구	215
Burst 모드	181

C

Camera Calibration	21, 87
Camera Profile	21
cast shadow	259
Chromatic aberration	74
chromatic noise	88
Clarity	36
Color Lookup	290
Content Aware	151
Content-Aware Fill	237, 250
Content-Aware Move	256
Content-Aware Scale	246
Crop Tool	44, 124
Curves	38

D

Default	50
Desaturate	262
DNG	80
Dodge 도구	214
Drop Shadow	203
Duotone	173

E

EXIF	21
Exposure	28
Eyedropper 도구	366

F

Field 블러	278
Front Image	131

G

Gaussian Blur	269
Gradient Map	166, 288
Gradient 도구	211
Graduated 필터	107

H

HDR(High Dynamic Range)	180
Healing Brush	84
High Pass 샤프닝	198, 315
HSL/Grayscale	82, 162

I

Image Processor	142
Iris 블러	278

J

JPEG	20

K

Kuler	203

Index

L

Lens Corrections	68, 74
Lens Flare	258, 296
Lighting Effects	283
Liquify	225, 292, 300
luminance noise	88

M

Merge To HDR Pro	182

O

Open Object	55

P

Parametric 커브	40
Photomerge	271
Pixel Grid	202
Point 커브	38

Q

Quadtone	173
Quick Selection	227

R

RAW	80
Radial 필터	111
RAM	301, 322
Reduce Noise	94
Refine Mask	58

S

Shadow/Highlights	206
Shake Reduction	242
Sharpen	311
Sharpening	63
Silver Efex Pro 2	176
Smart Sharpen	313
Split Toning	170
Spot Removal	86, 104
Straighten Tool	47
Sync Settings	134
Synchronize	61

T

Targeted Adjustment Tool	41
TAT	41
Threshold	310
TIFF	20
Tilt Shift 블러	275
Timeline 패널	323
Tool Presets	133
Transition	336
Tritone	173

U

UI 색상	94
UnSharp Mask	268, 304

V

Vignetting	76
Vivid Light	264

W

White Balance	24

X

XMP	80